Martyn Farr · Höhlentauchen

Martyn Farr

HÖHLENTAUCHEN

Geschichte · Forschung · Technik
Regionen

Müller Rüschlikon Verlags AG
Cham · Stuttgart · Wien

Aus dem Englischen übersetzt von Beate Gorman.

Titel des englischen Originals: The Darkness Beckons, erschienen bei Diadem Books, London und Cave Books, St. Louis, Missouri. Copyright © by Martyn Farr, 1991. – Deutsche Ausgabe: © 1992 by Müller Rüschlikon Verlags AG, Cham. – Nachdruck, auch einzelner Teile, verboten. Alle Nebenrechte vom Verlag vorbehalten, insbesondere die Filmrechte, das Abdrucksrecht für Zeitungen und Zeitschriften, das Recht zur Gestaltung und Verbreitung von gekürzten Ausgaben und Lizenzausgaben, Hörspielen, Funk- und Fernsehsendungen sowie das Recht zur foto- und klangmechanischen Wiedergabe durch jedes bekannte, aber auch durch heute noch unbekannte Verfahren.

ISBN 3.275.01038 – 1/7-92. – Printed in Great Britain.

Fotonachweis

Schwarz-Weiß-Abbildungen *(Seitenhinweis):* 2-3, 14 John Zumrick, 19, 20 Norbert Casteret collection, 21 Bob Leakey collection, 22 Graham Balcombe collection, 25 Siebe Gorman, 26 Chris Howes collection (links), Museum of Porrentruy (rechts), 29 Foundation Cousteau, 35, 37, 38 (2) Frank Frost, 39, 40, 41 Hywel Murrell, 42 Jim Stark, 43, 44, 47, 51, 52, 53, 54, 55, 56 Balcombe collection, 57 Leakey collection, 58, 59 Balcombe collection, 61 Phill Davies collection, 62, 63 Bill Mack collection, 66, 67 David Hunt, 68 Davies collection, 69 Martyn Farr, 70, 71 Phill Davies, 72 David Hunt, 74 Phill Davies, 76 R. S. Howes, 79, 81 Martyn Farr, 82, 83 Dennis Brindle, 85 Pete Livesey, 86 Martyn Farr, 89 Ken Pearce collection, 91 Tony Morrison, 92 Pete Livesey, 94, 97 Martyn Farr, 98, 100, 102 Clive Westlake, 104 Farr collection, 105 Clive Westlake, 109 Farr collection, 110 Leo Dickinson, 111 Chris Howes, 112 (links) Leo Dickinson, 112 (rechts) Chris Howes, 113 Rob Palmer, 114 Clive Gardener, 115 Rob Palmer, 117, 118 Gavin Newman, 120, 121, 122, 123 Martyn Farr, 124, 125 Clive Westlake, 127 (3) Martyn Farr, 130 (2), 131, 133 Martyn Farr, 134 Graham Wooley, 135 Neil Robertson, 137 Martyn Farr, 138 Alf Latham, 140 (2 links) Lindsay Dodd, 140 (rechts) Martyn Farr, 146, 147 Oliver Statham, 148 Ian Plant, 151 (2) Clive Westlake, 154 Roland Stockham, 156 Bryan Schofield, 159 Clive Westlake, 163, 166 (2) Farr collection, 170 (oben und unten rechts) Foundation Cousteau (Fradin collection), 170 (unten links) Raymond Fradin, 173, 176 Jochen Hasenmayer collection, 179 Russell Carter, 180 Claude Magnin, 181 Christian Locatelli, 182 Cyrille Brandt, 184 (links) Francis Le Guen collection, 184 (rechts) Claude Toulormdjian collection, 185 (oben) Russell Carter, 185 (unten links) Marc Debatty, 185 (unten rechts) John Cordingley, 186 Cyrille Brandt, 188 (2) Mario Luini, 189 (oben) Cyrille Brandt, 189 Pierre Martin, 190, 191 Fabrice Coffrini, 192 Cyrille Brandt, 195 Hasenmayer collection, 199 Vladimir Kisseljov, 201 (3) Gleb Semionov (Kisseljov collection), 203, 204 (3) Garry Salsman collection, 205 Lewis Holzendorff, 206 Sheck Exley, 207 Ken Lancaster, 208, 210 Wes Skiles, 215 Leo Dickinson, 216 (2) Bill Stone, 221 (3), 222 Ron Simmons, 224 Martyn Farr, 226, 227 George Benjamin collection, 229, 230 (2), 231, 232 (links) Martyn Farr, 232 (rechts) Bill Stone, 234 (2) John Zumrick, 235 (links) Gavin Newman, 235 (mitte und rechts) Bill Stone, 237 Ned DeLoach, 243 (oben) Hugh Morrison, 243 (unten) Ian Lewis, 244 Hugh Morrison, 247 Morrison collection, 249, 250, 252 Le Guen collection, 254, 255, 256 (3), 257 (2) Peter Rogers, 262 Roger Ellis, 263 Charles Maxwell collection, 269 (oben) Wes Skiles, 269 (unten links) Gavin Newman, 269 (unten rechts) Leo Dickinson, 272 Martyn Farr.

Farb-Abbildungen: *Zwischen Seite 60 und 61* 1 Phill Davies collection, 2 Martyn Farr, 3 Davies collection, 4 Martyn Farr; *zwischen Seite 120 und 121* 5 Gavin Newman, 6 Rob Palmer, 7 Leo Dickinson, 8, 9 Martyn Farr, 10 Farr archive; *zwischen Seite 180 und 181* 11, 12, 13 Raymond Fradin, 14 Marc Jasinski, 15 John Cordingley, 16 Francis Le Guen, 17 John Adams, 18 Francis Le Guen, 19 John Adams, 20 Cyrille Brandt, 21 Alain Vaugniaux; *zwischen Seite 216 und 217* 22 Wes Skiles, 23 Leo Dickinson, 24 Wes Skiles, 25 Leo Dickinson, 26 Gavin Newman, 27, 28 Wes Skiles, 29, 30, 31 Gavin Newman, 32 Bill Stone, 33 Dennis Williams, 34 Rob Palmer; *zwischen Seite 228 und 229* 35 Martyn Farr, 36, 37 George Benjamin collection, 38, 39 Martyn Farr, 40 John Zumrick, 41, 42 Ned DeLoach; *zwischen Seite 240 und 241* 43 John Zumrick, 44, 45 Bill Stone, 46 Hugh Morrison, 47, 48 Charles Maxwell, 49 Gerald Favre, 50 Charles Maxwell, 51 Francis Le Guen, 52 Peter Rogers, 53 Francis Le Guen.

Inhaltsverzeichnis

Karten und Querschnitte im Text

Einleitung

Elf Jahre sind seit der ersten Veröffentlichung von *The Darkness Beckons* vergangen, eine Zeit, in der beim Höhlentauchen ungeheure Fortschritte gemacht wurden. Die mutigen Erkundigungen der herausfordernsten Höhlensysteme auf der ganzen Welt in dieser Zeit bedeuten eine wichtige Weiterentwicklung, die in unserem Sport nicht weniger bedeutsam ist, als die Besteigung der höchsten Berge der Welt in den fünfziger Jahren für das Bergsteigen war, oder die Zunahme von Weltumseglungen, die Chichesters Soloreise um die Erde im Jahr 1967 folgten.

Ursprünglich sollte dieses Buch ein Porträt des Höhlentauchens in Großbritannien sein mit einem bescheidenen internationalen Kapitel, um die Kontraste zwischen den einzelnen Regionen zu beleuchten. Die zweite Ausgabe sollte eine Neubearbeitung des ersten Buchs werden, aber bald wurde klar, daß dies den herausragenden Erforschungen, die in den achtziger Jahren weltweit stattgefunden hatten, nicht gerecht werden würde. In dieser Zeit hatte sich das Höhlentauchen zu einem internationalen Sport entwickelt, in dem Taucher sich mit Kameraden aus anderen Ländern an weitentlegenen Schauplätzen zusammentaten, um ehrgeizige Projekte zu starten. Auf diese Weise kam es zu einem regen Austausch von Techniken und Informationen. Diese Kontakte durchbrachen die alte nationale Engstirnigkeit, und die Höhlentaucher konnten weltweit ihren Horizont erweitern.

Obwohl dieses Buch immer noch aus der britischen Perspektive geschrieben ist, hat es jetzt eine wichtige internationale Dimension, speziell was die wichtigen europäischen Gebiete und Nordamerika betrifft. Die wichtigsten technologischen Fortschritte, die Begleiterscheinung der immer längeren und tieferen Tauchgänge waren, werden ebenfalls behandelt: der Einsatz von Fahrzeugen, die Taktik, große Vorräte an Flaschen durch Unterwasserpassagen zu transportieren, die komplexe Chemie von Gasgemischen und die gleichermaßen komplexe Dekompression bei ihrem Einsatz, die Entwicklung von Unterwasserstationen und eine neue Generation von Regenerationsgeräten.

International gesehen, kommen Höhlentaucher entweder aus der Gruppe der Höhlenforscher oder der Sporttau-cher, die normalerweise im Meer tauchen. Ihre Ziele, Ideen und Taktiken werden von ihrem jeweiligen Sport beeinflußt. Während die erste Ausgabe dieses Buches in erster Linie aus der Perspektive eines Höhlenforschers geschrieben war, spiegelt diese neue Ausgabe in einem viel größeren Ausmaß die Sitten und Einstellungen von Tauchern wider.

Aufgrund dieser unterschiedlichen Elemente, die erst während der letzten Stadien des Entwurfs in den Mittelpunkt rückten, entwickelte sich dieses Buch mehr oder weniger zufällig. Trotz der Überarbeitung ist der Abriß der britischen Geschichte immer noch verhältnismäßig lang. Auch viele Originalfotos wurden wiederverwendet. Ich möchte mich dafür nicht entschuldigen, da ich der Meinung bin, daß die britische Fallstudie ein exemplarisches Profil des Ursprungs dieses Sports, der in der Höhlenforschung lag, bietet, das typisch ist für andere Binnenregionen, in denen das Tauchen sich aus der Speläologie entwickelte.

Im Gegensatz dazu zeigt ein Großteil des internationalen Abschnitts, dessen Betonung vor allen Dingen auf den klaren Wassersystemen von Florida, Mexiko, Australasien und Frankreich liegt, die Methoden, die sich aus dem Tauchsport entwickelt haben.

Trotz des erweiterten Umfangs des Buches mußten die Aktivitäten in vielen Nationen, in denen es Höhlentaucher gibt, ausgelassen werden. Vielleicht werde ich einmal nach weiteren Forschungen in der Lage sein, ein ausgewogeneres Porträt dieses Sports zu präsentieren, aber diesmal war diese Aufgabe noch zu groß. Trotz dieser Auslassungen ist dieses Buch, was Text, Fotos und Zeichnungen betrifft, mehr als zweimal so lang wie die erste Ausgabe. Ich hoffe, daß dies alle, die das erste Buch besitzen, anregen wird, das zweite zu kaufen und auf diese Weise die laufende Chronik dieses Extremverhaltens zu unterstützen. Wir sind Zeugen einer der großen Entdeckungen unserer Zeit, und daher möchte ich allen abenteuerlustigen Sportlern dieses Buch empfehlen. Die Ereignisse in dieser extremen Umgebung sprechen sicherlich jeden an, der sportliche Herausforderung in der Natur sucht.

Danksagung

Der zweiten Ausgabe dieses Buches liegen große Bemühungen zugrunde, und ich möchte allen Beitragenden, die geduldig gewartet haben, als das Buch zusammengestellt wurde, meinen Dank aussprechen.

Als erstes danke ich den Fachleuten, die mir mit Forschungsergebnissen und Daten für den internationalen Teil halfen, besonders Sheck Exley, Jochen Hasenmayer, Vladimir Kisseljov, Charles Maxwell, Hugh Morrison, Bill Stone, Pete Rogers, Tim Williams und besonders Cyrille Brandt, der in jeder Hinsicht eine große Stütze war. Für zusätzliche Berichte und andere unschätzbare Daten bin ich Francis Le Guen, Olivier Isler, Claude Touloumdjian und Oliver Knab zu Dank verpflichtet.

In Großbritannien erhielt ich, was den geschichtlichen Bereich betrifft, viele Ratschläge von Graham Balcombe. Jack Sheppard und Dr. John Bevan haben mich in dieser Hinsicht ebenfalls unterstützt. Um ein akkurates Bild von den modernen Entwicklungen geben zu können, habe ich mich stark auf die Beratung von Geoff Yeadon und Rob Palmer verlassen. Besonders möchte ich John Cordingley danken, der jede Frage nach Rat, Informationen, Berichten und Fotos beantwortet hat.

Zwei Zeitschriften waren wertvolle Informationsquellen, nämlich *Info Plongée* (Frankreich) und *Descent* (Großbritannien), dessen Herausgeber, Chris Howes, mir viele gute Ratschläge gegeben hat.

Der Fotonachweis ist auf Seite 4 aufgeführt, und ich danke allen Fotografen für ihre Beiträge, auch jenen, die mir Fotos überlassen haben, die nicht verwendet wurden. Eine Reihe von Fotografen, haben sich um dieses Buch besonders bemüht, indem sie mir wertvolle Fotosammlungen für längere Zeit überließen oder Nachfragen in letzter Minute erfüllten, um Lücken zu schließen: John Adams, Nick Baker, George Benjamin, Cyrille Brandt, Russell Carter, John Cordingley, Leo Dickinson, Raymond Fradin, Chris Howes, Francis Le Guen, Marc Jasinski, Charles Maxwell, Gavin Newman, Rob Palmer, Pete Rogers, Garry Salsman, Wes Skiles, Ron Simmons, Bill Stone, Clive Westlake und John Zumrick.

Konstruktive Kritik erhielt ich von vielen, aber besonders von Bill Stone, der das gesamte Manuskript las, bevor er sein eindrucksvolles und scharfsichtiges Vorwort schrieb. Für seine großzügigen Bemühungen möchte ich mich besonders bedanken.

Viele andere, die ich hier oder im Fotonachweis nicht erwähnt habe, haben mich mit wertvollen Ratschlägen oder Hilfe unterstützt, unter anderem Roger Cowles, Nick Geh, Frank Loftus, Alex McCormick, Jill Neate, Hubert Odier, Norman Pace, Madame Rossignol (Foundation Cousteau), Petra Sluka und schließlich mein Herausgeber, Ken Wilson, der mich während der gesamten Arbeit unterstützt, mir zugeredet und mich inspiriert hat.

Martyn Farr
Crickhowell
Südwales, 1991

Vorwort

Manche bezeichnen das Höhlentauchen als eine der gefährlichsten Sportarten überhaupt. In Europa ist die hohe Zahl der Unfälle, die zu Anfang im Experimentierstadium des Sports passierten, zurückgegangen, aber in den Vereinigten Staaten sind trotz organisierter Trainingsprogramme allein in den ersten neun Monaten des Jahres 1990 nicht weniger als sechs Taucher ums Leben gekommen. Diese ernüchternden Statistiken unterstreichen den Ernst, der diesem Sport zu eigen ist. Daher wird oft die Frage gestellt: Warum wird dieser Sport ausgeübt, lohnt das Höhlentauchen sich überhaupt, und muß es so gefährlich sein?

Wenn ein Laie den Vorreitern dieser sich ständig weiterentwickelnden, hochtechnologischen Sportart diese Frage stellen würde, würde die Antwort wahrscheinlich lauten, daß es eigentlich gar nicht so gefährlich ist, wenn man weiß, was man tut, und daß es der Reiz und die Herausforderung bei der Erforschung dunkler unbekannter Welten in einer der letzten, echten Grenzbereiche, die es auf diesem Planeten noch gibt, sind, die zum Weitermachen anregen. Viele engagierte Höhlentaucher sind im täglichen Leben ruhige und introspektive Menschen, die ihre inneren Gefühle über den Sport lieber mit Gleichgesinnten teilen. Selbst dann geschieht dies meistens in Form von anekdotenhaften Berichten, die oft mit trockenem, schwarzem Humor gewürzt sind: Sie erzählen, wie sie aufgrund von Gegenströmungen oder schlechter Sicht bei ihrem letzten Tauchgang in der Klemme saßen, oder wie ihr Partner, der mit einem Hochgeschwindigkeits-Unterwassergefährt an die Decke eines überfluteten, unterirdischen Tunnels stieß, die Verbindungsleitung zu seinen Hochdrucktanks wie einen spröden Stock zerbrach, so daß die gesamte Gasversorgung etwa 600 m vom Eingang zurückblieb. Woraufhin sie anschließend eifrig berichten, wie sie sich aus dieser mißlichen Lage befreit haben.

Derartige gespielte Tapferkeit ist jedoch oberflächlich und offenbart wenig mehr als die normalen laienhaften Erklärungen. Jene, die genug Erfahrung besitzen und schon einmal dem Tod entronnen sind, wissen, daß mehr als Glück nötig ist, um Freude an diesem Sport zu haben und dabei zu überleben.

Ein Thema, über das nie gesprochen wird, betrifft die Angst. Die immer gegenwärtige Möglichkeit, daß es zu einer Panne kommt, daß die Ausrüstung versagt oder etwas Unvorhergesehens passiert, kann zu Panik und schließlich zum Tod führen.

Gutes Training und Vorbereitung wirken dem entgegen, sind aber kein Ersatz für Erfahrung. Es gibt zwei weise Ratschläge, die oft von erfahrenen Tauchern an Anfänger weitergegeben werden. Der erste lautet: Man muß Angst davor haben, in Panik zu geraten. Der zweite: Es gibt alte Höhlentaucher und mutige Höhlentaucher, aber es gibt keine alten, mutigen Höhlentaucher.

Vor seinem Rekord-Abstieg von 267 m in Mexikos Naciemiento del Rio Mante im Frühjahr 1989, der ihn senkrecht in die Tiefe führte, erklärte Sheck Exley, daß er diesen Tauchgang in einem Zustand kontrollierter Paranoia unternahm. Und Exley sollte es wissen. In seiner dreiundzwanzigjährigen Karriere und 3000 Tauchgängen in Höhlen hatte er seinen Anteil an ernsten Problemen gehabt. Warum lebte er noch, während viele Altersgenossen bereits tot waren? »Ich tue so, als ob die Höhle mir *aktiv* ans Leben will«, erklärte Exley, »die Konzentration darf nicht einmal für eine Sekunde nachlassen. Man muß die ganze Zeit daran denken, was als nächstes zu tun ist... falls das Unvorstellbare gerade jetzt eintritt.«

Von Anfang an hat die Gemeinde der Höhlentaucher Vorfälle und Unfälle in diesem Sport selbst überprüft und analysiert.

Daraus sind eine Reihe von Sicherheitsregeln entstanden: Man verwende immer eine fortlaufenden Leine vom Höhleneingang an, man reserviere zwei Drittel der Luftversorgung für den Rückweg, man tauche mit Preßluft nie unter vierzig Meter, man trage mindestens drei verläßliche Unterwasserleuchten bei sich und man stelle sicher, daß alle Life-Support-Geräte voll einsatzfähig sind.

Kurse für das Höhlentauchen geben dieses hart errungene Wissen heute weiter und lehren die Schüler, sich diese Regeln und Vorgehensweisen genau einzuprägen. Das hat dazu geführt, daß es trotz der schnell ansteigenden Zahl von Höhlentauchern weniger Unfälle gibt. In den wenigen Fällen, in denen Lehrer in Unfälle verwickelt waren, handelte es sich um eine Übertretung der Tiefenregel, medizinische Komplikationen und schlechtes Urteilsvermögen. Aber in gewisser Weise gestatten die neuen Kenntnisse, die sichereren Vorgehensweisen und Techniken den Tauchern eigentlich nur, weiter in das Unbekannte vorzudringen in einer Umgebung, die so unversöhnlich und kalt wie die Leere des Weltraums ist. Viljelmar Steffanson, einer der letzten großen Polarforscher, sagte einmal, daß »Abenteuer das Ergebnis von Inkompetenz ist«. Zurückhaltung ist besser als Mut. Dennoch kommt es immer wieder dazu, daß selbst die besten Pläne mißlingen.

Wenn Sicherheit und Technik angemessen gehandhabt werden können, bleibt immer noch die Frage, warum Menschen sich überhaupt für die Höhlentaucherei interessieren. Interessanterweise gibt es zwei allgemein akzeptierte Gründe, die ganz von dem jeweiligen Hintergrund abhängen. Die Unterschiede lassen sich am besten an Beispielen illustrieren, und meine eigenen Erfahrungen ähneln denen vieler, die sich mit diesem Sport Mitte der siebziger Jahre zum erstenmal befaßten.

Im Dezember 1975 erstieg ich einen staubigen Pfad, der zu dem San Juan Plateau in Mexiko führte. Beladen war ich mit einem 300 m langen Seil für einen Abstieg in eine tiefe Höhle namens Joya de las Conchas. Vor mir gab ein stabil gebauter, muskulöser Waliser, Martyn Farr, das Tempo an. Er war nach Mexiko gereist, um dort die spektakulären Höhlen im Freien zu besuchen. Als wir hörten, daß eine Ersterkundung an einem weit entfernten Berg im Gange war, ließ er sofort die eigenen Pläne fallen und gesellte sich zu uns. Unterwegs erzählte Martyn, daß er plante, eine Reihe von überfluteten Tunneln an einem Ort namens Wookey Hole in England zu durchtauchen, und hoffte, eine riesige Höhle zu erreichen, die seiner Meinung nach unter den Mendip Hills vorhanden war. Als ich mir seine Beschreibungen von »einem Meter Sicht, 7°C Wassertemperatur und Verengungen unter Wasser« anhörte, nickte ich und lächelte still vor mich hin, obwohl ich in meinem Leben noch nie mit einer Flasche getaucht war. Insgeheim bildete ich mir jedoch eine ganz andere Meinung: Dieser Mann war nicht nur verrückt, sondern hatte auch einen Todeswunsch. Seine außergewöhnliche Kompetenz, die ich anschließend bei unserem Abstieg von 495 m in Joya de las Conchas miterlebte, überzeugte mich, daß weder das eine, noch das andere auf Martyn zutraf. Aber ich war noch immer nicht von den Vorzügen solch extremer Maßnahmen überzeugt und beschloß, nie Höhlentaucher zu werden. Die Risiken schienen mir einfach zu groß.

Ein Jahr später begann ein Team der besten Höhlenforscher aus Nordamerika mit seiner Arbeit auf dem Huautla-Plateau in Südmexiko. Ich hatte das Glück, zu ihnen zu gehören. Schließlich wurden wir in einer Tiefe von -861 m in einem überfluteten Tunnel aufgehalten, der später als San Agustin-Sump bekannt wurde. Wie alle Höhlenforscher, die irgendwann einmal derart ungewöhnlichen Merkmalen begegnen, sagt man sich: »Sicherlich endet diese Höhle nicht hier, sie ist nur mit Wasser gefüllt.« Ein Blick durch die Tauchermaske mit Hilfe einer Lampe trug wenig dazu bei, meine Meinung zu ändern, denn in die Dunkelheit hinaus führte eine kobaltblaue Unterwasserschlucht.

Kurz nach meiner Rückkehr von der Expedition meldete ich mich für einen Tauchlehrgang an, weil ich unbedingt wissen wollte, wohin dieser Tunnel führte. Vielleicht überzeugte ich mich selbst davon, daß die tiefste Höhle der Welt darauf wartete, hinter diesem Hindernis entdeckt zu werden. Plötzlich schien mir das Höhlentauchen keine verrückte Betätigung mehr. Es hatte persönliche Bedeutung für mich erlangt.

Ein zuverlässiger Höhlentaucher zu werden, war 1976 mit Problemen beladen. Es gab keine Trainingsprogramme, und die meisten waren Autodidakten. Wenn man Glück hatte, traf man einen erfahrenen Höhlentaucher, der einen in die Lehre nahm. In dieser Hinsicht hatte ich Glück, denn Mike Boon, in den sechziger Jahren einer der erfahrensten britischen Höhlentaucher, kam auf seinem Weg nach Mexiko zufällig durch Texas und hörte von meinen Plänen, in den San Agustin-Sump zu tauchen. Er suchte mich auf.

Boon schaute mir direkt in die Augen und begann, mir Fragen zu stellen, während er mir seinen knochigen Finger gegen die Brust stieß.

»Ich habe gehört, daß Sie das Höhlentauchen erlernen wollen. Eine gefährliche Sache.«

Er hielt inne und verzog seine Lippen zu einer Grimasse. »Sie sollten es zumindest richtig machen«, fuhr er fort.

Anschließend erklärte er mir, daß meine einzelne Flasche mit einem Atemregler keinesfalls ausreichte, daß ich mindestens zwei Flaschen brauchte und daß ich nur die Hälfte der Luft in einer Flasche für meine Entdeckungen aufbrauchen und den Rest für die Rückkehr aufbewahren sollte. Er inspizierte meine Leuchte und Leine, riet mir zur Vorsicht und ließ mich stehen.

Anschließend tauchte ich mit meinen leichten Flaschen fünfunddreißig Meter tief in den San Agustin-Sump, tief genug, um festzustellen, daß er an noch tieferer Stelle in einen noch größeren Unterwassergraben überging. Ich kam als anderer Mensch wieder nach oben: der kalte Schweiß war mir ausgebrochen, und Adrenalin pulsierte durch meinen Körper, aber ich hatte neues Wissen gewonnen – ich wußte, daß es einen neuen Grenzbereich gab, eine wahrhaft fremde Welt. Ich mußte zurückkehren, um zu erfahren, was sich dahinter ausbreitete. Meine Erfahrung, zusammen mit dem Gefühl des persönlichen Triumphes und dem Auftrieb, die dieser dem Selbstvertrauen verleiht, war nicht einzigartig. Farr wurde offensichtlich in Wookey Hole von derselben Verlockung angetrieben, genau wie jene, die es ihm in späteren Jahren nachmachten. Für mich symbolisierte die San Agustin-Höhle den äußersten Test für meine Entschlossenheit und Fähigkeit, mein Leben erfolgreich zu meistern.

Macht diese Besessenheit das Höhlentauchen zu einem Wettkampf? Die Antwort lautet ja, aber der Wettkampf ist nicht offensichtlich. Er findet auf sehr private, stille Art statt, weit entfernt von der Aufmerksamkeit der Öffentlichkeit. Ich glaube, dies trägt zu dem Geheimnis bei, das den Unterwasser-Speläologen umgibt. Die Vorreiter korrespondieren häufig miteinander und berichten einander nüchtern von ihren neuesten Erfolgen. Tauchgründe findet man überall, aber jene, in denen noch neue Entdeckungen gemacht werden können, sind selten. Aus diesem Grund ist wetteifernde Geheimnistuerei an der Tagesordnung.

Meistens gilt jedoch die unausgesprochene Abmachung unter den Tauchern, daß man einander hilft. Es überrascht daher nicht, daß Sheck Exley, der den Tiefenrekord ebenfalls brechen wollte, Jochen Hasenmayer, der im Vaucluse einen Tauchgang auf 200 m Tiefe unternehmen wollte, 1981 einen wichtigen Satz von kommerziellen Helium-Sauerstoff-Dekompressions-Tabellen schickte.

Ein weiterer Grundsatz des Entdeckerkodex lautet: Man stehle nicht das Forschungsprojekt eines anderen. Von den Höhlentauchern wird derartiger Diebstahl mit Mißbilligung betrachtet. Als Exley zu Beginn der achtziger Jahre nach einer Reihe von australischen Erfolgen in der Cocklebiddy Cave eine internationale Expedition vorschlug, mußte er feststellen, daß die Australier dafür keine Begeisterung zeigten. Aus diesem Grund legte er das Projekt auf Eis. Andere hielten sich nicht daran, und obwohl ihr Ausflug von Erfolg gekrönt war, galten sie in der internationalen Entdeckergemeinschaft als »Piraten«. Aus diesem Grund wurde die Geheimhaltungspflicht noch verstärkt.

Nach einem weiteren Versuch in San Agustin im Jahr 1980 wußte ich, daß ich mehr Erfahrung im Höhlentauchen brauchte. Ich nahm Kontakt zu Exley auf, der gerade die Ergebnisse anderer Tauchgänge in Mexiko veröffentlicht hatte.

Als ich in Florida eintraf, fiel mir auf der Stelle der Unterschied in der Ausrüstung auf. Ich hatte die klassische britische Höhlentauchausrüstung mit seitlich angebrachten Flaschen und einem Helm mit drei normalen elektrischen Bergarbeiterlampen verwendet. Als ich Exley und seinem Partner in den Orange Grove Sink folgte, fühlte ich mich völlig fehl am Platze. Sie trugen riesige Doppelflaschen aus Stahl auf dem Rücken und hatten Trockentauchanzüge an. Ihre Ausrüstung – Ersatzleuchten, Seiltrommeln und ähnliches – war ordentlich auf einem speziellen Beförderungssystem verstaut. Ihre Meisterung der Tragkraftkontrolle gab mir das Gefühl, ein Neuling zu sein. Die Klarheit des Wassers versetzte mich in Erstaunen. Ich war an kalte, enge Höhlen mit schlechter Sicht gewöhnt, und zum erstenmal unter Wasser unbegrenzt weit sehen zu können, war atemberaubend. Exley schaltete sein Licht ein, und die gesamte Unterwasserwelt wurde wie eine Szene aus einem Science-Fiction-Film ausgeleuchtet. Ein laserartiger Strahl erleuchtete die Leere dreißig Meter vor uns. Der Eingang eines riesigen Nebentunnels, den ich nicht einmal bemerkt hatte, wurde sichtbar.

Diese Einführung in das Höhlentauchen in Florida war eine Offenbarung für mich und beleuchtete den Unterschied zwischen normalen Tauchern und Höhlentauchern. Höhlentaucher sind meistens Höhlenforscher, die das Tauchen erlernt haben, um eine Höhle, in der sie in einen Sumpf gelangt sind, weiter zu erforschen. Bei den »Quellentauchern« handelt es sich vorwiegend um Sporttaucher, denen es nicht mehr ausreicht, an Schiffwracks und in Seen zu tauchen, oder die aufgrund von schlechtem Wetter von den klaren Quellen im Binnenland angezogen wurden. Ihre Zahl liegt sehr viel höher als die der Höhlentaucher (auf jeden Höhlentaucher in den USA kommen wahrscheinlich 200 Quellentaucher). Daher ist es verständlich, daß alle Todesfälle in den siebziger und zu Beginn der achtziger Jahre unter Sporttauchern auftraten, die ihren ersten (und letzten) Tauchgang ohne die entsprechende Vorbereitung in den Quellen von Florida unternahmen.

Da Quellentaucher keinerlei Probleme haben, die der Größe oder dem Gewicht ihrer Ausrüstung Grenzen setzen würden, haben sie einen ganz anderen Stil und andere Techniken entwickelt, die sich von den Anfängen der Höhlentaucherei unterscheiden. Dort ging es in erster Linie um die Überwindung von Sumps in ansonsten trockenen Höhlen, die oft Tausende von Metern von der Oberfläche entfernt waren. Zwischen den beiden Gruppen gab es kaum Verbindungen, abgesehen von einigen speziellen Expeditionen.

Einige Quellentaucher betrachten das Höhlentauchen als einen Ausdruck von Machismo. Diese oberflächliche Auffassung verrät, daß ihre Motivation nur im einfachen Konkurrenzkampf liegt, der oft mit einem knappen Entkommen oder in einigen Fällen sogar mit dem Tod endet, nachdem der Versuch unternommen worden war, einen erfahreneren Taucher zu übertreffen. Anfänger überschätzen oft ihr Können. Nur durch das ständige Training von Situationen, in denen wirklich etwas schiefgeht, wird man zum Höhlentaucher. Das Geschichtenerzählen in der Kneipe wird daher zu einer wichtigen Möglichkeit, das Gelernte weiterzugeben. Das regelmäßige Lesen von veröffentlichten Tauchberichten ist ebenfalls sehr wichtig.

Was professionelle Höhlentaucher von den falsch motivierten Anfängern unterscheidet, ist der Respekt für die Ernsthaftigkeit jedes einzelnen Tauchgangs. Wie Exley so klar erklärte, ist es wichtig, eine Art rationaler Angst oder kontrollierter Paranoia zu entwickeln, so daß man immer auf der Hut ist.

Für jene, die diese Eigenschaften entwickeln können, ist der Lohn groß. Man kann nicht leugnen, daß die Tatsache, daß man Mitglied einer noch äußerst kleinen Gemeinschaft von dynamischen Individualisten ist, einem Selbstvertrauen verleiht. Es gibt auch eine weitere Belohnung, die man jenen, die noch nicht da waren, nur schwer erklären kann: Es ist das Gefühl, ein Territorium erforscht zu haben, das vorher noch kein Mensch gesehen hat. Und es ist noch mehr. Die Fähigkeit, durch einen scheinbar endlosen, luftleeren Raum »fliegen« zu können, der in schwarze, unbekannte Tiefen hinabsteigt, erinnert fast an die Raumfahrt.

Ich nehme an, daß viele Höhlentaucher sich selbst als Forscher im Weltraum sehen, die eine Generation zu früh geboren wurden. In vielerlei Hinsicht ist das Höhlentauchen jedoch viel besser. Nur zwölf Raumfahrer haben eine ursprüngliche Entdeckung gemacht (jene, die auf dem Mond gelandet sind), aber ein ernsthafter Höhlentaucher kann unterirdische Regionen an jedem Wochenende erforschen. Bei einer schwierigen Entdeckungsreise hat es ein Höhlentaucher wahrscheinlich mit einer viel raffinierteren Ausrüstung zu tun als die Astronauten. Bei der Erforschung der Nischen eines langen, tiefen Systems kann diese Ausrüstung nur komplexer werden, da computergesteuerte, geschlossene Life-Support-Systeme die traditionellen Geräte mit offenem Kreislauf ersetzen. Tatsächlich ist der technologische Fortschritt charakteristisch für die gesamte kurze Geschichte des Höhlentauchens. Wo Beschränkungen bei der Ausrüstung den erfolgreichen Abschluß eines Projekts verhindern, dauert es nicht lange, bis neue Geräte oder Techniken entwickelt werden.

Obwohl ein Teil des Abenteuers beim Höhlentauchen sich auf immer tiefere und längere Tauchgänge konzentriert, sind noch einfachere Expeditionen mit konventionellen Taucherlungen möglich. Derartige Projekte bieten ebenfalls interessante Forschungsmöglichkeiten für Höhlentaucher, die aus Zeit- oder Geldgründen oder aufgrund persönlicher Vorlieben daran gehindert werden, an komplexen, hochtechnologischen Unternehmungen teilzunehmen.

Trotz der langen, dramatischen Geschichte des Menschen ist das Höhlentauchen noch relativ jung, nämlich kaum fünfundfünfzig Jahre alt. Diese kurze Zeitspanne wird durch die Tatsache unterstrichen, daß zwei der ersten Pioniere, Jack Sheppard und Graham Balcombe, noch immer leben, vital sind und großes Interesse an den Ereignissen in der Welt des Höhlentauchens zeigen. Obwohl sich das Höhlentauchen sicher weiterentwickeln und als Sport erweitern wird, sind wir zur Zeit Zeuge seines Zenits im Pionierstadium. In späteren Jahren wird man wahrscheinlich wehmütig auf diese Zeit zurückschauen, ähnlich wie Segler, die heute an die Reisen von Magellan oder Drake denken.

Die Aufgabe, eine interessante und abgerundete Geschichte des Höhlentauchens zusammenzustellen und auf den neuesten Stand zu bringen, ist keineswegs gering, da in den zehn Jahren seit der Veröffentlichung der heute klassischen Ausgabe von *The Darkness Beckons* viel passiert ist. Der Sport hat sich mit atemberaubender Geschwindigkeit weiterentwickelt. Auch als diese zweite Ausgabe schon im Druck war, wurden neue Weltrekorde aufgestellt, die noch aufgenommen wurden. In diesem Wirrwarr von großartigen Erfolgen verfällt man leicht einer kurzsichtigen Wertschätzung für die Ausgereiftheit der heutigen Technologie. Wenn Sie von den keimenden Bemühungen in den dreißiger und vierziger Jahren lesen, sollten Sie sich in Forscher wie Lavaur, Balcombe, Cousteau und Wells hineinversetzen. Ihre Grenzbereiche waren genauso drohend und einschüchternd wie ein fünf Kilometer langes Vordringen oder ein 300 m langer senkrechter Abstieg für uns heute sind. Sollten Sie noch Zweifel hegen, daß es in den neunziger Jahren noch echte Entdeckungen gibt, sollten Sie weiterlesen...

Bill Stone
Derwood, Maryland, 1991

Ursprünge

Kapitel eins

Die Herausforderung beim Höhlentauchen

Eine Höhle ist ein geheimnisvoller Ort von ungeheurer Faszination: die Dunkelheit lockt. An der Oberfläche ist der Verlauf des Landes klar zu erkennen. Unter der Erdoberfläche hingegen wird man mit der Dunkelheit konfrontiert, und ohne Licht ist es nicht einmal möglich, die eigene Hand vor Augen zu sehen. Im Grunde ist man blind. Wie jeder Höhlentaucher zugeben wird, gibt es kein beunruhigenderes Gefühl. Die meisten, die in dieses Reich eingedrungen sind, haben absichtlich oder unabsichtlich die wahre Dunkelheit erlebt.

Für die meisten ist diese ewige Dunkelheit wenig attraktiv, aber für einige wenige, für Höhlentaucher, Höhlenforscher und Speläologen ist sie der Lebensnerv. Eine angeborene Neugier, gekoppelt mit der Neigung zu körperlicher Verausgabung erzeugt eine Herausforderung, und diese treibt den Höhlentaucher immer weiter an.

Der Mensch erforscht die Welt bereits seit vielen tausend Jahren, und die ihm eigene Neugier hat ihn in die entferntesten Winkel der Erde geführt. Zu Land, zu See und von der Luft aus wurden die physikalischen Merkmale unseres Planeten beurteilt. Die Südwestseite des Everest und der Eiger Nordwand wurde aufgesucht und überwunden. Unberührte Regionen gibt es nur noch wenige, und die noch verbleibenden sind, wie die Tiefen des Ozeans, weit entfernt. Technische Fortschritte werden zweifellos irgendwann neue Grenzen erschließen und auch zur weiteren Erforschung des Weltraums führen. Zur Zeit jedoch leben wir auf einem immer kleiner werdenden Planeten, in einer Welt, die dem Pioniergeist nur wenig Raum läßt.

Höhlen jedoch bieten ein großes Potential für Entdeckungen. Sie sind nur zum Teil erforscht, und mit Sicherheit gibt es noch Raum für weitere Entdeckungen. Jeder Fortschritt war hier ein Schritt ins Unbekannte, und viele Schritte sind noch zu tun. Die Herausforderung besteht darin, Geist und Möglichkeiten an der Höhle zu messen. Diese Aufgabe ist keineswegs leicht, sondern körperlich

Links: Großartige Stalaktiten- und Stalagmitenformationen in der Höhle von NoHoch Nah Chich, Yucatan, Mexiko. Hier erfüllt sich der Traum eines jeden Tauchers: klares, warmes Wasser, mittlere Tiefen und eine atemberaubende Umgebung.

und geistig anstrengend. Bisweilen erinnert das Ganze an Masochismus, aber in anderen Augenblicken ist der Höhlentaucher von grenzenloser Hochstimmung erfüllt. Persönliche Eigenschaften wie Entschlossenheit und Hingabe sind von großer Bedeutung, während Kalkulation und Abenteuer Individualisten in großartiger Kameradschaft zusammenbringt. Die Suche nach neuen Höhlen, neuen Durchgängen, die noch länger und tiefer sind, geht ständig weiter.

Zur Zeit gilt das Höhlensystem von Gouffre Jean Bernard in Haute Savoie, Frankreich, weltweit als das tiefste. Dort wurde auf dem Lapies de Foillies in der Nähe von Samoens zu Beginn der achtziger Jahre eine Tiefe von 1558 m erreicht. Zu Beginn der neunziger Jahre wuchs diese auf 1601 m an, da das System nach oben erweitert wurde, um eine Verbindung zu einem Eingang, der höher in den Bergen gelegen war, zu schaffen. Ausgedehnte Forschungen haben diesen Rekord bestätigt, aber die Zahl und die tatsächliche Tiefe mag sich im Verlauf der Zeit durch weitere Entdeckungen noch ändern. Ähnliche Untersuchungen finden zur Zeit in Mexiko statt, wo bei dem kürzlich entdeckten Cueva Cheve-System ein realistisches Tiefenpotential von mindestens 2600 m festgestellt wurde. Die Entdeckungen führen also immer weiter hinab.

Die längste Höhle ist die Mammoth-Höhle im Flint Ridge-System in Kentucky (USA), die über 530 km lang ist. Natürlich führt sie nicht 530 km in eine Richtung, vielmehr handelt es sich um einen riesigen Komplex von übereinanderliegenden, miteinander verbundenen Passagen. Zweifellos warten noch viele Meilen darauf, entdeckt und vermessen zu werden, und es scheint zur Zeit unwahrscheinlich, daß irgendeine andere Höhle ihr das Wasser reichen kann. Aufgrund ständiger neuer Funde und Verbindungen wäre es jedoch unsinnig, die Gesamtlänge schätzen zu wollen.

Außerdem werden heute die Möglichkeiten von bisher unerforschten Gebieten erkannt. Hier werden ständig neue Rekorde bei Länge und Tiefe aufgestellt. Mexiko und Südamerika, Neuguinea, die Sowjetunion und China haben alle ihren Teil zu dem Gesamtbild der Höhlenforschung beigetragen. Höhlenforscher werden überall von vorhandenen Höhlenstrukturen angezogen. In dieser Welt verändern sich Menschen, Einstellungen und Techniken ständig.

Immer wieder werden die Forscher von Hindernissen aufgehalten – von Schachtsümpfen, Blockierungen oder Sackgassen – und der Erfolg hängt ganz und gar von fortschrittlichen Einstellungen und von der geeigneten Ausrüstung ab, deren Weiterentwicklung schon immer langsam voranging. Aus diesem Grund waren Höhlentaucher im Vergleich zu vielen anderen Sportlern schon immer in der Minderheit, wenn auch aus anderen Gründen. Es sind nicht die Kosten, die potentielle Forscher abhalten, sondern eher die Furcht vor der Dunkelheit, vor den nassen, schlammigen Verhältnissen, gekoppelt mit echten oder eingebildeten Gefühlen von Platzangst. Aus diesem Grund ist das Bild, das die Öffentlichkeit sich von dieser Sportart macht, meistens negativ. Obwohl diese Faktoren von den Aktiven in Betracht gezogen werden, geht es ihnen um ihre persönliche Befriedigung.

Eine gewisse Ausrüstung ist für diesen Sport nötig, und da die Hersteller nur zögernd spezifische Artikel für einen solch begrenzten Markt anbieten, sind Höhlentaucher Meister der Improvisation und verwenden Geräte, die ursprünglich für andere Zwecke entworfen wurden.

Unter der Erde erzwingt eine Barriere eine zeitweilige Unterbrechung von weiteren Entdeckungen. Ein Felssturz am Ende eines Durchgangs bedeutet beispielsweise oft »das Ende«. Aber nicht immer. Wenn es irgendeinen Hinweis darauf gibt, daß es hinter der Blockade weitergeht, werden Höhlentaucher versuchen, einen Weg zu finden. Dazu müssen vielleicht nur ein oder zwei dicke Felsbrocken aus dem Weg geräumt werden, aber bisweilen ist eine Sprengung notwendig. Dieses Mittel wird immer häufiger eingesetzt, um Hindernisse aus dem Weg zu räumen und ihre Entfernung von Hand zu erleichtern.

Die Einstellung gegenüber verengten Passagen hat sich ebenfalls gewandelt. Einige, die keinerlei Platzangst besitzen, zwängen sich mühelos durch einen nur zwanzig Zentimeter hohen Spalt (vergleichbar mit der Reparatur unter einem Auto), vorausgesetzt natürlich, daß die Hoffnung auf größere Entdeckungen dahinter besteht und eine sichere Rückkehr garantiert ist.

Kletterpartien oder senkrechte Aufstiege sind schon immer ein Problem gewesen. In diesem Fall können fortschrittliche Klettertechniken übernommen oder auch Kletterstangen eingesetzt werden. Vertiefungen oder Höhen auf dem Boden des Höhlendurchgangs sind zur Routine geworden. In der Vergangenheit wurden Strick- oder Drahtleitern für derartige Kletterpartien eingesetzt, aber heute werden Techniken mit einem einzelnen Seil für alle, abgesehen von den kürzesten, senkrechten Sektionen bevorzugt. Mit der Entwicklung von spezialisierter Ausrüstung zum Ab- und Aufstieg läßt sich jede Höhe überwinden.

Der zur Zeit tiefste Schaft der Welt ist El Sotano im Norden Mexikos. Er fällt von oben bis zum Boden 410 m ab. Mit der Seiltechnik kann man in weniger als einer halben Stunde dort hinabklettern und in etwa einer Stunde oder weniger wieder hinaufsteigen. Auch die Hollenhölle, ein unbeschreiblicher Schacht unter der Erde in Österreich, soll 450 m tief sein, aber hier handelt es sich nicht um einen einzelnen Abfall, sondern vielmehr um eine senkrechte Höhle mit mehrfachem Gefälle. Obwohl derartige Vertiefungen allein schon großartige Ausflüge gestatten, bilden sie auch den Zugang zu unterirdischen Höhlensystemen. Eine immer größer werdende Zahl derartiger Vertiefungen, die sich unter der Erde oder stellenweise auch darüber befinden, werden erforscht.

Je tiefer man in eine Höhle eindringt, desto mehr Hindernissen begegnet man. Die bereits beschriebenen werden von der Mehrheit der Höhlenforscher akzeptiert, aber wenn auch Wasser eine Rolle spielt, werden die Probleme noch viel ernster. Kalksteinhöhlen bilden sich durch die Tätigkeit des Wassers, und es ist daher nichts Ungewöhnliches, wenn man sich durch nasse Passagen hindurcharbeiten muß. Um der Kälte entgegenzuwirken, braucht man Schutzkleidung, genau wie eine spezielle Beleuchtung, die sich nicht so leicht auslöschen läßt. Was die Kleidung betrifft, so wird in Großbritannien im allgemeinen mit dem Naßtauchanzug getaucht. Auf diese Weise konnten die schwierigsten Flußhöhlen vergleichsweise bequem und sicher erforscht werden. Seen, für die bisher ein Dinghi nötig war, können durchschwommen werden, denn ein Anzug verleiht Tragkraft. Viele europäische Taucher tragen spezielle Trockentauchanzüge, die mit wasserdichten Abschlüssen am Hals und an Hand- und Fußgelenken größeren Komfort garantieren, da genug Platz für Woll- oder Thermounterwäsche vorhanden ist. Wenn jedoch der Trockentauchanzug unter schlechten Bedingungen reißt, kann dies fatale Folgen haben, während ein Riß in einem Naßtauchanzug nur an der entblößten Stelle Unbehagen bereitet. Daher gilt im allgemeinen, daß ein Naßtauchanzug für schwierige Stellen besser geeignet ist.

In nassen Höhlen ist effiziente, verläßliche Beleuchtung von größter Bedeutung. Wasserdichte, elektrische Leuchten sind Lampen mit offenen Flammen, beispielsweise einer Karbidlampe überlegen. In Großbritannien gelten die wiederaufladbaren elektrischen Lampen der Bergleute oder die Speziallampe Speleo Technics FX2 als beste Wahl, obwohl auf langen Ausflügen oder Expeditionen in isolierte Regionen die Karbidlampe noch immer am praktischsten ist.

Aber Techniken und Vorlieben unterscheiden sich von Ort zu Ort. Viele Höhlentaucher auf dem Kontinent beispielsweise verwenden im allgemeinen Trockentauchanzüge und bevorzugen die Karbid-Lampe als Hauptbeleuchtungsquelle, obwohl die Mehrzahl ebenfalls elektrisches Licht für den Notfall oder für nasse Stellen bei sich trägt. Die Höhle selbst diktiert, welche Ausrüstung man am besten verwenden sollte.

Nasse Höhlen sind immer die größte Herausforderung, aber durch Gefahren wie z. B. Überflutungen auch die gefährlichsten. In Großbritannien stellen plötzliche Überflutungen aufgrund von plötzlichen, starken Regenfällen im Sommer oder schnell schmelzendem Schnee im Winter die größte Gefahr dar. Es gibt jedoch Wetterberichte, und mit Vorsicht und Voraussicht können derartige Stellen in einer Zeit, die ein unverhältnismäßig großes Risiko darstellen würde, vermieden werden.

Wenn man schnell fließenden Strömungen folgt oder Kaskaden und Wasserfälle hinabsteigt, stößt man wahrscheinlich schließlich auf einen Durchgang, in dem das Gefälle stark reduziert und die Strömung nicht wahrnehmbar ist. Ein solcher Abschnitt wir oft als Kanal bezeichnet. Außerdem kann das Dach langsam abfallen, bis nur noch ein paar Zentimeter Raum zwischen Fels und Wasser vorhanden sind. Für den festentschlossenen Höhlenforscher ist dies nur eine weitere Herausforderung, denn drei bis fünf Zentimeter Luftraum sind alles, was er braucht. Langsam und vorsichtig geht die Untersuchung vonstatten. Den Kopf auf die Seite gelegt, Mund und Nase leicht an den Fels über ihm gepreßt, fühlt er seinen Weg, wobei er Helm und Lampe vor sich herhält. Die Bewegungen sind vorsichtig und genau durchdacht: jeder Tritt muß sorgfältig gefühlt und jegliche Turbulenz vermieden werden. Es ist kalt und äußerst zermürbend, aber solange Hoffnung besteht, ist an eine Rückkehr nicht zu denken. Mit ein wenig Glück kann man nur ein paar Meter weiter vorn das Hindernis passieren.

Wenn der erste Durchgang erfolgreich passiert wurde, bedeutet der wasserhaltige Abschnitt nicht mehr das Hindernis, das er zu Anfang war. Dennoch muß man solchen Gefahren immer mit Vorsicht begegnen, besonders bei nassen Wetterverhältnissen, denn schon ein leichter Wasseranstieg kann ganze Abschnitte völlig ausfüllen. Falls dies passiert, bleibt keine andere Wahl, als an einem sicheren Ort zu warten, bis der Wasserspiegel fällt oder bis eine Rettungstruppe eintrifft. Wenn man jedoch weiß, daß der überflutete Abschnitt oder Sumpf (Syphon) nur ein paar Meter lang ist, kann man tief Luft holen und ihn

durchtauchen. Dieses freie Tauchen ist eine ernste Angelegenheit, die potentiell gefährlich ist.

Was die Entdeckungen betrifft, begann dieser risikoreiche Aspekt des Sports in Frankreich, als Casteret 1922 zwei Sumps in der Grotte de Montespan erfolgreich hinter sich brachte. In Großbritannien war es Sheppards Überwindung von Swildon's Sump im Jahr 1936. Seitdem wurden weltweit viele kurze, überflutete Abschnitte in Höhlen überwunden. Unausweichlich wollten es anschließend andere den Pionieren nachtun. Daher ist das freie Tauchen durch kurze Sumps heute relativ häufig, aber es sollte nie leichtsinnig unternommen werden.

Wenn man dabei durch einen Vorsprung unter Wasser behindert wird, wird die Situation kritisch. Die Sicherheitsspanne ist gering, und nur wenige Höhlenforscher sind bereit, mehr als einen etwa drei Meter langen Sump auf diese Weise zu überwinden. Die Gefahren dieser Technik wurde im Mai 1976 offensichtlich, als eine Gruppe von sechs Höhlenforschern in Yorkshire in den Langstroth Pot hinabstiegen. Sie wollten die ganze Höhle durchqueren und an einem niedriger gelegenen Ausgang wieder herauskommen. Dabei mußten drei Sumps durchtaucht werden. Nur einem der sechs gelang es, drei starben und zwei mußten gerettet werden.

Es gibt natürlich leichte Stellen mit viel Luftraum, die vergleichsweise kurz sind, beispielsweise der Valley Entrance Duck in der Kingsdale Master Cave oder der Canal in der Little Neath River Cave. Sie gelten als annehmbarer Teil eines Sportausflugs, und kein selbstbewußter Höhlenforscher würde zögern, dort zu tauchen, da das Risiko relativ gering ist.

Das Gefahrenelement ist für den Höhlenforscher wichtig, und er genießt seinen Ausflug erst richtig, wenn er die Gefahren durch seine eigenen Fähigkeiten überwunden hat. Gesunder Menschenverstand und Vorsicht sind von größter Bedeutung, und es kam zu vielen Unfällen, weil übereilt eine Entscheidung getroffen wurde oder kurzzeitig die Konzentration nachgelassen hat.

Ist man weiter in der Höhle vorgedrungen, geht man um eine Ecke und ist wirklich »am Ende« angelangt. Diesmal fällt die Decke tatsächlich bis unter die Oberfläche ab, und es gibt keinen Durchgang. Man sieht, wie ein Blatt oder etwas Schaum sich ruhig in der lethargischen Strömung dreht. Dies ist der Moment, in dem man ein wenig nachdenkt und etwas ißt, bevor man sich auf den Rückweg macht. Sicherlich endet die Höhle hier nicht? Aber wenn man nicht weiß, wie lang der Abschnitt unter Wasser ist, gibt es außer für den vollausgerüsteten Taucher keine Möglichkeit, weiterzugehen. Wenn man einen detaillierten Höhlenplan studiert, kann man oft abschätzen, wie weit die Höhle sich wahrscheinlich erstreckt. Wir wollen einmal annehmen, daß derselbe Fluß, der in der Höhle verschwindet, eine Meile weiter entfernt auf einer viel niedrigeren Höhe wieder auftaucht. Leider steigt der Fluß am niedrigeren Ende des Systems aus einem tiefen Bassin auf, und wieder kann er nur von Tauchern erforscht werden. Mit Sicherheit läßt sich sagen, daß sich hinter dem endgültigen Hindernis in der bekannten Höhle wahrscheinlich eine trockene Fortsetzung befindet.

Als erstes sucht man die Höhle stromaufwärts vom Ende her sorgfältig ab. Es besteht immer die Hoffnung, einen höhergelegenen Seitenkanal zu finden, denn wenn ein Fluß sich seinen Weg durch Kalkgestein bahnt, verändert er unausweichlich seinen Verlauf. Wenn daher ein Höhlenfluß sein Niveau für ein niedrigeres aufgibt, bleibt ein alter fossiler Durchgang erhalten. Dieser ist möglicherweise völlig trocken. Wenn der Höhlenforscher dem fossilen Durchgang folgt, besteht die berechtigte Hoffnung, den Fluß an einem niedrigeren Punkt hinter dem Sump zu erreichen. Eine solche Route gibt es in Swindon's Hole in Somerset, und die stromaufwärts gerichteten Entdeckungen in Dan-yr-Ogof in Südwales haben durch die Entdeckung von Routen, die zu einem Netz von Nebenhöhlen führen, zu einer Umgehung der vielen Sumps dort geführt.

Obwohl in vielen Höhlen die Wahrscheinlichkeit groß ist, daß trockene Nebenstrecken vorhanden sind, gibt es keine Möglichkeit, diese zu erreichen. Es gibt Beispiele, in denen Siphons jedes Weitergehen verhindert haben, beispielsweise im Gavel Pot in Yorkshire, im P8 (Jackpot) in Derbyshire, im Swildon's in Somerset und in Dan-yr-Ogof in Südwales. Höhlenforscher auf der ganzen Welt fluchen, wenn ihre Entdeckungsreise auf diese Weise ein Ende findet, und Norbert Casteret, einer der frühen französischen Entdecker, behauptete, daß der Sump »der Feind Nummer eins« ist.

Dennoch war es unausweichlich, daß man früher oder später neue Techniken entwickeln und die endgültige Grenze durchbrechen würde. Genau dies versucht der Höhlentaucher. Namen wie Graham Balcombe, Mike Boon, Mike Wooding und John Parker sind unauslöschlich mit wichtigen britischen Durchbrüchen auf diesem Gebiet verbunden. Die Geschichte ihrer Abenteuer ist dramatisch und von Mut, Gefahr und Aufregung geprägt. Es ist die Geschichte von Individualisten mit eisernem Willen, die bereit waren, das Risiko auf sich zu nehmen, um den unsterblichen Lohn des persönlichen Erfolgs zu suchen. Bestimmte Höhlen werden immer mit ihnen in Verbindung gebracht werden, und noch in einhundert Jahren werden Höhlenforscher den Pionieren der Unterwasser-Speläologie Anerkennung zollen.

Kapitel zwei

Die Anfänge des Höhlentauchens

Höhlen erfüllten die Menschen schon immer mit unersättlicher Neugier, und die Versuche, Sumps zu durchqueren, reichen bis auf die Anfänge der Höhlenforschung zurück. 1777 beschrieb William Bray einen frühen Versuch, Buxton Water in Peak Cavern in Derbyshire zu durchqueren:

In einer Entfernung von etwa fünfundsiebzig Metern vom Eingang reichte der Fels so nah ans Wasser heran, daß ein weiteres Hindurchgehen unmöglich war; aufgrund des Klangs gab es jedoch Grund anzunehmen, daß dahinter eine weitere Höhle lag, und vor etwa vier Jahren beschloß ein Gentleman, unter dem Felsen herzutauchen. Er tauchte hinein, aber, wie es zu erwarten war, schlug er mit dem Kopf auf dem Felsen auf, sank bewußtlos auf den Boden und konnte nur unter Schwierigkeiten herausgezogen werden.

Casterets Tauchgänge in Montespan
Viele frühe Versuche wurden nicht aufgezeichnet, und die meisten waren zum Scheitern verurteilt. Der erste Erfolg wurde erst 1922 verzeichnet, als der fünfundzwanzigjährige Franzose Norbert Casteret einen unglaublich mutigen Frei-

Unten: Norbert Casteret in Montespan (links) und eine Rekonstruktion nach seinem zweiten Tauchgang durch den ersten Sump (rechts).

tauch-Versuch in der Grotte de Montespan in den Pyrenäen unternahm. Bei seinem ersten Solounternehmen in der Höhle wagte Casteret es, einen eiskalten Sump in völliger Dunkelheit zu durchqueren:

Ich stand bis zum Hals im Wasser und dachte dennoch über die Unbesonnenheit, allein ein so gefährliches Unternehmen zu wagen, nach. Mehrere Möglichkeiten schossen mir durch den Kopf. Nachdem ich sie in der schrecklichen Stille und Einsamkeit durchdacht hatte, entschloß ich mich dennoch, die Grenze zu durchbrechen, obwohl sie undurchdringlich erschien.

Ich stellte meine Kerze auf einen Vorsprung an der Wand und atmete genug Luft für einen Tauchgang von zwei Minuten ein (was für mich nichts Besonderes war). Dann tauchte ich hinein, die eine Hand nach vorne ausgestreckt, während ich mit der anderen die Decke berührte. Ich fühlte die Rundungen und Konturen der Decke mit ungeheurer Vorsicht; ich war blind, meine Fingerspitzen dienten mir als Augen. Ich mußte mich nicht nur nach vorne tasten, sondern auch an meine Rückkehr denken. Als ich mich auf diese Weise vorarbeitete, tauchte mein Kopf wieder an der Oberfläche auf; ich konnte atmen.

Es war unmöglich zu sagen, wo ich war; ich war von völliger Dunkelheit umgeben. Offenbar hatte ich einen Siphon durchtaucht, einen Tunnel, dessen Decke sich unter Wasser befand. Ich kehrte sofort um und tauchte in der entgegengesetzten Richtung, denn unter solchen Umständen ist nichts gefährlicher, als seinen Orientierungssinn zu verlieren.

Oben: Norbert Casteret mit seiner Mutter und seiner Frau.

Er kehrte am nächsten Tag zurück, ausgerüstet mit Kerzen und Streichhölzern, die in einer Badekappe eingewickelt waren.

Am Siphon achtete ich darauf, daß ich mich in genau derselben Richtung bewegte wie zuvor, damit ich das Luftloch finden konnte. Ich kam sicher an die Oberfläche und konnte meine Augen und meine Nase gerade noch aus dem Wasser halten. Ich schüttelte die nasse Badekappe, um sie zu trocknen, bevor ich eine Kerze anzündete. Das flackernde Licht konnte nur ein paar Meter erhellen; die Decke verlief parallel zur Wasseroberfläche, der Luftraum war sehr niedrig... Nach einhundert Metern erreichte ich eine Bank aus Ton am Eingang eines riesigen Raums... Die Decke erhob sich auf eine Höhe von zehn bis zwölf Metern, und der Strom war unter riesigen Blöcken, die von oben herabgefallen waren, halb begraben. Die Halle war mit wunderschönen Stalagmiten geschmückt. Ich durchquerte sie und begann, wieder im Wasser zu waten... Nachdem ich an einer enormen Säule vorbeigekommen war, tat sich vor mir ein weiterer, tödlich wirkender Siphon auf...

Ich wiederholte das Manöver, das ich bereits kannte, das aber dadurch nicht weniger atemberaubend war, und tauchte auch durch diesen Siphon. Er schien merklich länger als der erste. Jetzt war ich in der Welt der Schatten hinter einer doppelten Barriere gefangen. Die Einsamkeit war ungeheuer; ich kämpfte mit einer Beklommenheit, die sich langsam in Angst verwandelte...

Von der Kälte und Ahnungen gequält, beschloß ich umzukehren. Ich mußte eine Strecke durch das Wasser kriechen, durch eine kleine Galerie, von deren niedriger Decke sich ein wahrer Schauer ergoß, der meine Kerze ständig löschte... Schließlich brachte sie mich in eine Halle, die noch viel größer war als die erste.

Nachdem Casteret diese zweite Halle gründlich untersucht hatte, um einen trockenen Ausgang zu finden, kam er zu folgendem Schluß:

Mir blieb keine andere Wahl, als den Weg, den ich gekommen war, zurückzugehen. Dies gelang mir unter immer größer werdender Erschöpfung... Ich passierte den schlimmeren der beiden Siphons erst beim zweiten Versuch, da ich beim erstenmal in einem zu steilen Winkel getaucht war... Ich kam völlig verkühlt wieder heraus, als es schon Nacht war.

Diese Entdeckung zählt sicherlich zu den wagemutigsten in der Geschichte der Höhlenforschung. Derartige Handlungen würden heute wahrscheinlich als unbesonnen gelten, aber Casteret scheint die Risiken berechnet zu haben und näherte sich jedem neuen Stadium mit stählernem Urteil. Ein Hinweis auf seine erstaunliche Motivation findet sich in der Einleitung zu seinem klassischen Werk *Zehn Jahre unter der Erde*. Darin erklärt er, wie die Höhlenforschung zu einem Interesse an der Vorgeschichte, Geologie und Hydrologie unter der Erde führte. Mit achtzehn Jahren kam er zur Armee und diente an der Westfront. Nachdem er gesund aus dem Krieg zurückgekehrt war, befaßte er sich wieder mit seinen Studien und Höhlenaktivitäten. »Mein Geist war durch das Feuer gereift, mein Körper durch die Not geschult und bereit für die Risiken, denen ich mit Sicherheit begegnen würde.« Er merkte auch an, daß er als meisterhafter Läufer, Springer und Schwimmer sehr fit und gelenkig war. Unter diesen Umständen bedeuteten die Risiken beim Durchtauchen zweier Sumps wahrscheinlich keine beängstigende Aufgabe für einen Menschen, der zwei Jahre im Krieg in den Schützengräben verbracht hatte.

Casteret war auch von der Archäologie fasziniert und wurde anschließend von einem anderen berühmten Forscher und Geologen, Edouard Alfred Martel, beeinflußt. Nach seinen ersten Entdeckungen kehrte Casteret bald zurück, um die Höhlen noch gründlicher zu untersuchen, wobei er wichtige archäologische Entdeckungen machte. Martel kommentierte später:

... seinen ersten erstaunlichen Fund machte er durch seinen beispiellosen Mut: Er tauchte unter einer Decke, die sich unter Wasser befand, hindurch in einen Fluß unter der Erde und überwand einen Tunnel, dessen Länge er nicht kennen konnte. Da er beim erstenmal nicht ertrank und auch nicht mit seinem Kopf anstieß, wurde sein Appetit geweckt. Dieser gefährliche Kraftakt ist heute eins seiner professionellen Werkzeuge.

Leakeys Tauchgang in Gaping Gill

In Großbritannien verdienen die herausragenden Forschungen von Bob Leakey ebenfalls Anerkennung. Nachdem er im Mai 1941 die Mossdale Caverns in Yorkshire betreten hatte, führte Leakey ein unglaublich mutiges Solounternehmen durch, bei dem er drei Sumps hintereinander durchquerte, um Giant's Hall zu erreichen. Diese Tauchgänge waren später nicht mehr nötig, da der Boden

Oben: Bob Leakey im A.G. Pot und (unten) eine Rekonstruktion seines freien Tauchgangs im Disappointment Pot, Gaping Gill, Yorkshire.

an der flußabwärts gelegenen Seite abgesenkt wurde. Bei seinen nachfolgenden Entdeckungen in diesem System fand Leakey Durchgänge von fast neun Kilometern Länge, was diese Höhle zu damaliger Zeit zu der längsten Großbritanniens machte. Eine weitere bemerkenswerte Tat war im Januar 1944 seine Durchquerung des Sumps, der am Disappointment Pot eine Barriere bildete. Leakey war ein sehr ungewöhnlicher Mensch und fühlte offenbar wie Casteret keine Kälte. Wie in Mossdale legte er bei der Erforschung der Sumps einfach all seine Kleidung ab, holte tief Luft und tauchte ab:

Ich mußte rückwärts hineintauchen und mit meinen Füßen fühlen, wohin es ging. Ich verschwand völlig im Wasser. Dann stellte ich fest, daß meine Zehen nach oben gingen, an eine Stelle, die höher zu liegen schien als mein Kopf. Ich zwängte mich in das Loch und stieß mich wie verrückt mit den Füßen ab. Am anderen Ende fielen Steine herab. Ich mußte zwei oder dreimal zwischen den Atemzügen Steine wegstoßen, nackt wie ich war. Schließlich gelang es mir, sie ganz wegzustoßen, bis das Loch groß genug war, so daß ich hindurchgelangen konnte ...

Ich hatte das Gefühl, daß meine Zehen an die Oberfläche gelangten; es ist ziemlich schwierig, sich dessen sicher zu sein. Dann zwängte ich meinen Kopf hindurch und stellte fest, daß ich meinen Kopf herausbekommen konnte, aber nur so eben ... es war eine schreckliche Anstrengung. Schließlich gelang es mir, mich durch die Felsbrocken hindurchzuzwängen und hörte, wie das Wasser rauschte.

Leakeys Tauchgang und die darauffolgende Entfernung des Sumps erwies sich als Schlüssel zum Zugang hinter der Hensler's Passage von Gaping Gill, so daß der 110 m lange Hauptschacht nicht gesichert werden mußte. Nur wenige andere Höhlen eignen sich für diese Methode.

Das Geheimnis von Fontaine de Vaucluse

Es gab nicht nur viele Sumps unter der Erde, sondern auch viele große, klare, einladende Quellseen, die entdeckt werden wollten. Der berühmteste ist Fontaine de Vaucluse in der Nähe von Avignon in Südfrankreich. Er tritt unter einer 300 m hohen Klippe zutage und hat schon immer die Neugier der Menschen erregt. Edouard Alfred Martel, der Vater der modernen Speläologie, beschrieb ihn als »eine der stärksten Quellen auf der Oberfläche der Welt«.

Diese sickert das ganze Jahr über hervor bis zum März, wenn die Wassermassen hervorbrechen und einen Fluß, die Sorgue, zum Überfluten bringen. Unvermindert fließt sie fünf Wochen lang weiter und geht dann zurück. Dieses Phänomen tritt seit Beginn der Geschichtsschreibung jedes Jahr auf, aber niemand wußte so recht, was zu dieser erstaunlichen Flut führte. Die einfachste Theorie über eine solche, mit Unterbrechungen fließende Quelle, besagte, daß ein unter der Erde liegender Siphon ein Bassin anzapfte, dessen Niveau höher lag als das des Bassins draußen. Das Überlaufen eines inneren Bassins aufgrund heftiger Regenfälle konnte das Phänomen von Vaucluse nicht erklären, denn es reagierte nicht allein auf den Regenfall. Es mußte sich um ein ungeheuer komplexes System handeln.

Tauchgänge mit normaler Ausrüstung

Fontaine de Vaucluse wurde zum erstenmal im März 1878 unter Wasser erforscht. Der Taucher war ein Monsieur Nello Ottonelli aus Marseilles, der mit der einzigen, damals bekannten Form von Unterwasser-Atemgerät aus-

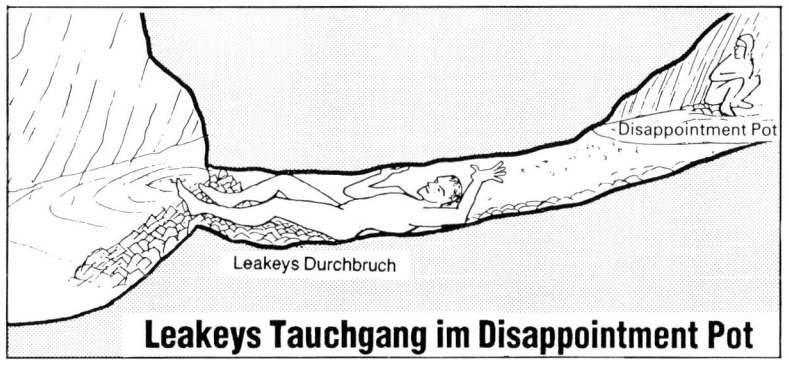

Disappointment Pot

Leakeys Durchbruch

Leakeys Tauchgang im Disappointment Pot

gerüstet war: der schweren Standardausrüstung, die beim Tauchen im Meer eingesetzt wurde*.

* Dieses Gerät wurde in England erfunden und 1929 zum erstenmal kommerziell von den Brüdern Charles und John Deane eingesetzt. Mehrere Hersteller, die es immer weiter verbesserten, tauchten während der nächsten zehn Jahre auf, aber das erfolgreichste Unternehmen war das von Augustus Siebe, das 1840 mit der Herstellung begann.

Ottonelli, der von dem Ingenieur Bouvier unterstützt wurde, stieg vorsichtig auf eine Tiefe von 23 m ab. Erst in den vierziger Jahren kam das Höhlentauchen richtig in Mode, was auf die enormen Fortschritte im Bereich der Unterwasserforschung im allgemeinen und im besonderen durch die Fortschritte bei der Ausrüstung aufgrund des Krieges zurückzuführen ist. Bis zu diesem Zeitpunkt war sowohl die Marine- als auch die kommerzielle Taucherei rückständig und schlecht entwickelt gewesen. Dies war ein weltweites Phänomen und traf nicht nur auf Frankreich oder Europa zu. Überall, wo getaucht wurde, wurde die Standardausrüstung eingesetzt. Dabei handelte es sich um einen völlig wasserdichten Anzug, auf dem der typische kugelförmige Messinghelm saß. Der Taucher wurde von oben über eine Pumpe mit Luft versorgt und mußte sich völlig auf sie verlassen. Das Hauptproblem bestand darin, eine gleichmäßige, geeignete Luftversorgung aufrechtzuerhalten. Unter normalen Umständen ist die Atmung keine bewußte Handlung, aber es entstehen Probleme, wenn wir uns unter Wasser bewegen, wo der Außendruck auf den Körper größer wird. Je tiefer man hinabsteigt, desto mehr Wasser drückt auf den Körper, was zu einer Steigerung des Außendrucks führt. Die Lungen ähneln dünnen Luftballons, und unter diesem Druck würden sie normalerweise kollabieren oder Schaden nehmen. Um dies zu vermeiden, muß der Körperinnendruck den Außenbedingungen angepaßt werden, und dies geschieht, indem entweder Luft von der Oberfläche zum Taucher gepumpt oder in einer Flasche mitgenommen wird. Je tiefer ein Taucher hinabtaucht, desto höher muß der Druck der Atemluft sein, um ein Gegengewicht zum Gewicht des Wassers zu bilden.

Druck und Volumen stehen in direkter Beziehung zueinander. Unter Druck zieht Luft sich zusammen, so daß es dem Taucher möglich ist, eine große Menge in einer kleinen Flasche mitzunehmen. In flachem Wasser ist nur eine geringe Menge nötig, um den Lungen denselben Druck zu verleihen, wie er im Wasser herrscht. In doppelter Tiefe ist die doppelte Menge erforderlich, und aus diesem Grund wird bei jedem Atemzug die doppelte Luftmenge ver-

Links: Ein Taucher mit der sperrigen Standardausrüstung bei einem Trainingstauchgang im Minneries Pool (Mendips) im Jahr 1935 vor den ersten Wookey Hole-Erforschungen.

braucht. Diese wird vom Körper nicht für den Sauerstoffgehalt gebraucht, sondern nur, damit die Lungen nicht kollabieren.

Da in großer Tiefe ein größeres Luftvolumen für jeden Atemzug nötig ist, wird der Inhalt der Flasche bei weniger Atemzügen schneller aufgebraucht. Dies schränkt die Dauer eines tiefen Tauchgangs verglichen mit einem in flachem Gewässer ein, denn dieser kann bei gleichgroßem Flascheninhalt länger dauern.

Bei der Standardausrüstung war es der Helfer an der Oberfläche, der die Pumpe und damit die Luftzufuhr für den Taucher regulierte. Dies war eine schwierige Aufgabe, und wenn sie nicht korrekt ausgeführt wurde, konnte dies leicht den Tod des Partners unter Wasser bedeuten. Wenn er mit zu viel Luft versorgt wurde, kam der Taucher hilflos wieder an die Oberfläche. Dies wurde als »Aufblasen« bezeichnet und führte zu allen möglichen physiologischen Gefahren, unter denen speziell die Luftdruckkrankheit zu erwähnen ist.

Luft enthält drei Hauptgase: Sauerstoff, Kohlendioxid und Stickstoff. Letzteres braucht der Körper nur, um die anderen zu verdünnen, und es wird nicht ohne weiteres vom Blutkreislauf aufgenommen. Nach längerer Zeit in der Tiefe wird Stickstoff jedoch durch den zusätzlichen Druck im Blutplasma aufgelöst. Hier bleibt er, bis der Taucher wieder nach oben steigt, wenn bei abnehmendem Druck das Gas aus der Lösung austritt und ausgeatmet wird.

Wenn der Taucher zu schnell auftaucht, tritt der Stickstoff so schnell aus der Lösung aus, daß sich im Blutkreislauf Gasblasen bilden. Diese spürt man zuerst in den Gelenken. Sie schädigen die Blutgefäße und besonders das Herz, was tödliche Folgen haben kann. Um dies zu verhindern, muß der Taucher sehr langsam aufsteigen, damit der Stickstoff ungefährlich über die Lungen abgegeben werden kann.

Der entgegengesetzte Effekt zum »Aufblasen« war das »Zusammendrücken«, ein Zustand, der durch fehlenden Druck im Helm und in den Lungen verursacht wurde. Probleme, die durch Druckveränderungen hervorgerufen wurden, waren offensichtlich kritisch, und wenn sie nicht richtig gehandhabt wurden, konnte dies zu Unfällen führen.

Die größte Gefahr, die einem Taucher drohte, war ein durchtrennter Luftschlauch oder ein plötzlicher, schneller Abstieg. Unter diesen Umständen wurde nicht nur die Luftversorgung eingestellt, sondern sollte auch das Einwegventil (es diente dazu, eine Verstopfung durch ein Leck zu verhindern) im Luftschlauch versagen, drohte ihm ein schreckliches Schicksal. Aufgrund des im starren Kupfer-

helm entstehenden Unterdruckes konnte er richtiggehend zu Tode geschröpft werden.

Mit der Standardausrüstung im Severn Tunnel, 1880
Die Probleme, die beim Tauchen unter Wasser zutage traten, waren vielfältig und schwer zu meistern. Wie die Entwicklungen zeigen sollten, war die beschriebene Ausrüstung für Bergungsunternehmen von unschätzbarem Wert, und in flachem Gewässer war diese Ausrüstung durchaus in der Lage, all das zu leisten, was von ihr verlangt wurde. 1880 sollte eine neue Situation eindeutig seinen Einsatz und seine Grenzen offenbaren. Die Geschichte handelt von erstaunlicher Entschlossenheit und außergewöhnlichem Mut und ist von besonderem Interesse für Höhlentaucher. Die Great Western Railway Company war dabei, einen Tunnel unter der Mündung des Severn zu bauen, um die Reise von London nach Südwales zu verkürzen. Zu damaliger Zeit war dies der längste Tunnel der Welt unter dem Meer. Die Arbeit war schon fast sieben Jahre im Gange, als die Arbeiter am 16. Oktober 1879 auf eine große Quelle stießen, die aus den ausgedehnten Kalksteinbergen auf der walisischen Seite des Flusses herabfloß. Der Tunnel wurde innerhalb von 24 Stunden überflutet, so daß das teure Projekt zum Stillstand kam und ein Team von Tauchern zu Hilfe gerufen wurde.

Die Bedingungen, unter denen diese Taucher arbeiten mußten, waren schrecklich. In einer Wassertiefe von bis zu vierzig Metern und in völliger Dunkelheit (Unterwasserlampen waren unbekannt) mußten die Männer den Seitenarm, aus dem das Wasser stammte, blockieren. Dabei lenkten sie ein paar massive Eichen-»Schilder«, die etwa viermal drei Meter maßen und pro Stück drei Tonnen wogen, allein durch Herumfühlen an Ort und Stelle. Erstaunlicherweise gelang es ihnen. Die Pumpen liefen die ganze Zeit über, und einmal wurde ein Taucher von dem Wasserlauf angesaugt. Es bedurfte der gemeinsamen Anstrengung dreier starker Männer an der Oberfläche, ihn zu befreien.

Trotz fortgesetzter Bemühungen konnte das Wasser nicht herausgepumpt werden. Erst im Oktober 1880, ein Jahr nach der Überflutung, fand man eine Lösung. Offenbar konnte die niedrigste Ebene erst ausgepumpt werden, wenn eine schwere Eisentür und zwei Ventile tief im Innern geschlossen werden konnten. Der Hauptingenieur plante, einen Taucher die letzten zwölf Meter des überfluteten Schachtes hinabzuschicken, der dann die 300 m des Tunnels zurücklegen und dabei seinen Luftschlauch hinter sich herziehen sollte. Dann sollte er durch die Türöffnung klettern, die Stahlschienen (auf denen die Wagen entlangfuhren) ausreißen, die Ventile schließen und wieder auftauchen. All das mußte in völliger Dunkelheit geschehen. Selbst heute würden nur wenige Taucher eine solche Aufgabe übernehmen.

Der Mann, der diesen Auftrag übernahm, war der führende Taucher der Siebe Gorman Company, Alexander Lambert. Lambert war nur einen Meter siebzig groß, aber ungeheuer stark. Bedenkt man, daß er 20 Pfund schwere Tauchstiefel, einen 40 Pfund schweren Brustschild und einen 60 Pfund schweren Helm trug, mußte er offensichtlich stark sein, wenn er dabei noch über eine Strecke von 300 m seinen Luftschlauch hinter sich herziehen sollte. Lambert wurde von zwei weiteren Tauchern unterstützt: einer stand am Ende des Schachts, um die verschiedenen Leitungen zu überwachen, während der zweite in 150 m Entfernung mithalf, den Luftschlauch zu transportieren.

Am 3. November 1880 unternahm Lambert seinen ersten Versuch, als er sich einen Tunnel entlangtastete, den er noch nie gesehen hatte, und einer Reihe von Hindernissen und Ausrüstungsgegenständen begegnete, die zurückgelassen worden waren, als das Reservoir unter der Erde so dramatisch aufgebrochen worden war. Als er sich weiter vorarbeitete, mußte er sich ducken, um den vielen Stützträgern auszuweichen.

Die ganze Zeit über schwebte sein Luftschlauch an der Decke, und an ihm zu ziehen, wurde immer schwieriger, um nicht zu sagen gefährlich. Schließlich erreichte er eine Tiefe von 240 m und mußte seine Niederlage eingestehen. Er konnte nicht weitergehen.

Lambert machte sich auf den Rückweg. Er merkte, daß sich sein Luftschlauch verdreht hatte und sich um die Stützen wickelte. Er fühlte in der Dunkelheit herum, entwirrte langsam und methodisch die verschiedenen

Schlaufen und schleppte den Schlauch denselben beschwerlichen Weg zurück. Wunderbarerweise gelangte er wieder am Ende des Schafts an, aber er war nicht so sehr durch diese Tortur von Schrecken gepackt, sondern vielmehr äußerst enttäuscht, daß er seine Aufgabe nicht hatte erfüllen können.

Aber die Geschichte war hier noch nicht zu Ende. Die Ingenieure suchten verzweifelt nach einer Lösung. Innerhalb weniger Tage hatten sie eine neue Idee. Thomas Walker, der Hauptunternehmer bei diesem Projekt, hatte von einer experimentellen Ausrüstung gehört, die Henry Fleuss aus Wiltshire gehörte. Fleuss hatte ein eigenständiges Unterwassser-Atemgerät konstruiert. Es bestand aus einer enganliegenden wasserdichten Maske für das Gesicht, die über zwei Gummischläuche mit einem flexiblen Atemsack auf dem Rücken des Tauchers verbunden war. Der Sack, der mit einer Flasche komprimiertem Sauerstoff verbunden war, enthielt eine Chemikalie, die das bei der Atmung produzierte Kohlendioxid absorbieren würde, so daß derselbe Sauerstoff immer wieder eingeatmet werden konnte. Wenn der Sauerstoff in dem Sack fast aufgebraucht war, wurde es mit einem frischen Vorrat aus der unter Druck stehenden Flasche aufgefüllt. Wie bei der Standardausrüstung bedeckte ein schwerer, wasserdichter Messinghelm den Kopf, aber darunter hatte Fleuss ein einfaches, aber dennoch effektives System zur Wiederverwertung des Gases entworfen. Im Innern der enganliegenden Maske wurde das Gas durch die Nase eingeatmet und durch den Mund zurück in den Sack ausgeatmet. Das ganze war wohldurchdacht, und Fleuss hatte auf diese Weise einen dreistündigen Luftvorrat geschaffen. Er hatte selbst jedoch wenig Taucherfahrung, und keiner seiner

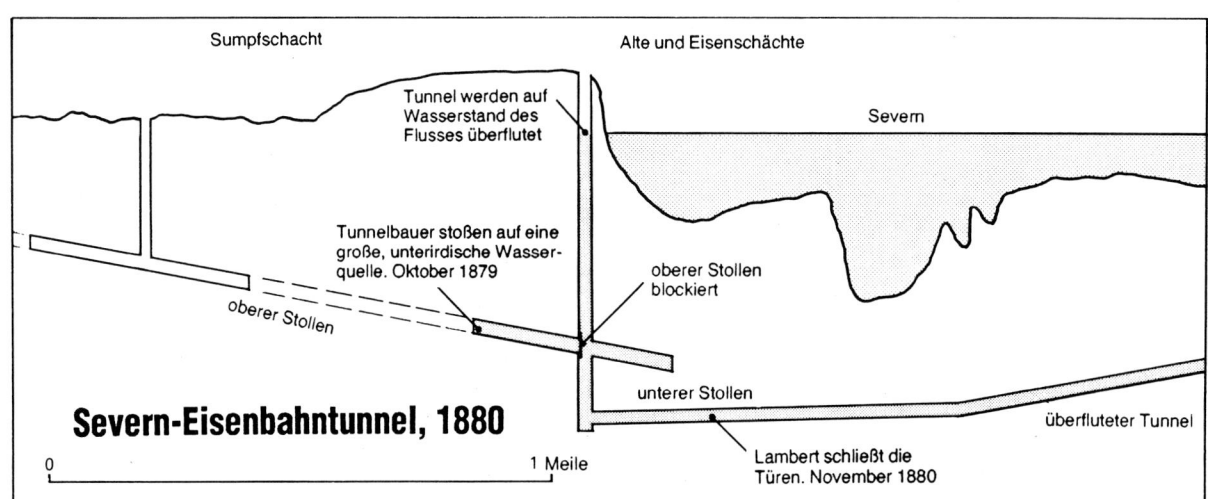

Sumpfschacht   Alte und Eisenschächte

Tunnel werden auf Wasserstand des Flusses überflutet

Severn

Tunnelbauer stoßen auf eine große, unterirdische Wasserquelle. Oktober 1879

oberer Stollen

oberer Stollen blockiert

unterer Stollen

Severn-Eisenbahntunnel, 1880

0   1 Meile

Lambert schließt die Türen. November 1880

überfluteter Tunnel

Rechts: Eine Gruppe des Siebe Gorman-Personals, einschließlich Alexander Lambert (mit der Melone).

Oben: Das Fleuss-Unterwasser-Atemgerät, das von Lambert im Severn Tunnel eingesetzt wurde.

experimentellen Tauchgänge hatte ihn tiefer als sechs Meter geführt.

Ein paar Tage nach Lamberts Versuch mit der Standardausrüstung lud Walker Fleuss ein, bat ihn sein Gerät zum Tunnel zu bringen und überredete ihn, den Job zu übernehmen. Da Lambert sich bereits mit der Situation unter Wasser auskannte, war er dabei, um mitzuhelfen. Lambert, der sich mit dem Ziel vertraut gemacht hatte, stieg fünfzig Meter in dem Schaft bis auf die Wasseroberfläche herab und dann durch die dunkle Flüssigkeit auf den Boden der Vertiefung. Hier wartete er darauf, Fleuss über die Vertiefung, die als Grube für die Pumpen angelegt worden war, und in den ersten Abschnitt des Tunnels hinein zu lenken.

Fleuss machte sich auf den Weg. Aufrecht stehend und ohne jede Beleuchtung war es unmöglich, irgendeine Richtung auszumachen. Zu beiden Seiten des Tunnels befand sich ein Ablaufgraben, der es schwierig machte, den Wänden zu folgen. Am leichtesten war es, auf Händen und Knien zwischen den Gleisen zu kriechen. Als Fleuss tief im Schlamm versank und über allen möglichen Abfall stolperte, ließ seine Nervenstärke verständlicherweise bald nach. Schließlich verlor er ganz die Nerven und erklärte bei seinem Aufstieg kategorisch, daß er »nicht einmal für £ 10 000 einen weiteren Versuch unternehmen würde«.

Walker war immer noch fest entschlossen, die Tür zu schließen. Er bat Fleuss, Lambert seine Ausrüstung zu leihen. Seine ursprünglichen Einwände überwand er, indem er argumentierte, daß ein Erfolg die bestmögliche Werbung für seine Erfindung sein würde. Lambert mußte sich erst überzeugen lassen, stimmte aber schließlich zu. Er legte Fleuss' Gerätschaften an und unternahm unter Anleitung des Erfinders ein paar Probetauchgänge.*

* 1880 war über die Auswirkungen bei der Atmung reinen Sauerstoffs über einen längeren Zeitraum wenig bekannt. Systematische Experimente in späteren Jahren zeigten, daß dies schädlich sein und bei Tiefen über 10 m zu Krämpfen und plötzlicher Bewußtlosigkeit führen konnte.

Am Nachmittag des 8. Novembers 1880 begann Lambert seinen Tauchgang in den Tunnel. Von dem Zeitpunkt seines Verschwindens an war eine Kommunikation unmöglich, und es war eine äußerst angespannte Situation für alle Betroffenen. Nach eineinhalb Stunden kam er plötzlich wieder an die Oberfläche. Er hatte die 300 m zu der Tür zurückgelegt, hatte einen Schienenstrang entfernt und ein Ventil geschlossen. Er war voller Zuversicht und war sich offenbar der großen Pioniertat, die er gerade vollbracht hatte, nicht bewußt. Er war sogar bereit zurückzugehen, um seine Arbeit mit einer Stange zu vollenden, aber Fleuss mußte nach London zurückkehren, um mehr Sauerstoff und Kohlendioxid zu holen.

Zwei Tage später, am 10. November, begab Lambert sich wieder an die Arbeit. Eine Stunde und zwanzig Minuten später kehrte er triumphierend zurück. Er hatte die Schiene entfernt, die Tür geschlossen und das zweite Ventil geschlossen.*

* Als der Schacht schließlich ausgepumpt war, konnte der Unternehmer die Quelle des Problems durch eine Tür in dem Eichenschild angehen. Der Stollen konnte dann mit einer drei Meter dicken Steinmauer in etwa 150 m Entfernung vom Schacht aus völlig verschlossen werden. Im Oktober 1883 brach die Quelle erneut mit ähnlich dramatischen Folgen durch. Die Stollen wurden überflutet, und Lamberts Dienste waren ein zweitesmal gefragt, aber diesmal war es ihm unmöglich, mit der Fleuss-Ausrüstung die Tür zu erreichen. Am nächsten Tag beendete er die Operation (mit der Hilfe anderer Taucher) in der Standardausrüstung. Wieder wurde dieser Tauchgang in völliger Dunkelheit unternommen.

All dies geschah in völliger Dunkelheit mit experimenteller Ausrüstung und ohne jede Sicherheitsunterstützung. Alexander Lambert war offensichtlich ungeheuer stark, völlig gelassen und absolut furchtlos und somit ein sehr ungewöhnlicher Mensch. Aber natürlich stand ihm auch das Glück zur Seite. Wäre das Wasser ein paar Meter tiefer gewesen, hätte das Ergebnis ganz anders ausgesehen. Die unbekannten und heimtückischen Gefahren bei dem Gebrauch von Sauerstoff wurden erst später entdeckt. Dies lenkt jedoch nicht von Lamberts Erfolg und von seinen Qualitäten ab, die wahrscheinlich alle Höhlentaucher weltweit gerne besitzen würden.

Beim Weiterlesen werden Sie feststellen, daß Lamberts sagenhafte Tauchgänge viele spätere Entwicklungen zu überschatten scheinen. Aber Lambert war in der Welt des

Oben links: Die Szene in der Lurloch-Höhle, Österreich, nach dem vergeblichen Versuch des Tauchers aus Triest, die eingeschlossenen Höhlenforscher zu erreichen.

Oben rechts: Die Standardausrüstung im Einsatz in La Grotte du Creugenat, Schweiz, 1934.

Tauchens einzigartig, was er sicherlich auch gewesen wäre, wenn er einen anderen Bereich mit hohem Risiko gewählt hätte.

Ein Rettungsversuch in einer österreichischen Höhle, 1894
Der Sinn und Unsinn der Standardausrüstung in einer Höhle wurde bei einem anderen Vorfall im April 1894 in Österreich demonstriert. Damals wurde die Höhlenforschung in dieser Region zu einem harten Wettkampf, zumindest in der Stadt Graz. Eine Gruppe von sieben Forschern war so eifrig bemüht, ihre Rivalen zu übertreffen, daß sie die Lurloch-Höhle, die in der Nähe des Dorfes Demriach liegt, betraten, als die Wetterbedingungen normalerweise zur Vorsicht gemahnt hätten. Die Höhle wurde überschwemmt. Da man wußte, daß sich die Gruppe auf einem höhergelegenen Abschnitt wahrscheinlich in Sicherheit befand, wurde ein riesiges Rettungsunternehmen eingeleitet. Am nächsten Dienstag wurde ein Taucher aus Triest herbeigeholt. Man erwartete großartige Dinge von ihm. Nachdem er seine schwere Kleidung angelegt hatte, begab er sich vorsichtig in das eisige, durch die Flut

angewachsene Gewässer. Der Durchgang war niedrig, und er war gezwungen, auf dem Rücken zu liegen und sich entlangzuschieben. Nach ein paar Minuten jedoch empfingen die Helfer ein Notsignal, und der Taucher wurde wieder herausgezogen. Als das Glas des Gucklochs abgeschraubt wurde, war der Mann bewußtlos und rang krampfhaft um Atem. Sein Luftschlauch war geknickt und die Luftversorgung abgeschnitten worden. Dennoch begab er sich bald wieder ins Wasser, um zu versuchen, den Eingang von Baumstämmen und anderem Schutt, der dort hingeschwemmt worden war, zu befreien. Aber nach ein paar Minuten verzweifelter Bemühungen mußte er wieder herausgezogen werden. Der mutige Mann unternahm weitere, nutzlose Versuche, mußte aber dann eingestehen, daß es ihm völlig unmöglich war, mit seinem hinderlichen Taucheranzug in den schmalen Eingang einzudringen.

Am Montag, dem 7. Mai, wurde die Gruppe nach einer aufregenden Woche und intensiven Bemühungen – Dammbau, Räumen und Vergrößern der Route mit der Hilfe von Sprengstoff – lebend geborgen. Sie war 207 Stunden lang eingeschlossen gewesen. Diese Bergung war eine der größten in der Geschichte der Höhlenforschung. Obwohl sie vom Standpunkt der Taucher nicht erfolgreich gewesen war, war es dennoch der erste Versuch, Menschen zu retten, die hinter einem überfluteten Abschnitt eingeschlossen waren.

Der Einsatz der Standardausrüstung in der Schweiz

Ein weiterer bemerkenswerter Erkundungsversuch wurde 1893 in der Schweiz unternommen. Mit der Standardausrüstung drang ein Taucher namens Pfund fünfzehn Meter tief in die Orbe-Quelle ein, die größte Quelle des Landes. Bedeutsamer jedoch waren eine Reihe von Tauchgängen im Jahr 1934 in den Sumpf von La Grotte du Creugenat in der Nähe von Porrentruy im Jura. Mit derselben massigen Ausrüstung unternahm ein Berufstaucher Anfang Februar einen Tauchgang, der ihn 27 m hinabführte. Zwei Tage später kehrte er mit einem längeren Schlauch zurück und gelangte an einen Punkt, der sich in einer Maximumtiefe von vier oder fünf Metern 55 m unter der Oberfläche befand. Anfang Mai nahmen zwei weitere Berufstaucher, Scherrer und Spengler, die Erkundung wieder auf. Sie tauchten gemeinsam, der eine mit einem 60 m langen Schlauch, der andere mit einem 100 m langen. Mit der Unterstützung seines Freundes erreichte der eine Taucher einen Punkt, der 95 m von der Oberfläche entfernt war. Da sie das Gefühl hatten, daß der Boden anstieg, wurde bald darauf ein weiterer Tauchgang unternommen. Diesmal erreichten sie eine große, mit Luft gefüllte Kammer. Hier war das Wasser nur einen Meter tief, aber dahinter fiel die Decke erneut ab. Mit diesem Erfolg wurde die Expedition abgeschlossen.

Fontaine de Vaucluse, 1938

Im September 1938 wurde in Fontaine de Vaucluse mit der Standardausrüstung ein zweiter Versuch unternommen. Ein Señor Negri übertraf angeblich die 23 m-Grenze seines Vorgängers und stieg bis auf 28 m herab. Die Passage unter Wasser war riesig und fiel steil in kristallklare Tiefen ab. Durch ein Mikrophon, das in seinen Helm eingebaut war, gab Negri den vielen Zuschauern oben einen dramatischen, laufenden Kommentar seiner Entdeckungen. Schließlich berichtete er, daß er nicht weitergehen konnte, da sein Luftschlauch sich an einem großen Felsbrocken rieb, der gefährlich auf einem Zapfen balancierte. Die geringste Bewegung hätte dazu führen können, daß der Fels herabgerollt und ihn erschlagen hätte. Klugerweise zog er sich zurück.

Entwicklungen bei der Ausrüstung in den dreißiger Jahren

Es war offensichtlich, daß eine Erforschung von Orten wie Fontaine de Vaucluse (Frankreich), Lurloch (Österreich) und Creugenant (Schweiz) mit der Standardausrüstung im allgemeinen unmöglich war. Das Ziel war, einen unabhängigen Taucher zu entwickeln, der keine Verbindung zur Oberfläche brauchte und wie ein echter Amphib Kontrolle über seine Aktivitäten haben sollte. 1933 entwickelte der französische Truppenführer Yves Le Prieur das erste massenproduzierte, individuelle Tauchgerät, die erträumte, unabhängige Preßluft-Taucherlunge. Das Prinzip war einfach: Eine Flasche mit 150fachem Atmosphärendruck lieferte über ein Ventil Atemluft in eine Gesichtsmaske. Die Flasche wurde an die Brust geschnallt, damit das Handventil leicht gehandhabt werden konnte. Der größte Nachteil bestand darin, daß das Gerät sehr verschwenderisch mit der Luft umging und ständig reguliert werden mußte. Das erste völlig automatische Preßluftgerät – die Taucherlunge – gab es erst 1942, ein Produkt der gemeinsamen Bemühungen von Jacques-Yves Cousteau und Emile Gagnon. Zu diesem Zeitpunkt waren auch Gummiflossen, die von Kommandant Corlieu erfunden worden waren, in Gebrauch. In den vierziger Jahren übernahmen die Franzosen die Führung in der Unterwasserforschung und zeigten, daß Fortschritte im Freizeit- und Sporttauchen mit technischem Fortschritt im kommerziellen, militärischen und wissenschaftlichen Tauchen einhergingen. Als die neuen Preßluftgeräte in den vierziger und fünfziger Jahren in Frankreich überall erhältlich waren, folgten bald auch Taucherkundungen in Höhlen. In Großbritannien war diese Ausrüstung erst in den sechziger Jahren weitverbreitet.

Cousteaus Vaucluse-Versuch im Jahr 1946

Der erste unabhängige Versuch mit der Taucherlunge wurde im August 1946 in einer Höhle unternommen. Es war dem Ereignis angemessen, daß es sich um Fontaine de Vaucluse handelte. Die Taucher waren Cousteau und seine Kollegen von der Unterwasser-Forschungsgruppe unter Leitung von Kapitän Tailliez.

In seinem Buch *The Silent World* beschrieb Cousteau das Ereignis in allen Einzelheiten und bemerkte, daß »wir unsere schlimmste Erfahrung in fünftausend Tauchgängen nicht im Meer machten, sondern in einer Höhle im Binnenland – in der berühmten Fontaine de Vaucluse«.

Die Gruppe traf am 24. August 1946 ein und wurde vom Bürgermeister und der halben Stadt willkommen geheißen. Jungen erklärten sich eifrig bereit, die Ausrüstung zu tragen. Sie bestand aus Flaschen, einer tragbaren Dekompressionskammer, Taucherlungen und Tauchanzügen. Sie waren gut vorbereitet und hatten sich über die vorhergehenden Versuche gut unterrichtet.

Die ersten beiden, die den aufgestellten Tiefenrekord übertreffen wollten, waren Cousteau und Frederic Dumas, die beschlossen hatten, sich wie Bergsteiger mit einem zehn Meter langen Seil anzuleinen. Ein schweres Gewicht wurde an die tiefste Stelle des Bassins an der Oberfläche abgesenkt, und während Cousteau und Dumas ihre Ausrüstung anlegten, unternahm Jean Pinard einen Tauchversuch, der ihn bis auf dreißig Meter Tiefe führte. Alle Taucher waren schwer beladen mit einer Drei-Flaschen-Taucherlunge, Flossen, einem schweren Messer und zwei großen, wasserdichten Leuchten, eine am Gürtel und die andere in der Hand. Cousteau trug eine 100 m lange Leine über dem linken Arm, und Dumas hatte eine Mikro-Taucherlunge an seinem Gürtel für den Notfall, einen Tiefenmesser und einen Eispickel.

Ihr Kommandant an der Oberfläche war Leutnant Maurice Fargues, mit dem sie ein Kommunikationssystem abgesprochen hatten. Dies sollte über die Leine erfolgen: ein einzelner Ruck an der Leine bedeutete, daß Fargues spannen sollte, um Verwicklungen aufzulösen, dreimaliges Ziehen bedeutete, daß er mehr Leine herablassen sollte, während sechsmaliges Ziehen das Notfallsignal war, daß Fargues sie so schnell wie möglich nach oben ziehen sollte.

Als die beiden abtauchten, stellten sie bald fest, daß sie zu schwer waren. Steine rollten unter ihren Füßen weg, und das Roheisengewicht sauste bald den vor ihnen liegenden Abhang hinab und nahm eine große Zahl von Felsbrocken mit sich. Völlig versunken in die Erforschung dieser unbekannten, gefährlichen Welt der Dunkelheit, mit neuen und ungewöhnlichen Ausrüstungsstücken kämpfend, merkten beide Taucher nicht, daß irgend etwas nicht

stimmte, aber tatsächlich wurden sie langsam vergiftet, da ihre Luftversorgung verseucht war. Ohne jedes Tageslicht und in beträchtlicher Tiefe schwamm Cousteau herum, um zu sehen, ob es einen Weg nach oben gab, möglicherweise zu einer Oberfläche, an der es Luft gab. Vergeblich.

Ich erinnerte mich, daß ich mit etwas verbunden war... Ich schwamm zu ihm [Dumas] und schaute auf seinen Tiefenmesser. Er zeigte 45 m an. Der Anzeiger war naß. Wir befanden uns in größerer Tiefe. Wir waren mindestens 60 m tief, 120 m von der Oberfläche entfernt am Boden eines krummen, schrägen Tunnels.

Wir waren begeistert von der Tiefe, verspürten aber nicht die übliche Trunkenheit. Wir fühlten uns schwer und ängstlich statt ausgelassen... Dumas war stark narkotisiert. Er glaubte, ich sei derjenige, der in Gefahr sei. Er versuchte die Taucherlunge für den Notfall abzumachen. Während er hoffnungslos an seinem Gürtel zog, rutschte er über den Kies und ließ die Leine, die an die Oberfläche führte, los. Die Leine verschwand in der Dunkelheit... Mein geschwächtes Gehirn fand die Kraft, sich unser Schicksal auszumalen. Wenn unser Luftvorrat erschöpft war, würden wir uns an der Decke entlangfühlen und unter stillen Schmerzen ersticken. Ich schüttelte diesen Gedanken ab und schwamm zu dem nachlassenden Schein von Dumas Leuchte hinab.

Er hatte fast das Bewußtsein verloren. Als ich ihn berührte, griff er mit ungeheurer Kraft nach meinem Handgelenk und zog mich in seine Richtung, um noch einmal das Leben zu fühlen, eine Umarmung, die mich mit ihm nehmen würde. Ich befreite mich aus seinem Griff und zog mich zurück. Ich untersuchte Dumas im Licht der Lampe. Ich sah, wie seine hervorstehenden Augen herumrollten.

Cousteau nahm jetzt all seine Konzentration zusammen. Sie mußten schnell an die Oberfläche kommen. Ihre einzige Hoffnung bestand darin, das rostige Roheisengewicht zu finden, das plötzlich auftauchte, zusammen mit der Leine, die durch die Dunkelheit hinauf in die Sicherheit führte. Mit jedem weiteren Augenblick wurden die Probleme für sie größer. Dumas verlor jetzt sein Mundstück und schluckte eine beträchtliche Menge Wasser, bevor es ihm irgendwie gelang, es wieder zu befestigen. Cousteau erkannte, daß der Anzug seines Kameraden ebenfalls voller Wasser war, was das bereits bestehende Übergewicht noch verschärfte. Dumas war jetzt so hilflos, daß er nichts zu seiner Rettung beitragen konnte. Er beschloß, einen letzten, verzweifelten Versuch zu wagen.

Ich wollte an der Leine hinaufklettern und Dumas mit mir ziehen. Ich ergriff die Leine mit dem Gewicht und begann langsam mit dem Anstieg, während Dumas unter mir trieb.

Das nächste Ereignis vergrößerte den Alptraum. Fargues, ihr Helfer an der Oberfläche, der von der Situation unten nichts ahnte, verstand den ruckartigen Rhythmus der Leine falsch. Statt sie nach oben zu ziehen, verschärfte er das Problem, indem er mehr Leine nachgab. Da die Tau-

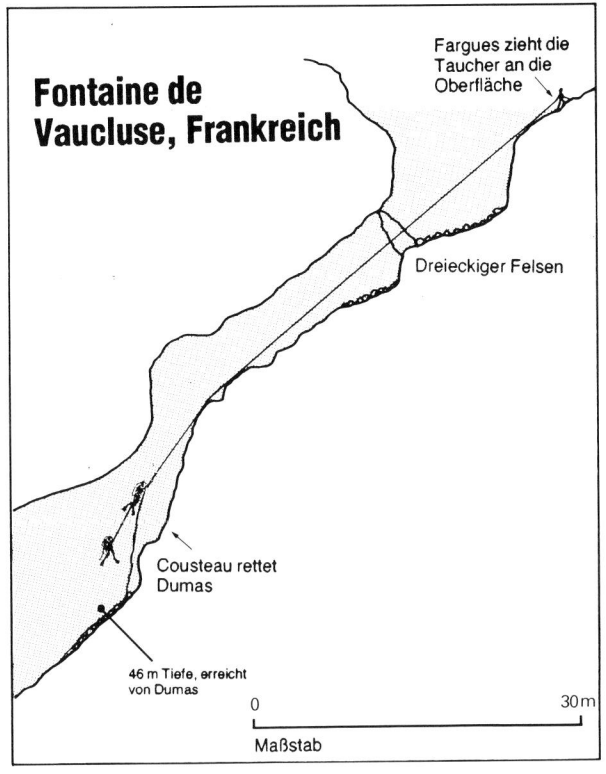

Oben: Jacques-Yves Cousteau (er trägt einen der ersten Naßtauchanzüge), die treibende Kraft hinter den Tauchgängen in Fontaine de Vaucluse im Jahr 1946.

cher erst relativ kurze Zeit im Wasser waren, hatte Fargues den Eindruck, daß sie weiter nach unten vorstoßen wollten. Als Cousteau auf seinem Weg nach oben einen großen Knoten in der Hand verspürte und ein neu angeknüpftes Seil, erkannte er, daß ihr Kommunikationssystem versagt hatte. Daher ließ er die Leine los und begann, den Felsabhang hinaufzuklettern. Plötzlich erwies sich eine Felsenspitze als zu großes Hindernis, und Dumas' träges Gewicht zog ihn wieder nach unten.

Durch den Schock dachte ich wieder an die Leine, und plötzlich erinnerte ich mich an unsere Signale: Sechsmaliges Ziehen bedeutete, daß alles nach oben gezogen werden sollte. Ich ergriff die Leine und zog an ihr, darauf vertrauend, daß ich bis sechs zählen konnte. Die Leine war schlaff und verfing sich an Hindernissen auf den 120 m Entfernung zu Maurice Fargues. Fargues, verstehst du meine Situation? Ich war am Ende meiner Kräfte. Dumas hing an mir.

In diesem Augenblick suchte Cousteau nach seinem Messer und dachte allen Ernstes daran, die Leine, die ihn mit Dumas verband, durchzuschneiden. Aber bevor er dies tat, versuchte er es erneut mit dem Notsignal. Fargues machte sich jetzt Sorgen, und obwohl die geplante Tauchzeit noch nicht abgelaufen war, sagte seine Intuition ihm,

daß er die Leine heraufziehen sollte. Plötzlich verspürte Cousteau einen Hoffnungsstrahl. Als die Leine nach oben ging, hielt er sich gut daran fest und, Dumas hinter sich herziehend, gelangten die beiden bald in Sicherheit. Cousteau war völlig erschöpft; sein Kamerad fast bewußtlos. Er lag auf dem Bauch und ergab sich. Es dauerte mehrere Minuten, bis er wieder auf den Beinen war und von den Ereignissen berichten konnte.

Cousteau und Dumas waren mit verseuchter Luft auf über fünfundvierzig Meter hinabgestiegen und waren dabei fast gestorben. Am selben Nachmittag noch wurde ein weiterer Tauchversuch unternommen, und ihre Kollegen Tailliez und Guy Morandière hatten mit denselben Symptomen zu kämpfen, entkamen aber glücklicherweise mit weniger schweren Folgen. Die Logik besagte, daß es für die äußerst gefährlichen Umstände, die alle vier Taucher erlebten, irgendeinen Grund geben mußte. Später entdeckten sie, daß alle von einer Kohlenmonoxidvergiftung betroffen waren. Laboranalysen sollten zeigen, daß die

Verunreinigung nur 1/2.000 Kohlenmonoxid betrug, aber die giftige Wirkung durch die Tiefe stark angewachsen war. Alle Taucher hatten enormes Glück gehabt, daß sie heil wieder an die Oberfläche gelangt waren. Sie hatten eine Lektion gelernt: Das Team achtete darauf, daß von nun ab der Luftzufuhrschlauch zum Kompressor nicht in der Windrichtung der giftigen Abgase lag.

Trotz der glücklichen Rettung war die Expedition vom 27. August 1946 ein bedeutsames Datum in der Geschichte der Höhlenforschung und markierte den kühnen Anfang einer neuen Ära, in der Tauchgänge in Höhlen mit der Preßluft-Taucherlunge durchgeführt wurden.

Die Erforschung tiefer, überfluteter Höhlen ging zu Beginn verständlicherweise langsam voran, da Cousteau und seine Kollegen sich in erster Linie für Operationen im Meer interessierten. Das Höhlentauchen war eine Herausforderung, aber es war nicht ihr Hauptanliegen. Die Möglichkeiten für Höhlenforscher wurden jedoch bald offensichtlich, und der erste Franzose, der die Herausforderung annahm, war Guy de Lavaur, der in Haut Quercy in der Nähe der großen Höhle von Padirac in der Dordogne lebte.

Die Chartreux-Quelle, 1947

Im Frühjahr 1947 wurde Lavaur gebeten, den Ursprung der Fontaine de Chartreux in der Stadt Cahors zu erkunden. Mit der finanziellen Unterstützung einer Gruppe örtlicher Geschäftsleute konnte er die gesamte Ausrüstung, die er brauchte, kaufen. Es war dasselbe Gerät, das im Vorjahr in Vaucluse verwendet worden war. Eine Reihe von dreitägigen Operationen brachten Lavaur auf eine Tiefe von 25 m, wobei sein letzter Tauchgang sieben Minuten und zwanzig Sekunden dauerte.

Diese Tauchgänge in Chartreux zeigten, daß die Stelle viel größer und tiefer war, als das Team es sich vorgestellt hatte. Lavaur bat um Hilfe von der Unterwasser-Forschungs-Gruppe, und zwei ausgezeichnete Taucher, Fargues und Morandière, die beide auch in Vaucluse getaucht waren, kamen ihm zu Hilfe.

Am 30. August unternahmen Fargues und Morandière zwei Tauchgänge. Fargues legte von seiner Rolle aus 50 m Leine, die an einer unüberwindlichen Höhle in einer Tiefe von 43 m endete. Eine Stunde später, ausgerüstet mit einer weiteren Rolle, wurde die Suche wieder aufgenommen, aber im Verlauf der fünfzehnminütigen Operation wurde kein Weg gefunden. Am nächsten Tag unternahmen die beiden einen weiteren Tauchgang. Wie zuvor befand Fargues sich am Boden des Eingangsschachts, von wo aus er seinen Kollegen überwachte, der einen Weg nach vorn suchte. Schließlich fand Morandière durch ein Loch in der

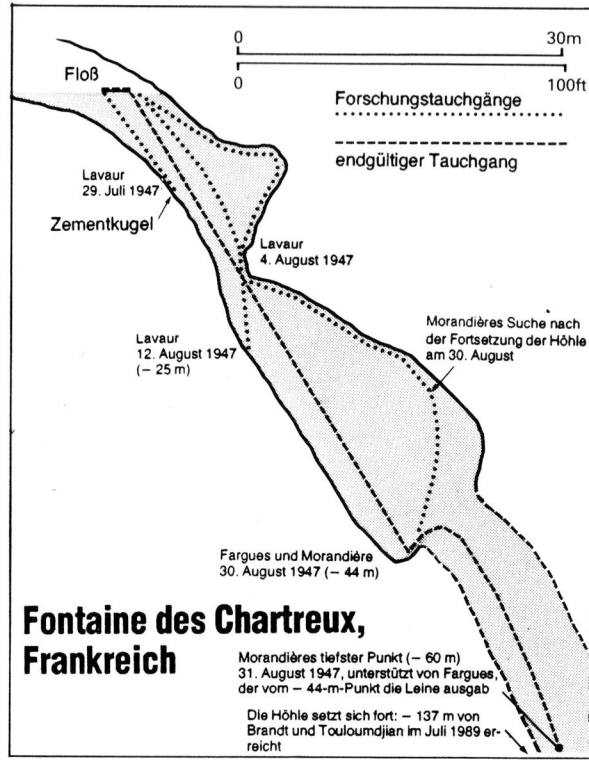

Fontaine des Chartreux, Frankreich

Forschungstauchgänge
endgültiger Tauchgang

Floß
Lavaur 29. Juli 1947
Zementkugel
Lavaur 4. August 1947
Lavaur 12. August 1947 (– 25 m)
Morandières Suche nach der Fortsetzung der Höhle am 30. August
Fargues und Morandière 30. August 1947 (– 44 m)
Morandières tiefster Punkt (– 60 m) 31. August 1947, unterstützt von Fargues, der vom – 44-m-Punkt die Leine ausgab
Die Höhle setzt sich fort: – 137 m von Brandt und Touloumdjian im Juli 1989 erreicht

Wand einen neuen Schacht, den er hinabstieg. Etwa 30 m Leine waren abgewickelt worden, als Fargues signalisierte, daß ihm die Luft ausging. Morandière kehrte wieder zu ihm zurück und begann, die erste Anhöhe zu erklimmen. Fargues ließ das Kabel los und stieg mit großer Geschwindigkeit hinauf, wobei er einen überraschten Morandière überholte. Er erreichte die Oberfläche mit einem Luftvorrat in den Flaschen, der nur noch Sekunden gereicht hätte.

Erneut waren die objektiven Gefahren der Höhlenerkundung unter Wasser offensichtlich. Wie Vaucluse sollte sich dieser Schauplatz als ungeheuer tief erweisen, und in einer Tiefe von 60 m konnte Morandière den Boden des nächsten Schachtes nicht sehen. Zwei Wochen nach diesen Tauchgängen in Chartreux verschwand der Erste Maat Fargues traurigerweise, nachdem er gerade einen Tauchrekord von 120 m im Meer mit der Taucherlunge aufgestellt hatte.

Fontaine de St. George, 1948

1948 beschloß Guy de Lavaur, einen weiteren Versuch in den eindrucksvollen Quellen der Dordogne zu unternehmen, nämlich in Fontaine de St. George. Nachdem er hier 70 m in einer Tiefe von 40 m eingedrungen war, erreichte er einen Punkt, an dem die Passage eben zu werden schien.

(Dies sollte sich später als der tiefste Punkt des ersten Sumpfes in der Höhle erweisen.) Wieder waren die Tiefe, die Art des Durchgangs (der am weitest entfernten Punkt verengt war) und der begrenzte Luftvorrat die größten Hindernisse. Ein weiterer Aspekt seiner Methode erwies sich ebenfalls als problematisch, nämlich das Mitsichziehen einer Leine von der Oberfläche aus. Obwohl dieses System bisweilen geschickt gehandhabt wurde, führte es häufig zur Verwirrung bei den Helfern an der Oberfläche, was wiederum den Tauchern Schwierigkeiten bereitete.

Die Vitarelles-Höhle

Den ersten Erfolg bei der Überwindung eines Sumpfes gab es nicht bei einer der großen Quellen, sondern am Boden eines tiefen Schachts, der Vitarelles-Höhle, die sich etwa fünf Kilometer südöstlich von Gramat befindet. Etwa 130 m unter der Oberfläche schloß die Höhle einen großen unterirdischen Strom ein, der schließlich in 13 km Entfernung nordwestlich an einem Fluß, dem Ouysse, einem Nebenfluß der Dordogne zutage trat. Hier begann Lavaur seinen Tauchgang, aber es fiel der Unterwasser-Forschungsgruppe zu, diese Operation zu Ende zu führen. Nach einer Reihe von Tauchgängen erreichte Leutnant Alinat eine große Kammer über der Wasseroberfläche hinter einem 150 m langen Sumpf. Lavaur schrieb später:

Wir können nicht erwarten, daß Speläologen mit ähnlichen Ergebnissen aufwarten, wenn sie kein intensives Tauchtraining absolviert haben. In der Tat sind sie gut beraten, Versuche dieser Größenordnung nicht zu unternehmen, es sei denn, sie werden von einer Gruppe sehr erfahrener Taucher unterstützt.

Ein Unfall in der Lirou-Höhle, 1950

Tief oder in langen Abschnitten von überfluteten Höhlen zu tauchen, war eindeutig mit potentiellen Gefahren beladen. Aber trotz der extremen Gefahren an einigen dieser Schauplätze sollte sich der erste Todesfall in Frankreich in einem relativ kurzen, flachen Sumpf in der Lirou-Höhle ereignen.

Der stromaufwärts gelegene Sumpf in der Lirou-Höhle in der Nähe von Montpellier hatte die Höhlenforscher schon jahrelang zurückgeworfen. Robert de Joly beispielsweise hatte 1938 erfolglos versucht, ihn leerzupumpen. Am 22. August 1950 überwand Henri Lombard dieses Hindernis, nachdem er 40 m geschwommen war. Er kam in einer kleinen Luftglocke nach oben und setzte dann seinen Weg weitere zehn Meter durch einen weiteren flachen Sumpf fort. Dahinter lag eine große Passage, der er etwa 50 m folgte, bevor er an den Ausgang gelangte.

Am 8. Oktober kehrte er zurück in der Absicht, die Höhle so weit wie möglich zu erforschen. Das Team an der Oberfläche erwartete, daß er mindestens eine Stunde lang unterwegs sein würde. Die Helfer merkten, daß er die Sümpfe ohne Zwischenfall hinter sich gebracht hatte; dann war die Leine, wie erwartet, still. Jedoch nur zwanzig Minuten nach seinem Abstieg erhielten sie das abgemachte Signal zur Rückkehr. Lombard ging den Rückweg langsam an. Er passierte den kurzen Sumpf stromaufwärts, danach die kleine Kammer. Er war einige Meter in den längeren Sumpf hineingetaucht, als die Leine, mit der er verbunden war, aufhörte, sich zu bewegen.

In der Höhle befand sich kein Taucher, der ihm zu Hilfe kommen konnte, und nach einer langen Pause, in der keine weitere Bewegung ausgemacht wurde, waren die Helfer fest entschlossen, den leblosen Taucher herauszuziehen. Schließlich konnten sie Lombards Leichnam bergen. Beide Flaschen waren leer, und der Luftschlauch war aus dem Ventil gezogen worden. Weder das eine noch das andere galt als Ursache von Lombards Tod, und es scheint sehr wahrscheinlich, daß beide Ereignisse während der Bergungsoperation eingetreten waren. Es sollte angemerkt werden, daß Lombard kein Anfänger war; er war oft getaucht, und dies war seine neunte unterirdische Operation. Er kannte sein Gerät gut, und es scheint unwahrscheinlich, daß ihm die Luft ausgegangen war. Eine Möglichkeit ist, daß er auf eine Kohlendioxatmosphäre gestoßen war, aus der er sich vernünftigerweise zurückzog. Sein wasserdichter Beutel schien nicht geöffnet worden zu sein, und er hatte auch seine Karbid-Lampe nicht eingesetzt. Der wahrscheinlichste Grund für die Tragödie ist wohl, daß Lombard wenig oder keinen Schutz vor der betäubenden Wirkung des 13°C kalten Wassers hatte. Es ist daher sicher, daß Lombard nach einer Unterkühlung zu Anfang seinen Rückweg mit verminderter Widerstandskraft angetreten hat und daß dies zur Katastrophe geführt haben kann.

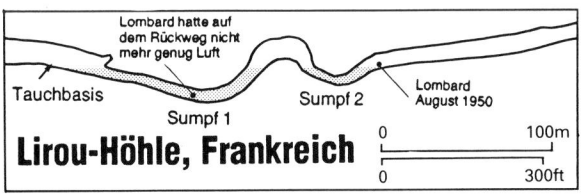

Grotte de Deramats, 1953, und Combe Laval, 1955

Trotz der Tragödie von Lirou stand die Nützlichkeit der Taucherlunge ganz außer Frage. Anfang der fünfziger Jahre fanden immer mehr Operationen statt, und 1953 wurde eine große Zahl von Sümpfen erfolgreich erforscht. In diesem Jahr durchquerte die Verna-Gruppe aus Lyon den letzten Sumpf der Grotte des Deramats erfolgreich und erforschte etwa 600 m von schön geschmückten Passagen, die dahinter lagen. Ende 1955 war zumindest in Frankreich die Bezwingung von Sümpfen eine recht alltägliche Angelegenheit. In diesem Stadium gab es viele Erfolge, und der bemerkenswerteste war wohl jener von Letrone und Bonnevalle von der Tritons-Gruppe aus Lyon, die das Geheimnis des Cholet in der Combe Laval (Vercors) lösten, indem sie einen 130 m langen Sumpf durchquerten.

Erste Erfolge beim Höhlentauchen in Italien und Spanien
Trotz seines wagemutigen Starts im Bereich des Höhlentauchens war Frankreich keineswegs die einzige Nation, die frühzeitig die Bezwingung von Sümpfen in Angriff nahm. Das Durchtauchen von unterirdischen Höhlen sollte sich in vielen Teilen der Welt zu einem anerkannten Sport entwickeln. Die Italiener beispielsweise haben eine lange Tradition der Höhlenforschung, und es dauerte nicht lange, bis sie sich der Herausforderung ihrer überfluteten Höhlen stellten. Der vielleicht bemerkenswerteste erste italienische Erfolg fand 1953 statt, als Dr. Maucii und sein Team von sieben Tauchern eine außergewöhnliche Tat vollbrachten, als sie an der Grenze zwischen Italien und Jugoslawien einen Sumpf im Timavo-Komplex durchquerten. Um diesen Erfolg richtig einzuschätzen, muß man wissen, daß die Taucher auf den Boden einer 329 m tiefen Höhle in L'Abime de Trebiciano hinabsteigen mußten, um den Timavo an dieser Stelle zu erreichen. Der Fluß ist an dieser Stelle reißerisch und besteht aus Schmelzwasser, in dem die Sicht häufig auf weniger als einen Meter reduziert

ist. Maucii unternahm hier einen Tauchgang von 75 m, erreichte eine kleine Luftkammer und war vier Stunden lang unter Wasser. Dieses Timavo-Projekt wurde anschließend durch den unermüdlichen Giorgio Cobol weitergeführt, dem führenden Höhlentaucher in Italien in den fünfziger Jahren.

Die Methode von Maucii und seinen Kollegen unterschied sich beträchtlich von der der Franzosen. Die Italiener hatten zum Atmen unter Wasser ein anderes System entwickelt – ein System mit geschlossenem Kreislauf, in dem der Sauerstoff wieder für die Atmung verwendet wird. Es wird an späterer Stelle in diesem Buch im Detail erklärt.

Zu dieser Zeit begann das Höhlentauchen auch in Spanien. Der Pionier war Eduardo Admetlla, ein außergewöhnlicher Taucher, der 1953 mit seinen Forschungen begann. Mit der Taucherlunge ausgerüstet, unternahm Admetlla viele tiefe Tauchgänge in die Höhlen der Costa Brava und der Balearen, die unter dem Meer liegen.

In den fünfziger Jahren sollte das Höhlentauchen in vielen Ländern populär werden. Wir werden die bedeutsamsten internationalen Entdeckungen und Trends später in diesem Buch analysieren. An dieser Stelle möchte ich einen historischen Abriß geben und die Ursprünge und die Entwicklung des Sports in Großbritannien, dem Gebiet, das ich am besten kenne, detailliert beschreiben. Anschließend werde ich über gegenwärtige Forschungen berichten, bevor ich auf die heutigen Aktivitäten in anderen Ländern zu sprechen komme.

Das Höhlentauchen
in Großbritannien und Irland

Kapitel drei

Das Höhlentauchen in Großbritannien vor dem Krieg

Die Entwicklung des Höhlentauchens in Großbritannien ist ein interessantes und farbiges Bild. Da die Höhlenforschung in Großbritannien ihren Ursprung in den Mendip Hills hatte, überrascht es nicht weiter, daß die ersten Tauchversuche mit speziell entwickelten Geräten hier stattfanden. Die Pioniere H. Balch und Dr. E. Baker hatten die Höhlen dieses Gebiets seit Beginn dieses Jahrhunderts erforscht, und ihre Entdeckungen und Berichte waren sehr eindrucksvoll. Eine ihrer Entdeckungen fand in Swildon's Hole statt, das sie zum erstenmal 1901 betraten. Eine nasse, zwölf Meter lange Höhle hielt die Forschungen dann bis 1914 auf, und erst 1921 erreichte man den heute berühmten Sumpf 1. Dieser Punkt, der sich etwa 610 m vom Eingang entfernt befindet, konnte von den Entdeckern erst nach einer sechzehnstündigen Tour erreicht werden, während man heute in weniger als einer Stunde dorthin gelangt.

Erforschung der Swildon's Sümpfe 1 und 2, 1934–36
Hier in Swildon's Hole unternahmen Graham Balcombe und Jack Sheppard 1934 den ersten ernsthaften Versuch, einen wassergefüllten Durchgang zu durchqueren. Ihre Beschreibung des herumschwimmenden Schaums und Sumpfgrases, das aus dem schlammigen Boden wuchs, ist

Unten: Sumpf 1 in Swildon's Hole – die Höhle, in der 1934 die ersten Höhlentauchgänge stattfanden. Nachfolgende Sprengoperationen über die Jahre hinweg haben die Sumpflänge von 3 m auf 1 m reduziert, so daß der Sumpf jetzt frei durchtaucht werden kann.

für den Taucher heute ein vertrautes Bild, aber für diese Pioniere mit ihrem primitiven Gerät muß es ein Alptraum gewesen sein.

Anfang 1934 wurde ein Unterwasser-Atemgerät mit Ein-laß- und Auslaßventilen konstruiert, so daß die Taucher durch einen 12 m langen Gartenschlauch Luft einatmen und ins Wasser ausatmen konnten. Die weitere Ausrüstung bestand aus einer Nasenklemme, Schwimmbrille und einer normalen elektrischen Lampe, die an einem Band um den Kopf getragen wurde. Der Naßtauchanzug war noch nicht erfunden, und der Schutz vor Kälte war praktisch gleich Null. Die ersten Forschungen (April 1934) fanden daher in der normalen Höhlenkleidung, nämlich in alten Sachen, statt. Balcombe beschrieb seine Erfahrungen:

> Meiner Erfahrung nach konnte der Übergang vom Wasser in den flüssigen Schlamm fast so abrupt sein wie ein Kurzschluß. Ein weiteres Vordringen war unmöglich, da es zu tief für ein befriedigendes Funktio-nieren des Tauchapparats war, und durch das kalte Wasser und meinen nervlichen Zustand bedingt, begann ich bald unkontrollierbar zu zittern.

Nach diesem Versuch verließ Balcombe die Höhle schnell wieder, um sich zu erholen, und ließ Sheppard zurück, damit dieser sein Glück versuchen konnte. Sein Versuch endete fast in einem Desaster, denn der Schlauch löste sich, als er bereits in einiger Entfernung unter Wasser war, und in dem engen Raum war es schwer für ihn, einen Luftraum zum Atmen zu finden. Zurückblickend kann man sagen, daß der Versuch der beiden Männer eigentlich schon zum Scheitern verurteilt war, bevor sie überhaupt begonnen hatten. Das Atemgerät berücksichtigte weder die Tiefe, noch den Wasserdruck. Dies bedeutete eine starke Belastung für die Zwischenrippenmuskeln, denn das Einatmen war sehr mühsam. Dies kann über längere Dauer gefährlich werden, denn wenn die Muskeln ermü-den, was unausweichlich ist, kann es zu einem starken Sauerstoffmangel kommen, der zu einem abrupten Bewußtseinsverlust führt.

Eins war jedoch klar geworden: Der Sumpf war relativ flach und möglicherweise kurz. Daher faßte Balcombe im Juni 1934 den Entschluß, die Decke wegzusprengen. Sein erster Versuch fand an einem Wochentag statt, als keiner seiner Freunde Zeit hatte. Von seiner Begeisterung ange-stachelt, nahm er vier- oder möglicherweise auch fünfmal den Weg hinein auf sich, bevor die gesamte Ausrüstung hineingeschafft war. Die Anhöhen, besonders der Forty,

Rechts: Die Pioniere von Swildon im Jahr 1934: (von links nach rechts) Jack Sheppard, »Jumbo« Baker, Graham Balcombe, Charles »Digger« Harris, B. Offer, P. Brown und Bill Tucknott. Außerdem Frank Frost, der das Foto gemacht hat.

stellten besondere Schwierigkeiten dar, denn unten war niemand, der die Lasten annehmen konnte. Balcombe berichtet:

Das Hämmern ging auch nicht besonders gut; es war kaum Platz vorhanden, um den Hammer zu schwingen, und stundenlange Arbeit führte nur zu einem wenige Zentimeter tiefen Loch. Schließlich hatte ich mein Lager, wenn man es als solches bezeichnen kann, auf einem Kies-flecken errichtet, nicht weit von dem Sumpf entfernt, aß etwas und legte mich hin. Es war merkwürdig während der Nacht aufzuwachen, die Einsamkeit der Höhle zu spüren und nur das Fließen und Gemurmel des Stroms zu hören und gelegentlich, wie es schien, auch Stimmen, aber wahrscheinlich war es nur der Klang von Kieseln, die einen in der Nähe gelegenen Wasserfall hinabrollten. Am nächsten Tag traf Jack ein, und wir beschlossen, eine kleine Sprengung in dem Loch vorzunehmen und auf das Beste zu hoffen.

Die Sprengladung zeigte zwar nur wenig Wirkung, aber sie hatte ihnen weitere Erfahrungen vermittelt.

Bei der nächsten Gelegenheit wurde eine Sprengladung von 10 Pfund abgefeuert, die mit Hilfe eines Weckers elektrisch detonierte, so daß sie Zeit hatten, die Höhle zu verlassen. Die Ladung ging um ein Uhr morgens hoch und

Oben: Jack Lander testet einfaches Tauchgerät im Minneries Pool Mitte der dreißiger Jahre. Andere auf dem Hauptbild sind Paul Dolphin (der die Pumpe bedient), Mrs. Kidd, Mrs. Lander und Mrs. Dolphin (sitzend), Frances und Geoff Tudney (in der Mitte stehend). Lander, Dolphin und Lowe führten Ende der vierziger Jahre in Südwales mehrere, frühe Tauchgänge durch.

hallte wie weit entfernter Donner durch die friedliche Nacht. Balcombe fuhr fort:

Eine Gruppe begab sich am nächsten Tag mit mühsam unterdrückter Aufregung in die Höhle, um die Trümmer zu begutachten. Aber es gab nichts zu sehen... eine Schicht schien ein wenig locker, und der Schlamm einer Flutwelle war klar sichtbar. Jack Sheppard, das unerschrockenste Mitglied der Gruppe, bearbeitete die lockere Schicht mit einem Brech-eisen und plötzlich – Wumms! gingen die Lichter aus und die Zeit stand still, oder fast, als wohl die ganze Decke vor uns einstürzte, fast unsere Knie zerkratzte und uns dann mit Schmutzwasser durchnäßte.

Totenstille folgte, und niemand wagte, etwas zu sagen, bis der Bann schließlich gebrochen war. Wir versicherten einander, daß wir unverletzt waren und machten dann die Lampen an. Etwa zwanzig Tonnen Felsge-stein waren von der Decke herabgestürzt und waren jetzt in dem Schlamm des Teiches halb vergraben. Wir waren unserem Ziel ein wenig näher gekommen.

Wir planten eine weitere Sprengung, und mit 30 Pfund Gelatinedynamit beladen krochen wir zu dem Teich und legten eine Sprengladung in dem Schlamm an, in der Hoffnung, daß wir das vermutete Hindernis aus dem Weg räumen könnten. Es gab jedoch nur eine Flutwelle.

Eine weitere, größere Ladung wurde dann unter dem Gewölbe angebracht und abgefeuert. Durch die vorhergehenden Erfahrungen war es offensichtlich, daß es ziemlich sicher war, während der Sprengung unten zu bleiben, denn an der Oberfläche schien sie mehr Unruhe auszulösen als unter der Erde. Es gelang uns sogar, eine der vielen Kerzen am Brennen zu halten, als die Ladung hochging, obwohl die Luft in dem Durchgang, in dem wir uns aufhielten, gewaltig vibrierte. Später erfuhren wir, daß diese Ladung während der Abendmesse losging (da die Uhr falsch eingestellt worden war), was in der Dorfkirche über unseren Köpfen spürbar war. Gerüchten zufolge sollen die Betkissen sich 15 Zentimeter vom Boden abgehoben haben. Die Gemeinde glaubte wahrscheinlich, daß der Tag des Jüngsten Gerichts gekommen war, und der Vikar kommentierte das Ganze mit den üblichen Worten: »Du liebe Zeit! Na, so was!«

Als die Stelle später besichtigt wurde, hatte sich das Aussehen der letzten Kammer zwar stark verändert, aber das Ziel des Angriffs war intakt. Das Ganze mußte neu überdacht werden. Es war auch offensichtlich, daß weitere Aktivitäten dieser Art nicht die Zustimmung der Anwohner finden würde. Da sich also der Einsatz von Sprengladungen als Enttäuschung erwiesen hatte, wurde ein weiterer Tauchgang in Betracht gezogen.

Ende 1935 hatte Sheppard weitere Geräte entwickelt und an dem ursprünglichen Atemgerät wichtige Veränderungen vorgenommen. Eine Pumpe, die ursprünglich zum Aufpumpen von Fußbällen diente, wurde jetzt in das System miteingebaut. Dieses wurde der Atmungsrate des Helfers entsprechend bedient; der Taucher atmete mit derselben Geschwindigkeit beim Abwärtshub »ein« und beim Aufwärtshub »aus«. Die Luftverbindung bestand aus zwei 23 m langen gerippten Gartenschläuchen. Die Lampe war hinter einer kleinen Plexiglasscheibe, die in einen wasserdichten Taucherhelm eingesetzt war, geschützt. Sie konnte über einen Schalter im Innern des Anzugs in Brusthöhe kontrolliert werden. Eine bedeutsame Entwicklung war der völlige Schutz des Tauchers vor dem kalten Wasser. Hohe Wasserstiefel bildeten die untere Hälfte des Anzugs, während die obere Hälfte aus Gummi bestand, das auf beiden Seiten mit Baumwolle beschichtet war. Mehrere Schichten dieses Materials wurden für den Helm verwendet. Ein einfaches Telefonsystem wurde ebenfalls eingebaut. Es bestand aus einem normalen, kompakten schwarzen Telefonsender und einem Empfänger, der im Helm an den richtigen Stellen eingebaut war. Der Taucher zog auf seinem Weg eine Drahtleitung hinter sich her, über die die Hilfsgruppe den wichtigen Kontakt zu ihm aufrechterhalten konnte. Die gesamte Ausrüstung, die zusätzlich

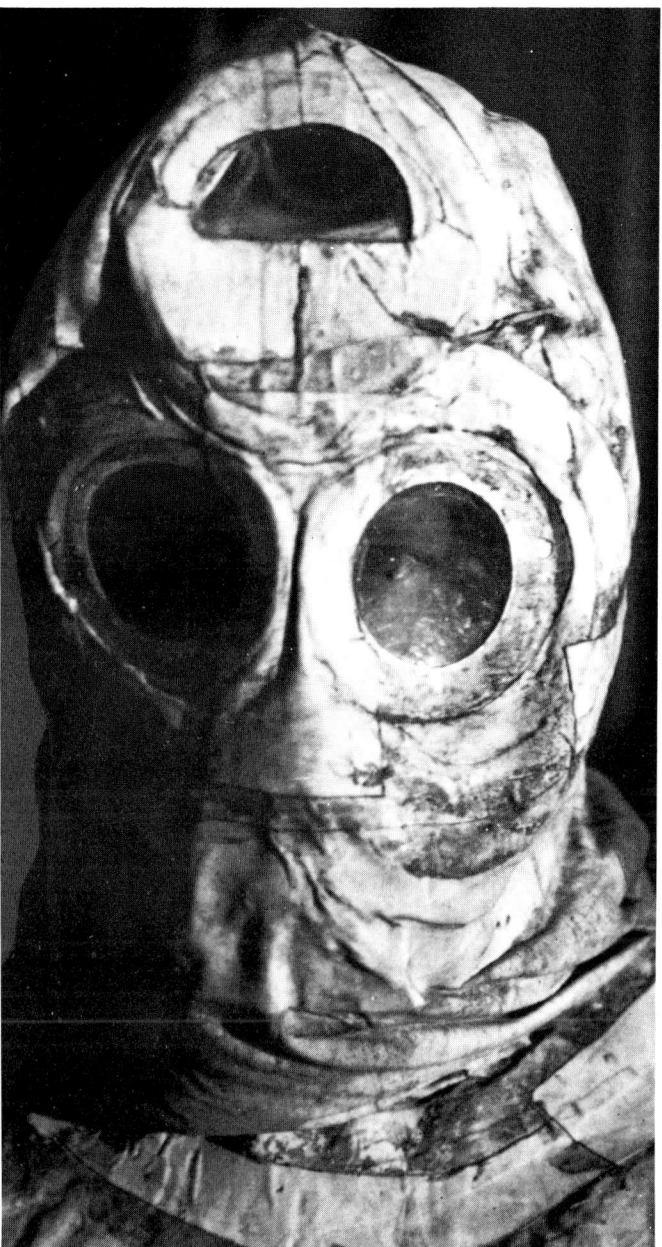

Oben: Jack Sheppard in einem selbstgemachten Tauchanzug, den er für die Durchquerung von Sumpf 1, Swildon's Hole, im Jahr 1936 einsetzte.

aus einer Signalleine, Nahrung, Lampen und einem Anzug zum Wechseln bestand, wurde von zwölf Männern getragen. Sie hatte folgendes Gewicht:

Helm, Oberteil, Telefonkabel	14 Pfund
Anzugunterteil	2 Pfund
Gewichte für den Rücken, Gurt und Gürtel	11 Pfund
Beingewichte	6 Pfund
Pumpe	13 Pfund
Luftleitung	16 Pfund
Telefon und Kasten	2 Pfund
insgesamt	64 Pfund

Ein für November 1935 geplanter Versuch mußte wegen Hochwasser verschoben werden, aber am 4. Oktober 1936 kam die Gruppe wieder zusammen. Sheppard berichtete:

Ich fühlte mich den anderen bereits etwas fremd. Sie schauten mich merkwürdig an und halfen mir beim Tragen. Ich hatte keine Angst und dachte nicht an die Gefahr des Tauchens. Ich war bereits dreimal zuvor unter Wasser gewesen und fühlte mich in meinem Anzug recht sicher. Am Teich übernahm GB die Leitung der Hilfstruppe, und ich fühlte mich von den anderen immer stärker losgelöst. Dieses merkwürdige Gefühl wuchs, als Pumpe, Luftleitung und Telefonleitung zusammengebaut wurden, und

Oben: Jack Sheppard und »Digger« Harris vor den Versuchen in Swildon's Sump 1 im Jahr 1936.

dann, als die Pumpe gestartet wurde und Luft durch den Anzug zischte, zog ich ihn an und steckte meinen Kopf in den Helm. Die ganze Szene – Höhle, Helfer und Teich – wurde durch die Augenöffnungen betrachtet Teil eines Films, den ich anschaute, während ich mich völlig losgelöst fühlte. Aber dann war es meine Show, und die Verzögerung durch die Fotoaufnahme, die Murrel machte, war ärgerlich. Jetzt galt es, eine Aufgabe zu übernehmen und mit einigen guten Ratschlägen betrat ich den Teich, und als ich langsam unter die Wasseroberfläche ging, verlor ich die Helfer aus den Augen.

Dann war ich allein, in einer kleinen, eigenen Welt, eingeschränkt durch das Licht meiner Lampe, das auf den Felswänden der Höhle tanzte. Die Sicht war gut. Bald fand ich den Durchgang, der schön beleuchtet war, und betrat ihn. Mir war warm, ich fühlte mich sicher und behaglich, ganz im Gegensatz zu meinem letzten Versuch mit dem Atemschlauch. Ich erinnere mich sehr gut daran, welches Vergnügen es mir bereitete, in einem Unterwassertunnel zu sein. Mein Anzug rechtfertigte die stundenlange harte Arbeit, die diesen Versuch ermöglicht hatte.

Nach kurzer Zeit kam ich an die Oberfläche, zog meinen Tauchanzug aus und sah mich um. Es gab nichts Spektakuläres zu sehen, nur schwarzen Fels und tropfendes Wasser, aber es war meine Höhle, eine völlig unerforschte Höhle, die noch nie zuvor betreten worden war. Sie verlieh mir ein ungeheures Triumphgefühl. Ich fühlte mich wie ein König. Die Pumpe hörte auf zu arbeiten, und ich zog eine Taschenlampe an einem Seil hindurch. Ich ging glücklich den Gang entlang, bis ich nach etwa 100 m an einem weiteren Sumpf ankam. Als ich zu dem Tauchanzug zurückkehrte und darum bat, die Pumpe wieder anzustellen, war das Telefon still. Ich setzte mich, und obwohl ich noch immer das Gefühl hatte, daß es meine Höhle war, war es plötzlich ein schrecklich einsamer Ort ohne jedes Geräusch, abgesehen von dem Rauschen des Stroms und dem Tropfen des Wassers – keine Helfer, keine Stimme am Telefon, kein Zischen der Luft, einfach von der Welt draußen völlig abgeschnitten. Schließlich hörte ich nach einiger Zeit, die mir wie eine Ewigkeit vorkam, eine Stimme am Telefon, und die Pumpe arbeitete wieder. Ich zog den Anzug an und machte mich auf den Rückweg. Die Luft war voller Dämpfe von dem verbrauchten Acetylen, und da mir sehr übel war, war ich wirklich froh, wieder zu den Helfern zu stoßen. Mein einziger Gedanken war »Nie wieder«.

Diese negativen Gedanken wurden bald von einem Gefühl des Triumphs und der Neugier ersetzt, was wohl dahinter lag. Der Sumpf war nur drei Meter lang gewesen, kurz

genug, um ohne Ausrüstung durchtaucht zu werden, was Sheppard tat, als er zwei Wochen später mit Balcombe zurückkehrte. Der nächste Sumpf erwies sich als Siphon, und sie begannen 300 m an Passagen zu erforschen, bis sie auf Sumpf 2 stießen.

Im November versuchte Balcombe, sein erstes, völlig unabhängiges Atemgerät einzusetzen; tatsächlich bestand es nur aus einer kleinen Flasche komprimiertem Sauerstoff, der anstelle eines Luftschlauchs denselben Apparat versorgte.

Mit diesem nicht ausgearbeiteten Ding bewegte ich mich seitwärts und unterstützte diese Bewegung, indem ich mich mit dem Kopf an der Decke entlangbewegte. Mit der einen Hand hielt ich die Flasche [die zwischen seinen Knien baumelte] und mit der anderen das Gasventil, das ich beim Einatmen öffnete und beim Ausatmen ins Wasser schloß. Damit erreichte ich eine winzige glockenförmige Kammer, zwängte mich durch einen schrecklichen, schlammigen Raum etwa 1 m 50 unter Wasser, bis ich eine

Unten: Nach der erfolgreichen Durchquerung von Sumpf 1 in Swildon's im Jahr 1936. Balcombe bereitet ein heißes Getränk vor, bevor das Team sich auf den Rückweg macht.

Oben: Eine Rekonstruktion der Ausrüstung, die von Balcombe und Sheppard eingesetzt wurde, um Swildon's Sump 2 1936 zu durchqueren.

größere Kammer erreichte, die etwa 6 m lang und 6 m hoch war [mit einem Luftraum] und in der zu meiner Erleichterung die Signalleine nicht mehr weiterreichte. Als ich entlang er 12 m langen Leine zurückkehrte, kam ich an keinem engen Durchgang vorbei, und nach scheinbar wenigen Augenblicken war ich wieder bei der Gruppe. Das war auch gut so, denn als ich die Basis erreichte, war kaum noch Luft in der Flasche.

Ein bedeutsames Ergebnis der Durchquerung von Sumpf 1 war die Geburt des Freitauchens in Großbritannien, etwa fünf Jahre vor Leakeys Aktivitäten in Gaping Gill in Yorkshire. Viele Höhlenforscher wurden bald veranlaßt, diese neue Entdeckung (bis zum Sumpf 2) nachzuvollziehen, holten tief Luft und tauchten einfach hinein.

Überlegungen zur Ausrüstung

Beim Höhlentauchen ging es bei der Ausrüstung offenbar darum, unabhängige Atemgeräte, Schutz vor der Kälte und einen höheren Sicherheitsstandard zu entwickeln. Eine derartige Tauchausrüstung zu kaufen, stand außer Frage. Balcombe und Sheppard hatten sich an die Siebe

Gorman Company gewandt, um sich eine Okylithe-Ausrüstung zu leihen, aber diese wurde verweigert, weil sie angeblich für den Gebrauch durch die Öffentlichkeit nicht geeignet war. Man bot jedoch an, ihnen mehrere Standard-Tauchausrüstungen zu leihen.

Diese Ausrüstung ähnelte der, die die Franzosen in Fontaine de Vaucluse eingesetzt hatten: bleibeschwerte Stiefel, Metallhelm und lange Schläuche für die Versorgung mit Luft. Volumen und lange Schläuche bedeuteten unausweichlich, daß der Einsatz der Standardausrüstung beim Höhlentauchen beschränkt war, aber dennoch lehnten die Höhlenforscher das Angebot nicht ab. Besonders in einer Höhle, in Wookey Hole in Somerset, konnte man die Ausrüstung einsetzen.

Die Erforschungen von Wookey Hole im Jahr 1935

Man wußte bereits, daß das Wasser in Wookey Hole seinen Ursprung hoch in den Mendip Hills hatte. Die Entfernung zwischen den Flüssen, die an der Oberfläche verschwanden, beispielsweise Swildon's, und in Wookey wieder an die Oberfläche traten, betrug etwa drei Kilometer, aber die Frage, ob dazwischen eine Höhle lag, konnte nur die weitere Erforschung offenbaren.

Nach einigem Unterricht und Praxis an der Oberfläche begannen die Operationen in Kammer 3 in Wookey, etwa 152 m vom Eingang entfernt. Dies war der am weitesten entfernte trockene Punkt, an den die schwere Pumpe gebracht werden konnte, und an dieser Stelle begannen die Tauchgänge stromaufwärts. Die Stelle war ideal, und es waren sechs Taucher dabei. Balcombe, der Initiator der Expedition, sollte der erste Taucher sein, und der zweite Taucher war die einzige Frau in der Gruppe, Penelope Powell.[*]

---

[*] Ihr Name lautete eigentlich Penelope Tyndale-Powell, aber sie schrieb sich im Buch der Taucher von Wookey Hole als Penelope Powell ein.

»Mossy« Powell, wie sie bei ihren Kameraden hieß, arbeitete in dem Souvenirladen und Museum von Wookey, nachdem sie nach einer gescheiterten Ehe mit ihren beiden Kindern aus Malaysia zurückgekehrt war. In Wookey war sie von den archäologischen Aussichten fasziniert, die mit den Möglichkeiten der Taucherei gewachsen waren. Da sie eine kräftige Schwimmerin war, einen Hang zum Abenteuer und offensichtlich ein gewisses Charisma hatte, wurde sie von der Wookey Hole-Tauchergruppe akzeptiert. Balcombe erinnert sich:

Während unseres Trainings im Minneries Pool übernahm sie die unschätzbare Rolle als Hüterin der Ausrüstung. Sie wusch und lagerte die Siebe Gorman-Ausrüstung nach dem Training am Wochenende und ach-

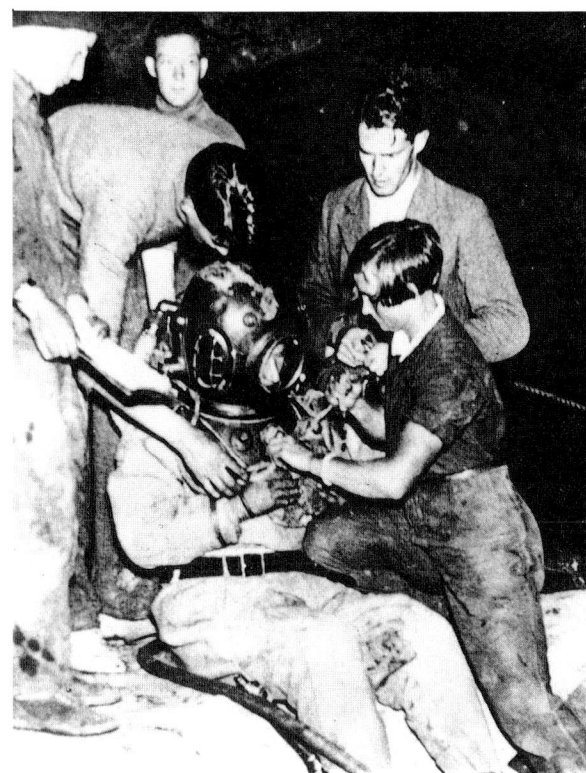

Szenen während der Erforschungen in Wookey Hole im Jahr 1935: Training am Minneries Pool (oben links); Balcombe wird auf den ersten Tauchgang vorbereitet und beginnt ihn (oben und links); die Wookey Hole-Höhlentaucher in Kammer 3 (von links nach rechts) Jack Sheppard, Frank Frost, Bill Bufton, »Digger« Harris, Penelope Powell, »Roger« und Graham Balcombe.

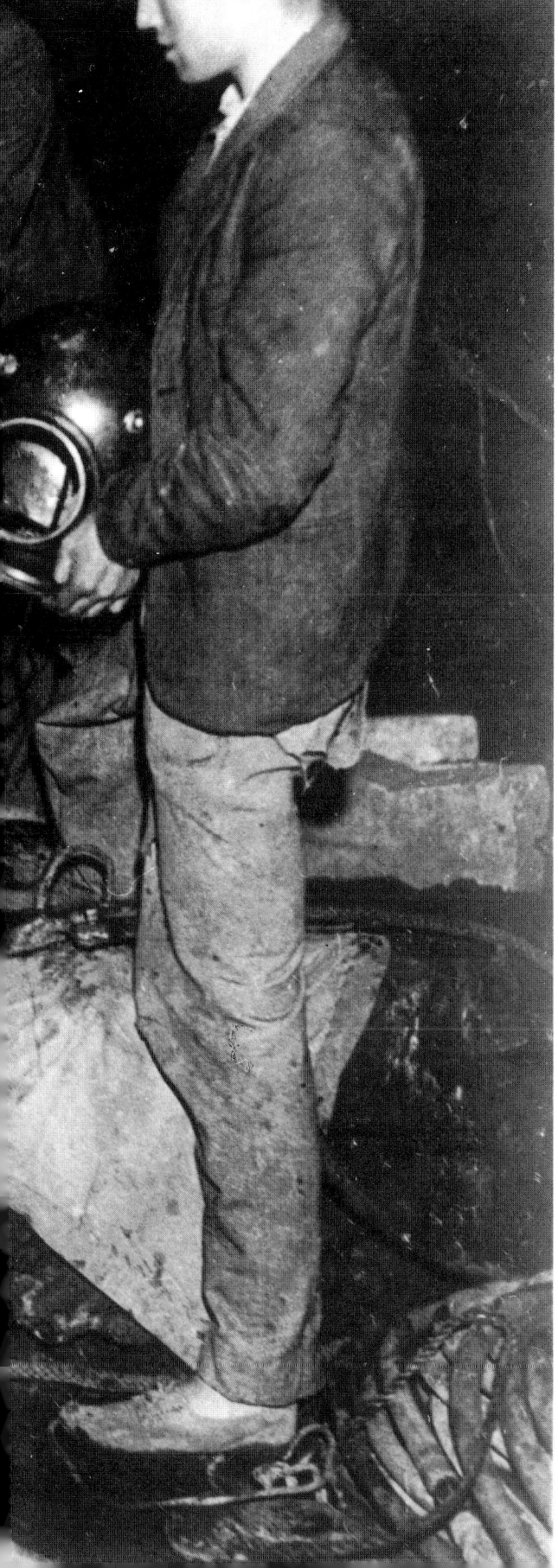

tete an den Wochentagen während der siebenwöchigen Trainings- und Tauchperiode darauf. In dieser Zeit zeltete sie allein in dem Minneries-Lager in einer provisorischen Hütte, die zwischen den Truhen errichtet war, nur von ihrem Hund Ting begleitet.

Was ihre Wahl als zweite Taucherin betrifft, enthält das Buch der Taucher von Wookey Hole einen vollständigen Bericht.

Alle fünf anderen Taucher (Harris, Frost, Bufton, Tucknott und Powell – Sheppard war nicht mehr dabei) waren in den Minneries trainiert worden. Sie hatten ursprünglich beabsichtigt, die Hilfsrolle abwechselnd zu übernehmen, aber bald wurde klar, daß dies nicht praktikabel war, und daß man dafür einen einzelnen auswählen mußte:

> … in einer Gruppe Freiwilliger ist eine solche Entscheidung ein schwieriges Problem… Schließlich kam man zu dem Entschluß, daß es am besten war, diese Rolle der Frau in der Gruppe zu geben, und diese Wahl war wirklich gerechtfertigt. Cool, konzentriert und völlig ohne Angst hat sie jede Aufgabe mit unübertroffener Selbstsicherheit und Verläßlichkeit ausgeführt.

Als Balcombe und Powell den ersten Sumpf betraten, war selbst bei ihrer armseligen Beleuchtung die Schönheit der Unterwasserwelt beeindruckend. Das Grün des Wassers erfüllte alles, und nur der Klang der aufsteigenden Luftblasen zerriß die tödliche Stille. Powell beschrieb die Szene in einem lebhaften Bericht im Logbuch:

> Die erste Reise den Axe stromaufwärts offenbart die Schönheiten dieser Unterwasserwelt. Es ist fast unmöglich, die Gefühle zu beschreiben, wenn man die Oberfläche und den Schein der starken Lampen hinter sich läßt. Als wir die alles umhüllende braune Atmosphäre hinter uns ließen, betraten wir plötzlich eine ganz andere Welt, eine Welt von Grün, in der das Wasser kristallklar war. Man stelle sich einen grünen Wackelpudding vor, in dem selbst die Schatten der blaßgrünen Felsbrocken grün sind, aber tiefer im Ton; während wir voranschritten, erhob sich hellgrüner Schlamm bis an die Knie und fiel dann weich und leise zurück in das tiefe Grün hinter uns. Es war so still, ehrfurchtgebietend, aber nicht erschreckend, da der Mensch seit Entstehung des Flusses keinen Fuß hierhin gesetzt hatte. Man hatte das Gefühl, in der mächtigen und unsichtbaren Anwesenheit eines unsichtbaren Geistes zu sein, dessen einziger Hinweis das alles durchdringende Grün war.

Dies war eine neue Welt, die auf dem Hinweg ungeheuer schön war, aber schrecklich und völlig gegensätzlich auf dem Rückweg. Jetzt war der Schlamm aufgewühlt und behinderte die Sicht, und die Signalleine, die sicher zwischen Gewichten oder Felsen lag, war ihre einzige Verbindung mit der Hilfsgruppe.

Links: Penelope Powell und Graham Balcombe bereiten sich auf einen gemeinsamen Tauchgang in Wookey Hole bei ihrem letzten Vorstoß nach Kammer 7 vor.

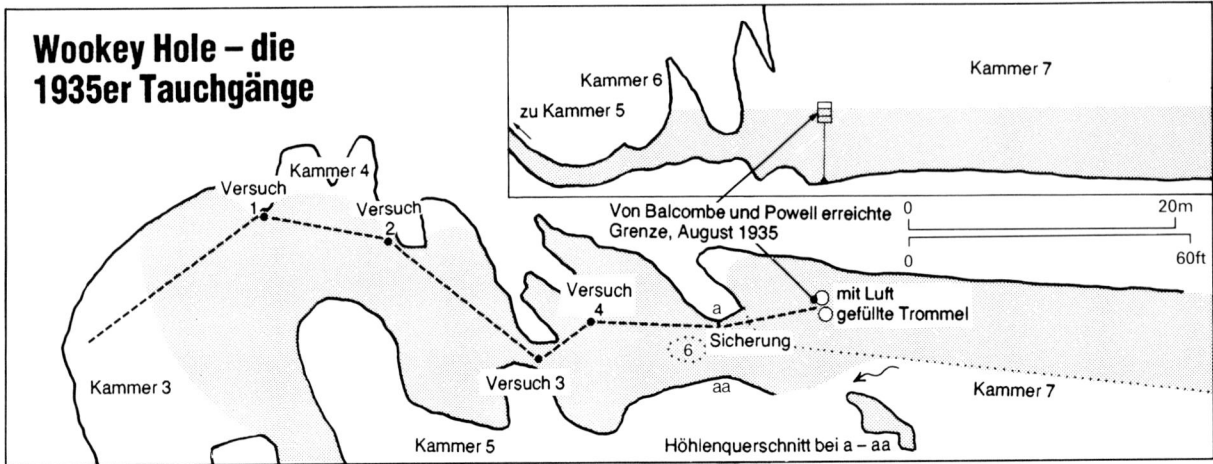

Wookey Hole – die 1935er Tauchgänge

Kammer 6
zu Kammer 5

Kammer 7

Kammer 4
Versuch 1
Versuch 2

Von Balcombe und Powell erreichte Grenze, August 1935

0   20m
0   60ft

Versuch 4

a

mit Luft gefüllte Trommel

Sicherung

6

Kammer 3

Versuch 3

aa

Kammer 7

Kammer 5

Höhlenquerschnitt bei a – aa

Mit der 180 Pfund schweren Messing-und-Blei-Ausrüstung bekleidet, waren die Bewegungen langsam und anstrengend, besonders bei der Rückkehr, wie Powells Tagebuch beschrieb:

Seine [Balcombes] Besteigung der Felsen, die er für weniger schwierig hielt als die unhandlich daliegende Leiter zu benutzen, war eine Zurschaustellung von Geschick und Ausdauer, wie man sie nur selten sieht, und in der intensiven Düsterkeit der widerhallenden braunen Höhlen, in denen das erleuchtete jadegrüne Wasser funkelte, war es ein wirklich merkwürdiges Bild, als dieses schreckliche Monster über die schlüpfrigen braunen Felsen nach oben stolperte. Tatsächlich war eine leicht gekleidete Zuschauerin von dem Anblick so fasziniert, daß sie so angewachsen dastand und ihre Röcke in der Aufregung so häufig umklammerte, daß sie sich alle über der Taille befanden, als er langsam auftauchte... als sein Tauchhelm entfernt wurde, war offensichtlich, daß er in starken Schweiß ausgebrochen war; war das *nur* auf seine Wollkleidung zurückzuführen?

Nachdem die Kammern 4 und 5 erreicht worden waren, die man bereits kannte, da sie bei Niedrigwasser zugänglich waren, erreichten sie Kammer 6. Dies war wieder eine hohe, dunkle Spalte, die man nach einem kurzen Tauchgang auf eine Tiefe von 5 m erreichte. Der Haupttunnel setzte sich darunter fort und lag etwas tiefer.

Aufgrund der Bedingungen, die der Höhlenbesitzer dem Team auferlegt hatte, mußten all diese Aktivitäten nachts stattfinden, damit der Zustrom der Besucher, die tagsüber in die Höhle kamen, nicht gestört wurde. Bald waren alle Taucher an der Reihe, die Route auszubauen. Spät nachts, am 20. Juli, war Powell an der Reihe, allein einen Tauchgang zu unternehmen. Diesen beschrieb sie in einem weiteren Eintrag im Logbuch:

Meine Handgelenke sind einfach schrecklich; sie sind so schmal, daß ich Ringe über Ringe (Gummiringe, die verhindern sollen, daß Wasser in den

Anzug gelangt) anlegen muß. Sie sind nicht sehr bequem, aber nachdem ich sie auf neue Weise angelegt und in einem Eimer getestet hatte, schien alles in Ordnung, und bald schlüpfte ich ins Wasser...

Der Fluß war nicht so klar wie beim erstenmal; er hatte eine Art gewittrige, braune, nebelhafte Farbe... und statt einen wie das feenhafte Grün der Woche zuvor zu locken, schien er einen zu hassen und sagte: »Hinaus mit dir!«, so als ob er einen dritten Taucher in dieser Nacht nicht ertragen konnte. Jedenfalls ging ich weiter und watete in den riesigen Stiefeln wie ein Fußballer in Zeitlupe umher, hielt mich mit einer Hand an der Leine fest und leuchtete mit der Lampe in der anderen Hand; überall machte sich dieser verwirrende Nebel breit, die Felsen waren nur sichtbar, wenn die Lampe sie fast berührte, und sie strahlten in einer Art Rotbraun zurück.

Ich durchquerte die felsige und schlammige Terrasse zu Harris' [der vorhergende Taucher in dieser Nacht] niedrigem Durchgang, befestigte die Leine an meinem rechten Handgelenk und wartete ein paar Augenblicke, bis das Wasser klar sein würde, bevor ich mich mit meiner klobigen Masse in die bedrückende kleine Öffnung zwängte. Es war die erste, die ich betreten hatte, und ich wagte nicht, mich ganz hinzulegen und mich wie ein Hummer zu winden, aus Angst, zu explodieren. Also bewegte ich mich sehr vorsichtig auf einer Hüfte und Schulter voran, da einige Steine etwas locker schienen, wobei mein Helm in Abständen gegen die Decke stieß.

Dünne Platten von einer Art Kalktuff fielen vor dem Bullauge [vorderes Fenster des Messinghelms] herab, Platten, die mit kleinen silbrigen Blasen bedeckt waren, und schließlich gelangte ich in die neue Kammer. Ich sah einen riesigen Stalagmiten auf dem Boden, an dem ich mich ausruhte; der Schlamm, den ich aufgewirbelt hatte, stieg wie eine schwere Rauchwolke um meinen Helm herab und löste sich schließlich auf.

Am anderen Ende der Kammer, gegenüber dem Eingang, durch den ich gekommen war, konnte ich etwas erkennen, das wie ein langer, dunkler Durchgang aussah, niedrig, aber sehr verlockend; leider war meine Leine nicht lang genug, um nah an ihn heranzukommen, also blieb ich noch ein wenig länger sitzen und brach mit der Lampe wie eine echte Touristin ein oder zwei Kanten von der Säule ab. Dann gab ich das Signal, daß ich zurückkehren wollte.

Wieder dieses schreckliche Hindurchzwängen, aber viel weniger schwierig beim zweitenmal, da es aufwärts geht und man nicht das Gefühl hat, daß es schneller nach oben geht, als es einem angenehm ist. Der Schlamm war jetzt sehr dick; meine Hände wurden kalt und durch die Gummiringe taub, aber nachdem ich die Distanzleine losgelassen und das Schlußseil ergriffen hatte, war das Vorwärtskommen trotz des dicken Nebels um mich herum leicht.

Plötzlich fühlte ich, daß ich stark herangezogen wurde, und es war unmöglich, einen weiteren Schritt zu tun, egal wie stark ich auch zog. Man muß ziemlich stark und gleichmäßig ziehen, um die Leinen mitzuziehen, aber dies war kein normaler Widerstand; dann wurde mir klar, daß ich überhaupt nicht das Schlußseil in Händen hatte, das klassische Beispiel für schlechtes Tauchen! Ich benutzte fröhlich mein eigenes Brustseil, das sich hinter mir irgendwie ordentlich verfangen hatte und an dem ich zurückgelaufen war.

Das Telefon war an seiner äußersten Grenze; ich konnte nicht hören, was die anderen sagten, und sie waren offenbar durch meine silberhelle Stimme betäubt und konnten kaum verstehen, was ich sagte. Es war gut, das stetige Geräusch der Pumpe zu hören und zu wissen, daß es, egal, wie lang man dort unten blieb oder in welcher Notlage man sich befand, weitergehen würde; die Helfer atmeten für den Taucher! Also setzte ich mich, während eine riesige Schlammbank in dem dicken, stillen Wasser neben mir drohte, und wartete, daß das Wasser etwas klarer werden würde. Nach einer Weile waren meine Hände so taub, daß ich meine Finger nicht mehr gebrauchen konnte. Ich konnte nur mit den Handgelenken und einem Knie, mit denen ich vorsichtig ruckte, arbeiten. Ich wagte nicht, dies zu stark zu tun, für den Fall, daß sich etwas lockerte und auf mich herabfiel. Dann wartete ich, daß das Wasser klarer wurde, um zu sehen, ob es etwas genützt hatte. Langsam wurde der Luftschlauch lenkbarer, und als ich ihn dann ein wenig zog und die Helfer oben an ihm zogen, lockerte er sich wieder; welche Freude, als er langsam, aber sicher vor meinem Bullauge vorbeischwebte!

Mit ein wenig Ermutigung kam auch die Brustleine, und ich werde wegen des schrecklichen Schlamms nie wissen, woran sie sich verfangen hatten. Dann drehte ich mich und schlich nach Hause... ich kroch aus dem Wasser und wünschte mir, daß ich nie geboren worden wäre.

Die Arbeit ging weiter, man sammelte Erfahrungen und machte weitere Fortschritte. Etwas später erreichte Balcombe, (unter Wasser) von Powell unterstützt, Kammer 7. Diese war etwa 52 m von der Basis entfernt. Die spiegelartige, silbrige Oberfläche war hoch oben über den einsamen Tauchern am Boden sichtbar, aber zu Anfang unerreichbar. Daher wurde für einen der folgenden Tauchgänge ein Schwimmer entwickelt. Zwei Fünf-Gallonen-Behälter wurden in die Kammer gerollt und dann mit einer Stange aneinander befestigt, so daß ein Trapez entstand, an dem ein umgekehrtes Y-Geschirr befestigt und am Grund mit einem Gewicht versehen wurde. Die Behälter wurden dann mit Luft aus dem Ärmel des Tauchers gefüllt. Schließlich hob sich der ganze Apparat an die Oberfläche, wobei das Seil des Geschirrs herabhing, damit die Taucher an ihm hochklettern konnten.

Die Ereignisse der Operation wurden von Balcombe und Powell beschrieben. Als die beiden die Wassertiefen unter Kammer 7 erreicht hatten, bereiteten sie sich auf den Aufstieg vor:

Mit der Hand wurde an das Bullauge geklopft und signalisiert; die empfängerlose Nr. 2 wurde wieder am Fels gesichert, und Nr. 1 begab sich an die Oberfläche. Sein Anzug begann, sich aufzublasen, er winkte, ergriff das Seil und begab sich langsam und äußerst würdevoll nach oben; das letzte, das Nr. 2 von ihm sah, waren jene schrecklichen Messingschuhkappen, die in einer Schwefelwolke verschwanden, wie bei einem Menschen, der gen Himmel schwebt. Nr. 2 ist mit der Erde verbunden und mehr oder weniger vorbereitet, als Nr. 1 mit einem plötzlichen Plumps auf ihrem Helm landete!

Taucher 1 führte ein paar merkwürdige Kunststücke vor, ob aus Vergnügen oder Wut, war schwer zu sagen. Taucherin 2 bat sofort darum, auch aufsteigen zu dürfen, was Nr. 1 gewährte. Er begab sich daran, das Seil zu lösen, damit der Aufstieg weniger beschwerlich sein würde. Taucherin Nr. 2 gelangte nach oben, und als sich ihr Kopf über dem Wasser befand, sah sie Kammer sieben in all ihrer Schönheit. Das Telefon in Kammer drei hallte von ihren Schreien des Entzückens wider, während sie an der Eisenstange des Trapez herumwirbelte und sich in den orangefarbenen, roten, braunen und goldenen Reflektionen auf dem Wasser badete.

Hier war Kammer 7, die sich so weit erstreckte, wie das Licht reichte, sich so weit nach oben erhob, wie das Auge schauen konnte, zwei gigantische Wände von sauberem, rosafarbenem Gestein; wie konnte es so viele Millionen Jahre alt sein? Es sah so frisch und neu aus wie an jenem Tag, als es die Hand seines Schöpfers verlassen hatte. Diese Kathedrale des Friedens wird nicht von einem Engel mit einem Flammenschwert bewacht, sondern von einem riesigen, spitzen Felsbrocken, bereit alle zu zerstören, die sie nicht betreten dürfen. Auf sie wartet er eifrig und scharf und aufmerksam; La Guillotine!

Als die Taucher unten auf dem Flußbett wieder vereint wurden, führten sie einen regelrechten Kriegstanz auf, Hand in Hand, bis ihre Helme zusammenstießen und Taucher 1 seine Gefährtin schließlich umstieß, was

Unten: Powell und Balcombe machen sich mit den Fünf-Gallonen-Fässern auf den Weg, um mit ihnen das schwimmende »Trapez« in Kammer 7 zu errichten.

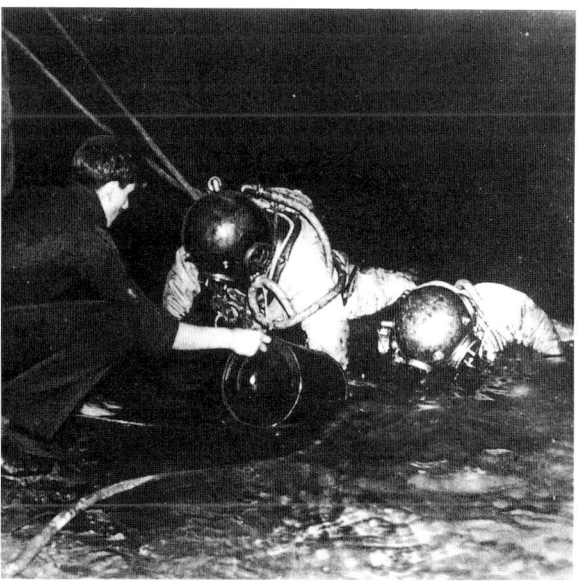

Passage nach
Kammer 6

Oben: Eine Rekonstruktion des Aufstiegs in Wookeys Kammer 7.

der Vorstellung ein Ende bereitete. Traurig, aber triumphierend machten sie sich auf den Heimweg, sich bückend, kletternd, kriechend und bisweilen mit dem Gesicht nach unten dahinschießend, während die Helfer immer stärker mithalfen und mit aller Macht zogen.

Dieser Ausflug am 31. August 1935 sollte das Ende der Tauchoperationen mit der Standardausrüstung markieren. Die Dorfbewohner und die Besitzer der Papiermühle, die sich alle mit Wasser aus der Höhle versorgten, störten sich an dem schlammigen Wasser, das erzeugt wurde. Trotz der großen Publicity, die die Taucher für die Höhle gewonnen hatten, wurde die Erlaubnis zu weiteren Forschungen entzogen.

Die Ausrüstung selbst wurde an Siebe Gorman in London zurückgegeben, aber während der wenigen Monate der Aktivität hatte man seine Vor- und Nachteile identifiziert.

Die Aufgabe des ersten Tauchers war besonders schwer gewesen. Wie bei allen Standardausrüstungen mußte er die einfließende Luft durch ein Druckauslöserventil am Helm manipulieren. Zudem mußte er ein Gewicht, das über einen Zentner wog, transportieren und neben seinem eigenen Luftschlauch und dem Telefonkabel die Signalleine mit sich ziehen. An Ecken und Felsstücken bestand immer das Risiko, daß Schlauch oder Kabel sich verfingen oder beschädigt wurden, und nach einer gewissen Entfernung war es Balcombe körperlich nicht mehr möglich, alles hinter sich herzuziehen. Aus diesem Grund war das Mitwirken eines zweiten Tauchers von großer Bedeutung. Störungen bei der Ausrüstung waren nicht auszuschließen, und einmal setzte die Pumpe ganz aus, als Balcombe sich hinter Kammer 6 befand. Er konnte nur in Sicherheit gelangen, indem er die verbleibende Luft im Helm und Anzug atmete – eine sehr glückliche Rettung, für die große Geistesgegenwart und eiserne Selbstkontrolle nötig war. Derartige Vorfälle beeinträchtigten nicht den Gesamtwert dieser Tauchgänge. Es waren Abenteuer von Pionieren, und man hatte viel gelernt, aber die Standardausrüstung hatte eindeutig ausgedient, und um weitere Fortschritte zu machen, waren jetzt weniger schwerfällige, unabhängige Geräte notwendig.

Kapitel vier

Die Sauerstoffphase

1936 war klar, daß man unabhängige Geräte für das Höhlentauchen brauchte, aber es war unmöglich, sie zu finden. Derartige Geräte gab es einfach nicht. Durch die Nachfrage im Krieg wurde schließlich die Entwicklung von Unterwasserausrüstungen angeregt, was auch zu Fortschritten beim Höhlentauchen führte.

Entwicklungen im Krieg

Zu Beginn des Zweiten Weltkriegs wußte die Öffentlichkeit wenig über Taucher und Tauchausrüstungen. Alle Taucher unterstanden entweder der Marine oder es waren Bergungstaucher, die im Krieg für die Admiralität arbeiteten. Es waren »Helmtaucher«, die mit der Standardausrüstung arbeiteten und deren Aktivitätsradius eingeschränkt war. Eine Sauerstoffausrüstung zum Tauchen war praktisch unbekannt, abgesehen von dem Davies Submarine Escape Apparatus oder DSEA von Siebe Gorman. Dieselbe Firma produzierte auch ein Sauerstoffgerät, das als Amphibian Mark 1 bekannt war und es dem Taucher gestattete, bis zu einer Tiefe von neun Metern bis zu einer Stunde lang zu arbeiten. Als das Amphibian Mark 1-Aggregat produziert wurde, bot man es der Admiralität an, die es jedoch ablehnte, teilweise, weil man Preßluftpumpen und -Aggregate für sicherer hielt, und teilweise, weil man sich damals nicht vorstellen konnte, daß Taucher sich unter Wasser freier bewegen wollten, ohne mit der Oberfläche verbunden zu sein. Die Möglichkeit, Taucher als Kämpfer unter Wasser einzusetzen, wurde nicht berücksichtigt. Einen Fluß auf dem Grund zu durchqueren war mit dem Amphibian ausprobiert worden, aber für taktische Zwecke war dies zu langsam. Daher bestand kein Bedarf für den Einsatz.

Italienische Unterwasserangriffe auf Schiffe im Mittelmeer im Jahr 1941 zeigten die Kurzsichtigkeit der Briten, besonders, da es Siebe Gorman gewesen war, die die Italiener in den dreißiger Jahren mit der DSEA-Ausrüstung versorgt hatte. Dies rückte die Ausrüstung in eine neue Perspektive, und die Admiralität bemühte sich anschließend viel stärker, ihre Unterwasser-Tauchoperationen zu verbessern.

Bis zu diesem Zeitpunkt war der Taucher durch die Luft, die von der Oberfläche zugeführt wurde, unter Kontrolle gehalten worden. Wenn nur mehr Mobilität gefordert war, konnte eine Preßluftflasche wie Le Prieur angepaßt werden. Aber dies war nicht wünschenswert, denn die verräterischen Luftblasen, die an die Oberfläche gelangten, würden Beobachtern oben die Gegenwart des Tauchers verraten. Das Atemgerät mußte daher einen geschlossenen Kreislauf haben, das heißt, wenig oder kein Gas durfte entweichen. Dies konnte von zweifachem Vorteil sein, da eine Entdeckung äußerst schwierig sein würde und beim Einsatz von reinem Sauerstoff die Verweildauer unter Wasser stark vergrößert würde.

Unter der Überwachung von Unterrichtspersonal der Firma Siebe Gorman wurden die ersten Versuche mit Abwandlungen des DSEA unternommen. Anstelle einer kleinen Sauerstoffflasche, die vorne getragen wurde und einen Atembeutel versorgte, trugen die Taucher jetzt zwei große Flaschen auf dem Rücken. Bald wurden alle möglichen Ausrüstungen entwickelt und Experimente durchgeführt. Aufgrund der kalten britischen Gewässer kam 1943 ein Allzweck-Unterwasser-Schwimmanzug auf den Markt, dessen Hauptziel darin bestand, den Menschen völlig amphibisch zu machen. Im selben Jahr erhielt man Flossen von den Amerikanern. Auf diese Weise machte der britische »Froschmann« sein Debüt und wurde bald zum bestausgerüsteten der Welt. Modelle wie der modifizierte DSEA, Amphibian und P Party unterschieden sich für verschiedene Zwecke, aber das Operationsprinzip war im Grunde dasselbe. Die Ausrüstung mit geschlossenem Kreislauf besteht aus einem Beutel oder einer »Gegenlunge«, die mit Sauerstoff gefüllt ist und aus der der Taucher atmet. Das Kohlendioxid, das Abfallprodukt beim Atmen, wird durch absorbierenden Natronkalk aus dem Kreislauf genommen, und der Sauerstoff wird aus der Hochdruckflasche ersetzt. Der gesamte Sauerstoff wird vom Taucher verbraucht und nicht ins Wasser geatmet.

Geräte für das Höhlentauchen

Obwohl das Gerät mit geschlossenem Kreislauf sich als

völlig ausreichend für die Froschmänner erwies, hatte es eine Reihe von Nachteilen, wenn es in Höhlen eingesetzt wurde. Seine Vorteile lagen in der größeren Wirkungsweise und Wirtschaftlichkeit, aber seine Probleme, die sich hauptsächlich auf die Chemie und den Druck bezogen, sollten sich für Höhlentaucher als schwierig erweisen. Das wichtigste war die Beschränkung, die durch den alten Feind, den Druck, auferlegt wurde. Der große Nachteil von Sauerstoff bestand darin, daß das Gas in Tiefen von über neun Metern giftig wird. Der einzelne Taucher mag eine größere oder geringere Abwehr haben und kann seine Toleranz möglicherweise durch Gewöhnung stärken, aber im allgemeinen ist es nicht ratsam, tiefer als neun Meter zu tauchen.

Der Grund für dieses Risiko ist komplex und im Gesetz des Partialdrucks (Henry-Dalton-Gesetz*) verwurzelt.

* Henry-Dalton-Gesetz: In einer Mischung von Gasen übt jedes Gas den Druck aus, den es ausüben würde, wenn es das Volumen allein ausfüllen würde. Jedes Teilgas besitzt seinen eigenen Teildruck. Sauerstoff beispielsweise wird bei einem Druck, der sich zwei bar nähert, für die meisten Menschen toxisch. Bei reinem Sauerstoff, wie er in einem Regenerationssystem verwendet wird, kann dies bei einer Tiefe von zehn Metern eintreten. Bei Luft, die 20% Sauerstoff enthält, wird erst in einer Tiefe von 90 m ein Teildruck von zwei Bar erreicht.

Die Symptome sind variabel, aber sie treten meistens in dieser Folge auf: Zucken der Lippen, Schwindel, Übelkeit, Würgereflex und Krämpfe, die an einen epileptischen Anfall erinnern.

Bei diesen Geräten konnte es auch zu einem Sauerstoffmangel kommen, und bevor man sie einsetzte, mußte ein Atemtraining durchgeführt werden. Dabei sollte der größte Teil des Stickstoffes aus Lungen und Gerät entfernt werden. Wenn Sauerstoff dann schneller verbraucht wurde, als er in den Atembeutel gelangte, war dies leicht feststellbar, denn der Beutel leerte sich und es war unmöglich, einen vollen Atemzug zu machen. Wenn diese Anfangsprozedur ausgelassen wurde und die Atmung mit einem Beutel voller Luft, der vier Fünftel Stickstoff enthielt, begann, wurde der Sauerstoff verbraucht, aber der Stickstoff wieder in den Beutel ausgeatmet. Der Taucher wurde innerhalb weniger Minuten durch den fehlenden Sauerstoff bewußtlos. Vom Atembeutel gab es keine optische Warnung, denn der Taucher meinte, er sei noch voller Sauerstoff.

Die Vorbereitungen beim Gebrauch reinen Sauerstoffs waren nicht das einzige Problem, denn es war auch nötig, auf die Kohlendioxidkonzentration zu achten. Beim ersten Fall konnte der Anteil dieses Gases zu hoch werden. Dies konnte geschehen, wenn die Arbeitsrate hoch war, so daß sich mehr Gas bildete als von dem Natronkalk im Gerät ohne weiteres absorbiert werden konnte; dies konnte auch passieren, wenn der Natronkalk verbraucht war. Eine flache Atmung, bei der das meiste Gas in der Lunge nicht den Natronkalk erreichte, hatte dieselbe Wirkung. Ein Anteil von fünf Prozent CO_2 war kritisch, und bei zehn Prozent trat eine Bewußtlosigkeit ein. Dieser Zustand war nicht leicht zu diagnostizieren, wenn man an all die anderen Belastungen dachte, die bei Aktivitäten unter Wasser eintraten. Es war auch möglich, unter einem Mangel an Kohlendioxid zu leiden. Dies war meistens auf ständige tiefe Atmung zurückzuführen, durch die das Gas aus dem Blut gewaschen wurde.

Die normale Atmung wird durch die Kohlendioxidkonzentration im Blut kontrolliert. Wenn der Spiegel steigt, merkt das Gehirn dies und löst die Atmung aus; ohne dieses Gas kommt es nicht zu dieser Reaktion. Wenn daher das Kohlendioxid durch tiefe Atmung entfernt wird, besteht kein Verlangen, einen neuen Atemzug zu machen. Aufgrund dieses Zustands konnte die Atmung so lange aufhören, daß das Opfer aufgrund von Sauerstoffmangel blau anlief und periodisch nach Luft schnappte. Wenn die Konzentration wieder stieg, wurde die Atmung wieder normal. Damit das Gerät wirkungsvoll funktionierte, war es äußerst wichtig, daß es in dem Atembeutel nicht zu einem Wasserleck kam und vor allen Dingen nicht in dem Natronkalkbehälter. Wenn dies geschah, wurde der Natronkalk schnell aufgebraucht, woraus ein Anstieg von Kohlendioxid resultierte. Ein stärkeres und plötzlicheres Eindringen von Wasser bedeutete, daß für den Taucher das Risiko eines »Cocktails« bestand: das Einatmen einer ätzenden Lösung in das Atmungssystem, das äußerst gefährliche Folgen hatte. Eine weitere Gefahr, die offensichtlich auch eine psychologische Grundlage hatte, war ein »Blackout in flachem Gewässer«. Dieser konnte ohne Vorwarnung eintreten. Es war daher notwendig, daß die Taucher beim Training genau überwacht wurden.

Für den Taucher war es auch notwendig, daß er ständig auf Veränderungen des Geräts und der Atmung achtete. Neben der Regulierung der Sauerstoffzufuhr, deren Meisterung wichtig war, war auch äußerste körperliche Fitneß gefragt. Bald war klar, daß die Leistungsfähigkeit beim Tauchen eng mit Fitneß und Gesundheit zusammenhing, was wichtig war, um die Gefahren durch den Wasserdruck zu bekämpfen. Einfach ausgedrückt, bedeutet dies, daß es bei steigender Tiefe zu höherem Druck kommt: In einer Wassertiefe von zehn Metern ist der Druck doppelt so hoch wie der Atmosphärendruck. Mit zunehmender Tiefe werden daher höhere Anforderungen an den Körper gestellt, besonders an die Ohren, die Nebenhöhlen und die Lungen, denn bei ihnen handelt es sich um Körperhöhlen, die Luft enthalten, die sich vom Volumen her ändern, wenn der Außendruck sich ändert.

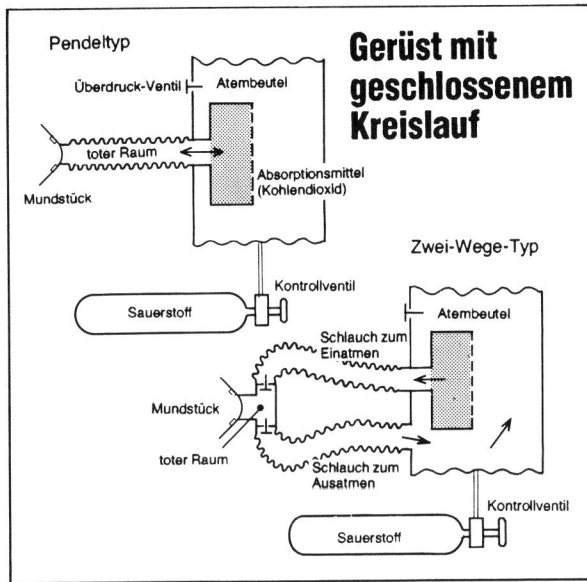

Gerüst mit geschlossenem Kreislauf

Pendeltyp

Überdruck-Ventil — Atembeutel

toter Raum

Mundstück

Absorptionsmittel (Kohlendioxid)

Sauerstoff

Kontrollventil

Zwei-Wege-Typ

Atembeutel

Schlauch zum Einatmen

Mundstück

toter Raum

Schlauch zum Ausatmen

Kontrollventil

Sauerstoff

kann. Das Trommelfell beispielsweise ist Druckunterschieden gegenüber sehr empfindlich. Ein Ausgleich ist nötig, sobald Schmerzen wahrgenommen werden. Dieser kann normalerweise durch Schlucken erfolgen, so daß die Eustachischen Röhren, die zwischen der Innenseite des Trommelfells und dem Rachen verlaufen, sich öffnen. Wenn ein Taucher dies nicht tut, während er sich im Wasser bewegt, besteht das Risiko, daß das Trommelfell platzt; wahrscheinlicher ist dies beim Abtauchen. Druckveränderungen im Innenohr können auch zu Schwindel und Verwirrtheit führen. Die Nebenhöhlen können leicht entlastet werden, indem man in die Nase bläst, aber ein Schnupfen kann zu einer Blockierung der Luftkanäle führen. Sicheres Tauchen wird auf diese Weise unmöglich gemacht oder zumindest sehr schmerzhaft. Die Lungen sind äußerst anfällig und können bei einem positiven Druck von mehr als einem bis zwei Pfund nicht operieren. Ein Druck von mehr als zwei Pfund führt zu einem Lungenriß. Beim Auftauchen ist es außerdem wichtig, in Übereinstimmung mit dem abnehmenden Wasserdruck Luft aus dem Körper freizugeben, da es sonst zu einem Luftschuß oder einer Embolie kommen kann. Der innere und äußere Druck muß aneinander angeglichen werden; die Luft anzuhalten, hat tödliche Folgen.

Höherer Wasserdruck muß in jedem dieser Bereiche ausgeglichen werden, da es sonst zu Schmerzen und körperlicher Gefahr kommt. Eine Druckabweichung von einem oder zwei Pfund kann starkes Unbehagen verursachen, während zu starker Druck tödliche Folgen haben

Aus diesen Gründen mußten die Taucher ihre Physiologie und ihre Grenzen kennen und verstehen. Beim Gebrauch ihrer Ausrüstung mußten sie äußerst vorsichtig sein. Zum erstenmal waren sie völlig unabhängig und

Balcombes Gerät mit geschlossenem Kreislauf, das 1945 in Keld Head eingesetzt wurde.

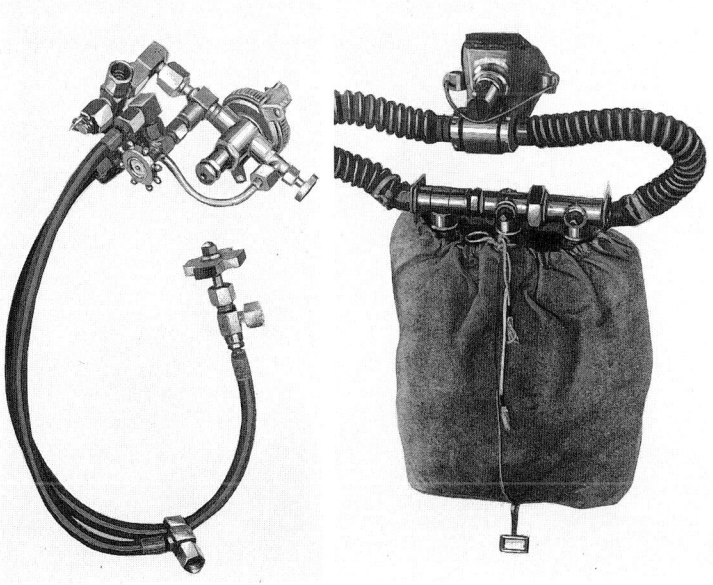

Oben: Balcombe demonstriert den Wookey Hole-Trockentauch-anzug – bekannt unter dem Namen WHODD. Links: Der erste Aflo oder Aflolaun (Gerät zum Verlegen der Leine und für die Unterwassernavigation) in Keld Head, 1945.

mußten daher ihre Situation unter Wasser ständig neu einschätzen. Die Taucher brauchten Geschick, Hingabe und gute Nerven.

Neuerungen bei der Ausrüstung

Durch den Krieg kam es unausweichlich zu einem Still-stand in der Höhlenforschung, aber dies gestattete es Balcombe auch, die »unabhängige« Phase des Höhlentau-chens einzuleiten. Mit der Hilfe und der Beratung seiner Siebe Gorman-Kontakte wurde er Pionier einer prakti-schen Höhlentauchtechnik und etablierte sie. Im Sommer 1944 hatte er all die Geräte zusammen, die er brauchte.

Sein Atemgerät war ein Sauerstoffgerät mit geschlosse-nem Kreislauf, zu dem ein kleiner Atembeutel gehörte, der an der Brust befestigt war und von zwei Flaschen auf dem Rücken versorgt wurde. Andere Teile seiner Ausrü-stung, besonders der Anzug, waren ebenfalls geändert worden. Vorher bestand der Anzug aus einer Hose und einem Oberteil, die mit einer wasserdichten Verbindung

verbunden wurden. Die Ärmelöffnungen wurden mit Tauchmanschetten aus Gummi verschlossen und die Hals-öffnung mit einem mäßig engen Halsband aus Gummi. Es dauerte lange, um diese Kleidung anzulegen, und um dies zu ändern, verzichtete man auf die umständliche Taillen-verbindung. Jetzt wurde ein Einstiegsloch in eine Lage Spezialgummi eingearbeitet, das sich vorne am Oberteil befand. Nach dem Anlegen des Anzugs ließ sich diese Loch ziemlich leicht mit einer Metallscheibe verschließen, denn es hatte im ungedehnten Zustand nur einen Durch-messer von etwa zwölf Zentimetern. Die Hauptschwäche dieser Ausrüstung, die später als Wookey Hole-Taucheran-zug (WHODD) bekannt werden sollte, lag darin, daß Kopf und Hals der Kälte ausgesetzt waren. Außerdem mußte eine separate Brille eingesetzt werden, die leicht leckte, so daß die Sicht eingeschränkt war. Außerdem waren 20-30 Pfund schwere Bleigewichte erforderlich und ihre Lage am Körper war ein weiteres Problem. Der Schutz des Tauchanzugs war ebenfalls von größter Bedeu-tung und machte den Einsatz von robusten Overalls nötig.

Der Aflo

Eine weitere Neuerung war ein Ausrüstungsgegenstand, der die Unterwasserlampe und die Leine aufnehmen sollte. Später erhielt er den Namen Aflo. Er bestand aus einer etwa einen Meter langen Stange, an der eine Lampe, wie Bergleute sie verwendeten, und eine Batterie sowie eine Seiltrommel befestigt waren. Wenn der Taucher diese Stange in der Hand hielt, wurde seine Sichtweite erheblich vergrößert, denn die Stange selbst konnte in dem schlammigen Wasser zum Tasten verwendet werden. Der erste, noch nicht verfeinerte Aflo oder Aflolaun (Apparatus For Laying Out Line and Underwater Navigation) ist auf dem Foto auf Seite 52 abgebildet. Die beiden 48 Watt-Motor-Scheinwerfer, die aus einer Alkali-Batterie gespeist wurden, waren ziemlich sperrig. Unter dem Rahmen der Einheit befand sich eine große Trommel mit etwa 70 m Leine, die sich abrollte, wenn der Taucher sich vortastete. Zur weiteren Ausrüstung gehörte ein Kompaß, ein Tiefenmesser und ein Anzeigegerät für die Richtung der Wasserströmung. Das Ganze ließ sich nur schwer transportieren, und die Winde mußte sorgfältig überwacht werden, damit sie nicht versagte. Im Grunde waren alle Teile der Ausrüstung und der Kleidung, besonders das Navigationsgerät, plump und primitiv.

Probleme mit der Tragkraft

Man muß in Betracht ziehen, daß die Methode des Höhlentauchers anders als beim Froschmann (mit seinen Flossen) oder dem Tiefseetaucher damals darin bestand, auf dem Grund der Höhle entlangzulaufen, eine Technik, die als »Laufen auf dem Grund« bezeichnet wurde. Dies war ein Vermächtnis der früheren Erfahrungen in Wookey Hole mit der Standardausrüstung, aber es war noch immer die beste Methode, wenn man bedachte, welche Probleme es gab, eine neutrale Tragkraft zu erreichen, die es dem Taucher gestatten würde, sich in einer bestimmten Wassertiefe frei zu bewegen. Wenn er zu leicht war, trieb er durch die im Anzug enthaltenen Luft auf dem Wasser (positive Tragkraft), und wenn er zu schwer war, sank er hinab (negative Tragkraft). In der Praxis war es schwierig, die neutrale Tragkraft zu erreichen, und die einfachste Lösung bestand darin, dem Taucher negative Tragkraft zu verleihen, so daß er auf dem Boden des Höhlendurchgangs entlanglaufen konnte. Um dies zu erreichen, wurde die Tragkraft der Luft, die sich im Anzug befand, mit Bleistiefeln aufgehoben. Der große Nachteil bei dieser Technik bestand darin, daß der Taucher sich in einem spitzen Winkel nach vorne lehnen mußte, um überhaupt weiterzukommen. Sein Körper war nicht stromlinienförmig und bot dem Wasser starken Widerstand, so daß er nur langsam vorankam. Bedarfsventile (die es dem Taucher gestatteten, Luft zu bekommen, wenn er sie brauchte, im Gegensatz zu dem Dauerfließsystem und /oder einem von Hand operier-

ten Flaschenventil, z. B. Le Prieur) und Preßluftflaschen gab es nicht; selbst wenn es sie gegeben hätte, hätte man sie wahrscheinlich aufgrund der vergleichsweise kurzen Atemzeit, die sie boten, nicht eingesetzt.

Balcombes Tauchgänge in Keld Head, 1945

Balcombe wollte seine neue Ausrüstung unbedingt ausprobieren. Aus diesem Grund unternahm er von seinem Haus in Leeds, das er während des Kriegs bewohnte, eine Reihe von Ausflügen in die Yorkshire Dales. Aufgrund der Knappheit an Benzin war er gezwungen, mit einem Tandem, das einen kleinen Anhänger zog, fünfzig Meilen zu dem Haupthöhlengebiet zurückzulegen. Die vielversprechendste und zugänglichste Stelle befand sich in Keld Head, einer großen Quelle bei Ingleton.

Diese eindrucksvolle Höhle auf der Westseite von Kingsdale hatte örtliche Höhlenforscher schon lange angezogen, und Reg Hainsworth und seine Gruppe hatten schon viele Wochenenden mit großer Ausdauer versucht, den Wasserspiegel im überfluteten Eingang zu senken, aber mit wenig Erfolg.

Von März bis Oktober 1945 wurde die neue Ausrüstung zum erstenmal praktisch getestet, und ein beträchtlicher Abschnitt wurde unter Wasser erforscht. Ostern machte Balcombe zum erstenmal Bekanntschaft mit der schlammigen, unterirdischen Wasserstraße. Die vorhergehende Nacht war stürmisch und regnerisch gewesen, und in seinem Tagebuch heißt es:

... Ich versuchte hinabzusteigen und schob mich an der südlichen Wand entlang; der Weg nach unten war in der ungeheuren Dunkelheit schwach

Graham und Mavis Balcombe unterwegs nach Keld Head.

Oben: Das 1945er Keld Head-Team (von links nach rechts) Mary und Ray O'Neill, C.R.L.D. »Rocky« Moxon, Graham und Mavis Balcombe und Ray Newcombe.

sichtbar. Ich hielt meine Seiltrommel gut fest und fühlte langsam meinen Weg nach unten. Die Sichtweite ging schnell von 60 cm auf 30 cm zurück und dann auf die 15 cm des Lampenscheins. Jeder Stein am Abhang schien der letzte vor dem Abhang zu sein, aber jedesmal tauchte ein neuer auf. Der Abhang war sehr steil, und die Steine, die einen Durchmesser von etwa 15 cm hatten, saßen gefährlich locker. Bei der leichtesten Störung rollten sie mit einem merkwürdig hohen Geklimper herab und waren nicht mehr zu sehen. Bald verschwand das Tageslicht, das ich zuletzt wie eine schwache, orangefarbene Nebelschwade über mir wahrnahm; das Geräusch der Atmung und des einfließenden Gases verschwand und eine tödliche Stille folgte. Es war beunruhigend, und nach ein paar weiteren Metern ließ ich meine Trommel stehen und kletterte mit Hilfe des Seils, das ich am Ufer verankert hatte, zurück; der schwache Flecken wurde heller und war endlich wieder Tageslicht. Das Geräusch der Atmung kam wieder, und als ich das Gasventil öffnete, ja, da konnte ich das Rauschen des Gases wieder vernehmen, es war also doch alles in Ordnung.

Nachdem ich einige Worte mit der Gruppe am Ufer gewechselt hatte, ging ich zurück, erreichte die Dunkelheit und Stille bei der Trommel und schaute hinab. Der Abhang ging noch weiter. Zentimeterweise stieg ich hinab und folgte dem kleinen Lichtflecken. Dann tauchte plötzlich ein ebener Flecken auf, Sand und Kies.

Hier faßte er den weisen Entschluß, daß er nichts gewonnen hatte, wenn er unter solch schlechten Bedingungen weitergehen würde, und er begab sich wieder zum Aus-

gang. Anfang Juni wurde ein bemerkenswerter Fortschritt erzielt. Er erreichte die alte Stelle und ging weiter.

... nachdem ich mich durch einen Haufen großer Felsbrocken hindurchgekämpft hatte und dann eine Weile weitergegangen war, merkte ich, daß es nach oben ging. Der Gasbeutel schwoll an, ich ließ etwas Gas heraus, hörte, wie es sich an der Oberfläche brach, und plötzlich wurde mir die ganze Bedeutung bewußt – war dies das Ende des Sumpfes? Aufgeregt sah ich mich um oder fühlte herum, um einen Weg nach oben zu finden. Ich weiß nicht mehr, wie ich es schaffte, aber ich erreichte die Oberfläche und sah eine Durchgangskammer für den Fluß, nicht größer als ein Bus, gewölbt wie der Höhlendurchgang darunter, mit 1 m 20 langen weißen Stalaktiten und einer Säule an der linken (echten) Wand. Ich glaube, ich kletterte auf eine Sandbank auf der linken Seite, um hinauszusehen. Die Wände hingen überall über.

Ich tauchte wieder in den Strom und nahm meinen Weg wieder auf, immer noch nach Westen ging ich weiter über weitere Flecken mit Sand und herabgefallenen Brocken. Die Trommel verfing sich, aber das war keine Entschuldigung mehr dafür umzukehren, und bald gewöhnte ich mich daran, sie freizumachen. Leicht zu reisen ist eine wunderbare Erfahrung. Wenn man ein gähnendes Loch findet, suche man den Boden und steige dann hinein; ganz langsam sinkt man auf den Boden wie eine

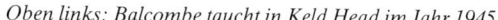

Oben links: Balcombe taucht in Keld Head im Jahr 1945.

Oben rechts: Balcombe und Ray O'Neill nach Trainingstauchgängen in einem Wasserreservoir in der Nähe von Harrogate.

Feder in der Luft. Aber es ist nicht nur ein Spaß, denn zweimal, als ich mich gegen den Strom bewegte, wahrscheinlich in einem schmaleren Teil der Höhle, siegte die Strömung und wirbelte mich herum, so daß ich mich flach hinlegen, meinen Weg wieder finden und einen neuen Versuch starten mußte. Es ist beruhigend zu wissen, daß man kaum etwas wiegt, wenn man über Haufen von lockeren Steinen klettert.

Balcombe kam erneut an die Oberfläche, und da alles gut klappte, setzte er seine Reise fort, bis ihm die Leine ausging und er sich 55 m von der Basis entfernt befand.

Der Weg zurück machte besonders viel Spaß; nachdem die Leine für mich ein paar Fehler korrigiert hatte, setzte ich mein Vertrauen in sie, und bald sah ich einen schwachen hellen Flecken vor mir, der größer und heller wurde. Schließlich konnte ich den Abhang am Eingang ausmachen, und es war wunderbar, ihn hinaufzuklettern, während feine, gelbe Steine sich in dem angenehmen Tageslicht aufeinanderhäuften.

Nach weiteren Änderungen an seiner Ausrüstung unternahm Balcombe einen weiteren Tauchgang Anfang August. Trotz der Verbesserungen und seinem wachsenden Vertrauen sollte jedoch nicht alles nach Plan verlaufen:

Ohne zu zögern folgte ich der Leine und fand das Ende. Das Gerät schien nicht so gut zu funktionieren, aber ich führte dies darauf zurück, daß das Absorptionsgerät zum zweitenmal lief [dies war der zweite Tauchgang an diesem Tag], der Atemschlauch ziemlich lang war und die Arbeitsrate beim Einstieg hoch. Daher atmete ich ziemlich schwer, während ich nach dem neuen Seilende suchte, das ich an das alte binden wollte, als plötzlich das Atemgerät abgewürgt wurde; der Widerstand stieg auf eine unmöglich hohe Zahl an, und ich wußte aus Erfahrung, daß der Schlauch abgeknickt sein mußte; schnell fuhr ich mit der Hand darüber, nein, ich konnte keinen Knick ausmachen. Beunruhigt, weil ich nicht wußte, wo das Problem lag, aber wohlwissend, daß ich es in diesem Zustand nicht lange aushalten würde, versuchte ich es mit mehr Gas, auf alle Fälle. Der Vorrat in der arbeitenden Flasche mußte sehr niedrig gewesen sein, denn durch das Ausgleichen verstärkte sich der Zustrom; ich hörte, wie das Gas in den Beutel rauschte, wußte aber nicht, wieviel hineingelangt war. Dennoch war der Atembeutel immer noch fest aufgeblasen [damals gab es kein Überdruckventil]; ich schaute auf, ob es eine Möglichkeit gab, an die Oberfläche zu gelangen, sah aber keine. Verzweifelt untersuchte ich den Schlauch immer wieder, aber er war in Ordnung. Dann ging der Widerstand plötzlich auf das normale Maß zurück. Gleichzeitig entlud sich der Beutel so schnell, daß mir das Mundstück aus dem Mund gerissen wurde, und ein ganzer Beutel voller Gas strömte aus, ungefähr fünf bis zehn Liter, bis es mir gelang, mir das Mundstück wieder in den Mund zu stecken. Zum Glück war es reines Wasser, kein Abwasser oder ähnliches, denn ich schluckte eine ganze Menge, und auch das Absorptionsgerät bekam seinen Teil ab. Ich war ungeheuer erleichtert, als ich wieder normal atmen konnte, wußte aber immer noch nicht, was mich erwartete. Würde das Absorptionsgerät wegen der Nässe nicht mehr arbeiten? Ich erinnerte mich lebhaft an die Atmungstests zu Anfang, als meine Atmung so stark wurde, daß ich das Mundstück nicht im Mund behalten konnte. Ich stand einen Augenblicklang da, überprüfte die Leine, überlegte, ob der Aflo helfen oder mich behindern würde, und befahl mir dann sehr streng, ganz langsam zum Ufer zu gehen [hinaus]. Ich hatte das Gefühl, daß der nasse Natronkalk noch recht gut absorbierte... Ich öffnete den Stabilisator ein-, zweimal auf dem Rückweg, und als ich das Ufer erreichte, überprüften die Helfer das Gerät und sahen, daß beide Flaschen leer waren, was trotz des zufälligen Verlusts nicht erklärt werden konnte und als Warnung dienen sollte.

An diesem Tag wurde nicht weitergetaucht. Als Balcombe in der folgenden Nacht aus einem Alptraum erwachte, wurde ihm plötzlich klar, was die Ursache gewesen war. Kurz vor dem Tauchgang hatte er einen Mundstückhahn eingesetzt, den er beim Tauchen zufällig geschlossen und später wieder zufällig geöffnet haben mußte. Eine einfache, mechanische Änderung hatte ihn fast das Leben gekostet. Das Glück war eindeutig auf seiner Seite gewesen, genau wie bei einem Vorfall zuvor, als er wegen eines Sauerstoffmangels in große Schwierigkeiten geraten war – weil er das Atemtraining ausgelassen hatte.

Alum Pot und Goyden Pot, 1945

In jenen Tagen wurde noch viel herumprobiert; man lernte schnell und jeder Fehler war eine wertvolle Lektion. Balcombe untersuchte im Juni 1945 auch Alum Pot, war aber gezwungen, nach wenigen Metern umzukehren, als er einen tiefen Unterwasser-Abhang in sechs Metern Tiefe entdeckte. Seine ersten wirklich befriedigenden Resultate erhielt er im Oktober 1945 in Goyden Pot. In einem fünfundvierzigminütigen Tauchgang durchquerte er den kurzen Gang zu der niedriger gelegenen Höhle, entdeckte, daß es unterwegs keine Lufträume gab, und, was ihm noch wichtiger war, erreichte eine erfolgreiche Leistung bei seinem Atemgerät. Bei früheren Tauchgängen hatte die schlechte Rekonditionierung der wiedergeatmeten Atmosphäre zu ständigen Schwierigkeiten mit überschüssigem Kohlendioxid geführt.

Neben diesem Erfolg gewann Balcombe auch Erfahrungen bei den Problemen, die einen unvorsichtigen Taucher überraschen konnten. Die Lektion über Funktion und Anbringen der Leine war offensichtlich. Als er in Goyden Pot an seiner Leine zog, rutschte diese über einen Baumstamm und verfing sich an einer trügerisch engen Stelle, so daß sie festhing. In Swildon's Hole hatte er unter ähnlichen Umständen im November 1936 Glück gehabt, denn damals hatte die Leine sich in einem breiteren Durchgang verfangen, aber hier waren ihm zum erstenmal die schlimmen Möglichkeiten bewußt geworden. Es folgten einige Minuten voller Angst, aber glücklicherweise befand er sich auf seinem Weg stromaufwärts, und bald wurde das Wasser

klar, so daß er das Problem lösen konnte. Bei seinen Überlegungen im nachhinein mußte er an andere Besonderheiten beim Tauchen denken. Er fand es beispielsweise äußerst schwierig, sich der fremden Umgebung anzupassen; in einem Augenblick war die Sicht gut und im nächsten schrecklich; die Einschätzung von Entfernungen mußte neu gelernt werden; das Laufen mit den Gewichten war ein neues Gefühl, genau wie der Widerstand des Wassers – all dies waren merkwürdige und recht beunruhigende Erfahrungen.

Ogof Ffynnon Ddu, 1946

Balcombes Erfahrungen in Goyden Pot demonstrierten eindeutig, welche Möglichkeiten das Tauchen bot, und es war offensichtlich, daß es viele Höhlen gab, in denen diese neuen Techniken zu großen Entdeckungen führen konnten. Daher besuchten Balcombe und Sheppard Ostern 1946 Swansea Valley, um die Quelle von Ffynnon Ddu zu untersuchen. Jahrelang hatten Höhlenforscher, die sich für dieses Gebiet interessierten, schon versucht, einen Eingang in dieses schwer faßbare System zu finden, das auf der Ostseite des Tals in der Nähe von Abercrave existieren mußte. Balcombe hoffte, daß er beim Tauchen den Schlüssel finden würde.

Balcombe und Sheppard waren zweifellos die einzigen beiden Menschen, die diese Aufgabe angemessen durchführen konnten, und sie wurden nicht nur von den Höhlenforschern, sondern auch von der örtlichen Bevölkerung unterstützt. Schließlich gelang es ihnen zwar nicht, das

Unten: Pioniere aus Yorkshire aus den späten vierziger Jahren – Bob Leakey und Reg Hainsworth.

Oben: Bill Weaver bei einem Trainingstauchgang in Ffynnon Ddu, Südwales, 1946.

angenommene System zu betreten, aber ein Tauchgang von 15 m wurde zu einer kleinen, abgeschlossenen Kammer über Wasser unternommen. Es ging nicht weiter, und trotz weiterer Versuche wurde kein bedeutsamer Fortschritt erzielt. Nach diesem Osterunternehmen wurde jedoch die Cave Diving Group geboren.

Die unterschiedlichen Methoden in Frankreich und Großbritannien

· Wie wir gesehen haben, wurden die ersten ernsthaften Versuche in Sümpfen in Großbritannien und Frankreich in den vierziger Jahren unternommen. Frühere Tauchgänge hatten gezeigt, daß der Einsatz der Standardausrüstung im großen und ganzen unpraktisch war, und bedeutsame Fort-

schritte in allen Unterwasserbereichen konnten erst nach der Entwicklung unabhängiger Ausrüstungen gemacht werden. Großbritanniens Beitrag auf diesem Gebiet war die Produktion des Sauerstoff-Regenerationsgeräts, das meisterhaft von den Froschmännern im Zweiten Weltkrieg vorgeführt wurde. Daraus resultierte, daß beim Höhlentauchen in Großbritannien und Italien ähnliche Ausrüstungen, die nach dem Krieg überall erhältlich waren, eingesetzt wurden, während in Frankreich von dieser Zeit an die Taucherlunge die bevorzugte, unabhängige Ausrüstung war.

Kapitel fünf

Die Cave Diving Group

Die Cave Diving Group war das direkte Ergebnis der Arbeit von Balcombe und Sheppard. Balcombes Worten zufolge war sie »das Produkt eines industriellen und technischen Zeitalters«, gegründet, um zukünftige Höhlentaucher aus ganz Großbritannien zusammenzubringen und es ihnen zu ermöglichen, sich auf ihre Bemühungen zu konzentrieren und ihr Wissen zu teilen. Balcombe war in jeder Hinsicht ein Erneuerer: »Wir behandeln die Überwindung von Hindernissen in Höhlen in erster Linie als technisches Problem und nutzen technische Hilfsmittel, soweit es unsere Zeit, unser Einfallsreichtum und die finanzielle Situation zuläßt.« Man sollte jedoch anmerken, daß die Gruppe damals wie heute für Höhlenforscher existierte, die tauchen wollten, im Gegensatz zu Tauchern, die Höhlen erforschen wollten. Dies war ein bedeutsamer Gegensatz zu den Entwicklungen im Ausland, besonders in Frankreich und in den USA, wo Höhlentaucher meistens Taucher waren, die zu Höhlenforschern wurden, weil sie die Herausforderung suchten; dies war in erster Linie auf die Größe der Sümpfe dort zurückzuführen. In Großbritannien war eine Grundvoraussetzung für die Aufnahme in die Gruppe, daß der Kandidat ein fähiger Höhlenforscher war. Das ursprüngliche Konzept stimmt auch heute noch, und das Hauptziel der Gruppe besteht darin, »unter Was-

ser stehende Höhlen und Höhlendurchgänge zu erforschen und zu diesem Zweck einen Kodex der Tauchpraxis festzulegen«.

In den Anfängen konzentrierte man sich vorwiegend auf die Theorie des Höhlentauchens und auf die Zusammenstellung der optimalen Ausrüstung. Wie in dem ersten Rundschreiben an die Mitglieder vom Mai 1946 aufgeführt war, bestand die Ausrüstung aus zwei Anzügen, zwei Atemgeräten und bestimmten Geräten zur Navigation. Wenn man sich vorwiegend auf Sümpfe konzentrierte, war offensichtlich, daß in allen Gebieten eine Unzahl von Möglichkeiten bestanden.

Die Kontaktleute bei Siebe Gorman, die besonders hilfreich gewesen waren, wurden eingeladen, sich der Gruppe anzuschließen – ein umsichtiger Schachzug, der sich bald bezahlt machte. Danach war es jedoch notwendig, die Mitgliedschaft auf Leute mit der geeigneten Qualifikation zu beschränken. Bald hatte die Gruppe sich zusätzliches Gerät beschafft, und Ende des Jahres besaß

Unten: Zwei frühe Aflo-Designs – der Aflo Davies (links) und der Aflo Balcombe (rechts), die beide Lichter und Batterien, eine Seiltrommel und Tiefenmesser und einen Kompaß enthielten.

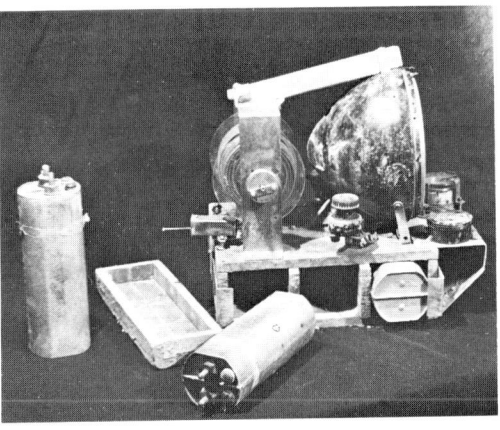

sie fünf vollständige Froschmannausrüstungen. Das Training wurde sehr ernst genommen. Man hielt es für ratsam, daß die Taucher mindestens zwei Stunden (später fünf Stunden) Unterwasserpraxis haben und ihre Geräte genau verstehen sollten, bevor sie Tauchgänge an gefährlichen Stellen unternahmen. Es ist interessant, sich die Definition von gefährlich anzusehen: »Jeder Ort, an dem der Taucher nicht mehr der Kontrolle der Helfer unterliegt.«

In der ersten Zeit wurden die Geräte ständig neu bewertet und abgeändert. Das Sauerstoffsystem beispielsweise war äußerst wichtig und wurde in unzähligen Tests untersucht. Der Sauerstoff wurde normalerweise unverdünnt eingeatmet, und das Signal für die Wiederauffüllung war das mechanische Zusammensacken des Beutels am Ende des Einatmens. Es gab zwei Versorgungssysteme, nämlich die »ständige Versorgung« mit der höchsten Rate (wobei der Überschuß bei niedrigeren Arbeitsraten verschwendet wurde) oder die »Versorgung nach Bedarf«, die der Kontrolle des Tauchers unterlag. Die erste hatte den Vorteil einer feststehenden Verbrauchsrate. Sie war sicherlich eine gute Wahl, wenn der Taucher sich über Signale mit der Basis verständigen konnte. Beim Höhlentauchen war dies nicht praktikabel, es sei denn, der Taucher hatte eine Uhr dabei. Aus diesem Grund kreisten die ersten Ideen um das zweite System. Ein weiterer Bereich der Untersuchung war der Aflo, der ständig abgeändert wurde, denn man erkannte bald, daß das erste Modell für den unterirdischen Einsatz viel zu unhandlich war. Mit der Zeit wurde er immer kompakter. Es wurden auch Versuche mit Flossen unternommen, aber sie waren nicht populär. Die Technik machte es erforderlich, daß der Taucher sich Gewichte anlegte und mit einer Hand an der Leine seinen Weg zurücklegte, während er sich mit der anderen vor Hindernissen schützte. Die Kontrolle der Tragkraft war von großer Bedeutung, denn die Gewichte konnten nicht verhindern, daß man mit einem vollen Sauerstoffbeutel Auftrieb hatte, und wenn zusätzliche Gewichte verwendet wurden, bestand die Möglichkeit, daß der Taucher zu schwer wurde, wenn der Beutel leer war. Im November 1946 standen fünf Taucher bereit. Einer der ersten Auszubildenden war Donald Coase. Coases Eindrücke von seinem ersten Tauchgang in Wookey Hole sahen folgendermaßen aus:

Der Felsen, an dem Stanbury sich verfangen hatte, war nicht weit entfernt, und ich erreichte ihn bald. Als ich an ihm vorüberkam, verfing ich mich. Ich überlegte kurz, fühlte um mich und merkte, daß meine Lampe, die an einer Kordel um meine Taille hing, zwischen zwei Felsen eingeklemmt war. Bald hatte ich sie befreit und setzte meinen Weg den Felsabhang hinunter fort. Hier war die Decke ziemlich niedrig, und ich spürte, daß mein Atembeutel dagegen stieß. Der Beutel wurde normaler-

weise von einer Segeltuchschicht geschützt, aber diese war so steif und sperrig, daß wir beschlossen hatten, sie nicht einzusetzen. Jetzt beschloß ich jedoch, daß ich sie in Zukunft immer verwenden würde, da ein zerrissener Atembeutel nicht besonders gesund sein würde. Schließlich klopfte Graham [Balcombe] mir dreimal auf den Kopf, und nachdem ich kurz überlegt hatte, erkannte ich, daß wir umkehren sollten.

Dazu mußte ich die Leine loslassen, um den Aflo herumzudrehen, und da ich mich jetzt in einer Sedimentwolke befand, dauerte es einen schrecklichen Augenblick, bis ich die Leine wieder fassen konnte, obwohl ich wußte, daß sie sich nur 30 cm rechts von mir befand. Dann ging ich den Weg zurück und hielt mich wegen des Sediments fast die ganze Zeit über an der Leine fest.

1947 machten die Forschungen der Gruppe große Fortschritte. Bei der Operation Janus in Wookey beispielsweise erreichte man eine neunte Unterwasserkammer, die 30 m hinter Kammer 7 lag. Im selben Jahr durchquerte Coase den kurzen Sumpf 1 in Stoke Lane Slocker (im östlichen Mendip), indem er frei tauchte. Dabei entdeckte er eine große Erweiterung. Auch in Derbyshire, in Peak Cavern, kam es bei Operation Beta zu einem 29 m langen Vorstoß in einem einzelnen Tauchgang, der 25 Minuten lang dauerte. Dies war die zweite Operation eines CDG-trainierten Tauchers, nämlich Coase; er wurde von Balcombe begleitet.

Operation Avanti, Wookey Hole, 1948
Die Erfolge setzten sich auch 1948 fort. Als Tauchgrund beherrschte Wookey Hole weiterhin die Szene. Aber trotz der steigenden Aktivitäten hier nach dem Krieg, wurden die Bemühungen der Taucher vom Hauptziel abgelenkt. Die Entdeckung von Knochen beispielsweise, die halb vergraben in dem überfluteten Durchgang lagen, sollte zu einer starken Betonung archäologischer Untersuchungen führen, und viele Menschenschädel und Gebrauchsgegenstände wurden danach aus Bereichen wie der Skullery herausgeholt. Obwohl die Funde natürlich von großem Interesse und von Bedeutung waren, dämpften sie die Bemühungen der Taucher, ihre Untersuchungen stromaufwärts fortzusetzen. Erst im April 1948 wurde mit Operation Avanti der nächste wirkliche Fortschritt erzielt.

Die Taucher waren Balcombe und Coase, die Wasserbedingungen waren perfekt, und dieses eine Mal klappte alles gut. Sie nahmen ein aufblasbares Boot mit in Kammer 7, das eine wertvolle psychologische Stütze für sie war, als sie in Kammer 3 zurückkehrten, um ihre Geräte wieder aufzufüllen. Balcombe berichtet:

1. (rechts) Mitglieder der Cave Diving Group beim Training in Wookeys Kammer 3 in den fünfziger Jahren. 2. (umseitig) Hepste Resurgence – ein Foto, das die typischen Sumpfbedingungen (schlammiges Wasser und häufige, enge Passagen) wiedergibt.

Am Ende der achten Kammer [die im vorhergehenden Jahr gefunden worden war] erhob sich vorne rechts vor uns die Schlammbank, und auch sie führte an die Oberfläche. Der glatte, abgerundete und polierte Schlamm sah gefährlich aus, aber wir wurden von Aufregung und nicht von Vorsicht gelenkt. Ich signalisierte Coase »Nach oben!« und er stimmte prompt zu. Ich fummelte mit der Leine herum, während ich sie festband, und hatte sie schließlich ausreichend, wenn auch nicht besonders gut, gesichert, und wir machten uns auf den Weg. Don zuerst, da er mit seinem Aflo die Leine zog (meiner hatte sich ganz festgeklemmt); er hielt sich dicht an die rechte Felswand, teilweise, um sich dort besser festhalten zu können, und teilweise, weil der Schlamm so widerlich war. Mir machte der Schlamm jedoch nichts aus, und ich kletterte direkt nach links, in Richtung des größeren Teils der Oberfläche und kam gut an. Don kletterte auf ein paar gefährliche Felsen zu, aber mit unserem Weiterkommen stieg auch unsere Aufregung. Es war nur noch eine Sache von Sekunden. Unbekümmert packte ich Don bei seinem Atembeutel und riß ihn von der Wand weg, und wir beide standen mit unseren Köpfen über Wasser da.

Vor uns lag ein Wall mit schlammigen Spitzen, die 3 bis 4 m über die Wasseroberfläche hinausragten; was dahinter lag, konnten wir nur erraten, aber die Decke erhob sich auf große Höhe in die Dunkelheit hinein. Als wir uns aus dem Wasser erhoben, versanken unsere Füße im Schlamm, bis es fast unmöglich war, sich zu bewegen. Es gelang uns jedoch gerade noch, die Bank zu erreichen, auf der der Schlamm hart war und wir unsere Gewichte ablegen konnten. Unsere Aufregung wurde jetzt durch all die ungeheuren Irritationen ersetzt, die wir verspüren, wenn wir aus dem Wasser an die Luft kommen. Dies ist ganz normal und geht einher mit unserer Unfähigkeit, das Gleichgewicht zu halten, wenn wir frisch aus dem alles stützenden Medium kommen, an das wir uns angepaßt haben, worüber wir uns sehr ärgern.

3. (oben links) Phill Davies in Aktion während eines frühen Versuchs, Sumpf 2 von Stoke Lane Slocker, Mendips, zu durchqueren. 4. (unten links) Phil Rust fünfzig Meter stromaufwärts vom Tradesman's Entrance von Porth yr Ogof, Südwales.

Oben: Die Cave Diving Group im Jahr 1954 (von links nach rechts) D.A. Struan-Robertson, Oliver Lloyd, Oliver Wells, Phillip Davies, Graham Balcombe, Bob Davies, Derek Thorpe.

Wir parkten Aflo IV am Fuß des Grats und begannen den Anstieg ausgerechnet mit dem unhandlichen Aflo II. Der Anstieg war nicht schwer, aber anstrengend, und erst als unser Atemgerät abgelegt war und wir auf dem Gipfel lagen, wo unsere Klettertour auf einer kleinen Plattform endete, fühlte ich mich wieder normal. Vor uns erstreckte sich etwas unter uns eine große Sandfläche, die leicht nach Osten abfiel. Ihre Oberfläche war von vielen Kratern übersät, die durch die von der Decke herabfallenden Tropfen entstanden. Die meisten waren etwa 10 cm tief. Dahinter lag die hintere Grenzwand, die zuerst langsam anstieg, dann steiler wurde und zur Decke aufschoß. Links und rechts gingen die Wände gerade hoch zur Decke, und dort oben befanden sich zwei riesige, verkeilte Blöcke, die mir etwas bedrohlich schienen. Die Sandbank oben auf dem abfallenden Boden zur rechten Seite endete an einer schmalen, erhöhten Platte an der Wand. An seinem niedrigeren Ende endete es an einer wunderschönen grünen Quelle an der östlichen Wand...

War dies wieder der Axe oder nur ein unter Wasser stehendes Loch? Sicherlich mußte dieser Sand doch durch das Loch heraufgekommen sein? Das kann nur bedeuten, daß der Hauptstrom hier entlangfließt und um die nördlichen Begrenzungen abgelenkt wird, um dann wieder in dem Loch zu erscheinen, durch das wir gekommen waren... Aber die Zeit verging wie im Fluge und an der Basis wartete man sicherlich auf uns, und schlimmer noch – Mack [Bill Mack], der einzige Taucher dort, würde sich sicherlich pflichtbewußt zu unserer Rettung aufmachen, falls wir unsere Zeit zu lange überschritten. Also machten wir uns auf den Rückweg.

Wir legten das Atemgerät an, machten die Leine los und schnitten sie ab, rutschten den Schlammabhang hinab, wobei sich eine schwarze Welle vor uns herschob... Es ging den Abhang hinab in die Mudball Alley in die schwärzeste Dunkelheit, die man sich vorstellen kann... Bald wurde der Weg schmaler, und die Leine führte meinen Arm in einen Schlitz, der nur ein paar Quadratzentimeter groß war, und es ging nicht weiter.

*Oben: Eine Szene während der Erforschungen von Peak Cavern
im Jahr 1948 mit (von links nach rechts) Bill Mack, Don Coase,
Kontrolleur, und Monty Granger (mit Pfeife).*

Nach einigen Versuchen, den richtigen Weg zu finden,
kehrten die beiden in Kammer 9 zurück. Nach einer
kurzen Diskussion erklärte Coase, der eine größere Gas-
und Natronkalkreserve hatte, sich bereit, das Problem zu

lösen. Balcombe blieb seinen Gedanken überlassen. Die
Zeit verging.

Sicher waren solche Ängste ganz unbegründet; ein paar Minuten später
wurde an der Leine gezogen; ich antwortete, dann erhielt ich das Signal
»Nach unten!«, dreimaliges, kurzes Ziehen an der Leine, eins, zwei,
Pause, dann drei.

Die Leine war in einer Unterhöhlung begraben gewesen,
und als die beiden wieder zusammen waren, verlief die
Rückkehr nach draußen ereignislos. Dreizehn Jahre, nachdem man mit der Höhlentaucherei begonnen hatte, hatten
sie einen achtbaren Fortschritt erzielt. Dieser Erfolg verlieh den Erforschungen einen ernsten Aspekt. Man plante
weitere Operationen, die bis zu einem Kilometer weit
führen würden. Für derartige Tauchgänge würde man eine
sorgfältige Vorbereitung brauchen, denn Kammer 9 befand
sich etwa 92 m von ihrer Basis in Kammer 3 entfernt.
Daher wurde vorgeschlagen, daß Kammer 9 zu einer vorderen Basis werden sollte.

Die Zeit, die man von Depot zu Depot braucht, wird nur kurz sein. Es
sind die Vorbereitungen und das Manövrieren unterwegs, das Zeit in
Anspruch nimmt. Wir brauchen eine Arbeitsteilung, Taucher mit Atemgeräten für lange Tauchdauer wie dem »P Party« werden vorstoßen, während andere Taucher die dazwischenliegenden Depots erforschen, ausrüsten und vermessen. Zum Ausrüsten zählt die Versorgung mit einer
verläßlichen Telefonverbindung mit der Hauptbasis, das Anlegen eines
Vorrats von Gas und Natronkalk, Nahrungsmitteln, Ersatzteilen und einer
Erste-Hilfe-Ausrüstung. Das wiederum bedeutet viel Arbeit hinter der
Szene, wasserdichte und druckdichte Tragebehälter und eine Menge solcher Dinge. Vorausgesetzt, daß wir die Höhle weiterhin betreten können,
haben wir ausreichend Männer, um diese Aufgabe durchzuführen?

Erforschungen in Peak Cavern, 1948

Erfolgreiche Operationen fanden auch in Derbyshire statt,
wo eine kleine Gruppe Taucher sich einen Namen gemacht
hatte, besonders Bill Mack und Bill Davis. Ein krönendes
Ereignis fand hier 1948 in Peak Cavern statt, wo Coase und
Bill Davis einen 110 m langen Tauchgang von Swine Hole
zurück zu dem oberirdischen Gewässer unternahmen. Ein
weiterer bemerkenswerter Fortschritt wurde in der Höhle
in Buxton Water Rising unternommen, wo im Februar
1949 ein Durchbruch erzielt wurde, als der Sumpf durchquert und eine große, trockene Erweiterung entdeckt
wurde, die aus einem über einen Kilometer langen besonders schönen Durchgang bestand. Als Folge dieser Tauchgänge wuchs die Zahl zukünftiger Taucher; von diesen war
Bob Davies der fähigste.

Coases Experiment

Das Selbstvertrauen war enorm – ein Selbstvertrauen, das
bald erschüttert werden sollte. Coase hatte seine Lektion

schon früher gelernt, unter Kammer 7 in Wookey. Als er ein Ausdauerexperiment mit der »Versorgung nach Bedarf« durchführte, hatte er unabsichtlich ein Zuviel an Stickstoff (Sauerstoffmangel) erlebt.

Oben: Das Peak Cavern-Team auf dem Rückweg von der Höhle. Auf dem Bild sind unter anderem Trevor Ford (links), Jack Clarke (zweiter von links), Don Coase (Mitte) und Rowland Revell (zwei Lampen tragend) zu sehen.

Ich wollte feststellen, wie lange ich mit dem Sauerstoff im Beutel auskam, wenn ich keinen normalen vollen Atemzug machen konnte. Wenn dies passierte, begann ich schnell und ziemlich flach zu atmen. Dies verursachte keinen offensichtlichen Notstand für die Zeitdauer von einer bis eineinhalb Minuten, wenn ich den Sauerstoff wieder anstellte. Ich fühlte mich sogar ganz in Ordnung, und die flache Atmung kam ganz automatisch. Mein Kopf war auf angenehme Weise leer, und wo vorher die Gedanken um die Kälte gekreist waren, fühlte ich mich jetzt in einem merkwürdig trägen oder neutralen Zustand gegenüber der Temperatur.

Es bedurfte starker geistiger Mühe, daran zu denken, den Sauerstoff wieder anzuschalten, und selbst dann bestand meinerseits gar nicht der Wunsch danach. Nachdem ich mich dazu entschlossen hatte, mußte ich scharf nachdenken, was ich dazu tun mußte. Es war eher ein blindes Fummeln nach dem Hauptventil der Flasche, statt dies geradewegs zu suchen. Sobald der Sauerstoff wieder angestellt war, kehrten meine normalen Sinne fast sofort zurück.

Es war ein verwegenes Experiment, und Coase hatte außerordentliches Glück, daß er nicht bewußtlos wurde.

Ende 1948 zeigte die Admiralty Experimental Diving Unit oder AEDU großes Interesse an den Aktivitäten der CDG. »Später fand ich heraus, daß sie unsere Gruppe sogar infiltrierten, um herauszufinden, was wir planten«, berichtete Balcombe. Die Marinetaucher hatten begrenzte Höhlenerfahrung, aber man hielt es für klug, harmonische Beziehungen aufrechtzuerhalten, indem man zwei AEDU-Männer in die Gruppe aufnahm (Grosvenor und Sheppard). Dieses Interesse kam zu einer Zeit, als man mehr Geräte und Taucher brauchte. Balcombe faßte die Position zusammen: »Es war so weit, daß die Nachfrage nach geschickten und erfahrenen Tauchern den Nachschub übertraf.« Ein aus vier Tauchern bestehendes Team hielt man für wesentlich, und die Gruppe konnte in ihrem damaligen Zustand einen solchen Bedarf kaum decken. Es gab damals mehrere andere Kandidaten für die CDG, unter anderem ein Demonstrationstaucher aus einem Butlin's Holiday Camp, ein gewisser Gordon Marriott. Er war das klassische Beispiel für einen Taucher, der zu einem Höhlentaucher geworden war. Als ehemaliger Marinesoldat war er einer der ersten Froschmänner gewesen und hatte eine wichtige Rolle bei der Invasion der Normandie gespielt. Er zeigte außerordentliches Geschick und Leistungen und hielt einen Rekord von 500 Stunden unter

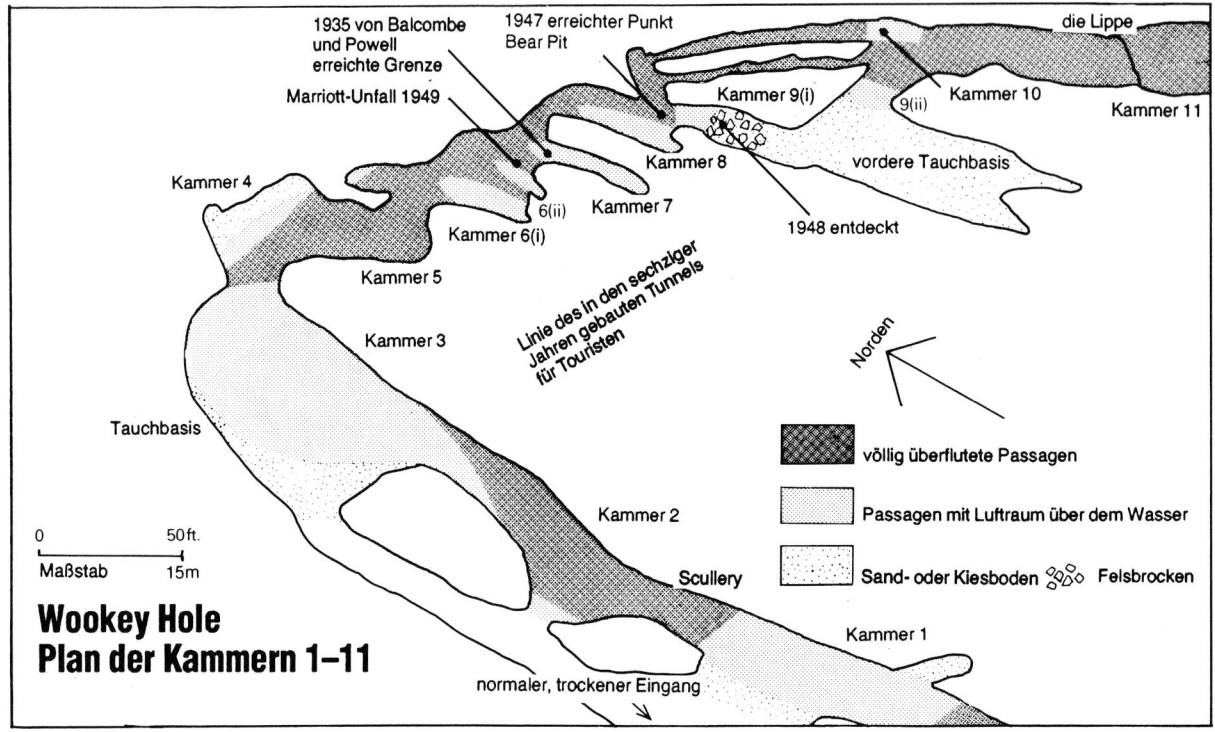

1935 von Balcombe und Powell erreichte Grenze

1947 erreichter Punkt Bear Pit

die Lippe

Marriott-Unfall 1949

Kammer 9(i)

Kammer 10

9(ii)

Kammer 11

Kammer 4

Kammer 8

vordere Tauchbasis

6(ii)

Kammer 7

Kammer 6(i)

1948 entdeckt

Kammer 5

Linie des in den sechziger Jahren gebauten Tunnels für Touristen

Norden

Kammer 3

Tauchbasis

völlig überflutete Passagen

Passagen mit Luftraum über dem Wasser

Kammer 2

0   50ft.

Maßstab   15m

Sand- oder Kiesboden   Felsbrocken

Scullery

Wookey Hole Plan der Kammern 1–11

Kammer 1

normaler, trockener Eingang

Wasser. Seine einzige Erfahrung im Höhlentauchen (mit der CDG) bestand jedoch aus einem einzigen Tauchgang in Peak Cavern und einem weiteren als Gast in Wookey.

Marriotts Unfall, Wookey Hole, 1949

Gordon Marriott wurde zusammen mit Grosvenor, einem der neuen Rekruten von der AEDU, eingeladen, an der Operation Innominate in Wookey Hole am 9. April 1949 teilzunehmen. Man hoffte, die Unterwasserkammer 11, die im Februar entdeckt worden war, gründlich zu erforschen. Sechs Taucher sollten teilnehmen. Drei erfahrene CDG-Taucher, Graham Balcombe, Donald Coase und Bob Davies, würden die Erforschung von Kammer 11 vornehmen, während die neuen Rekruten, Marriott, Grosvenor und Lucy, sie unterstützen würden. Coase, Balcombe und Davies sollten Flossen tragen, die es ihnen gestatten würden, in Kammer 11 oben zu bleiben und dadurch das Risiko einer Sauerstoffvergiftung zu reduzieren. Die Helfer sollten nur bis Kammer 9 vordringen, wo sie den anderen Tauchern auf alle erdenkliche Art helfen sollten. Lucy und Grosvenor sollten auf dem Boden entlanglaufen, aber Marriott würde Flossen tragen. Er wollte zu den Männern in Kammer 11 stoßen, wurde aber in Kammer 9 postiert, da dies der CDG-Politik der langsamen »Akklimatisierung« entsprach.

Vor dem Haupttauchgang nahm Coase, der erfahrenste Höhlentaucher, Marriott auf einen 49 m langen Trainingstauchgang in Kammer 6 mit und zeigte ihm die Sicherheitsplattform hier. Abgesehen von einem Versagen der Lampe kam Marriott gut zurecht. Der andere Neuling, Grosvenor, wurde danach von Davies auf seinen Trainingstauchgang zur Akklimatisierung in Kammer 6 mitgenommen. Er hatte Schwierigkeiten mit seiner Maske und brach die Operation ab. Balcombe brach ebenfalls ab, blieb aber für den Fall eines Notfalls in Kammer 3 erreichbar zurück.

Coase und Davies füllten anschließend ihr Gerät wieder auf. Marriott hielt dies jedoch nicht für nötig, da er nur 50 Atmosphären Sauerstoff von insgesamt 130 verbraucht hatte. Als sie sich Kammer 9 näherten, kamen Marriott und Lucy im ersten erreichbaren Luftraum an die Oberfläche, während Coase und Davies durch einen Schleifengang durch die vordere Basis am anderen Ende der Kammer schwammen.

Hier korrigierte Davis ein Leck mit Werkzeug, das zu diesem Zweck dort hinterlegt worden war, bevor die Erforschung begann. Dann tauchten sie mehr als 60 m hinaus und hinter die Klippenseite in Kammer 11, die zuvor schon erreicht worden war. Da sie nichts Bedeutsames entdeckten, abgesehen davon, daß der weitere Weg sich auf viel niedrigerer Höhe befand, kehrten sie ohne

Zwischenfälle zur vorderen Basis zurück. Hier meldeten sie sich über das Telefon zurück und aßen etwas.

Um 8.30 Uhr abends machten sie sich alle zur Basis auf – Coase und Lucy auf dem kürzesten Weg, während Davies und Marriott sich für den längeren Weg durch die Schleife entschieden. Letzterer wurde von Marriott, der unbedingt soviel wie möglich von der Höhle sehen wollte, gewählt. Davies erteilte ihm genaue Anweisungen und erklärte, was er zu erwarten hatte und worauf er achten mußte, und Marriott schien vollstes Vertrauen zu haben.

Alles ging gut, bis sie Kammer 8 erreichten. Nachdem Davies die richtige Leine gewählt hatte, ließ er Marriott den Vortritt. Die Sicht war gleich Null, aber die Leine zuckte, was darauf hindeutete, daß Marriott normal weiterkam. Als die Leine sich nicht mehr bewegte, nahm Davies an, daß sein Kollege schon eine Leine weiter war und schneller vorankam, da die Sicht vorne etwas besser war. Erst als er in Kammer 3 ankam, erkannte er seinen Fehler und merkte, daß Marriott in Schwierigkeiten und von der Leine abgewichen war. Er kehrte sofort um. Jetzt war es fast 9 Uhr. Coase folgte ihm genau wie Balcombe 15 Minuten später. Schon bald war Davis gezwungen, auf Reserve umzuschalten, und Coase ging voraus. Sie fanden Marriott mit dem Gesicht nach unten gewandt und von der Basis abgewandt daliegen. Sein Bypass war geöffnet und seine Flasche und der Atembeutel waren leer. Sein Körper wurde zwischen den Felsen herausgezogen und zu der Plattform in Kammer 6 gebracht, die sich nur drei Meter entfernt befand.

Sofort begannen sie mit der künstlichen Beatmung, aber er bewegte sich nicht und Puls oder Reflexe waren nicht vorhanden. Kurz nach 10.30 Uhr wurden die Wiederbelebungsversuche eingestellt und Marriott für tot erklärt. Der Leichnam wurde hinausgeschafft.

Was war geschehen? Aller Wahrscheinlichkeit nach hatte Marriott die Leine losgelassen, als sein Sauerstoffvorrat erschöpft war, was die wahrscheinlichste Erklärung dafür war, daß er seine Reserveflasche hatte finden und anstellen wollen. Diese war nicht in sein Atemgerät eingebaut (wie es die Cave Diving Group forderte), sondern mit einer kurzen Kordel an den Leib gebunden. Die Reserveflasche fehlte, als man ihn in Kammer 6 brachte, und als sie einen Monat später gefunden wurde, betrug ihr Druck 115 Atmosphären: Sie war voll. Offenbar hatte er sie abgelegt und fallengelassen. Bei der schlechten Sicht war es fast unmöglich, sie zu finden. Nachdem er die Orientierung verloren hatte, fand er die Leine wieder, aber zu spät, um in Sicherheit zu gelangen.

Es ist interessant, darüber nachzudenken, daß man beim Froschmanntraining die Reserveflasche benutzte, indem

man die Ventilöffnung vorsichtig unter den Rand der Maske steckte und dann die gewünschte Menge einstellte. Dieses Manöver ohne jede Sicht und unter Streß vorzunehmen, war offensichtlich der letzte Ausweg.

Hinterher kamen bestimmte wichtige Punkte ans Tageslicht. Der eine war, daß kein persönliches Logbuch geführt wurde, obwohl Marriotts Bewegungen in dem Hauptlogbuch des Kontrolleurs aufgezeichnet wurden.*

* Schon 1935 war es üblich, daß Höhlentaucher ein persönliches Logbuch über ihre Bewegungen in den verschiedenen Stadien führten. Diese Vorgehensweise ging auf das Training eines ehemaligen Marinelehrers zurück.

Der Grund dafür war, daß die Gruppe Marriott als Gast behandelte, der zudem ein Experte auf seinem Gebiet war. Aus diesem Grund wurde er nicht gezwungen, die normalen CDG-Bedingungen zu erfüllen. So hatte auch Davies beim Verlassen der vorderen Base Marriotts Versicherung, daß alles in Ordnung sei, geglaubt.

Bei der gerichtlichen Untersuchung kam man zu dem Ergebnis, daß »der Tod auf einen Sauerstoffmangel im Blut zurückzuführen ist, zu dem es während Tauchoperationen kam, als sein Sauerstoffvorrat aufgrund eines Fehlers im Druckmesser aufgebraucht war«. Das Vorhandensein eines »Fehlers« ist zweifelhaft, und spätere Berechnungen zeigten, daß Marriotts Vorrat genau an dieser Stelle zu Ende gewesen sein mußte. Wichtig war die Empfehlung, die ausgesprochen wurde: In Zukunft sollten »alle Taucher, einschließlich Gästen, dieselben Ausrüstungstests durchlaufen wie die Mitglieder der Cave Diving Group«.

Auf diese Weise kam ein ausgezeichneter Taucher zu Tode, als Opfer eines Unfalls, der nie hätte sein müssen. Er war allen Tauchern eine ernste Mahnung, ihre Vorbereitungen und Aktivitäten ernster zu nehmen als bisher. Methoden und Disziplin wurden überprüft und verschärft, aber schließlich ging die Arbeit weiter.

Operation Beta 2, Peak Cavern, 1949

1949 wurden beträchtliche Fortschritte gemacht. Operation Beta 2 verdient es, erwähnt zu werden, denn hier gelang es Davis und Coase in einem siebenminütigen Tauchgang den Sumpf von dem oberirdischen Gewässer bis Swine Hole zu durchqueren. Dabei trugen sie Flossen. Diese Zeit war ausgezeichnet im Vergleich zu der Zeit, die man brauchte, wenn man auf dem Grund entlanglief, aber es bestand die Möglichkeit, daß sie sich verirrten, falls das Wasser aufgrund einer falschen Bewegung schlammig und die Sicht schlechter wurde. Sie hatten die Strecke zum größten Teil ohne Leine zurückgelegt, denn die im vorhergehenden Jahr angebrachte Leine war zum größten Teil vergraben oder hatte sich verfangen. Davis und Coase waren sich einig, daß es nicht empfehlenswert sei, ohne

Leine zu tauchen. Später verbot eine Sicherheitsregel diese Praxis völlig. Die Verwendung von Flossen wurde offenbar immer populärer und hatte mehrere Vorteile gegenüber der Fortbewegung auf dem Grund. Die Manövrierfähigkeit und Geschwindigkeit war größer, was für Arbeiten über eine lange Entfernung wichtig war; dreidimensionale Bewegungen waren viel leichter und gestatteten die Erforschung von Tiefen, hohen Decken oder Lufträumen über der Oberfläche wie in Wookeys Kammer 11; außerdem wurde durch das Schwimmen hoch über dem Grund viel weniger Schlamm als beim Laufen aufgewühlt. Die Nachteile sahen folgendermaßen aus: Für die Technik war viel Erfahrung nötig, schwere oder sperrige Objekte ließen sich nur schwer transportieren, beim Anschwimmen gegen eine starke Strömung wurde mehr Energie und damit mehr Gas verbraucht und die Schwimmer konnten sich aufgrund der Flossen nicht dicht hintereinander bewegen. Es gab durch diese Technik auch echte Gefahren. Ungeübte Taucher beispielsweise konnten sie als schwer und ermüdend empfinden. Dies konnte zu einem Überschuß an Kohlendioxid und zu Sauerstoffkrämpfen führen. Wenn ein Taucher zudem die Leine verlor, weil er zu große Tragkraft hatte, konnte er unkontrollierbar umherschwimmen und die Orientierung verlieren. Beim Laufen auf dem Grund konnte die Leine nie weit entfernt sein und konnte durch Herumtasten leicht wieder gefunden werden.

Die Probleme des Regenerations-Atemgeräts
Flossen konnten abhängig von der Situation vorteilhaft oder gefährlich sein, aber man durfte nie unkonzentriert sein, so lange man das Regenerations-Atemgerät benutzte. Alles mußte immer wieder überprüft werden, denn eine übereilte oder falsche Entscheidung konnte tödliche Folgen haben. Das Hauptproblem mit der Ausrüstung bestand darin, daß man erste Gefahrensymptome gar nicht wahrnahm. Eine Sauerstoffvergiftung konnte ohne Vorwarnung auftreten, während ein Übermaß an Kohlendioxid und Stickstoff schleichend auftreten konnte. Wenn die Gefahr schließlich erkannt war, war es für den Taucher oft zu spät, rational zu denken und sich zu befreien. Panik oder der Versuch, schnell die Basis zu erreichen, konnte nur zu einem Desaster führen, denn ein Übermaß an Kohlendioxid konnte nur mit äußerster Selbstkontrolle

Links: Drei Fotos, die Phill Davies und Luke Devenish während ihrer Erforschungen der Tunnel Cave (Cathedral Cave) Mitte der fünfziger Jahre zeigen. Klar erkennbar ist die Froschmann-Ausrüstung, jedoch mit Bleistiefeln ergänzt, um am Grund laufen zu können. Die Taucher tragen das Sauerstoff-Regenerationsgerät, das damals häufig eingesetzt wurde.

*Oben: CDG-Mitglieder, Oliver Wells, Luke Devenish und Gra-
ham Balcombe erholen sich nach einem Tauchgang in Wookey
Hole zu Beginn der fünfziger Jahre.*

gehandhabt werden. Daher mußten die Vorbereitungen
vor jedem Tauchgang alle Anwesenden zufriedenstellen,
und es war wichtig, daß die gesamte Ausrüstung richtig
funktionierte.

Viele Gefahren wurden bei Tauchgängen in offenen
Gewässern entdeckt, wobei umgehende Maßnahmen oft
den Tag retteten. Bei einer solchen Gelegenheit war ein
Taucher, als er sein vorbereitendes Atemtraining aus-
führte, nach vier Minuten so benommen, daß er fast
bewußtlos war. Während eines nachfolgenden Tauchgangs
in »sicherem Gewässer« hatte er keine Probleme, als er an
einer Leine befestigt und damit unter der Kontrolle der
Helfer war, obwohl an seiner Ausrüstung nichts geändert
worden war. Der Taucher war der Meinung, daß jetzt alles
in Ordnung sei, machte die Leine los und ging weiter.
Sechs Minuten später wurde er von seinem Kollegen

Davies, der einen Routinegang durchführte, bewegungs-
unfähig und hilflos aufgefunden. Er war ganz rot im
Gesicht, litt unter Krämpfen und atmete nicht. Er reagierte nicht, wenn man an die Scheibe seiner Maske
klopfte und wurde sofort ans Ufer gezogen. Vier Minuten,
nachdem man ihn gefunden hatte, erlangte er das
Bewußtsein wieder und hatte sich nach einer Stunde wieder ganz erholt. Seine Symptome waren auf ein Übermaß
an Sauerstoff zurückzuführen, aber als Proben des Natron-
kalks analysiert wurden, war dieser fast aufgebraucht. Der
Taucher hatte großes Glück gehabt, daß die Folgen nicht
schwerwiegender gewesen waren, und die Sicherheitsregeln wurden überprüft und verstärkt.

Ein Vorfall in Peak Cavern, 1952
Neben den ständigen Mahnungen in bezug auf Gefahren
lieferten mehrere Vorfälle äußerst humorvolle Unterhal-
tung. Im Juni 1952 beispielsweise bat die BBC die Cave
Diving Group, einen Tauchgang filmen zu dürfen. Man
hielt dies für eine gute Möglichkeit für Thompson (der

bereits erwähnte Taucher, der das Bewußtsein verloren hatte), mit Ken Hurst seinen ersten Tauchgang in dem oberirdischen Gewässer von Peak Cavern zu unternehmen. Als sie den Schoolroom erreichten, eine kleine Kammer über dem Wasser, sollte gerade die Telefonverbindung hergestellt werden, als die Leinen unabsichtlich fallengelassen wurden. Thompson mußte nach draußen zurückkehren, um sie wieder zu lokalisieren. Wieder im Schoolroom zeigte man Gruppeneffizienz, und nachdem man einige Worte mit der Basis gewechselt hatte, wurde das Gerät weggepackt. Dann bereitete man sich auf die Rückkehr vor. Die ruhige Routine wurde unterbrochen, als für Hurst die Zeit kam, sein Atemtraining durchzuführen. Als er den Bypass zur Reduzierung des Drucks öffnete, um seinen Atembeutel neu aufzufüllen, gab es eine fast allmächtige Explosion, und es schien, als ob das gesamte Gerät explodiert war. Glücklicherweise war es nur ein Riß in dem Druckschlauch, der das Reduzierstück mit dem Atembeutel verband. Das Gerät war jedoch jetzt nutzlos geworden, und Thompson war gezwungen, Hurst im Schoolroom zurückzulassen, während er sich Ersatz holte. Dies tat er und legte die Strecke nach Sheffield und zurück in siebzig Minuten zurück.

Zurück an der Basis war Thompson zum Tauchen bereit, als jemand vorzeitig den Aflo anstellte. Rauchwolken wurden abgegeben, und das Gerät fiel prompt in den Fluß. Die Batterie hatte sich gelöst und brüllend vor Lachen sahen alle Anwesenden die komische Seite eines Vorfalls, der sehr ernst hätte sein können. Selbst Hurst, den man per Telefon unterrichtete, war amüsiert, bis er merkte, daß es sein Aflo war, der rauchte. Mit einem neuen Aflo wurde das Ersatzatemgerät in den Schoolroom gebracht. Nach dem Atemtraining tauchte Hurst ab. Alles ging gut, bis das Telefon (in dessen Kabel Hurst sich verwickelt hatte) sich auch auf den Weg zur Basis machte. Thompson schnappte sich den Hörer gerade noch rechtzeitig, um mitanzusehen, wie die Drähte herausgezogen wurden und ihre Reise fortsetzten. Nach dem Signal, daß Hurst am Ufer war (es wurde an der Leine gezogen), tauchte Thompson ab. Nachdem er selbst Schwierigkeiten hatte, kehrte er eine halbe Stunde nach Hurst zurück. So endete der längste erste Tauchgang in einer Höhle, der aufgezeichnet ist.

Dieser Katalog von Unfällen war amüsant, aber er war auch eine ernste Warnung. Der Bypass zur Reduzierung mußte vorsichtig gehandhabt werden – es war nur der

Rechts: Zwei Ansichten von Peak Cavern, Derbyshire, eine großartige Passage, die zuerst von den Tauchern Bill Mack und Don Coase erreicht wurde, aber später durch Grabungsaktivitäten geöffnet wurde.

Oben: Graham Balcombe und Mick Glennister transportieren einen sperrigen, eingepackten Aflo in Swildon's im Jahr 1954.

Bruchteil einer Drehung nötig, um das Gewünschte zu erreichen.

Die Kommunikation unter Wasser

Ein weiteres fundamentales Problem zu dieser Zeit war die Kommunikation unter Wasser. Dies wurde eigentlich nie richtig gelöst, abgesehen von primitiven Versuchen mit Telefonleitungen, die von der Basis zu entfernt liegenden Luftglocken gelegt wurden. Der Kontakt von Taucher zu Taucher war schwierig und beschränkte sich auf Klopfzeichen oder wildes Gestikulieren. Unterwasser-Pfeifen wurden 1956 ziemlich häufig eingesetzt, aber ihre Reichweite war ebenfalls begrenzt. Rein mechanische Geräte, beispielsweise eine Fahrradklingel, wie Davies sie einmal einsetzte, konnte ihre Vorteile haben. O.C. Wells baute ein solches Gerät, das der Taucher, der es einsetzte, hören konnte, aber die Aufmerksamkeit von Balcombe, der etwa 25 cm entfernt war, wurde nicht erregt. Das Problem ist bis auf den heutigen Tag nicht gelöst.

Aflo-Designs

Ein weiteres grundlegendes Problem war die Größe und Sperrigkeit des Aflo. Er war unhandlich und konnte sich sehr leicht in den Leinen verfangen. Meistens war er über eine Kordel, die sich leicht lösen lassen mußte, mit dem Taucher verbunden. Die Seiltrommel konnte sich jederzeit verwickeln, und statt den ganzen Aflo zu verlieren, war es besser, die Trommel wegzuwerfen. Der Aflo war nicht nur zu teuer, um ihn zu verlieren, sondern er trug auch die Lichter, die für eine sichere Rückkehr wichtig waren. Vorrichtungen zur schnellen Freigabe waren daher zu damaliger Zeit recht populär.

Ein Rekordtauchgang in Clapham Beck Head, 1953

Der Fortschritt in Design, Technik und Errungenschaften bei der Ausrüstung ging langsam voran. In Clapham Beck Head in Yorkshire wurde im Mai 1953 ein Rekordtauchgang unternommen. Die Taucher waren Davies und Buxton, die 117 m Passage unter Wasser durchtauchten, bis ihre Leine zu Ende war. Der gesamte Tauchgang von fast 244 m dauerte 27 Minuten bei einer Wassertemperatur von 6,5°C. Man stieß nicht auf Lufträume, und der Durchgang setzte sich weiträumig in einer Tiefe von fünf Metern fort.

Versuche in Swildon's Sump 3, 1954

Zu dieser Zeit schienen große Erweiterungen durch Tauchgänge im Norden des Landes, besonders in Peak Cavern, Derbyshire, und Clapham Cave, Yorkshire, begrenzt zu sein. Im Süden hatte sich Swildon's als undurchdringbar erwiesen, nachdem Balcombe 1936 den später so benannten Sumpf 3 erreicht hatte. Davies war jedoch festentschlossen, das Hindernis im Sommer 1954 zu überwinden.

Vorbereitende Ausflüge wurden am 19. und 24. Juni unternommen, um alles Gepäck zur Basis im Sumpf 2 zu bringen. Auf dem ersten Ausflug wurden fünfzehn Pakete transportiert, und am 24. Juni nahmen vier »Sherpas« die restliche Ausrüstung mit. Zwei Tage später betraten Davies (der zum erstenmal hier war) und Balcombe die Höhle um 15.50 Uhr. Es dauerte drei Stunden, bevor sie die Basis erreichten, und bis 21.15 Uhr, bis alles getestet und die Berichte im Logbuch geschrieben waren. Sie konnten im Sumpf 3 keinen Fortschritt erzielen, da er fast ganz mit Schlamm gefüllt war, und es war bereits 0.30 Uhr, bis sie zwei Pfeifsignale abgaben (die an der Basis nicht gehört wurden) – ihr Signal zur Rückkehr für die »Sherpas«. Sie verließen die Basis um 3.05 Uhr und kamen um 9 Uhr wieder draußen an. Die Gerätschaften wurden von einer großen Gruppe Helfer später an diesem Tag geborgen.

Das Versagen in Swildon's war enttäuschend, aber es täuschte über die Fortschritte hinweg, die seit 1946 erreicht worden waren. Das Höhlentauchen war als praktische Technik etabliert worden, und wichtige Entdeckungen würden sicherlich mit der Zeit gemacht werden. Leichte, kurze, flache Sümpfe gab es leider nur selten. Das Potential offener Durchgänge hinter Abschnitten unter Wasser war offensichtlich.

Lange Tauchgänge wie in Clapham Beck Head (117 m) hatten sich als möglich erwiesen, bedurften aber eines gründlichen Trainings. Dies war in vielen Gebieten sicherlich schwierig, da so wenige Menschen Erfahrung mit dem Atemgerät hatten. In der weiteren Entwicklung war der Unterricht auf die Midlands und den Süden des Landes beschränkt, wo man auf Fachkenntnis stieß, und wo qualifizierte Taucher lebten. Hier bildete sich ein aktiver Kern, der es sich zur Aufgabe machte, die Grenzen zu durchstoßen.

Unten: Bob Davies und Graham Balcombe in Swildon's vor ihrem Versuch in Sumpf 3 im Jahr 1954.

Kapitel sechs

Taucherlunge oder gemischte Ausrüstung

Ein Problem, das während aller Erforschungen zu dieser Zeit drohte, war die Sauerstoffvergiftung, eine Bedrohung, die fast jeglichen Fortschritt über eine Tiefe von neun Metern hinaus ausschloß. Es war die große Herausforderung von Wookey Hole, die ständig die Aufmerksamkeit auf dieses Problem lenkte. In Wookey war die Sicht gut, die Vorbereitungen und das Ausrüsten war leicht, und der Zugang zur Basis war angenehm. Es war vertrautes Gelände für die Cave Diving Group, das nicht nur beste Bedingungen für das Training bot, sondern auch die Möglichkeit für weitere Ausdehnungen. Diese Herausforderung forderte vom Einzelnen höchste Qualität und die allerbeste Ausrüstung.

Die überschwemmte Kammer 11 hinderte allen Fortschritt, da sie die Grenzen für sicheres Tauchen überschritt. Die Decke war überprüft worden, aber es war klar, daß der weitere Weg in größerer Tiefe lag. Um das Problem der Sauerstoffvergiftung zu umgehen und diesen schwerfaßbaren Durchgang zu erreichen, gab es zwei Möglichkeiten. Die erste war im Grunde eine Erweiterung oder Abwandlung des Sauerstoffprinzips: Wenn man den Sauerstoff mit einem Teil Stickstoff vermischte, konnte man mit dieser Mischung auf größere Tiefen tauchen als bisher, da nur reiner Sauerstoff in diesen Tiefen giftig ist. Siebe Gorman hatte in dieser Hinsicht während des Krieges und danach Experimente durchgeführt, aber diese verbesserten Geräte waren außerhalb der Marine nicht zugänglich. Die zweite Möglichkeit war der Einsatz einer Preßluftausrüstung oder Taucherlunge, wie die Franzosen sie entwickelt hatten. Trotz der reltiv hohen Kosten und dem begrenzten Vorrat war das Prinzip vernünftig. Daher besorgte Bob Davies

Links: Charles George und Brian de Graaf, die den Oxygen Pot in Ogof Ffynnon Ddu im Jahr 1961 erreicht haben. Dieses Foto illustriert die Evolution bei der alten Ausrüstung in den letzten Tagen, bevor die Taucherlunge modern wurde. Aflos wurden noch eingesetzt, und beide Taucher verwenden das U.B.A. (Universal Breathing Apparatus)-Regenerationsgerät. Georges Schwimmflossen bilden einen Gegensatz zu de Graafs Bleistiefeln.

sich das nötige Gerät und unternahm 1955 mehrere Tauchgänge, um seine Nützlichkeit zu überprüfen. Im Mai tauchte er in Gough's Cave, Cheddar, in den Skeleton Pit, der über eine Tiefe von 22 m, das Limit seiner Leine, hinausreichte. Die Möglichkeiten der Taucherlunge für tiefe Tauchgänge in Höhlen war damit bewiesen, und man plante, Wookey in Angriff zu nehmen.

Der erste Einsatz der Taucherlunge in Wookey, 1955
Die Pläne waren komplex und erforderten die Zusammenarbeit mit mehreren erfahrenen Tauchern, die zur Unterstützung dienten. Am 10. Dezember war alles bereit. Die Taucher waren Bob Davies, John Buxton und Oliver Wells. Alle drei sollten normal (auf dem Grund laufend) mit Sauerstoff in Kammer 9 vordringen. Dort sollte Davies seine Zwei-Flaschen-Taucherlunge testen und sich zum Schwimmen ankleiden. Man war der Meinung, daß sich beim Verlegen der Leine Schwierigkeiten ergeben würden, da sich diese möglicherweise an den Füßen des schwimmenden Tauchers verfangen könnte. Daher sollte Buxton die Leine bis zum Rand von Kammer 11 verlegen, während Davies mit den Flossen vor ihm herschwimmen würde. Buxton und Wells, die sich auf dem Grund weiterbewegten, sollten in der für Sauerstoff-Taucher sicheren Zone bleiben und als Helfer dienen. Nachdem Davies seine Leine am Rand festgebunden hatte, konnte er einen schnellen Blick zur Erkundung auf die Tiefe unter ihm werfen. Unter diesen Umständen konnte man von einem Solo-Taucher nicht viel mehr erwarten. Flossen waren für dieses Abenteuer nötig, denn beim Laufen konnte es für den Taucher sehr schwer werden hinauszuklettern, außerdem würde das Lauftempo für die begrenzte Leistungsdauer der Taucherlunge mit offenem Kreislauf viel zu langsam sein. Mit 40 Kubikfuß Luft in beiden Flaschen konnte der Taucher in einer Tiefe von weniger als sechs Metern 60 bis 80 Minuten unten bleiben. Man hatte vereinbart, daß bei einer Trennung der Gruppe die helfenden Taucher 45 Minuten an Ort und Stelle warten würden, bevor sie zurückkehren und Alarm schlagen würden.

Die Gruppe verließ Kammer 3 um 21.17 Uhr und

Oben und links: Bob Davies, der von John Buxton unterstützt wird, beim Test seiner Taucherlunge in Skeleton Pit, Cheddar (Mendip) im Jahr 1955.

tauchte um 23.45 Uhr weiter von Kammer 9 aus. Alles klappte gut, bis der Rand von Kammer 11 erreicht war. Davies schwamm hinunter und sah sich schnell um, um den weiteren Weg zu überprüfen. Dann kehrte er zu seinen Freunden zurück, um seine Leine anzulegen, bevor er weitermachte. Das Sediment war jedoch jetzt aufgewühlt worden, und die Sicht war stark reduziert. In der Dunkelheit konnte Davies die Leinen nicht richtig miteinander verknoten und bemerkte plötzlich, daß sein Aflo in Gefahr war auseinanderzufallen, denn der Instrumentenbehälter war nicht richtig zusammengeschraubt worden. Die Angst und der Wunsch, dieses Problem zu lösen, führte zu zu starker Atmung. Die leichte Zunahme von Luft in seinen Lungen führte wiederum dazu, daß seine Tragkraft erhöht wurde und er nach oben unter die Decke auftrieb, weg von seinen Freunden, die unten stationiert waren. Als sie ihn in dem trüben Wasser verschwinden sahen, meinten sie, daß er sich auf den Rückweg in Kammer 9 begeben hatte. Daher kehrten sie zurück und waren überrascht, keine Spur von ihm zu finden. Sie erkannten ihren Fehler und nahmen schnell ihre Position in Kammer 11 wieder ein.

Davies hatte in der Zwischenzeit vergeblich versucht, seine Freunde ausfindig zu machen. Als er sich unter der Decke befand und verzweifelt versuchte, seinen Aflo zu sichern, ging in einer Tiefe von drei Metern seine erste Flasche zu Ende. Sofort glich er den Druck in den Flaschen über ein Verteilerverbindungsstück aus und begann, das dritte Viertel seiner Gesamtluftmenge zu benutzen.*

* In dem System, das Davies verwendete, war immer eine Flasche abgeschaltet. Auf diese Weise war die Hälfte der Gesamtkapazität der Taucherlunge immer Reserve. Wenn die erste Flasche leer war, wurde die zweite manuell geöffnet, so daß ein Druckausgleich in den beiden Flaschen stattfand. Die zweite wurde dann geschlossen, so daß sie wieder die Hälfte der vorhandenen Luftreserve enthielt.

Die Situation war kritisch, und ohne Kommunikation zu seinen Freunden und ohne Leine stand ihm nur eine Möglichkeit offen. Unter der Decke zu bleiben bedeutete den sicheren Tod, daher schwamm er im Kreis herum und versuchte verzweifelt, entweder die Taucher oder die Leine zu lokalisieren. In der Zwischenzeit suchten Buxton und Wells den Bereich zwischen Kammer 9 und 11 bei immer schlechter werdender Sicht ab, aber mit negativem Ergebnis.

Davies Verirrung in Wookey Hole

Als das dritte Viertel seiner Luft fast aufgebraucht war, machte Davies klares Wasser aus, was bedeutete, daß er weiter als je zuvor von der Sicherheit in Kammer 9 entfernt war und sich auf dem Weg stromaufwärts befand. In einer Tiefe von 15 m bemerkte er eine Querspalte direkt über sich und begab sich verzweifelt in einer Wolke Luftblasen auf der Suche nach Luft nach oben. Er hatte ungeheures Glück, einen kleinen Luftraum entdeckt zu haben, in dem er aus dem Wasser klettern konnte. Er legte die Taucherlunge ab und kletterte ein kurzes Stück hinauf, während er sein Gerät am längsten Gurt hinter sich herzog. Vor Kälte und Erleicherung zitternd, setzte er sich hin und überdachte seine Situation. Es sah keineswegs gut für ihn aus. Es war 24 Uhr: Er war neununddreißig Minuten unter Wasser gewesen, seit er Kammer 9 verlassen hatte.

In der Nähe der Lippe hatten Buxton und Wells keine Spur von ihm gefunden, und Pfeifsignale lockten keine Reaktion von Davies hervor.

Schießlich entschieden sie, daß er sich entweder in einer unbekannten Kammer in Sicherheit befand oder daß ihm nicht mehr geholfen werden konnte, da er weniger als eine Stunde Luft gehabt hatte, als er zuletzt gesehen worden war. Die Gruppe der Helfer in Kammer 3 wurde immer unruhiger, da die Taucher überfällig waren und weitere Zeit verging. Dann tauchten um 3 Uhr Wells und Buxton auf, um Alarm zu schlagen.

Die Rettungsoperationen wurden eingeleitet. Man nahm Kontakt zu Balcombe in London auf sowie zu den Marinebehörden der HMS *Vernon*. Man stellte den Tauchern alle Einrichtungen zur Verfügung, da man die Ernsthaftigkeit der Situation erkannte. Davies Chancen wurden nicht sehr hoch eingeschätzt. In seinem Luftloch erforschte Davies sein Reich. Ein kleiner Durchgang von etwa einem

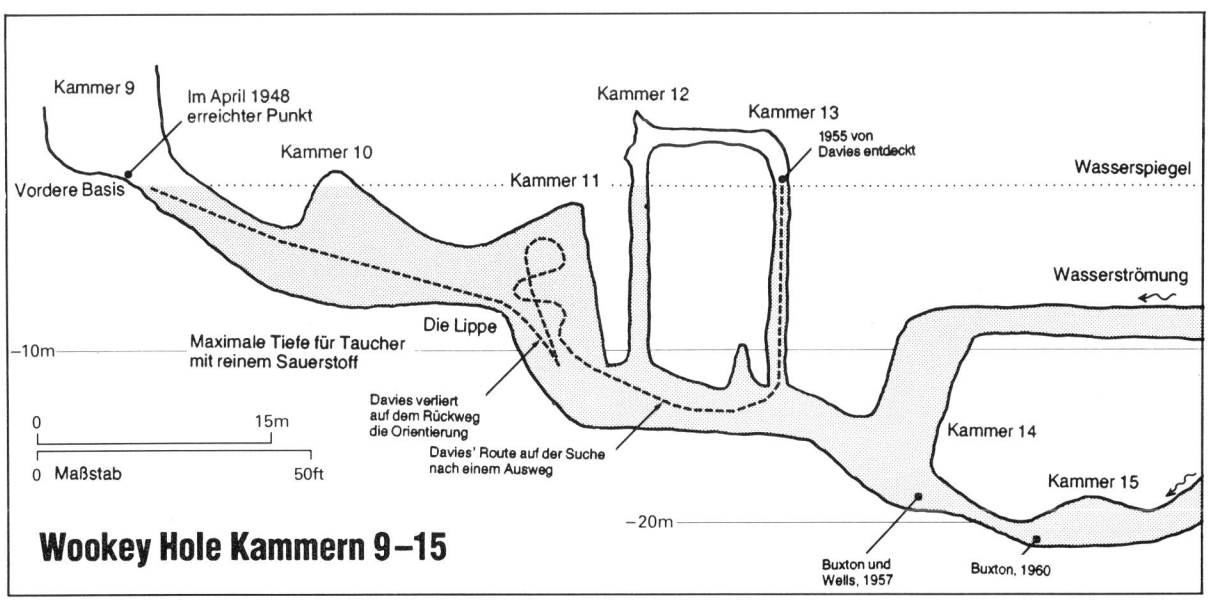

Wookey Hole Kammern 9–15

Oben: Bob Davies – nach der glücklichen Rettung aus Wookeys Kammer 13.

Meter Durchmesser führte etwa neun Meter zurück in Richtung von Kammer 9; er endete an einem kleinen Sumpf, den er Kammer 12 nannte. In der anderen Richtung, stromaufwärts, war erkenntlich, daß der Durchgang sich hinter dem Bassin, an dem er aufgetaucht war, fortsetzte, und er nannte ihn Kammer 13. Da in diesen Kammern genug Luft für mehrere Tage vorhanden war, war seine unmittelbare Zukunft gesichert. Aber als er seine Chancen über einen längeren Zeitraum hinweg analysierte, wurde er niedergeschlagen, denn er wußte, daß die Kälte und der Hunger ihn bald schwächen würden. Der

Luftvorrat in seiner Flasche war stark aufgebraucht und betrug nur noch 35 Atmosphären pro Flasche, im Vergleich zu 120 im vollen Zustand, genug, um 12 Minuten lang zu schwimmen. Aber für die Entfernung zu Kammer 9 brauchte er seiner Schätzung nach mindestens 10 Minuten, vorausgesetzt es war ein gerader, ununterbrochener Tauchgang. Die Grenze war gefährlich nah.

Davies' Rettung aus Wookey

Sollte er also auf Rettung warten? Dies war die kritische Frage. Für Sauerstofftaucher war es unmöglich, auf 15 m hinabzusteigen. Außerdem kannten sie seine Route nicht, da er keine Leine zurückgelassen hatte und sie kein Gerät zum tiefen Tauchen besaßen. Für Marinetaucher, die Gasmischungen verwendeten, war der Versuch ungeheuer gefährlich, da sie keine Höhlenerfahrung hatten. Sollten die Marinetaucher die Höhlentaucher im Gebrauch des Sauerstoff-Stickstoff-Geräts, das Zivilisten noch nicht zur Verfügung stand, unterweisen, so würde dies Tage dauern. Dann mußten sie ihn noch lokalisieren, so daß seine Chancen äußerst gering waren.

Nachdem Davies seinen Aflo versuchsweise repariert hatte, überlegte er, was er als nächstes tun sollte. Er wollte etwa drei Stunden lang warten und hoffte, daß das Wasser in dieser Zeit wieder klar sein würde, um dann seine Rückkehr in Angriff zu nehmen. Die Verlegung einer Leine würde es ihm ermöglichen, in Kammer 13 zurückzukehren, falls ihm die Luft ausgehen sollte.

Um 3.50 Uhr stellte er seinen Aflo-Kompaß auf die Richtung ein, in der seiner Meinung nach Kammer 9 lag, und tauchte ab. Der Aufgang zu Kammer 11 bewies, daß er recht hatte, und er setzte seinen Weg fort. Nachdem er eine kurze, falsche Wendung genommen hatte, sah er den Draht, den Coase 1949 zurückgelassen hatte. Hier war seine erste Flasche leer. Obwohl er weniger als die Hälfte des Weges zu Kammer 9 zurückgelegt hatte, beschloß er, weiterzuschwimmen. Dabei benutzte er die Leine, um sich schneller entlangzuziehen. Sie riß und fast gleichzeitig verklemmte sich seine eigene Trommel. Schnell legte er sie ab und ließ sie fallen. Da sich das bevorstehende Ende seines Luftvorrats ankündigte, wurde das Atmen schwer für ihn. In seinen Flaschen war nur noch Luft für Sekunden vorhanden, und er ließ seinen Aflo fallen und fand in völliger Dunkelheit Luft. Unter Schock, aber noch rational denkend, fand er seine Notlampe und versicherte sich, daß er sich in Kammer 9 befand. Es war 4.07 Uhr.

Nach etwa fünf Minuten konnte er den Schein seines Aflos in einer Tiefe von etwa vier Metern sehen, daher schwamm er hinaus, um ihn mit einer Drahtschlaufe zu bergen. Seine sichere Rückkehr war jetzt fast garantiert,

denn er hatte genug Sauerstoff in dem Atemgerät, das in Kammer 9 zurückgelassen worden war.

Während des schwierigen Prozesses beim Anlegen des Geräts fiel er hin, verlor aber glücklicherweise nur einen Teil seines Sauerstoffvorrats. Dann kehrte er ohne weitere Zwischenfälle nach draußen zurück und erreichte die Basis mit den dort postierten Beobachtern um 5 Uhr. Er war müde und unterkühlt, aber sehr glücklich. »Der Teufel«, erklärte er, »ist ein Gentleman.«

Die Ursache für Davies' Episode

Aufgrund dieses Vorfalls verhärteten sich die Meinungen gegenüber dem Einsatz von Flossen und der Taucherlunge allgemein. Man betrachtete sie als Ausnahme und nicht als Regel, und man hielt es für richtig, daß Taucher, die auf dem Grund entlanggingen, die Schwimmer besonders bei schlechter Sicht festhielten.

Eine sorgfältige Analyse der Ursachen kann jedoch nur zu einem logischen Schluß führen: Der Fehler lag nicht bei der Taucherlunge oder der Fortbewegungsart, sondern darin, daß während der Erkundung keine Leine gelegt worden war. In dieser Zeit war die Sicht schlechter geworden, und Davies hatte die Orientierung verloren. Daran hatte man nicht gedacht. Hätte er eine Leine aus Kammer 11 in die Tiefen darunter gelegt, wie es ursprünglich geplant gewesen war, wäre es wahrscheinlich nicht zu dem Vorfall gekommen.

Die allgemeinen Regeln wurden jetzt überprüft. Es wurde verboten, ohne völlig separate Gasflasche zu tauchen, die im Notfall an das Atemgerät angeschlossen werden konnte. Taucherlungen mit nur einer Flasche sollten vermieden werden, da keine Reserve vorhanden war. Insgesamt war man der Meinung, daß die besonderen Gefahren beim Tauchen in Höhlen den Einsatz eines Geräts mit geschlossenem Kreislauf (Sauerstoffgerät) nötig machten, trotz der zusätzlichen Mühen. Es war ein viel strengeres Training erforderlich.

Gemischte Ausrüstungen kommen in Gebrauch

Unglücklicherweise konnte im geschlossenen Kreislauf keine Luft verwendet werden, da die erforderliche Strömung zur Verhinderung eines Sauerstoffmangels zu hoch sein würde, so daß die Flaschen für einen langen Tauchgang zu schnell geleert wurden. Aus diesem Grund ging die Entwicklung jetzt dahin, den Sauerstoff mit einem niedrigen Prozentsatz Stickstoff zu verdünnen. Die Tauchdauer wurde nicht weiter beeinflußt, da die Atmung in allen Tiefen relativ konstant war, während beim offenen Kreislauf der Luftverbrauch mit zunehmender Tiefe stark anstieg. Es ging daher hauptsächlich darum, die größere

Dauer, die man durch den Gebrauch von rezirkuliertem Sauerstoff erreichte, beizubehalten, während man gleichzeitig eine Sauerstoffvergiftung verhinderte.

Davies und Balcombe hatten die Vorteile dieses Systems schnell erkannt, aber weder sie noch irgendein anderes Mitglied der Cave Diving Group hatten Erfahrung mit dem Einsatz dieser verfeinerten Ausrüstung. Die Zahl potentieller Taucher, die die Forschungen fortsetzen würden, ging 1956 zurück, als Davies nach Amerika ging. Jetzt waren Buxton und Wells aktiv zur Stelle, aber sie mußten warten, bis sie sich mit der neuen Ausrüstung vertraut gemacht hatten. Tauchübungen fanden in offenen Gewässern statt, und der erste Tauchgang in einer Höhle mit der Gasmischung fand im Dezember 1956 in Wookey statt. Dabei wurde kein eigentlicher Fortschritt erzielt. Im April 1957 wurde im Hurtle Pot in Yorkshire eine Tiefe von vierzehn Metern erreicht, an einer Stelle, die 60 m von der Basis entfernt war. Es dauerte jedoch noch bis zum September, bis der langersehnte Versuch in Wookey stattfinden konnte.

Buxton und Wells in Wookey, 1957

Zu Fuß erreichten Buxton und Wells den Grund von Davies' Kammer 13 und entdeckten nach ein paar Metern, daß sich das Dach absenkte. Dieser Punkt war 67 m von Kammer 9 entfernt.

Im März 1958 kehrten sie zurück und sahen, daß die Verengung schwierig, aber passierbar war. Der Tiefenmesser zeigte an, daß man 20 m erreicht hatte, was die Grenze für die von ihnen verwendete Mischung (70% Sauerstoff, 30% Stickstoff) war. Vor ihnen und unter ihnen lockte die unter Wasser stehende Kammer 15, deren Decke sich auf einer Tiefe von 21 m befand.

Trotz der erneuten Abfuhr, die ihnen die Höhle erteilte, waren die Taucher optimistisch, daß man Kammer 15 mit einer schwächeren Sauerstoff-Stickstoff-Mischung betreten konnte. Wahrscheinlich würde eine Mischung von 50/50 bis zu einer Tiefe von 30 m sicher sein. Wells nahm an, daß es zwölf bis achtzehn Monate dauern würde, bis Kammer 15 gewonnen war, da man Zeit für das Training brauchte.

Die objektiven Gefahren von Tauchgängen dieser Art waren offensichtlich hoch. Die Taucher mußten sich völlig auf ihr Gerät verlassen, und es gab keine Möglichkeit, sich hastig in einen Luftraum zurückzuziehen, sollten ernste Probleme auftreten. Es überrascht nicht, daß an neuen Tauchstellen, in denen potentielle Belohnungen in der Form von trockenen Erweiterungen die Gefahren von langen, tiefen Tauchgängen überwiegen würden, suchende Blicke ausgetauscht wurden.

Andere Erkundungen von Buxton und Wells

Im Juni 1956 beispielsweise hatten Buxton und Wells einen schwierigen 26 m langen Sumpf in der Threaplands Cave, Yorkshire, durchquert. Sie hatten 180 m neuer Durchgänge erforscht, und es gab weitere Öffnungen, die noch erkundet werden mußten. Dies wurde als wichtige Entdeckung begrüßt, besonders, da die später erforschte Länge über 400 m betragen sollte. In Südwales waren eine Reihe von Sümpfen lokalisiert worden, von denen jene in Ogof Ffynnon Ddu besonders vielversprechend waren. Daher begannen Buxton und Wells im Juli 1958 mit der Erforschung, die 1967 das längste und tiefste System in Großbritannien offenbaren sollte.

Swildon's Hole, 1958

1958 wurde ein neuer Angriff auf den kürzlich entdeckten Sumpf 4 von Swildon's geplant, einen Punkt, den man auf einer hochgelegenen Umgehung von Sumpf 2 und 3 erreichte, einschließlich der berüchtigten Verengung, die als Blue Pencil Passage bekannt ist. Im September 1958 durchtauchten Buxton und Wells die vier Meter lange Verengung, gleich gefolgt von einem der Helfer, der die Strecke frei durchtauchte.

Für die Operation in Swildon's brauchten die Männer mehr als zwei Wochenenden. Am 6. September wurden 28 Packen zur Tauchstelle getragen und von den Tauchern sorgfältig auf Schäden hin untersucht. Die Aktivitäten des folgenden Wochenendes wurden gut dokumentiert. Dies war zum großen Teil auf den Erfolg des Tauchgangs zurückzuführen, aber auch auf die unangenehmen Bedingungen, die beide Taucher und »Sherpas« erlebten. Der persönliche Bericht eines Helfers beschreibt die Szene:

Die Luft in Paradise Regained [der Durchgang vor dem Blue Pencil auf dem Weg zu Sumpf 4, der nicht durchtaucht wird] war faulig, wie wir es bereits am vorhergehenden Wochenende festgestellt hatten. Durch den Sauerstoffmangel wurde die Atmung schwer und auch nicht durch die einteiligen Anzüge, die wir trugen, erleichtert... Die Luft war so schlecht, daß an manchen Stellen nicht einmal eine Kerze brennen konnte.

Die Reise wurde nach ein paar Metern von einem weiteren Sumpf aufgehalten – Sumpf 5. Das Hereintragen der Ausrüstung war äußerst anstrengend gewesen, wahrscheinlich die schwerste, unterirdische Erfahrung überhaupt. Daher wurden zukünftige Tauchgänge so geplant, daß leichte Ausrüstung verwendet wurde. Wells begab sich daher daran, sein Gerät abzuändern und unnötiges Gewicht zu reduzieren, und im November führte er mit Erfolg eine kleine Gruppe durch Sumpf 5. Der Durchgang bis zu Sumpf 5 wurde als »unangenehm« beschrieben, eine Beob-

achtung, die von Mike Thompson auf diesem Ausflug bei seinem Besuch der Erweiterung gemacht wurde.

Nach einem kurzen Durchgang wurden wir mit dem ersten abfallenden Gang konfrontiert, einem niedrigen Tunnel, der etwa 9 m lang war und dessen Luftraum zwischen 8 und 16 cm variierte. Nacheinander legten wir uns feierlich auf den Rücken und ließen uns hindurchtreiben... Unsere Prüfung durch das Wasser war noch nicht zu Ende, und wir kamen jetzt in

Oben: Der Strom zwischen den Sümpfen 3 und 4 in Swildon's Hole, ein Punkt, der heute, ohne zu tauchen, erreicht werden kann, indem man sich durch die Blue Pencil Passage zwängt.

eine enge Passage, die bereits »Buxton's Horror« getauft worden war! Man kann nur einen winzigen dreieckigen Luftraum sehen, und wenn man nicht eine Nase wie ein Schnorchel hat, ist es einfacher, diese Passage wie einen sechsten Sumpf zu handhaben.

Auf dem Rückweg hatte einer der Forscher, L. Dawes, ein »haarsträubendes Erlebnis« an diesem Hindernis. Dawes berichtete:

> Wenn das Wasser nicht niedrig ist, ist es fast unmöglich, hindurchzugehen und dabei seine Nase in den Luftraum zu halten. Ich holte tief Luft, tauchte unter, ging etwa 1,50 m oder 1,80 m weiter und kam mit dem Kopf nach oben in der Erwartung, in dem Luftraum an der anderen Seite nach oben zu kommen. Ich fand jedoch nur Fels und Wasser: keine Luft. Mir kam der Gedanke, daß der Wasserspiegel möglicherweise gestiegen war, seit wir hereingekommen waren, daher kehrte ich hastig um in der Erwartung, in den Luftraum zu gelangen, in dem ich meinen Weg begonnen hatte. Aber weit gefehlt: wieder nur Wasser und Fels. Ich bewegte mich hin und her und versuchte, einen Luftraum zu finden, bis Mike [Thompson] mich am Fußgelenk packte und mich dorthin zog, wo ich meinen Weg begonnen hatte.

Der Grund für diesen Vorfall lag darin, daß der Luftraum vor und hinter der Verengung sich nicht über die ganze Breite des Durchgangs erstreckte. Da es schwer ist, Entfernungen unter Wasser zu messen, war es daher nur allzu leicht, die relativ kleinen Abschnitte, die Luft enthalten, zu verpassen. Bei späteren Tauchgängen wurde der Wasserspiegel gesenkt, indem man (hinter Sumpf 5) einen Weg durch eine Kiesbank grub, so daß dieses Hindernis nicht mehr bestand.

Der Weg hin zu leichterem Gerät

Taucher und »Sherpas« waren bei dem Ausflug in Swildon's im Jahr 1958 gut ausgerüstet. Sie mußten viel weniger Gerät als bei früheren Operationen transportieren und waren von dem berüchtigten, sperrigen Aflo befreit. Licht erhielten sie von normalen Helmleuchten, während man eine Menge der übrigen Ausrüstung, beispielsweise einen Kompaß, für überflüssig hielt.

Diese Bewegung hin zu leichterem Gerät war bedeutsam, und wieder war ein Unterschied zwischen dem Höhlentaucher und dem Meerestaucher offensichtlich. Dabei ging es um die Ziele, statt nur aus Spaß am Tauchen diesen Sport auszuüben. Ziel des Höhlenforschers war es, unbekannte Passagen zu entdecken, wozu er jede mögliche Methode einsetzte, um diesen Wunsch zu erreichen. Durch die Perfektion einer leichteren Ausrüstung wurden mehr Stellen zugänglich, und alles, was das sperrige Gerät reduzieren konnte, war offensichtlich willkommen. Bei einer gutgeplanten Operation gab es meistens viele Helfer, aber je zahlreicher die Helfer waren, desto kürzer und gedrängter war die Zeit, die für den Weg zum Sumpf und wieder zurück an die Oberfläche blieb. Unter der Erde war das Konzept von größerem Gerät und stärkerer Unterstützung durch die Helfer nicht immer praktikabel. Ein Vorteil lag darin, daß eine Verringerung des allgemeinen Tragens nicht

nur zu einer schnelleren Durchführung der Operation führte, sondern auch half, mögliche Schäden am Gerät vorzubeugen.

Neue Möglichkeiten, in die Tiefe zu gehen

In dieser Zeit erreichten Buxton und Wells (auf Einladung der Marine hin) eine simulierte Tiefe von 60 m in der Druckkammer der HMS *Vernon*. Französische Taucher waren bereits mit Preßluft auf eine Tiefe von 60 m in der Fontaine de Vaucluse vorgestoßen, aber in dieser Tiefe hatte sich ein anderer Gefahrenpunkt offenbart. Dabei handelte es sich um den sogenannten »Tiefenrausch«, eine Stickstoffnarkose, durch die das Bewußtsein des Tauchers getrübt und ihm eine falsche, unverantwortliche Euphorie vermittelt wurde. Gelegentlich kam zu den Symptomen der Narkose noch eine Depression und Bewußtlosigkeit. Es gibt keine Möglichkeit, dieser Gefahr aus dem Weg zu gehen, aber der Taucher ist sofort wieder geheilt, sobald er

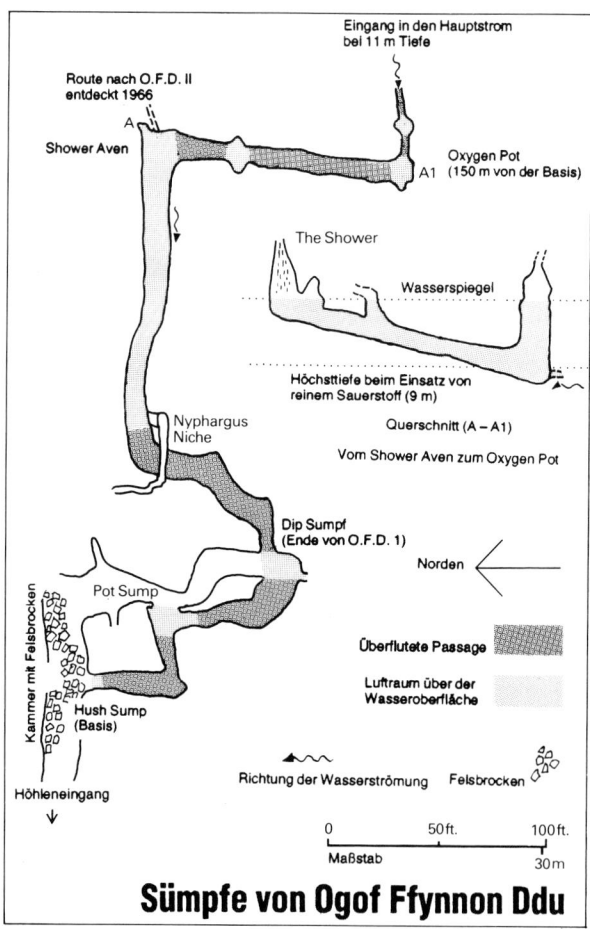

Sümpfe von Ogof Ffynnon Ddu

aus der Tiefe aufsteigt. Es ist möglich, die eigene Narkose-toleranz aufzubauen, indem man regelmäßige Tauchgänge in eine Tiefe unternimmt, in der die Symptome auftreten, aber dies ist für einen Sporttaucher schwer.

Der Wert des simulierten Tauchgangs war ungeheuer und zeigte, daß man eine sichere Tiefe von 43 m mit einem Gasgemisch erreichen konnte. Mit dem Universalen Atemgerät (UBA) besaß die Cave Diving Group eine Ausrüstung, mit der sie zwei Stunden lang bis zu dieser Tiefe operieren konnte, aber das Bedürfnis für eine solche Tauchdauer schien damals nicht zu bestehen. Die Erfor-schungen in vielen Höhlen hatten jedoch jetzt die kritische Tiefe für reinen Sauerstoff erreicht, so daß nun Tauchgänge mit dem Gasgemisch nötig wurden.

Ogof Ffynnon Ddu, 1960–61

Eine der wichtigsten Operationen zu dieser Zeit war die von Charles George und Brian de Graaf in Ogof Ffynnon Ddu. Hier erreichten die Taucher zwischen 1960 und 1961 einen Punkt, der 146 m von der Basis entfernt war und an dem sie eine Tiefe von 11 m erreichten. Der letzte Tauch-gang in einer ganzen Serie fand im Januar 1961 statt und führte bei den Tauchern zu großer Beklommenheit. Ihr Ziel war es, den Eingang des Hauptstroms in das unter Wasser stehende Netzwerk zu erforschen, wobei sie ein Gasgemisch einsetzten. Von früheren Tauchgängen war bekannt, daß der Weg am Grund des Oxygen Pot weiter-führte. Dieser wurde so bezeichnet, weil er auf dem kriti-schen Niveau von 9 m lag.

Die beiden Taucher setzten ihren Weg mit Sauerstoff weitere 107 m nach Shower Aven fort, bevor sie unter Wasser auf das Gasgemisch umwechselten. Dann liefen sie zum Oxygen Pot und drangen in die sich schnell veren-gende Passage stromaufwärts ein. Die Tiefe betrug jetzt 11 m, und zu Anfang mußten sie kriechen und sich dann flach hinlegen. Die Schwierigkeiten begannen, als de Graafs Reserveflasche Sauerstoff zufällig angestellt wurde, als sie am Boden entlanggeschleift wurde. Durch die daraus resultierende Tragkraft wurde er so fest eingekeilt, daß er sich überhaupt nicht mehr bewegen konnte, bis das Gas verbraucht war. Nach seiner Befreiung verließ de Graaf mit George die Höhle und betrachtete zukünftige Tauch-aussichten mit großem Pessimismus. Aber wenn sie es nur gewußt hätten, hätten sie im September 1960 in die verbor-gene größte Höhle – Ogof Ffynnon Ddu 2 – eindringen können. Bei einem bestimmten Tauchgang war George mit Flossen kurz hinabgestiegen, um eine kleine Luftglocke zu überprüfen, von der aus eine kleine und offenbar unbedeu-tende trockene Passage ausging. Er konnte sie nicht weiter erforschen, denn de Graaf, der auf dem Grund entlanglief,

Oben: Die Passage zwischen Shower Aven und Oxygen Pot in Ogof Ffynnon Ddu – Paul Miles in Aktion in einer Tiefe von sechs Metern.

wartete unten auf seine Rückkehr. Die Höhlenforscher in diesem Gebiet mußten sechs frustrierende Jahre lang war-ten, bevor die Taucher einen erneuten Vorstoß wagten. Diesmal mit einer Sturmleiter ausgerüstet, gelangten sie in die früher bemerkten Durchgänge über Shower Aven. Die Anerkennung ging verdientermaßen an Charles George, dessen frühere Erforschungen den Grundstein für diesen Erfolg gelegt hatten.

Kammer 15, Wookey Hole, 1960

Einen weiteren wichtigen Erfolg mit einem Gasgemisch gab es im Dezember 1960 in Wookey. Hier stieß Buxton über die 20 m-Grenze hinaus vor und war der erste, der seinen Fuß in Kammer 15 setzte. Diese lag in einer Tiefe von 23 m und erwies sich als Ellbogen oder niedrigster Punkt des Sumpfes.

Die Taucherlunge wird populärer

Neben den spezialisierten und vergleichsweise seltenen Tauchgängen mit Gasgemischen kam es damals immer häufiger zu Tauchgängen mit der Taucherlunge in offenen Gewässern. Der British Sub-Aqua Club oder BSAC war 1953 als Reaktion auf Forderungen von Unterwassersportlern gegründet worden. In offiziellen Kreisen hatten Mitglieder der Marine 1957 Aktivitäten mit Luft begonnen. Diese Methode erwies sich besonders für Tiefen zwischen neun und fünfzehn Metern als außerordentlich gut geeignet.

Entwicklungen in Frankreich waren ein typisches Beispiel für erfolgreiche Tauchgänge mit Luft, die im Ausland immer häufiger wurden, und die Vorteile der Luft waren auch in anderen Bereichen offensichtlich. 1959 erreichte man eine Tiefe von 44 m in einer überfluteten Höhle in Mexiko, während später in diesem Jahr ein Artikel in der Zeitschrift *Triton* (veröffentlicht vom BSAC) von einem 102 m tiefen Tauchgang in den Sinoia Caves, Südrhodesien, berichtete, um auf den Grund des Sleeping Pool zu stoßen. Der Tauchgang dauerte mit Dekompression 70 Minuten.

Dieses tiefe Eindringen zeigte eindrucksvoll, wie nützlich das Gerät (Taucherlunge und Naßtaucheranzug) war. Die drei Taucher, die diesen Tauchgang unternahmen, standen jedoch in der Tiefe unter dem Einfluß von Stickstoff und konnten nur ein paar Sekunden in 91 m Tiefe verbringen. Dies war praktisch die Grenze beim Tauchen mit reiner Preßluft.

Taucherlungen Ende der fünfziger Jahre

Unter den Höhlenforschern daheim experimentierte ein unabhängiger Taucher, Norman Brindle, mit einer Taucherlunge in New Goyden Pot, Yorkshire, im Jahr 1957 und merkte, daß das sperrige Gerät auf dem Rücken in verengten Passagen ungeeignet war. 1958 unternahmen dann acht Mitglieder einer Londoner Tauchgruppe, die sich dem BSAC angeschlossen hatten, fruchtbare Tauchgänge in der Great Masson Cavern, Derbyshire, während im Juni 1959 Norman und Dennis Brindle zwei aufeinanderfolgende Sümpfe (5 bzw. 46 m) in Boreham Cave in Yorkshire durchtauchten.

Unten: Norman Brindle, der eine Taucherlunge trägt, vor seinem Tauchgang in New Goyden Pot, Yorkshire, im Jahr 1957. Rechts: Brindle mit dem Hilfsteam nach dem Tauchgang.

Warum Höhlentaucher das Atemgerät bevorzugten
Diese Ereignisse fanden außerhalb des Hauptgebiets von konventionellen, organisierten Höhlentauchgängen statt, bei denen immer noch Skepsis gegenüber der Taucherlunge herrschte. Ende der fünfziger Jahre hielt die CDG an ihrer traditionellen Methode, jedoch in etwas abgewandelter Form, fest. Taucherausrüstungen mit Sauerstoff und Gasgemischen machten ein äußerst rigoroses, spezialisiertes Training erforderlich. Die Möglichkeiten, die Flaschen wieder zu füllen, waren begrenzt und teuer. All dies war ein starker Kontrast zu dem vergleichsweise einfachen Training mit der Taucherlunge. Luft war ebenfalls billig, und Kompressoren, die BSAC-Mitgliedern zur Verfügung standen, gab es ebenfalls in immer größerer Zahl überall in Großbritannien.

Warum hatte die Cave Diving Group dann an Methoden festgehalten, die von anderen Tauchern im allgemeinen abgelehnt wurden? Die Antwort war einfach. Ihre Ausrüstung war in großen Mengen vorhanden und leicht zu bekommen. Außerdem waren die Bedingungen in den britischen Sümpfen, die klein und flach waren und schlechte Sicht hatten, ganz anders als in offenen Gewäs-

sern und vielen Sümpfen in Übersee. Höhlen auf dem Kontinent sind größer und oft viel tiefer, meistens mit ausgezeichneter Sicht. Die Taucher bevorzugen hier »normales« Gerät auf dem Rücken, daher waren im allgemeinen die Probleme (abgesehen von der Tiefe) beim Betreten dieses unterirdischen Reichs weniger groß als in Großbritannien.

Daraus hatte sich ein weiterer Hauptunterschied entwickelt, der britische Taucher von ihren Kameraden in Übersee unterschied – die Ziele. Höhlentaucher in Großbritannien waren immer Höhlenforscher gewesen, die mit Atemgerät arbeiteten, damit sie ihre normalen Höhlenforschungen weiterführen konnten, während im Ausland, beispielsweise in Frankreich und den USA, Sporttaucher das Tempo diktiert haben. Sie wurden häufig von weiträumigen und leicht zugänglichen Höhlen angelockt, die eine modifizierte Form der Tauchtechniken im Meer förderten.

Diese Unterschiede sollten jedoch bald reduziert werden, und Ende der fünfziger Jahre ging der Trend klar hin zur Taucherlunge. Es war offensichtlich, daß das Regenerationsgerät, das die CDG bevorzugte, bald aus der Mode kommen würde.

Kapitel sieben

Der Übergang zur Luft

Boons Experimente mit Taucherlungen
1962 kam es zu einer bedeutsamen Veränderung, eine Veränderung, die ein goldenes Zeitalter für die Höhlentaucher einleiten sollte. An der Spitze dieser neuen Methode stand Mike Boon, einer der entschlossensten britischen Taucher.

Boon hatte Freunde, die bereits aktive Mitglieder der Cave Diving Group waren, und als die Möglichkeit bestand, Swildon's weiter zu erschließen, nahm er 1959 am Sauerstofftraining teil. Es kam jedoch nie dazu, daß er dieses Atemgerät unter der Erde einsetzte. Durch Diskussionen mit Freunden aus dem Watford Underwater Club erkannte er bald das Potential der Preßluftausrüstung. Unter guten Bedingungen konnte die »Kaulquappe« mit 26 Kubikfuß Inhalt etwa 26 Minuten lang reichen. Während seines Trainings im Schwimmbad erkannte Boon, daß er diese Zeit fast verdoppeln konnte, wenn er seine Atmung sorgfältig kontrollierte.

Boons erste Tauchversuche fanden mit einem normalen Doppelschlauch-Ventil statt, wie Cousteau und Gagnan es verwendet hatten, während er seine Flasche konventionell auf dem Rücken trug. Mit dieser Ausrüstung unternahm er kurze Tauchgänge in Höhlen in County Fermanagh in Nordirland im Mai 1961.

Die Schwäche dieser Technik war jedoch bald offensichtlich. Das Zweischlauch-Ventil konnte an Vorsprüngen leicht beschädigt werden, da es dünn war und leicht riß. Durch die Position der Flasche und der A-Klammer konnten auch diese Geräte durch Stöße und Abreibung leicht beschädigt werden. Die A-Klammer saß in einem blinden Fleck im Nacken, und in einer engen Passage bedurfte es der größten Vorsicht, denn wenn der Sitz des Atemgeräts verändert wurde, drohte Gefahr. Später wurde das Zweischlauch- durch ein Einschlauch-Ventil des Typs Scubair nach amerikanischem Design ersetzt. Dies war eine wichtige Verbesserung, denn obwohl der Schlauch einen geringeren Durchmesser hatte als das Zweischlauchmodell, bestand es aus dickerem Gummi. Daher war es viel robuster und konnte dem häufigen Abschaben in den Höhlen widerstehen.

Im April 1962 unternahm Boon einen Versuch in dem Sumpf im Hardrawkin Pot, Yorkshire, wobei er eine neue Methode einsetzte und die Flasche an der Körperseite anlegte: Sie wurde mit zwei Gurten, die um den Oberkörper reichten, zwischen Hüfte und Achselhöhle befestigt. Die Vorteile gegenüber Flaschen, die auf dem Rücken getragen wurden, war offensichtlich. Erstens konnte der Taucher jederzeit seine Flasche, A-Klammer und seinen Schlauch schützen, indem er einfach Ellbogen und Arm über die anfälligen Punkte hielt. Vorher hatte es keinerlei Möglichkeit gegeben, Klammer oder Schlauch vor Vorsprüngen zu schützen. Außerdem war der Körper des Tauchers dadurch viel stromlinienförmiger für die Bedingungen in der Höhle. Wenn die Flasche sich nicht auf dem Rücken befand, waren niedrige Passagen wenig oder überhaupt nicht problematisch. Das ganze Gerät war sehr leicht, so daß zum Tragen nie mehr als zwei Helfer benötigt wurden. Die Hauptlast, die Flasche, wog nur elf Pfund; zu den kleineren Ausrüstungsstücken zählte das Ventil und die Maske, ein Messer (diese Dinge wurden meistens in einer alten Munitionskiste transportiert), Gewichte und die Seiltrommel. Von diesem Zeitpunkt an wurde die Ausrüstung streng neu bewertet, wobei das Hauptkriterium die Tragbarkeit der Gegenstände hin zur Tauchstelle war. Dennoch löste man sich noch nicht ganz von den etablierten Techniken, und die alte Methode, auf dem Grund entlangzulaufen, wurde noch für einige Zeit beibehalten.

Boon durchtaucht Swildon's Sümpfe 6 und 7, 1962
Im Juni 1962 wurde Swildon's Sumpf 6 in Angriff genommen, eine Stelle, die seit 1958 nicht mehr angegangen worden war. Die Teilnehmer waren Boone und Mike Thompson, die Geräte mit offenem Kreislauf verwendeten, und S. Wynne-Roberts und F.J. Davies, die modifizierte Versionen des alten Geräts einsetzten. Als sie am Sumpf 6 ankamen, war Boon schnell ausgerüstet und durchtauchte mit Leichtigkeit den kurzen, unter Wasser stehenden Abschnitt. Nachdem Boon über die Nylonleine das vorher abgemachte Signal gegeben hatte, folgte

Thompson. Als jedoch Davies seinen Versuch startete, mußte er feststellen, daß der Durchgang zu niedrig war, da er seine Ausrüstung an seiner Brust befestigt hatte, und er war gezwungen umzukehren. Wynne-Roberts mußte feststellen, daß sein Natronkalk naß war, aber nachdem er ihn wieder geladen hatte, durchtauchte er den Sumpf ohne weitere Zwischenfälle. Gemeinsam erforschten die drei über einhundert Meter bis zum Sumpf 7.

In demselben Monat kehrte dieselbe Gruppe hierher zurück, um den nächsten Sumpf in Angriff zu nehmen. Davies hatte sich jetzt für dieselbe Ausrüstung wie Wynne-Roberts entschieden, aber beide waren noch mit Sauerstoff ausgerüstet. Als sie am Sumpf 4 ankamen, mußte Thompson feststellen, daß sein wasserdichter Trockentauchanzug einen großen Riß aufwies, und er war gezwungen, sich von dem Hauptprojekt zurückzuziehen. Er half jedoch beim Tragen der Ausrüstung zum Sumpf 6, bevor er die Höhle verließ. Boons Gerät wurde dann über das schwierige Terrain zu Sumpf 7 befördert. Diese Passage erwies sich als sehr eng, und Boon konnte nur weiterkommen, indem er die Flasche vor sich herschob. Den ersten Abschnitt beschrieb er später folgendermaßen: »Man hatte das Gefühl, sich durch ein Bullauge zu zwängen, während das Schiff sich auf dem Grund befand.«

Nach einem kurzen Anstieg erreichte er eine kleine Luftglocke, wo er mit seinem Freund Wynne-Roberts durch einen schmalen Spalt über Wasser sprechen konnte. Hinter dieser Drei- oder Vier-Meter-Marke setzte der Sumpf sich fort. Wie es vorauszusehen war, war der Weg verengt, und aus irgendeinem unerklärlichen Grund beschloß Boon, den nächsten Abschnitt ohne Leine in Angriff zu nehmen. In seinem Buch *Down to a Sunless Sea* beschreibt Boon das Ergebnis dieses Vorstoßes:

Was als nächstes geschah, ist mir nicht mehr genau in Erinnerung; ich nehme an, daß ich mich vorwärts gezwängt haben muß, bis mein Gewichtsgürtel und der Akku um meine Taille herum sich zwischen Boden und Dach festgekeilt hatten. Ich mußte erkennen, daß ich völlig festsaß; ich konnte mich weder in die eine, noch in die andere Richtung bewegen. Eine Weile versuchte ich, mich vorsichtig zu befreien. Als die Panik dann zunahm, begann ich zu kämpfen, trat vergeblich gegen die Decke und suchte mit den Händen herum. Trotzdem konnte ich mich nicht bewegen, und Panik ergriff mich, als ich mir vorstellte, daß ich eingekeilt hier festhängen würde, bis ich keine Luft mehr hatte und Wasser anstelle von Luft atmen würde. Ich erinnere mich, daß ich mir sagte: »Diesmal hast du es wirklich geschafft« – immer und immer wieder. Als mir das Mundstück herausfiel, fragte ich mich für ein paar Sekunden, ob ich es wieder hineinstecken oder die Qual verkürzen sollte, indem ich mich hier und jetzt ertränkte. Plötzlich wurde mir bewußt, daß meine linke Hand einen offenen Raum fühlte, eine Art niedrigen Schlitz. Ich

Rechts: Mike Boon in Aktion und beim Spiel.

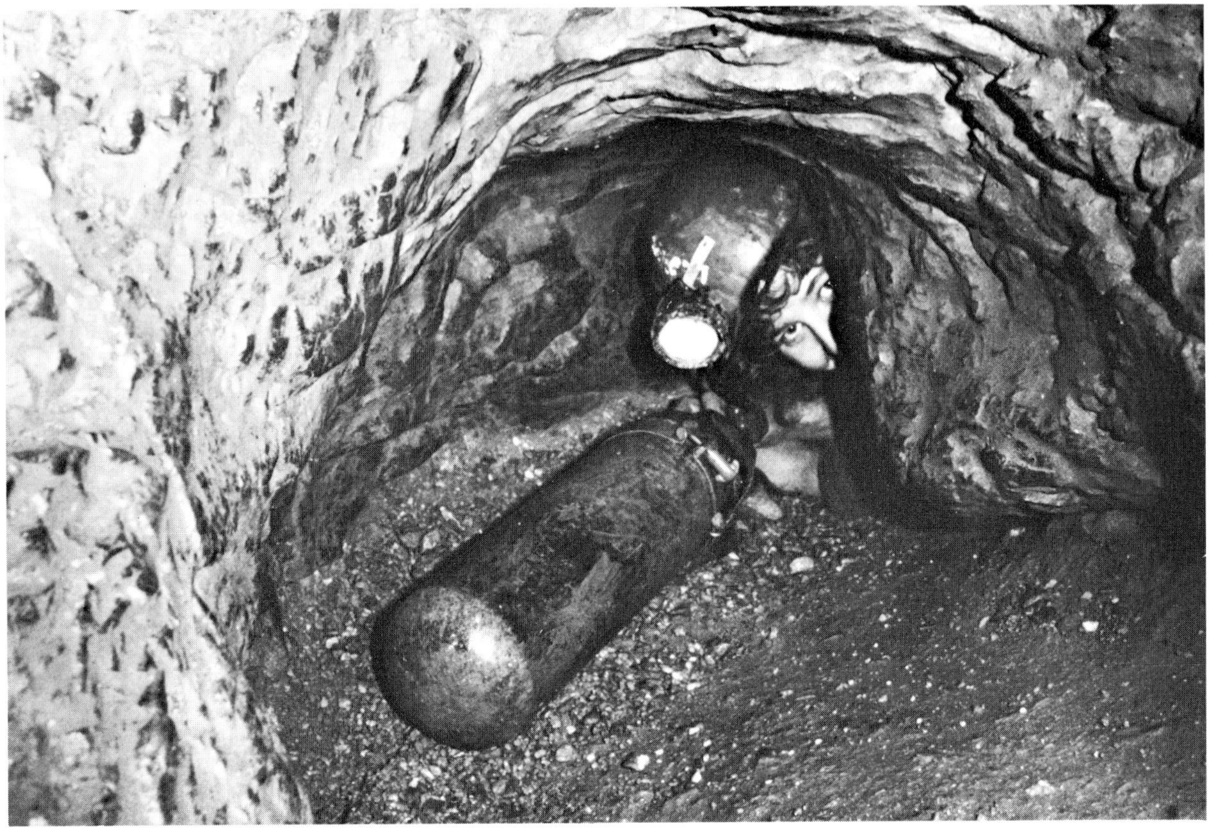

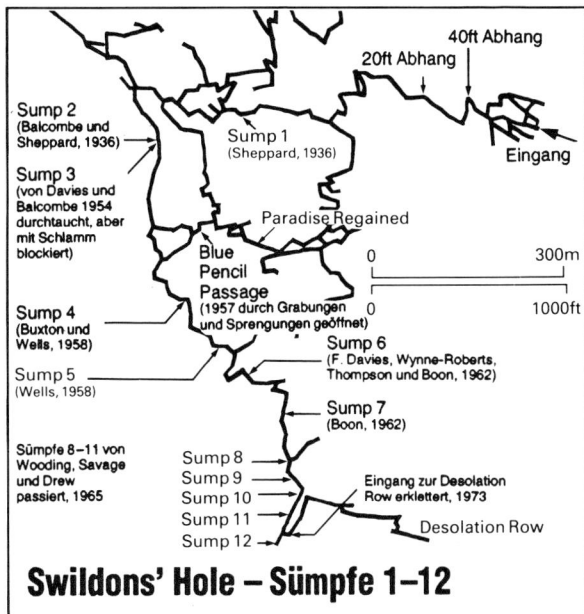

Oben: Dog Leg Corner in Dan-yr-Ogof. Boons heldenhafter Kampf in Swildon's Sump 7 fand unter ähnlichen Umständen statt – weniger eingeengt zwar, aber in schlammigem Wasser.

Map/diagram labels:

Swildons' Hole – Sümpfe 1–12

40ft Abhang
20ft Abhang
Eingang

Sump 1
(Sheppard, 1936)

Sump 2
(Balcombe und Sheppard, 1936)

Sump 3
(von Davies und Balcombe 1954 durchtaucht, aber mit Schlamm blockiert)

Paradise Regained

Blue Pencil Passage
(1957 durch Grabungen und Sprengungen geöffnet)

Sump 4
(Buxton und Wells, 1958)

Sump 5
(Wells, 1958)

Sump 6
(F. Davies, Wynne-Roberts, Thompson und Boon, 1962)

Sump 7
(Boon, 1962)

Sümpfe 8–11 von Wooding, Savage und Drew passiert, 1965

Sump 8
Sump 9
Sump 10
Sump 11
Sump 12

Eingang zur Desolation Row erklettert, 1973

Desolation Row

0   300m
0   1000ft

wurde völlig verrückt und stieß und zwängte meine Brust zentimeterweise hinein; ich wußte, daß ich mich immer weiter entfernte, aber ich zwang mich weiterzumachen, da ich endlich wieder einen vollen Atemzug machen wollte. Ein Vorsprung auf dem Boden hielt mich an der Leiste fest, so daß ich erneut eingekeilt war, aber als ich mich endlich befreit hatte, konnte ich mich in der reinen, dunklen Luft einer Höhle erheben, die von dem Klang fließenden Wassers erfüllt war. Ich hatte den Sumpf hinter mich gebracht und Swildon's Kammer 8 erreicht.

Ein sehr erleichterter und geläuterter Taucher kam an die Wasseroberfläche. Die Gesamtlänge des Sumpfes betrug nur 9 m, aber Boon hatte ungeheures Glück gehabt. Er untersuchte schnell den weiteren Verlauf des Stroms und durchschritt eine 40 m lange Passage bis hin zum nächsten überfluteten Abschnitt, Sumpf 8.

Boon hatte keine Zeit, diesen in Angriff zu nehmen, daher machte er sich auf den Rückweg. Nachdem er seine Batterie an der Seite wieder in Position gebracht hatte, um in den Verengungen stromlinienförmiger zu sein, nahm er all seinen Mut zusammen und begab sich wieder in das enge, schlammige Bassin. Nach einem weiteren angespannten, blinden Kampf in Sumpf 7 (er verlor seine Maske hier), kam er müde und erschüttert wieder heraus, um die Höhle zu verlassen. Er war froh, daß er noch am Leben war.

Die beiden anderen konnten in Sumpf 7 nicht weiterkommen, da ein großer Teil ihrer Ausrüstung fest an ihrem Körper befestigt war. Da sie bei dem Versuch ihre Anzüge beschädigt hatten, zogen sie sich zurück und erlebten eine unangenehm kalte, nasse Reise zurück durch die Sümpfe, bis sie wieder an die Oberfläche kamen. Nachdem Boon Sumpf 7 durchquert hatte, war nun klar, daß jede Art von Durchgang gehandhabt werden konnte: Man konnte sich unter Wassser genau wie über Wasser durch eine Verengung zwängen. Diese Technik war jedoch eine extreme Maßnahme, die man keinesfalls leichtsinnig in Angriff nehmen sollte. Wenn man in einer solchen Verengung steckenblieb oder eingeklemmt wurde, waren die Konsequenzen offensichtlich. Wenn man nicht rechtzeitig die Freiheit wiedererlangte, war die Luft schnell aufgebraucht und das Leben war in Gefahr. Das trübe, schwarze Wasser würde langsam ruhig werden, während die Zeit zu Ende ging.

Die Erforschung kurzer Sümpfe wurde fortgesetzt und sorgte für das Interesse der Höhlenforscher, die hofften, irgendwann in der Zukunft selbst einmal zu sehen, was hinter den noch unerschlossenen Abschnitten lag. Es ist wichtig anzumerken, daß die neue Taucherlunge nur für kurze Tauchgänge geeignet war, da die Tauchdauer theoretisch verkürzt wurde. Aus diesem Grund wurde dieses Gerät mit einiger Skepsis betrachtet, bis sich seine Nützlichkeit erwiesen hatte.

Die Vorteile der Taucherlunge

Ihre Vorteile wurden in der Praxis bald erkannt. Die meisten früheren physiologischen und chemischen Gefahren wurden effektiv ausgeschaltet. Bei der Luftausrüstung konnte man auf das zeitraubende und verschwenderische Atemtraining verzichten, konnte (mit dem einfachen Mundstück) jeden kleinen, brauchbaren Luftraum, auf den man unterwegs stieß, nutzen und konnte ein normaleres Atemmuster aufrechterhalten. Man war sicher vor einer Sauerstoffvergiftung und konnte daher mehr Zeit für die Route unter Wasser aufbringen, statt ständig den Tiefenmesser konsultieren zu müssen. Der Taucher war jetzt vor einem Zuviel oder einem Mangel an Kohlendioxid sicher, vor dem heimtückischen Sauerstoffmangel, einem Blackout in flachem Gewässer und vor Cocktails.

Ein großer Teil des schwierigen Trainings war daher nicht mehr nötig, und der Taucher stand unter viel weniger Streß. Dennoch mußte weiter trainiert werden, und große Vorsicht beim Anlegen der Ausrüstung und beim Tauchen war angebracht. Am wichtigsten für den Taucher war, daß seine Tauchzeit kurz war und daß er ständig den Druckmesser überprüfen mußte, um festzustellen, wieviel Luft ihm noch verblieb. Von elementarer Bedeutung war auch die regelmäßige Atmung. Wenn man beispielsweise bei einem Aufstieg die Luft anhielt, war eine Embolie oder ein Lungenriß aufgrund der sich erweiternden Luft wahrscheinlich. Diese Gefahr hatte immer bestanden, war jedoch nie offensichtlich gewesen, da die Taucher aufgrund ihrer Technik zum größten Teil darauf beschränkt waren, am Grund entlangzulaufen. Die potentiellen Gefahren traten später, als der Einsatz von Flossen populärer wurde, stärker zutage. Sollte es dazu kommen, daß der Taucher hyperventilierte (nacheinander mehrere tiefe Atemzüge machte, so daß das Kohlendioxid aus dem Blut gespült wurde), bevor er untertauchte, oder den Atem anhielt, bestand das Risiko, daß er durch Sauerstoffmangel bewußtlos wurde. Diese beiden Gefahren konnten vermieden werden, wenn der Taucher normal atmete. Aber trotz dieser neuen Gefahren erfüllte der weitverbreitete Einsatz des Luftgeräts die Höhlentauchszene mit neuem Leben.

An dieser Stelle ist es nützlich, einmal die Zahl der Teilnehmer an diesen Erforschungen zu nennen, so wie sie aus den Jahresberichten der Cave Diving Group ersichtlich sind. 1962 wurden elf verschiedene Höhlen erforscht, wobei Tauchgeräte eingesetzt wurden; offensichtlich wurden einige, beispielsweise Swildon's mehrfach besucht. Von den zehn teilnehmenden Tauchern hatten alle ein Training in den konventionellen Techniken mit dem alten Gerät durchgemacht. Von insgesamt 48 Tauchgängen wurden 30 mit dem etablierten Gerät mit geschlossenem Kreislauf durchgeführt; die anderen fanden mit Luft statt und wurden vorwiegend von Mike Boon ausgeführt.

Waddons Unfall im Minneries Pool

Ein weiterer Faktor, der den Übergang zur Luft beschleunigte, war das tragische Schicksal, das eins der führenden Mitglieder der Cave Diving Group ereilte. Im November 1962 wurde ein improvisiertes Training im Minneries Pool auf dem Mendip durchgeführt, da ein Unternehmen in Stoke Lane Slocker aufgrund von schlechten Wetterbedingungen abgekürzt werden mußte. E.J. Waddon sollte ein selbstgebautes, konventionelles Atemgerät ausprobieren, das noch nicht ganz fertig war. Daher lieh man sich bestimmte Dinge, damit das Gerät eingesetzt werden konnte. Da ein Meßgerät für die Sauerstoffströmung fehlte, wurde diese nach Gehör eingestellt: Das Geräusch der Gasströmung wurde mit dem in einem anderen Ventil verglichen, das anhand eines Meßgeräts überprüft worden war. Waddon trug einen wasserdichten, leichten U-Boot-Anzug, um sich vor dem Wasser zu schützen. Darunter trug er seinen normalen Höhlentauchanzug. Der ganze Anzug wurde von einem Overall und Nagelschuhen ergänzt. Sein Gewichtgürtel war eine improvisierte Provianttasche, in die man Bleigewichte gegeben hatte, aber sie konnte bei Gefahr nicht schnell abgelegt werden. (Anmerkung: Taucher, die in offenen Gewässern tauchen, fordern eine solche Notfallausrüstung, damit Gewichte schnell abgelegt werden können und der Taucher schnell an die Oberfläche gelangen kann.)

Sein erster Tauchgang mit einem Kameraden wurde nach etwa zehn Minuten abgebrochen, damit er weitere Gewichte hinzufügen konnte. Mit einem Gesamtgewicht von 20 Pfund ging er wieder allein ins Wasser, ohne durch eine Sicherheitsleine mit den Helfern verbunden zu sein. Ihnen schien fünf Minuten lang alles normal, als ein Kopf und Arme etwa neun Meter vom Ufer entfernt kurz über dem Wasser auftauchten. Danach war das Wasser ganz ruhig, und es waren keine Blasen sichtbar.

Innerhalb von Minuten wurde Alarm geschlagen, aber da kein Taucher fertig ausgerüstet war und funktionierendes Gerät fehlte, kam es unausweichlich zu einer Verzögerung. Es dauerte eine Stunde und zehn Minuten, bevor Boon den Taucher lokalisieren und ans Ufer ziehen konnte. Man begann sofort mit künstlicher Beatmung, aber Waddon erlangte nicht mehr das Bewußtsein. Er war nicht ertrunken, da kein Wasser in seine Lunge gelangt war; er war auch nicht durch eine ätzende Lösung vergiftet worden und hatte keine Luftembolie erlitten. Sein Ventil war schadhaft gewesen, so daß er nicht ausreichend mit Sauerstoff versorgt wurde. Angst hatte zusammen mit äußerst schlechter Sicht zu einer Zunahme von Kohlendioxid und einem Orientierungsverlust geführt. Da er seine Gewichte nicht ablegen konnte, unternahm er einen letzten, vergeblichen Versuch, Hilfe zu bekommen, und tauchte über der Oberfläche auf, bevor er durch eine Anoxie bewußtlos wurde.

Es ist leicht, in einem solchen Fall, Kritik auszuteilen, aber man sollte bedenken, daß Waddon ein erfahrener Taucher war, und daß seine Aktionen von den Helfern am Ufer nicht als übertrieben übereilt betrachtet wurden. Beim ersten Auftreten von Schwierigkeiten hätte er in der Lage sein sollen, die Gewichte zu entfernen und sich an die Oberfläche in Sicherheit zu bringen. Man sollte auch bedenken, daß er sich ans Ufer hätte ziehen können, wenn er über eine Leine mit den Helfern verbunden gewesen

wäre, oder seine Freunde hätten ihn an Land ziehen können.

Naßtauchanzüge werden populär

1963 wurden immer mehr Aktivitäten mit Luft unternommen, und in demselben Jahr wurde auch der Naßtauchanzug immer populärer. Das Prinzip dieses Anzugs unterschied sich fundamental von dem Trockentauchanzug. Bei letzterem bestand das Hauptziel darin, ein Einlaufen von kaltem Wasser zu verhindern. Der Anzug selbst war nicht warm und wurde immer zusammen mit Wollunterwäsche getragen. Der Naßtauchanzug hingegen besteht aus haltbarem Schaumgummi, das drei bis sieben Millimeter dick sein kann und direkt auf der Haut getragen wird. Je enger der Anzug anliegt, desto wirkungsvoller ist die Isolierung. Der Hauptunterschied besteht darin, daß die Körperoberfläche, wie der Name schon sagt, bald naß ist. Die winzigen Gummizellen verhindern einen schnellen Austausch des Wassers, und nach dem ersten Eintauchen wird das Wasser teilweise im Innern behalten und vom Körper erwärmt.

Buxton hatte im vorangegangenen Jahr in Wookey Hole einen Naßtauchanzug eingesetzt. Seiner Meinung nach war er im Vergleich zum normalen Trockentauchanzug, was die Wärme betraf, recht effektiv gewesen. Er ließ sich leichter anlegen und hatte die wichtige Eigenschaft, daß sich die Tragkraft nicht veränderte. Ein Trockentauchanzug enthielt eine bestimmte Menge Luft. Unter Wasser bewegte sich diese um den Körper herum, was von dem jeweiligen Winkel oder der Position des Tauchers abhing. Am leichtesten ging man dagegen an, indem man den Taucher mit Gewichten schwer machte, so daß er auf dem Grund laufen mußte. Ein Trockentauchanzug mit Loch, bei dem es zu einem Luftverlust kam, war nicht nur unbequem, sondern führte auch zu einer weiteren Gewichtszunahme – eine kritische Sache, wenn man beispielsweise Flossen verwendete. Es macht relativ wenig aus, wenn der Naßtauchanzug einen Riß bekommt, da das Wasser im Innern nicht nennenswert auf die Wärme einwirkt. Nur der Körperbereich, der direkt bloßgelegt wird, friert. Die Tragkraft wird nicht beeinträchtigt und ist zu jeder Zeit leicht positiv. Außerdem waren die neuen Anzüge 1961 kommerziell erhältlich, und ihre Eigenschaften wurden von den Höhlentauchern schnell geschätzt.

Aus diesem Grund wurde in Agen Allwedd, wo einer der isoliertesten Sümpfe in Großbritannien liegt, im April 1963 leichtes Sauerstoffgerät zusammen mit einem Naßtauchanzug eingesetzt. Der Tauchgang ging nicht ohne Vorfälle ab, und einer der Taucher, der am Grund entlanglief entging nur knapp einem Desaster, als er für einen

Augenblick am Rand eines unter Wasser stehenden Strudellochs stolperte.

Britische Taucher in Gouffre Berger, 1963
Im August 1963 nahmen britische Höhlenforscher den Endsiphon in Gouffre Berger, Frankreich, in Angriff. Diese Höhle galt damals als das tiefste, bekannte System der Welt, das 1122 m unter dem Eingang lag. Es gilt als eins der ehrgeizigsten Unternehmen, das je geplant wurde, und ist bis auf den heutigen Tag außergewöhnlich. Es ging auf den Elan und die Begeisterung des Tauchers Ken Pearce aus Derbyshire zurück. Bei der Durchführung war Pearce der einzige, der den Sumpf nach einem 61 m langen Tauchgang in einer maximalen Tiefe von 12 m durchtauchte. Er entdeckte einen weiteren Abschnitt mit einem großen, trockenen Durchgang, der leider nach 46 m in einen Sumpf überging. Er verwendete ein Paar Flaschen mit 26 Kubikfuß Inhalt, die er an beiden Körperseiten anbrachte. Mit einem Druck von 2300 psi reichte jede von ihnen 30 Minuten lang aus. Der Naßtauchanzug erwies sich als sehr nützlich. Es war eine der letzten Unternehmungen, bei denen die Taucher auf dem Grund entlangliefen. Insgesamt verbrachten die Taucher und die Hilfsgruppe elf Tage unter der Erde – eine der größten Taten der Höhlenforschung weltweit.

Die neue Ausrüstung und die neuen Techniken wurden von allen begrüßt, und viele waren der Meinung, daß der Tag nicht mehr weit war, wenn alle ernsthaften Höhlenforscher das leichte Gerät benutzen würden, genau wie alle jetzt Seile und Leitern mit sich führten. Alles schien so einfach.

Ein Unfall im Lancaster Hole, 1964
Anfang 1964 war der Übergang zum Luftgerät fast vollzogen, und das damit zusammenhängende Interesse am Höhlentauchen zu dieser Zeit ist eindrucksvoll. Einer konservativen Schätzung im Jahresbericht der Cave Diving Group zufolge wurden 32 Höhlen erforscht. Bei den 171 Tauchgängen von mindestens 29 verschiedenen Tauchern wurde nur bei einem Sauerstoff verwendet. Das neue Gerät offenbarte schnell seinen Wert, und das anfängliche Mißtrauen ging völlig zurück.

Ein tragischer Vorfall im Lancaster Hole hatte jedoch eine ernüchternde Wirkung auf die Tauchaktivitäten. Hier wollten Boon und Alan Clegg, einer der vielversprechen-

Rechts: Ken Pearce nach einem Tauchgang von 61 m durch den Sumpf auf dem Grund von Gouffre Berger, Frankreich, im Jahr 1963 – ein weit entferntes und herausforderndes Unternehmen am Fuß eines 1112 m großen Höhlensystems.

den Taucher aus Nordengland, den stromabwärts gelegenen Endsumpf durchqueren. Nach zwei kurzen Tauchgängen in eine Tiefe von fünf Metern zog Boon sich zurück, behielt aber seine Ausrüstung an, um im Notfall helfen zu können. Irgendwie wurde eine Tauchleine unersetzbar in den Sumpf geschwemmt, und Clegg tauchte hinab, um sie zu befreien. Diese im Grunde routinemäßige Aufgabe erwies sich als schwierig, und nach einem Zeitraum von acht Minuten sah Boon, der sich bereits Sorgen machte, einen Strom schwere Luftblasen aufsteigen, was darauf hindeutete, daß der Taucher sein Mundstück verloren hatte. Da die Blasen weiter heraufströmten, tauchte Boon gleich hinab. Clegg steckte in einem Schlitz am Grund des Bassins und konnte nur unter Schwierigkeiten befreit werden. Schnell zog Boon ihn ans Ufer und begann mit der Mund-zu-Mund-Beatmung, aber der Taucher erlangte das Bewußtsein nicht mehr.

Nach diesem Vorfall verhärtete sich die Meinung gegen die Ventilart, die Clegg eingesetzt hatte. Es handelte sich um einen dünnen Doppelschlauch, der für Höhlenbedingungen schlecht geeignet war und der nicht ohne Halsgurt an einer seitlich angebrachten Flasche verwendet werden konnte, was offensichtlich nicht nötig war, wenn das Gerät auf dem Rücken getragen wurde. Der Taucher konnte beim Wiedereinsetzen des Mundstücks große Schwierigkeiten bekommen, wenn er es verlor, und in einem engen Raum war dieses Manöver so gut wie unmöglich.

Bei den verschiedenen Schwierigkeiten, mit denen ein Taucher konfrontiert werden kann, ist es unmöglich, einen Faktor einzuschätzen – Panik. Bei der Verwendung von Sauerstoff oder Luft ist es wichtig, jederzeit völlig cool zu bleiben und sich so unter Kontrolle zu haben, wie es menschlich nur möglich ist. Ein wirklich phlegmatischer Mensch ist zweifellos eine Rarität, daher ist es unausweichlich, daß zwei Menschen niemals genauso auf dieselbe Situation reagieren werden. Als Clegg sein Mundstück verlor, geriet er zweifellos in Panik. Bei einem Tauchgang unter der Erde gibt es selten eine zweite Chance, und Lancaster Hole bildete da keine Ausnahme. Alan Clegg ertrank, und sein Unfall erinnerte daran, daß das Höhlentauchen selbst beim Gebrauch von Luft noch immer ein Extremsport war.

In den folgenden Monaten des Jahres 1964 fanden so gut wie keine Tauchgänge statt, aber als sie 1965 wieder aufgenommen wurden, war eine neue Generation zäher Taucher herangewachsen. Die Vor- und Nachteile waren abgewogen worden, und die Bühne war bereit für wichtige Entdeckungen.

Die normale Ausrüstung, die zu dieser Zeit verwendet wurde, bestand aus einem Naßtauchanzug (der nach 1963 allgemein übernommen wurde), einer Kapuze, dem Höhlenhelm und einer wiederaufladbaren Standardlampe, wie Bergleute sie verwendeten, Gewichtgürtel, Flasche, Ventil, Druckmesser und Tauchermaske. Ergänzendes Gerät waren Leine, Messer, Tiefenmesser und Kompaß. Flossen waren optional und für die kleineren Sümpfe im allgemeinen nicht notwendig. Sie wurden jedoch langsam populärer, bis sie 1967 bei fast allen Forschungstauchgängen eingesetzt wurden. In diesem Stadium begann man, Sicherheitsregeln für die Handhabung des Luftvorrats zu diskutieren. Trotz seiner Entschlossenheit bei der Erforschung von Höhlen trat Boon dafür ein, den Rückweg anzutreten, wenn ein Viertel der Luft aufgebraucht war. Dies war eine sehr einfache, aber sichere Richtlinie für angehende Entdecker. Später sollte die »Drittel-Regel«, die allgemein dem amerikanischen Taucher Sheck Exley zugesprochen wird, von den Höhlentauchern weltweit übernommen werden. Sie besagte, daß der Taucher weitere Erforschungen einstellen sollte, wenn ein Drittel der Luft verbraucht war. Mit dem zweiten Drittel sollte er seinen Rückzug antreten und das letzte Drittel als Sicherheitsvorrat einsetzen. Eine Uhr ist unter Wasser nur begrenzt einsatzfähig, um zu entscheiden, wie lange der Luftvorrat ausreichen wird; es ist wichtig, immer wieder den Druckmesser zu überprüfen. Obwohl in den nachfolgenden Jahren Anpassungen und Veränderungen vorgenommen wurden, gilt dieses geradlinige Konzept noch immer bei allen Höhlenaktivitäten.

Mendip-Aktivität, 1965

1965 wurden bemerkenswerte Fortschritte besonders in den Mendip Hills von Tauchern wie Mike Wooding, Dave Savage und Dave Drew erzielt. Sie hatten gemeinsam an der Universität von Bristol studiert und waren sehr kompetente Höhlenforscher (Wooding und Savage hatten 1963 an der erfolgreichen Gouffre Berger-Expedition teilgenommen) und hatten bald ein großes Interesse für Entdeckungen entwickelt. Sie erkannten schnell die bestehenden Möglichkeiten und trainierten für die Aufgabe. Sie nannten sich die Independent Cave Diving Group (ICDG), und, ausgerüstet mit seitlich angebrachten Flaschen, Scubair-Ventilen und Naßtauchanzügen, machte das Trio schnell einige wichtige Vorstöße.

Das »Ende« des Stoke Lane Slocker-Systems war erreicht und man hatte einen Nebenzugang zu mehreren der unter Wasser stehenden Abschnitte gefunden, so daß nur fünf Sümpfe durchtaucht werden mußten, um diesen Punkt zu erreichen. In Swildon's Hole, Sumpf 12, war das gegenwärtige Ende erreicht. Außerdem wurde eine lohnende Expedition nach Marokko unternommen, bei der

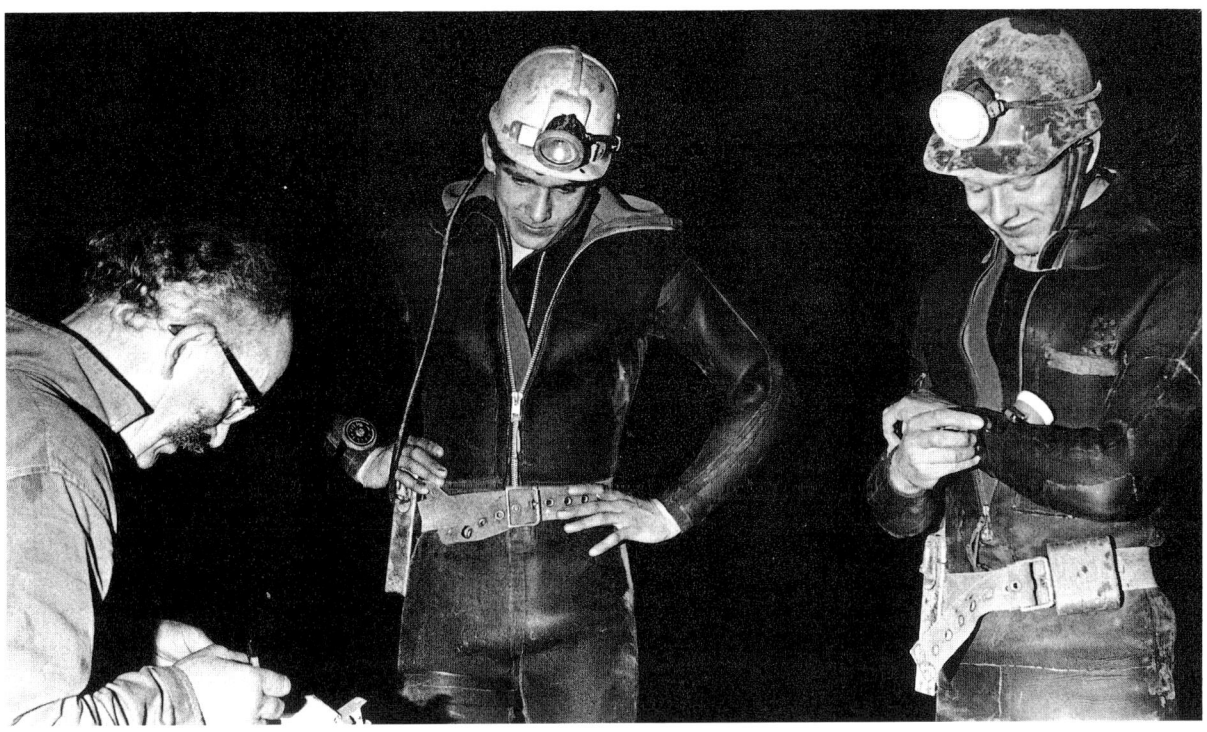

*Oben: Dan Hasell (Kontrolleur), Mike Wooding und Dave
Savage in Wookey während der Erforschungen im Jahr 1965.*

über 1070 m neuer Durchgänge gefunden wurden.

Im März 1965 schlossen sich alle drei Mitglieder der
ICDG der CDG an und verstärkten die größere Organisation nach einer Zeit, in der wenig erreicht worden zu sein
schien.

Die CDG wurde zu dieser Zeit auch durch den Einfluß
von Dr. Oliver Lloyd (Dr. Oliver Cromwell Lloyd – OCL,
wie er liebevoll genannt wurde) neu belebt. Er schloß sich
der Gruppe 1965 im Alter von vierundfünfzig Jahren an.
Er sollte die Aktivitäten der CDG in den nächsten zwanzig
Jahren dominieren (er starb 1985) und Trainingssitzungen
in Bristol organisieren, wobei er die Aufsicht über das
Gerät übernahm und das CDG-Rundschreiben herausgab
und pünktlich verschickte.

Aktivitäten in Yorkshire, 1963–66

Neben diesen Aktivitäten im Südwesten lag auch ein großes Potential in Yorkshire und im Norden. Boon und Clegg
hatten 1963 wichtige Entdeckungen in der Ireby Cavern
und der Langstroth Cave gemacht. Savage hatte im August
1965 eine weitere Fortsetzung in der Spring Trap Cave,

Wharfedale, gefunden. Ein verengter Sumpf in der Danny
Cave, Garsdale, führte John Southworth im Oktober etwa
300 m weit. Der Sumpf am Ende von Pennyghent Gill Pot
wurde nach einem Tauchgang von weniger als zwei Metern
durchquert, so daß man auf neue Passagen von 500 m
Länge stieß. Dieses Hindernis wurde später durch eine
Sprengung aus dem Weg geräumt.

Der bemerkenswerteste Fund, der auf die Bemühungen
der Taucher zurückging, fand sicherlich in der Langstroth
Cave, Wharfedale, statt. Bei mehreren aufeinanderfolgen-
den Ausflügen im Jahr 1966 kletterten die Taucher, nachdem sie ihr Atemgerät nach drei kurzen Sümpfen abgelegt
hatten, einige nasse Abhänge hinauf, wobei sie Kletterstangen und Klettertaktiken einsetzten, um etwa 1000 m
Durchgänge zu entdecken. Mit ungefähren Kenntnissen
von der allgemeinen Richtung stellten sie einen oberen
Eingang her, der es Höhlenforschern, die nicht tauchten,
gestattete, die Erweiterungen bis hinunter zu den Sümpfen
zu begehen. Nach 1973, als der unter Wasser liegende
Abschnitt mit einer Leine ausgestattet wurde, um die
dazwischenliegenden Luftglocken voll auszunutzen, wurde
ein immer populärer werdender Ausflug möglich. Dabei
seilten sich die Höhlenforscher acht Abhänge bis hinunter
zu den Sümpfen ab, tauchten frei durch die unter Wasser

Oben: Bill Frakes und Neil Dyson im Camp hinter den Sümpfen in der Langstroth Cave während der bemerkenswerten Erforschungen des Jahres 1966.

stehenden Abschnitte, wobei sie ihre Seile und andere Ausrüstung hinter sich herzogen. Dies fand stromabwärts statt, wobei die Sümpfe zwei Meter, drei Meter bzw. knapp unter vier Meter lang waren. Bald zeigte sich, daß eine erfahrene Gruppe die Durchquerung in zwei bis drei Stunden bewerkstelligen konnte.

All dies hatte eine Ende, als der Bauer im Jahr 1976 den Zutritt verweigerte, nachdem es einen schlimmen Unfall gegeben hatte. Aus einer Gruppe von sechs Höhlenfor-

schern, die die Durchquerung in Angriff nahm, gelang es nur einem, die Sümpfe zu durchtauchen, drei starben und zwei waren gezwungen, an den Fuß der Abhänge, von denen sie sich abgeseilt hatten, zurückzukehren und dort auf ihre Rettung zu warten.

Wenn man diesen Fall für sich betrachtet, hätten Sümpfe von dieser Länge für eine gut trainierte Gruppe keine Schwierigkeit darstellen sollen. Was führte also zu dieser schrecklichen Tragödie? Es waren die Luftglocken, nicht die Tauchgänge, die die Probleme verursachten. Sie waren klein, und in ihnen hatte sich eine zu große Menge Kohlendioxid entwickelt, so daß die Luft nicht mehr geatmet werden konnte.*

* Die Luft in kleinen Luftglocken enthält immer einen sehr hohen Anteil an Kohlendioxid (2,9%). Wenn man in einem solch eingeschlossenen Raum atmet, steigt der Anteil schnell auf über 3% an, was zu Unbehagen führt. Wenn der Anteil über 5% liegt, wird die Situation kritisch und der Betroffene verliert schnell das Bewußtsein. Zweifelsohne wird die Luft (Sauerstoff) »aufgebraucht«; dabei wird sie mit einer tödlichen Konzentration von CO_2 vergiftet.

Tragischerweise wurden die Taucher an diesen Ruhepunkten bewußtlos, bevor sie in Sicherheit gelangen oder sich zurückziehen konnten.

Verbindungen, die derartige Ausflüge gestatten, sind das Ziel fast aller Höhlenforscher, aber Sümpfe müssen auf jeden Fall mit äußerstem Respekt behandelt werden.

Eine erstaunliche Rettung durch freies Tauchen

Eine der glücklichsten Rettungen überhaupt durch freies Tauchen fand im Juli 1965 in der Carlswark Cavern in Derbyshire statt. Bei der Führung eines Armeeteams bei einem Anfangstest war ein Jugendlicher in einen Sumpf getaucht in der Annahme, daß in kurzer Entfernung ein Luftraum vorhanden war. Als er nicht wiederauftauchte, wurde die Cave Rescue Organisation zu Hilfe gerufen. Ken Pearce unternahm mehrere Tauchgänge, konnte den Jugendlichen jedoch nicht finden. Da jedoch die Möglichkeit bestand, daß dieser einen engen Spalt mit einem Luftraum lokalisiert hatte, holte man eine Pumpe, und der Wasserspiegel in dem unter Wasser stehenden Abschnitt wurde gesenkt. Schließlich fand man ihn gesund und munter wieder. Mit Nagelschuhen, Gamaschen, Pullover und einem Armeekampfanzug bekleidet, hatte der Jugendliche zwanzig Meter Sumpf in völliger Dunkelheit durchquert. Die enge Spalte, in der man ihn fand, lag seitlich von dem Durchgang, und es grenzte an ein Wunder, daß er sie unter diesen Umständen überhaupt gefunden hatte.

Die Tragödie von Mossdale Cavern, 1967

Eine weitere, durch Tauchgänge gefundene Erweiterung von großer Bedeutung in der Zukunft war jene in Dale Barn Cave, Yorkshire, wo zwei kurze, aber enge Sümpfe zu einer 1000 m langen Passage führten. Mit derartigen Entdeckungen und den Entwicklungen in der Langstroth Cave erwies sich 1966 als gutes Jahr für den Norden. 1967 sollte jedoch ein Jahr der Tragödie werden.

1967 fanden die schlimmsten Höhlendesaster in der britischen Geschichte statt, in die auch der Kern der neuen Taucher aus dem Norden verwickelt war. Im August unternahm eine Gruppe von sechs erfahrenen Höhlenforschern, zu denen Bill Frakes, John Ogden und Colin Vickers, alles Höhlentaucher, und David Adamson, Jeffrey Boitreau und Michael Ryan gehörten, in den Mossdale Caverns einen routinemäßigen Ausflug, bei dem nicht getaucht wurde. Um die Mittagszeit, als sie sich unter der Erde befanden, kam es zu einem Wolkenbruch. Flußbetten, die

trocken gewesen waren, wurden plötzlich zu reißenden Sturzbächen und verschlossen viele kleine Eingänge. Unglücklicherweise wurde ein großer Teil des ausgedehnten Netzes von Mossdale bis zur Decke überflutet, und die glücklosen Höhlenforscher waren in einer langen Passage, die nur durchkrochen werden konnte, gefangen. Unter der Erde kanalisierte und konzentrierte sich der starke Regenguß, so daß es zu einer Springflut kam. Es gab kein Entkommen. Trotz der vergeblichen Versuche, die Kriechgänge zu verlassen, wurden alle vom Wasser übermannt. Einige wurden später oben an kleinen Schächten eingekeilt gefunden, wo sie offenbar Schutz gesucht hatten, aber das Wasservolumen war so groß gewesen, daß es nirgendwo Rettung geben konnte. Selbst heute noch wird die Erforschung einer Höhle schon bei dem geringsten Hinweis auf Regen äußerst gefährlich.

Die Auswirkungen auf die Höhlentaucherei im Norden waren enorm. Es hatte nie mehr als eine Handvoll Taucher gegeben, die in diesem Gebiet operierten. Durch diesen grausamen Schicksalsschlag für eine normale Gruppe Höhlenforscher wurde der Fortschritt klar behindert, und es dauerte mehrere Jahre, bis wieder konzentrierte Bemühungen unternommen wurden, das Höhlentauchen in dieser Gegend weiterzuentwickeln.

Savage erreicht Kammer 18, Wookey Hole, 1966

Ende der sechziger Jahre fanden die meisten Entwicklungen im Süden statt. 1966 gab der Mendip Kammer 18 in Wookey preis. Diese Tat vollbrachte Dave Savage, der eine lecke »Kaulquappen«-Doppelflasche auf dem Rücken trug. Die Flaschen waren mit einem selbstgemachten Verbindungsstück mit geschweißten Nähten verbunden. Als Reserve trug er eine weitere Flasche mit 26 Kubikfuß Inhalt bei sich. Ein-Schlauch-Systeme waren an beiden Geräten angebracht, und die Fortbewegung erfolgte mit Flossen. Die neue Kammer erwies sich als einziger praktikabler Luftraum nach Verlassen von Kammer 9, die sich über 122 m entfernt befand. Aber die offenbar kurz bevorstehenden großen Entdeckungen in Wookey waren für die Taucher immer noch nicht faßbar, was auf Schwierigkeiten mit der Leine zurückzuführen war. Man hatte unabsichtlich zu viel Leine verlegt, was zu zeitraubenden Problemen führte: Sie behinderte die Taucher, indem sie sich in ihrer Ausrüstung verwickelte, und schloß später allen Fortschritt aus, bis man sie zusammengesammelt und sicher entfernt hatte.

Erforschungen in Agen Allwedd und Ogof Ffynnon Ddu, 1966

In Südwales fehlte es ganz klar an großen, neuen, trocke-

nen Erweiterungen, aber die Situation wurde in Agen Allwedd und Ogof Ffynnon Ddu zurechtgerückt.

In der ersten Höhle entdeckten Mike Wooding und John Sinclair nach drei langen, harten Ausflügen (hin und zurück jeweils fünf Kilometer) stromaufwärts zum Turkey Sump über 760 m an Durchgängen. Dazu zählten drei Sümpfe von einer Gesamtlänge von 43 m, und die Passage endete an einem weiteren Sumpf – Sumpf 5.

Die vielleicht wichtigste aller britischen Höhlenentdekkungen, die von Höhlentauchern gemacht wurde, fand in Ogof Ffynnon Ddu im Swansea Valley statt. Hier drangen im Juli 1966 Charles George und John Osborne schließlich in das großartige Höhlenlabyrinth des Master System ein. Der Eingang lag über dem sogenannten Shower Aven, und die trockenen Passagen wurden erreicht, indem man eine feste Aluminiumleiter direkt von dem darunterliegenden Sumpf aus aufstellte. Es folgten viele Tauchgänge, an denen viele Taucher teilnahmen, die unbedingt das neue System erforschen wollten, auf das jahrelang unglaubliche Bemühungen verschwendet worden waren.

Der wahrscheinlich denkwürdigste Tag bei den Erforschungen hinter dem Sumpf war der 8. Oktober, als Charles George noch einmal davonkam. Auf ihrem Rückweg durch die neue trockene Passage folgte ein langer und ermüdender Weg, und die Gruppe mit sieben Teilnehmern war durch eine Kammer, die danach Collapse Chamber heißen sollte, auf dem Weg nach oben. Damals konnte man einen Weg mitten durch die Felsbrocken nehmen oder eine alternative Route über eine Schichtungsebene wählen, die oben auf dem Felshaufen endete. Rod Stewart beschrieb, was passierte:

Am schlimmsten war es, als ich den Weg über die Schichtungsebenen [den alternativen Weg] wählte, während die anderen durch Collapse Chamber gingen. Der Weg nach oben führte von dort durch ein Loch durch eine Art Felstrichter. [Stewart erreichte die Felsbrocken.] Pötzlich spürte ich eine Bewegung des Bodens, auf dem ich stand, und Charles [der durch den Fels nach oben kam] rief den anderen zu, umzukehren, während er einen Felsbrocken mit dem Fuß aufhielt. Als nächstes hörte ich ein merkwürdiges Geräusch – alle Felsbrocken fielen herab, und Charles sprang umher, wobei ich nur seinen Helm sah. Es war schrecklich, und ich konnte ihm nicht zu Hilfe kommen. Ich beobachtete nur, wie er nach unten verschwand, wobei ein merkwürdig zischendes Geräusch ertönte, so als ob alle Luft aus seinem Körper gepreßt wurde. Ich war mir sicher, daß alle anderen verloren waren, aber ich wartete eine Weile und wußte nicht, was ich tun sollte. Ich wagte es nicht, den Felsboden zu überqueren, der nach unten eingebrochen war, und ich wollte gerade gehen, als sie wieder auftauchten [über die längere, alternative Route]. Ich war in meinem Leben noch nie so erleichtert wie in diesem Augenblick.

Links: Rodney Beaumont kurz vor dem acht Meter langen Tauchgang durch den Turkey Sump 1 in Agen Allwedd, Südwales.

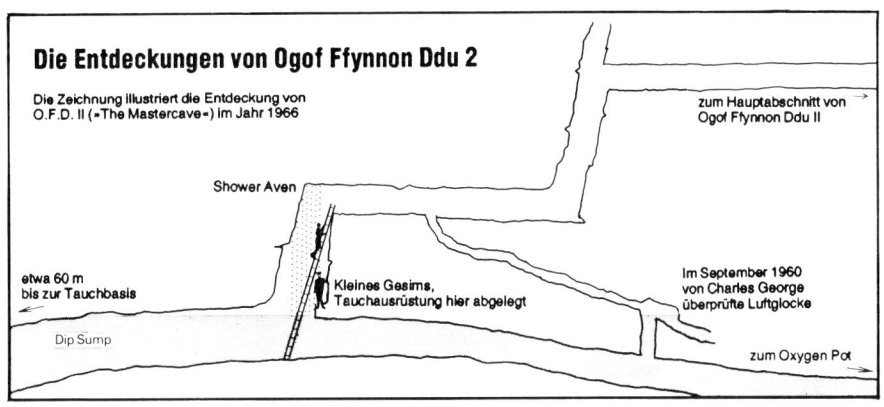

Die Entdeckungen von Ogof Ffynnon Ddu 2

Die Zeichnung illustriert die Entdeckung von
O.F.D. II (»The Mastercave«) im Jahr 1966

zum Hauptabschnitt von
Ogof Ffynnon Ddu II

Shower Aven

etwa 60 m
bis zur Tauchbasis

Kleines Gesims,
Tauchausrüstung hier abgelegt

Im September 1960
von Charles George
überprüfte Luftglocke

Dip Sump

zum Oxygen Pot

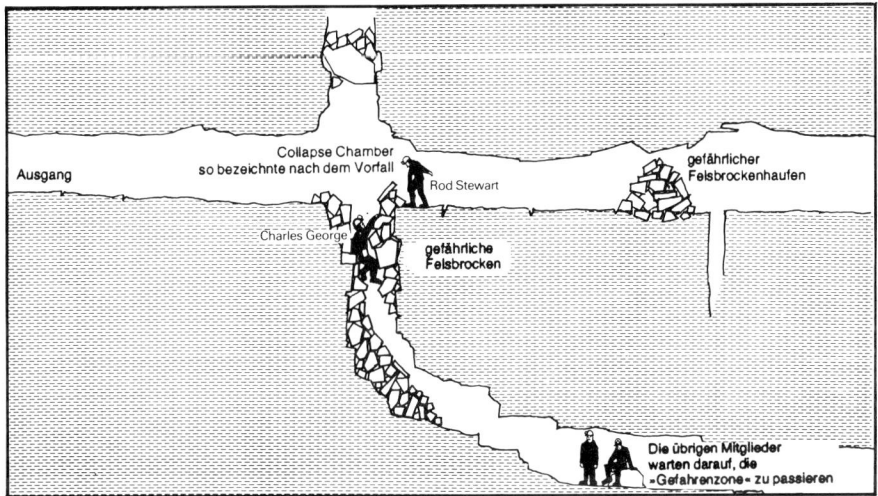

Ausgang

Collapse Chamber
so bezeichnet nach dem Vorfall

Rod Stewart

gefährlicher
Felsbrockenhaufen

Charles George

gefährliche
Felsbrocken

Die übrigen Mitglieder
warten darauf, die
»Gefahrenzone« zu passieren

Charles George beschrieb den Vorfall ebenfalls:

> Man kann sich kaum ein schrecklicheres Gefühl vorstellen, als wenn man hinabgeschleudert wird, einem ein Brocken auf den Kopf fällt und man in einer Hockstellung zusammengepreßt wird, so daß man nicht mehr atmen kann. Kein Schmerzgefühl, nur die furchtbare Erkenntnis, daß man festsitzt. Rod konnte unter großem Risiko für sich selbst nach unten klettern, um festzustellen, daß er nichts tun konnte ... Clive [Jones] sah meine Füße und wußte, daß er nicht helfen konnte, als ich plötzlich weiterrutschte und befreit wurde.
>
> In der Sicherheit am Fuße des Schachts überzeugten wir einen ungläubigen John [Osborne], daß »mein sicherer Weg« nicht mehr existierte, als der Boden von Collapse Chamber mit großartigem Getöse in dem Schacht verschwand und ihn völlig blockierte.

George kam mit drei gebrochenen Fingern an der linken Hand davon und erlitt schwere Schnittverletzungen und Prellungen am Kopf. Man ging von einem Schädelbruch aus, was sich glücklicherweise als falsch erwies. Es ist interessant, daß von der Gruppe von sieben Männern nur George die frühe Variante eines Plastikhelms trug, während die anderen die alten »Papphelme« der Bergleute trugen. Letztere wurden in der nassen Umgebung schnell biegsam, und es ist offensichtlich, daß der dauerhaftere Plastikschutz Georges Leben rettete.

Der Unfall schwächte die Begeisterung ab, und es dauerte bis zum 8. April, bevor ein weiterer Tauchgang unternommen wurde. An diesem Tag wurde von der neuen Erweiterung eine trockene Route für die nicht-tauchenden Höhlenforscher dieser Region in eine bekannte Nachbarhöhle, Cwm Dwr, erschlossen. Fast vier Kilometer neuer Durchgänge waren bereits erforscht, aber hier handelte es sich um einen Exkursionstag des South Wales Caving Clubs, was während der nächsten Jahre dazu führte, daß das System, das als längstes und tiefstes in Großbritannien gilt, kartographisch erfaßt wurde.

Heute sind über 48 km von Durchgängen bekannt, und es gibt zweifellos mehrere, die noch betreten werden dürften. Die Hauptader der Höhle ist ein schöner, schnellfließender Fluß mit Abschnitten kleiner Wasserfälle. Hier sind breite, gewundene Spalten von bis zu 30 m Höhe vorhanden, während bisweilen kleinere Rinnsale aus verborgenen Passagen weit oben herabregnen. Auf dem Boden sieht man ein für britische Höhlen ungewöhnliches Merkmal: viele Strudellöcher, die eine Tiefe von bis zu sieben Metern erreichen – ein kaltes Bad für unvorsichtige Besucher. Aber die Flüsse bilden nur einen kleinen Teil der Höhle, der größere Teil besteht aus einer Wabe übereinanderliegender Durchgänge, die völlig frei von Wasser und häufig mit wunderbaren Formationen geschmückt sind. Für den Besucher ist die Höhle ungeheuer komplex, ein System von großer Schönheit und großem Potential für sportliche Betätigung. Im Interesse des Umweltschutzes wurde das Gebiet zu einem Naturschutzgebiet erklärt. Der Zugang ist für echte Höhlenforscher beschränkt, die sich vorher bei dem kontrollierenden Club anmelden müssen.

Little Neath River Cave, 1967

Während die örtlichen Taucher mit der Mammutaufgabe, das Swansea Valley zu erschließen, beschäftigt waren, unternahm ein Team von Tauchern aus Somerset diskrete Forschungen im benachbarten Neath Valley. Im Januar 1967 tauchte Chris J. Gilmore in den vielversprechenden Sumpf am Ende der Bridge Cave, um das Geheimnis der fehlenden Ableitung zu lösen. Nach 20 m war er durchgetaucht und befand sich in einem großen, neuen Fluß. In der folgenden Woche erforschte Gilmore, begleitet von Savage und Pete Kaye, über 1220 m Durchgänge.

Während dieses Ausflugs folgten sie einer Passage stromaufwärts; das eisige Wasser deutete eindeutig auf eine Verbindung mit dem Fluß hin, der weiter hinten im Tal über der Erde verschwand. Sie konnten jetzt nicht mehr gebeugt gehen, sondern mußten kriechen und durchquerten den letzten Abschnitt flach liegend in einem schnellfließenden Sturzbach bis zu einem Punkt, wo Tageslicht sichtbar wurde. Der Ausstieg am Ende war von Felsbrocken blockiert, aber die Möglichkeiten waren offensichtlich. Nachdem sie zu dem Sumpf zurückgekehrt waren, wandten sie sich flußabwärts und durchquerten einen großartigen Strom, bevor ein weiterer Sumpf schließlich den Weg blockierte.

Während der nächsten Wochen wurde der New River Entrance geöffnet, und die vollständige Erforschung der Passagen stromabwärts bis zum Sumpf 2 fand statt. Es war bald offensichtlich, daß noch viel mehr zu entdecken war, da der bekannte Teil der Höhle weniger als die Hälfte der Entfernung bis zum Wiederauftauchen des Flusses erreichte. Daher wurden im März erneut Bemühungen im stromabwärts gelegenen Endsumpf – Sumpf 2 – unternommen. Im Juli waren eine Reihe von Sümpfen durchquert, und die Taucher erreichten Sumpf 6. Erneut wurde ein ganzes Netz von trockenen Passagen entdeckt – The New World. In den noch verbleibenden Monaten des Jahres 1967 wurden diese völlig erforscht, und über 1525 m (230 m davon unter Wasser) wurden stromabwärts gefunden.

Ogof Ffynnon Ddu, Ogof Agen Allwedd und Little Neath River Cave trugen zu einem goldenen Höhepunkt für Höhlentaucher bei. Diese großartige Serie von Durchbrüchen zeigte eindeutig, daß das neue Gerät für den Einsatz unter der Erde geeignet war. Nach 1964 ging der Einsatz von Sauerstoffgerät mit geschlossenem Kreislauf zurück und wurde von britischen Höhlentauchern danach überhaupt nicht mehr eingesetzt. Der Übergang zum Einsatz von Luft war abgeschlossen.

Rechts: Kammer 20 in Wookey Hole – entdeckt von John Parker während seines wichtigen Vorstoßes im Jahr 1970.

Kapitel acht

Die heutige Methode

Nachdem die neuen Techniken etabliert worden waren, folgten unzählige Entdeckungen. Größere Flaschen, mit denen man länger tauchen konnte, kamen nach 1966 auf den Markt, und in den siebziger Jahren kamen die »Kaulquappen« mit 26 Kubikfuß Inhalt aus der Mode. Mit der Zeit kam die psychologische Versicherung, daß das Atemgerät insgesamt verläßlich war. Können und praktische Erfahrung beim Einsatz eines völlig unabhängigen Reservegeräts (eine separate Flasche mit Ventil, die an der anderen Körperseite von der Hauptversorgung angebracht war) verstärkte diese Ansichten.

Nachdem der Taucher die Grenzen bei der immer größer werdenden Vielfalt an Geräten erkannt hatte, blieb nur noch die geistige Barriere. Dem konnte mit Training abgeholfen werden, aber sie konnte nie ganz entfernt werden. Wie schon immer war die Einstellung des Einzelnen von größter Bedeutung. Eine gleichbleibende persönliche Leistung unter widrigen Bedingungen konnte Vertrauen

98

geben, und erfolgreiche Taucher waren immer jene, die sich darauf verlassen konnten, daß sie die Nerven bewahrten. Es war klar, daß jetzt viel längere Sümpfe in Angriff genommen werden konnten.

Kammer 22, Wookey Hole, 1970

1969 hatte John Parker, ein entschlossener Taucher aus Südwales sein Debut gegeben, und wieder einmal sollte in Wookey Hole eine große Entdeckung gemacht werden. Im Januar 1970 erreichte Parker Kammer 20 nach einem 146 m langen Tauchgang nach der letzten Luftoberfläche in Kammer 9. Bei diesem und nachfolgenden Tauchgängen fand man über 820 m neuer, trockener Passagen. Aber der Hauptweg voraus lag unter Wasser, direkt unter dem Eingang zu der neuen Erweiterung in Kammer 20.

Die Herausforderung konnte nicht ignoriert werden, und nach mehreren Monaten anstrengender Tauchgänge erreichte Parker einen weiteren Luftraum in Kammer 22. Dazu mußte ein 152 m langer Tauchgang von Kammer 20 aus unternommen werden. Er erreichte eine maximale Tiefe von 24 m in der Düsterkeit von Kammer 21. Es folgten weniger als 100 m trockener Passagen, die in einem tiefen, völlig umschlossenen See endeten. Hier herrschte ein echtes Gefühl völliger Isolierung: Über 366 m unter Wasser stehender Passagen trennten die Taucher von der Basis in Kammer 3. Einen besseren Eindruck dieser Tauchgänge erhält man, wenn man sich die Diagramme auf Seite 106 und 107 ansieht, aus denen erkenntlich ist, daß die Anzahl der Kammern nicht immer mit den Luftoberflächen übereinstimmt. Es handelte sich tatsächlich um drei Tauchgänge: von Kammer 3 zu Kammer 9, von Kammer 9 zu Kammer 20 und von Kammer 20 zu Kammer 22.

Ein 230 m langer Tauchgang in Ogof Afon Hepste, 1970

Parker, der in Pontypool lebte, war natürlich in seiner Heimat aktiv, und viele örtliche Sümpfe wurden ebenfalls in Angriff genommen. Im August 1970 unternahm er in einer neuen Höhle (Ogof Afon Hepste) in den oberen Bereichen des Neath einen einzelnen Tauchgang von 230 m Länge. Er fand einen kurzen Abschnitt von trockener Passage, aber der weiterführende Hauptweg endete wieder in einem Sumpf.

Mike Woodings Tauchgänge in Yorkshire, 1970

Eine weitere bemerkenswerte Tat wurde zu jener Zeit von Mike Wooding in Keld Head in Yorkshire durchgeführt. Im Mai 1970 erreichte er nach einem Tauchgang von 51 Minuten Dauer einen Punkt, der 338 m von der Basis entfernt war. Glücklicherweise lag dieser Punkt nicht sehr tief und enthielt mehrere kleine Lufträume. Später wurde ein Film von Woodings Entdeckungen in einer anderen Höhle dieses Gebiets gemacht. Schauplatz war die berühmte Höhle von Gaping Gill, in der entschlossene Höhlenforscher an der Verbindung des Systems zu der benachbarten Ingleborough Cave gearbeitet hatten. Der verschwindende Fluß in Gaping Gill beendete jedoch jeden weiteren Fortschritt, und es war Aufgabe der Taucher, die Geheimnisse der unbekannten Passage offenzulegen. Die letzte Verbindung zwischen den beiden Höhlen sollte Wooding und seinem Partner Tom Brown noch verschlossen bleiben, aber ihre

Links: John Parker (links) und Jeff Phillips in Ogof Rhyd Sych, Südwales. Dieses Team war an vielen bemerkenswerten Taucherforschungen zu Beginn der siebziger Jahre beteiligt.

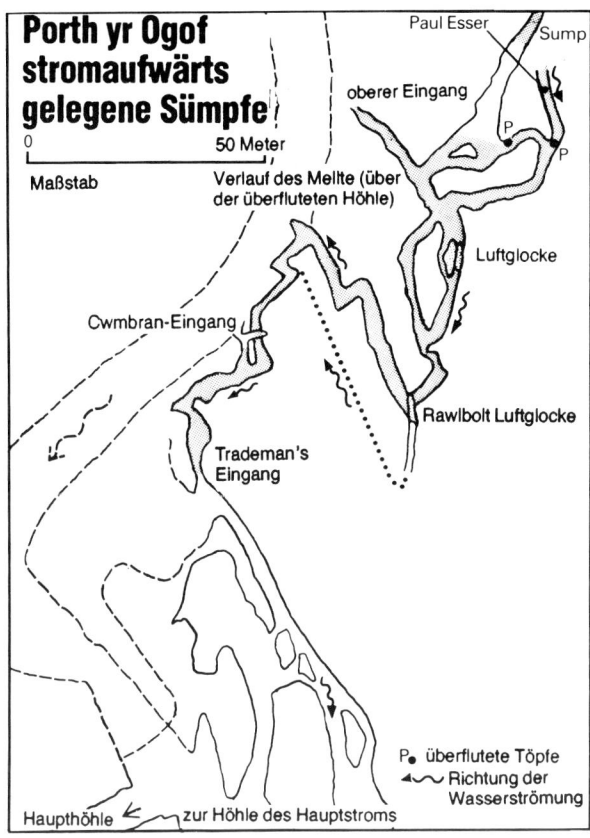

Porth yr Ogof stromaufwärts gelegene Sümpfe

0 ——— 50 Meter
Maßstab

Paul Esser
Sump
oberer Eingang
P
P
Luftglocke
Verlauf des Melite (über der überfluteten Höhle)
Cwmbran-Eingang
Rawlbolt Luftglocke
Trademan's Eingang
P. überflutete Töpfe
↞ Richtung der Wasserströmung
Haupthöhle ↞ zur Höhle des Hauptstroms

wieder an die Oberfläche, da glücklicherweise das glitzernde Tageslicht sichtbar war, das in den Bereich in der Nähe des Eingangs eindrang. Da sein Luftvorrat nur wenig aufgebraucht war, ging er nach einer kurzen Ruhepause wieder ins Wasser. Seine Bewegungen waren über die Leine zwanzig Minuten lang fühlbar, aber als er nach dreißig Minuten nicht wieder auftauchte, rief man die Cave Rescue Organisation zu Hilfe. Trotz einer intensiven Suche durch Wooding, Brown und anderen von über einer Woche, wurde der Leichnam nicht aufgefunden. Man nahm an, daß er weitere Probleme mit der Leine gehabt hatte, die in einiger Entfernung im Innern durchschnitten worden war, aber weiter konnte man keinen definitiven Schluß ziehen. Man legte ein großes Netz über die Stelle, an der der Fluß wieder an der Oberfläche mündete, für den Fall, daß der Leichnam von der Strömung angewaschen werden würde, aber das Geheimnis blieb ungelöst. Erst im Juli 1975 wurde Licht auf den Fall geworfen und das Rätsel unerwartet gelöst.

Als Taucher den Unterwasserkomplex systematisch erforschten, stießen einige Taucher auf Eriths Überreste. Er wurde 146 m von der Stelle entfernt gefunden, an der der Fluß an die Oberfläche trat, was eindeutig darauf hinwies, daß Erith völlig die Orientierung verloren hatte und weiter in den Berg hineingetaucht war, bis seine Luft aufgebraucht war. Die ganze Angelegenheit war eine ernste Mahnung an die Risiken des Höhlentauchens für Möchtegern-Forscher.

Essers Unfall in Porth yr Ogof, 1971
Von der zweiten Tragödie war Paul Esser betroffen. Er war ein brillanter Taucher in offenen Gewässern, hatte aber relativ geringe Höhlenerfahrung. Dies lenkte in keinster Weise von seinem natürlichen Talent ab, und man glaubte, daß seine Fähigkeiten in allen Bereichen enorm waren. Er hatte Beiträge in Wookey Hole geleistet, und sein vorletzter Tauchgang fand im Sumpf 12 in Swildon's statt. Am 13. Februar machte er sich mit einem äußerst ehrgeizigen Programm nach Porth yr Ogof in der Nähe von Ystradfellte in Südwales auf. Hier war der stromaufwärts liegende Teil dieser bekannten Höhle zu einem wahren Labyrinth von Unterwasserpassagen erweitert worden. Während der Erforschung waren die Schwierigkeiten der Höhle durch eine Menge nicht notwendiger Leine, die wieder entfernt werden mußte, erweitert worden. Esser sollte das System durch den Tradesman's Entrance betreten, der sich etwas höher im Tal in einer Entfernung von über 200 m unter Wasser befand. Fünfzehn Minuten nachdem er sich von dem niedrigeren Eingang entfernt hatte, machten sich drei Schüler auf denselben Weg mit demselben Ziel, das leichte

Entdeckung sollte klar signalisieren, daß unter der Schirmherrschaft eines einfallreichen Teams die Tauchaktivitäten im Norden nach der Mossdale-Tragödie erfolgreich erneuert worden waren.

Eriths Unfall in Keld Head, 1970
Nach solch wagemutigen Unternehmungen in Wales, in den Mendip Hills und in Yorkshire schien es wahrscheinlich, daß es einen allgemeinen Aufschwung bei der Teilnehmerzahl geben würde. Dies wäre zweifellos der Fall gewesen, wenn es nicht innerhalb von fünf Monaten zu dem verfrühten Tod zweier Taucher gekommen wäre. Der erste Unfall ereilte einen völligen Neuling in Keld Head im Oktober 1970. Alan Erith hatte sechsjährige Erfahrung als Höhlenforscher, aber er hatte nicht viel Erfahrung mit dem Tauchen. Am Freitag, dem 2. Oktober, kaufte er die Grundausrüstung, zu der auch eine einzelne Flasche (40 Kubikfuß) und ein Ventil gehörten. Am nächsten Tag erlebte er seinen ersten und letzten Tauchgang. Nachdem er sein Gerät draußen unter den wachsamen Augen seiner Freunde angelegt hatte, tauchte er ab und verlor nach nur neun Metern die Leine. Spürbar erschüttert, gelangte er

Oben: Ken Pearce und John Sinclair bereiten sich auf einen Tauchgang im schwer verschlammten Sumpf 1 (32 m) im P8/ Jackpot, Derbyshire, im Jahr 1965 vor.

Territorium von etwa 100 m zu durchqueren. Sie trafen Esser in einem Luftraum an, der als Rawlbolt bekannt war, und sahen, daß er einen großen Teil der Leine wieder aufrollte. Dann kehrten sie zu dem niedrigeren Eingang zurück, so daß er allein weitermachte.

Esser erreichte sein Ziel nie. Nachdem die vorher ausgemachte Zeit abgelaufen war, wurde in aller Eile ein Rettungseinsatz eingeleitet. Das wintrige Höhlenwasser war eiskalt, da es sich noch nicht lange unter der Erde befand, und die Operation war alles andere als angenehm. Erst nach mehreren Tauchgängen von John Parker und anderen wurde Essers Leichnam endlich aufgefunden. Esser war wie Erith der falschen Leine gefolgt, die nicht zu dem Schutz einer Luftoberfläche führte, sondern stromaufwärts, wo keinerlei Sicherheit bestand. Er hatte zweifellos seinen Fehler erkannt, hatte aber zu dieser Zeit kein Sicherheitslimit an Luft mehr übrig. Da ein Rückzug unmöglich war, war er gezwungen, sich schnell stromaufwärts zu begeben in der vergeblichen Hoffnung, daß die Leine, der er folgte, ihn zum oberen Eingang bringen würde.

Unter den kalten und extrem gefährlichen Bedingungen, war es unmöglich, seinen Leichnam zu bergen, aber die

Retter schnitten seine Flasche ab und brachten sie und einen Teil seines Ventils hinaus. Die Ausrüstung enthielt keine Luft mehr, was erneut den Bedarf einer großen Reserve bewies.

Diese Unfälle zeigten, daß die objektiven Gefahren beim Höhlentauchen noch immer sehr real waren. Die erwartete Zunahme der Popularität des Tauchens blieb aus. Statt dessen wurden die Kritiker immer mißtrauischer. Selbst unter den Höhlenforschern galten Taucher, die weitere Vorstöße unternahmen, als Extremisten und der goldene Höhepunkt schien für viele der Vergangenheit anzugehören. Es galt nicht mehr als Ehre, als »Sherpa« eines Tauchers zu arbeiten, und es wurde schwer, genug Helfer für Tauchgänge an isolierten Stellen aufzubieten. Ein Anwachsen touristischer Tauchgänge (bei denen ein bekannter Sumpf nur um des Tauchens willen durchquert wurde) wurde ausgeschlossen, da die Höhlenforscher es für wenig sinnvoll hielten, einen Tauchgang zu wiederholen, der sich als wenig fruchtbar erwiesen hatte.

Die Einführung von Aquaflashes

Trotz dieser Skepsis, die um den Sport herum entstanden war, und der natürlichen Zeit der Besinnung, die solch beunruhigenden Rückschlägen unausweichlich folgt, sollte es Mitte der siebziger Jahre zu weiteren bedeutsamen Entwicklungen kommen. Die Entwicklung von Ausrüstung und Techniken ging immer schneller voran. Geoff Yeadon und Oliver Statham, beides Taucher aus dem

Norden, waren an diesen Entwicklungen stark beteiligt. Diese beiden führten beispielsweise als erste Aquaflashes in der britischen Szene ein. Diese völlig versiegelten, wasserdichten Lampen waren von Tauchern auf dem Kontinent bereits seit Jahren eingesetzt worden. Sie waren so klein, daß sie an beiden Seiten des Taucherhelms angebracht werden konnten. Zwei oder mehr dieser Lampen waren eine unschätzbare Ergänzung für das im allgemeinen schlechte Licht, das von der Lampe der Bergleute abgegeben wurde, und steigerten das Selbstvertrauen des Tauchers ungeheuer. Das Versagen eines einzelnen Lichts war daher nicht mehr kritisch.

Die Betonung lag jetzt bei Tauchgründen, die ungeheures Potential boten, beispielsweise der letzte stromabwärts gelegene Sumpf in Agen Allwedd, die entfernten Sümpfe in Dan yr Ogof, P8 (Jackpot) in Derbyshire, Langcliffe in Yorkshire und Prod's Pot in Nordirland. Bei all diesen Höhlen war der potentielle Lohn ungeheuer, aber die Schwierigkeiten bei einigen dieser Tauchgänge waren ebenfalls unglaublich. Sümpfe, bei denen der Zugang vergleichsweise leicht und bei denen der Transport nicht weiter schwer war, waren ebenfalls beliebt, genau wie Stellen, die eine mögliche Verbindung zu einer anderen Höhle boten. Ein kleiner harter Kern von Tauchern, die festentschlossen waren, neues Territorium zu erschließen, setzten

ihre Forschungen in sechs Hauptgebieten fort, die ich jetzt getrennt beschreiben werde.

Die Mendip Hills

Es war schwer, neuen Boden zu gewinnen. Im Süden, wo es kaum noch Höhlen für neue Entdeckungen gab, waren die Aktivitäten fast ganz eingestellt worden. Trainingshöhlen wie Wookey Hole oder Höhlen, in denen der Transport leicht vonstatten ging, wie in Swildon's, wurden häufig besucht, aber bis zum Jahr 1976 wurde wenig oder kein realistischer Fortschritt erzielt. Das Hauptziel in diesen Jahren war die Möglichkeit einer Verbindung zwischen Swildon's Hole oder St. Cuthbert's Swallet und Wookey. Die beiden erstgenannten Höhlen waren noch unberührt, da ihre Endsümpfe jeden Fortschritt ausgeschlossen hatten. St. Cuthbert's Swallet besaß einen Sumpf, der durch Schlamm und Kies blockiert war. Das komplizierte Errichten von unterirdischen Dämmen, Absaug- und Grabungsoperationen begannen 1967 hier, aber trotz immer ehrgeizigerer Pläne über mehrere Jahre hinweg, wurde wenig Fortschritt erzielt. In Swildon's wurde Sumpf 12 im Jahr 1965 erreicht, aber auch er erwies sich als zu eng für

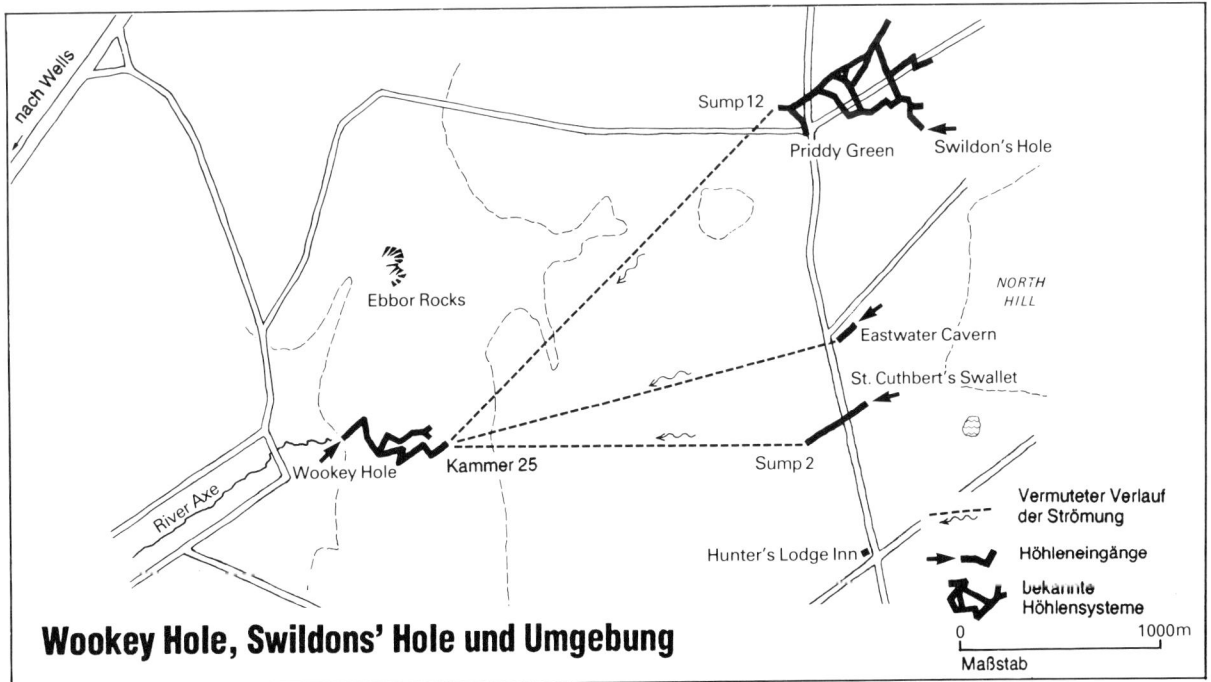

Wookey Hole, Swildons' Hole und Umgebung

Oben: Brian Hague in Sumpf 12 in Swildon's Hole, der 1965 zum erstenmal erreicht und 1972 von John Parker auf eine Tiefe von 18 m erforscht wurde. Seitdem wurden in diesem Sumpf und im benachbarten Sumpf 12a unzählige Versuche unternommen, aber die Fortsetzung, die sehr eng ist, hat sich als unpassierbar erwiesen.

sicheren Fortschritt. John Parker hatte 1972 eine Tiefe von 18 m in Sumpf 12 erreicht, aber zwei schwierige Verengungen, um an diesen Punkt zu gelangen, machten ein weiteres Eindringen zu gefährlich. Auf der Suche nach einer höher gelegenen Umgehung für diesen Sumpf wurde eine vielversprechende Kletterpartie, Victoria Aven, später in diesem Jahr unternommen. In einer Höhe von 37 m über dem Strom, kurz vor Sumpf 12, wurde eine komplexe Serie von engen Passagen betreten. Unglücklicherweise gab es keine Umgehung, und die Erweiterung wurde Desolation Row genannt. Danach schienen die Hoffnungen auf eine große Erweiterung und die fehlende Verbindung zu Wookey entfernter als je zuvor.

Wookey wird bis zu Kammer 24 erweitert, 1976
Erst im Februar 1976 wurden bedeutsame Entdeckungen durch Tauchgänge in diesem Bereich gemacht, und wieder fanden diese in Wookey Hole statt. Über vier Jahre lang war das »Ende« (der weitest entfernte Punkt in Kammer 22) unangreifbar gewesen. Man nahm daher an, daß der

weiterführende Weg irgendwo in den Tiefen der riesigen Kammer 21 liegen mußte.

Durch die Erweiterung der Show Cave durch einen künstlichen Tunnel, der bis zu Kammer 9 vorangetrieben wurde (eine Entwicklung der Wookey Hole-Touristenattraktion durch die damaligen Besitzer, Madame Tussaud's), wurden die Tauchoperationen beträchtlich erleichtert, da die Kammer jetzt eine ideale Tauchbasis bildete. Vierzig Jahre von Entdeckungen hatten ihren Höhepunkt in einem zweiminütigen Spaziergang durch eine geräumige Passage bis zu dem Punkt erreicht, dessen Entdeckung für die Sauerstofftaucher des Jahres 1948 so schwierig gewesen war, das letzte Stück trockene Land, das Gordon Marriott je sah, und der willkommenste Anblick, der Bob Davies 1955 begrüßte. Insgesamt betrachtet, dürfte dies die berühmteste Kammer in der Geschichte des Höhlentauchens sein.

Dieses Vordringen des Tourismus war ein zufälliger Beitrag zur weiteren Erforschung von Wookey. Über 70 m von unter Wasser stehenden Passagen wurden jetzt umgangen, und den Forschern stand jetzt viel mehr Luft zur Verfügung, um den weiteren Weg zu lokalisieren. In diesem Stadium hatte ich mehrere große Flaschen mit 72 Kubikfuß Inhalt gekauft, um für einen großen Angriff auf die Höhle bereit zu sein. Im Winter 1975 ging ich jedoch nach Nordamerika, um dort eine dreimonatige Höhlentour zu unternehmen, und während ich weg war, verlieh ich meine Flaschen an Colin Edmunds, der eine sorgfältige Suche nach weiteren Ausdehnungen begann. Von der Basis in Kammer 9 aus wurde eine systematische Erforschung von Kammer 21 durchgeführt, da dies der wahrscheinlichste Ausgangspunkt zu sein schien. Dem Unternehmen war relativ wenig Erfolg beschieden, und am 21. Februar 1976 wandte Colin seine Aufmerksamkeit dem See in Kammer 22 zu, den John Parker als Sackgasse abgeschrieben hatte.

Bei meinem ersten Tauchgang nach meiner Rückkehr übernahm ich die Rolle eines Helfers bei dieser Operation, während Colin, der das Fundament gelegt hatte, die Führung übernahm. Aber es handelte sich nicht um eine normale Routineerforschung. Oliver Lloyd, über den alle CDG-Taucher all ihre Tauchgänge in Wookey arrangierten, hatte zwei Taucher aus dem Norden, Geoff Yeadon und Oliver Statham, eingeladen, die eigene Forschungen in der Höhle durchführen wollten. Wir im Süden, besonders Colin und Richard Stevenson, die bisher eine ganze Reihe von Tauchgängen in der Zone zwischen Kammer 20 und 22 unternommen hatten, waren über diese Nachricht ziemlich verärgert.

Während wir also unsere Pläne für den Tag ausführten, bereiteten sich Statham und Yeadon ruhig auf ihren eigenen Tauchgang am selben Nachmittag vor. Dabei hatten wir das Gefühl, daß sie das ungeschriebene Gesetz der Etikette bei solchen Expeditionen nicht beachteten. Colin und Richard hatten ihre Fähigkeit unter Beweis gestellt und hatten neulich eine neue Luftglocke (die den Namen Edmunds Chamber erhielt) in der Nähe von Kammer 22 entdeckt. Ich kam zu dem Schluß, daß ungeachtet Lloyds Einladung dies tatsächlich eine Reaktion auf die Forschungen war, die Roger Solari und ich zwei Jahre zuvor in Yorkshire gemacht hatten, als wir ihnen unabsichtlich auf die Zehen getreten waren und einen Durchbruch in Boreham Cave erzielt hatten. Heute scheint dies alles ziemlich trivial, aber damals, als ein großer Durchbruch in Wookey durchaus möglich war, schien es sehr wichtig.

Wir erreichten das Ende ohne Zwischenfälle. Colin, der steil auf eine Tiefe von 18 m abtauchte, fand eine langsam ansteigende schlammige Passage, der er 90 m lang folgte, bis seine Leine zu Ende war. Ein Durchbruch stand kurz bevor, da in der Passage alles darauf hindeutete, daß Luft vorhanden war und die Tiefe am weitest entfernten Punkt weniger als 7 m betrug.

Als wir uns nach Kammer 9 zurückbegaben, waren wir hochgestimmt; der weitere Weg stand uns offen. Wir versuchten nicht, dies geheimzuhalten, da wir glaubten, der neue Vorsprung gehöre uns.

Yeadon und Statham trafen ein. Sie waren, wie erwartet, mit allen möglichen Geräten schwer ausgerüstet und trugen ihre Trockentauchanzüge. Sie waren auf einen langen Tauchgang vorbereitet. An diesem Nachmittag erreichten sie Kammer 22 und unternahmen vermutlich einen kurzen Erkundungsausflug in die trockene Passage, die zum See führte. Da sie den kurzen, aber schwierigen Abschnitt über dem Wasser kennengelernt hatten, nahmen wir an, daß sie es ablehnen würden, unsere Passage weiterzuverfolgen. Wir hatten unrecht. Colin und ich hatten geplant, in ein paar Tagen zurückzukehren, aber am Montag wurden wir von Yeadon und Statham geschlagen. Sie tauchten erneut in Kammer 22, diesmal mit Naßtauchanzügen, die für dieses Gebiet praktischer waren. Nachdem sie etwa 9 m zusätzliche Leine verlegt hatten, erreichten sie Luft in einer Passage, die offensichtlich ein Flutüberlauf war. Dies war Kammer 23.

Vor den Tauchern lag jetzt ein schmaler, schlammiger Spalt, der nach 45 m in einem kleinen, armseligen Sumpf endete. Es folgten drei kurze, flache Tauchgänge in schneller Folge, von denen der längste 18 m lang war. Der Ausgang aus dem letzten Sumpf war schwierig. Es ging eine steile, rutschige Schlammbank hinauf in Kammer 24.

Die Passage war größer geworden, blieb aber schlammig und trübe. Die Taucher erwarteten, auf einen weiteren

Oben: Das Team, das den Vorstoß hinter Kammer 25, Wookey, im Juni 1977 unternommen hat. Von links nach rechts: Brian Woodward, Richard Stevenson, George Bee, Colin Edmunds, Martyn Farr und Dave Morris.

Sumpf zu stoßen, mußten aber überrascht feststellen, daß eine riesige Passage in der Ferne verschwand.

Statham beschrieb, was folgte:

> Wild atmend legten die Taucher ihr Gerät ab und ließen es ungeordnet zu Boden fallen. Sie bewegten sich einen sandigen Gang von 18 mal 9 m Größe entlang; dann ließ das ferne Grollen von Wasser das Adrenalin fließen. Eine Kletterpartie über Felsbrocken und es bot sich ein großartiger Anblick – der ganze Axe ergoß sich als Wasserfall in einer Passage, die 13 m hoch und 1,50 m breit war.

Sie folgten dem Strom, bis ein Bad und ein darauffolgender Abschnitt schwieriger Überführungen zu zwei verschiedenen Routen führten. Diese kamen nach etwa 90 m wieder in einem schönen, blauen See zusammen. Der weitere Weg war sumpfig. Auf ihrem Ausflug hatten die beiden Forscher etwa 600 m unentdeckter Passagen hinter sich gebracht und hatten, was noch wichtiger war, den Weg für weitere Forschungen weit geöffnet.

Wookey Hole: Hinter Kammer 25

Wir waren der Meinung, daß die Taucher aus dem Norden besonders heimlichtuerisch gewesen waren, und am 27. Februar kehrten Colin und ich verärgert und festentschlossen zurück, dort weiterzumachen, wo sie aufgehört hatten. Von dem See in Kammer 24 aus unternahm ich schließlich einen 90 m langen Tauchgang in einer maximalen Tiefe von 18 m. Bei der ersten Luftoberfläche in Kammer 25 wirkte alles schlammig und öde – The Lake of Gloom. Vor mir lag eine wandartige Struktur; ich konnte mich gerade genug hochziehen, um in einen angrenzenden Sumpfteich sehen zu können. Die Ufer des Sees waren zu steil, um an Land zu gehen, daher befestigte ich meine Leine an einem unter Wasser liegenden Felsbrocken und trat den Rückweg an.

Im April tauchte ich erneut an dieses Ende, um einen Weg unter der Mauer her zu finden. Wenn ich gezwungen war, mein Gerät abzulegen und über diese Struktur zu tragen, würde ich viel Zeit und Energie verlieren. Der Versuch scheiterte, aber bei einer genauen Untersuchung von Kammer 25 fand ich eine Schlammbank, an der es

Rechts: Die Flußpassage, die entlang Kammer 24 in Wookey Hole führt.

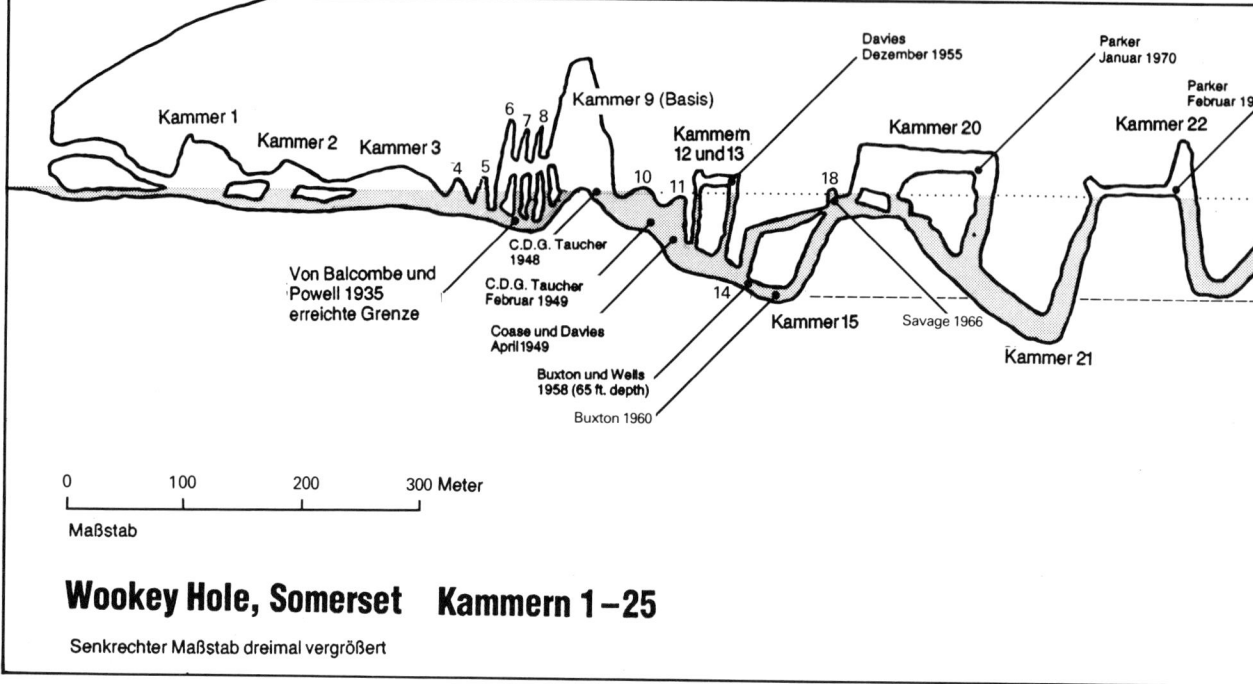

Wookey Hole, Somerset   Kammern 1–25

Senkrechter Maßstab dreimal vergrößert

zumindest möglich war, aus dem Wasser zu kriechen, das Gerät abzulegen und sich auszuruhen.

Aufgrund mehrerer Erkältungen und Krankheiten konnte ich erst im Juli hier weitermachen und wurde diesmal von Dave Morris und Pete Lord unterstützt. Ich tauchte allein von Kammer 24 aus, erreichte Kammer 25 ohne Zwischenfälle und zog mich mit aller Kraft voll ausgerüstet über die Wand. Die Suche nach Kammer 26 konnte beginnen. Ich tauchte senkrecht in ein brunnenartiges Loch hinab, und in dem klaren Wasser war die Route klar ersichtlich. Ich folgte der Verbindung zwischen Wand und Decke und erlebte einen angenehmen Tauchgang. Die Passage war weniger als einen Meter breit und hatte eine Neigung von über 60 Grad. Links tat sich eine ungeheure Leere auf, in der keinerlei Boden sichtbar war. In einer Tiefe von 30 m und 30 m waagrecht von der Quelle entfernt, mußte ich aufhören, da ein sicheres Weitertauchen nicht mehr möglich war. Ein solch tiefer Tauchgang war völlig unerwartet gekommen. Neben einem effektiveren Anzug war ein größerer Luftvorrat nötig. Es war klar, daß weitere Tauchgänge schwieriger sein würden.

Wookey Hole: Die Suche nach Kammer 26, 1977
Für einen langen, tiefen Tauchgang wie dem hinter Kammer 25 mußte die Ausrüstung völlig neu durchdacht werden. Wir waren an einem Punkt angelangt, an dem man ernsthaft über die Auswirkungen nachdenken mußte, die normalerweise mit extrem tiefen Tauchgängen im Meer in Zusammenhang gebracht werden, nämlich die Stickstoffnarkose und das Problem der Dekompression. Die komplexe Natur des Tauchprofils mit dem zusätzlichen Problem so vieler Abhänge und schneller Aufstiege, die auf dem Rückweg alle wiederholt werden mußten, gestalteten die Forschungen kompliziert. Ich beschloß, so bald wie möglich, einen neuen Versuch zu wagen, aber es war offensichtlich, daß zukünftige Ausflüge besonders sorgsam geplant werden mußten. Um den kumulativen Aufbau von Stickstoff im Körpergewebe zu reduzieren, entwarf Frank Salt einen komplexen Satz an Atemmischungen, die mit Sauerstoff angereichert waren: ein Satz für die Sümpfe auf dem Hinweg und eine andere Mischung für den abschließenden Soloausflug. Außerdem sollte reiner Sauerstoff zur Dekompression in einer Tiefe von sechs und drei Metern verwendet werden. Ein großes Team von Helfern mußte die Vorräte neben einer Menge neuer Ausrüstung transportieren. Glücklicherweise konnten durch Sponsoren bestimmte finanzielle Schwierigkeiten aus dem Weg geräumt werden, aber dennoch dauerte es bis zum 18. Juni 1977, bis der nächste Vorstoß unternommen wurde. Ich wurde bei dieser Gelegenheit von einem Team von sechs Tauchern unterstützt: Brian Woodward, Richard Stevenson, George Bee, Paul Atkinson, Dave Morris und Colin

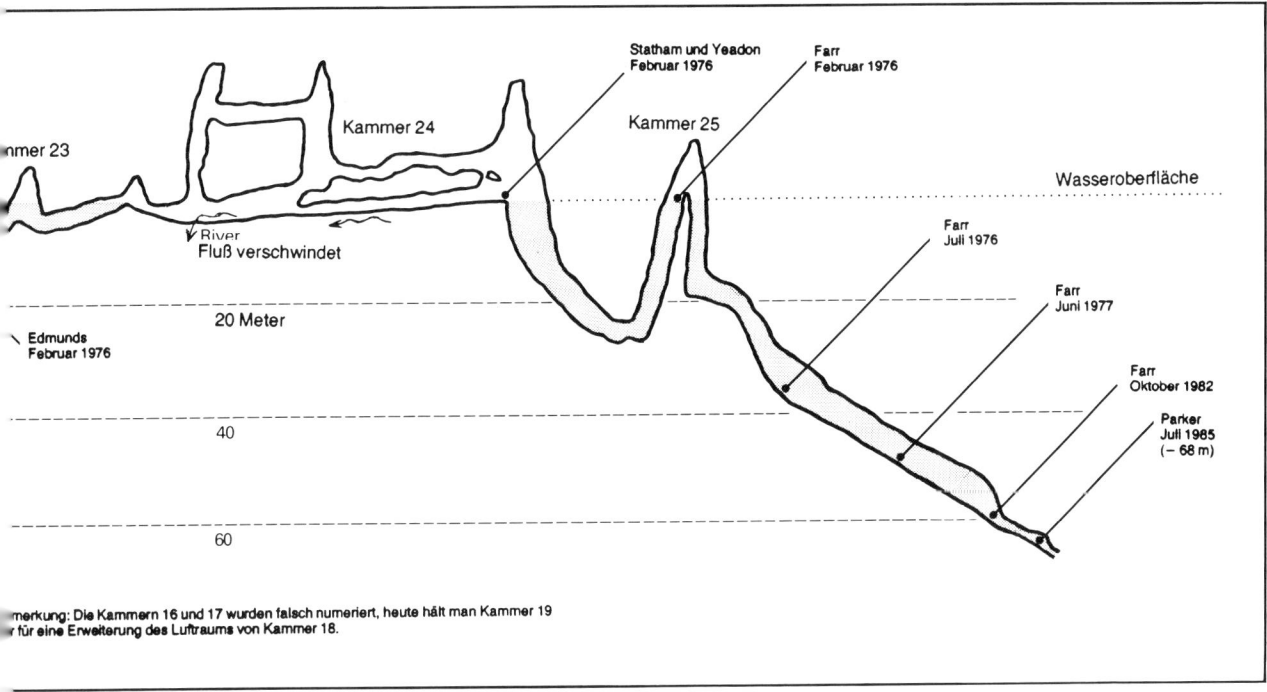

Kammer 23

Kammer 24

Kammer 25

Statham und Yeadon
Februar 1976

Farr
Februar 1976

Wasseroberfläche

River
Fluß verschwindet

Farr
Juli 1976

20 Meter

Edmunds
Februar 1976

Farr
Juni 1977

40

Farr
Oktober 1982

Parker
Juli 1985
(– 68 m)

60

Anmerkung: Die Kammern 16 und 17 wurden falsch numeriert, heute hält man Kammer 19
für eine Erweiterung des Luftraums von Kammer 18.

Edmunds, die die schwere Aufgabe übernahmen, den wichtigen logistischen Vorrat an Flaschen nach Kammer 25 zu bringen.

In Kammer 25 rüstete ich mich mit einer Flasche von 82 Kubikfuß Inhalt (30%-Sauerstoffmischung) aus und mit einer Flasche von 45 Kubikfuß Inhalt. Ich erreichte die Seiltrommel in 30 m Tiefe und tauchte eine schräge Spalte von über einem Meter Breite und etwa zehn Meter Tiefe hinab. In einer Tiefe von 41 m war kein Anzeichen ersichtlich, daß die Passage wieder steigen würde; statt dessen gelangte ich an den Rand eines senkrechten Abhangs. Er war nur etwa drei Meter breit, aber dahinter fiel die Passage weiter ab.

Mein Tiefenmesser zeigte bald 45 m an (die eingestellte maximale Tiefe für die Operation), und alle Hoffnungen für einen Durchbruch waren zerstört. Das war's also. Ich bedauerte es nicht einmal, sondern dachte nur noch daran, so schnell wie möglich wieder hinauszugelangen.

Ich füllte den Anzug mit Luft und kehrte um. Die Sicht betrug weniger als einen Meter. Der Streß erhöhte sich, und plötzlich kam es zu einer großen Krise: Ich hatte große Schwierigkeiten mit meiner Gasversorgung. Die Atemzüge waren kurz und schnell, und ich fragte mich ernsthaft, ob ich je wieder in flaches Gewässer gelangen würde. Möglicherweise lag der Fehler bei meinem Ventil, und ich wagte es nicht, auf die Reserve umzuschalten, da ich das Gefühl hatte, daß nicht genug Luft in meinen Lungen vorhanden war, um die entscheidenden Sekunden zu überbrücken. Ich hielt das Mundstück mit einer Hand fest und stieg nach oben. An einem Punkt entwickelte sich positive Tragkraft, so daß ich in der nächsten Sekunde in etwa 30 m Tiefe unter der Decke eingekeilt war. Glücklicherweise hatte ich meine körperlichen Reaktionen völlig unter Kontrolle und ließ überflüssige Luft aus dem Anzug, so daß die neutrale Tragkraft wiederhergestellt war. Die Atmung war jedoch immer noch schwer und ich schwamm ohne Verzögerung weiter. Erst als ich eine Tiefe von 18 m erreicht hatte, besserte sich die Situation, und es war eine ungeheure Erleichterung, in der Quellöffnung an der Leine zu hängen.

Bald wurde alles wieder normal, und Dave tauchte mit der Dekompressionsflasche auf. Von da an lief alles nach der Uhr; eine Reihe von Tauchgängen, Aufenthalte zur Dekompression und kurze, schnelle Tragstrecken brachten uns nach einer Abwesenheit von acht Stunden zurück nach Kammer 9. Es hatte kein Durchbruch stattgefunden, aber ich hatte einen neuen britischen Tiefenrekord beim Höhlentauchen von 45 m beim Höhlentauchen aufgestellt. Die Operation war außerdem bedeutsam, weil zum erstemal die Dekompression absichtlich eingesetzt worden war, und es war das erstemal, daß auf den britischen Inseln Mischungen mit offenem Kreislauf eingesetzt wurden.

Andere Projekte standen für ein paar Jahre im Vordergrund, aber die Herausforderung in Wookey ließ sich einfach nicht ignorieren. Wir wußten beispielsweise, daß das Wasser nur elf Stunden brauchte, um von St. Cuthbert's Swallet in Priddy zur Quelle in Wookey zu fließen. Eine ähnliche Zeit war bei einer hydrologischen Markierung von Eastwater Swallet aus festgestellt worden, während es von Swildon's Hole aus 25 Stunden brauchte. Wenn man annimmt, daß die Strömung in den großen Sümpfen relativ langsam ist, muß es irgendwo im Berg ziemlich schnell fließen, wahrscheinlich entlang einem normalen Höhlenfluß. Detaillierte Vermessungen von Cuthbert's und Wookey zeigen, daß ein Höhenunterschied von mindestens 30 m zwischen den beiden Systemen besteht. Auf den 2 km, die die beiden trennen, muß es daher ein ziemliches Gefälle geben.

Ein weiterer Versuch in Wookey, 1982

Nach zwei sehr erfolgreichen Expeditionen zu den geheimnisvollen Blue Holes auf den Bahamas 1981 und 1982 war die Bühne für einen weiteren Versuch in Wookey Hole bereit.

Lange, tiefe Tauchgänge waren auf den Bahamas üblich gewesen, und nachdem ich auf beiden Expeditionen Weltrekorde beim Eindringen in Höhlenkomplexe im Meer aufgestellt hatte, schien die Herausforderung in Wookey plötzlich durchführbar.

Im Oktober 1982 wurde die Sache erneut in Angriff genommen. Die Logistik der Operation war noch komplexer als bei meinem vorhergehenden Tauchgang, und die Vorbereitungen nahmen viele Wochen in Anspruch. Wieder mußten Luft und Sauerstoff tief in der Höhle gelagert werden, und diesmal wurde ein gut ausgestattetes Lager über Nacht am Anfang von Kammer 24 eingerichtet. Es war voll ausgerüstet mit Kocher, Lebensmitteln und Schlafsäcken. Aufgrund der Schwere des Dekompressionsproblems empfahlen Berater von der Royal Navy, daß das Team, das mit der Erforschung befaßt war, über Nacht an diesem Punkt bleiben sollte, damit der Stickstoff sicher ausgestoßen werden konnte, bevor man an die Oberfläche zurückkehrte.

Vier Taucher waren beteiligt: ich selbst, der den Solotauchgang durchführen würde; Rob Palmer und Rob Parker, die mich in Kammer 25 unterstützten, und Ray Stead, der bis zu dem trockenen Abschnitt in Kammer 22 mithalf. Nachdem wir Kammer 9 verlassen hatten, brauchten wir sechs Stunden, um Kammer 25 zu erreichen. Schwitzend und müde stand der Augenblick der Wahrheit kurz bevor. Was würde die Höhle nach der Grenze von 1977 machen? Würde sie wieder ansteigen, hoffentlich zu einer trockenen

Höhle? Würde sie flacher werden und sich waagrecht fortsetzen oder würde sie weiter abfallen?

Rob Palmer machte einige Filmaufnahmen auf einem kurzen Stück in den Endsumpf hinein; dann war ich allein. Ich war mit zwei großen Preßluftflaschen von 105 Kubikfuß Inhalt ausgerüstet, genug Luft, um in flachen Tiefen über drei Stunden zu verweilen, aber weniger als dreißig Minuten unter 45 m. Alles ging bei großartiger Sicht von etwas unter sechs Metern glatt. Es war offensichtlich, daß die Passage ungewöhnlich groß war, etwa sieben Meter im Quadrat. Der Boden fiel in einem gleichmäßigen Winkel ab, während das Dach steiler abfiel. Die am wenigsten wahrscheinliche Möglichkeit war Wirklichkeit geworden, und nachdem ich etwa 33 m Leine verlegt hatte, erreichte ich plötzlich die magische Tiefe von 60 m, also wieder die vorher eingestellte maximale Tiefe. An diesem Punkt war die Decke nur noch etwa 30 cm vom Sandboden entfernt und bildete eine undurchdringliche Barriere. Von überwältigender Neugier angetrieben, zwängte ich meinen Kopf in den Spalt und eine peinigende Vision tat sich auf. Hinter der Verengung führte hellblaues Wasser das Auge über gesprenkelte Sandbänke hinab in eine kleine, aber weiterführende Passage. Die Höhle konnte sicherlich überwunden werden, aber für weiteren Fortschritt war ein äußerst trickreiches Manöver nötig. Wieder gab Wookey ihr Geheimnis nicht preis.

Der Aufstieg begann. Die ersten beiden Aufenthalte zur Dekompression fanden in zwanzig und fünfzehn Metern Tiefe statt, wobei die Sicht schnell immer schlechter wurde. Trotz der geringen Bewegungen wurden Unmengen feinen Schlamms aufgewühlt, und etwa eine Stunde verbrachte ich in völliger Dunkelheit, so daß ich nicht einmal meine Instrumente lesen konnte. In meinen Trockentauchanzug eingeschlossen, die Leine gut festhaltend, war es schon eine schreckliche Erfahrung. Aus dieser Position herabzusinken, konnte eine Sauerstoffvergiftung und Bewußtlosigkeit bedeuten; ein Aufstieg konnte·die Luftdruckkrankheit zur Folge haben. Jederzeit mußte ich bereit sein, einen Luftvorrat durch einen anderen zu ersetzen. Jahrelanges Training und Erfahrung waren beruhigend; dennoch war ich erleichtert, als ich etwa zweieinviertel Stunden später den Rand des Bassins erreichte.

Meine beiden treuen Helfer zitterten vor Kälte, nachdem sie so lange gewartet hatten. Nichts wäre schöner gewesen, als jetzt sofort in Kammer 24 zurückzukehren, aber der Operationsplan machte eine weitere, längere Dekompression an der Oberfläche nötig, bei der ich mich entspannte und für eine vorbestimmte Zeit weiter reinen Sauerstoff atmete.

Die anschließende Rückkehr sollte sich keinesfalls als

einfach erweisen. Die Sicht war jetzt sehr schlecht, und es kam zu einer kritischen Situation mit der Leine. Rob Palmer mußte drei Versuche starten, bis das Problem gelöst war, drei Versuche, bis der Ausgang gefunden war. Mit stark erschöpften Luftreserven und nachdem wir mehrere Stücke von der wertvollen Ausrüstung verloren hatten, gelangten wir endlich wieder in Kammer 24 an. Ein warmes Essen, ein bequemer Schlafsack und eine Flasche Wein waren ein absoluter Segen.

Am nächsten Morgen kämpften wir uns vorsichtig wieder in unsere durchnäßten Trockentauchanzüge, bereit die nächsten Probleme anzugehen. Obwohl die Beleuchtung nachließ, wir wenig Luft hatten und die Anzüge meiner Gefährten voll Wasser liefen, gelangten wir hinaus. Wir lagen drei Stunden im Zeitplan zurück, als wir zurück in die überfüllte, hell erleuchtete Show Cave schwammen. Für die Leute an der Basis waren die 25 Stunden voller Unsicherheit zu Ende, und mit Flaschen Champagner ausgerüstet, genossen wir einen kurzen Augenblick des Triumphs. Aber nach diesem Tauchgang hatte ich das Gefühl, daß ich am Ende meiner Möglichkeiten angelangt war; es war an der Zeit, für eine neue Generation Platz zu machen.

Wookey Hole: Abstieg auf eine Tiefe von 68 m, 1985
Nachdem drei Jahre vergangen waren, war es Rob Parker, der die Herausforderung annahm. Rob hatte während der

Oben: Ray Stead und Martyn Farr in Kammer 9 zu Beginn des 1982er Versuchs. Unten: Farr transportiert nach seinem Tauchgang auf 60 m Tiefe zusätzliche Dekompressionsflaschen nach Kammer 25.

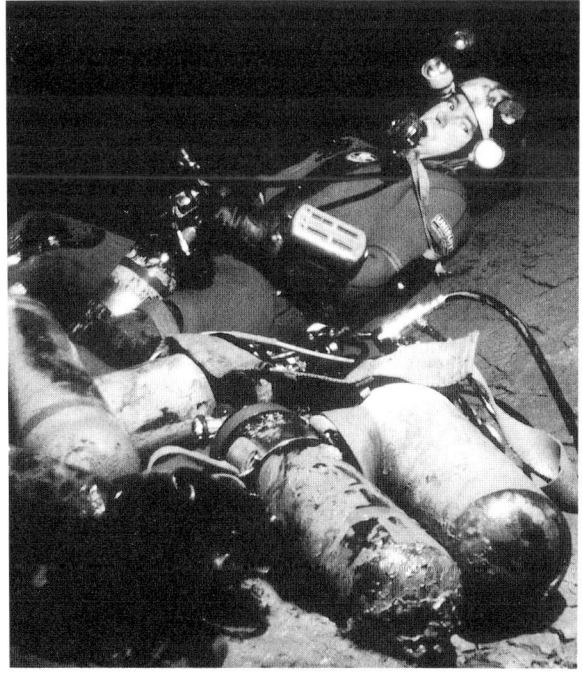

Oben: Rob Parker mit den Helium-, Sauerstoff- und Stickstoff-
vorräten, aus denen das Trimix für seinen Rekordtauchgang in
Wookey im Jahr 1985 hergestellt wurde.

Expedition von 1982 eine wichtige Rolle gespielt und hatte dabei wertvolle Einsichten in die Probleme, die die Höhle präsentierte, gewonnen. In der dazwischenliegenden Zeit hatte er seine außergewöhnlichen Fähigkeiten als Höhlenforscher und Höhlentaucher immer wieder unter Beweis gestellt. Mit beträchtlicher Erfahrung im Expeditionsbereich, speziell bei langen Camping-Operationen unter der Erde und bei langen und tiefen Tauchgängen, war ein Versuch in Wookey fast unausweichlich. Nach seinen vielen Reisen zu den Blue Holes, nach Mexiko und Florida war er sicherlich der qualifizierteste Taucher für ein solches Unternehmen.

Von Anfang an ging Rob das Projekt sehr technologisch an. Um eine zu große Ansammlung von Reststickstoff zu vermeiden, plante er, über eine Woche lang in Kammer 24

zu zelten und in dieser Zeit, falls nötig, drei getrennte Angriffe auf den problematischen Sumpf zu unternehmen. Die Standardausrüstung britischer Höhlentaucher schien dafür ungeeignet. Im vorhergehenden Jahr hatte eine amerikanische Expedition im Huautla-Quellsystem in Mexiko zum erstenmal außergewöhnlich leichte, gemischte Druckgeräte, die von Acurex Aerotherm Ltd. entwickelt worden waren, eingesetzt. Diese waren speziell für den Weltraum entworfen worden: Flaschen mit 100 Kubikfuß Inhalt und einem Arbeitsdruck von 333 bar. Für das Unternehmen in Wookey sollten sie normal an der Seite getragen und zusätzlich mit einem flexiblen Hochdruck-Verbindungsstück ausgestattet werden. Durch diese Methode hatte der Taucher im Fall eines Ventilversagens vollen Zugriff auf beide Gasvorräte.

Der Transport von ausreichenden Mengen Luft war kein Problem. Der wichtigste Punkt war die Verminderung einer Stickstoffnarkose, um vollkommene Gedankenklarheit und Klarheit bei den damit zusammenhängenden Aktionen sicherzustellen. Bei Tauchgängen in Tiefen von über 60 m und dem Kampf mit dem zusätzlichen Streß einer verengten Passage und der sich daraus ergebenden schlechten Sicht war es wichtig, sich Gedanken über den Atemvorrat zu machen. Um die extremen Effekte einer Narkose, mit der man in solchen Tiefen rechnete, zu überwinden, war es natürlich, daß die Taucher sich mit den Fortschritten im Bereich des kommerziellen Tauchens befaßten. Ein weiteres Edelgas, Helium, in die Atemversorgung miteinzubeziehen, schien die richtige Antwort zu sein.

Dies war keine neue Idee, da Tauchgänge mit Gasmischungen zu einem gewissen Grad auf beiden Seiten des Atlantiks unternommen worden waren. Aber selbst 1985 bestand beträchtliche Skepsis, was die mögliche Anwendung für die Höhlenforschung betraf. In den USA beispielsweise waren von Höhlentauchern nur vier Tauchgänge mit Helium unternommen worden. Zwei davon hatten ein tragisches Ende genommen, und das dritte Team hatte während der Dekompressionsphase unter starker Hypothermie gelitten, da sie ihre Trockentauchanzüge mit derselben Mischung aufgeblasen hatten, die sie atmeten. Der vierte Tauchgang fand 1980 statt, aber trotz eines erfolgreichen Ergebnisses wurde dies als Glück eines Verrückten abgetan.

Die amerikanische Ansicht war klar: Solange die professionellen Einrichtungen, die Militärtauchern und kommerziellen Tauchern zur Verfügung standen, eine warme, trokkene Dekompressionskammer nämlich, nicht vorhanden waren, war es sicherer zu versuchen, mit der Stickstoffnarkose zurechtzukommen. Diese Ansicht bestätigte sich, als Sheck Exley kurz nach dem erfolgreichen Heliumtauchgang in Florida die Erforschung von Die Polder 2 fortsetzte, mit Luft auf 110 m Tiefe tauchte und die Höhle kurz dahinter verschlossen vorfand.

1981 unternahm der deutsche Taucher Jochen Hasenmayer einen noch nie dagewesenen tiefen Tauchgang in Fontaine de Vaucluse, wo er eine Tiefe von 143 m erreichte. 1983 stieg er auf eine Tiefe von 205 m hinab. Diese Operationen waren nur durch den Einsatz von Helium möglich. Hasenmayer hatte der Welt gezeigt, daß derartige Tauchgänge durchführbar waren und zwar ohne professionelle Unterstützung.

Zur Vorbereitung für seine Aktion in Wookey unternahm Parker eine Reihe von tiefen Tauchgängen in Florida. Etwa um diese Zeit, im April 1985, wurden neue Möglichkeiten offenbar. Das Training mit Luft war von Bill Stone geplant worden, der Parker bei seinem englischen Unternehmen unterstützen wollte. In Florida stieß John Zumrick zu ihnen, der erste Sanitätsoffizier der Navy Experimental Diving Unit – ein weiteres Mitglied des starken Teams, das im Jahr zuvor die Peña Colorada-Quelle in Mexiko erforscht hatte. Zumrick hatte bereits einige Monate lang Experimente mit Helium durchgeführt, und er war es, der zögernd die Möglichkeit des Einsatzes dieses Gases in Betracht zog. Stone nutzte diese Information und schlug die Gasmischung Trimix vor: 36% Helium, 19,5% Sauerstoff und 44,5% Stickstoff. Die Dekompressionspläne wurden von Zumrick entwickelt. Seiner Meinung nach konnte das Problem des Wärmeverlusts des Körpers gelöst werden, indem man einfach den Trockentauchanzug aus ei-

ner separaten Flasche mit normaler Preßluft aufblies. Dieses Unternehmen war daher in jeder Hinsicht eine wissenschaftlich komplexe Operation, die schließlich äußerst gut geplant war und effizient ausgeführt wurde.

Trotz all dieser sorgfältigen Vorbereitungen war das Ergebnis äußerst enttäuschend. Im Juli 1985 erreichte Parker, unterstützt von Julian Walker, Bill und Pat Stone und Ian Rolland, ein definitives »Ende«, das weniger als 9 m hinter meinem Vorstoß des Jahres 1982 lag. Nur indem er sich eine steil abfallende Kiesbank hinunterzwängte, konnte er überhaupt weiterkommen, und an dem am weitesten entfernten Punkt von 68 m zwang die äußerste Enge und die starke Strömung zum Aufstieg. Auf nachfolgenden Tauchgängen wurde der Anfangsabschnitt des Sumpfes überprüft, um zu sehen, ob es eine alternative Route vorwärts gab. Man fand nichts. Fünfzig Jahre Tauchunternehmen hatten wieder zu einem britischen Tie-

Unten: Rob Parker bereitet seine Ausrüstung in Kammer 9 in Wookey vor.

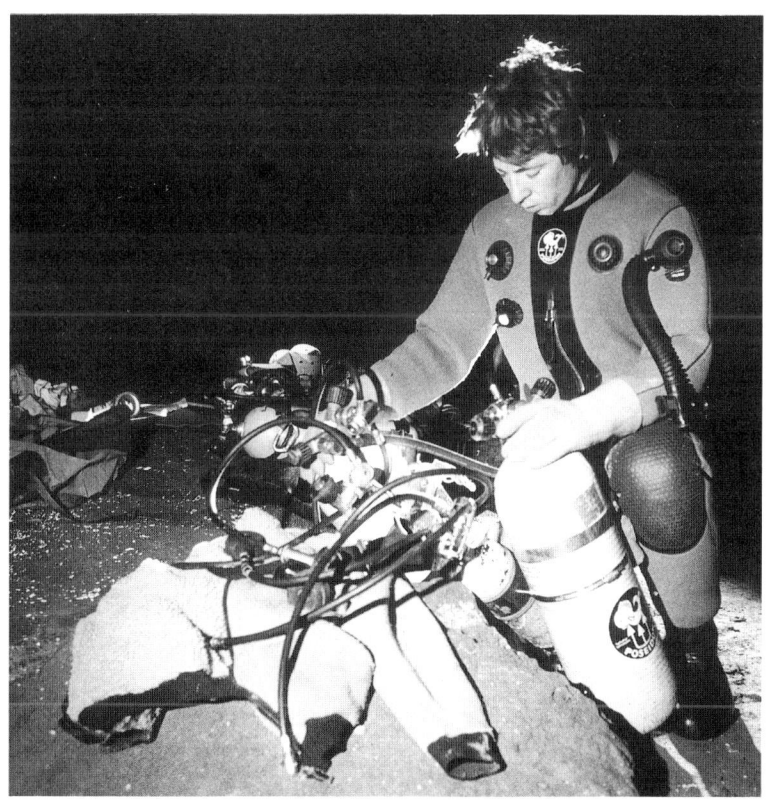

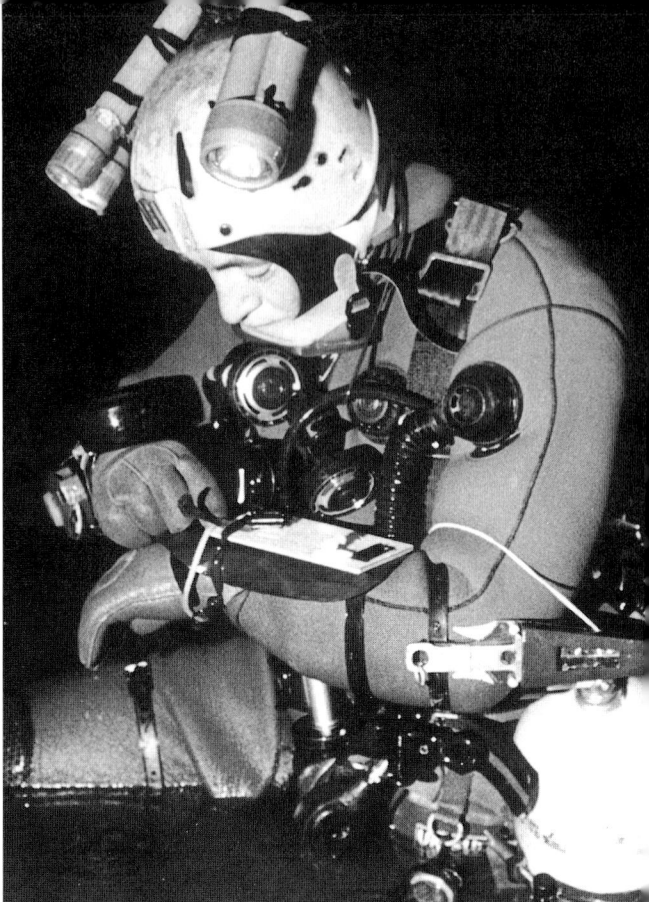

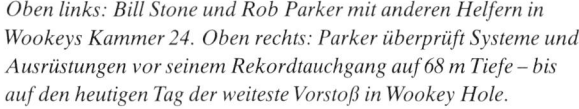

Oben links: Bill Stone und Rob Parker mit anderen Helfern in Wookeys Kammer 24. Oben rechts: Parker überprüft Systeme und Ausrüstungen vor seinem Rekordtauchgang auf 68 m Tiefe – bis auf den heutigen Tag der weiteste Vorstoß in Wookey Hole.

fenrekord in einer Höhle geführt, aber leider keine Verbindung zu den Nebenflußhöhlen hoch oben auf dem Plateau offenbart.

Das vielleicht wichtigste Ergebnis von Parkers Tauchgang waren die verläßlichen und sicheren Vorgehensweisen bei dem Gebrauch von Helium für Höhlentauchgänge. Das Wookey-Projekt brachte zwar keinen wichtigen Fortschritt bei der Entdeckung von weiteren Höhlenpassagen, aber es sollte die Türen öffnen für eine ganz neue Ära von tiefen Tauchgängen, vielleicht nicht in Großbritannien, aber sicherlich in den USA.

Gough's Cave, Cheddar, 1985

Als das Wookey-Tauchprojekt fast zu Ende war, kam es in der Nähe zu einer äußerst wichtigen Entwicklung. Höhlenforscher und Taucher hatten lange versucht, einen Eingang für das ausgedehnte System zu finden, das irgendwo unter der Cheddar Gorge lag: ein Komplex von Passagen, die mit Gough's Cave, einer großen Touristenattraktion,

zusammenhing, die im allgemeinen als Cheddar Caves bezeichnet wird.

Nach fruchtlosen Versuchen, in die unterirdischen Quellen des Yeo einzudringen, wurde Richard Stevenson im November 1985 von einem kleinen, unbedeutend wirkenden Sumpf angezogen, der etwa nach 200 m in der Gough's Cave auftauchte. Ich hatte diesen engen Sumpf bereits 1980 bis auf eine Tiefe von 10 m erforscht. Mit nur einer Flasche und ohne Flossen arbeitete sich Stevenson ohne jede Sicht mit den Füßen nach unten vor, so daß er meinen Punkt in dem engen Schacht übertraf. Er erreichte in 14 m Tiefe eine Stelle, die der Grund zu sein schien. Dort berührte er eine Schlammbank und konnte einen viel größeren Raum an einer Seite fühlen. Unglücklicherweise war an dieser Stelle seine Leine, die von der Basis hierher reichte, zu Ende, so daß es unklug war, weiter vorzudringen, bis die Leine fest am Grund des Schachts befestigt war, statt zu riskieren, sie in eine enge, gefährliche Unterhöhlung zu ziehen.

Eine Woche später kehrte Stevenson für einen zweiten Versuch zurück. Wieder tauchte er mit einer einzelnen Flasche und ohne Flossen. Der Sumpf war wenig verlockend, aber er erkannte, daß er eine Seiltrommel mitnehmen mußte, falls er gründlich und sicher erforscht werden sollte. Nachdem er den vorhergehenden tiefsten Punkt erreicht hatte, sicherte er seine Leine nach Gefühl an einem Bleiblock. Vorausgesetzt, daß er nicht an der Leine zog, war er recht zuversichtlich, daß er seinen Weg in die senkrechte Röhre zurückfinden konnte, die wieder in die Sicherheit führte. In einer Wolke von herumwirbelndem Schlamm bewegte er sich dann etwa drei Meter zur Seite, um in einem riesigen Sumpf kristallklaren Wassers aufzutauchen.

Dunkelblaues Wasser verschwand in der Ferne. Der verlorene Fluß von Cheddar war endlich gefunden worden. Hochgestimmt verließ Stevenson den Sumpf durch die Verengung, die den Namen Dire Straits erhalten sollte.

Den tiefen unterirdischen Fluß durch einen solch engen Zugang zu erforschen, würde nicht leicht sein, aber das große Potential, das dieses System bot, war faszinierend. Zusammen präsentierte das Wasser dieser Quelle einen noch größeren Wasseraustritt als Wookey Hole, und das Reservoir erstreckte sich viele Kilometer nach Norden. Tests mit Farbstoffen hatten schon vor langer Zeit ergeben, daß Systeme wie G. B. Cave, Longwood Swallet und Manor Farm Swallet in etwa vier bis fünf Kilometer Entfernung alle Wasser beisteuerten, während weiteres Wasser von der Nordflanke des North Hill herablief, der etwa 11 km entfernt war. Abgesehen von der ungeheuren Größe des Systems bestand auch ein Tiefenpotential von etwa 300 m – es war daher durchaus möglich, daß Stevenson den Schlüssel zu einer der längsten und tiefsten Höhlen in Großbritannien entdeckt hatte.

Erforschungen in Cheddar, 1986

Anfang 1986 begannen Stevenson und Robert Harper eine Reihe von Tauchgängen, wobei sie ihre Leine in dem überfluteten Tunnel immer weiter entlangzogen. In diesem Stadium wurde Rob Palmer angeworben, ursprünglich wegen seiner fotografischen Fähigkeiten und kurz danach, um bei der Erforschung zu helfen. Glücklicherweise nahm die Tiefe, in der das Team operierte langsam ab, und am 18. März 1986, 150 m von Dire Straits entfernt, kamen Palmer und Harper in einer riesigen Luftglocke nach oben, Lloyd Hall (so benannt als Anerkennung des Beitrags des verstorbenen Dr. Oliver Lloyd für das Höhlentauchen in Großbritannien). Hinter diesem Punkt setzte sich der Sumpf leicht und flach fort, und am 2. Mai tauchten Palmer und Stevenson in einer der größten Höhlen unter den Mendip Hills auf, in dem 244 m langen und 24 m hohen Bishop's Palace. Am Ende dieser riesigen, mit

Rechts: Richard Stevenson baut seine Molephone-Verbindung in Bishop's Palace hinter Sumpf 1 in Gough's Cave, Cheddar, auf.

Felsbrocken durchsetzten Kammer stieg der Fluß aus drei tiefen, überfluteten Schächten auf, den Duck Ponds.

Einen Monat später wurde bei einem Forschungstauchgang den Hauptschacht in Sumpf 2 hinab klar, daß weitere Fortschritte nur sehr schwer gemacht werden würden, da die Passage nach kurzer Entfernung eine Tiefe von 30 m erreichte. Es waren größere Luftvorräte nötig, und diese durch die Dire Straits zu transportieren, stellte das Team vor beträchtliche Probleme.

Cheddar: Vorrücken zu Sumpf 3

Die Vermessung, die das Team auf seinem weiteren Weg vornahm, offenbarte schnell eine weitere Möglichkeit. Die große, hohe Kammer Lloyd Hall lag unwiderstehlich nah bei dem benachbarten Bereich von St Paul's in der Gough's Cave. Ein »Maulwurftelefon« (entworfen von Bob Mackin von der Universität in Lancaster, das dem in dem Tauchgang in Keld Head im Jahr 1978 verwendeten ähnelte – siehe den folgenden Abschnitt über Yorkshire) wurde im August verwendet, um einen trockenen Eingang zur Lloyd Hall zu finden. Der Kontakt war bald hergestellt, eine kurze Verengung überwunden, und im August 1986 wurden die Erdarbeiter, die in einer kleinen Passage unter St Paul's arbeiteten, mit einem tiefen Schacht konfrontiert, in dem Jubelrufe und starkes Platschen widerhallten. Sie hatten einen neuen »direkten« Zugang zu der

Oben: Rob Palmer und Rob Harper tauchen nach einem Tauchgang durch Sumpf 1 in Gough's Cave im Bishop's Palace auf.

20 m darunterliegenden Wasserstraße entdeckt. Aber die neue Route war gefährlich locker, und während sie stabilisiert wurde, wurden die Tauchgänge von der Basis in Dire Straits aus fortgesetzt.

Am 11. September 1986 passierte Palmer schließlich Sumpf 2, nachdem er von den Duck Ponds am hinteren Ende von Bishop's Palace getaucht war. Obwohl dieser Sumpf ähnlich lang war wie die vorhergehenden, wurde durch die größere Tiefe viel mehr Luft verbraucht. Als Palmer zum erstenmal in Sheppard's Crook auftauchte, schien diese Stelle sehr aufregend. Der Fluß fiel über eine Reihe von niedrigen Kaskaden herab, und es schien, als ob sich gleich ein Abschnitt von freifließendem Wasser offenbaren würde. Palmer krabbelte die glitschigen Felsen hin-

auf und stieß auf einen tiefen, schwarzen Teich, aus dem der Fluß aufstieg.

Sofort wurde ein Vorstoß in Sumpf 3 unternommen. Bei der Überwindung zweier aufeinanderfolgender Höhlen stieg er bis auf eine Tiefe von 23 m hinab, bevor er an die Grenze seines Luftvorrats stieß. Unter seinen Flossen tat sich nichts als Schwärze auf. Offensichtlich war es ein langer Weg bis zu dem Ellbogen des Sumpfes.

Die Tauchgänge waren jetzt in jeder Hinsicht so schwer und technisch wie die zuvor durchgeführten in Wookey Hole. Es war eine große Erleichterung für die Taucher, als es ihren Kameraden schließlich gelang, eine sichere und praktikable Route von der Umgebung der Show Cave zur Lloyd Hall zu etablieren. Nur etwa eine halbe Stunde vom Eingang entfernt hatten sie jetzt eine geeignete Stelle, von der aus sie weitertauchen konnten. Hier konstruierte man eine Plattform, die es den Tauchern gestattete, sich anzukleiden und mit relativer Leichtigkeit das Wasser zu betreten. Wichtiger war, daß sie größere Flaschen einsetzen konnten. Die Schrecken von Dire Straits wurden so ausge-

Links: Rob Palmer vor seinem Tauchgang in den Dire Straits-Eingang zu den überfluteten Passagen von Gough's Cave. Diese verengte, vierzehn Meter lange Röhre, die 1985 zum erstenmal von Richard Stevenson passiert wurde, führt hinunter zu Sumpf 1. Nachfolgende Vermessungen offenbarten eine weitere Zugangsroute, so daß dieser unangenehme Eingang umgangen werden konnte. Palmer trägt in einem versiegelten Beutel weitere Ausrüstung und das Molephone in einer harten, wasserdichten Röhre.

schaltet, und der Angriff auf den langen Sumpf konnte nun ernsthaft wieder aufgenommen werden.

Cheddar: Palmers Versuch in Sumpf 3, 1988

Bei einem gemeinsamen Tauchgang mit Stevenson am 3. Oktober 1987 erreichten die beiden eine Tiefe von 45 m und immer noch konnten sie keinen Grund ausmachen. Der dritte Tauchgang würde im März 1988 stattfinden und sollte so etwas wie ein Epos werden. Mit der Hilfe von Rob Harper, der ihn bis Sheppard's Crook begleitete, tauchte Palmer allein weiter, um den Grund eines Schachts in einer Tiefe von 58 m zu erreichen, einen Punkt, der 30 m *unter* dem Meeresspiegel lag. Mit zwei Flaschen von je 80 Kubikfuß Inhalt konnte er einen geräumigen Tunnel entlangtauchen, der langsam aufstieg. Etwa 60 m hinter dem Ellbogen erreichte er seine sichere Grenze in einer Tiefe von 44 m. Wenn dieser Trend nach oben sich fortsetzte, war es sehr wahrscheinlich, daß er innerhalb relativ kurzer Entfernung eine Luftoberfläche erreichen würde. Die Aussicht war aufregend, aber in einer solchen Tiefe reichte sein Luftvorrat nicht aus. Er stieg vorsichtig wieder auf, wobei er weitere 40 Minuten mit der Dekompression verbrachte.

In diesem Stadium waren Probleme aufgetaucht. Sein Trockentauchanzug hatte einen Riß bekommen. Palmer war naß und fror, und seine Lampen ließen langsam nach. Es stand völlig außer Frage, durch den nächsten Sumpf einen sofortigen, schnellen Aufstieg zu unternehmen. Palmer war gezwungen, sich hinzusetzen und noch eine Stunde zu warten, bis ein Teil des überflüssigen Stickstoffs aus seinem Blutkreislauf entfernt war. Als er sich endlich daran begab, Rob Harper durch den 150 m langen, 30 m tiefen Sumpf 2 zu folgen, war ihm sehr kalt, er war müde ünd sein Licht ließ schnell nach. Am tiefsten Punkt kam es zu einer echten Krise. In dem schlammigen Wasser verfing er sich in der Leine, und seine Lichter gingen fast aus. Es war fast unmöglich, die Leine zu entwirren, und er war gezwungen, sich loszuschneiden.

Als ich den Schacht in der Dunkelheit heraufkam, dachte ich bei mir, daß ich langsam zu alt wurde für derartige Beinah-Unfälle. Meine Freundin würde in ein paar Tagen unser Kind bekommen, und ich dachte darüber nach, ob es sich lohnt, sein Leben zu riskieren, wenn ein anderes kurz davor steht, geboren zu werden. Hinauf, hinauf, hinauf... dann verfing ich mich in der Nähe des oberen Schachtendes wieder in lockerer Leine. Bei derartigen Vorfällen kann man nur versuchen, zu denken, wie albern es wäre, in Panik zu geraten. Während ich ohne Sicht an einem Seil nach dem anderen zog, ohne eins zu finden, das stramm wurde, kam mir zum erstenmal der Gedanke, daß ich vielleicht nicht hinausfinden würde. Dabei war ich so nah an der Oberfläche. Dann zog sich eine Schlinge straff, und ich fragte mich... habe ich es geschafft? Oder hat sich die Leine nur an einem Stein verfangen?

Es waren noch ein paar Meter bis zum Dekompressionspunkt, und in der völligen Dunkelheit wurde der Streß unerträglich. Die umherschwimmenden Seile schlängelten sich um ihn, aber die Erlösung war nah: Die straffe Leine war in der Tat seine Rettung, denn sie führte ihn hinaus. Als er die Sauerstoffflasche erreichte, die in drei Meter Tiefe für die Dekompression hinterlassen worden war, befand er sich in einem Zustand akuten Stresses und hatte

Rechts: Auf dem Kamm des Gesteinshaufens in Bishop's Palace. Der Fluß bahnt sich unten seinen Weg durch die Felsbrocken.

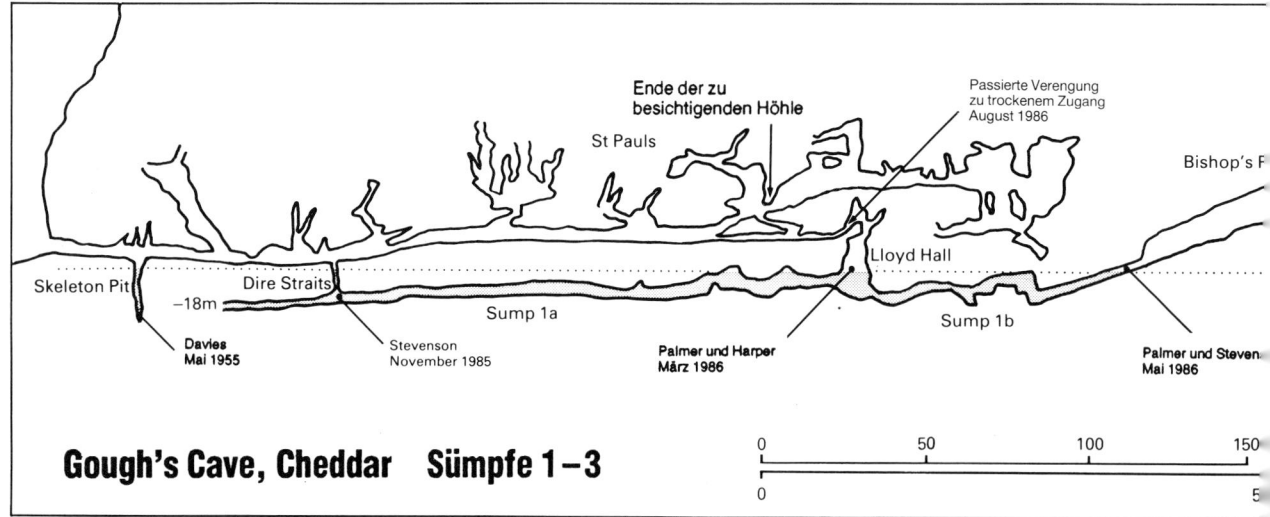

Gough's Cave, Cheddar   Sümpfe 1–3

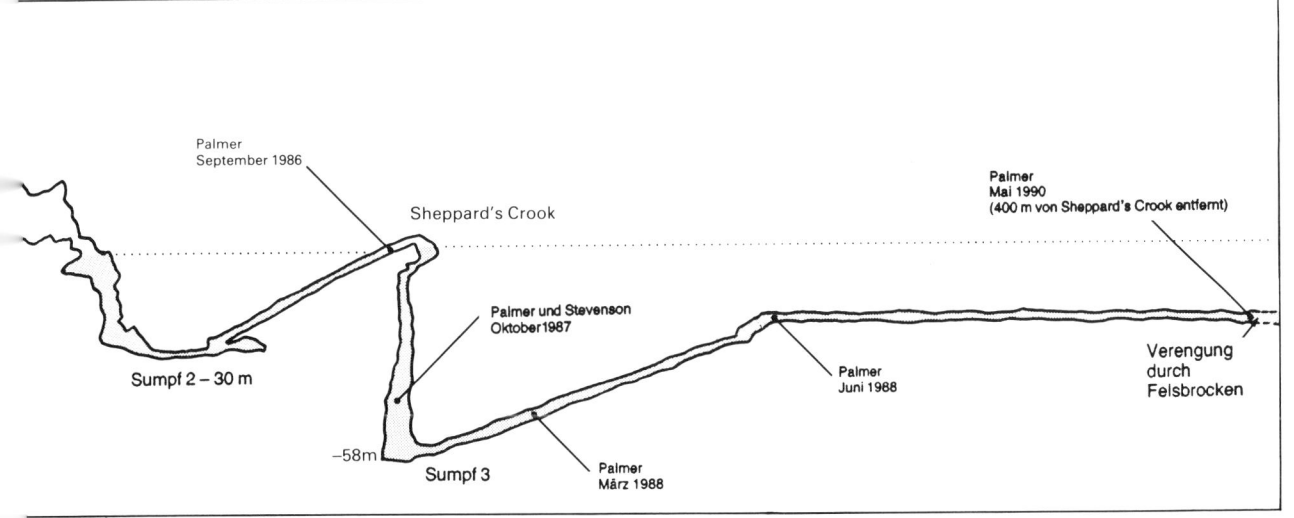

Palmer
September 1986

Sheppard's Crook

Palmer
Mai 1990
(400 m von Sheppard's Crook entfernt)

Sumpf 2 – 30 m

Palmer und Stevenson
Oktober1987

Palmer
Juni 1988

Verengung
durch
Felsbrocken

−58m

Sumpf 3

Palmer
März 1988

Oben: Der Ausblick flußabwärts von Sheppard's Crook (so benannt nach dem berühmten Pionier von Swildon's), der letzte Luftraum vor dem tiefsten und längsten Sumpf in Gough's Cave.

sich zum Teil wieder verfangen. Unfähig, die Meßgeräte, den Dekompressionsmeter oder Tabellen zu lesen, war er gezwungen, mehrere Minuten lang in völliger Dunkelheit zu warten. Er konnte nur raten, wieviel Zeit vergangen war. Behängt mit mehreren Seilstücken, stieg er die letzten Meter an die Oberfläche hinauf, darauf vorbereitet, gleich wieder Meter mit einer geliehenen Lampe hinabzutauchen, falls die Tabellen dies befehlen sollten. Glücklicherweise waren seine Vermutungen richtig gewesen, und die Anzeige auf seinem Meßgerät war in Ordnung. Als seine Freunde langsam die fünfzehn bis zwanzig Meter Leine von seinem zitternden Körper abwickelten, berichtete er von seiner schlimmen Erfahrung.

Der zweite Versuch in Sumpf 3, Cheddar, 1988
Bei genauer Durchsicht ihrer Vermessungen und der örtlichen Geologie wurde bald klar, daß die Taucher in einer Entfernung von 180–260 m Luft erreichen konnten, wenn der Anstieg in Sumpf 3 sich fortsetzte. Als der Schrecken

des Tauchgangs im März verblaßte, begannen Palmer und Stevenson mit der Planung eines weiteren Versuchs.

Es hatte zehn Stunden gedauert, die vorhergehende Expedition aufzuziehen. Der nächste Angriff würde unausweichlich länger dauern. Nach mehreren Wochenenden, an denen Vorbereitungen getroffen wurden, wählte man das Wochenende des 25. Juni 1988 für den Ausflug. Ein Team von acht Tauchern und etwa zwanzig Höhlenforschern war daran beteiligt.

Dem Plan zufolge unternahmen Stevenson und Palmer eine gemeinsame Erforschung von Sumpf 3, wobei jeder von ihnen vier große Flaschen trug. Wichtige Unterstützung kam von Rob Harper, Richard Websell und Robin Brown, die die beiden bis zu diesem Punkt unterstützen sollten. Leider lief nicht alles nach Plan.

Nach einer Reihe von kurzen Verzögerungen tauchten die beiden um 22 Uhr in Sumpf 3. Palmer wartete in 44 m Tiefe auf seinen Freund, aber während die Minuten vergingen, gab es kein Zeichen von ihm. Er kehrte an die Oberfläche zurück und sah, daß Stevenson, der auf eine Tiefe von 33 m getaucht war, durch einen akuten Krampfanfall gezwungen war, an die Oberfläche zurückzukehren. Keiner der beiden war sehr glücklich über den Plan, da klar war, daß der obere Abschnitt des Schachts zu eng sein würde für eine sichere Dekompression zweier schwer ausgerüsteter Taucher. Eine radikale Neubewertung war nötig.

Dem revidierten Plan zufolge sollte Palmer einen Solotauchgang unternehmen, für den er seine Ausrüstung auf zwei Flaschen von 94 Kubikfuß Inhalt und auf eine Flasche von 80 Kubikfuß Inhalt reduzierte, die er in der Hand hielt. Er plante, maximal zwanzig Minuten lang hineinzuschwimmen, und es war zehn Minuten nach Mitternacht, als die Operation erneut begann.

Die Sicht betrug weniger als 5 m, und die Strömung war ungewöhnlich stark. Palmer fiel es sehr schwer, dagegen anzuschwimmen. Es bestand keine Möglichkeit, sich am Boden entlangzuziehen, weil dieser fast nur aus feingekräuseltem Schlamm bestand, auf dem gelegentlich kleine Kieselhaufen in kleinen Wirbeln aufgehäuft waren. Hinter dem Ellbogen stieg die geräumige Passage langsam an, und nachdem er die kleinere Flasche hatte fallenlassen, kam er etwas einfacher an der Leine entlang nach oben voran. Nach kurzer Zeit erreichte er das Ende der alten Leine und befand sich auf neuem Territorium. Da er gegen die Strömung schwamm, war es nicht leicht voranzukommen, und die Minuten auf dem Tauch-Computer (Aladdin) vergingen, während die Tiefe immer mehr abnahm.

Genau als die zwanzig Minuten vorbei waren, zeigte sich eine bedeutsame Veränderung. Aus einer Tiefe von 26 m schien die Decke über ihm sich viel steiler zu erheben und das Sedimentmuster veränderte sich. Plötzlich schien eine Luftoberfläche nicht mehr fern. Aber die Zeit war zu Ende. Da er jetzt fast ein Drittel seines Luftvorrats aufgebraucht hatte und der Computer anzeigte, daß ein Dekompressions-Stop nötig war, hatte er keine andere Wahl, als einen letzten Blick hinaufzuwerfen und umzukehren.

Palmers Tauchgang hatte insgesamt zwei Stunden und drei Minuten gedauert. Eine kurze Nachricht wurde nach oben gefunkt, und das Team machte es sich bequem für die Nacht. Es war Sonntagmittag, als sie schließlich wieder auftauchten und von der wartenden Presse und Kameras mit Champagner begrüßt wurden. Das »Lost Cave Project« hatte nicht zur Entdeckung einer neuen Luftkammer geführt, aber es endete sicherlich wohlverdient mit guter Stimmung.

Der Versuch in Cheddar im Jahr 1990

Vor dem nächsten Versuch sollten zwei Jahre vergehen. Erneut fanden vorher beträchtliche Vorbereitungen statt, wobei fast eine halbe Tonne Ausrüstung zu dem weitest entfernten Luftraum im Sheppard's Crook getragen werden mußte. Die führenden Taucher, Palmer und Stevenson, die beschlossen hatten, gemeinsam in Sumpf 3 zu

tauchen, erreichten die Vorhutbasis am 19. Mai 1990 um 15 Uhr. Hier machten sie fünf Stunden lang Pause, um einen Teil des Stickstoffs, der sich angesammelt hatte, loszuwerden. Um 20 Uhr bereiteten sie sich auf den Tauchgang vor. Beide trugen je vier Flaschen von je 100 Kubikfuß Inhalt. Stevenson entschied sich dafür, zwei Flaschen seitlich und zwei vorne zu tragen, während Palmer zwei auf dem Rücken und zwei vorne trug. Beide waren mit starken Leuchten ausgerüstet, als sie langsam ihren Abstieg begannen.

Kaum hatten sie den tiefsten Punkt hinter sich gebracht und befanden sich in der stromaufwärts gerichteten Passage, als es bei Stevenson zu einem schweren Luftleck kam. Nachdem dieses zum Stillstand gebracht worden war, hatte er nur noch unzureichende Luftreserven, um bei der Erforschung eine wichtige Rolle zu spielen und war gezwungen, zu der Vorhutbasis zurückzukehren, während Palmer allein weiterging.

Zwanzig Minuten später und 200 m weiter erreichte Palmer seine vorherige Grenze. Hier holte er seine Seiltrommel unter ihrer zwei Jahre alten Schlammdecke hervor. Da sie noch betriebsbereit war, beschloß er, sie anstelle der Trommel, die er gerade mitgebracht hatte, zu verwenden. Nach etwa 150 m teilte eine große Sanddüne die Passage auf, und weniger als 50 m dahinter füllte massives Felsgestein den Gang, der zwei Meter hoch und sechs Meter breit war, aus. Für einen Taucher, der so viel sperrige Ausrüstung bei sich trug, war ein weiteres Vordringen unmöglich. In einer Tiefe von 25 m und nach einer Strecke von 400 m in Sumpf 3 endete Gough's Cave.

Palmer verknotete seine Leine und kehrte um. Als er den Endschacht erreichte, verbrachte er 100 Minuten mit der Dekompression, die er zum großen Teil mit einer Nitrox-Mischung durchführte, bevor er zu dem wartenden Stevenson und Gavin Newman auftauchte. Weitere acht Stunden wurden in Sheppard's Crook verbracht, wo sie aßen, schliefen und Fotos machten, bevor sie die Höhle früh am nächsten Morgen verließen.

Bleibt abzuwarten, wie die nächste Erforschung aussehen wird, aber es ist sicherlich klar, daß ein System dieser Größe nicht ignoriert werden wird.

Südwales

Die Endsumpfe von Agen Allwedd

In Südwales und später in Yorkshire wurden in den siebziger und achtziger Jahren große Entdeckungen gemacht. Während der ersten Jahre stand der Süden im Mittelpunkt der Hauptaktivitäten, wobei auch jene Sümpfe erforscht wurden, die noch passierbar waren. So wurde beispielsweise Little Neath River Cave, die 1967 entdeckt wurde, tief bis in Sumpf 9 hinein erforscht, und die Aussicht, einen Ausflug vom Sumpf bis zum Wiederaustritt durchzuführen, schien gleich Null zu sein. Später drangen andere ein wenig weiter vor, und 1976 war fast jede unter Wasser stehende Passage in dieser Region kritisch überprüft worden.

Einer der aufregenderen Funde zu dieser Zeit wurde in Dan yr Ogof im Swansea Valley gemacht. Hier wurde im August 1972 ein 119 m langer Sumpf nach einer schwierigen Tragstrecke durchquert und gab über zwei Kilometer neuer, trockener Passagen frei. Von unserem Erfolg hier angeregt, wandten Roger Solari und ich uns Agen Allwedd zu, einer weiteren Höhle mit ungeheurem Potential.

Die stromaufwärts liegenden Siphons (Turkey Sump) waren zuerst von Mike Wooding und John Sinclair in Jahr 1966 durchquert worden, aber 1971 hatten John Parker und Jeff Phillips dieses Gebiet durch einen fünften Sumpf erweitert und fast 600 m von Passagen entdeckt. Solari und ich drangen durch einen Kanal von klaustrophobischen Proportionen weiter vor und verdoppelten die Länge der neuen Fundstelle.

Es war jedoch der stromabwärts gelegene Endsumpf in Agen Allwedd, in dem die größten Belohnungen lagen. 1972 erweiterten Parker und Phillips diesen Teil der Höhle

Unten: Dave Morris schiebt seine Ausrüstung entlang der Kriechstrecke am Anfang in Dan yr Ogof.

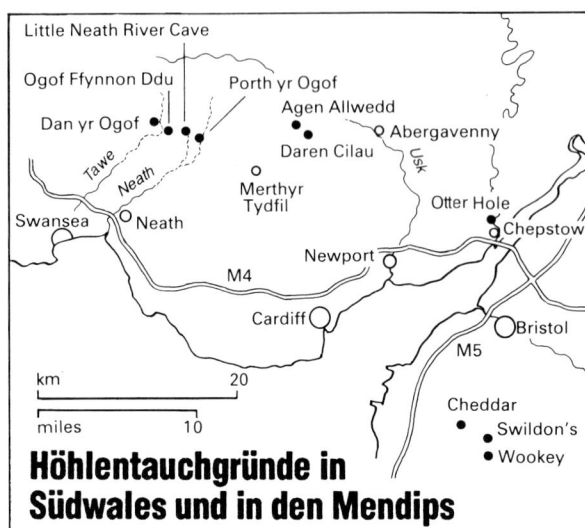

Höhlentauchgründe in Südwales und in den Mendips

um fast 450 m, von denen 335 m unter Wasser lagen. Der noch verbleibende, unerforschte Abschnitt war etwa zwei Kilometer lang und enthielt ein senkrechtes Zwischenstück von etwa 45 m Länge bis zur Höhe der Quelle hinauf. Es war ein verlockendes Angriffsziel, aber die Planung und Durchführung eines solchen Tauchgangs an einem so isolierten Punkt war schwierig. Aus diesem Grund wurden erst andere Stellen erforscht.

Die Quelle selbst, Pwll y Cwm, liegt direkt im Bett des Clydach und ist mit allem möglichen Schutt, der von höher gelegenen Stellen des Tals hierher transportiert wird, verstopft. Ein Tauchgang in einer benachbarten Höhle, Elm Hole, im April 1974 bestätigte eine angenommene Verbindung mit dem unterirdischen Hauptfluß, der durch einen riesigen Tunnel von Agen Allwedd nach Westen fließt. Dieser Tauchgang war jedoch äußerst einschüchternd, da er durch mehrere Verengungen auf eine Tiefe von fast 23 m führte. Offensichtlich gab es keine mögliche Verbindung zu dem fehlenden Höhlenstück von diesem Zugangspunkt aus. Es gab daher fast keine andere Alternative, als die Herausforderung eines langen, beschwerlichen Ausflugs nach unten in Agen Allwedd anzunehmen.

5. (oben rechts) Die Cheddar-Forscher Rob Palmer und Richard Stevenson warten in Sheppard's Crook vor ihrem Vorstoß in Sumpf 3 von Gough's Cave im Mai 1990. Palmer stieß 400 m weit vor, bis ein Felsbrocken ein weiteres Vordringen verhinderte. 6. (unten rechts) Pete Bolt durchquert Sumpf 1b von Gough's Cave, Cheddar.

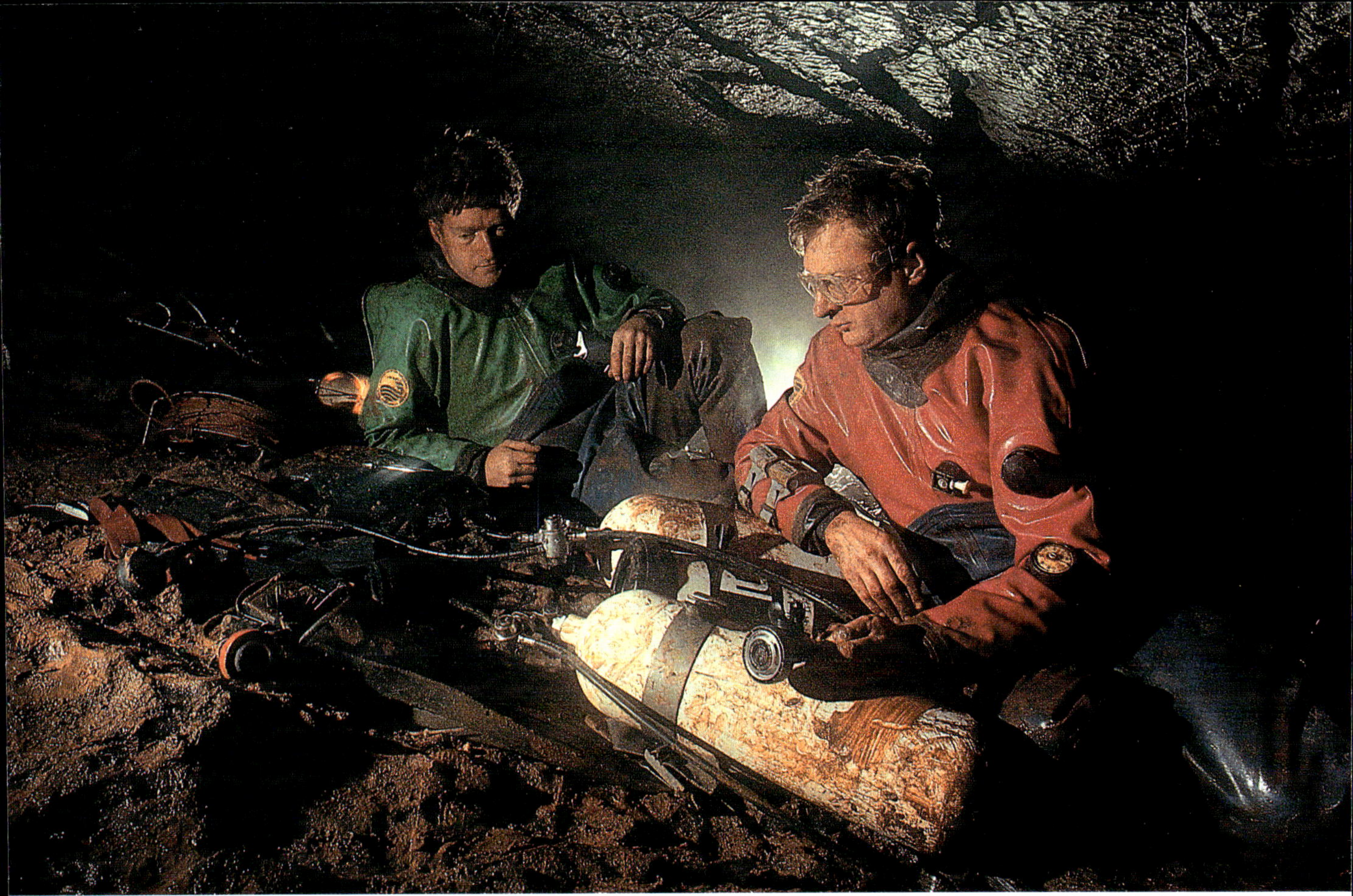

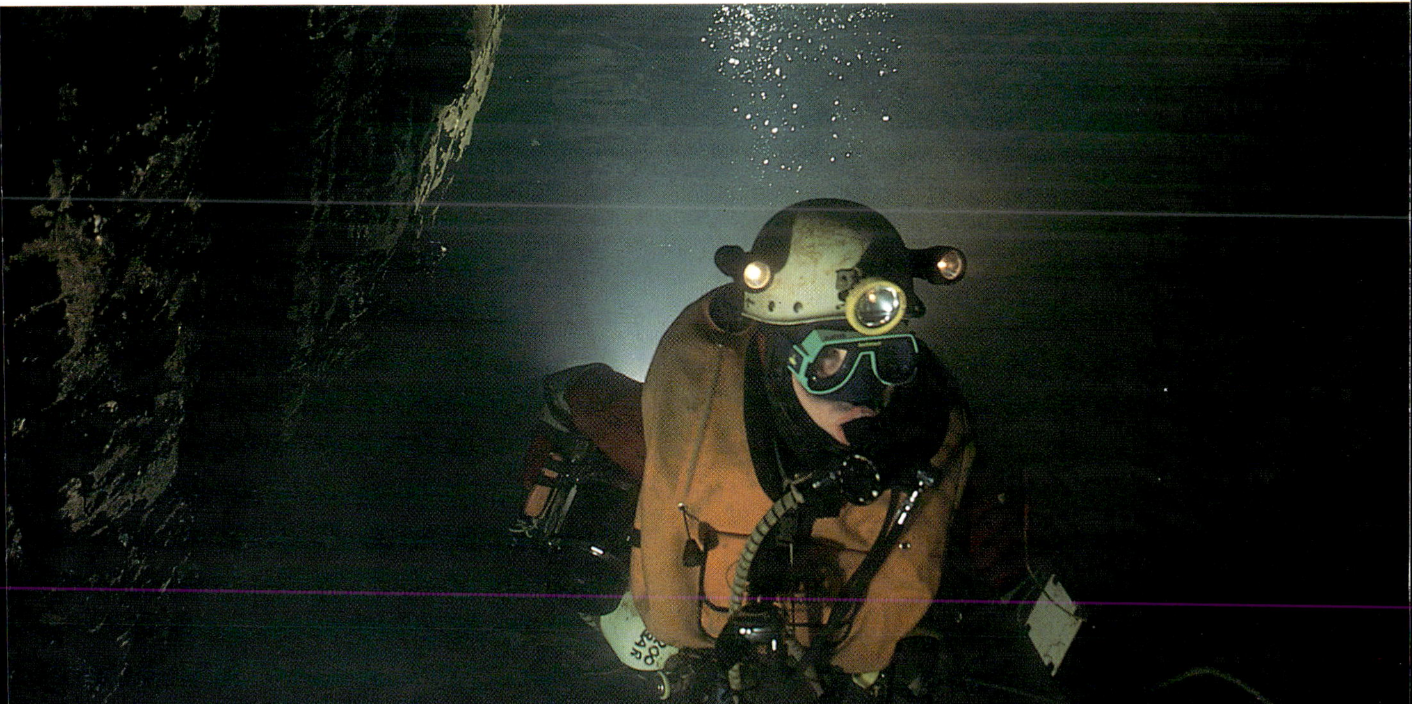

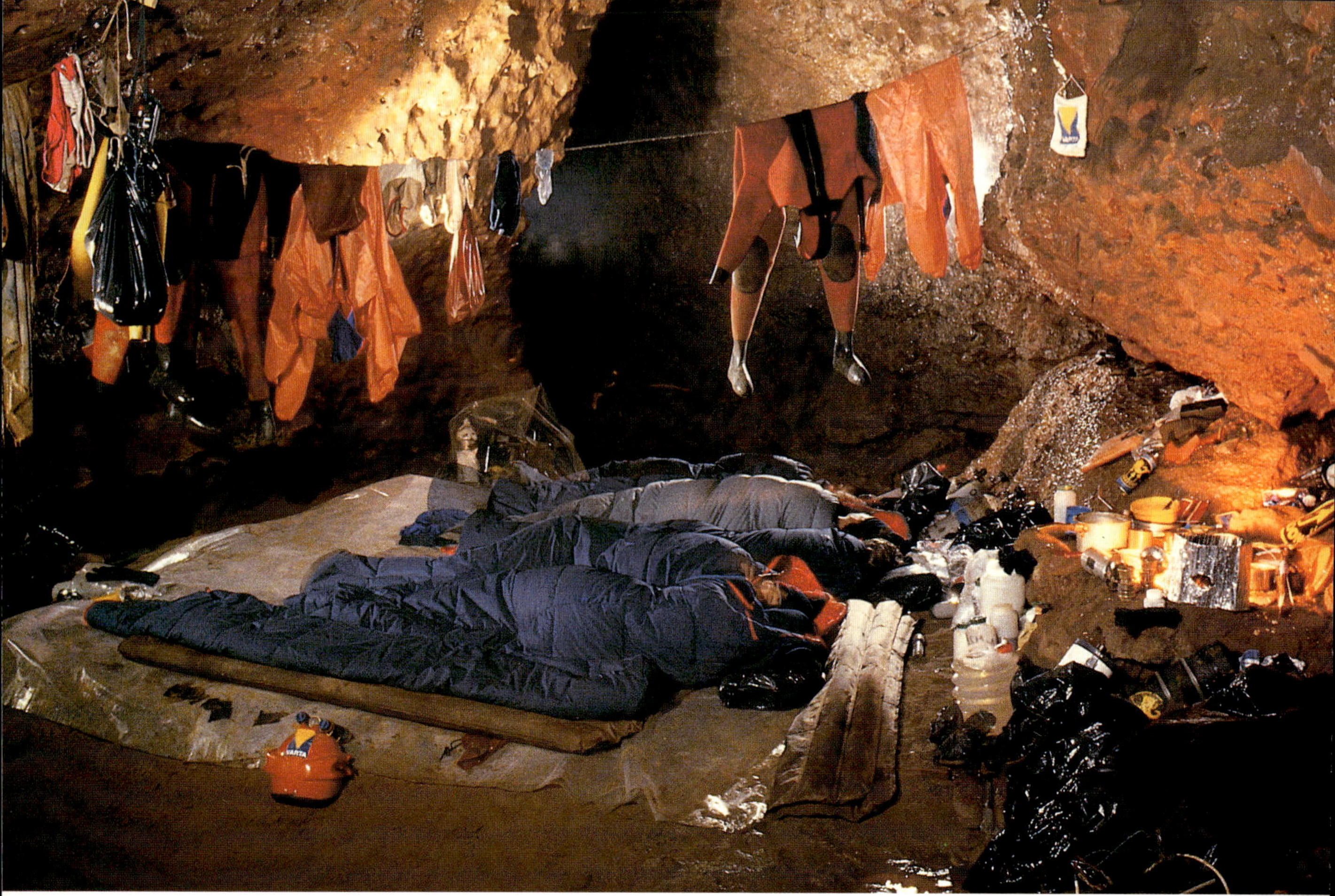
VARTA

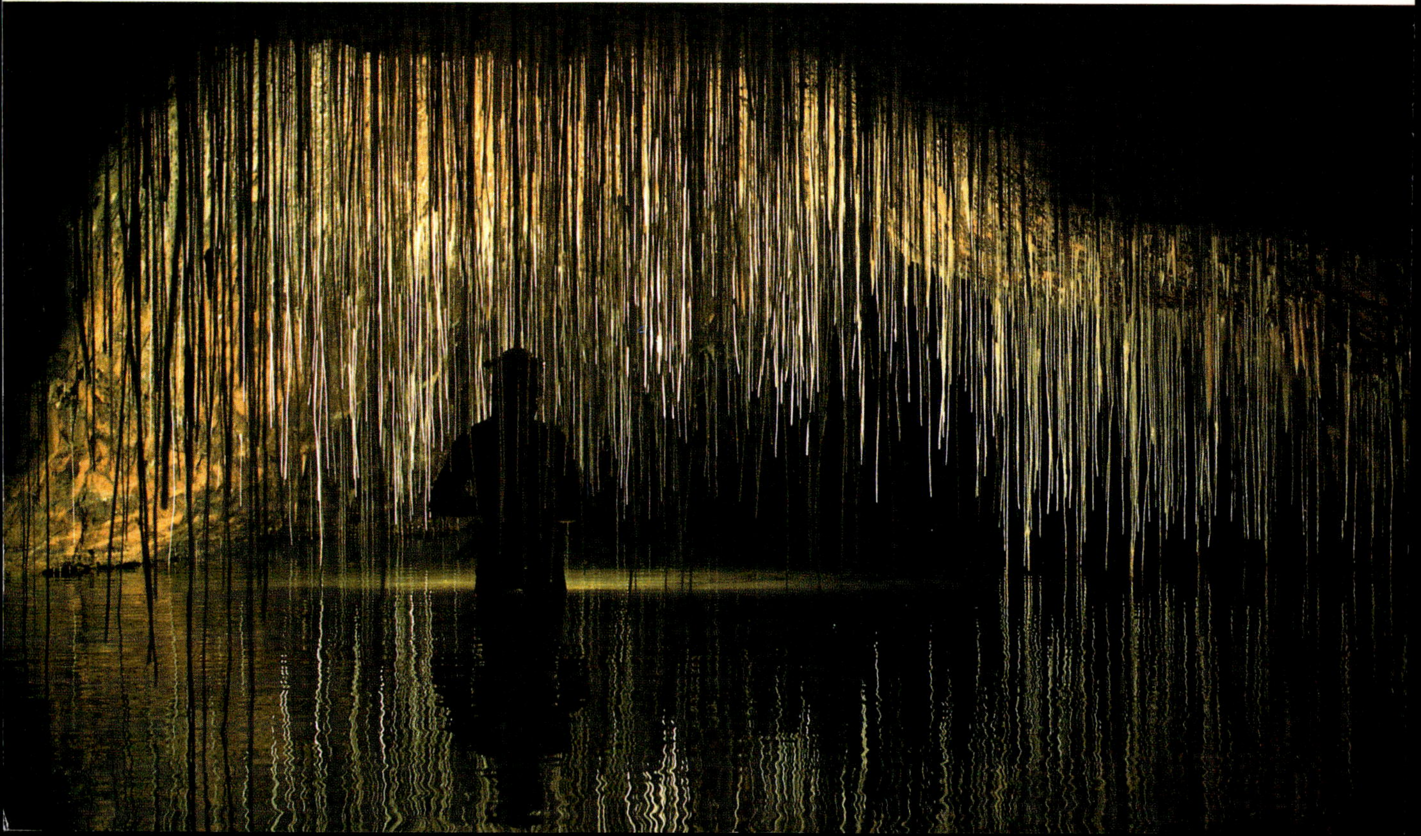

7. (oben links) Das Camp in Kammer 24, Wookey, während der 1989er Expedition. 8. (unten links) *The China Shop in Boreham Cave, Yorkshire – eine der schönsten Höhlenszenen in Großbritannien. Die Zerbrechlichkeit der Strohhalme ist offensichtlich und große Vorsicht ist angesagt, um Beschädigungen zu vermeiden.* 9. (oben) *Dave Morris in dem langen Sumpfsystem am Anfang von Boreham Cave, das den Zugang zu den Passagen einschließlich dem China Shop freigibt.*

Rechts: Rodney Beaumont in der schönen Passage hinter Turkey Sump 3, Agen Allwedd, die zum erstenmal 1966 von Wooding und Sinclair erreicht wurde.

Alle Höhlenforscher, die den Endsumpf (Sumpf 1) von Agen Allwedd besucht haben, werden sich bis ans Ende ihrer Tage lebhaft an eine Sache erinnern: die furchtbare Schinderei die Southern Stream Passage hinunter. Dieser Höhlenabschnitt ist berüchtigt, weil man sich ständig bükken, kriechen und sich hindurchzwängen muß – insgesamt ist es über einen Kilometer mühsamer, langweiliger Arbeit.

Im Mai 1974 tauchte ich nach 259 m mit wenig Unterstützung und allein durch Sumpf 3. Das Ergebnis war die Entdeckung eines majestätischen Flusses von 550 m Länge, der wiederum in Sumpf 4 endete. Innerhalb einer Woche wurden die Pläne für einen weiteren Vorstoß gemacht, diesmal mit Roger Solari als Partner.

Unfall in Agen Allwedd, 1974

Die Vorbereitungen und die Unterstützung waren enorm. Wir tauchten optimistisch mit drei Flaschen pro Mann, und hatten zusätzliche Leine von 427 m Länge dabei. Nachdem wir unsere ersten, teilweise aufgebrauchten Flaschen in der Luftglocke zwischen Sumpf 2 und 3 (für den Tauchgang zurück) gelassen hatten, tauchten wir mit zwei Flaschen pro Person durch Sumpf 3. Dieser Tauchgang verlief ereignislos, und in der Passage dahinter zogen wir unsere Stiefel für den Transport hinunter zu Sumpf 4 an. Da wir schwer ausgerüstet waren, war unser Vorankommen notwendigerweise langsam und vorsichtig, denn eine Beschädigung irgendeines Teils der Ausrüstung würde kritisch sein. Dennoch schoben wir die psychologische Isolation zur Seite; müde, aber hoffnungsvoll erreichten wir unser Ziel.

Bisher waren wir immer getrennt getaucht und warteten zwischen den Sümpfen aufeinander, wie die Bedingungen es diktierten. Es schien nur richtig, daß Entdeckungen, die auf diesem Ausflug gemacht wurden, geteilt werden sollten, daher trafen wir die ungünstige Entscheidung, zusammen zu tauchen. Vorher hatte ich geglaubt, daß dieser Sumpf kurz sein würde, aber jetzt erwarteten wir beide aus

10. (links) Eine Luftglocke nahe dem Eingang von Keld Head, Yorkshire. Dabei handelt es sich um eine Reihe von Querspalten, die über den Hauptpassagen von Keld Head liegen. Sie sind wertvoll, da sie in Notfällen genutzt werden können. Auf diese Weise bekommt man Zeit, sich wieder zu erholen, bis die Bedingungen sich gebessert haben. In großen Notfällen kann man auf die Hilfstaucher warten, die zusätzliche Luftvorräte bringen.

irgendeinem Grund einen langen Tauchgang. Wir legten unsere Stiefel auf einer Schlammbank ab und legten unsere vollen Flaschen für das Forschungsstadium an. Jene, die während des Durchtauchens von Sumpf 3 geleert worden waren, dienten als Reserve. Plan und Signale wurden abgesprochen, aber am Ende war jeder für sein eigenes Wohl verantwortlich und konnte ohne Verpflichtung seinem Partner gegenüber an jedem Punkt umkehren.

Roger ging voraus und verlegte die Leine von einer 122 m-Trommel, während ich mit weiteren 300 m Leine folgte. Die Sicht betrug etwa 3 m und die Kommunikation war kein Problem. An mehreren Punkten war offensichtlich, daß Roger Schwierigkeiten mit seinem Ausgleich hatte, und gleichzeitig tauchten wir langsam immer tiefer ab. Als die erste Leine zu Ende war, schaute ich auf meinen Druckmesser, und obwohl ein gutes Drittel der Luft bereits verbraucht war (der Punkt, an dem man normalerweise umkehrt), beschloß ich noch ein wenig weiterzugehen. Meine Annahme war, daß Roger jetzt abbrechen würde, weil seine Flaschen etwas kleiner waren als meine.

Etwa 30 m weiter, als die Passage bereits eben geworden

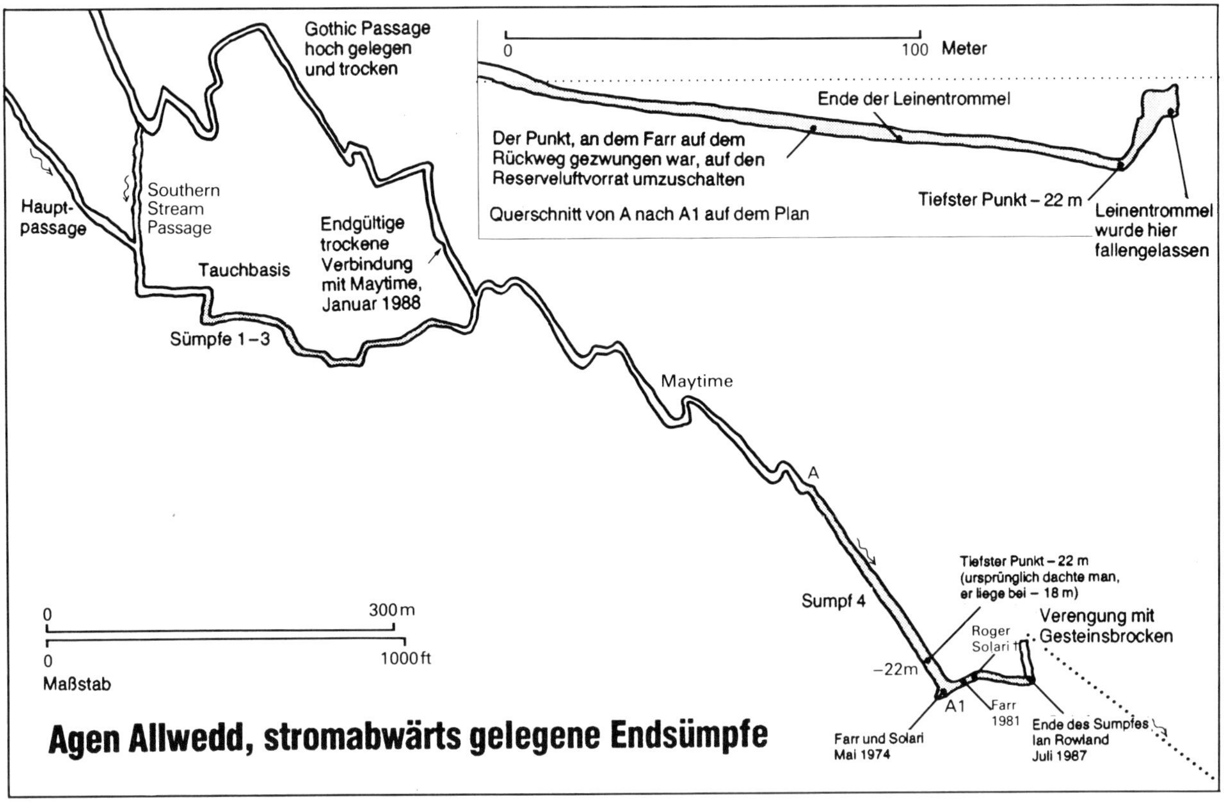

Gothic Passage
hoch gelegen
und trocken

0   100   Meter

Ende der Leinentrommel

Der Punkt, an dem Farr auf dem
Rückweg gezwungen war, auf den
Reserveluftvorrat umzuschalten

Tiefster Punkt – 22 m

Querschnitt von A nach A1 auf dem Plan

Leinentrommel
wurde hier
fallengelassen

Southern
Stream
Passage

Haupt-
passage

Tauchbasis

Endgültige
trockene
Verbindung
mit Maytime,
Januar 1988

Sümpfe 1–3

Maytime

A

0   300 m

0   1000 ft
Maßstab

Sumpf 4

Tiefster Punkt – 22 m
(ursprünglich dachte man,
er liege bei – 18 m)

Verengung mit
Gesteinsbrocken

Roger
Solari †

–22m

A1   Farr
         1981

Ende des Sumpfes
Ian Rowland
Juli 1987

Farr und Solari
Mai 1974

Agen Allwedd, stromabwärts gelegene Endsümpfe

war, erhob sich eine steile Kiesbank vor uns. Bei dem
übereilten Versuch, Luft zu erreichen, tauchte ich schnell
den Abhang hinauf und erreichte nach etwa 18 m eine
senkrechte Wand. Nach einem völlig senkrechten Anstieg
von etwa 15 m geschah das Unglaubliche – ich erreichte
eine unter Wasser stehende Decke. An der Wand entlang
tat sich zur rechten und linken Seite eine Leere auf. Ich
schwamm etwa 9 m nach rechts und fand einen Alkoven –
eine hoffnungslose Situation. Als ich mich umblickte, war
ich überrascht zu sehen, wie Roger unter der Decke auftauchte. Wir waren jetzt in einer verzweifelten Situation,
da unsere Reserven sehr niedrig waren. Ich ließ die Trommel fallen und signalisierte ihm, als ich ihn erreichte, daß
wir umkehren sollten. Er konnte seinen angstvollen Blick
kaum verbergen, aber wir hatten selbst schuld an unserer
Lage. Fast panikartig tauchte ich ab und machte mich auf
den Rückweg. Meinen Freund sah ich nie wieder.

*Links: Die Passage, die zu Agen Allwedds Endsumpf 1 führt,
kurz hinter der südlichen und Hauptstrom-Verbindung. Rechts:
Roger Solari.*

Innerhalb weniger Minuten war meine Flasche fast leer. Vor mir lagen weniger als 122 m, bis ich die Sicherheit erreichen würde (die Basis in Sumpf 4), und ich war gezwungen, auf mein zweites (Reserve-)Gerät umzuschalten. Nachdem ich die Mundstücke erfolgreich ausgetauscht hatte, wartete ich etwa ein bis zwei Minuten, bis ich meinen Weg fortsetzte. An der Basis in Sumpf 4, zog ich mich aus dem Wasser und eine qualvolle Warterei begann. Mehrere schreckliche Stunden vergingen, und schließlich beschloß ich, den Sumpf schnell abzusuchen. Im Wasser merkte ich, daß die Leine schlaff war. Nachdem ich sie herangezogen hatte, entdeckte ich, daß sie in 131 m Entfernung von der Basis glatt durchgeschnitten war. Es war klar, daß Roger mindestens ein Viertel der Entfernung hatte zurückkehren können, bevor er die Leine aus irgendeinem Grund durchschneiden mußte. Ich war nicht in der Lage, irgend etwas Konstruktives zu tun, da mir nur noch wenig Luft verblieb und keine Leine. Ich hatte keine andere Wahl, als die Höhle zu verlassen und eine spätere Suche in Gang zu setzen. Der erste Versuch kurz danach wurde wegen schlechter Sicht verschoben, während beim zweiten John Parker nur eine kurze Strecke in Sumpf 4 absuchen konnte. Insgesamt wurden 2760 Arbeitsstunden für verschiedene Suchunternehmungen aufgebracht.

Was genau war bei diesem unglückseligen Tauchgang passiert? Roger hatte eine Reihe von kleineren Problemen gehabt, und diese führten zu einer kritischen Situation. Er

Rechts: Der Maytime-Fluß hinter Agen Allwedds Endsümpfen 1, 2 und 3. Eine trockene Passage, die diese umging, wurde 1988 entdeckt, so daß eine Direktroute zum Anfang des riesigen Sumpf 4 (oben), in dem Farr 1974 auf Solari wartete, möglich war.

hatte Schwierigkeiten mit den Nebenhöhlen, war untergewichtig und verwendete Flaschen mit positiver Tragkraft (Flaschen, die auf dem Wasser schwimmen, wenn sie leer sind). Auf dem Rückweg in die Sicherheit hatte er wohl irgendwann die Ventile austauschen müssen. Damals, zu Beginn der siebziger Jahre, war dies kein leichtes Manöver, weil Techniken und Organisation bei der Taucherausrüstung noch nicht voll entwickelt worden waren. Das Ersatzventil befand sich nie genau da, wo es sich befinden sollte, und die Halsgurte störten oft bei der Operation. Bei dem Versuch, dieses Problem zu lösen, erschwert durch das Unbehagen des schnell steigenden Stresses, blieben ihm nur ein paar Augenblicke, bis sein Verlangen nach Luft unkontrollierbar wurde. Zu diesem Zeitpunkt mag es zu Problemen gekommen sein, da er für das Auswechseln für kurze Zeit die Leine loslassen mußte. Da ich Flaschen mit negativer Tragkraft verwendete, mußte ich nur kurze Zeit auf dem Boden auf der Leine liegen. Für Roger sah die Sache wohl ganz anders aus. Er hatte wahrscheinlich viel mehr Tragkraft, und befand sich direkt unter der Decke, so daß er die Leine nur festhalten konnte, indem er

sie um seinen Arm wickelte. Falls der tatsächliche Austausch glatt verlaufen war, bestand immer noch die Möglichkeit, daß er den Orientierungssinn verloren hatte. Der Panikfaktor läßt sich nur schwer einschätzen, aber er war offensichtlich von großer Bedeutung. Eine weitere Möglichkeit besteht darin, daß er sich bei dem Austausch in der Leine verwickelt hatte. Seine Schwierigkeiten hatten sicherlich mit Problemen mit der Leine zu tun, wie die Schnittstelle zeigte. Mehr anzunehmen, würde über alle bekannten Tatsachen hinausgehen.

1981 nahm ich Sumpf 4 erneut in Angriff und erreichte einen Punkt, 215 m von der Sumpfbasis entfernt. Es war eine traumatische Erfahrung, da ich in der Nähe des Endpunkts von 1974 keine Luftoberfläche fand. Die Höhle führte in einer Tiefe von 10 m weiter. Im Oktober 1986 erzielten Ian Rolland und Julian Walker dann einen weiteren bedeutsamen Fortschritt und fanden dabei Rogers Leichnahm in einer Entfernung von 220 m. Aufgrund der äußerst weiten Entfernung dieses Sumpfes hielt man eine Bergung nicht für sicher.

Dies war die erste Gelegenheit, bei der ein erfahrener Taucher sein Leben verloren hatte, und wieder war es ein Fall von menschlicher Fehlkalkulation gewesen.

Das Mazeways-Gebiet, Dan yr Ogof, 1978
Die Tragödie von Agen Allwedd hatte schreckliche Auswirkungen auf die Höhlentaucherei in Südwales. Trotz des immensen Potentials in dem gesamten Kalksteingebiet wurde erst 1978 ein weiterer, bemerkenswerter Vorstoß unternommen. Zusammen mit Phil Rust nahm ich die Arbeit hinter den Sümpfen in dem Mazeways-Gebiet von Dan yr Ogof auf. Wir passierten eine äußerst gefährliche Verengung und entdeckten dahinter über 450 m neuer Passagen.

Anschließend wurden bei dem Versuch, einen von Felsbrocken versperrten Sumpf zu entleeren und freizubekommen, zwei Camping-Operationen bis zum Ende dieses wichtigen Abschnitts durchgeführt. Bis heute war dieses Unternehmen nicht von Erfolg gekrönt, aber es scheint sehr wahrscheinlich, daß in der Zukunft dieser Bereich der Höhle, der bisher nur den Höhlentauchern zugänglich ist, den Zugang zu einem der längsten, trockenen Systeme auf den britischen Inseln freigeben wird, zu einer Höhle, die sich aller Wahrscheinlichkeit nach über 40 km erstreckt.

Die Llnagattock-Kampagne, 1984–87
Erst 1984 wurden große Entdeckungen in Südwales gemacht. Die nächsten Entwicklungen sollten sich als sehr aufregend erweisen und die britische Höhlenforschung für die nächsten fünf Jahre beherrschen. Dazu zählte die

Entdeckung und Erforschung eines riesigen Netzwerkes von Passagen und Sümpfen unter dem Llangattock Mountain.

Am 8. September 1984 eroberten Clive Gardener, Paul Tarrant und ich eine starke Verengung am Ende der wenig erforschten Ogof Daren Cilau in Llangattock. An diesem Tag entdeckten wir über zweieinhalb Kilometer trockener Passagen, die strategisch so plaziert waren, daß sie ein für allemal die inneren Geheimnisse des Llangattock Mountain offenbaren würden.

Im folgenden März (1985) wurde ein weiterer Durchbruch erzielt, und ein starkes Team setzte seinen Weg durch den Berg fort. Dabei entdeckte es nicht nur den größten Abschnitt von Passagen im Vereinigten Königreich, die Time Machine, sondern auch einen großen, neuen Strom, der die Endsümpfe des benachbarten Agen Allwedd völlig umging. Dies führte zu einem letzten, unter Wasser stehenden Abschnitt, der sich unglaublicherweise nur 500 m von der Hauptquelle für den Berg Pwll y Cwm entfernt in der Clydach Gorge befand.

Ich erkannte, daß wahrscheinlich endlich ein Durchbruch möglich sein würde, und all meine Energie wurde jetzt auf dieses Projekt kanalisiert. Die Sicht im Daren Sump war furchtbar und überstieg nie einen Meter, aber nach zwei Tauchgängen hatte ich 230 m Leine installiert, die direkt zu der Stelle des Wiederaustritts des Wassers verlief. Ich war zufrieden mit dem Fortschritt, aber nicht mit der Art und Weise. Um sicherzugehen, daß nichts ausgelassen wurde, mußte ich der Wand in jeden kleinen Spalt und Alkoven hinein und hinaus folgen. Daher verlief die Leine durch jede vorstellbare Unterhöhlung in der Passage. Dies war äußerst frustrierend, da ich bei klarerer Sicht wahrscheinlich normal durch eine ziemlich große Passage hätte vorwärtskommen können.

Beim dritten Tauchgang machte ich weiter Fortschritte, als ich bei 310 m plötzlich oben an einem Abhang herauskam. Mit den Füßen zuerst kletterte ich in die Leere hinab. Ich konnte wie immer nur wenig sehen, aber ich konnte die ungeheure Größe einer insgesamt größeren Passage »füh-

Szenen im Dan yr Ogof-Höhlensystem, Südwales: (oben rechts) die Kaskaden am oberen Ende von See 3; (rechts) am Ufer von See 11, der nur durch Tauchen erreicht werden kann. Das verknotete Seil wurde von einer trockenen, hochgelegenen Passage herabgelassen, die mit ein paar Hilfsschritten erreicht wurde. So erhielt man den Zugang zu fast vier Kilometern trockener Passage; (ganz rechts) eine Passage in Mazeways 3 mit Rohrleitungen, die bei dem vergeblichen Versuch, einen kleinen Sumpf zu leeren, verlegt wurden.

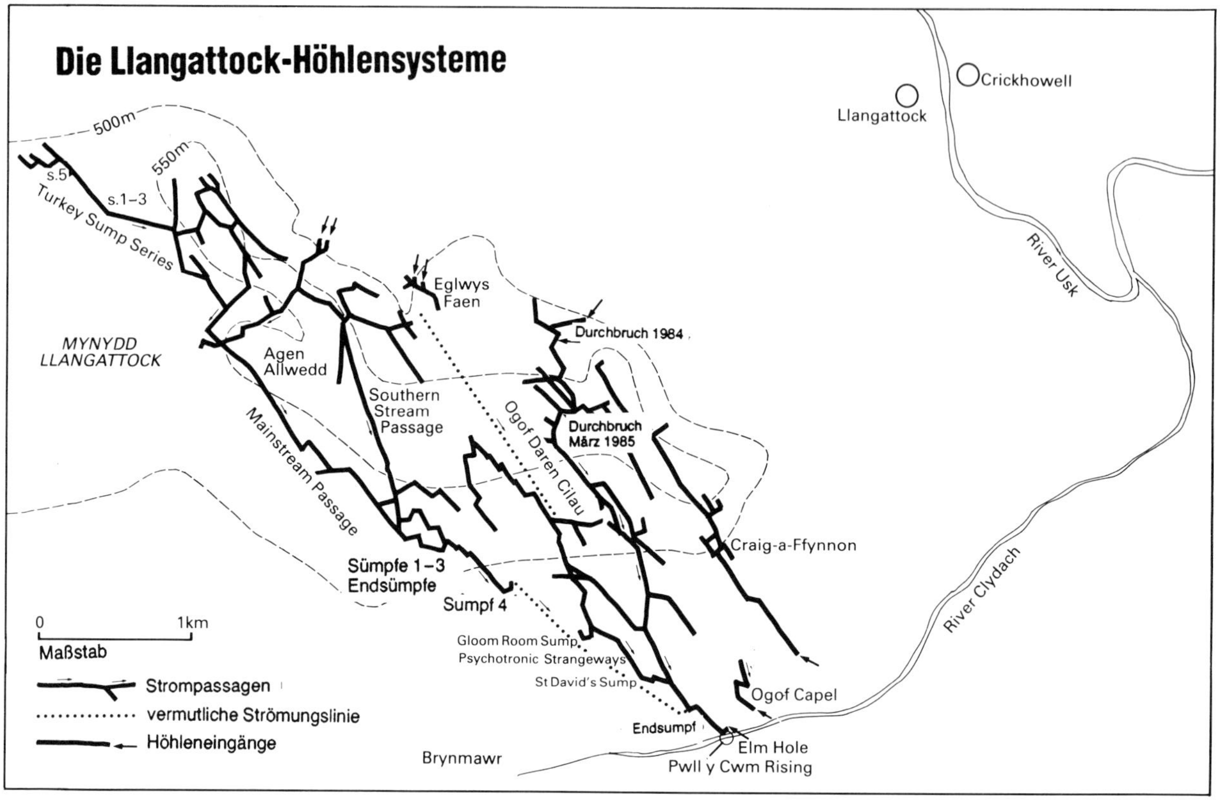

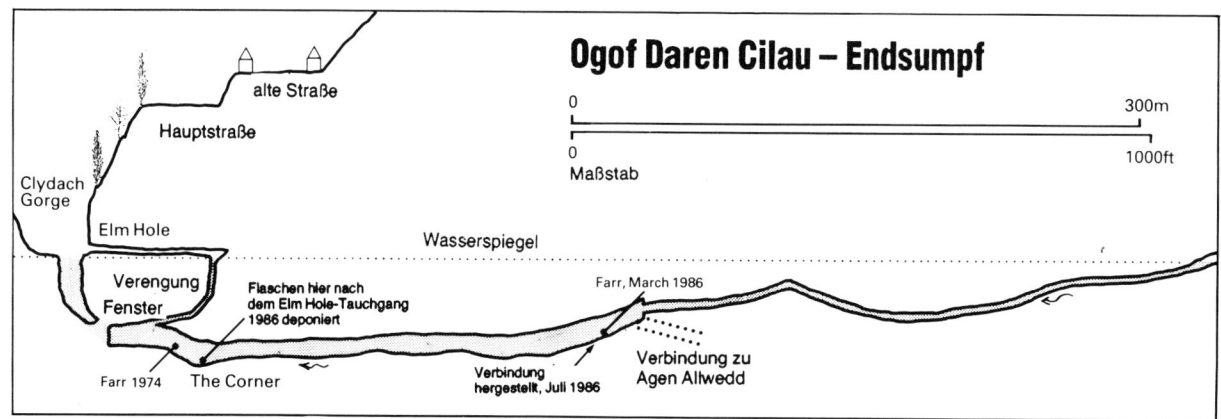

Die Llangattock-Höhlensysteme

500m

550m

s.5

s.1–3

Turkey Sump Series

MYNYDD LLANGATTOCK

Agen Allwedd

Southern Stream Passage

Mainstream Passage

Eglwys Faen

Durchbruch 1984

Durchbruch März 1985

Ogof Daren Cilau

Craig-a-Ffynnon

Sümpfe 1–3 Endsümpfe

Sumpf 4

Gloom Room Sump
Psychotronic Strangeways
St David's Sump

Ogof Capel

Endsumpf

Elm Hole
Pwll y Cwm Rising

Brynmawr

Llangattock

Crickhowell

River Usk

River Clydach

0   1km

Maßstab

——— Strompassagen

········· vermutliche Strömungslinie

▬▬◄ Höhleneingänge

Ogof Daren Cilau – Endsumpf

alte Straße

Hauptstraße

Clydach Gorge

Elm Hole

Wasserspiegel

Verengung

Fenster

Flaschen hier nach dem Elm Hole-Tauchgang 1986 deponiert

Farr, March 1986

Verbindung zu Agen Allwedd

Farr 1974   The Corner

Verbindung hergestellt, Juli 1986

0   300m

0   1000ft

Maßstab

len«. Der Boden lag nur etwa 3 m in einer Tiefe von möglicherweise 15 m unter mir, und ich fühlte, daß dies endlich der Hauptschacht war, der von Agen Allwedd herein nach Westen führte. Irgendwo zu meiner Rechten befand sich daher die Passage, die Roger und ich 1974 zu erreichen versucht hatten, der unerforschte Abschnitt des Höhlenflusses der stromabwärts von Agen Allwedds Sumpf 4 lag. Aber dies war jetzt nicht das Ziel. Ich suchte

nach einem Durchgang und setzte meine Reise stromabwärts mit derselben Technik beim Installieren der Leine fort, indem ich sie periodisch an der Verbindung zwischen Boden und linker Wand in der sogenannten »Fußleisten«-Technik befestigte. Auf diese Weise arbeitete ich mich langsam den schlammigen Tunnel entlang bis zu einem Punkt vor, der 330 m von der Basis entfernt war. Hier verknotete ich die Leine. Nach diesem Vorstoß war nur noch eine Entfernung von 200 m bis zum Endpunkt am Wiederaustritt des Wassers zu überwinden.

Statt sich damit abzumühen, immer mehr Gerät zu dieser isoliertesten Tauchstelle aller britischen Höhlen zu schleppen, beschloß man, die Bemühungen auf die kleine Höhle von Elm Hole zu konzentrieren, die neben der von Felsbrocken versperrten Quelle im Bett des Clydach lag. An dieser Stelle befand sich eine Überlaufroute, die zuletzt 1974 durchtaucht worden war.

Elm Hole war ein äußerst einschüchterndes Vorhaben. Es war schrecklich eng und zwar über, aber noch stärker unter Wasser. Nachdem ich jedoch die Entfernung von Daren nach Clydach Gorge am 22. März mehr als halbiert hatte, wagte ich mich neun Tage später an Elm Hole. Meine Erinnerungen an den Vorstoß im Jahr 1974 waren traumatisch, was dazu geführt hatte, daß trotz der riesigen, weiterführenden Passage mich nichts zurückgelockt hatte – bis jetzt jedenfalls. Zwölf Jahre früher war ich jung und unerschrocken gewesen, bereit, alles auszuprobieren, egal wie die Folgen aussahen. In der Zwischenzeit hatte ich ein paar Lektionen gelernt.

Ich berechnete, daß ich mit meiner stark verbesserten Ausrüstung, meinen verbesserten Techniken und, wichtiger noch, mit meinem Reichtum an Erfahrung die Herausforderung annehmen konnte – vom psychologischen Standpunkt aus. Ich war bereit zu kämpfen. Aber trotz der geistigen Vorbereitung setzte sich die Atmosphäre der Tauchstelle bald durch. Die Felsen waren dunkel, zerklüftet und schlammig, das Wasser hatte eine abgestandene Torffarbe, und der eigene Atem hing in der Luft, als ob auch er sich in diesem engen Loch in die Ecke gedrängt und gefangen fühlte. Dies war keine freundliche Höhle wie Wookey oder Boreham, hier machte sich das fast überwältigende Gefühl des Bösen breit.

Ich rutschte vorsichtig in den Spalt hinein und hielt alle paar Meter inne, um sicherzugehen, daß die Leine in dem breitesten Abschnitt gesichert war. Dann kam in zehn Metern Tiefe die Verengung. Der Durchgang war weniger als 30 cm breit und etwa 90 cm lang, eine Stelle, an der erfahrungsgemäß ein Austausch der Ventile unmöglich sein würde – eine dieser Landmarken, die man sehr genau im Gedächtnis behält. Dahinter ging es etwas waagrechter weiter, aber auch hier gab es Felsplatten, Verwinkelungen, Abfälle und Höhen. Bei einer Sicht von weniger als einem Meter schlängelte ich mich vorwärts und stieß an, bevor ich beschloß, daß es am besten war, mich zurückzuziehen, da ich mir nicht sicher war, daß die Leine richtig gesichert war.

Hätte ich nicht gewußt, daß vorne irgendwo eine große Passage lag, wäre ich nicht zurückgekehrt, aber bestärkt

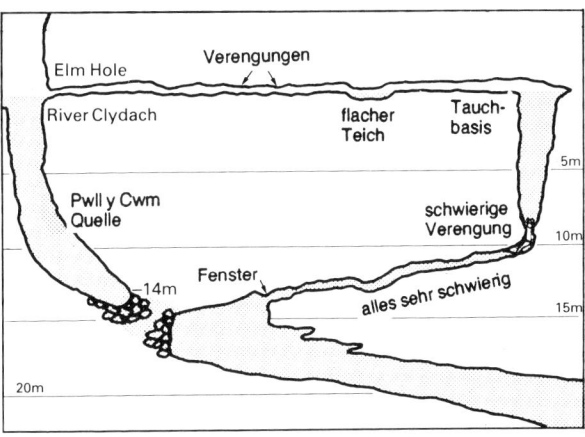

durch den ereignislosen Erstabstieg, war ich zwölf Tage später wieder da, und jetzt begann die Erforschung richtig. Ich erreichte das Window und schaute hinaus in die ehrfurchtserregende große, überflutete Höhle, die ich zum erstenmal 1974 gesehen hatte. Nach der Platzangst von Elm Hole mußte man sofort gegen das genauso beängstigende Gefühl der Agoraphobie ankämpfen. Außerdem war da noch der ernüchternde Gedanke, daß der Verlust der Leine in Tiefen von über 18 m und bei solch schlechter Sicht absolut kritisch sein würde. An diesem Tag übertraf ich die Stelle, die ich 1974 erreicht hatte, um 30 m und hatte gerade ein Drittel meines Luftvorrats verbraucht. Es folgte Tauchgang auf Tauchgang, wobei ich notwendigerweise immer größere Flaschen verwendete, und jedesmal ging ich bis ans Ende der Sicherheitsgrenze.

Tauchgang Nummer sechs (3. Juli) sollte sich als spannungsgeladener Tag erweisen. Gerade als ich abgetaucht war, kam es zu Komplikationen: Es war schwierig, aus der Flasche, die ich in der Hand hielt, zu atmen, und meine Maske leckte ein wenig. Als ich die Spalte hinabrutschte, mein Gesicht eng an den Felsen gepreßt, saß ich fest. Für sich allein genommen, bedeutete die kurze Verzögerung nichts, aber sie steigerte meine Angst insgesamt. Ich bewegte mich weiter vorwärts. Als ich die Corner erreichte, wo ich zuvor eine weitere Flasche deponiert hatte, waren all meine Sinne in Alarmbereitschaft. Wie immer war keine Zeit, sich umzusehen, keine Zeit für Verzögerung. Ich riß den schützenden Kunststoffbeutel ab, der das Mundstück umgab, und begann, mit der zweiten Flasche zu atmen. Der tiefste Teil des Tauchgangs (22 m) lag nun vor mir. Nach weiteren 60 m ließ ich die zweite Flasche fallen. Verärgert stellte ich fest, daß sich jetzt der Tiefenmesser lockerte und anschließend ständig drohte, von meinem Arm zu fallen.

An meiner bisherigen Höchstgrenze befestigte ich eine

*Oben: Schlammige Bedingungen im Dip Sump von Ogof Ffyn-
non Ddu, ähnlich denen im Endsumpf von Daren Cilau, wo Farr
gezwungen wurde, mit größter Vorsicht vorzustoßen, und vorsichtig seine Leine befestigte.*

*Links: Beim Betreten einer engen Röhre in der Noxon Iron Mine,
Südwales. Elm Hole ist ähnlich, aber enger und schlammiger.*

neue Rolle und bewegte mich schnell weiter. Jede Sekunde
erwartete ich, auf die Daren-Leine zu stoßen. Aber als 30
und dann 40 m Leine abgewickelt waren, wurde ich immer
unruhiger. War ich wirklich in der richtigen Passage? Vielleicht war dies überhaupt nicht die Route nach Daren,
sondern eine Parallelroute, die nach Agen Allwedd
führte? Die Spannung stieg, und da meine Sicherheitsgrenze sich schnell näherte, würde ich bald gezwungen
sein, umzukehren. Meine Augen suchten verzweifelt diesen kritischen Bereich am Fuß der Wand ab und sehnten
sich nach Erlösung.

Als alle Hoffnung gerade zu verlöschen drohte, traf ich
genau an der Stelle ein. Ich hatte die Verbindung gefunden. Bei mir machte sich keinerlei Jubel breit, nur die
ungeheure Erleichterung, daß ich nicht weiter vorstoßen
mußte. Ich verknotete die Leine, ließ die Rolle zurück und
bei einer Sicht, die gleich Null war, machte ich mich auf
den Rückweg.

Ich fühlte mich in dem Tunnel entlang und nahm die beiden zurückgelassenen Flaschen mit. Als ich das Window erreichte, wußte ich, daß ich es fast geschafft hatte, aber die Spannung war überwältigend. Gerade als ich mich in den Spalt begeben hatte, gab es neue Probleme. Die Leine verfing sich an der Riemenschnalle meiner Flosse. Dies passierte zweimal auf den ersten 10 m. Ich hatte das Gefühl, daß die Höhle irgendwie Rache nehmen wollte für meinen Erfolg. Meine Atmungsrate stieg. Ich erreichte die Verengung, und als ich mich dort hindurchwand, saß ich erneut fest. Meine Atmung war jetzt fortlaufend. Eine wogende Silbermasse von Blasen schoß in den Bereich um meine Maske herum und das regelmäßige, normalerweise dumpfe Dröhnen wurde durch donnerndes Gebrüll ersetzt. Ich dachte daran, die störende Flosse abzulegen, aber diesen Gedanken verwarf ich schnell wieder, da ich keinen Platz hatte, sie loszumachen. Mein Kopf steckte in der kleinsten Verengung, so daß ich auch keinen Platz hatte, das Mundstück zu wechseln. Neben dem Durchschneiden der Leine bestand nur noch die Möglichkeit, zu versuchen, einen Meter weiterzukommen. Ich nahm all meine Kraft zusammen, stemmte mich hoch und gewann den wichtigen Raum, in dem ich manövrieren konnte. Die Leine war frei.

Ein kalter, erschütterter Taucher kam nach 46 Minuten wieder an die Oberfläche. Nach jahrelanger Suche, drei Tauchgängen in Daren Cilau und sechs in Elm Hole war ein Lebensziel erreicht worden. Nachdem ich am 11. August mit der Unterstützung von Arthur Millett und John Cooper die Verbindung hergestellt hatte, durchtauchte ich schließlich die Strecke von Daren Cilau zur Clydach Gorge. Der Fernsehsender HTV drehte einen Film darüber. Dabei stellte ich einen neuen Rekord für den längsten (5 km) und tiefsten (213 m) durchgehenden Tauchgang auf den britischen Inseln auf.

Neben den Erforschungen stromabwärts in Daren Cilau wurden auch in der Richtung stromaufwärts Arbeiten unternommen. Hier fand man nur etwa 200 m von dem stromabwärts gelegenen Sumpf entfernt einen großen Was-

Oben: In der Psychotronic Strangeways-Passage von Daren Cilau, die von Farr und Ian Rolland nach einem flachen, 60 m langen Tauchgang durch den St. David's Sump erreicht wurde.

serfluß, der aus dem St. David's Sump kam. Ein früherer Farbstofftest hatte offenbart, daß dieses Wasser aus mehreren Meilen Entfernung aus der Nachbarschaft von Eglwys Faen Cave kam.

Im April 1985 entdeckte ich über einen Kilometer Passagen, die ich Psychotronic Strangeways nannte, hinter einem relativ leichten, flachen, 60 m langen Tauchgang. Jetzt ging es darum, eine Verbindung zu Agen Allwedd selbst zu finden, das etwa 500 m westlich lag. Der strategisch plazierte Gloom Room Sump sollte alle Forschungsversuche vereiteln, aber im November 1985 hatten Ian Rolland und Rob Parker ungeheures Glück. Als sie durch eine trockene, stark versandete Seitenpassage kurz vor dem Gloom Room vorstießen, gelangten sie in einen anderen Abschnitt des Flusses, den sie Borrowed Boots nannten.

An diesem Tag entdeckten sie 2 km Passage, die am Seventh Hour Sump endete, einer isolierten Tauchstelle, die zwei Stunden Reisezeit hinter dem St. David's Sump lag und sieben von der Oberfläche aus.

Ein starker Angriff auf diese Stelle zu Beginn des nächsten Jahres ergab wenig Fortschritt in diesem verengten Sumpf, aber Rolland setzte seine Arbeit in dem Gebiet fort, und nachdem er mutig Jacob's Ladder ohne Ausrüstung hinaufgeklettert war, wurde er mit der Entdeckung einer Reihe hochgelegener Passagen belohnt, die strategisch so lagen, daß sie die Möglichkeit einer trockenen Verbindung zu Agen Allwedd boten. Es folgte eine Reihe von sagenhaften Ausflügen, bei denen die Forscher lange und schwere Exkursionen unternahmen, die oft 23 Stunden und länger dauerten.

Heute besteht ein trockener Zugang zu dem Flußbett in Borrowed Boots, und Forscher, die nicht tauchen, graben zur Zeit die vielen Leitungen in der Agua Colorado-Serie aus. Dieses Gebiet liegt neben Agen Allwedd, und die langgesuchte Verbindung zwischen den zwei Höhlen wird sicherlich in der nahen Zukunft gefunden werden.

Das Tauchen spielte bei der Entdeckung und der Verbindung der Höhlen unter dem Llangattock Mountain eine große Rolle und eröffnete die Möglichkeit für viele weitere Entdeckungen. Beispielsweise wurde im Sommer 1987 eine Verengung, die mit lockerem Felsgestein gefüllt war, hinter den zwei kurzen Sümpfen von Ogof Capel überwunden. Man fand mehr als einen Kilometer von äußerst schönen Passagen. Aber von größerer Bedeutung für Taucher sind die zur Zeit stattfindenden Ausgrabungen an der Pwll y Cwm-Qelle. Das erfolgreiche Ergebnis wird schließlich eine walisische Version von Keld Head sein, nämlich über den riesigen »Hauptabfluß« hinweg, den ich 1986 nur teilweise erforschte.

Im Gesamtgebiet von Südwales müssen noch viele Tauchgänge unternommen werden, und Systeme wie Llygad Llwchwr im Westen, Tooth Cave und Llethryd auf der Gower Peninsula und Dan yr Ogof an der Spitze des

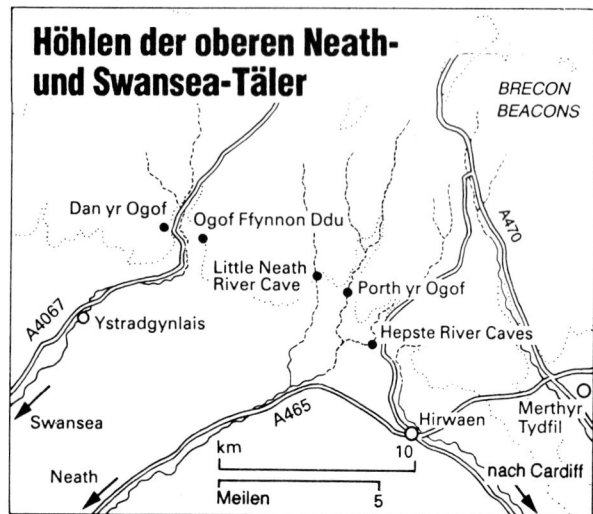

Höhlen der oberen Neath- und Swansea-Täler

BRECON BEACONS

Dan yr Ogof

Ogof Ffynnon Ddu

Little Neath River Cave

Porth yr Ogof

A4067

Ystradgynlais

Hepste River Caves

A470

Swansea

A465

Hirwaen

Merthyr Tydfil

Neath

km   10

nach Cardiff

Meilen   5

Swansea Valley werden sicherlich in nicht allzu ferner Zukunft große Entdeckungen freigeben.

Nordwales

Das schmale Kalksteinband in Norwales beherbergt eine Reihe von Höhlen und bietet sicherlich ein beträchtliches Potential für Höhlentaucher. In dieser Region gibt es zwei Haupthöhlengebiete: den Minera-Distrikt und das Alun Valley, einige Meilen westlich von Wrexham in Clwyd.

In der Minera-Region müssen noch Zugangsschwierigkeiten überwunden werden, und es ist offensichtlich, daß eine Reihe von vielversprechenden Stellen sich schließlich bezahlt machen werden – wenn man Höhlenforscher und Taucher hineinläßt. Von besonderem Interesse hier ist Ogof Llyn Ddu, das teilweise in dem aktiven Minera-Steinbruch liegt.

In diesem Gebiet wurde Ende des 18. Jh. viel Blei abgebaut, aber die Kenntnisse über die unterirdischen Gruben sind heute vage. Die ersten Bergleute nutzten die natürlichen Höhlenpassagen bei ihrer Suche nach dem wertvollen Erz, und es war eine sorgfältige Untersuchung der alten Gruben, die zu der »Entdeckung« von Ogof Llyn Ddu im Jahre 1979 führte.

Rechts: Der gefährliche, erste Sumpf von Otter Hole, von dem unter der Chepstowe-Rennbahn in Südwales der Wye abzweigt. Die Passage hier ist bei Flut überflutet, kann aber normalerweise bei Ebbe von Höhlenforschern betreten werden.

Tauchgänge fanden hier erst 1985 statt. Paul Whybro, der in dem stromaufwärts gelegenen Ragman Sump tauchte, drang mehrmals hier ein und erreichte schließlich nach einem Tauchgang von 260 m bisher unbekannte Passagen. Dieser Sumpf ist besonders unangenehm: die Sicht ist äußerst schlecht, es gibt viele Windungen und Biegungen, und über einen großen Teil der Entfernung liegt die Tiefe bei über 20 m.

Im Verlauf zweier Ausflüge im Sommer 1985 unternahm Whybro die Soloerforschung einer trockenen Passage von schätzungsweise 900 m Länge und ließ mehrere bedeutsame Nebenarme, darunter eine Reihe von Sümpfen, unerforscht. Diese stromaufwärts gelegene Erweiterung hat eine auffällige Position und könnte schließlich durchaus den Zugang zu den benachbarten Systemen von Ogof Dydd Byraf und einer weiteren neuen Entdeckung, Ogof Llyn Parc (eine über 7 km lange Passage), freigeben. Zu

diesen beiden Höhlen ist der Zugang zur Zeit eingeschränkt.

Im Alun Valley liegt ein weiteres großes System, das selten von Höhlenforschern von außerhalb aufgesucht wird, nämlich Ogof Hesp Alyn. Der North Wales Caving Club machte die ursprüngliche Entdeckung: über 800 m schlammige Passagen, die durchkrochen werden müssen, Schleifen und sieben Abhänge, bevor man einen Sumpf erreicht. Danach waren es Mitglieder der Cave Diving Group, besonders vom Wessex Cave Club, die für die Haupterforschung verantwortlich waren.

Im August 1982 durchtauchte Chris Milne den Sumpf nach einem niedrigen, schlammigen Tauchgang von 9 m. Er holte seinen Partner Pete Moody dazu, und gemeinsam erforschten sie eine große, 200 m lange Fortsetzung und erreichten zwei weitere Sümpfe.

Im August 1983 wurde Milne von Moody, Rich Websell und Kevin Clarke unterstützt, um den Endsumpf zu erreichen und dort die Erforschung wiederaufzunehmen. Überraschenderweise tauchte der Taucher nach nur drei Metern wieder auf und sah, daß die Höhle in der Ferne verschwand. Innerhalb kurzer Zeit hatte das gesamte Team diesen Abschnitt frei durchtaucht und machte sich an die Erforschung. Nachdem sie jedoch etwa 100 m gemischtes Gebiet erforscht hatten, wurden sie mit einem 20 m tiefen Schacht konfrontiert. Am nächsten Tag gesellte sich Whybro zu den Männern, und es wurde ein weiterer, kurzer Fortschritt erzielt.

Ende August erreichte eine noch größere Gruppe das Ende in Rekordzeit. Whybro kletterte 7 m hoch, um eine mit Felsbrocken durchsetzte Kammer zu erreichen. Dahinter lag ein weiterer Abhang von 8 m Tiefe und etwa 400 m offener Passagen, die schließlich in Verengungen endeten.

Die letzte Verengung, die von Felsbrocken versperrt ist, zu erreichen, ist heute eine schwierige Sache. Es ist schwer, die Route zu finden, und man braucht über 100 m an Leitern. Die Entdeckungen von 1984 haben die Höhle heute als zweitgrößtes System in Nordwales etabliert, und es ist offensichtlich, daß die Blockierungen am Ende dieses komplexen Systems beträchtlichen Raum für zukünftige Entdeckungen geben. Unglücklicherweise sind Dürreperioden für die Erforschung von Hesp Alyn erforderlich, da im Winter die gesamte Höhle bis an die Decke unter

Links: Paul Whybro unternimmt den ersten Tauchgang in Powell's Lode – eine natürliche Höhle, die vor 200 Jahren von Bergleuten beim Bleiabbau offengelegt wurde und seitdem überflutet ist. Nach dem Erreichen einer Tiefe von 25 m wurde die Erforschung abgekürzt.

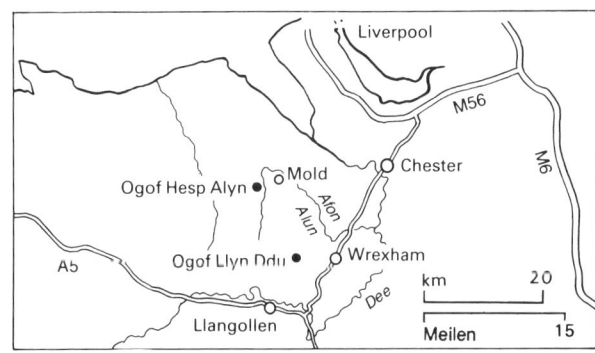

Oben: Chris Milne in Aktion in Ogof Llyn Ddu. Milne erzielte den Durchbruch in der nahegelegenen Höhle von Ogof Hesp Alyn im Jahr 1982.

Wasser steht und der Eingang selbst zu einer aktiven Quelle wird.

Es müssen noch viele Erforschungen in Nordwales unternommen werden, und es scheint merkwürdig, daß so wenige Höhlenforscher dieses interessante Gebiet besuchen.

Nordengland

Zu Beginn der siebziger Jahre bot das Hauptgebiet der Höhlenforschung in den Yorkshire Dales einen bedeutsamen Kontrast zu Orten wie Südwales, den Mendip Hills und Derbyshire. Hier gab es viele Tauchstellen, die noch erforscht werden mußten. Taucher, die im Süden wohnten, waren in der Vergangenheit oft in dieses Gebiet gereist, aber erst mit einer Gruppe örtlicher Taucher fanden die Hauptentdeckungen statt. Daher hatte die Öffnung der Sümpfe in diesem Gebiet viel mit dem Einfluß von Männern wie Dave Yeandle, Geoff Yeadon und dem verstorbenen Oliver Statham zu tun.

Boreham Cave und Dub Cote, 1974

Boreham Cave in Wharfdale war eine der wenigen Stellen, in der Anfang 1974 eine große Erweiterung gefunden wurde. Die Brüder Brindle vom Craven Pothole Club hatten hier 1959 45 m von unter Wasser stehenden Passagen durchquert und etwa 100 m Passagen entdeckt, einschließlich eines ganz neuen Flußbetts. Geoff Yeadon und Oliver Statham durchquerten den nächsten Sumpf (96 m) 1973 und tauchten in einem dritten Sumpf mit mehreren Luftglocken 104 m weit. Anfang 1974 besuchten Roger Solari und ich die Höhle, ohne von den zur Zeit stattfindenden Aktivitäten örtlicher Taucher zu wissen. Ich fügte der bereits vorhandenen Leine weitere 15 m hinzu und tauchte in einer offensichtlich großen Erweiterung auf, die ich auf weitere 300 m erforschte, bevor ich aufgrund von Flutbedingungen gezwungen war umzukehren.

Später telefonierten wir, entdeckten, wer die Leine gelegt hatte, und informierten die anderen von unserem Fund. Unsere Kollegen aus dem Norden nahmen die Erforschung prompt auf. Der gerechte Lohn in Boreham fiel Yeadon und Statham zu, die fast 2 km trockene Passagen hinter den 260 m Sümpfen erforschten. Formationen, die man hier findet, haben im Norden nicht ihresgleichen. In einem Teil hängen stiftartige Stalaktiten in dichten Gruppen von der Decke herab und blockieren fast die Passage. Diese zerbrechlichen »Strohhalme« bilden eine Szene von solcher Schönheit, wie man sie sonst nirgendwo auf den britischen Inseln findet.

Der wahrscheinlich wichtigste Aspekt der Höhlentaucherei in diesem Gebiet in den späten siebziger und achtziger Jahren waren lange Tauchgänge. Mike Wooding bereitete 1970 die Bühne in Keld Head vor, aber es war Geoff Yeadon, der auf diesem Gebiet Beständigkeit zeigte. Um größere Entfernungen zu erreichen, waren bestimmte Erweiterungen der Standardkleidung und -ausrüstung nötig. Bis dahin hatte die normale Bekleidung aus einem einzelnen Naßtauchanzug bestanden, unter dem bisweilen zusätzlich ein Neoprenhemd für längere Tauchgänge getragen wurde. Das Licht bestand normalerweise aus einer einzelnen Lampe, wie Bergleute sie tragen und die grob abgeändert wurde, damit kein Wasser eindrang. Der Einsatz von Tiefenmessern war recht häufig, aber Kompasse und Uhren wurden nur selten verwendet. Die Bezwingung der Sümpfe in Dub Cote, Horton in Ribblesdale war typisch für diese Methode mit leichter Ausrüstung. Nach einem Tauchgang von 457 m durch sechs Sümpfe erreichte John Parker im September 1974 einen vielversprechenden, weiterführenden Fluß. Die Tour war jedoch körperlich und geistig anstrengend, und nachdem etwa 300 m an Passagen erforscht waren, mußte er zurückkehren. Der Weg war

jetzt offen. Diese ferne Erweiterung hat seitdem über 2 km Passagen freigegeben, die in Richtung des Magnetometer Pot auf Fountains Fell verlaufen.

Die langen Tauchgänge sollten die Methode mit leichter Ausrüstung zum großen Teil verändern und beeinflußten die Höhlentaucherei insgesamt. Für einen längeren Aufenthalt unter Wasser brauchte man zusätzliche, verbesserte Geräte. Weitere verläßliche Lampen waren neben der vollen Ergänzung der anderen Geräte nötig. Tauchanzüge mußten die notwendige Wärme in dem kalten Wasser bieten. Yeadons Antwort darauf lautete, nicht einen, sondern drei Anzüge zu tragen. Es war schwierig, trockene Passagen in dieser Kleidung zu überwinden, aber unter Wasser war sie sehr nützlich.

Im Oktober 1974 fand ein großer Vorstoß in Boreham Cave statt. Yeadon tauchte von einer Basis in 244 m Entfernung aus und drang weitere 427 m in eine große, flache Passage ein. Im Mai des nächsten Jahres wurde ein noch größerer Vorstoß unternommen. Es wurde erwartet, daß der letzte Tauchgang bis zu 900 m lang sein würde. Mit drei Naßtauchanzügen bekleidet und mit drei Lampen und drei Flaschen (von denen eine 80 Kubikfuß Inhalt hatte) ausgerüstet, durchtauchte Yeadon den Endsumpf nach 790 m. Er fand eine trockene Erweiterung, die über 152 m lang war und in einer Höhle von sechs Metern Durchmesser endete, in die er nicht hinabsteigen konnte.

Die Kingsdale-Keld Head-Erforschung

Eine Reihe von langen Tauchgängen fanden 1974 das ganze Jahr über in der Kingsdale Master Cave in dem stromaufwärts gelegenen Rowten Sump statt. Im März 1976 wurde das »Ende« von schmalen, senkrechten Spalten in einer Tiefe von weniger als zwei Metern nach einem Tauchgang von 673 m von der Basis aus markiert.

Nach 1970 wurde die Erforschung von Keld Head mehrere Jahre lang vernachlässigt. Diese Höhle liegt auf derselben Höhe wie der stromabwärts gelegene Sumpf der Kingsdale Master Cave und hatte daher ein begrenztes Potential, was trockene Passagen betraf. Es wurde angenommen, daß aller Wahrscheinlichkeit nach ein einzelner Sumpf von 1500 m Länge die beiden Punkte trennte: ein ausgezeichnetes Projekt, das die Möglichkeit eines Weltrekords bot und eine wichtige Veränderung in der Einstellung markierte. Hier würde um des Tauchens willen getaucht werden, und trockene Passagen, die dabei entdeckt werden würden, würden rein zufällig sein.

Der Trockentauchanzug wird wieder eingeführt

Die Arbeit begann an dieser Stelle Anfang 1975. Im Mai machte Oliver Statham Geschichte, als er den

Trockentauchanzug bei den britischen Höhlentauchern wieder einführte. Bei dieser Art Anzug waren im Design und bei den Materialien große Fortschritte gemacht worden, seit er Anfang der sechziger Jahre nicht mehr in Höhlen eingesetzt worden war. Die alten Trockentauchanzüge (Segeltuch mit Gummibeschichtung) hatten selbst keine wärmenden Eigenschaften, und es war immer nötig, Wollunterwäsche zu tragen. Außerdem hatte das Luftvolumen in den Anzügen ständig Probleme verursacht, einschließlich negativer Tragkraft in der Tiefe. Um das Design zu verbessern, wurden mehrere Veränderungen vorgenommen. Erstens wurde der Anzug aus einem Material hergestellt, das dem des normalen Naßtauchanzugs ähnelte, aber dicker (6 mm) und haltbarer war, so daß die Wärmeeigenschaften verbessert wurden und trotzdem Unterbekleidung getragen werden konnte. Die wichtigste Verbesserung bestand jedoch darin, daß der Anzug ein »konstantes Volumen« hatte. Um dies zu erreichen, wurde eine Verbindung vom Atmungsventil des Tauchers in den Anzug hinein geschaffen. Über diesen Schlauch konnte der normalen Kontraktion des Luftvolumens in der Tiefe begegnet werden, indem der Anzug mit Preßluft aus einer Flasche aufgeblasen wurde. Auf diese Weise wurde in flachem wie in tiefem Wasser die neutrale Tragkraft aufrechterhalten. Der Aufstieg wurde ebenfalls berücksichtigt. Dazu wurde ein Druck-Auslöserventil vorne in den Anzug eingesetzt, um einen unkontrollierten Aufstieg zu verhindern, sollte sich positive Tragkraft entwickeln.

Der Hauptnachteil dieser neuen Anzüge war die Tatsache, daß sie allgemein für den Einsatz unter der Erde nicht geeignet waren. Sie konnten leicht beschädigt werden, was den Auftrieb beeinflussen würde. Außerdem waren sie zu warm, um in trockenen Passagen ständig getragen zu werden, und da es sich um einteilige, sperrige Anzüge handelte, konnte man sie nicht zu unterirdischen Tauchgründen transportieren. Die Kosten waren ebenfalls ein wichtiger Faktor. Damals kostete ein maßgeschneiderter Trockentauchanzug über £ 300, während ein geeigneter Naßtauchanzug für weniger als £ 50 beschafft werden konnte.

Daher fanden diese Anzüge oft begrenzt Anwendung beim Höhlentauchen und konnten nur eingesetzt werden, wenn der Zugang einfach und das Risiko der Beschädigung

Rechts: Geoff Yeadon schaut die Passage hinauf, die zum China Shop führt, nachdem er gerade einen 15 m tiefen Abhang von dem Boreham-Hauptfluß hinaufgeklettert war. Die Fließstein-Kaskade hat einen Teich am oberen Ende der Passage entstehen lassen, und ihre Stille hat es den langen Strohhalmen des China Shop ermöglicht, sich ohne Störung zu entwickeln.

minimal war. Keld Head entsprach dieser Rolle perfekt, da es sich um ein offenes Gewässer handelte, das nah an einer Straße lag.

Die Erforschung von Keld Head

Die systematische Erforschung und Vermessung von Keld Head begann im Februar 1975. Alle daran Beteiligten wußten, daß es eine lange Operation werden würde, und um sicherzugehen, daß die Leinen nicht zerrissen, beschloß man, von Anfang an eine besonders schwere Leine (5 mm) zu verwenden; davon wurden 183 m verbraucht und an dem üblichen Bleiblock verknotet. Geoff Yeadon schrieb:

> Frühere Versuche waren nicht sehr organisiert gewesen. Die Taucher waren in dem tintenschwarzen Wasser umhergeschwommen. Sie wußten nicht, wohin sie schwammen, und waren um nichts klüger, wenn sie wieder herauskamen. Als wir daher 1975 mit unserer Vermessung begannen, erkannten wir, daß eine professionelle Methode nötig war, um bedeutsame Fortschritte zu erzielen.

Am 27. Mai begab sich Oliver Statham mit seinem neuen Trockentauchanzug ausgerüstet daran, weitere 152 m Leine zu der bereits vorhandenen hinzuzufügen. Glücklicherweise war die Hauptroute geräumig, so daß der Einsatz von Flaschen auf dem Rücken, die die normalen, seitlich getragenen ergänzten, erleichtert wurde.

Bei diesem Vorstoß erkannte man, daß Mike Wooding eine ganz andere Route als die, die bei den neueren Tauchgängen verfolgt worden war, zu der Passage getaucht war. Daher wurden die beiden Routen nach dem Ursprung des Wassers benannt, das sie enthielten. Woodings Passage erhielt den Namen Marble Steps-Route, während die Hauptpassage (die viel größer war) Kingsdale-Route genannt wurde.

Im Juni 1975 verlegte Geoff Yeadon weitere 48 m Leine vom alten Ende der Leine an. Die Gesamtlänge betrug jetzt 384 m und die Tiefe weniger als 9 m. Yeadon erklärte:

> Zu unserer Überraschung zeigte die Vermessung, daß unsere ersten 335 m uns der Kingsdale Master Cave überhaupt nicht näher gebracht hatten, was eine Verbindung sogar noch unwahrscheinlicher scheinen ließ. Was die Sache noch verschlimmerte, waren Anzeichen, daß die Höhle tiefer zu werden schien, und das bedeutete, daß die Luftversorgung bald zum Problem werden würde.

Rechts: Geoff Yeadon blickt zurück auf den China Shop, Boreham Cave, bevor er den Rest dieser langen, hochgelegenen Passage erforscht. Es erwies sich als unmöglich, das Wasser beim Durchqueren des China Shop nicht aufzurühren – selbst bei kleinen Wellen drohten die Strohhalme abzubrechen.

Die Pioniere von Keld Head: Geoff Yeadon (oben) und Oliver Statham (unten).

Zu einer überraschenden Entwicklung kam es am 4. Juli 1975. Der Leichnam von Alan Erith, der am 3. Oktober 1970 verunglückt war, wurde entdeckt. Er wurde am nächsten Tag herausgeholt. Statham kommentierte das Ereignis:

Oben: Derek Crossland, Oliver Statham und Geoff Yeadon (sitzend) in Keld Head am Entdeckungstag von Eriths Leichnam.

> Merkwürdig war, daß wir überhaupt nicht bewegt waren, aber ich nehme an, daß wir uns dazu zwangen. Geoff schien ein wenig betroffen, aber wohl deshalb, weil er ihn getragen hatte.

Während des Rests des Jahres fanden mehrere Tauchgänge statt, die hauptsächlich darauf abzielten, die erreichte Position zu festigen. Während dieser Tauchgänge hatten die Suche nach Luftglocken (mehrere wurden sogar in einer Entfernung von 260 m gefunden) und Vermessungen Vorrang.

Auf zwei verschiedenen Tauchgängen im Dezember

1975 und im Februar 1976 stieß Phil Papard auf 485 m vor. Später wurde die Leine in einem Tauchgang, der eine Stunde und fünfundvierzig Minuten dauerte auf 625 m verlängert. Die Tiefe betrug konstant 9 m und die Sicht unter 2 m Tiefe war sehr schlecht. Yeadon und Statham verwendeten beide Trockentauchanzüge und jeder war mit einer Flasche von 80 Kubikfuß Inhalt und zwei 40 Kubikfuß-Flaschen Luft in Rückengestellen ausgerüstet. Der gesamte Luftverbrauch betrug 90 Kubikfuß pro Mann, und man erkannte, daß zukünftige Vorstöße stark von dem Einsatz größerer Luftvorräte abhingen oder davon, daß man ein Depot anlegte. Luftglocken waren in dieser Hinsicht klar von Vorteil, denn die Taucher konnten zu ihnen hinschwimmen und teilweise verbrauchte Flaschen gegen frische, die zu einem früheren Datum hier deponiert worden waren, austauschen. Einen solchen Austausch unter Wasser bei schlechter Sicht oder in einem verschlammten und verengten Abschnitt zu versuchen, konnte gefährlich sein, denn die Sicht in dem trüben Wasser konnte schnell auf Null zurückgehen. Alles mußte nach Gefühl getan werden, was kein beruhigender Gedanke war, wenn der Taucher weit von der Basis entfernt war.

1976 begann eine weitere Gruppe von Tauchern aus dem Norden mit der Erforschung der Marble Steps-Route. Am 19. April war alles bereit für einen Vorstoß über Woodings Grenze bei 329 m hinaus. Bob Hryndyi drang in zwei Tauchgängen 488 m in den Sumpf ein, kehrte aber zurück, als niedrige Passagen und Riesenmengen von Schlamm seine Pläne vereitelten. Am selben Tag erweiterte Geoff Yeadon die Hauptpassage von Kingsdale auf 701 m.

Versuche vom Kingsdale-Ende aus, 1976
Weitere Tauchgänge die Kingsdale Passage hinauf waren offensichtlich ernste Unternehmungen. Die letzte Luftglocke, die man fand, befand sich 259 m vom Eingang entfernt und war daher für einen Vorstoß am Ende im Grunde nutzlos. Die logische Antwort lautete, nach einer Verbindung vom stromabwärts gelegenen Sumpf in der Kingsdale Master Cave zu suchen, und die Aktivitäten begannen hier 1976. Für solche Tauchgänge tief unter der Erde waren Naßtauchanzüge besser geeignet als Trockentauchanzüge, denn sie konnten von den Helfern eigentlich überallhin getragen werden, ohne zu große Schwierigkeiten zu bereiten oder beschädigt zu werden.

Beim zweiten Tauchgang erreichte Yeadon eine Luftglocke nach 305 m in einer sehr gemischten Passage. Sein dritter Tauchgang hier am 1. Juli war ereignisreicher. Nachdem er weitere 90 m Leine stromabwärts verlegt hatte, machte er sich auf den Rückweg. Als er noch 90 m bis zur Basis vor sich hatte, wurde plötzlich das Ventil überflutet.

Da ich gerade ausgeatmet hatte, griff ich nach dem Entleerungsknopf, aber fand ihn nicht. Es war nur noch das Mundstück aus Gummi vorhanden, das Hauptteil war abgefallen. Meine Lungen verlangten jetzt mit immer drängenderen Zuckungen nach Luft, und ich fühlte nach meinem zweiten Ventil, denn die Sicht war jetzt sehr schlecht. Der erste Versuch verfolgte den falschen Schlauch zum Inhaltsmesser. Der zweite war erfolgreich, und »Bradford«-Luft strömte ein, um die brennenden Lungen zu löschen. Eine Minute lang ruhte ich mich auf dem Boden aus, bevor ich meinen Weg fortsetzte.

Bei seinem vierten Tauchgang erreichte Yeadon am 10. Juli 488 m, am 24. Juli 600 m und eine weitere Luftglocke,

während er am 27. Juli einige Verengungen überwand und seine Rolle bei 630 m ablegte. Die Lücke zwischen den beiden Erweiterungen wurde kleiner, und er war wie besessen von seinen Forschungen.

Während dieser paar Wochen mußten meine Mitbewohner in Harrogate eine große Vermessungskarte auf dem Wohnzimmerboden ertragen. Zu sehen, wie der Arm der Kingsdale Master Cave zur Grenze unserer Erforschungen in Keld Head kroch, war völlig berauschend.

Weitere Versuche in Keld Head, 1976–77
Am 5. August 1976 stellte Oliver Statham den britischen Längenrekord auf, als er einen Punkt von 838 m in Keld Head erreichte und den bestehenden Rekord von Yeadon in Boreham Cave schlug, den dieser im Oktober 1974 mit 792 m aufgestellt hatte. Vorhergehende Tauchgänge hatten hier die sichere Grenze mit transportierter Luft erreicht (zwei 40 Kubikfuß-Flaschen und eine 80 Kubikfuß-Flasche). Bei dieser Gelegenheit wurde ein improvisiertes »Hypersystem« eingesetzt, das aus 80 Kubikfuß-Flaschen an der Seite und einer Doppelflasche von 50 Kubikfuß auf dem Rücken bestand. Jedes System wurde einzeln durch drei Ventile kontrolliert. »Herbert« (der Spitzname von Stathams Trockentauchanzug) sollte bei dieser Gelegenheit wirklich seinen Wert unter Beweis stellen. Am Anfang war der Taucher stark übergewichtig, als er seine 160 Pfund schwere Ausrüstung trug, aber als er den Anzug aufblies, wurde das Gleichgewicht erreicht. Der Tauchgang dauerte 90 Minuten lang und verbrauchte 115 Kubikfuß Luft. Nachdem sie diese Tauchgänge grob vermessen hatten, waren sie jetzt nur noch etwa 275 m von dem Punkt entfernt, der in der Kingsdale Master Cave erreicht worden war.

Fortschritte wurden langsam, aber sicher gemacht, und es dauerte bis zum Februar 1977, bis ein weiterer Vorstoß unternommen wurde. Diesmal war Yeadon an der Reihe, und bei äußerst schlechter Sicht erreichte er 925 m. Der europäische Entfernungsrekord war jetzt nah, aber die Möglichkeit einer Verbindung schien geringer zu werden. Yeadon hatte seine Zweifel:

Nach meinem Tauchgang im Februar wurden unsere Hoffnungen geringer, denn obwohl die Lücke sich auf meiner Karte langsam schloß, war die Tiefe in der Keld Head-Erweiterung jetzt auf 18 m angewachsen, und die beiden Höhlen gingen senkrecht gesehen immer weiter auseinander. Die zusätzliche Tiefe bedeutete auch, daß wir jetzt neue Möglichkeiten für den Transport von mehr Luft finden mußten.

Jochen Hasenmayer in Keld Head
Die Nachrichten von Keld Head und den beiden Tauchern aus Yorkshire verbreiteten sich. Im Januar 1978 gingen die

Ereignisse auf einen Höhepunkt zu, und Statham lud den erfahrenen deutschen Höhlentaucher Jochen Hasenmayer ein, an der Erforschung teilzunehmen. Wenn irgend jemand seinen Rekord von der Rinquelle in der Schweiz verbessern würde, wollte er dabei sein. Seine Fähigkeiten waren gleich offensichtlich, denn bei seinem ersten Tauchgang, bei dem er sich mit der Umgebung vertraut machte, schwamm er bis ans Ende der Leine. Ein paar Tage später, am 5. Februar, war ein großer Vorstoß geplant, an dem alle drei Pioniere teilnahmen. Es sollte ein aufregender Tag werden. Das Wasser war kalt und die Sicht wie immer schlecht.

Hasenmayer hatte 270 Kubikfuß Luft dabei (mehr als Yeadon und Statham) und sollte die Führung übernehmen, da man beschlossen hatte, unabhängig voneinander in einem Abstand von jeweils einer halben Stunde zu tauchen. Mit seiner üblichen Doppelflasche, die er auf dem Rücken trug, erreichte der Deutsche das Ende der Leine. Die Fortsetzung stromaufwärts war schrecklich eng, und Hasenmayer war überzeugt, daß etwas übersehen worden war. Daher rollte er die ersten Meter Leine wieder auf und suchte nach einer anderen Route. Dann verknotete er eine neue Rolle von 96 m schwerer Leine und begab sich daran, diese auszulegen. In einem neuen Bericht, speziell produziert für die zweite Ausgabe dieses Buchs, hat Hasenmayer genau beschrieben, was geschah:

> Etwa fünfzehn Meter stromabwärts von Geoffs Endpunkt entfernt fand ich die Hauptfortsetzung, die sich durch eine niedrige Schichtung zog. Der einzige weiterführende Weg befand sich unlogischerweise links, wo ein langer Schlitz durch eine Verbreiterung des Deckenkanals passierbar war. Auf dem ausgewaschenen Felsenboden war es nicht möglich, das Seil korrekt anzubringen. Aber da es sich um sauberes Gestein ohne Schlamm handelte, war ich mir sicher, daß die anderen das Problem sofort erkennen und die Grundregel, »die Leine eines Tauchers, der sich im Sumpf befindet, nicht zurückzuziehen«, beachten würden.
>
> Hinter der Verengung setzte ich meinen Weg einen geräumigen Tunnel entlang auf eine Entfernung von 1006 m fort – damals ein europäischer Rekord für einen Tauchgang in einem einzelnen Sumpf.

Jetzt hatte Statham, der auch Flaschen auf dem Rücken trug, die Verengung erreicht und hatte in dem aufgewühlten Wasser große Schwierigkeiten, den Weg fortzusetzen. Schließlich manövrierte er sich in eine Position, in der er folgen konnte, aber da die Leine wegen fehlender Sicherungspunkte nicht gesichert war, erkannte er, daß dies gefährlich sein würde, da die Leine leicht von dieser geräumigsten Position weggezogen werden konnte. Weiter vorzustoßen, würde daher sein eigenes Leben und das von Hasenmayer in Gefahr bringen. Da er auch an seinen aufgebrauchten Luftvorrat dachte, hielt er es für vernünftig umzukehren.

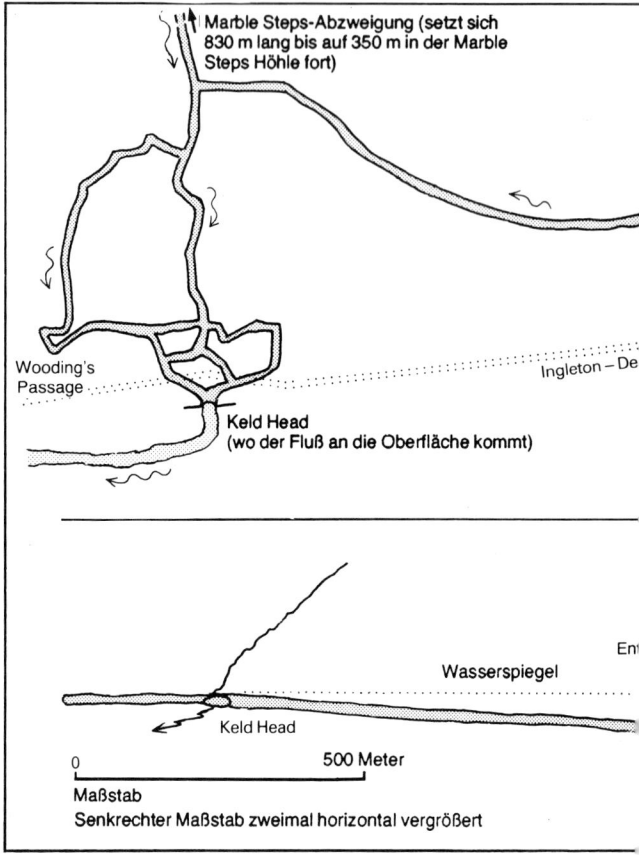

Der Vorfall bei Dead Man's Handshake

Als Statham an der Leine zurückkehrte, traf er innerhalb von 100 m auf Yeadon und schrieb die heute unsterbliche Anmerkung auf die Tafel seines Freundes:

> »3000, klein mit Rückwand und Seite, kein Jochen, Schwierigkeiten?«

Yeadon erwiderte, daß er nachschauen würde. Statham setzte seinen Rückweg fort und ließ Yeadon zurück, damit er sich selbst um die Sache kümmern würde. Später beschrieb er die weiteren Ereignisse in der Zeitschrift *Caving International* *:

* Nr. 5, Oktober 1979

> Er [Statham] hatte bald keinen Luftvorrat mehr, daher versteckte er sich in der Passage in niedriger Tiefe (9 m) im Gegensatz zu den 18 m an der Verengung, damit er nicht hinausgehen und Jochens Frau mitteilen mußte, daß ihr Mann überfällig war.
>
> An der Verengung, bei der es sich um einen merkwürdigen schmalen Schlitz handelte ... war die Leine stark in die Ecke gespannt, denn sie ging hinein und um eine Felswand herum und dann wieder in einem Winkel

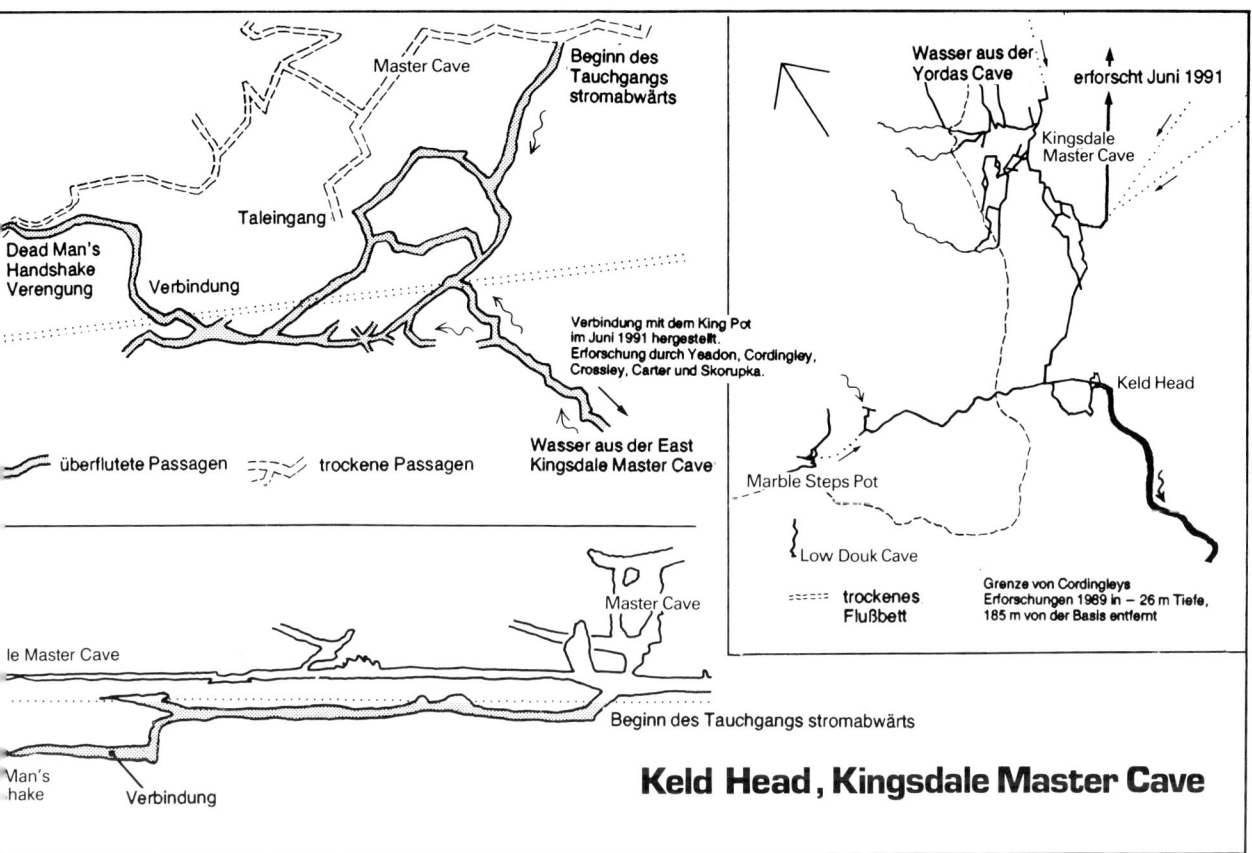

überflutete Passagen   trockene Passagen

Master Cave

Beginn des Tauchgangs stromabwärts

le Master Cave

Verbindung mit dem King Pot im Juni 1991 hergestellt. Erforschung durch Yeadon, Cordingley, Crossley, Carter und Skorupka.

Wasser aus der East Kingsdale Master Cave

Wasser aus der Yordas Cave   erforscht Juni 1991

Kingsdale Master Cave

Keld Head

Marble Steps Pot

Low Douk Cave   trockenes Flußbett

Grenze von Cordingleys Erforschungen 1989 in − 26 m Tiefe, 185 m von der Basis entfernt

Keld Head, Kingsdale Master Cave

zurück ... Ich dachte: »Mein Gott, ich kann nur hier sitzen, bis meine Drittelmarke erreicht ist, und dann muß ich dich zurücklassen.« Etwa um diese Zeit, als ich fast bei der Drittelmarkierung war, spürte ich ein Zucken in der Leine. Es war offensichtlich, daß er irgendwie in Schwierigkeiten war, daher antwortete ich durch mehrmaliges Ziehen, um ihn wissen zu lassen, daß ich da war, und dann kam er direkt auf mich zu [auf der anderen Seite der schmalen Schichtungsebene] mit dem Kopf zu einer Seite geneigt ... [dann] ging er, ohne mich zu sehen, zurück in die Schichtungsebene, aus der er gekommen war, was mir ein merkwürdiges Gefühl gab.

Dann zog ich mich zurück, um einen Blick auf meinen Inhaltsmesser zu werfen, da jegliche Sicht [in der Verengung] weg war. Ich dachte mir, daß ich etwas über meine Grenze gehen würde ... Ich dachte sogar daran, mein Rückengestell abzunehmen und es zu ihm hineinzuschieben, weil ich damit noch nicht angefangen hatte ... Wahrscheinlich ging sein Vorrat zu Ende, denn obwohl er mit 270 Kubikfuß Luft begonnen hatte, war er eineinviertel Stunden länger drin als ich, und wahrscheinlich über einen großen Zeitraum in über 18 m Tiefe. Dann erschien er an diesem lächerlich kleinen Loch, das weit von der Leine entfernt war. Ich schob meine Hand in das Loch, und er packte sie. Ich dachte: »Eigentlich hätte ich das nicht tun sollen mit meiner Hand, an der sich das Messer befand!« Später sagte er: »Das hättest du nicht tun sollen, denn ich trage immer diesen rostfreien Draht bei mir. Ich hätte dich damit an einen Felsen fesseln, hinten herumkommen und deine Flaschen stehlen können.«

Seine Hand zitterte, und wir hielten uns an den Händen, unfähig irgend etwas zu sagen, und dann hörte er auf zu zittern und streichelte meine Hand, als ob er sagen wollte, daß er einen neuen Versuch unternehmen wollte. Ich versuchte, ihm Signale zu geben – ihm zu sagen, daß er zurückgehen sollte, aber es war nicht genug Platz vorhanden. Wir waren beide lang ausgestreckt und er bekam die Botschaft nicht, obwohl er schließlich tat, was ich ihm zu sagen versuchte. Ich glaube, zum Teil zitterte er, weil er so lange da drin gewesen war und auch, weil er noch nie zuvor mit mir getaucht war. Er wußte nicht, ob ich nicht in Panik geraten würde ... ich hätte zur Gefahr für ihn werden können.

Hasenmayers neuer Bericht erzählt eine ganz andere Geschichte:

Als ich zurückkam, war die Leine gespannt, so daß sie aus der Position der Durchgangsroute herausgezogen war. Sie verlief teilweise durch eine Sandbarriere und teilweise an der linken Seite der Hauptverengung entlang und verschwand dort unter diesem unpassierbaren Teil der niedrigen Schichtung (in der Position, in der Yeadon und ich uns auf der ursprünglichen Zeichnung berühren). Wie Sie sehen werden, paßt nur diese Position der Leine zu den nachfolgenden Ereignissen und zu wichtigen Teilen von Geoffs Bericht [in einem früheren Teil des Memorandums hatte Hasenmayer der Position der Leine, wie sie auf der ursprünglichen Zeichnung gezeichnet worden war, stark widersprochen].

Da die Sicht jetzt auf eineinhalb Meter zurückgegangen war und ich immer noch genug Luft hatte, beschloß ich, systematisch zu suchen. Ich begann in der äußersten Ecke der linken Wand, wobei ich die Leine mit der rechten Hand fühlte. Gerade als ich sie freibekommen hatte, wurde ich so gewaltsam zurückgezogen, daß ich nichts dagegen tun konnte, bis ich unter den Deckenvorsprung gelangte, gegen den ich mich stemmen konnte. Natürlich konnte ich die Leine nicht loslassen, die Sicht war gleich Null, und die Leine zog sich in die Sandbank. Trotz aller Signale begann ein Tauziehen. Ich mußte mich mit aller Kraft widersetzen. Eine Lampe wurde von meinem Helm abgerissen, und mein rechter Arm wurde immer länger. Warum tat er das?

Plötzlich hielt er inne. Ich nahm das Risiko auf mich, meine stabile Position aufzugeben und zwängte mich so tief ich konnte in die Verengung und versuchte, entlang der Leine seine Hand zu erreichen. Ich hatte Erfolg, ergriff seine Hand ganz ruhig und streichelte sie. Er verstand meine beruhigenden Berührungen und Signale und befreite endlich die Leine, mit der er mich in diesem unpassierbaren Schlitz verankerte und in die Verengung zwängte. Als die Leine nachgab, konnte ich sie zurückziehen. Im Prinzip kannte ich die richtige Richtung, aber Yeadon hatte sie mich auf unvergeßliche Weise gelehrt. Jetzt fädelten wir zusammen, jeder auf seiner Seite, die Leine aus dem Schlitz heraus zurück in die erprobte Route. Als die Leine schließlich in der richtigen »Exit«-Position war, war die Passage wieder ohne Probleme passierbar.

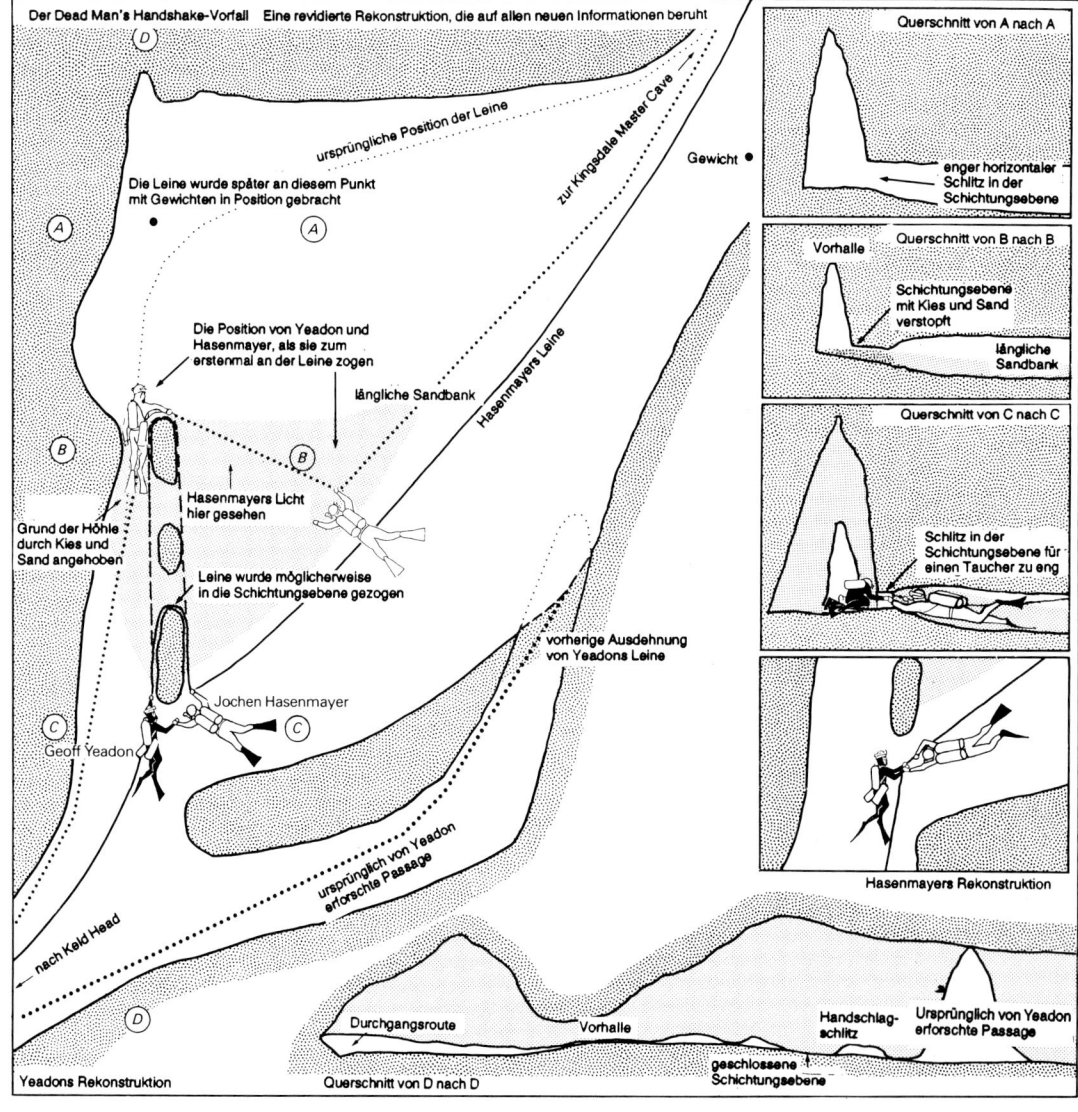

Zwischen beiden Berichten besteht ein beträchtlicher Unterschied, und beide Taucher sind sich sicher, daß ihre Version die richtige ist. Bei der schlechten Sicht war die Situation, in der sie sich befanden, äußerst verwirrend. Yeadon war noch nie zuvor mit Hasenmayer getaucht. Seine Versuche, irgendeine Form der Kommunikation zu etablieren, mag alles noch schlimmer gemacht haben*.

* Spätere Beobachtungen an dem Schlitz haben die Erhöhung beschrieben, die der Zeichnung hinzugefügt wurde und die zeigt, daß die Leine nicht in die Position gelangt sein konnte, die Hasenmayer beschrieben hatte. Es ist möglich, daß die Leine von Hasenmayer aus ihrer ursprünglichen Position gezogen worden war, als er sich die Passage entlang vorwärtsbewegte, und dies mag von Statham (auf die Art und Weise, die er später beschrieb) und danach, als Yeadon und Hasenmayer Signale austauschten, verschlimmert worden sein. Unter den trüben Bedingungen mag Hasenmayer gedacht haben, daß die Leine (die sich in seiner rechten Hand befand) sich durch den Handshake Slit schob, während wahrscheinlicher scheint, daß sie über eine gewisse Entfernung nach vorne ging, bevor sie zu Hasenmayer zurückkam (da Yeadon daran festhielt, daß er sie in seiner linken Hand hielt und sie in Richtung des richtigen Loches ging). Eine weitere Möglichkeit wäre die, daß der Handschlag durch eins der Löcher erfolgte, die näher an der Vorhalle waren, aber beide Taucher bestätigen die abgebildete Position. Hasenmayers ruhiges Verhalten, als er aus der Höhle zurückkam, scheint seine Aussage zu bestätigen, daß er die Situation ganz unter Kontrolle hatte.

Aber er machte sich große Sorgen um Hasenmayers Luftvorrat und war sich sicher, daß der Deutsche kurz vor einer Krise stand, da er nach einem Ausweg suchte (und Luft verbrauchte). Daher erklärte er später, daß er überzeugt war, daß er »die Hand eines Toten schüttelte«. Yeadon berichtete:

Endlich kam er an das richtige Loch. Ich leuchtete mit meiner Lampe hinein, und er kam heraus.

Ich hatte all dieses Zeug in australischen Zeitschriften gelesen, daß Leute einander wegen fehlender Luft angreifen, und ich dachte, daß er nicht mehr viel Vorrat hatte, daher zog ich mich zurück und versteckte mich unter der Decke. Ich beobachtete, wie er herauskam, aber er schien ganz ruhig – er hatte seine Haltung wiedererlangt –, daher kam ich herunter und bat ihn, mir seine Inhaltsmesser zu zeigen, aber er schien der Meinung zu sein, daß er genug Luft hatte.

Hasenmayer hatte in der entfernten Seite der Verengung für mindestens zehn Minuten festgesessen, vielleicht länger. Yeadon war der Meinung, daß er warten sollte, um ihm die nötige Unterstützung zu gewähren, aber als Hasenmayer durch das Loch auftauchte, schien er völlig ruhig und hatte trotz des Traumas und der Gefangenschaft noch genug Luft, ohne Hilfe von Yeadon an die Oberfläche zu gelangen. Tatsächlich transportierte er sogar die große Rolle auf dem Rückweg. Nachdem sie ruhig der Leine zurück gefolgt waren, kamen sie nach zweidreiviertel Stunden beziehungsweise nach zwei Stunden heraus. Als Yeadon kurz nach Hasenmayer auftauchte, sagte er zu Statham: »Ich dachte, daß ich dort drin die Hand eines Toten geschüttelt habe.« Hasenmayers Kommentar war nicht weniger dramatisch: »Es war wie etwas aus einem Horrorfilm.« Aber selbst am Ende bestanden unterschiedliche

Ansichten. Yeadon war der Meinung, daß Hasenmayers Luftvorrat zu Ende gewesen war, während Hasenmayer heute sagt, daß er noch einen großen Vorrat hatte, »genug, um noch eine Stunde lang in den tieferen Regionen von Keld Head zu tauchen«.

Hasenmayer glaubt, daß die Unterschiede in den beiden Berichten möglicherweise aufgrund des Drucks der Medien zustandekamen. Der Tauchgang hatte das Interesse der Presse erweckt, obwohl diese zu einem gewissen Maß von Statham hofiert worden war. Hasenmayer meinte dazu:

Als ich in Yorkshire eintraf, erfuhr ich, daß er [Statham] seine Gründe hatte, mich zu diesem Rekordvorstoß einzuladen: Er hatte Interesse an der größeren Publicity, wenn er dabei war. Eine »internationale Expedition« würde helfen, und die Teilnahme des aktuellen Rekordhalters würde das Drama noch steigern. Statham dachte an eine Art »unterirdische Jagd nach dem Südpol«. Geoff Yeadon war nicht besonders glücklich über diese Idee. Er hielt andere Dinge für wichtiger, und er hatte recht... zuerst einmal mußten wir uns mit der Lösung des Problems beschäftigen, und dazu brauchte es einer Teambemühung. Aber dann scheiterte ihre Phantasieveranstaltung an den nicht vorhergesehenen, heimtückischen Riffen der Verengung. Was sollte jetzt geschehen? Aber war der tatsächliche Gang der Ereignisse nicht noch dramatischer als die geplante Geschichte? War es nicht für Yeadon der Schock seines Lebens, als diese schwarze Hand durch den Felsen hindurch nach ihm griff? Dennoch führte der Schock zu einer elektrifizierenden Idee, die alle Probleme zur Seite schob; der Handschlag eines toten Mannes! Die Show war gerettet. Statt von dem europäischen Rekord zu berichten, den dieser »verdammte Deutsche« aufgestellt hatte, gab es unheimliche Ersatzunterhaltung und Rettungsaktionen plus... ein paar kleine Korrekturen bei der Reihenfolge der Ereignisse. Nur die beharrliche Aufmerksamkeit von Anne, Olivers Freundin, sorgte dafür, daß die unangenehmen Tatsachen schließlich in dem öffentlichen Bericht erwähnt wurden.

Hasenmayer erklärt weiter, daß die Aufmerksamkeit der populären Presse ihn nicht zu sehr störte und er ganz zufrieden damit war, bei den abschließenden Verbindungstauchgängen die unterstützende Rolle zu übernehmen und außerdem neues Gerät zur Verfügung zu stellen. Was ihn ärgert, ist die Verewigung der Geschichte vom Handschlag des toten Mannes, die seiner Meinung nach einen Schatten auf sein Geschick als Taucher wirft. Yeadons Sprachfigur war völlig spontan gewesen, obwohl sie natürlich ein ideales Fressen für die Presse war und sich anschließend in der Folklore der Höhlenforscher etabliert hat.

Es ist klar, daß Hasenmayers Erfahrung, Geschick und Entschlossenheit es ihm ermöglichten, in einer potentiell stressigen Situation die Ruhe zu bewahren. Die einzige Lektion, die man daraus vielleicht lernen kann, ist, daß Taucher, die gegenseitig ihre Techniken und Fähigkeiten nicht kennen, besonders vorsichtig bei gemeinsamen Operationen sein sollten, speziell, wenn es auch noch Sprachschwierigkeiten gibt.

Vorbereitungen für die Verbindung

Es war unausweichlich, daß die Verengung bei 914 m Dead Man's Handshake genannt werden würde, und zweifellos stellte sie eine wirkliche Behinderung bei weiteren Fortschritten dar. Einfallsreich und entschlossen wie immer, konstruierte Yeadon ein unglaubliches, an der Seite zu tragendes Geschirr, das vier Flaschen aufnehmen würde (zwei 80 Kubikfuß- und zwei 50 Kubikfuß-Flaschen). Trotz der ungeheuren Rückenschmerzen aufgrund des großen Gewichts, das um die Taille herum getragen wurde, fand am 16. April ein bedeutsamer Tauchgang statt. Nachdem Yeadon die beiden kleineren Flaschen bei 213 m und 427 m abgelegt hatte, erreichte er Dead Man's Handshake ohne weitere Schwierigkeiten. Die Leine wurde an einem Bleiblock gesichert, und innerhalb von Minuten erwies sich die weitere Route als annehmbar. Er setzte seinen Weg zu Hasenmayers Rekord (1006 m) fort und rollte weitere 30 m Leine ab. Der weitere Weg war immer noch weit offen, aber immer noch etwa 18 m tief.

Es ist interessant anzumerken, daß Keld Head nicht nur die Kingsdale Passage entlang erweitert wurde, sondern auch an mehreren anderen Punkten. Die Situation unter Wasser ist sicherlich ziemlich komplex, wie sich aus dem Diagramm auf Seite 143 ablesen läßt. Ein wichtiger Fund fand zu dieser Zeit an der »Ecke« bei 335 m statt. Yeadon

Oben links: Jochen Hasenmayer taucht nach einem langen Tauchgang in Keld Head wieder auf.

Oben: Hasenmayer nach seiner sagenhaften Rettung aus Keld Head. Man beachte die Reserveleine aus dünnem Draht, die von seinem Taillenriemen herabhängt.

hatte im Februar 1978 an diesem Punkt einen großen, unter Wasser stehenden Einlaß entdeckt. Nach mehreren Tauchgängen wurde dieser auf 823 m vom Eingang aus erweitert, und man nahm an, daß es sich dabei tatsächlich um die »echte« Marble Steps Passage handelte. In letzter Zeit hat man entdeckt, daß die andere Hauptroute überhaupt kein Einlaß ist, sondern eine recht lange und gewundene Schleife, die sich an der »Ecke« wieder mit der Hauptroute vereinigt.

Die Verbindung zwischen Keld Head und Kingsdale

Immer Sommer 1978 fanden eine Menge intensiver Tauchaktivitäten in Keld Head statt. Mit der finanziellen Unterstützung der Royal Geographical Society plante man, einige große 110 Kubikfuß-Flaschen zu kaufen, ähnlich wie Hasenmayer sie verwendete. Während der deutsche Kollege sie besorgte, setzte Yeadon seine Bemühungen stromabwärts in der Kingsdale Master Cave fort. Hier erreichte er am 11. Juni einen Punkt 732 m von der Basis entfernt, nachdem er ein dunkles, unheimliches Loch bis auf eine Tiefe von 18 m herabgestiegen war. Die Verbindung schien bald hergestellt zu sein: Die unter Wasser stehenden Passagen waren nur noch 60 m voneinander entfernt und hatten dieselbe Tiefe.

Anfang Juni kehrte Hasenmayer mit den langerwarteten, großen Flaschen zurück. Für den letzten Vorstoß am 6. Juli wurden diese mit Preßluft gefüllt, so daß jede 160 Kubikfuß enthielt. Yeadon und Statham waren ähnlich ausgerüstet, jeder mit zwei 160 Kubikfuß-Flaschen, neben einer Flasche von 90 Kubikfuß Inhalt, die auf dem Rücken getragen und abgenommen werden konnte. Yeadon berichtete:

Diesmal beschlossen wir, getrennt zu tauchen – »Bär« (Statham) zuerst, dann ich, dann Jochen – wobei jeder seinen eigenen Vorstoß unternahm und nach Keld Head zurückkehrte, bevor der andere seinen Versuch unternahm. »Bär« unternahm einen Vorstoß auf 1097 m und kehrte zurück, aber er hatte die Verbindung nicht geschafft. Ich konnte es einfach nicht glauben und dachte, daß er der falschen Passage gefolgt war, vielleicht einer, die zur anderen Seite des Tals führte. Dann war ich an der Reihe. Für die jetzt routinemäßige Reise zum Dead Man's Handshake schaltete ich absichtlich auf »Autopilot« um, wobei ich nur aufmerksamer wurde, als ich den Punkt erreichte, an dem ich meine Flasche vom Rücken ablegen würde. Ich wählte einen Kieselflecken und landete langsam auf ihm, wie eine Rakete die auf der Erde landet. Ich hielt die Leine fest im Auge, legte vorsichtig mein Rückengestell ab und blieb für die vor mir liegende Verengung »bekleidet«.

Der jetzt familiäre Spalt tauchte drohend vor mir auf und rief mir gleich Jochens Drama ins Gedächtnis. Bald befaßte ich mich jedoch mit dem Problem, mich dort hindurchzuzwängen. Ich drehte mich in dem schmalen Gang zur Seite, wobei ich Gesicht und Maske nutzlos gegen die mit Muscheln besetzte Wand preßte, während meine Hände hinter mir Überstunden machten und die Flaschen durch die Verengung hievten. Es war wichtig, jede übereilte Bewegung zu vermeiden, die meine Ausrüstung schädigen oder verschieben konnte. Der Durchgang durch die dahinterliegende Schichtebene war wie ein Tauchgang durch den Rachen eines Wals in seinen Bauch hinein, was ein gewisses Unbehagen verursachte, und ich mich fragte, ob ich wieder hinausgelangen würde. Die nächsten 183 m waren ereignislos, während ich der Leine folgte. Kies- und Sandbänke gingen monoton unter meiner Maske vorbei und versetzten mich in einen Traum. Ich fühlte mich wie ein Raumschiff, das über einen fremden Planeten flog. Krabben zogen wie trampelnde Zebraherden vorbei, wobei der Auf- und Untergang meiner Lampen vielleicht die dramatischsten Momente in ihrem gesamten Leben darstellten. Der Traum gestattete es mir, all die dunklen Ängste der Situation in meinem Innern in leicht zu handhabenden Propor-

Oben: Bob Hryndy und Yeadon (mit 100 Kubikfuß-Flaschen) in Keld Head während der Vorbereitungen für den hindurchführenden Tauchgang.

tionen gefangenzuhalten: das dunkle, tiefe Wasser, die Platzangst, die nagende Angst, verloren zu gehen oder nicht in der Lage zu sein, zurückzukehren, bevor der Luftvorrat zu Ende war. Aber meine Ausrüstung war gut gewartet und arbeitete fehlerfrei, und die Leine lag in einer bekannten Passage, daher hatte ich die Situation theoretisch eigentlich im Griff.

Als ich jedoch ans Ende der Leine kam und in das Unbekannte vordrang, wurde ich ganz aufmerksam, und mein Kopf bewegte sich hin und her wie bei einer Nachteule. Irgendwie kam mir diese Umgebung sehr viel fremder vor als beispielsweise der Mond. Die Einsamkeit nagte an

148

unterdrücken, aber ein vernünftiger Geist übernahm die Leitung, und wieder stellte ich Autopilot ein, kehrte in Richtung Keld Head zurück und hielt meine Freudenschreie zurück, bis ich sicher angekommen war. Die Verbindung war hergestellt worden, aber dennoch war der Triumph von einer gewissen Traurigkeit erfüllt, daß wir es nicht gemeinsam hatten tun können.

Nach zweieinhalb Stunden erfolgte die euphorische Rückkehr. Die Arbeit all der Jahre hatte sich bezahlt gemacht. Hasenmayer, der 520 Kubikfuß Luft dabei hatte, unternahm einen weiteren langen Tauchgang (3 Stunden 45 Minuten) am nächsten Tag, aber fand trotz intensiver Suche nichts Bedeutungsvolles mehr.

Der Durchgang – Kingsdale nach Keld Head, 1979
Alles war jetzt bereit für den 1829 m langen Durchgang, der einen Weltrekord für die kürzeste Route zwischen zwei unter Wasser stehenden Höhlen bedeuten würde. Yorkshire Television berichtete von dem Ereignis im Fernsehen, und am 16. Januar 1979 erhielten Geoff Yeadon und Oliver Statham ihren gerechten Lohn, als sie die beiden Höhlen in einer Zeit von nur zweieinhalb Stunden durchtauchten. Dies ist fraglos das außergewöhnlichste Tauchereignis im Norden bis auf den heutigen Tag, und der Entfernungsrekord mag auf den britischen Inseln vielleicht nicht mehr zu übertreffen sein. Alle Ehre gebührt Statham* und Yeadon.

Am 28. September 1979 beging Statham in seiner Töpferei in Sedburgh nach einer Zeit schwerer Depressionen Selbstmord. Als beliebter Höhlenforscher in Yorkshire wird er von allen, die ihn gekannt haben, vermißt werden.

Die Höhlenverbindung zwischen Gaping Gill und Ingleborough, 1983
Als die Euphorie des Rekordtauchgangs langsam zurückging, begannen Yeadon und seine Freunde nach neuen Projekten zu suchen. Sie hatten reiche Auswahl. Yeadon, der die Dales genau kannte, war wie viele vor ihm von dem Rätsel von Gaping Gill fasziniert, das wahrscheinlich das bekannteste Höhlensystem im Norden ist.

Der ehrfurchterregende, 100 m tiefe Schacht von Gaping Gill war zum erstenmal 1895 von dem Franzosen Edouard Alfred Martel erforscht worden. Während der nächsten Jahre gewann das Höhlensystem am Fuß des Schachtes einen beachtlichen Ruf, da es sich langsam zu der großen Quelle von Beck Head auszudehnen begann, die in kurzer Entfernung oberhalb des Dorfes Clapham lag. Ende der sechziger Jahre war offensichtlich, daß die größte Wahrscheinlichkeit für einen Durchgang für Taucher bestand, die aus den inneren Regionen der Ingleborough Cave arbeiteten, die nur kurz von der Quelle, Beck Head Stream Cave, im oberen Bereich des Tals lag.

Oben: Helfer sind Geoff Yeadon beim Anlegen seiner schweren Ausrüstung vor dem nach Keld Head führenden Tauchgang behilflich. Zu seiner Ausrüstung gehörten Flaschen, die an der Seite getragen wurden und die alle mit schweren röhrenförmigen Batterien versehen waren, um das starke Licht, das für das Filmen unter Wasser benötigt wurde, zu liefern. Er trug auch ein Speläophon (mit einem Mikrofon unter der Gesichtsmaske), über das er mit den Fernsehkommentatoren während des Tauchgangs kommunizieren konnte.

meinen Nerven, während ich nach der Kingsdale-Leine Ausschau hielt, die ganz in der Nähe sein mußte. Plötzlich kam eine orangefarbene Leine in mein Gesichtsfeld. Zuerst konnte ich ihr Vorhandensein gar nicht ganz akzeptieren, aber dann erkannte ich, daß ich bereits ein paar Meter an ihr entlang geschwommen sein mußte. Ich kehrte um und bestätigte mir, daß die Verbindung hergestellt worden war. [Ironischerweise lag sie sehr nah an der Stelle, die von Statham erreicht worden war.] Auf der Stelle löste sich mein Gefühl von Einsamkeit auf und wurde von einer unglaublichen Euphorie abgelöst. Ich jubelte, kaum in der Lage, meine Freude zu

Bob Davies und seine Kollegen waren zu Anfang der fünfziger Jahre stromaufwärts von der Beck Head Stream Cave recht tief eingedrungen, aber es war Mike Wooding, der 1970 die ersten »trockenen« Entdeckungen machte. Am Ende der Ingleborough Cave durchquerte Wooding zwei Sümpfe von 90 und 76 m Länge und erreichte mehrere 100 m alte, hochliegende Passagen, Gandalf's Gallery. Trotz der Aufregung zu Anfang gingen die Hoffnungen auf eine Verbindung mit Gaping Gill schließlich zurück.

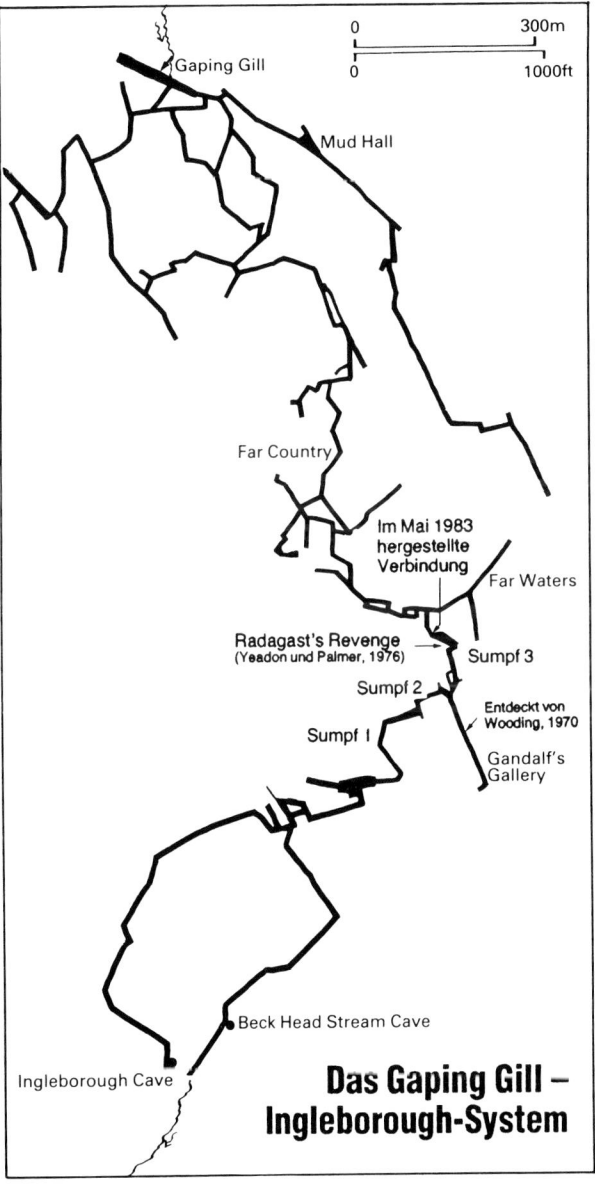

Das Gaping Gill – Ingleborough-System

Geoff Yeadon war an den Erforschungen 1970, bevor er mit dem Tauchen begann, eng beteiligt gewesen. Ende 1976 durchquerte er zusammen mit Rob Palmer einen weiteren 60 m langen Sumpf und erreichte Radagast's Revenge, die sich als größte Höhle in der Ingleborough Cave erweisen sollte. Alle weiterführenden Gänge in dem neuen Abschnitt trockener Passagen waren von Felsbrocken versperrt, während die beiden unter Wasser schnell erkannten, daß weitere Fortschritte langsam und schwer sein würden. Wieder verlor die Forschung hier an Schwung, und man wandte sich statt dessen Keld Head zu.

Nachdem Bob Mackins Molephone-Radio-Ortungsgerät in Keld Head erfolgreich eingesetzt worden war, wurde das Gerät im Mai 1982 in der Ingleborogh Cave mit verblüffenden Ergebnissen verwendet. Die beiden Höhlen lagen viel näher beieinander, als irgend jemand bisher vermutet hatte. Dies wiederum führte zu einer genauen Vermessung der am weitest entfernten Stellen von Gaping Gill. Als die beiden Vermessungen aufgezeichnet wurden, zeigte sich zum Erstaunen aller Betroffenen, daß eine Passage in Gaping Gill nur etwa 3 m unter einer Verengung in den Sumpferweiterungen der Ingleborough Cave lag.

Am 22. Januar 1983 wurde gleichzeitig an beiden Blokkierungen ein Angriff gestartet. Hörkontakt war bald hergestellt und man begann, wie verrückt zu graben. Am Spätnachmittag schlängelte Geoff Crossley sich hinunter in eine äußerst unsichere Verengung an dem Ingleborough-Ende, und Gerald Benn, der nicht tauchte, drang von der anderen Seite der Blockierung ein. Nach 146 Jahren der Forschung war die Verbindung gefunden worden.

Leider wurden die Hoffnungen auf eine Vergrößerung der Öffnung auf passierbare, körpergroße Dimensionen vereitelt, als die Seiten des Loches zusammenbrachen. Erst am 28. Mai gelang es, die Verengung ganz zu überwinden. Das Ereignis wurde live als Teil einer gut geplanten Rundreise gefilmt und alles verlief glatt. Geoff Yeadon und Geoff Crossley seilten sich in dem spektakulären Hauptschacht von Gaping Gill ab, während ein Team eifriger Helfer Ausrüstungen fast 2 km weit zu der Verengung transportierten. Mehrere Stunden später betraten Jim Abbott und Julian Griffiths Ingleborough. Man traf sich in Radagast's Revenge, die Tauchgeräte wurden ausgetauscht, und die beiden Teams machten sich in die jeweils andere Richtung auf.

Yeadon und Crossley tauchten nach elf Stunden wieder auf und wurden mit Champagner begrüßt, während Abbott und Griffiths nach neun Stunden an die Oberfläche kamen. Durch die endgültige Verbindung der beiden Höhlen waren sie die ersten gewesen und hatten ein System nachgewiesen, das über 16 km an Passagen enthielt.

Das Three Counties System

Überall in den Dales kam es jetzt zu allen Arten von Projekten. Die Haupthöhlensysteme, die in Richtung Leck Beck Head abliefen, stellten ebenfalls eine verlockende Herausforderung dar. Von frühester Zeit an hatte man spekuliert, daß eine Verbindung bestand zwischen dem Lancaster Hole-Easegill System unter Casterton Fell und den großen Systemen im Osten. Man wußte, daß Wasser von Ireby Fell an der Südkante von Gragareth über Leck Fell nach Leck Beck Head floß. Außerdem versprach die Entdeckung von Rift Pot zwischen Ireby und Marble Steps noch viel größere Möglichkeiten. Der Rift Pot-Komplex enthält zwei getrennte Ströme, die sich auf der Wasserscheide zwischen den beiden Tälern Leck Beck und Kingsdale befinden. Das System wird sich also schließlich viel weiter nach Osten nach Kingsdale und darüber hinaus erstrecken. Hydrologisch und geomorphologisch betrachtet, bilden die vielen schönen Höhlen in diesem Gebiet eine einzelne Einheit. Sie ziehen sich über die Grafschaftsgrenzen von Cumbria, Lancashire und Yorkshire hin und werden zusammen als Three Counties System bezeichnet.

Für Höhlenforscher und Höhlentaucher gleichermaßen war der Spielraum für Verbindungen innerhalb dieses riesigen Systems ungeheuer groß. 1978 führte die Entdeckung von Link Pot zu einem dramatischen Anstieg der Erforschungen. Trockene Verbindungen wurden zum Lancaster Hole und zu Pippikin hin geschaffen, so daß dieses 45 km lange System zum längsten in Großbritannien wurde. Bald waren die Taucher an der Reihe.

Die Verbindung zwischen dem Gavel Pot und dem Pippikin-System, 1982–89

Im Sommer 1982 unternahm Ian Watson eine Reihe von Tauchgängen in den stromabwärts gelegenen Gavel Pot-Lost John's Sump. Die Leine wurde 680 m von der Gavel-Basis zu einem einschüchternden Bereich mit niedriger Decke gelegt, direkt auf das Ende des benabten Pippikin Pot zu. Die Endtiefe in der »dunklen Höhle« betrug 20 m; weiterzugehen war eine erschreckende Aussicht. Yeadon setzte den Weg weitere 50 m fort, bevor er durch sehr schlechte Sicht und die komplexe Natur der weiten Schichtungspassage abgehalten wurde.

Die Aufmerksamkeit wandte sich jetzt dem stromabwärts gelegenen Sumpf in Pippikin zu. Man erwartete, einen tiefen Sumpf zu erforschen, und stellte mit Erstaunen fest, daß im Oktober 1984 ein 200 m langer Tauchgang den Weg zu einer 100 m langen trockenen Erweiterung freigab, die direkt in Richtung Gavel verlief. Diese Tat

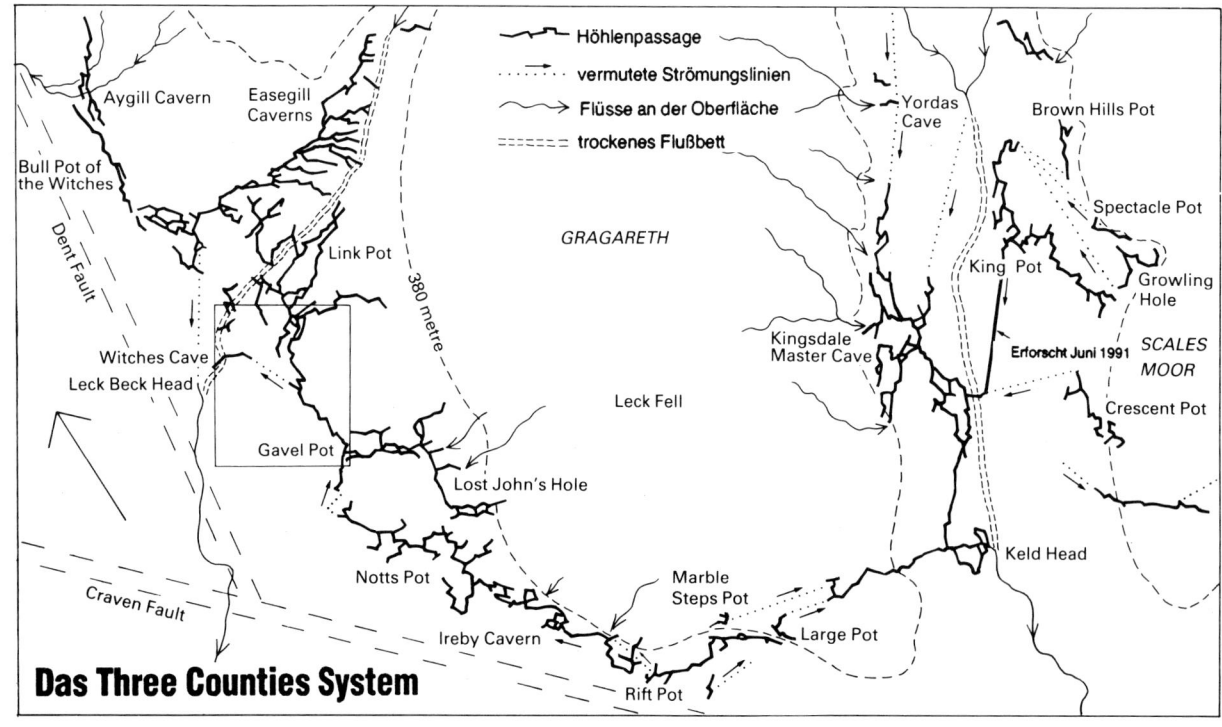

Das Three Counties System

Höhlenpassage
vermutete Strömungslinien
Flüsse an der Oberfläche
trockenes Flußbett

Aygill Cavern
Easegill Caverns
Yordas Cave
Brown Hills Pot
Bull Pot of the Witches
Dent Fault
Link Pot
GRAGARETH
Spectacle Pot
King Pot
Growling Hole
Witches Cave
Leck Beck Head
Kingsdale Master Cave
Erforscht Juni 1991
SCALES MOOR
Gavel Pot
Leck Fell
Crescent Pot
Lost John's Hole
Keld Head
Notts Pot
Marble Steps Pot
Large Pot
Craven Fault
Ireby Cavern
Rift Pot
380 metre

Oben: Die spektakuläre trockene Erweiterung von Notts Pot, die nach einem Tauchgang durch einen 210 m langen Sumpf erreicht wurde: Barry Suddell mit einer eleganten Säule aus Fließstein (links) und Rick Stanton und Richard Bartrop im Haupttunnel.

wurde wiederum von Yeadon vollbracht, der von Ian Watson begleitet wurde.

Ein nachfolgender Ausflug erfüllte die vorhergehenden Erwartungen. Ein kurzer Abhang führte bald zu einem trüben, 25 m tiefen Sumpf, der dann in einem riesigen Tunnel auf 29 m Tiefe herabstieg. Die Entfernung zwischen Gavel und Pippikin war verlockend kurz – etwa 100 m –, aber die Schwierigkeit, ein starkes Helferteam zusammenzusuchen und die Kapriolen des britischen Wetters vereitel-

ten ständig die Bemühungen, eine Verbindung herzustellen.

Der Weg vorwärts in dem Endsumpf wurde von riesigen Sandbänken versperrt, und man nahm an, daß mehrere Tauchgänge erforderlich sein würden, um einen Durchgang zu finden. Gute Sicht war von größter Bedeutung. Erst am 14. Mai 1989, einem Sonntag, waren die Bedingungen für den ersten Versuch geeignet. Ein effizientes Team von zehn Trägern beförderte die beiden 110 Kubikfuß-Flaschen von Yeadon durch den schwierigen Pippikin-Zugang zusammen mit einem Satz kleinerer Flaschen für seinen Kameraden Geoff Crossley. Im Sumpf zog Yeadon sich seinen Trockentauchanzug an. Als die beiden ins Wasser tauchten, wurde bestätigt, daß eine Gruppe neuer

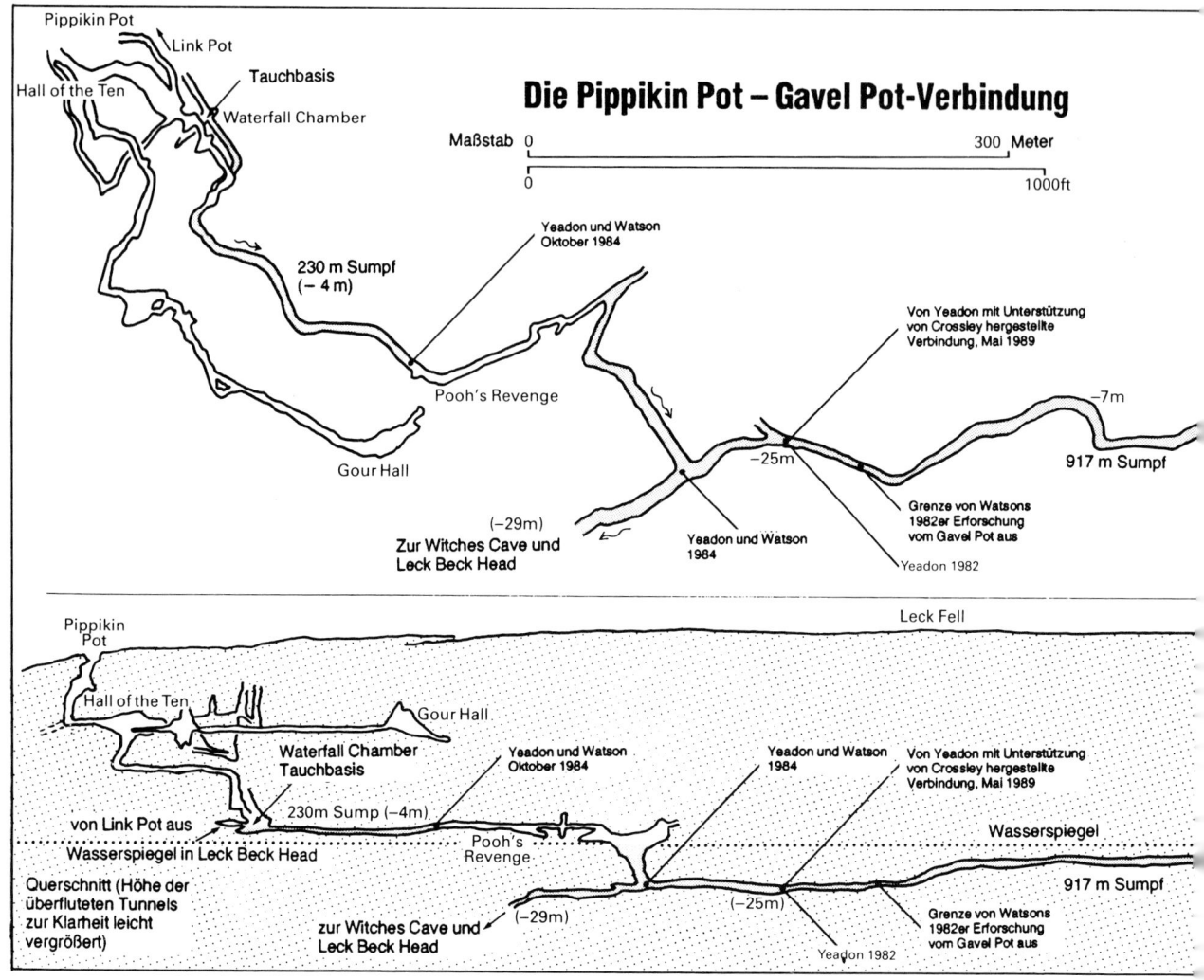

Die Pippikin Pot – Gavel Pot-Verbindung

Pippikin Pot

Link Pot

Hall of the Ten

Tauchbasis

Waterfall Chamber

Maßstab 0 _____ 300 Meter

0 _____ 1000ft

Yeadon und Watson
Oktober 1984

Von Yeadon mit Unterstützung
von Crossley hergestellte
Verbindung, Mai 1989

230 m Sumpf
(– 4 m)

–7m

Pooh's Revenge

–25m

917 m Sumpf

Gour Hall

(–29m)
Zur Witches Cave und
Leck Beck Head

Yeadon und Watson
1984

Grenze von Watsons
1982er Erforschung
vom Gavel Pot aus

Yeadon 1982

Leck Fell

Pippikin
Pot

Hall of the Ten

Gour Hall

Waterfall Chamber
Tauchbasis

Yeadon und Watson
Oktober 1984

Yeadon und Watson
1984

Von Yeadon mit Unterstützung
von Crossley hergestellte
Verbindung, Mai 1989

von Link Pot aus

230m Sump (–4m)

Pooh's
Revenge

Wasserspiegel

Wasserspiegel in Leck Beck Head

917 m Sumpf

Querschnitt (Höhe der
überfluteten Tunnels
zur Klarheit leicht
vergrößert)

zur Witches Cave und
Leck Beck Head

(–29m)

(–25m)

Grenze von Watsons
1982er Erforschung
vom Gavel Pot aus

Yeadon 1982

Träger in vier Stunden ankommen würde, um den langen Transportweg zurück an die Oberfläche zurückzulegen.

Nach der Durchquerung des ersten Sumpfes gestaltete sich der Transport zum Endsumpf schwierig, aber am Ziel angelangt, war Fortuna ihnen hold, und ihre Geduld wurde belohnt. Die Sicht betrug 7 oder 8 m und war sehr viel einladender als die normale trübe Sicht von 1 m, an die sie sich gewöhnt hatten. Ausgerüstet mit allem Gerät und einem starken Scheinwerfer, stieg Yeadon auf 27 m hinab und fühlte sich sehr viel wohler als bisher. Er folgte der alten Leine bis zu dem Punkt, an dem sein Kompaß ihm sagte, daß er die Richtung ändern sollte. Hier verknotete er eine neue Rolle. Während er den Merkmalen an der Decke und der großen Ansammlung feinen Sandes genaue

Aufmerksamkeit schenkte, machte er sich auf den Weg. Er schwamm über eine Reihe »riesiger Walrücken« und war sehr überrascht, als er feststellte, daß er nur 40 m Leine abgerollt hatte und plötzlich auf die Leine von der anderen Seite stieß. Die Verbindung mit Gavel war endlich erreicht worden, und durch diesen Erfolg war die Gesamtlänge von Passagen in dem Lancaster-Easegill-System zu über 60 km erweitert worden. Yeadon zog sich langsam und vorsichtig zu seinem wartenden Freund zurück, und nach einem 30 Minuten dauernden Rückweg konnten sie ihren begeisterten Helfern die Nachricht mitteilen.

An dieser Stelle sollte darauf hingewiesen werden, daß das Ende im stromabwärts gelegenen Pippikin sich nur 400 m von dem Ende der Erforschungen in der Witches Cave

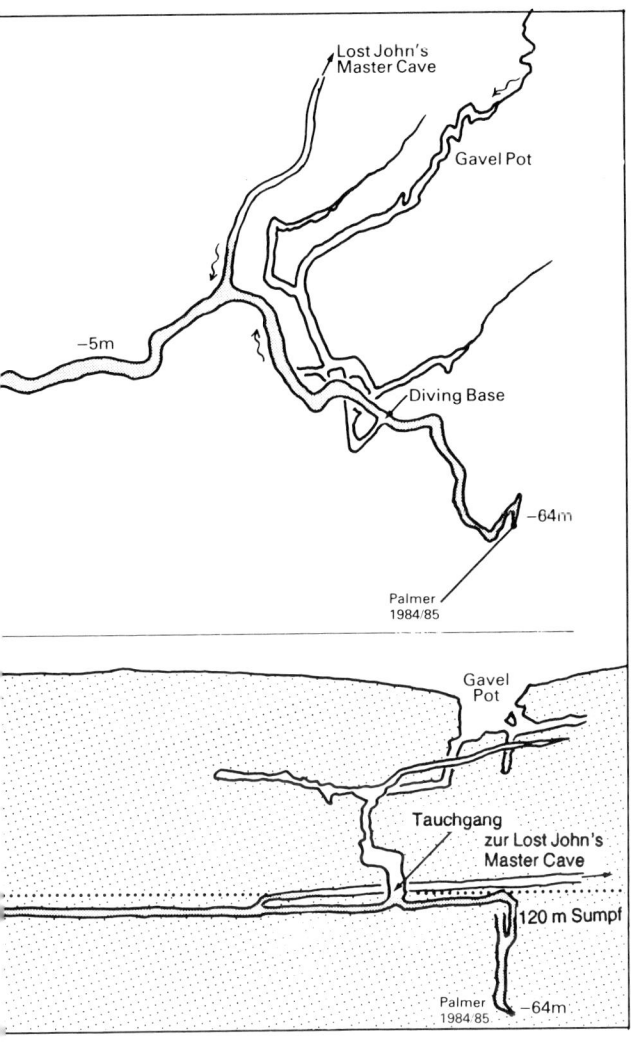

schließlich auf Luft. Der Sumpf war 210 m lang, und die trockene Erweiterung betrug fast eineinhalb Kilometer. Weitere Entdeckungen hinter und seitlich von diesem besonders großen Flußabschnitt – noch großartiger als der berühmte Lost John's Streamway – erstreckten sich auf einen weiteren Kilometer.

Der neu entdeckte Abschnitt verlief in Richtung des tiefen, stromaufwärts gelegenen Endes von Gavel Pot und der benachbarten trockenen Passagen von Lost John's Hole. Mindestens zwei trockene Verbindungen zu Lost John's schienen möglich, da die Lücke zwischen den beiden Systemen weniger als 100 m betrug. Unabhängig von diesen örtlichen Aktivitäten wurde Rob Palmer 1984 von Gavel Pot angelockt. Auch er erkannte das große Potential hier, und versessen darauf, seine Tieftaucherfahrung hier auf die Probe zu stellen, unternahm er zwei bemerkenswerte Ausflüge in dem tiefen Schacht am stromaufwärts gelegenen Ende von Gavel, wo er 1984 45 m Tiefe und im Dezember 1985 den Grund des Schachtes erreichte. Bei der zweiten Erforschung hatte Palmer das Glück, ein paar Flaschen Trimix zu bekommen. Bei diesem Gemisch wird eine Narkose reduziert, so daß wieder klarere Gedanken gefaßt werden können. 1985 war das Gas in britischen Höhlentauchkreisen unbekannt, aber zwölf Flaschen mit einem Druck von 5250 psi waren für den Vorstoß in Wookey Hole im Juli abgefüllt worden. Da nur drei dieser Flaschen aufgebraucht worden waren, war noch genug Vorrat vorhanden. Palmer lieh sich daher einige für seinen Gavel-Vorstoß und verwendete dieselben Dekompressionstabellen. Ironischerweise war das Ergebnis genau wie in Wookey enttäuschend. Innerhalb weniger Meter am Grund des Schachtes wurde er durch eine Kieselverengung in einer Tiefe von 64 m aufgehalten. Daher wird es wahrscheinlich noch eine Weile dauern, eine Tauchverbindung zwischen Gavel Pot und Notts Pot herzustellen, obwohl eine horizontale Lücke von etwa 100 m zwischen diesen beiden Systemen besteht.

Weitere Möglichkeiten von Keld Head aus
Was die Entfernung betrifft, so werden die Lücken zwischen den verschiedenen Höhlensystemen schnell immer kleiner. In Keld Head beispielsweise wurde die Marble Steps Passage vom Eingang an auf über 1219 m erweitert, wobei sich der Endpunkt zur Zeit weniger als 100 m vom Mohole und nur 400 m von der Verbindung mit dem Sumpf im Large Pot entfernt befindet. Yeadon, der seine Arbeit in den trüben Tiefen von Keld Head fortsetzt, hat jetzt den Punkt lokalisiert, an dem Wasser von der Ostseite des Kingsdale Valley in das System eintritt. Diese Verbindung, die wieder ein Fall für zukünftige Generationen sein

befindet, die nur etwa 100 m von der Leck Beck Resurgence entfernt ist. In einer Reihe von Tauchgängen erweiterte Rob Parker diese Höhle stromaufwärts über 400 m in Tiefen, die im allgemeinen bei über 30 m lagen.

Notts Pot-Gavel Pot-Entdeckungen, 1984–85
Die aufregendste Entdeckung beim Höhlentauchen im Norden seit vielen Jahren sollte im Sommer 1985 in Notts Pot stattfinden. Rupert Skorupka begann hier mit der Erforschung, als er bei der Überprüfung eines verengten, »statischen« Sumpfes eine ansehnliche Erweiterung in 9 m Tiefe vorfand. Barry Suddell, Rick Stanton und Chris Danilewicz setzten das Projekt anschließend fort und stießen nach einer Reihe von Operationen im Dezember 1985

Oben: John Cordingley bereitet sich auf seinen Tauchgang in der Kingsdale Master Cave vor.

dürfte, wird die Taucher unter das Tal führen, um dort eine Verbindung zu dem hydrologischen Netz zu finden, das aus dem King Pot und Scales Moor abläuft. Wie groß das Three Counties System schließlich sein wird, bleibt noch abzuwarten.

Die Verbindung Kingsdale-King Pot, 1991

In den ersten sechs Monaten von 1991 arbeiteten fünf Taucher an dem Problem, eine Verbindung von der Kingsdale Master Cave zum King Pot zu finden. Rupert Skorupka unternahm eine Reihe von Tauchgängen vom King Pot aus und verlegte die Leine auf eine Entfernung von 400 m von der Basis aus. In der Zwischenzeit erforschten John Cordingley, Geoff Yeadon, Russell Carter und Geoff Crossley, die in unterschiedlichen Kombinationen zusammenarbeiteten, ständig die Route vom Kingsdale-Ende aus, wobei sie sich eine Hauptstrompassage mit einer Maximumtiefe von 30 m entlangarbeiteten. Die Verbindung mit Skorupkas Leine wurde schließlich am 7. Juni von Yeadon mit Unterstützung von Crossley hergestellt, um ein sagenhaftes Forschungsprojekt zu vollenden – vielleicht das ernsthafteste Projekt, das bisher in Großbritannien durchgeführt wurde. Die Tauchgänge vom King Pot nach Kingsdale (etwa 1950 m) und vom King Pot nach Keld Head (etwa 3000 m) sind offensichtlich jetzt die nächste Stufe – wobei der letztgenannte einer der längsten Tauchgänge der Welt werden dürfte. (Er wurde im August 1991 von Crossley und Yeadon durchgeführt.)

Es lohnt sich, einen Augenblick abzuschweifen, und über die Entwicklung der Höhlentaucherei in dem ersten halben Jahrhundert nach der ersten erfolgreichen Durchquerung von Sumpf 1 in Swildon's und dem Einsatz der unhandlichen Standardausrüstung in Wookey Hole nachzudenken. In den ersten Jahren fanden die Erforschungen selten ohne begleitende »Heldentaten« statt. Man erinnere sich an Graham Balcombes Versuche mit dem Atemgerät in Keld Head und an Bob Davies' glückliche Rettung aus Wookey Hole im Jahr 1955. Die Geräte waren oft selbst hergestellt und den feindlichen Bedingungen einer Unterwasserhöhle nur schlecht angepaßt. Es gab keine Handbücher und nur wenige Menschen, die man um Rat fragen konnte. Jeder Fortschritt bei Entfernung, Ausrüstung und

Technik war eine Sache des Herumprobierens. Daher überrascht es nicht, daß es nur wenige Taucher gab. Man vergleiche dies mit der Situation heute, wo große Projekte von Experten wie Yeadon und Cordingley als Routineereignisse gehandhabt werden und mit relativ wenigen Unfällen ablaufen. Diese Erweiterung der Kompetenz spiegelt die Verfügbarkeit von getestetem, verläßlichem Tauchgerät wider, und dies spiegelt sich wiederum in einem stark verbesserten Sicherheitsrekord wider.

Die Sümpfe von Chapel Le Dale

Östlich von Kingsdale Valley und dem hydrologischen System von Keld Head liegt Chapel Le Dale. Am Ende dieses Tals entspringt eine weitere große Quelle, nämlich God's Bridge. Diese große Quelle und die benachbarten Flutauslässe geben Wasser aus Orten wie Weathercote Cave, die einen Kilometer weiter im Tal entfernt liegt, und auch aus anderen bekannten Höhlen ab, die unter den Bergen im Osten liegen, beispielsweise Meregill Pot und Great Douk Cave.

Ernsthaft begann man mit Tauchgängen in diesem Gebiet zu Beginn der achtziger Jahre in Joint Hole und Hurtle Pot. Viele Systeme unter dem Tal wurden bisher miteinander verbunden. Die erste derartige Verbindung wurde zwischen Midge Hole und Hurtle im September 1982 von Jonny Shaw und Rupert Skorupka hergestellt. Der Tauchgang betrug etwa 440 m Länge. Im April 1986 stellten Brian Smith und Brian Scofield die Verbindung zwischen dieser Stelle und Jingle Pot her; kurze Zeit darauf unternahmen die beiden eine Tauchtour nach Weathercote. Die Gesamtlänge des Weathercote-Jingle-Hurtle-Midge-Systems beträgt jetzt über zwei Kilometer, während der Komplex insgesamt einer der längsten Unterwasserssysteme von Großbritannien ist, der gleich nach Keld Head kommt.

Unter optimalen Tauchbedingungen (mehrere Wochen ohne Regen) präsentiert der Hurtle-Komplex beste Möglichkeiten zum Höhlentauchen in diesem Land und wird immer populärer. Aber wie bei der Mehrzahl der Schau-plätze im Norden sind mindestens zehn Tage Trockenheit erforderlich, bevor die Sicht sich auf mehr als ein paar Meter erstreckt. Was die Sicherheit betrifft, ist es empfehlenswert, daß die klassische Tauchstrecke zwischen Midge und Hurtle vom Hurtle-Ende aus unternommen wird, um sicherzugehen, daß Treibholz und anderes Treibgut die Verengung am Hurtle-Ende nicht blockieren. Wie in Keld Head sollten Besucher auf die vielen Leinen in diesem Komplex achten und alle notwendigen Maßnahmen ergreifen, um eine sichere Rückkehr zu gewährleisten. Wenn sie sich zudem auf einen langen Tauchgang einstellen, sollten sie immer auf einen ausreichenden Sicherheitsvorrat Luft achten, damit sie sich notfalls zurückziehen können, falls einmal eine Leine zerrissen ist oder fehlt. Die Taucher sollten auch wissen, daß neben der schlechten Sicht im Pennine-System die Wassertemperatur bemerkenswert kalt und für einen langen Aufenthalt ein Trockentauchanzug notwendig ist, speziell da Tiefen von über 20 m den Taucher schnell in Bereiche bringen, in denen eine Dekompression nötig ist. In diesem Tal können noch beträchtliche Erforschungen durchgeführt werden, und ein offensichtlich stromaufwärts gelegener Einlaß, der von Hurtle in nordöstliche Richtung führt, muß noch endgültig überprüft werden. Geoff Crossley hat ihn in einer Tiefe von 30 m über 400 m Länge erforscht. Vergessen werden sollten nicht die wichtigen Beiträge von John Cordingley bei der Erforschung und Vermessung von Orten wie der »tiefen Route« in Joint Hole.

Die Yorkshire Dales sind sicherlich das wichtigste Höhlentauchgebiet auf den britischen Inseln, und wir können uns noch auf viele Entdeckungen in der Zukunft freuen.

Der Peak District

Das Kalksteingebiet im Peak District in Derbyshire hat Höhlenforschern vielleicht nicht dasselbe Potential für

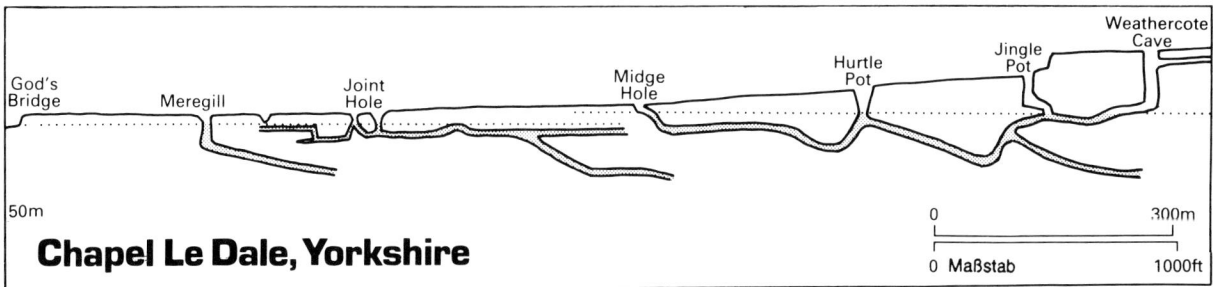

Chapel Le Dale, Yorkshire

156

Entdeckungen geliefert wie Südwales oder die Yorkshire Dales, aber schon frühzeitig zeigte sich, daß das Gebiet um Castleton herum viele Möglichkeiten für Forschungen bot.

Castleton, ein geschäftiges kleines Touristenzentrum, hat mindestens zwei große Höhlen, die Besuchern offenstehen, und beide bieten einige interessante und herausfordende Tauchprojekte. Diese Höhlen, Speedwell Cavern am Fuß des Winnats Pass, und die riesige, äußerst eindrucksvolle Peak Cavern, wurden 1970 von Tom Brown durch den 21 m langen Treasury Sump verbunden. Die Gesamtlänge des Peak-Speedwell-Komplexes betrug

damals mehr als 8 km, und in fast jeder Richtung versperrten unter Wasser stehende Abschnitte den weiteren Weg. Ken Pearce, John Sinclair, Tom Brown und andere unternahmen probeweise Vorstöße in diese Sümpfe und stellten ein beträchtliches Potential an allen Fronten fest. Zur Enttäuschung der Taucher wurde ihnen jedoch nach 1970 der Zugang in beide Systeme für neun Jahre verweigert.

Versuche in den Sümpfen P8, 1971–87
In der Zwischenzeit wurde der einzige bedeutsame Vorstoß in den Höhlen dieser Gegend in einer der wichtigen

Links: Geoff Crossley vor seinem Tauchgang im Hurtle Pot. Das Foto zeigt die typische Ausrüstung, die zur Zeit für die fortschrittlicheren britischen Tauchgänge eingesetzt wird.

»zuführenden« Höhlen für Peak Cavern unternommen, nämlich P8 oder Jackpot, hoch in den Mooren unterhalb von Rushup Edge gelegen. Mehr als zehn verschiedene Endseen findet man hier. Sie verschwinden an der Schiefer-Kalkstein-Grenze und tauchen in 6 km Entfernung östlich im Peak-Speedwell-Komplex wieder auf. Ken Pearce hatte Ende 1964 mit seinen Tauchgängen in P8 begonnen. Im nächsten Jahr gesellten sich Mike Wooding, Dave Drew, Dave Savage, Dave Roberts und John Sinclair zu ihm. Bei schlechter Sicht und komplexen Passagen war dieses Projekt trickreich, aber im Juni 1966 hatte man drei Sümpfe durchquert: Sumpf 1 (32 m), Sumpf 2 (30 m) und Sumpf 3 (23 m).

Der weiterführende Fluß führte nach 60 m zu Sumpf 4, aber hier sollte der Fortschritt fast fünf Jahre lang aufgehalten werden. Wie in den ersten drei Sümpfen wurden die Taucher von riesigen Mengen Fließsand abgehalten, und erst als John Parker, unterstützt von Jeff Phillips die Stelle im August 1971 besuchte, wurde der nächste echte Fortschritt erzielt. Er durchquerte den niedrigen, versandeten Sumpf 4 und setzte seinen Weg durch drei weitere Sümpfe fort – Sumpf 5 (10 m), Sumpf 7 (60 m) und Sumpf 8 (10 m) –, um seine Aktivitäten nach 100 m in Sumpf 9 zu beenden (Sumpf 6 wurde umgangen). Mit Hilfe von Roger Solari und Colin Fairbairn erweiterte ich Sumpf 9 1973 auf 152 m und unternahm in den nächsten zehn Jahren mehrere

Versuche, weiter zu gelangen, aber überall wurde ich von Sandblockaden aufgehalten. Erst im Frühjahr 1987 wurde dieser Sumpf schließlich durchquert. Eine zufällige Pause bei der normalen Verschlammungstendenz der Höhle ermöglichte Rick Stanton den langerwarteten Vorstoß, und etwa 40 m hinter meiner Grenze kam er an die Oberfläche. Aber nur 9 m weiter erreichte Stanton ein tiefes Loch, in das er ohne Leiter nicht hinabsteigen konnte. Unglücklicherweise konnte er nicht einmal Sumpf 9 erreichen, als er zurückkehrte, um dieses Loch in Angriff zu nehmen, da Sumpf 8 völlig verschlammt war. Diese ständige Verschlammung hat sich als so stark erwiesen, daß kein weiterer Fortschritt möglich war.

Ink Sump, Peak Cavern, 1981

1980 wurden die Tauchgänge in Peak Cavern und damit nach Speedwell über den Treasury Sump wieder aufgenommen. Große Unternehmungen begannen durch die Derbyshire-Unterabteilung an allen Fronten der Cave Diving Group.

Ink Sump war der wichtigste Tauchgrund und der erste, der durchquert werden sollte. Die Taucher hier waren Steve Tucker und Brian Hague. Man ging von der Grenze bei 122 m aus und erreichte eine Luftglocke bei 180 m. Gleich dahinter wurde der Weg unter Wasser von Felsbrocken abgeschnitten, was darauf hinzudeuten schien, daß das

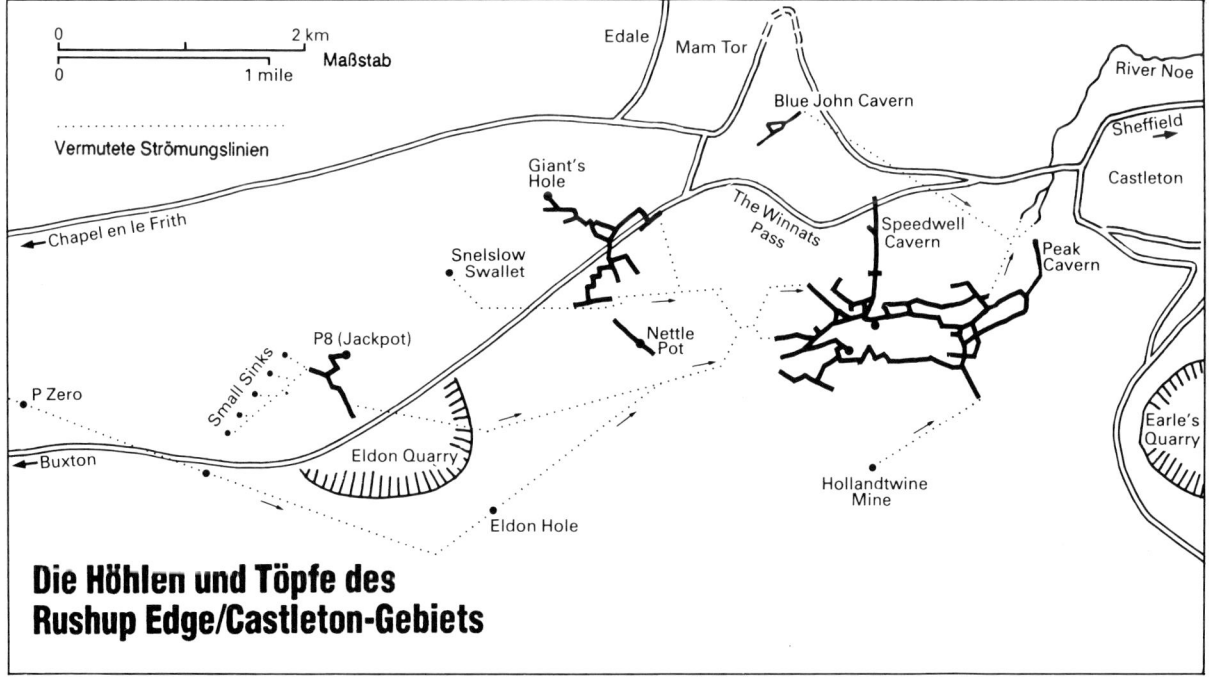

Die Höhlen und Töpfe des Rushup Edge/Castleton-Gebiets

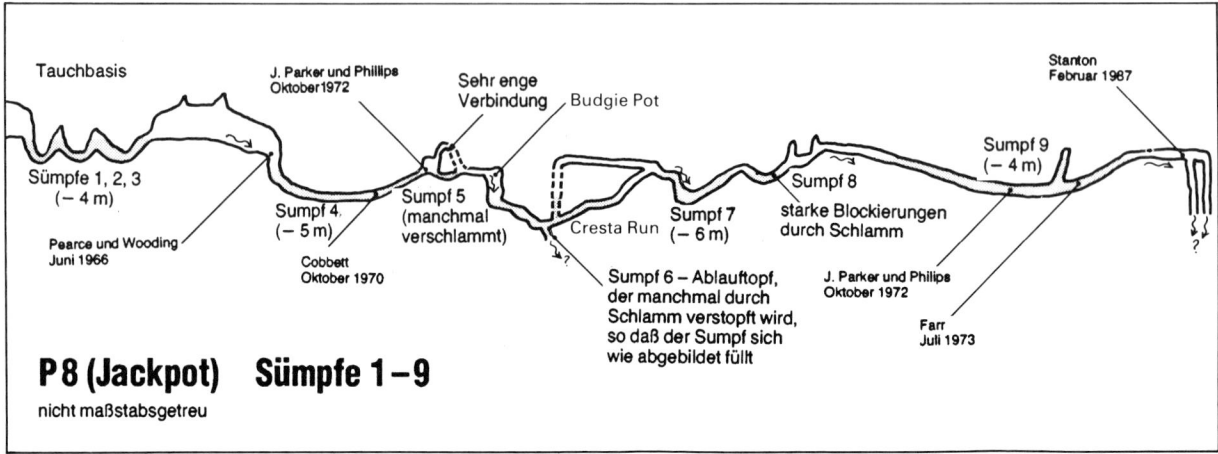

P 8 (Jackpot)   Sümpfe 1–9
nicht maßstabsgetreu

Ende des Sumpfes nah war. Sprengstoff erwies sich als Schlüssel für dieses Problem, bei dem viel Arbeit im Hintergrund stattfand. Am 15. Februar 1981 wurde eine Fünf-Kilo-»Bombe« gelegt:

> Der Tauchgang war unkompliziert... Der 25 000 Volt-Zünder wurde angebracht, und alles schwieg, um das Krachen zu hören. Das war nicht notwendig, da ein lauter Knall in der Kammer widerhallte. Er war selbst noch in der Ferne im Far Sump und im Anniversary Aven vernehmbar. Einen Augenblick später erhob sich eine Flutwelle, ging zurück und stieg wieder, während die Leute ihr Gerät festhielten, damit es nicht weggespült würde. Aber das Wasser stieg nur auf 46 cm und ging dann zurück.

Am 1. März kehrten die beiden zurück, um sich das Ergebnis anzusehen. Es war nicht hundertprozentig zufriedenstellend, und eine schnelle Erkundung offenbarte, daß der einzige Weg nach oben durch eine starke Verengung führte. Hague nahm eine seiner Flaschen ab und schlängelte sich hindurch, um das Ende des Sumpfes bei 192 m zu erreichen. Er fand eine hohe Höhle vor, aus der ein Fluß kam. Tucker, der in der nahegelegenen Luftglocke bis zur Brust im Wasser stand, wurde es jetzt sehr kalt. Als er ein kräftiges Zerren an der Leine verspürte, fragte er sich, ob dies bedeutete, daß er seinem Freund folgen sollte oder ob dieser in Schwierigkeiten war. Schließlich entschied er sich dafür zu folgen. Als er die Felsbrocken erreichte, lag die Sicht bei Null, und als er sich in die Verengung hineinzwängte, spürte er, wie Hagues Flosse aus der anderen Richtung kam und seine Maske verschob. Er lenkte die Flosse und dann ein Bein durch die Felsbrocken, und erleichtert kehrten die beiden in die Luftglocke zurück. Ink Sump war geknackt.

Bei späteren Besuchen wurde die Höhle erklettert, und man stieß auf eine weitere undurchdringliche Verengung. Dort finden seitdem die größten Grabungen statt, die

bisher hinter einem Sumpf dieser Länge in Großbritannien durchgeführt wurden.

Peak Cavern: Die Erweiterungen von Far Sump, 1981–89
Jerry Murland und Tim Nixon erforschten 1980 und 1981 einhundert Meter von Far Sump. Dann nahm ich die Sache allein in Angriff. Drei Tauchgänge reichten, um die Erforschung im März 1981 fertigzustellen, und die Passage kam nach 385 m an die Oberfläche. Die sich anschließende trockene Passage wurde prompt auf 700 m Länge erforscht. Am Ende befanden sich weitere Sümpfe, aber unterwegs dorthin gab es eine Reihe von hohen Schächten, in die Bergleute vor über 200 Jahren hinabgeklettert waren, um nach Bleiablagerungen zu suchen.

Ich erforschte zwei der leichtesten Stellen bei nachfolgenden Besuchen und entdeckte weitere 100 m an Passagen, einschließlich der größten Höhle im gesamten Peak-Speedwell-Komplex. Es war jedoch John Cordingley, der die Erforschung gründlicher durchführte und systematisch jede mögliche Erweiterung durchkletterte und untersuchte. (Bei diesen Erforschungen meisterten Farr und Cordingley rutschige Höhlenwände, indem sie künstliche Techniken, Nägel, Bolzen, Etriers usw. einsetzten und bisweilen Seile verwendeten, um Steigungen von bis zu 46 m Höhe zu überwinden.)

Cordingley besuchte die Höhle mehrmals allein, um den Calcite Aven in Angriff zu nehmen, was ihm im April 1988 erfolgreich gelang:

> Das Hinaufklettern an dem Seil zu dem Gesims etwa 33 m über dem Boden des Schachts schien lächerlich einfach, verglichen mit der stundenlangen Arbeit mit dem Bolzenwerkzeug und einem Hammer während der vorhergehenden Besuche, um diesen Punkt überhaupt zu erreichen. Da ich allein war, dauerte es länger als normal, meinen Sack mit der Kletter-

ausrüstung zu packen, damit alles für die bevorstehende Aufgabe sicher und erreichbar war. Als alles vorbereitet war, schwang ich mich über die schreckliche Leere auf die saubere Kalksteinwand und nahm die Bolzenroute wieder auf.

Zwei Stunden und sieben Meter Fortschritt später wurde ein Punkt erreicht, wo der letzte Abschnitt der Wand so aussah, als ob man frei an ihr hochklettern konnte. Da ich einen unbequemen Taucheranzug trug, wurden meine Arme von dem ständigen Hämmern bereits müde. Wenn ich weiter mit Bolzen klettern wollte, würde ich das obere Ende bei diesem Ausflug nicht erreichen. Wenn ich jedoch versuchte, frei weiterzuklettern, während ich mich mit der Halteleine festband, würde unten kein freundliches Gesicht sein, dem ich zurufen konnte: »Auf die Leine achten, ich mach mich los!«

Ich aß etwas, trank ein paar Mundvoll von dem Wasser, das die Wand hinablief, und dachte über die Situation nach. Es schien fast absurd, 40 m über dem Boden hinter einem 400 m langen, schwierigen Sumpf dazuhocken. Wahrscheinlich waren nur ein Dutzend oder fünfzehn Leute hier im Land in der Lage, rechtzeitig hierher zu kommen, und falls ich fallen und mich schwer verletzen würde, würde es vielleicht neun oder zwölf Stunden dauern, bis man mich suchen würde. Eins war sicher, man konnte nicht davon ausgehen, daß man in einem solchen Fall lebend gerettet werden würde.

Andererseits war dies die letzte Chance für mehrere Monate, dieses Projekt zu beenden, und dieser große, schwarze Raum am oberen Ende des Schachts sah verlockend nah aus. Es hatte mich so viel Mühe gekostet, an diesen Punkt zu gelangen. Ich dachte an all meine Kameraden, die für mich das Tauchgerät in die Höhle getragen hatten. Es war früh am Abend, und sie würden jetzt bereits in der Kneipe sitzen und sich vielleicht fragen, wie es mir wohl ging (zwischen wichtigen Fragen, wer denn die nächste Runde bezahlen würde). Ein weiterer Blick nach oben offenbarte ein paar

Stellen, in die man Nägel schlagen konnte, und das entschied die Sache schließlich für mich; ich würde es wagen.

Ich befreite mich von den Etriers und von der Halteleine und machte vorsichtig ein paar Bewegungen, um einen horizontalen Spalt zu erreichen. Dort befestigte ich eine lange Schraube, was mir Vertrauen gab, den Sims leichter zu erreichen. Ich lag mit dem Gesicht nach unten in dem flachen Strombett einer großen, noch nicht erforschten Passage und lachte fast unkontrollierbar vor Erleichterung. Nachdem ich alles riskiert hatte, den letzten Anstieg der 46 m langen Klettertour zu überwinden, war es eine merkwürdige Mischung aus Befriedigung und Hochgestimmtheit, die mich erfüllte, als ich mich daran begab, einige der größten Passagen des Peak Cavern Systems zu erforschen, wie sich später herausstellen sollte, und ich erreichte die Kneipe noch, bevor die letzte Bestellrunde eingeläutet wurde – gerade noch!

Später fand man heraus, daß diese Stelle eine Verbindung zu Kammern hatte, die 1981 über eine tiefe Schlucht entdeckt worden waren. Da die Erforschung immer komplexer wurde, gesellten sich Russell Carter und Jim Davenport zu Cordingley. Ernsthaft wurden weitere Kletterrouten erforscht. Eine Reihe von Schächten wurden über der Trunk Route erstiegen, und schließlich erreichte das Team einen Punkt 164 m über dem Peak-Eingang und etablierte diesen als den höchsten Punkt des Systems. Im Februar 1989 wurde ein weiterer Schacht von 30 m erklettert, der zu einem komplexen Bereich von niedrigen Schichtungspassagen führte, die starke Ähnlichkeit mit einem Bereich, der als The Flats im Nettle Pot in 1000 m Entfernung

Rechts: Die trockene Passage hinter dem Far Sump, Peak Cavern, Derbyshire.

bekannt war, hatte. Dieses Gebiet ist noch nicht voll erforscht und weist eine Reihe von geheimnisvollen, tiefen Schächten auf.

Ein großer Bereich des Gebiets, das von Cordingley und seinen Freunden erforscht worden ist, gehört zu einer riesigen Aushöhlung einer Mineralader, die sich vertikal 130 m erstreckt. Es ist wahrscheinlich das feinste Beispiel dieser Art, für die das Gebiet um Castleton bereits berühmt ist. Alle Höhen der Far Sump-Erweiterungen befinden sich hier, und es gibt achtzehn separate Höhen, die sich auf 400 m erstrecken. Von diesen wurden nicht weniger als 180 m durch Erklettern von unten erforscht.

Durch neuere Erweiterungen beläuft sich jetzt die Gesamtlänge der Passagen in dem Peak Cavern System auf 12 km. Etwa 1500 m Passagen sind hinter Far Sump erforscht, und es besteht wenig Zweifel, daß weitere Forschungen in diesem Gebiet eins der herausforderndsten Projekte auf den britischen Inseln darstellen.

Speedwell Cavern: Vorfall in Main Rising
Die Aktivitäten in Speedwell Cavern erweisen sich ebenfalls als fruchtbar. Der Hauptvorstoß in dem stromaufwärts gelegenen Endabschnitt wurde bei der eindrucksvollen Main Rising vorgenommen, wo Cordingley und Carter in den späten achtziger Jahren methodisch eine Reihe von Operationen durchführten. Da jedoch immer schlechte Sicht herrscht und das Tauchprofil schwierig ist, ist der Durchbruch auf dieser Route nicht einfach. Die Tauchgänge liefen hier nicht ohne Vorfälle ab, und einmal befand Cordingley sich in einer höchst schwierigen Situation:

Wir hatten diesen aufsehenerregenden Sumpf vorher an einem »Ellbogen« in 36 m Tiefe erforscht, um in eine Kammer in 20 m Tiefe zu gelangen, wo der weitere Weg durch Spalten in der Decke zu führen schien. Ich hatte diese schon überall untersucht, um einen Luftraum zu finden, aber ohne Erfolg, bis die Gassicherheitsanzeige eine Umkehr diktierte.

Nach einem kurzen Aufenthalt für routinemäßige Geräteüberprüfungen an der Lippe des Schachts begann der Tauchgang in Richtung Basis. Normalerweise finde ich den kontrollierten Abstieg in einen großen Schacht ziemlich belebend. Dieser sollte sich jedoch in einen Alptraum verwandeln. Nach ein paar Metern sagte ein dumpfer Schmerz in meinem linken Ohr mir, daß es nicht »frei« war. Die Rückkehr in flachere Tiefen hätte dieses Problem lösen sollen, aber nichts half, und die Eustachische Röhre blieb weiter blockiert.

Schließlich mußte ich mich der Tatsache stellen, daß ein Abstieg auf 36 m Tiefe stattfinden mußte, ohne daß der Druck hinter dem Trommelfell ausgeglichen wurde. Der Abstieg auf eine Tiefe von 25 m verstärkte den Schmerz alarmierend, und es wurde offensichtlich, daß der einzige Ausweg darin bestand, das Trommelfell absichtlich reißen zu lassen, während ich mich durch den Ellbogen bewegte. Ein Blick auf die Inhaltsanzeigen meiner Flaschen sagte mir, daß die Entscheidung dies zu tun, nicht mehr länger hinausgezögert werden konnte.

Ich erinnerte mich nur kurz an den Standardhinweis in allen Tauchhandbüchern über zerrissene Trommelfelle und begab mich in einen einsamen Abgrund der Agonie. Ich wartete darauf, daß ich unausweichlich die Orientierung verlieren würde, als das kalte Wasser einströmte. Ich erinnere mich, daß ich beschloß, meine rechte Hand an der in Richtung Basis verlaufenden Leine zu halten und zu warten, bis der Schwindel vorüber war, bevor ich meinen Weg nach draußen fortsetzen würde. Trotz meiner schweren Lage geriet ich nicht in Panik. Ich erinnere mich nur, daß ich mir objektiv der Wahlmöglichkeiten bewußt war, die mir offenstanden, und nahm die Dinge, die getan werden mußten, um hinauszugelangen, auf kalte und kalkulierende Weise an. Ich glaube, hier zeigen Training und Erfahrung ihren Wert.

Der Abstieg in den Ellbogen hinab verursachte unbeschreibliche Schmerzen. Das Trommelfell riß, es kam nicht zu dem erwarteten Schwindel, und ich war gelassen genug, die korrekte Aufstiegsgeschwindigkeit zu der Sauerstoffflasche, die an dem ersten Dekompressionsstop hing, aufrechtzuerhalten.

Innerhalb weniger Wochen heilte das Ohr perfekt. Viel schlimmer war jedoch der Schaden an meiner linken Eustachischen Röhre gewesen. Durch das verbliebene Narbengewebe ist es selbst heute noch schwieriger, dieses Ohr freizubekommen.

Wir haben gerade erst damit begonnen, lange Tauchgänge mit komplexen Profilen in unserem Land durchzuführen, und ich glaube, daß Probleme mit den Ohren eine viel größere Gefahr sein werden, als manche Menschen glauben. Seit diesem Ereignis haben wir mit dem Gebrauch von einfachen Nasensprays (nicht jene, die wie Schnupfenmedikamente riechen) experimentiert. Diese hatten keine Auswirkungen auf unsere Widerstandsfähigkeit gegenüber der Stickstoffnarkose in Tiefen von über 70 m. Heute würde ich allen, die derart komplizierte Tauchprofile durchtauchen, die auf dem Rückweg einen Wiederaufstieg erforderlich machen, empfehlen, vor dem Tauchgang solche Sprays als Vorsorge gegen dieses Problem zu verwenden.

An der gegenwärtigen Grenze von Main Rising, 185 m von der Basis entfernt, befindet sich ein äußerst tiefer Schacht, Doux de Castleton, der schätzungsweise eine Tiefe von über 50 m erreicht.

Aufgrund der Zugangsschwierigkeiten muß Main Rising noch endgültig erforscht werden. Es gibt hier einige merkwürdige, hydrologische Merkmale: Unerklärlicherweise verändert der große Strom, der normalerweise aus Main Rising zutage tritt, bisweilen seinen Verlauf, so daß er aus dem Sumpf am Ende der Whirlpool Rising-Passage nach oben kommt.

Cliff Cavern, Speedwell Cavern
Das bedeutsamste Ereignis in der Speedwell Cavern in den vergangenen Jahren war die Durchsteigung der eindrucksvollen Cliff Cavern in der Nähe von Main Rising. Die Aktivitäten hier wurden seit langem durch das Wetter und die Höhe des Speedwell Stream entschieden, mit dem Ergebnis, daß das Durchsteigen dieser eindrucksvollen Höhle beträchtliche Zeit und Geduld in Anspruch genommen hat. Die Hauptkletterer hier waren Alan Medhurst, Frank Brown und Pete O'Neill, zu denen sich gelegentlich

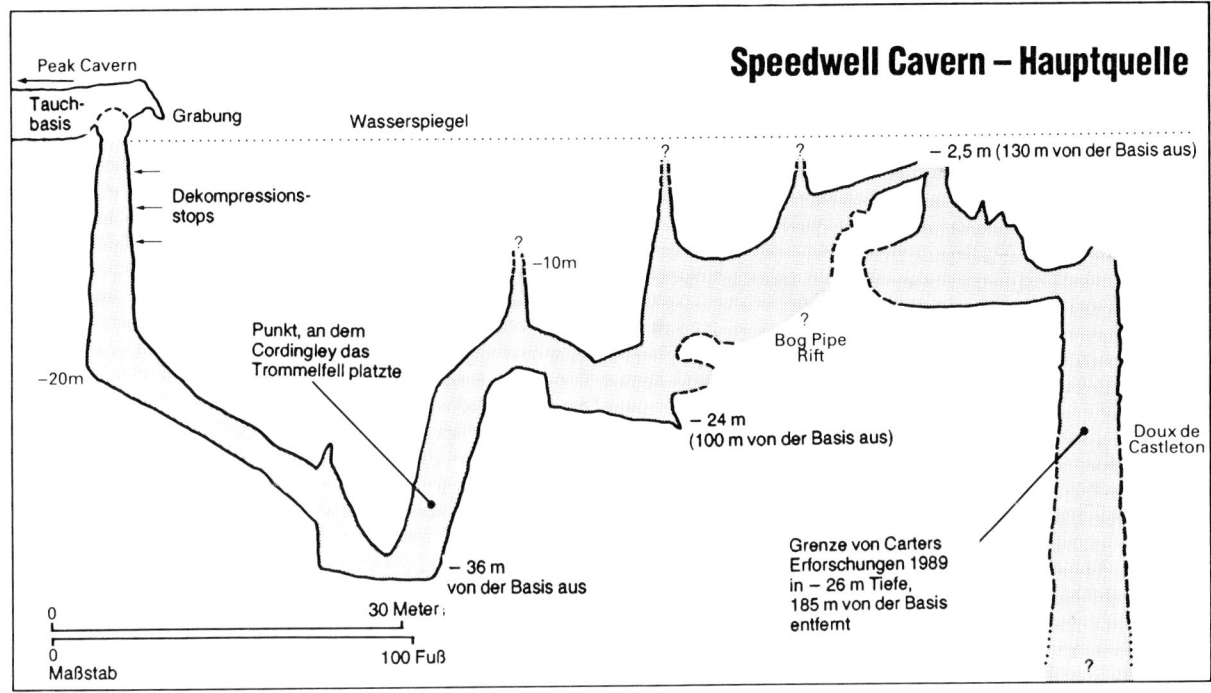

Speedwell Cavern – Hauptquelle

Peak Cavern

Tauch-basis

Grabung

Wasserspiegel

Dekompressions-stops

Punkt, an dem Cordingley das Trommelfell platzte

–10m

–20m

?

?

?

– 2,5 m (130 m von der Basis aus)

Bog Pipe Rift

?

– 24 m (100 m von der Basis aus)

– 36 m von der Basis aus

Grenze von Carters Erforschungen 1989 in – 26 m Tiefe, 185 m von der Basis entfernt

Doux de Castleton

?

0   30 Meter

0   100 Fuß
Maßstab

Cordingley und andere gesellten. Der Erfolg kam im Dezember 1987, als eine 200 m lange Passage, Cliffhanger, in westlicher Richtung erforscht wurde. Der Endsumpf hier wurde später von Cordingley durchtaucht, erwies sich jedoch nach 40 m als unmöglich eng.

Nach einem weiteren Anstieg von 10 m über dem Eingang von Cliffhanger folgte die 30 m lange Skywalk-Durchquerung, die zur Joint Effort Passage führte. Hier führten 150 m einer großen Passage in östliche Richtung und endeten wieder in einem Sumpf. Im Januar 1989 unternahm Cordingley einen Solo-Ausflug, um ihn in Angriff zu nehmen, und durchquerte den Sumpf nach 20 m. Dahinter lag der 15 m hohe Spidros Aven in etwa 30 m Entfernung und der nächste Punkt zu den benachbarten Far Sump-Erweiterungen.

Die Erforschungen im Peak-Speedwell System sind äußerst komplex. Zur Zeit sind 36 Sümpfe bekannt, und die Aktivitäten sind längst nicht beendet. Es wird wahrscheinlich viele Jahre dauern, bevor große Verbindungen mit anderen bekannten Höhlen in diesem Gebiet, etwa Giant's Hole, hergestellt sind. Ein weiterer tiefer Sumpf beendet dieses System an der Seite von Eldon Hill, aber wie es bei vielen Stellen in der Nachbarschaft der Fall ist, ist die Sicht hier äußerst schlecht. Der Peak-District hat ein einzigartiges und kompliziertes Netzwerk von Höhlen

preisgegeben, das entschlossene Forscher bis weit ins nächste Jahrhundert hinein vor ungeheure Herausforderungen stellen wird.

Irland

Geologisch gesehen, besteht fast das gesamte Gebiet Irlands aus Kalkstein. Es gibt mehrere große Höhlenregionen, und es wurden viele aufregende Tauchprojekte unternommen.

Der Reiz der unterirdischen Welt hat die Iren nicht weiter beeindruckt, und sie waren so gut wie überhaupt nicht motiviert, die Sümpfe zu erforschen. Die wichtigsten Entdeckungen sind auf Besuchergruppen von britischen Tauchern zurückzuführen. In der Nachkriegsära war es die Speläologische Gesellschaft der Universität Bristol, die den bedeutsamsten Eindruck in diesem Gebiet hinterlassen hat, besonders in County Clare an der Westküste.

Zu Beginn beschränkten sich die Aktivitäten größtenteils auf die Republik Irland, in sicherer Entfernung zu den Problemen in Nordirland. Dennoch sollten sich die Unterwassererkundungen im Süden, die möglicherweise die besten in den britischen Inseln sind, als äußerst enttäuschend erweisen, trotz des ungeheuren Potentials für den Höhlentaucher.

Die ersten wichtigen Entdeckungen in Nordirland wurden erst viel später von Tauchern gemacht. Bis 1970 war County Fermanagh als Region für die Höhlenforschung kaum bekannt, weil die sozialen Unruhen in dieser Provinz die Erforschung verzögerten und die Mehrzahl der Höhlenforscher abhielten.

Im Sommer 1971 begannen John Elliot und Roger Solari von der Cave Projects Group (CPG) in den Sümpfen zu tauchen, die bisher wenig beachtet worden waren. Dadurch wurde die Forschung auf eine kurze Zeitspanne zusammengedrängt, was das übliche Muster der Höhlenforschung, das normalerweise intensive Suchen nach einer Umgehung oder Grabungsaktivitäten einschloß, abkürzte. Dabei fand man kleinere Erweiterungen, aber im folgenden Jahr kam es zu einem Anstieg der Aktivität.

Auf meinem ersten Besuch nach Irland kam ich rein zufällig mit der Tullyhona Cave in Berührung. Fast unglaublich leicht ließ sich ein 9 m langer Sumpf durchqueren, um über 1219 m an schönen Passagen zu entdecken. 1974 fanden nicht-tauchende Höhlenforscher eine Umgehung um den Sumpf, die durch eine schwierige Verengung führte – den Fennian Terror – und die Erweiterungen wurden ganz erforscht und vermessen. Sie beliefen sich auf über 1,5 km.

Erforschungen in Prod's Pot, 1972–74

Im Sommer 1972 taten Solari und ich uns zusammen und kehrten nach Irland zurück. Wir durchquerten drei kurze, verengte Sümpfe in der Cascade Passage von Prod's Pot und erforschten eine Erweiterung von 457 m. Bedeutsamer noch war die Eroberung des Arch Cave Sump, des stromaufwärts gelegenen Endes eines großen Quellensystems unter dem Tullybrack Mountain. Ein 80 m langer Tauchgang, ein langer Kanal und ein 6 m langer Tauchgang machten den Zugang frei zu einer großartigen Erweiterung, die weitere 1,5 km zurück in den Berg verlief. Dann endete sie an einem weiteren Sumpf, Sump 3.

Im Jahr darauf kehrten wir zurück und transportierten unsere Tauchausrüstung ohne Hilfe über schwieriges Terrain zu dem isolierten Endsumpf. Statt jedoch weitere Erweiterungen zu finden, entdeckten wir, daß wir das Arch System mit Noon's Hole verbunden hatten. Dies ist zur Zeit die beste durchgängige Route in Irland und heute aufgrund der erfolgreichen Umgehung des Sumpfes in Noon's Hole leichter zu bewerkstelligen als damals. Man muß jedoch immer noch tauchen, um die Sümpfe am niedrigeren Ende des Systems zu durchqueren.

1974 wurde der komplexe Sumpf am stromabwärts gele-

genen Ende von Prod's Pot schließlich durchquert, und in einer Reihe von Einzeloperationen gelang es mir, die Tauchstrecke um 300 m von der Basis aus zu erweitern. Ostern 1976 konnten Dave Morris und ich die letzte Tauchstrecke hier durchqueren, und während einer sechsstündigen Forschungstour entdeckten wir über einen Kilometer neuer Passagen. Die Erweiterung verlief direkt in Richtung der Quelle im Claddagh Glen, und im Frühsommer gelang es örtlichen Höhlenforschern, nahe am Endpunkt der Taucher eine Route in das System hineinzugraben.

Reyfad Pot, 1978

1978 gelang irischen Höhlenforschern, unter ihnen Hywel Ball, Mark Campbell und David Woods, ein wichtiger, trockener Vorstoß im Reyfad Pot, wo sie einen 1 km langen Strom entdeckten, der in einem Sumpf endete. Mit der Unterstützung dieser Gruppe durchquerte ich diesen nach einem einfachen Solotauchgang im Oktober 1978 und entdeckte weitere 400 m an Passagen, die zu Sumpf 2 führten. Im folgenden Jahr kehrte ich zu Ostern zurück, wurde aber bald wieder oben an einem 18 m tiefen Abhang aufgehalten. Die Sache wurde ernst, und daher kehrte ich mit einem starken Team, einschließlich Dave Morris, Mark Campbell und David Woods zurück (die beiden letztgenannten hatten gerade gelernt zu tauchen). Gemeinsam erforschten wir weitere 400 m hinter meinem bisherigen Limit, aber obwohl wir dem System den Status des tiefsten in Irland geben konnten (174 m), konnten wir nicht weiter in einen engen, schwer verschlammten Endsumpf eindringen. Es besteht also noch eine beträchtliche Entfernung vom Ende dieses großen Systems und der Quelle in Carrick Beg. Diese Quelle an der Ostflanke des Tullybrack Mountain wurde zum erstenmal im Juli 1976 betreten, nachdem man zehn Stunden lang gegraben hatte. Ein 600 m langer Strom führte zu einem kurzen Sumpf, der am folgenden Wochenende durchquert wurde. Es wurden weitere 396 m Strom entdeckt, der in einem äußerst schwierigen, verengten Sumpf endete. Hier liegt das Potential für eine der tiefsten und wahrscheinlich eine der längsten durchgängigen Routen auf den britischen Inseln.

Die Tragödie in Pollnacrom, 1981

Örtliche Höhlenforscher befaßten sich mit den verschiedenen trockenen Durchgängen, die noch in dem Reyfad-Pollnacrom-Komplex verblieben. Es schien keine offensichtliche Antwort auf das Problem zu geben, daher beschloß David Woods im Februar 1981, einen weiteren Versuch zu unternehmen, um den Endsumpf in Pollnacrom zu durchqueren.

Neben der Möglichkeit, eine trockene Route in den

fehlenden Höhlen..bschnitt zu graben, gab es diesen einen Sumpf in strategischer Position am stromabwärts gelegenen Ende, der noch endgültig überprüft werden mußte. Ich selbst hatte dies 1976 versucht und war 6 m vorangekommen, bevor ich gezwungen war, mich zurückzuziehen. Der Sumpf war äußerst unangenehm, und um überhaupt mit dem Tauchen zu beginnen, mußte ich mich durch zwei schreckliche Verengungen zwängen. Der Tunnel war nicht durch Felsgestein blockiert, sondern durch Sand, was viel schlimmer ist. Während ich diesen an eine Seite schob und mir einen Durchgang grub, durch den ich mich gerade hindurchschlängeln konnte, füllte der Sand den Durchgang sofort wieder, nachdem ich hindurchgekrochen war. Nachdem ich diese Verengungen hinter mich gebracht hatte, gab ich es auf. Ich fand eine Stelle, in der ich mich umdrehen konnte, und wie erwartet, brauchte ich einige Minuten, um mir wieder meinen Weg hinaus zu graben.

Diesen Sumpf wollte David Woods am 7. Februar 1981 in Angriff nehmen. Woods war mittlerweile ein erfahrener Höhlentaucher geworden und hatte seinen Vorstoß akribisch geplant. Er beschloß, den ersten Tauchgang mit einer einzelnen Flasche und einem Bedarfsventil, das in der Hand gehalten wurde, durchzuführen (so hatte ich es 1976 auch gemacht). Er verabredete mit seinem Freund Ed

Rolston, der draußen wartete, daß er seine restliche Ausrüstung holen würde, falls nach 20 m genug Platz war.

Er grub sich seinen Weg durch die Verengungen am Anfang, und nach ein paar Minuten schien das starke Aufsteigen von Blasen darauf hinzuweisen, daß er auf dem Rückweg war. Der Luftstrom ließ jedoch nicht nach, und Rolston erkannte schnell, daß sein Freund in Schwierigkeiten war. Sein Ventil schwamm frei herum und kostbare Luft wurde verschwendet.

Bei Woods Kampf, die Verengung von Sand freizubekommen, hatte sich das Ventil wahrscheinlich irgendwie mit Schlamm verstopft, so daß die Luft sehr schnell aufgebraucht wurde. Rolston erklärte später:

Ich holte tief Luft und tauchte hinein, behindert durch den Auftrieb des Naßtauchanzugs und ohne Sicht oder Maske, aber schließlich fand ich Daves Hände in der Nähe des Eingangs zu der Verengung [weniger als 2 m senkrecht unter der Oberfläche]. Ich hielt ihn an den Handgelenken und er umklammerte die meinen, so daß ich wußte, daß er herausgezogen werden wollte. Dies führte jedoch zu nichts, da er fest eingekeilt zu sein schien. Dann mußte ich wieder Luft holen. Nach zwei erfolglosen Versuchen, ihn herauszubekommen, holte ich eine weitere Flasche und befestigte das Ersatzventil. Als ich in den Teich zurückkehrte, konnte ich Daves Hände nicht mehr finden, sondern fand statt dessen seine Flasche, deren Schlauch sich an einer Felskante festgeklemmt hatte, und er hielt die Leine nicht mehr fest. Ich fühlte mit den Händen und Füßen umher, konnte aber kein Zeichen von Dave finden, um ihm die Flasche zu geben. Zu diesem Zeitpunkt schien wenig Hoffnung zu bestehen, da er keine Luft hatte. Daher kam ich wieder an die Oberfläche und legte selbst die Flasche an, um weiter nach ihm zu suchen.

Rolston war kein Taucher und trotz seiner mutigen Versuche war bald offensichtlich, daß er nichts mehr tun konnte. Er tauchte wieder nach oben, um Hilfe zu holen.

In den frühen Morgenstunden des nächsten Morgen wurde ich alarmiert und in einem RAF Sea King-Hubschrauber nach Belfast geflogen und dann in einem Armeehubschrauber zu dem Berg selbst. Ich traf kurz nach der Morgendämmerung ein. Zu diesem Zeitpunkt hatte Dave Drew den Sumpfteich bereits abgesucht, aber kein Zeichen des vermißten Tauchers entdeckt. Als ich kurz darauf in die Höhle ging, schien die Situation hoffnungslos. Nachdem ich mich ausgerüstet hatte, glitt ich langsam auf den Grund des runden Trichters, wo in weniger als 2 m Tiefe die erste Verengung lag. Hier betrug der lichte Abstand zwischen Boden und Decke weniger als 20 cm und war damit unmöglich zu passieren. Ich begann, den Sand wegzuschaufeln. Kaum hatte ich begonnen, fand ich Davids rechten Arm, der innerhalb der Verengung fast völlig vergraben war. Ich versuchte es immer wieder, aber konnte ihn trotz all meiner Bemühungen nicht freibekommen. Sein Körper war zu einem Hindernis geworden, das der Schlamm eingebettet hatte und das jetzt fest eingeklemmt war. Ich tat alles, was ich konnte, aber das war wenig. Es war hoffnungslos; ich fühlte mich schrecklich.

Als ich wieder oben war, konnte ich nicht viel sagen. Ich dachte zurück an jene Zeit, als er mit der Idee der Höhlentaucherei gespielt hatte, an seine Fragen zu den zukünftigen Aussichten auf diesem Gebiet. Wir hatten über diese Höhle gesprochen. All diese guten Gespräche. Und jetzt war es dazu gekommen. Alle die ihn gekannt hatten, hatten einen guten Freund verloren.

Das Pollballiny-Pollnagceim-System, 1985–89
Trotz all der Bemühungen einer ganzen Gruppe von Aktivisten sollte County Clare den Forschern wenig bedeutsame Durchbrüche bieten, und erst in den achtziger Jahren

wurden wichtige Funde gemacht. Der aufregendste Fund wurde 1985 gemacht, als Brian Judd, Colin Bunce, Dave Scott und Freunde den Zugang zu einem neuen und besonders schönen vertikalen System am Südende der Pollballiny-Senke fanden. Die Höhle fiel in dem Kalkstein schnell ab und endete an einem stark verengten Sumpf. Dieser und drei weitere wurden schließlich durchquert und führten zu einem weiteren starken Abfall entlang einer hohen, schmalen Spalte. Als die Gruppe Sumpf 5 nach 128 m unter der Erde gefunden hatte, war Pollnagceim das tiefste System dieses Gebiets und versprach noch viel größere Entdeckungen für die Zukunft.

Judd fuhr mit diesem Projekt fort und mußte mit vielen Schwierigkeiten und viel Skepsis fertigwerden. Zur Überraschung der Mehrzahl der Höhlenforscher gelang es ihm schließlich, ein komplexes Klempnersystem zu installieren, durch das die ersten vier Sümpfe entleert werden konnten. Während diese vorübergehend trocken waren, wurde wieder Tauchgerät auf den Grund der Höhle transportiert und der Angriff auf Sumpf 5 begann erneut. Nach mehreren Versuchen in diesem torfigen, starkt verengten und verschlammten Hindernis erzielte Judd schließlich im Mai 1989 den wohlverdienten Erfolg. Nach 50 m hatte er den Sumpf durchquert und tauchte in einer riesigen Passage voller Felsbrocken, die noch tiefer in den Berg hineinreichte, auf.

Genau diesen Durchbruch hatte Judd gesucht. Nach unzähligen Jahren hatte er die enorme fossile Passage wiedergefunden, die durch einen starken Felseinsturz am Fuß des Pollballiny verlorengegangen war. Leider war die Hauptroute nach 100 m wieder von Felsbrocken versperrt. Es handelte sich um die aufregendste Höhlenentdeckung in Irland seit vielen Jahren, und die Forschung wird sicherlich bald wieder aufgenommen werden.

Die Quelle des Pollballiny-Pollnagceim-Systems (beispielsweise von Pollballyelly und Faunarooska) ist zur Zeit nicht bekannt. Möglicherweise befindet sie sich unter dem Meer, vielleicht nicht weit von der äußerst zerklüfteten Westküste entfernt. Diese großen Höhlen von Slieve Elva, die sich aller Wahrscheinlichkeit irgendwo tief unter dem Berg vereinigen, haben eine potentielle Tiefe von 240 m.

Die Grünen Löcher von Doolin
Eine weitere interessante Entwicklung in den letzten Jahren war die Entdeckung eines komplexen Netzes von Küstenhöhlen, die in der Nähe des beliebten Touristendorfes Doolin liegen. Diese völlig unter Wasser stehenden Passagen waren vor vielen Jahren von Meerestauchern entdeckt worden, aber durch das britische Interesse an der Erforschung der blauen Löcher auf den Westindischen

Inseln wurden mehrere Tauchergruppen von der irischen Westküste angezogen, um ihr Glück in Höhlen zu versuchen, die heute zusammen als Grüne Löcher bekannt sind.

Peter Glanvill und Tim Fogg waren die ersten, die die Unterwasserklippen und unter Wasser stehenden Höhleneingänge nördlich von Doolin systematisch untersuchten, aber es war der ortsansässige Brian Judd, der die ersten entschlossenen Angriffe unternahm.

Diese Taucher kartographierten schnell die Eingänge von vier separaten Höhlen. Die Reef Caves liegen in der Nähe des Hafens von Doolin in einer Tiefe von etwa 18 m. Etwas östlich, unter der Landspitze, liegt Hell Complex, und 150 m nordöstlich liegt das tief eindringende Mermaid's Hole. Das flachste System ist Urchin Cave, das mehrere 100 m weiter nördlich liegt. Die Meeresbedingungen in diesem Gebiet sind für Taucher schwierig, und die Forschungen können jeweils nur an wenigen Tagen pro Jahr sicher durchgeführt werden. An dieser Felsenküste haben die Taucher einen gesunden Respekt vor den Elementen. Wenn der Wind nicht aus östlicher Richtung kommt (was selten ist), ist die Dünung immer rauh, und die Wellen brechen sich mit der starken Gewalt des Atlantiks an den Klippen. Das Ganze ist ein sehr einschüchternder Ort.

Anders als bei den flachen, ruhigen Bedingungen, die man im Sumpf einer normalen Höhle vorfindet und auch beim Tauchen selbst, ist in den Grünen Löchern der Gedanke an eine turbulente Rückkehr am Ende eines Tauchgangs immer eine beunruhigende Aussicht. Fast alle,

die hier getaucht sind, können abwechslungsreiche Geschichten von zerbrochenem oder verlorengegangenem Gerät und persönlichen Verletzungen erzählen. Das Problem dreht sich meistens um die extreme Schwierigkeiten, (mit schwerer Höhlentauchausrüstung) aus dem Wasser auf die spitzen und glitschigen Felsen zu gelangen, wobei zudem oft eine starke Dünung herrscht. Dies sind keine befriedigenden Bedingungen für einen Höhlentauchgang, und sie können einen die ganze Zeit über beschäftigen, so daß man nicht so entschlossen wie normal handelt.

Erst Ostern 1987 wurde der erste Durchbruch erzielt. Nach einem langen Winter aufgezwungener Inaktivität war das Wetter fast perfekt und die See relativ ruhig. Steve Jones, ein Taucher, der aus Wales zu Besuch war, nahm die Erforschung von Mermaid's Hole wieder auf, ein System, das direkt unter dem Land zurückverläuft und einen bedeutsamen Süßwasserablauf besitzt. Schnell drang er bis auf 350 m ein. Diesen Vorstoß bezahlte er fast mit dem Leben: Auf der Rückkehr von seiner letzten Operation hatten sich die Meeresbedingungen dramatisch verschlechtert, und er kam gerade noch an Land, bevor seine Luft verbraucht war.

Ein weiterer Besucher, Ian Rolland, heftete sich dicht an Jones Fersen und setzte die Erforschung fort. Nach einem Tauchgang von 430 m Länge kam er in einem normalen Abschnitt einer trockenen Höhle, die er Pirate's Paradise taufte, an die Oberfläche. Brian Judd und ich schlossen anschließend die Erforschung dieses Höhlenabschnitts im Sommer 1987 ab und entdeckten später einen weiteren

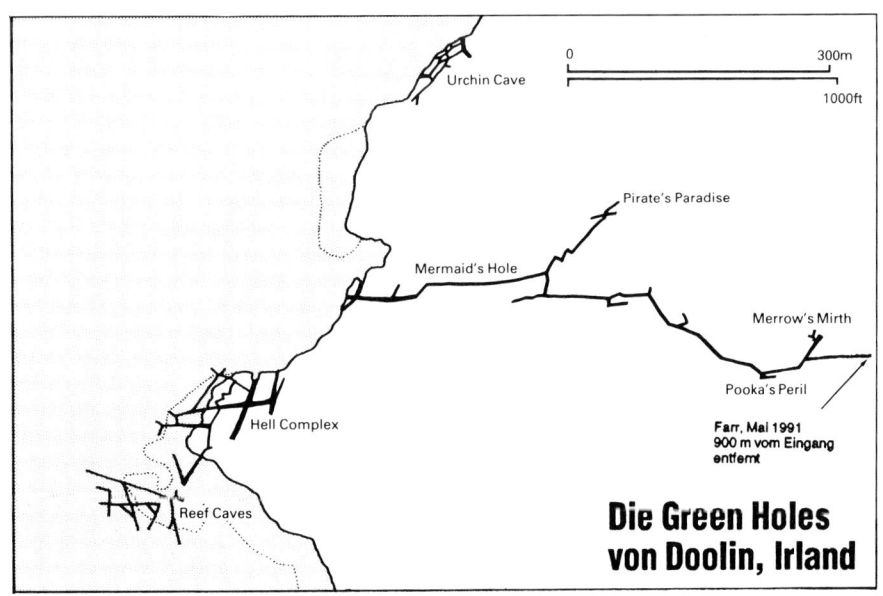

Die Green Holes von Doolin, Irland

Oben: Brian Judd in einem Luftraum bei 430 m in dem Pirate's Paradise-Zweig von Mermaid's Hole.

Links: Martyn Farr bereitet sich auf seinen 700 m langen Pooka's Peril-Tauchgang im Mermaid's Hole, Doolin, in Irland im Jahr 1987 vor. Ruhige Seebedingungen sind von wesentlicher Bedeutung, und an diese schwierige, felsige Küste zurückzugelangen, ist besonders gefährlich, wenn sich während des Tauchgangs Dünung entwickelt.

wichtigen Gang, Pooka's Peril. Hier konnte ich 700 m weiter eindringen. Alles deutete auf einen weiteren trokken Höhlenabschnitt hin. Wetter und Seebedingungen vereitelten weitere Angriff auf dieses System im Jahr 1988 und 1989, aber ein zufälliger Besuch in diesem Gebiet im August 1990 führte zu dem langerwarteten Vorstoß. Mit der Unterstützung von Nick Geh, Andy Whitehouse und Marco Paganuzzi verlegte ich weitere 90 m Leine von meiner bisherigen Grenze aus und betrat Merrow's Mirth,

die größte trockene Kammer, die bisher in den Grünen Löchern entdeckt wurde. Der Tauchgang dauerte weniger als drei Stunden. Als wir wieder auftauchten, herrschten oben furchtbare Bedingungen, aber in diesem Fall gelang es uns, in der relativen Ruhe des Hell-Komplexes an die Oberfläche zu kommen.

Diese Fortschritte zeigen, daß die Grünen Löcher von Doolin noch großes Potential haben und auf die Taucher in diesem Gebiet noch aufregende Entdeckungen warten.

Schlußfolgerung

In den siebziger und achtziger Jahren wurden bei allen Aspekten des britischen Höhlentauchens bedeutsame Fortschritte gemacht. Besonders wichtig war die progressive Einstellung der Taucher selbst, und nichts demonstrierte dies besser als die Entfernungen und Tiefen, die überwunden wurden. Diese Erfolge wurden durch die regelmäßige Weiterentwicklung von geeigneterem Gerät und besseren Techniken ermöglicht. Neue Ausrüstungen und Verbesserungen an der Kleidung werden heute schnell beurteilt, wobei sich relevante Informationen schnell unter den Höhlentauchern verbreiten. In dieser Hinsicht war die Rolle der Cave Diving Group sehr wichtig, und fast alle britischen Höhlentaucher sind Mitglieder dieser Organisation.

Als Ergebnis dieser größeren Wissensgrundlage und der besseren Organisation haben sich immer mehr Menschen diesem Sport zugewandt. 1975 beispielsweise unternahmen mehr als 70 Taucher über 350 Tauchgänge. Eine nähere Analyse zeigt, daß die Speerspitze dieser Vorstöße in der Hand einer kleinen Gruppe äußerst entschlossener Taucher lag. So führten fünf Taucher 1975 jeweils über 20 Tauchgänge durch, die den größten Teil des Fortschritts ausmachten.

Zehn Jahre später hatte sich die Situation nur wenig geändert. Die Zahl der Taucher wuchs ständig, aber von der Gesamtmitgliedzahl der CDG im Jahr 1986 (ca. 195) kann die Hälfte, was die Höhlentaucherei in Großbritannien betrifft, inoffiziell als Nicht-Taucher bezeichnet werden. Von den übrigen nahmen nicht mehr als zwanzig Taucher an neuen Erforschungen teil.

Was das Tauchen und die Erforschung angeht, ist die reine Länge, in der Sümpfe heute durchdrungen werden, erstaunlich, wenn man die allgemein feindlichen Bedingungen in britischen Sümpfen bedenkt. Tauchgänge von 300 m sind heute Routinesache, und selbst ein Tauchgang von 600 m gilt nicht als übermäßig lang. Dies kann man mit den sechziger Jahren vergleichen, als Tauchgänge von 150 m Länge als lang galten, und selbst Mehrfach-Tauchgänge, die sich auf diese Länge beliefen, waren selten.

Unausweichlich werden neue Erforschungen auf den britischen Inseln immer schwieriger, da alle leichten Höhlen schon vor langer Zeit erforscht wurden. Es überrascht daher nicht, daß mit wachsendem Wohlstand und besseren Transportmöglichkeiten das Interesse an Forschungen in Übersee gewachsen ist. Britische Taucher, die unter allgemein feindseligen Bedingungen ausgebildet werden, haben festgestellt, daß sie gut ausgerüstet sind, um eine wichtige Rolle bei diesen Erforschungen in Übersee zu spielen.

Die wichtigsten Höhlenregionen
von Großbritannien und Irland

0   100 Meilen

0   200 km

Sutherland

Edinburgh

Fermanagh
Reyfad Pot
Arch Cave
Noon's Hole

Sligo

Tullyhona
Prod's Pot

Aille River Cave

Galway

Clare
Green Holes
of Doolin

Dublin O

Crag Cave

Roaring
Well

3 Counties System
Keld Head

Yorkshire
Dales

Gaping
Gill

O Leeds

Manchester

Peak Cavern
P8

Peak District

Ogof Hesp Alyn

Wales

Dan yr Ogof
Ogof Ffynnon Ddu
Llangattock Caves

London

Cardiff O   O Bristol

Mendip

Cheddar
Wookey Hole
Swildon's Hole

Devon

Internationale Höhlenforschung

Der nächste Abschnitt dieses Buchs befaßt sich mit den Höhlentauchaktivitäten in verschiedenen Gebieten der Erde. Die enorme Reichweite der internationalen Aktivitäten verhindert eine tiefschürfende Analyse. Es ist nur möglich, einen Gesamtüberblick zu geben, wobei die wichtigen Ereignisse in den Hauptgebieten detailliert beschrieben werden. Ich habe mich bemüht, spezifische Bereiche und spezielle Forschungen auszuwählen, die die verschiedenen Arten der Höhlentauchaktivität illustrieren. Gleichzeitig habe ich wichtige Fortschritte bei Länge, Tiefe und Technologie aufgeführt. Diese Auswahl bedeutet, daß viele lohnende Höhlengebiete, in denen auch getaucht wurde, hier nicht erwähnt werden.

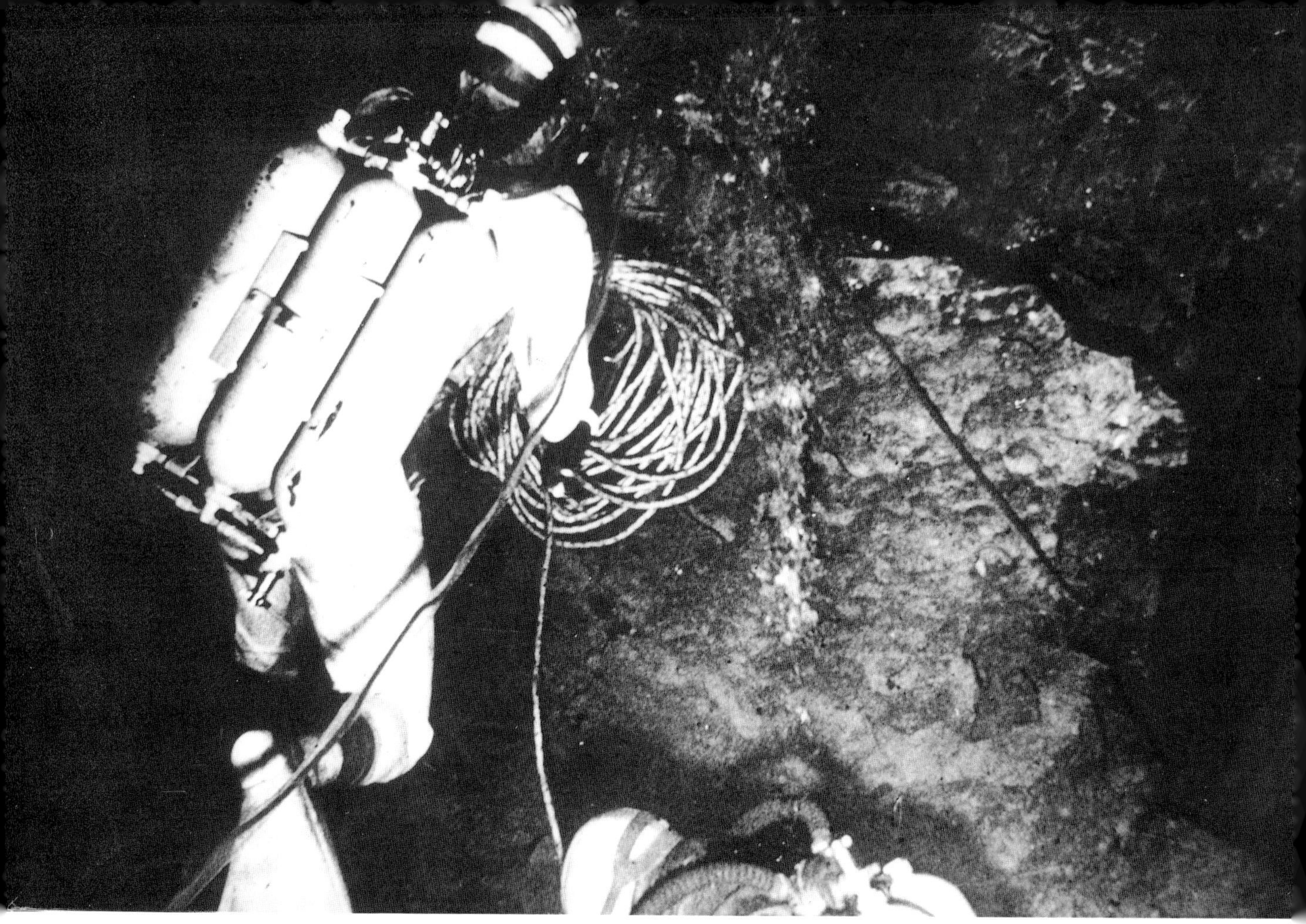

Kapitel neun

Das europäische Festland

einschließlich des asiatischen Teils der Sowjetunion und der Kanarischen Inseln

Europa kann als Geburtsort der Speläologie betrachtet werden, und während der letzten einhundert Jahre stand es immer an der Spitze der Entwicklung der Höhlenforschung. Bei der Höhlenforschung über und unter Wasser wurden wichtige Beiträge zu Technik und Forschung geleistet, und europäische Taucher waren weltweit sehr aktiv. 1990 gab es in Europa neun der zwölf tiefsten Höhlen der Welt, der Anteil an langen, trockenen Systemen war ebenfalls sehr groß, und es fanden viele, äußerst lange Tauchgänge statt. Von allen europäischen Ländern nimmt Frankreich mit seinen großen Höhlensystemen und seinen vielen erfahrenen Tauchern einen Spitzenplatz ein.

Frankreich

Heute gilt Frankreich als eine der wichtigsten Regionen der Höhlenforschung und der Höhlentaucherei. Im ganzen Land verteilt gibt es viele Höhlengebiete, und etwa 20 000 Höhlen sind bekannt. Es gibt unzählige Tauchgründe, und es wurden viele lange, schwierige Forschungen durchgeführt.

Das Entstehen der französischen Höhlentaucherei in Fontaine de Vaucluse wurde in Kapitel 2 beschrieben. Es war die erste Höhle der Welt, die mit der unhandlichen Standardausrüstung (1878) erforscht wurde und auch die erste Höhle überhaupt, die mit der Taucherlunge untersucht wurde.

Fontaine de Vaucluse, 1955–67
Jacques Cousteau, der Initiator des Versuchs von 1946, unternahm 1955 in Begleitung von Mitgliedern des französö-

Links: Szenen während der Tauchgänge im Jahr 1955 in Fontaine de Vaucluse. Es wurde eine Tiefe von 77 m erreicht, was bis auf den heutigen Tag mit zu den tiefsten Höhlentauchgängen zählt. Die beiden Unterwasserfotos zeigen Taucher bei 28 m (links) und 15 m (oben).

sischen Büros für Unterwasserforschung eine weitere Expedition in Vaucluse. Bei dieser Gelegenheit erreichten die Taucher eine Tiefe von 74 m. Wieder fand man kein Anzeichen für den Grund in diesem überfluteten Schacht, und der riesige, mit Felsbrocken durchsetzte Tunnel fiel in einem Winkel von 45 Grad immer tiefer ab.

Aufgrund der extremen Tiefe in dieser Höhle dauerte es lange, bis ein Fortschritt erzielt wurde. Im September 1967 untersuchte jedoch in einem Experiment, das wieder vom französischen Büro der Unterwasserforschung organisiert wurde, ein bildschirmgesteuerter Roboter, Telenaut, den Siphon bis auf eine Tiefe von 106 m. Die Maschine mußte ihren Vorstoß einstellen, als die Passage enger wurde, aber die Kamera zeigte, daß sie danach weiter abfiel.

Fontaine de Vaucluse, Versuche im Jahr 1981
Das Geheimnis von Fontaine de Vaucluse schien seiner Lösung kein bißchen näher, und für die wachsende Zahl von sehr erfahrenen, technologisch versierten Tauchern des europäischen Festlands wurde die Herausforderung immer größer. Aber erst 1981, vierzehn Jahre nach der »Reise des Telenaut«, wurde der nächste dramatische Vorstoß erzielt. Nach beträchtlichen Bemühungen erhielt Claude Touloumdjian die notwendige Erlaubnis und Unterstützung, um eine Reihe von gut vorbereiteten Tauchgängen durchzuführen. Mit der vollen technischen und logistischen Unterstützung der Taucherfirma Comex waren die Vorbereitungen bereits voll im Gange, als das Team von einer völlig unerwarteten Entwicklung erfuhr. Der berühmte deutsche Taucher Jochen Hasenmayer hatte eine geheimgehaltene Erforschung von Fontaine durchgeführt, und während eines Tauchgangs von fast fünfeinhalb Stunden stieg er auf eine Tiefe von 143 m unter der Wasseroberfläche herab und stellte einen neuen Welttiefenrekord auf. Abgesehen von der Angabe über die Tiefe wurden nie viele Einzelheiten über diese Operation bekannt, aber heute ist klar, daß Hasenmayer ein Regenerationsgerät eingesetzt hatte, ein sehr technisches Gerät, das er entworfen und konstruiert hatte. Darauf wird später bei der Beschreibung seiner Erforschungen in der Emer-

171

gence du Ressel näher eingegangen. Diese Wendung des Schicksals führte zu einem starken Interesse der Medien, von denen einige das öffentliche Bewußtsein gegenüber dem Projekt schärfen wollten, indem Sie es als »Duell« zwischen den Deutschen und den Franzosen darstellten. Trotz dieser beunruhigenden Nachrichten setzte das Team seine Arbeit fort, und am 11. Oktober unternahm Touloumdjian einen Tauchgang von über sieben Stunden Dauer. Er stieg einen riesigen schwarzen Schacht hinab und entdeckte Hasenmayers Leine, die in einer Tiefe von 143 m angebunden war. Er tauchte bis auf einen 153 m unter der Wasseroberfläche liegenden Punkt herab, und immer noch war kein Grund in Sicht.

Wenn man die ungeheure Tiefe betrachtet und die Tatsache, daß Hasenmayer hier keine offizielle Erlaubnis zum Tauchen erhalten konnte, würde wahrscheinlich einige Zeit vergehen, bis der nächste Vorstoß unternommen werden würde. Aber unbeirrt kehrte der Deutsche am 9. September 1983 zu einem zweiten Versuch zurück. Das Unternehmen fand mit Hilfe seiner Frau statt, und wenn man

bedenkt, daß es heimlich in der Dunkelheit durchgeführt wurde, war das Ergebnis besonders beeindruckend. Als er ins Wasser (12° C) stieg, wog seine Ausrüstung erstaunliche 400 kg. Sie bestand aus neun 20-l-Flaschen mit Gasmischungen, einer unglaublichen Ansammlung von Instrumenten und zur Dokumentation des Ereignisses aus einer Filmkamera, die an einer Stange hinter ihm befestigt war. Statt während des Abstiegs an verschiedenen Stellen Flaschen zu deponieren, ging es Hasenmayer um völlige Autonomie. Mit vier riesigen Flaschen auf dem Rücken zog er die übrigen fünf in einem speziell entwickelten »Flaschenboot« hinter sich her.*

* Trotz des erfolgreichen Einsatzes des Regenerationsgeräts in Ressel und Vaucluse kalkulierte Hasenmayer, daß dies für seinen zweiten Tauchgang nicht so sicher war wie eine Taucherlunge mit mehreren Flaschen. Danach setzte er die Taucherlunge auf all seinen nachfolgenden Tauchgängen ein, die seiner Meinung nach noch in der Reichweite der Taucherlungen-Logistik lagen.

Auf seine typisch effiziente Art überließ Hasenmayer nichts dem Zufall: Er nahm sogar eine speziell vorbereitete Nahrung mit, die er unter seinem Helm in einer Babyflasche beförderte.

Da er mit so viel sperrigem Gerät beladen war, ging der Abstieg natürlich relativ langsam voran. Hasenmayer war überrascht, als er Touloumdjians Leine in einer Tiefe festgebunden vorfand, die etwas unter der angegebenen Tiefe lag und nicht so tief wie die vorher erreichte Tiefe von Hasenmayer.*

* Man sollte anmerken, daß Touloumdjian mit einem gemischten Gasvorrat getaucht war, der von der Oberfläche aus aufgefüllt wurde, und daß er einen Satz Flaschen für den Notfall dabei hatte; daher brauchte er im Grunde gar keine normale Leine, da diese Funktion von dem Schlauch, der zurück zur Basis verlief, erfüllt werden konnte. Dies mag die Diskrepanz zwischen den beiden Berichten erklären.

Er setzte seinen Weg nach unten fort, und 45 Minuten nachdem er die Tauchbasis verlassen hatte, erreichte er die neue unglaubliche Tiefe von 205 m. Als er schließlich wieder an die Oberfläche kam, hatte der Tauchgang durch die längeren Dekompressionszeiten neun Stunden lang gedauert. Die genaue Mischung, die er verwendete, wurden geheimgehalten. Es war sicherlich eine Extremtat menschlicher Ausdauer, und da es keine Nebenwirkungen gab, zeigte sich deutlich, daß einmal mehr die Grenzen der Forschung wirkungsvoll zurückgedrängt worden waren.

Dennoch war der Ellbogen oder Grund des Sumpfes nicht erreicht worden. Diese Aufgabe blieb jetzt der Hochtechnologie überlassen. So erstaunlich es auch scheinen mag, traf nur acht Tage nach Hasenmayers sagenhaftem Erfolg ein weiteres Team ein, das die endgültige Tiefe dieser Höhle entdecken wollte. Die »Reise des Telenaut« im Jahr 1967 hatte gezeigt, daß die Höhle bis unter den Meeresspiegel reichte. Jetzt traf eine neue Kreation, der

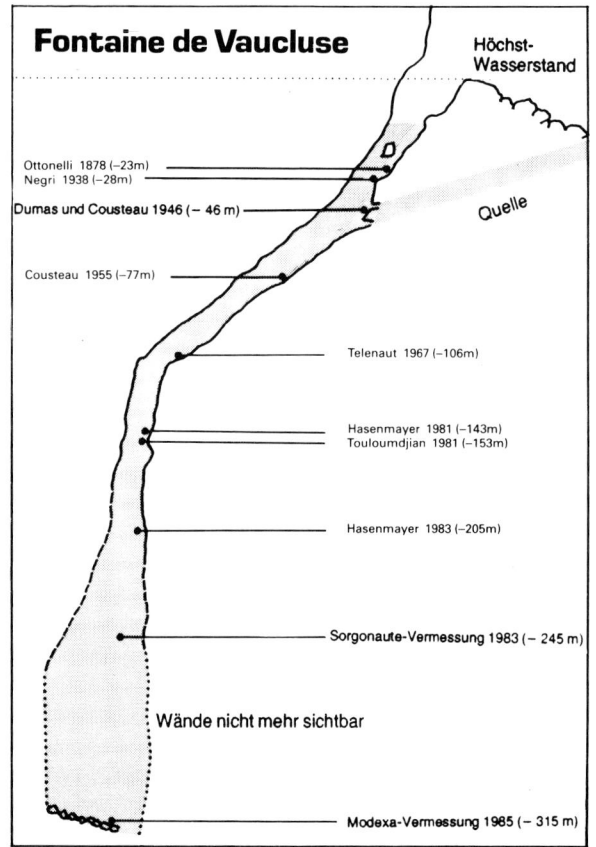

Fontaine de Vaucluse

Höchst-Wasserstand

Quelle

Ottonelli 1878 (–23m)
Negri 1938 (–28m)
Dumas und Cousteau 1946 (– 46 m)
Cousteau 1955 (–77m)
Telenaut 1967 (–106m)
Hasenmayer 1981 (–143m)
Touloumdjian 1981 (–153m)
Hasenmayer 1983 (–205m)
Sorgonaute-Vermessung 1983 (– 245 m)

Wände nicht mehr sichtbar

Modexa-Vermessung 1985 (– 315 m)

*Oben: Jochen Hasenmayer vor seinem »heimlichen« 205 m-
Tauchgang in Fontaine de Vaucluse im Jahr 1983. Er setzte eine
Taucherlunge ein und ein eigenes Röhrensystem zum Druckausgleich in den vier Flaschen, damit das Gleichgewicht aufrechterhalten wurde. Bemerkenswert ist auch der kugelförmige Plexiglas-
Kompaß an seinem Handgelenk und die versiegelte Gesichtsmaske, die ein Spezialventil enthält, um zu verhindern, daß
Wasser sein Gesicht oder seinen Kopf kühlte, während die Mundstücke ausgewechselt wurden.*

Sorgonaute – entworfen von dem speläologischen Club des
großen französischen Unternehmens Regie Renault de
Cleon und gebaut unter der Anleitung des Promoter Jean-
Pierre Viard – in Vaucluse ein.

Diese neue Maschine bestand aus einem kleinen, per
Video kontrollierten Bathyskaph, das von der Oberfläche
aus gelenkt und von drei Antriebseinheiten angetrieben
wurde. Eineinhalb Stunden nach Verlassen der Oberfläche
erreichte der Sorgonaute eine Tiefe von 245 m. Enttäu-
schenderweise reichte an dieser Stelle das 400 m lange
Kontrollkabel nicht mehr weiter, und die Maschine konnte
nicht mehr tiefer tauchen. Die nach oben vermittelten
Bilder zeigten jedoch, daß an dem weitesten, erreichten
Punkt eine riesige Galerie lag, und daß die endgültige Tiefe
weiterhin nur geschätzt werden konnte.

Der Grund von Fontaine de Vaucluse
Im September 1984 kehrte die Gruppe mit einer leicht
modifizierten Maschine und einem längeren Kabel zurück.

174

Leider endete das Unternehmen in einem Desaster. Der Kontakt zur Maschine ging plötzlich verloren, und das Kabel war durchtrennt worden – eine katastrophale Implosion hatte die Maschine zerstört.

1985 wurde der Grund von Fontaine de Vaucluse schließlich erreicht. In einer Tiefe von 312 m traf der Modexa, ein kleines, ferngesteuertes Fahrzeug (ROV) im Besitz der Mediterranen Handelsgesellschaft, auf einen Kegel aus großen Felsbrocken. Auf einer Seite führte ein Sandabhang langsam tiefer, und als der Modexa diesen weiter nach unten verfolgte, stieß er bald auf eine starke Strömung. Die Tiefe an diesem Punkt betrug 315 m.

Fontaine de Vaucluse ist zweifellos das tiefste, überflutete System, das bisher auf der Welt bekannt ist. Aus detaillierten geologischen und hydrologischen Studien weiß man, daß die Quelle Wasser aus einem weitreichenden Gebiet erhält: einige Endseen liegen teilweise sogar 45 km in nordöstlicher Richtung entfernt. Es müssen noch viele wissenschaftliche Untersuchungen durchgeführt werden, bevor dieser faszinierende Komplex völlig erforscht ist.

Die Gouffre Berger-Sümpfe

Tauchgänge wurden nicht nur in zugänglichen Quellen unternommen, sondern auch an vielen kalten, unzugänglichen Stellen. Der Sumpf am Boden des Gouffre Berger-Systems in der Nähe von Grenoble wurde 1963 durchquert, und 1967 wurde das System wieder als tiefstes der Welt mit über 1135 m festgelegt. Im Juli 1982 erforschte Patrick Penez diese Stelle wieder und erweiterte die Höhle um 170 in Sumpf 5 hinein, wobei er eine Endtiefe von 50 m in dem letzten Sumpf erreichte. Die Gesamttiefe des Systems beträgt jetzt 1248 m. Der Endpunkt, an dem das Wasser des Systems zutage tritt, ist der Cuves de Sassenage in etwa vier Kilometer Entfernung, eine weitere große Herausforderung für die Zukunft.

Die Sümpfe von Gouffre Jean Bernard

Der Gouffre Berger war viele Jahre lang weltweit das tiefste, bekannte System, eine Position die dann in den siebziger Jahren von dem Pierre Saint-Martin eingenommen wurde. Das tiefste System befindet sich heute immer noch in Frankreich, nicht in den Pyrenäen, sondern im Haute Savoie, wo auf den Lapies de Foillis in der Nähe von Samoens das große System von Gouffre Jean Bernard durch einen dramatischen neuen Tiefenrekord zu Beginn der achtziger Jahre erweitert wurde. Die unteren 140 m dieser Tiefe können nur von Tauchern erforscht werden. Sumpf 1 bei 1400 m wurde im Februar 1980 von Fred Vergier und Patrick Penez durchquert. In dem eiskalten

Wasser unternahmen die beiden einen 45 m langen Tauchgang in einer Tiefe von sechs Metern. Eine 230 m lange, trockene Passage führte über schwieriges Terrain zu einem acht Meter langen Abhang und zu Sumpf 2 in einer Tiefe von 1415 m. Zwölf Monate später wurde wieder mit der starken Unterstützung eines Teams von Speleo Vulcains ein weiterer Angriff auf das stromabwärts gelegene Ende des Systems unternommen. Die Taucher bei dieser Gelegenheit waren Penez und J.L. Fantoli. Sumpf 2 war bei einer Maximumtiefe von acht Metern nur 40 m lang. Dahinter schloß sich ein weiterer 85 m langer Stromabschnitt an, und Sumpf 3 wurde in einer Tiefe von 1455 m erreicht. Penez tauchte hier im Februar 1982. Er erwies sich als relativ kurz – 30 m bei einer Tiefe von drei Metern. Dahinter erforschte Penez allein weitere 150 m technischer Passage, bis er auf den undurchdringbaren Sumpf 4 in einer Gesamttiefe von 1494 m stieß. Die Entdeckung weiterer Passagen und ein neuer Eingang am oberen Ende dieser Höhle hat die Gesamttiefe auf 1601 m erweitert.

Puerta de Illamina (BU56)

Französische Teams sind bei Tauchgängen auf dem Grund dieser großen, technisch schwierigen Systeme sehr geschickt. Eine weitere klassische Erforschung dieser Art wurde in Puerta de Illamina (auch bekannt als BU56) nahe der spanischen Grenze in den Pyrenäen unternommen. Hier führte 1980 und 1981 ein französisch-spanisches Team eine schnelle Erforschung dieses ungewöhnlich eindrucksvollen Systems durch. Man erreichte einen Sumpf in 1328 m Tiefe, was damals die zweittiefste Höhle der Welt war. Fred Vergier durchquerte dann drei Sümpfe von 200 m Gesamtlänge, um Sumpf 4 zu erreichen. Der Endpunkt dieses Quellwassers befindet sich in 9 km Entfernung in der Ko-Lecia-Quelle in Ste Engrace, Frankreich. Dieser und andere Faktoren zeigen, daß das geologische Tiefenpotential hier 1700 m beträgt.

Bei Höhlen wie diesen verwundert es nicht, daß französische Taucher sich gleichermaßen zu Hause fühlen bei der Erforschung auf dem Grund der anspruchsvollsten Systeme der Welt und gleichzeitig Tieftauchprojekte um ihrer selbst willen unternehmen. Mit Hunderten von leicht erreichbaren, geräumigen Sümpfen überrascht es nicht, daß auch viele lange Tauchgänge unternommen wurden.

Die Höhlen der Dordogne

Das vielleicht schönste Gebiet für lange Tauchgänge in Frankreich, vielleicht sogar in ganz Europa, befindet sich in der Dordogne-Region. In der Nachbarschaft der Cele- und Lot-Täler befinden sich einige der tiefsten und längsten Siphons in Frankreich, die viele schöne Stellen für die

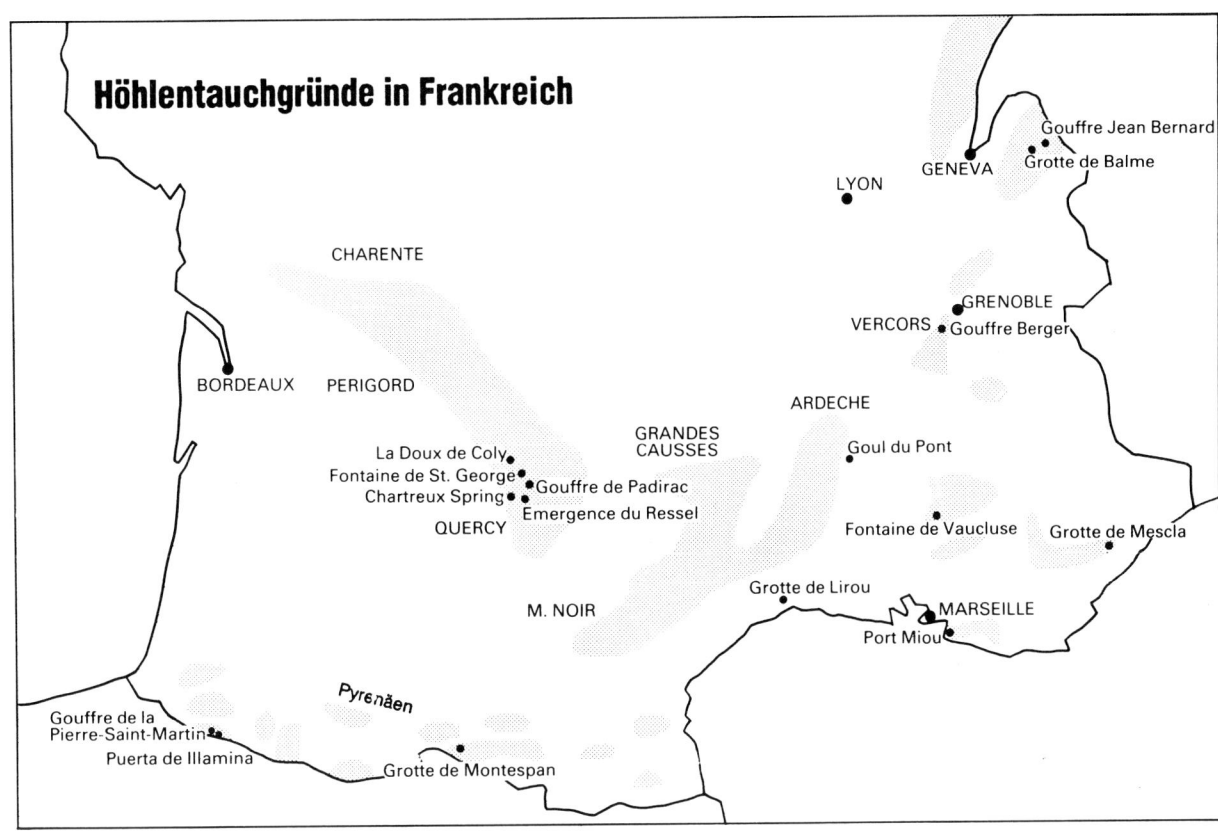

Höhlentauchgründe in Frankreich

Höhlentaucherei bieten, die vielleicht nur noch von Florida oder Mexiko übertroffen werden.

Das Wasser in diesen Sümpfen zählt im Sommer mit zu den klarsten Höhlengewässern in Europa, und mit einer Durchschnittstemperatur von 14°C bieten die großen, überfluteten Tunnel ausgezeichnete Tauchbedingungen. Es war eins der ersten Gebiete in Frankreich, die zu Beginn des Jahrhunderts von Speläologen wie Martel, de Joly und Casteret ernsthaft erforscht wurden. Hier wurden auch an Orten wie Padirac und Fontaine de St George die ersten großen Tauchgänge durchgeführt, in Höhlen, die lange mit Guy de Lavour in Verbindung gebracht wurden, der im allgemeinen als der Initiator der Höhlentaucherei in diesem Land gilt, und mit anderen wie Claude Touloumdjian, Bertrand Leger und den Brüdern Eric und Francis Le Guen.

Hier wurden über die Jahre hinweg viele aufregende Projekte in die Wege geleitet. Ende 1978 gelang Pierre Laureau ein bemerkenswerter Tauchgang von 1180 m in Buarmes-les-Messieurs, damals die längste Strecke in Europa. Im August des folgenden Jahres schloß ein Team aus fünf Tauchern unter der Leitung von Francis Le Guen

die Erforschung des heute populären Tauchgrundes Trou Madame ab. Insgesamt wurden 2455 m Sumpf durchquert, wobei der längste einzelne Tauchgang 1285 m betrug. Die Operation dauerte sechseinhalb Stunden.

Emergence du Ressel, Dordogne, 1978–81
Die Emergence du Ressel ist eine weitere klassische Quelle im Flußbett des Cete in der Nähe von Marcilhac-sur-Cete. Die französischen Taucher J.L. Fantoli und Claude Touloumdjian drangen 1978 bis auf eine Endtiefe von 45 m ein. Im darauffolgenden Jahr führten die außergewöhnlich gut-trainierten Schweizer Taucher der Group Lemanique de Plongée Souterraine (GLPS) die Erforschung in 50 m-Tiefe über weitere 700 m durch.

1980 machte das Team mit dem Einsatz eines Scooters in einer Tiefe von 56 m bis zu einem Punkt, der über 1000 m vom Eingang entfernt war, weiter. Dies war an sich schon eine herausragende Leistung, aber der nächste Vorstoß sollte noch dramatischer und bedeutsamer sein.

An diesem Punkt betrat Jochen Hasenmayer die Szene. Jahrelang hatte er an der Spitze der Entwicklungen in Europa gestanden und wurde von der Gemeinde der Höh-

Oben: Jochen Hasenmayer vor seinem Tauchgang in der Emergence du Ressel im Jahr 1981. Er ist mit dem Spelio-Twin Rebreather (STR 80) ausgerüstet, den er in diesem Jahr bei den großen Tauchgängen in Ressel und Vaucluse einsetzte.

Höhlentaucher standen, sondern fand überdies neue und aufregende Lösungen.

1980 führte er das Konzept des »Jumbo«-Rucksacks vor: ein unglaublich schweres Arrangement, das auf dem Rükken getragen wurde und in dem die riesigen 20 l-Flaschen befestigt wurden. Jede Flasche hatte ihre eigene Regulierung, aber der eindrucksvollste Aspekt des Ganzen war das integrierte und patentierte Auftriebssystem, zu dem auch ein Anti-Roll-System gehörte.*

> * Dies war ein wichtiger Punkt. Wenn im Wasser die richtige Lage eingenommen war (durch das Aufblasen des Trockentauchanzugs), bestand bei Gebrauch von zu viel Luft aus der einen oder anderen der äußeren Flaschen das Risiko, daß der Taucher Schlagseite bekam. Dem konnte man begegnen, indem man häufig die Regler wechselte, so daß alle Flaschen ungefähr mit derselben Rate geleert wurden, oder auch durch das Anlegen eines Bleigewichts an der leichten Seite. Hasenmayers System sorgte dafür, daß der Auftrieb der Flaschen reguliert und auf diese Weise die Lage des Tauchers beibehalten wurde.

Diese neue Anordnung erweiterte die Reichweite des Tauchers, ein Konzept, das von vielen Tauchern auf dem Festland während der nächsten zehn Jahre übernommen werden sollte. Aber Hasenmayers Ideen reichten weit über konventionelle Methoden hinaus. Er hatte unter Wasser stehende Höhlen seit über zwanzig Jahren erforscht und hatte in dieser Zeit viele Aspekte der menschlichen Physiologie, die für tiefe Tauchgänge relevant waren, untersucht. 1980 hatte er einen großen Teil seines Wissens in Computerprogramme inkorporiert, so daß er die komplexen Dekompressionstaktiken für die immer schwierigeren Tauchgänge berechnen konnte.

Insgesamt futuristischer war sein nächstes Projekt. Er war überzeugt davon, daß auf lange Sicht die vielversprechendste Entwicklung darin lag, das Atemgas wiederzuverwenden. Dies war keine neue Idee, sondern eher eine radikale Neueinschätzung des alten Geräts aus Kriegszeiten, das von der Taucherlunge abgelöst worden war. Daher entwarf und konstruierte er ein revolutionäres Regenerationsgerät.

lentaucher weltweit respektiert. Für die französischen und Schweizer Taucher war Hasenmayer eine etwas mysteriöse Figur. Er war sehr zurückhaltend und hatte vergleichsweise wenig über seine Taten geschrieben. Er arbeitete von seiner süddeutschen Heimat aus und versuchte, jeden Aspekt der technischen Seite des Sports zu fördern. Immer wieder zeigte sich sein Talent an geschicktem Design und praktischer Erfindungsgabe. Durch die radikale Erneuerung und Abänderung vorhandener Geräte schlug er sich nicht nur mit all den Problemen herum, vor denen die

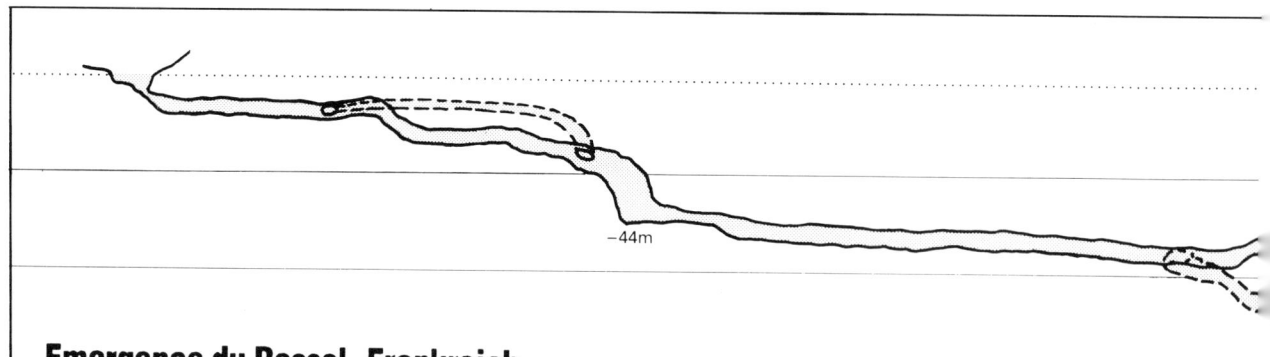

−44m

Emergence du Ressel, Frankreich

Der Speleo-Twin Rebreather (STR 80) wurde 1980 verwirklicht. Er bestand aus zwei separaten Regenerationsgeräten, die, jedes für sich, unabhängig von der Tiefe eine potentielle Dauer von 24 Stunden hatten. Jedes hatte einen Sauerstoffsensor, wurde von einem Computer überwacht und hatte ein optisches und akkustisches Signal. Im Fall eines elektronischen oder Computer-Fehlers konnte das Gerät in einem halboffenen Kreislauf verwendet werden. Für den unwahrscheinlichen Fall, daß beide Regenerationsgeräte unbrauchbar wurden, enthielt das Gerät zwei normale Atemgeräte mit offenem Kreislauf, von dem jedes mit 300 l gemischtem Gas versorgt wurde. Die ganze Ausrüstung wurde auf dem Rücken getragen und war so kompakt, daß sie den Rücken nur um 13 cm überragte.

Hasenmayer unternahm den ersten Test-Tauchgang am 9. September 1980, als er eine 600 m lange Rundreise in der Source de la Loue unternahm. Der erste große Test fand am 25. September statt, als er einen Vorstoß auf 1240 m und 88 m Tiefe in der Emergence de Landenouze unternahm. Nach diesem Erfolg entschloß er sich, das Gerät bei einem großen Tauchgang in der Emergence du Ressel einzusetzen. Am 22. April 1981 schwamm er in die unbekannte Region hinter der Schweizerischen Höchstgrenze von 1000 m. An diesem Tag unternahm er eine 3800 m lange Rundreise, auf der er einen 1620 m entfernten Punkt von der Basis erreichte; von dieser Strecke lagen drei Kilometer in Tiefen zwischen 55 und 70 m. Er verwendete nur Flossen, und seine Zeit am Grund betrug in einer Durchschnittstiefe von mehr als 60 m dreieinhalb Stunden plus eine weitere halbe Stunde zwischen 3 und 55 m. Nach den feststehenden Vorgehensweisen hätte die kürzeste Dekompressionszeit 15 Stunden betragen, aber Hasenmayer brauchte weniger als vier Stunden!

In der Emergence du Ressel hatte Hasenmayer seine Theorien befriedigend in die Praxis umgesetzt. Bei einem Tauchgang, den er ganz allein mit Flossen und einer experimentellen Ausrüstung durchführte, war er bei seinem dramatischen Vorstoß sehr viel weiter vorgedrungen. Dennoch war sich die Welt der Höhlentaucher, abgesehen von höchst oberflächlichen Details, zum größten Teil für viele Jahre der vollen Bedeutung dieses bedeutsamen Ereignisses nicht bewußt.

Bei dieser Operation im Ressel bewies Hasenmayer nicht nur den Wert seines Geräts, sondern fand auch den Sinn eines sehr komplexen Netzes von Unterwasserpassagen. An seinem weitest entfernten Punkt, wo er keine Leine mehr hatte, erkannte er, daß er die Hauptroute in den Berg verpaßt hatte, und versuchte daher, den Hauptfluß auf der Rückkehr zu finden. 1135 m vom Eingang entfernt hatte er Erfolg, und er merkte sich den Gang für seinen nächsten Besuch.

Vier Tage später kehrte er zurück. Bei dieser Gelegenheit verwendete er sein Jumbo-Gestell für vier große Flaschen mit zwei zusätzlichen 20 l-Flaschen, die unter einem Aquazepp hingen. Später beschrieb er diesen Tauchgang in einem schönen Abschnitt seines Berichts:

Ich glitt auf einem Aquazepp in westlicher Richtung in die unbekannte Passage. Die Wände, die mehr als zehn Meter voneinander entfernt waren, verschwanden vor mir in einem intensivblauen Raum. Die Decke, die völlig flach war, wurde bis zum 60-m-Niveau immer tiefer. Fünf oder sechs Meter unter mir blitzte ein erodierter und unterhöhlter Boden von versteinerten Sedimenten auf. Bänke von sauberem Sand wechselten sich ab mit schwarzen Verkrustungen, die von dem tiefen aggressiven Wasser zu merkwürdigen skelettartigen Strukturen perforiert und geformt waren.

Bei 1400 m ging es aufwärts. Dies war eine gute Stelle, um das Gerät und den Gasvorrat zu überprüfen. Bei 1500 m wurde ich von einer Sackgasse aufgehalten. Darüber befand sich ein riesiger Schacht in der Form und den Abmessungen einer Konstruktion aus einem Science-fiction-Film. Unter mir hing meine dünne Nylonleine in einem leeren Raum. In der Höhe eines fünfstöckigen Gebäudes verlor ich die riesige Kammer unter mir schließlich aus den Augen. Im Schein der 50 Watt-

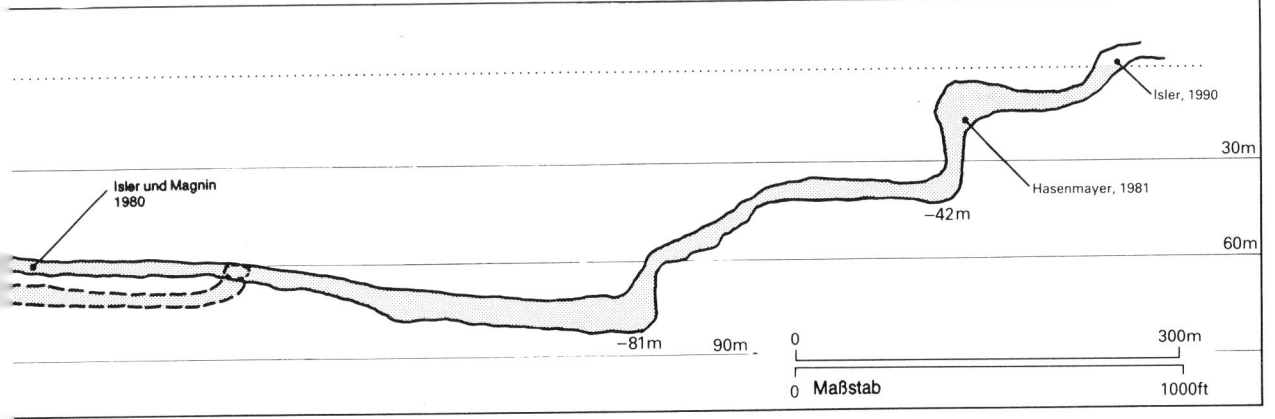

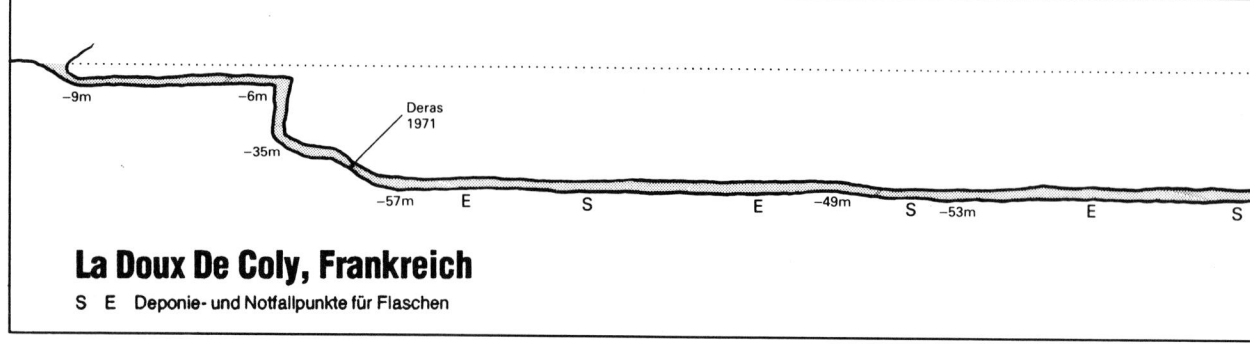

La Doux De Coly, Frankreich

S E Deponie- und Notfallpunkte für Flaschen

Lampe des Aquazepp eröffnete sich vor mir eine von Felsen durchsetzte Schlucht, die vier Meter hoch und zwei Meter breit war. Diese Passage, die neueren Ursprungs war, stieg bis zum 40-m-Niveau bei 1650 m an, wo ich mein Fahrzeug parkte.

Bei 1700 m machte die Passage eine scharfe Kurve und setzte sich in südlicher Richtung fort. Bei 1755 m hielt ich am Grund eines neuen Schachts nach oben, der bei -20 m nur fünf Meter Durchmesser hatte, an. Die Sicherheitsgrenze für meine Rückkehr war bereits überschritten. Die senkrechten Wände stiegen an, bis ich nichts mehr sehen konnte und gaben möglicherweise den subjektiven Eindruck einer Luftoberfläche. Dann kam der lange Rückweg, bei dem ich schließlich nach einem Tauchgang von 10 Stunden und 15 Minuten im Flußbett des Cele wieder auftauchte. [N.B. Die längere Dekompressionszeit bei diesem zweiten Tauchgang war auf die Verwendung einer einzelnen Gasmischung zurückzuführen, die 10% Helium enthielt.]

Erneut hatte Hasenmayer einen sagenhaften Tauchgang durchgeführt. Ohne Hilfe hatte er 620 m neue Leine in Tiefen, die fast 70 m erreichten, verlegt. Zusammengenommen sollten die beiden Operationen einen Erfolg darstellen, der seinesgleichen suchte. Es war ein unglaubliches Unternehmen für einen Einzelnen. Es bestätigte Hasenmayers Status in dem Sport und war ein klarer Hinweis, in welche Richtung die zukünftigen Aktivitäten in diesem Bereich für den Rest dieses Jahrzehnts gehen würden.

Erst im Sommer 1990 wurde Hasenmayers Rekord schließlich übertroffen. Unterstützt von einem großen Team von erfahrenen Tauchern stieg der Schweizer Taucher Olivier Isler, der ein halbgeschlossenes Regenerationssystem (RI 2000) einsetzte, in dem Schacht nach oben und erreichte einen Luftraum.*

* Der RI 2000 war das Ergebnis von fünf Jahren intensiver Arbeit durch die gemeinsamen Bemühungen von Alain Ronjat und Olivier Isler. Da sie nur begrenzte finanzielle Mittel hatten, kamen die beiden für fast alle Entwicklungskosten selbst auf, obwohl Spirotechnique ihnen einige Grundmaterialien lieferte. Anders als das System mit geschlossenem Kreislauf, das von Bill Stone entwickelt worden war und das das Gas, das ausgeatmet wurde, vollständig wiederverwertete, ist das RI 2000 ein halbgeschlossenes System. Das Gerät wird von einer Flasche mit gemischtem Gas mit bekannten Merkmalen versorgt und kann auch im Fall des Versagens des gesamten elektro-mechanischen Systems eingesetzt werden.

Dahinter lag ein steiler, mit Felsgestein durchsetzter Abhang, der in die Dunkelheit führte. Dieser muß noch erforscht werden.

Islers Rekordtauchgang in La Doux de Coly
Eine weitere inspirierende und sehr bedeutsame Entdeckung in der Dordogne in den achtziger Jahren fand in La Doux de Coly, etwa zehn Kilometer von der berühmten Höhle von Lascaux entfernt, statt. In den sechziger Jahren hatten mehrere Tauchgänge in diesem großartigen Tauchgrund stattgefunden, aber erst 1971 wurde die Höhle richtig in Angriff genommen. Dabei führte P.J. Deras einen bemerkenswerten Tauchgang von 365 m durch und erreichte eine Tiefe von 52 m.

1981 nahm das Schweizer GLPS-Team mit Jean-Jacques Bolanz, Cyrille Brandt, Claude Magnin und Olivier Isler die Herausforderung an und drückten der Höhle ihren Stempel auf. Während einer fünf Tage dauernden Expedition verlängerten sie die Leine bis zu einem Punkt 1760 m vom Eingang entfernt, in dem letzten Abschnitt einer relativ konstanten Tiefe von 56 m. Zwei Jahre später wurde eine weitere Expedition unternommen, die die Höhle um weitere 340 m in ähnlicher Tiefe erweiterte. Mit vier großen Flaschen auf dem Rücken unternahm Isler einen siebenstündigen Tauchgang, bei dem er 2100 m erreichte. Die Expedition lief nicht ohne Angstmoment ab. Auf dem Rückweg von seinem erfolgreichen Vorstoß geriet die Leine versehentlich in den Propeller des Scooter. Etwa zehn Meter Leine verwickelten sich in der Maschine, und der Taucher erlebte mehrere spannungsgeladene Minuten, bevor das Problem gelöst war.

Dieses zwölftägige Abenteuer wurde auch gefilmt: *La Pointe*, ein 26minütiger Videofilm. Man verließ sich stark auf die Scooter, aber mehrere technische Vorfälle bei ihrem Einsatz waren einer der Hauptgründe, daß nur ein begrenzter Fortschritt erzielt wurde.

Nach einer langen Vorbereitungs- und Trainingszeit fan-

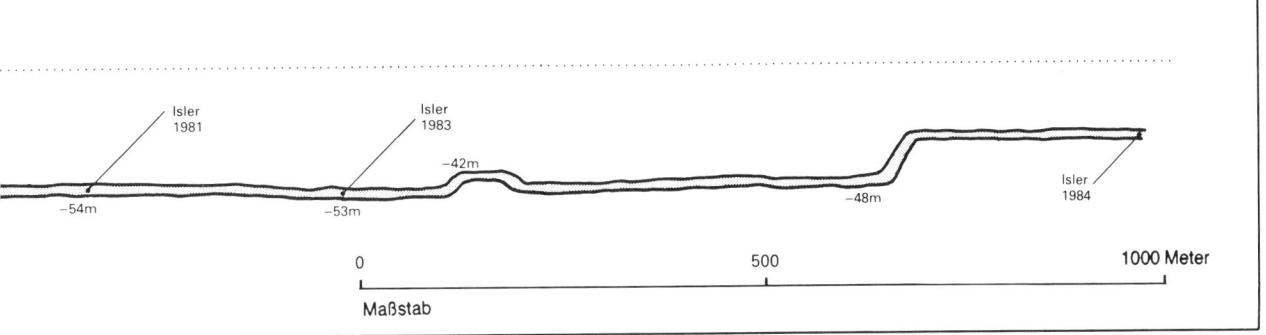

Isler
1981

Isler
1983

−42m

Isler
1984

−54m

−53m

−48m

0   500   1000 Meter

Maßstab

den 1984 zwei weitere Expeditionen statt. Für Europa war der Erfolg beispiellos, und es bestehen kaum Zweifel, daß der Vorstoß weltweit als wichtiger Meilenstein in der Höhlentaucherei gilt. Abgesehen von dem Gebrauch eines Unterwasserhabitats für die Dekompression wurde jede fortschrittliche Technik verwandt.

Mehrere Tage lang mußten »Sherpa«-Tauchgänge stattfinden, um Depots einzurichten. Doppel-Flaschen, die vorne angebracht wurden, wurden bei 700 m, 1100 m und 1500 m gelagert, während Notfall-Depots bei 550 m, 900 m und 1300 m eingerichtet wurden. Bei jedem Vorstoß wurden reiner Sauerstoff, Preßluft und Trimix verwendet, während spezielle mit Sauerstoff angereicherte Mischungen für die Dekompressionsstops auf dem Rückweg eingesetzt wurden. Der vielleicht interessanteste Aspekt der Expedition war jedoch die Tatsache, daß man sich stark auf

die Aquazepp 714T-Antriebseinheiten verließ. Diese wurden so angepaßt, daß sie nicht nur eine größere Reichweite ermöglichten, sondern aneinander angekuppelt auch eine viel größere Sicherheitsspanne für den führenden Taucher. Die Sicherheit war von größter Bedeutung, und alle Ausflüge waren so geplant, daß die Taucher mit Flossen an die Oberfläche zurückgelangen konnten, falls die beiden Scooter versagen sollten.

Es war Olivier Isler, der die endgültigen Erforschungen vornehmen sollte. Bei diesen Tauchgängen trug er vier 20 l-Stahlflaschen auf dem Rücken, von denen jede einen Druck von 250 bar hatte, die für das letzte Erforschungsstadium des Tauchgangs erforderlich waren. Er nutzte eine Reihe von anderen, unterwegs deponierten Flaschen, die

Unten: Der Quellteich von La Doux de Coly.

Oben: Olivier Isler setzte 1984 zwei 714 T Aquazepps zusammen in La Doux de Coly ein. Dies vergrößerte die Sicherheit des Tauchers ungemein, da er das eine Gefährt bei 2630 m zur Unterstützung parken konnte, während er mit dem anderen die neue Rekordentfernung von 3100 m vom Höhleneingang aus zurücklegte.

ihn so weit wie möglich in die Höhle hineinbringen würden, bevor er den endgültigen Vorstoß unternahm.

Die ersten 300 m in La Doux de Coly sind flach, meistens neun Meter oder weniger tief. Über diese Entfernung atmete Isler reinen Sauerstoff und schaltete für den Abschnitt, der ihn senkrecht in Tiefen von 50 m führte, auf Preßluft um. An einem Punkt 450 m vom Eingang entfernt bestieg er die Aquazepps, die bereits auf ihn warteten und zu einem Tandem zusammengefügt worden waren. Die 12 l-Flaschen, die vorne getragen wurden, wurden an den vorher festgelegten Depots ausgewechselt, und am letzten begann er, Trimix zu atmen (10% Helium). Seine erste Operation erweiterte die Leine in einem geräumigen Tunnel mit großen Tiefen von über 50 m auf 2630 m.

Bei seiner zweiten Expedition konnte er mit seinen deponierten Flaschen mindestens 1900 m erreichen. Hier schaltete er schließlich auf seine Flaschen auf dem Rücken um. An dem äußersten Punkt, den er bei seinem ersten Vorstoß erreicht hatte, bei 2630 m, kuppelte er die Antriebseinheiten aus und tauchte mit nur einer Maschine weiter. Der Tunnel war hier nicht mehr als sieben Meter breit und die Fahrt mit einer Geschwindigkeit von drei Kilometern pro Stunde erforderte höchste Konzentration. Aufgrund der Trimix-Mischung war sein Kopf klar, was für die Überwachung der Meßgeräte, die Anpassung der Tragkraft und das Verlegen der Leine wesentlich war. So weit von der Oberfläche entfernt, in solch extremen Tiefen gab es keinen Raum für den geringsten Fehler.

Als Isler etwas über 2700 m von der Basis entfernt war, erreichte er den Grund eines geneigten Schachts von 10 m Durchmesser, der in einem Winkel von 45 Grad anstieg.

11. (oben rechts) Claude Touloumdjian bereitet sich 1981 auf seinen Tauchgang in Fontaine de Vaucluse vor. 12. (rechts) Der Telenaut wird in Fontaine de Vaucluse vor seinem Vorstoß auf 106 m Tiefe abgesenkt. 13. (ganz rechts) Der Modexa wird 1985 zum Teich gebracht. Er erreichte den Grund des Sumpfes 315 m unter der Oberfläche.
14. (umseitig oben) Erste Taucher mit der Taucherlunge in der Grotte de Han Sur Lesse, Belgien, in den fünfziger Jahren.
15. (umseitig unten) Olivier Isler mit drei Regenerationsgeräten kurz vor seinem Tauchgang in der Emergence du Ressel 1990.

16. (oben) Eric Le Guen in der Source de le Dbuit, Haute Marne, Frankreich.

17. (umseitig) Pat Cronin und Nick Geh stoßen in die Emergence du Ressel, Dordogne, Frankreich, vor – an diesem Punkt sind sie 100 m vom Eingang entfernt.

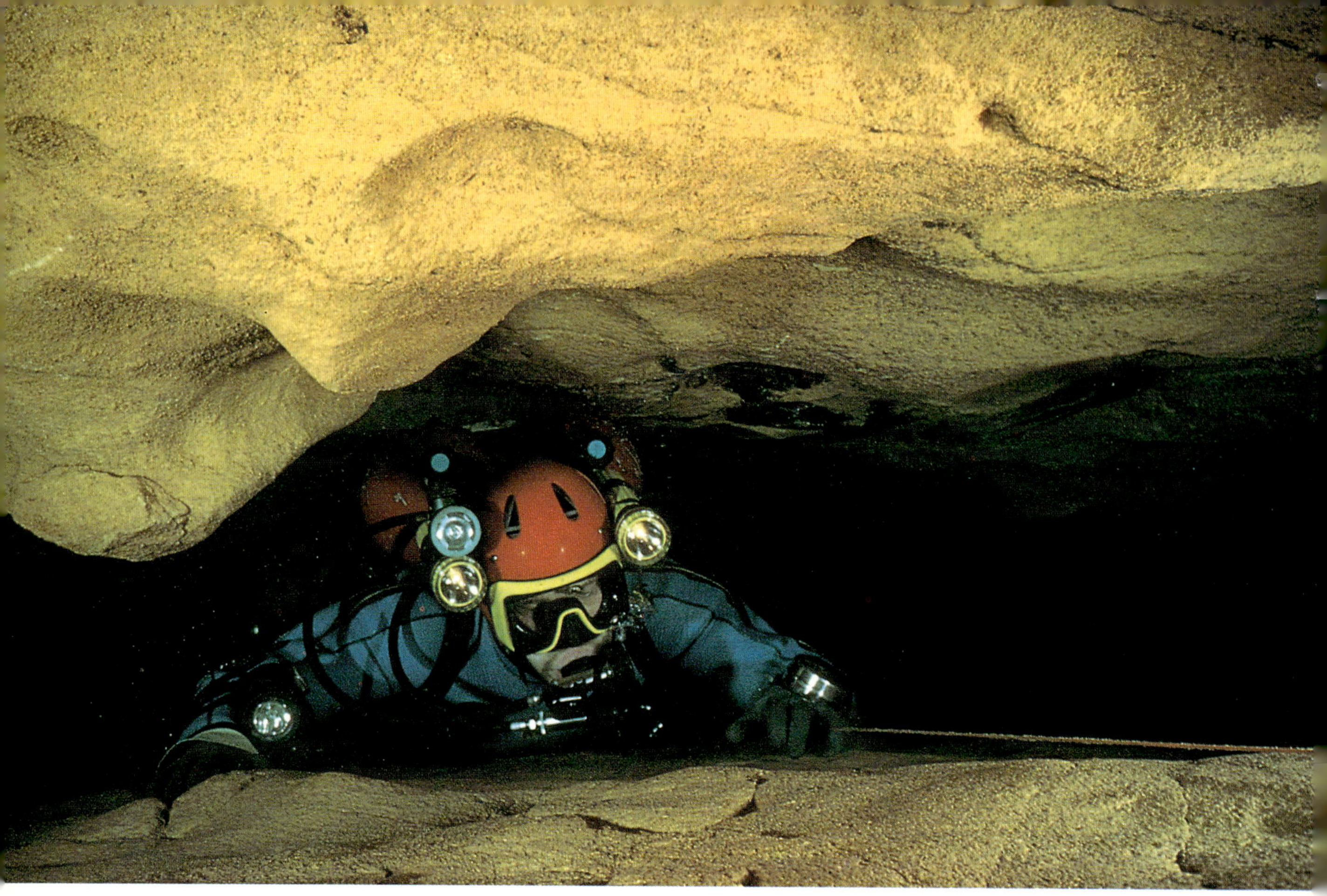
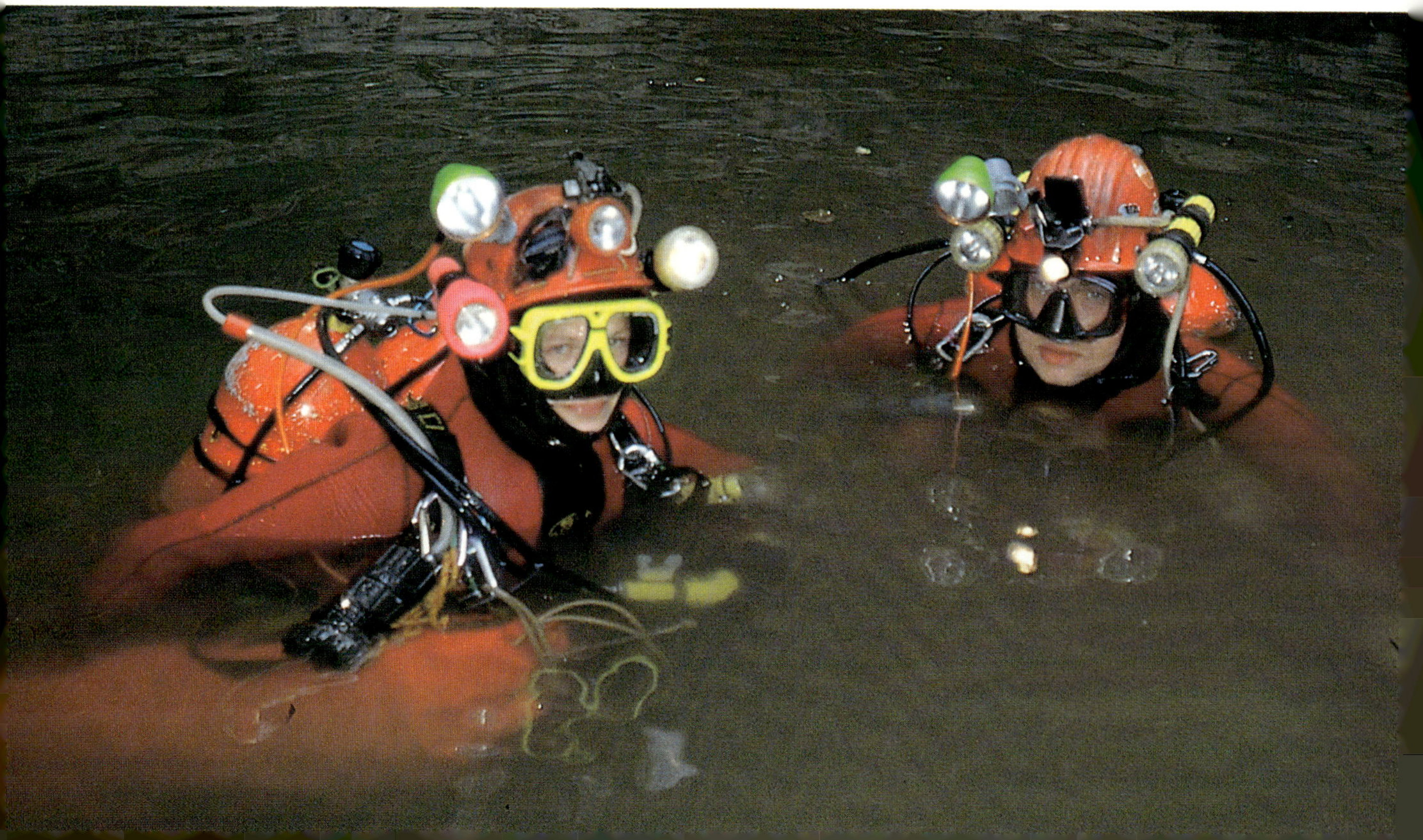

18. (oben links) Eric Le Guen arbeitet sich durch einen schmalen Spalt im Petit Goul de Tourne vor. Der Nachteil von Flaschen, die auf dem Rücken getragen werden, ist auf diesem Foto offensichtlich. 19. (unten links) Véronique und Francis Le Guen in der Emergence de Finou, Dordogne, vor ihrem Versuch, 1989 Sumpf 6 zu durchqueren.

20. (oben) Christoph Foetische in einer Tiefe von dreißig Metern in der Eingangspassage von der Emergence de Bätterich, Schweiz (siehe S. 192).

Dieser führte den Taucher zu einem kleineren Verlängerungsstück. Ein Tunnel, der einem U-Bahn-Tunnel ähnelte, führte waagrecht von diesem Punkt weiter. Der Boden war fast überall von feinem Sand bedeckt. Nach 3100 m hatte er seine Sicherheitsgrenze erreicht und die Expedition wurde abgekürzt. Der Tunnel setzte sich weiter in die Ferne fort und lud zu einem weiteren Besuch ein.

Der Rekordtauchgang der GLPS in La Doux de Coly sollte erst 1989 übertroffen werden, als der Amerikaner Sheck Exley einen ähnlich erstaunlichen Tauchgang unternahm. Ohne Scooter durchschwamm Exley eine Gesamtlänge von 3183 m in der Chip's Cave in Florida, aber für Europa bleibt Doux de Coly bei weitem der bisher längste Tauchgang.

Fontaine de St George, Gouffre de Padirac

Lange und äußerst tiefe Tauchgänge werden regelmäßig in Frankreich unternommen. Ein Unternehmen jüngeren Datums, das in den Annalen der europäischen Geschichte der Höhlentaucherei eine herausragende Rolle spielen wird, fand in Fontaine St George statt, einer der Hauptquellen für den berühmten Gouffre de Padirac. Dabei handelte es sich wieder um ein altes Projekt, das durch die GLPS der Erfüllung wieder einen Schritt näher kam.

Die Fontaine de St George war einer der ersten Tauchgründe, der mit der Taucherlunge erforscht wurde. Guy de Lavour erforschte diese eindrucksvolle Stelle 1948, wobei er eine Tiefe von 30 m erreichte, die sich schließlich als Ellbogen des Sumpfes herausstellte. Sumpf 1 wurde schließlich nach einer Gesamttauchstrecke von 380 m erreicht. Ein Abschnitt trockener Passage, der Salle de Lavour, führte schnell weiter zu einer unter Wasser stehenden Erweiterung.

Sumpf 2 wurde 1976 von Bertrand Leger erforscht. Dieser setzt sich in flacher Tiefe über 500 m lang fort, aber 950 m vom Eingang entfernt stieß er auf einen tiefen Schacht, in den er bis auf eine Tiefe von 41 m hinabstieg. Drei Jahre später nahm Francis Le Guen diesen vielversprechenden, stromaufwärts führenden Gang entschlossen in Angriff, wurde aber bei 71 m von einer einschüchternden Verengung aufgehalten.

Im Jahr 1982 zeigte die GLPS erstes Interesse an der Höhle. Jean-Jacques Bolanz entdeckte schnell eine neue Unterwasserroute zu Sumpf 2, die die großen Transportprobleme erleichterte. Im nächsten Jahr bewies Olivier

Oben: Bertrand Leger, der bemerkenswerte französische Pionier im Höhlentauchen.

Isler den Wert der neuen Route, als er einen Solo-Tauchgang von sechs Stunden unternahm und eine endgültige Tiefe von 76 m erreichte.

Im Oktober 1986 wurde ein größeres Unternehmen gestartet. Es war besonders schwierig, da die Natur der Höhle es erforderlich machte, daß die Dekompression auf dem Hinweg etwa 1000 m vom Eingang entfernt durchgeführt werden mußte. Nach einer beträchtlichen Transportstrecke war es Cyrille Brandt, der die neue Erforschung durchführen würde. Als er den tiefsten Punkt passierte, kam er nach einem Tauchgang von weiteren 50 m zu einer viel größeren Passage, und als er eine »stufenartige« Wand hinaufstieg, ging es bald nach oben in viel flacheres Terrain. Nachdem er durch mehrere, schöne Galerien geschwommen war, wurde er schließlich von einem riesigen, nach oben führenden Kamin in einer Tiefe von nur 20 m und 320 m von dem vorherigen Punkt entfernt aufgehalten. Weitere Fortschritte wurden aufgrund der zusätzlichen, unerwarteten Komplikationen bei der Dekompression durch die schnelle Verminderung der Tiefe nicht gemacht. Als er von seinem erfolgreichen Tauchgang zurückkehrte, war er fast neun Stunden lang unter Wasser gewesen.

Im Juli 1987 kehrte die GLPS zurück, um die Forschungen fortzusetzen. Die ersten beiden Versuche, weiter vorzudringen, schlugen fehl, aber am 29. Juli war Cyrille Brandt wieder an der Reihe, die Spur aufzunehmen. Bei dieser Gelegenheit klappte alles glatt. Ausgerüstet mit vier Flaschen, die er auf dem Rücken trug, brauchte er 75 Minuten, um seine bisherige Grenze zu erreichen. Hier mußte er eine lange Dekompression von etwa eineinhalb

Oben: Roland Gillet hilft Olivier Isler bei der Vorbereitung für einen Tauchgang in Fontaine de St George im Jahr 1987.

Stunden durchführen. Die Spannung war fast unerträglich. Schließlich kam der Augenblick der Wahrheit, und Brandt stieg ruhig an die Oberfläche auf und erreichte 1520 m vom Eingang entfernt Luft.

Der Anblick, der sich ihm hier bot, war insgesamt friedlicher als die wilden Aspekte der vorhergehenden tiefen Zone. In flachem Wasser schwamm er 110 m weiter und passierte eine Folge von glatten, phreatischen Glocken unter der Decke und schön ausgebildeten Strudellöchern im Boden. An dem weitest entfernten Punkt war das Wasser weniger als einen halben Meter tief, und es war schwer, mit der schweren Ausrüstung weiterzukommen.

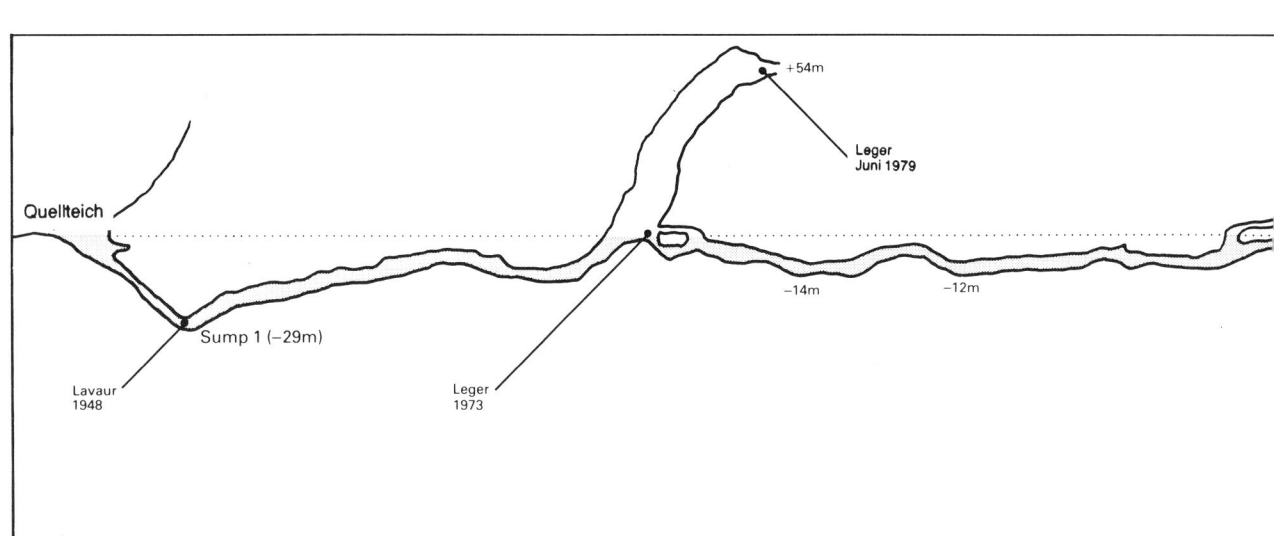

Fontaine de St. George, Frankreich

Unter diesen Umständen das Gerät abzulegen, wäre ein unannehmbares Risiko gewesen. Er hob den Kopf aus dem Wasser und konnte mindestens 20 m weit voraussehen. Dahinter lag eine Wand, die den Anfang eines weiteren Sumpfes andeuten konnte oder einfach nur eine Biegung in der Passage. Da er nicht viel mehr erreichen konnte, machte Brandt sich auf den Rückweg und erreichte schließlich nach einem Tauchgang von über neun Stunden den Eingang. Die erfolgreiche Durchquerung von Sumpf 2 war ein weiterer schöner Erfolg für die GLPS und brachte das Projekt einer Verbindung mit dem 18 km entfernten Zulaufsystem, dem berühmten Gouffre de Padirac, näher.

In der Fontaine de St George wurden zweieinhalb Jahre lang keine weiteren Fortschritte erzielt. Dann trat Francis Le Guen wieder auf die Bühne. Er kannte die Höhle von seinen vorherigen Erforschungen sehr gut, und nach einer gutorganisierten Vorbereitung unternahm er im Januar 1990 seinen Tauchgang. Alles verlief nach Plan, und Le Guen erreichte das Ende von Sumpf 2 und erforschte etwa 500 m trockener Höhlenpassage, bis er Sumpf 3 erreichte. Offenbar wird die Lücke zwischen der Fontaine de St George und dem Gouffre de Padirac schnell kleiner, und die Informationen, die er bei diesem letzten Vorstoß gewann, werden für das nächste Unternehmen von unschätzbarem Wert sein.

Es sollte angemerkt werden, daß der Padirac selbst acht Sümpfe aufweist; die Entfernung von Sumpf 1 bis Sumpf 8 beträgt etwa 4 km, und eine Expedition, die weiter vordringen will, braucht ein Team von mindestens 30 Mitglie-dern, die das nötige Gerät weitertransportieren. Der Endsumpf hier ist weniger als 5 km von Sumpf 3 in der Fontaine de St George entfernt, aber die Schaffung einer Verbindung wird sicherlich noch für einige Zeit eine große Herausforderung bleiben.

Weitere wichtige französische Tauchgänge
Im ganzen Land wurden viele tiefe Tauchgänge unternommen. Francis Le Guen, sein Bruder Eric und dessen Frau Véronique bildeten in den siebziger und achtziger Jahren den Kern eines ausgezeichneten Teams. Neben ihren Tauchgängen in der Fontaine de St George unternahm diese Gruppe viele herausragende Expeditionen. Sie vollendeten den Tauchgang am Ende des langen Trou Madame im Jahr 1978, und in jüngerer Zeit haben sie andere heroische Tauchgänge unternommen, beispielsweise die 2250 m in der Grotte de Mescla im Jahr 1988 und das Unternehmen in Frais Puits 1985.

Es ist wichtig, an die erstaunlichen Taten des talentierten Bertrand Leger zu erinnern, der mehr als ein Jahrzehnt lang so viel zu den Tauchexpeditionen in Frankreich beitrug und 1984 auf tragische Weise ums Leben kam, als er von einem steilen Bergweg abstürzte, während er Tauchgerät transportierte. Es war Leger, der einen großen Teil der Forschungen im Trou Madame vollendete. Im Februar 1976 durchquerte er einen 915 m langen Sumpf in der Grotte de Balme und entdeckte eine 200 m lange Erweiterung, und 1979 tauchte er im Bourne-Sumpf im Vercors 1680 m weit. Dies war damals der längste durchgehende

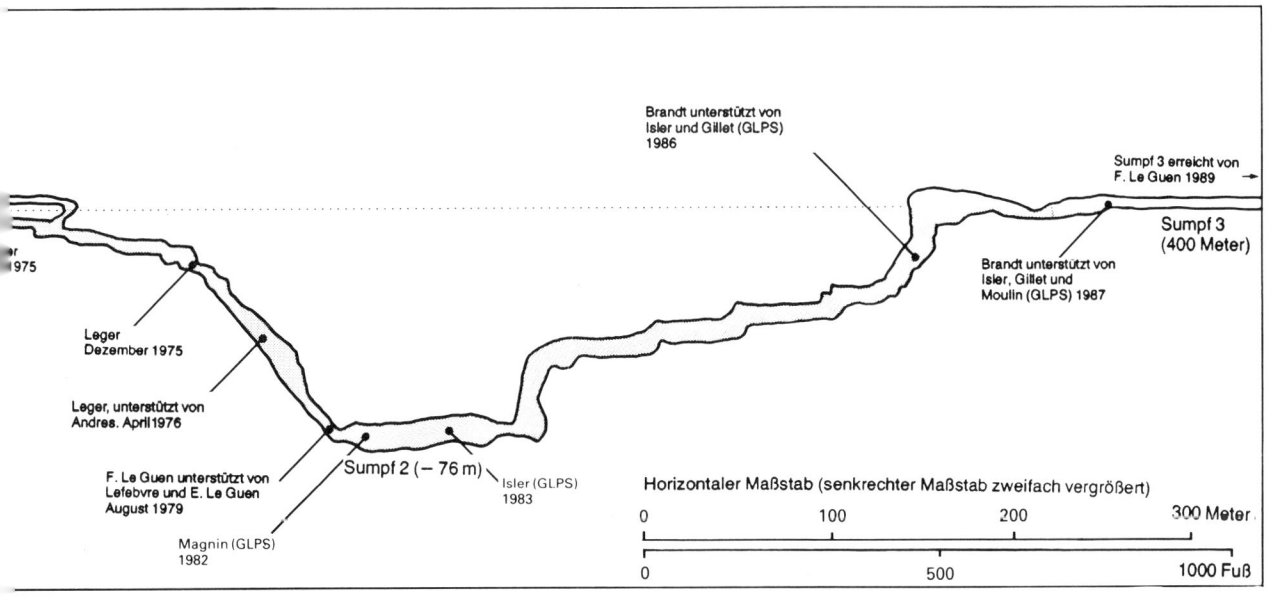

Brandt unterstützt von Isler und Gillet (GLPS) 1986

Sumpf 3 erreicht von F. Le Guen 1989

Sumpf 3 (400 Meter)

Brandt unterstützt von Isler, Gillet und Moulin (GLPS) 1987

...er 1975

Leger Dezember 1975

Leger, unterstützt von Andres. April 1976

F. Le Guen unterstützt von Lefebvre und E. Le Guen August 1979

Sumpf 2 (– 76 m)

Isler (GLPS) 1983

Magnin (GLPS) 1982

Horizontaler Maßstab (senkrechter Maßstab zweifach vergrößert)

0   100   200   300 Meter

0   500   1000 Fuß

Tauchgang weltweit. Er nahm an unzähligen anderen Erforschungen teil, einschließlich langen, tiefen Tauchgängen in der Grotte du Thais in St Nazaire-en-Royans und in der Grotte de Bournillon im Vercors.

Auch die lange Hingabe von Claude Touloumdjian muß betont werden. Besonders bemerkenswert war sein langer Tauchgang in La Source du Bestouan im Jahr 1983 (2050 m). Er hat auch beträchtliche Erfahrung in Tieftauchoperationen, wobei sein Tauchgang auf eine Tiefe von 153 m in der Fontaine de Vaucluse im Oktober 1981 besonders herausragt. Seitdem hat er in Cents Fons im Jahr 1985 eine Tiefe von 100 m, in Font D'estramar 1988 115 m und in der Fontaine des Chartreux im Juli 1989 137 m erreicht. Im Oktober 1990 entdeckte er eine wichtige Spur in Font de Lussac, das Teil eines komplexen hydrologischen Netzes der Touvre-Quellen ist. Dieses Höhlentauch-Camp wurde übrigens von einer Reihe anderer erfahrener Taucher wie Brandt und Isler besucht, was auf das hohe Maß an Kooperation hinweist, das heute zwischen diesen Tauchern besteht. Der tiefste Tauchgang bei dieser Gelegenheit fand in der Bouillant-Quelle statt, wobei Olivier Isler eine Tiefe von 148 m erreichte.

Andere waren bei tiefen Tauchgängen auch sehr erfolgreich. Im Oktober 1985 beispielsweise erreichte Josef Schneider eine Tiefe von 140 m in der großen Quelle von Goul du Pont in Bourg St Andeol im Ardèche-Gebiet.

Spektakuläre Höhlenentdeckungen wurden hinter vielen Sümpfen in Frankreich gemacht. Eine interessante

Oben: Francis Le Guen und Claude Touloumdjian, die beiden herausragendsten französischen Höhlentaucher der achtziger Jahre.

fand zu Beginn der siebziger Jahre statt, als Taucher des Speleo Club de Dijon mit vielen Kilometern offener Passage hinter dem 220 m langen Eingangssumpf von Riviere Souterraine du Neuvon belohnt wurden. Heute ist diese Höhle, der Reseau du Verneau, allgemein als längstes System der Welt anerkannt, das hinter einer Reihe von Sümpfen erforscht werden kann. Mit einer Länge von weit über 30 km steht es bisher in Frankreich an fünfter Stelle.

Im Juni 1980 unternahm Patrick Penez einen 1080 m langen Tauchgang in der Fontaine de Nimes, wo er über dreieinhalb Kilometer aufsehenerregender Passagen entdeckte. Es gibt viele weitere Beispiele im ganzen Land.

Rechts: Claude Touloumdjian während seines 2050 m langen Tauchgangs in La Source du Bestouan im Jahr 1983. Das große Gummiband gestattet es, deponierte Flaschen aufzunehmen und leichter stromlinienförmig anzulegen. Oben rechts und ganz rechts: Olivier Isler testet ein doppeltes Regenerationsgerät in La Doux de Coly im Jahr 1989, wo auch Geschwindigkeitsversuche mit dem modifizierten Aquazepp 714T unternommen wurden.

Die Schweiz
einschließlich Französischem Jura

Die Schweiz ist ein wichtiges Land für die Höhlentaucherei, und Tauchgänge fanden hier von Anfang an statt. Wie in den meisten europäischen Nationen wurden die ersten unabhängigen Erforschungen von unter Wasser stehenden Höhlen mit Taucherlungen vorgenommen und fanden Mitte der fünfziger Jahre statt. Der bedeutendste der frühen Tauchgänge in diesem Gebiet war jener von Rinquelle im Jahr 1959. Hier drangen die Taucher J. Marer und F. Hanschke, die normalerweise in offenen Gewässern tauchten, 100 m tief ein. Es sollte angemerkt werden, daß der größte Teil erster Tauchaktivitäten von Tauchern durchgeführt wurde, die in den Schweizer Seen trainiert hatten, wo das Wasser oft kalt und trüb ist. Die Erfahrungen, die sie unter diesen Bedingungen gewannen, waren eine gute Grundlage für die Höhlentaucherei.

Erst in den sechziger Jahren wurden richtige Erfolge erzielt. Zwei Unternehmen sind hier zu zitieren: in der Orbe- und in der Chaudanne-Quelle. In der erstgenannten Quelle begannen die Taucher Protta, Sauty und Schmidt,

Links: François de Charrière in dem 13 m-Schacht nahe dem Eingang der Venoge-Quelle im Jura im Jahr 1969. Diese Höhlenpassage wurde nach unterirdischen Grabungsarbeiten von GLPS-Mitgliedern erreicht. Man beachte die einzelne Flasche, die von Tauchern für offene Gewässer bevorzugt wird.

drei Mitglieder eines Tauchclubs aus Genf, 1961 mit der Erforschung. Ein Jahr später erreichten sie eine Entfernung von 140 m in einer großen Passage in einer Maximaltiefe von 23 m. 1964 entdeckten zwei andere Taucher aus Genf eine trockene Erweiterung von diesem Sumpf aus, der sich nur 70 m vom Eingang entfernt befand und zu einer großen weiterführenden Höhle führte. Diese wurde dann von den Tauchern und zwei ihrer Freunde erforscht; leider wurden alle anderen Gruppen ausgeschlossen. Die neue trockene Höhle wurde anschließend als Touristenattraktion eröffnet, aber für die Höhlenforscher und Höhlentaucher hat sich nicht viel verändert, und der Zugang bleibt schwierig. Die Skizze ist jetzt auf etwa 3 km vermessen worden, und viele vielversprechende Sümpfe warten darauf, gründlich erforscht zu werden.

In der Chaudanne-Quelle wurden die ersten Tauchgänge 1964 und 1965 von einigen Mitgliedern des Centre de Sports Sous-marins de Lausanne (CSSL) durchgefuhrt: Claude Schmidt, André Piguet und Dominique d'Arman. Außer Schmidt hatten die Teilnehmer keine Höhlenerfahrung. Chaudanne erwies sich als schmal und enthielt große Mengen Schlamm. Dennoch drangen die Taucher 220 m tief ein, was eine achtbare Leistung unter diesen schwierigen Bedingungen ist.

Ende der sechziger und zu Beginn der siebziger Jahre bildeten sich in Zürich, Genf und Lausanne gutausgebildete Teams. Die Mehrzahl der Mitglieder hatten Taucherfahrung. Etwa um dieselbe Zeit entwickelten sich Höhlen-

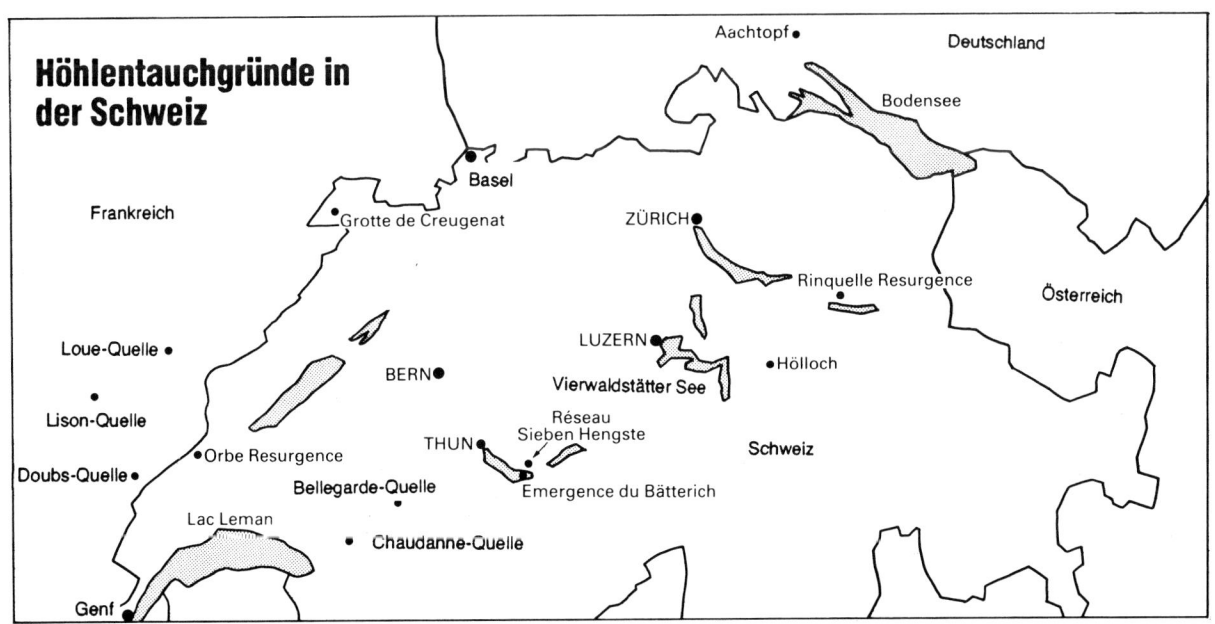

Höhlentauchgründe in der Schweiz

tauchtechniken, die sich von jenen in offenem Gewässer unterschieden. Die Anzahl der Mitglieder der einzelnen Gruppen war nie groß, und selbst 1990 betrug die Gesamtzahl der aktiven Taucher wahrscheinlich nicht mehr als dreißig.

Wenn man die herausragenden Leistungen der GLPS in Frankreich, Italien und auf den Kanarischen Inseln bedenkt, lohnt es sich, einen kurzen Blick auf die Geschichte dieser Gruppe und auf die Entwicklung von Gerät und Techniken zu werfen. Die Groupe Lemanique de Plongée Souterraine wurde 1969 von den beiden Speläologen Pierre Martin und Cyrille Brandt gegründet, die damals auch Mitglieder des Tauchclubs waren (Centre de Sports Sous-marins de Lausanne, CSSL). 1971 stießen Gilbert Paillex und Mario Luini zu ihnen. 1972 kamen Gerard Domon und Olivier Isler dazu und im nächsten Jahr Claude Magnin und Philippe Schneider. Während der nächsten Jahre blieben vier Mitglieder sehr aktiv, nämlich Brandt, Isler, Magnin und Schneider. Alain Vuagniaux arbeitete in dieser Zeit auch an ihren Forschungen mit, und das letzte Mitglied der Gruppe im Jahr 1981 war der äußerst festentschlossene und fähige Jean-Jacques Bolanz. Die Gruppe löste sich 1988 zum größten Teil auf.

Vom Anfang ihrer Aktivitäten an konzentrierten sie sich auf die Alpen und auf das Voralpengebiet, auf die Schweiz und den Jura. Bemerkenswerte Vorstöße zu Beginn fanden in Chaudanne und in der Doue-Quelle statt, wo zwischen 1971 und 1972 ein kurzer Sumpf zu 350 m trockener Passage führen sollte. Ebenfalls im Französischen Jura drang man 1972 100 m weit bis auf eine Endtiefe von 51 m in die Doubs-Quelle ein. 1975 drang man 170 m auf eine Tiefe von 61 m in der Bellegarde-Quelle (Voralpengebiet) vor. Andere trockene Erweiterungen fand man ebenfalls zu dieser Zeit, nämlich in der St Martin-Höhle (Alpen), wo man eine 700 m lange Erforschung durchführte und in Creugenat, wo eine Reihe von trockenen Erweiterungen von fast 1500 m Länge. hinter der Luftglocke lokalisiert wurden, die von Tauchern mit der Standardausrüstung in den dreißiger Jahren erreicht worden waren.

Von Beginn an war das Schweizer Team innovatorisch und fortschrittlich, es nahm nützliche internationale Techniken an und lieh und erfand, wo notwendig, um seine Forschungen voranzutreiben. 1975 wurden Trockentauchanzüge von konstantem Volumen eingeführt, eine Methode, die man von den Züricher Tauchern kopierte. In den Jahren 1978–80 kamen immer größere Flaschen in Mode, bis schließlich die riesigen 20 l-Flaschen für den Rücken übernommen wurden. Zur gleichen Zeit übernahm man die Technik, bei der ein Paar etwas kleinere Flaschen vorne angehängt wurde. 1980 begann Isler

Unten: Gerard Domon in der Doubs-Quelle, französischer Jura, während der Erforschung im Jahr 1972, bei der eine Tiefe von 51 m erreicht wurde. Domon wurde später Präsident der Schweizerischen Speläologischen Gesellschaft.

Oben: Klare Bedingungen in der Blauen Quelle in der Nähe von Malbuisson, Doubs, Frankreich.

Unten: Cyrille Brandt an der unauffälligen Chaudanne-Quelle, die in einer Höhe von 608 m in den Bergen über Montreux entspringt. Die Schwierigkeiten an diesem wichtigen Tauchgrund werden durch die kalten Wasserbedingungen, die verengte 200 m-Eingangspassage und die schlechte Sicht bei der Rückkehr gesteigert.

zusammen mit Magnin und Brandt Scooter einzusetzen. Cyrille Brandt begann 1982 mit Tauchgängen mit gemischtem Gas, und zur gleichen Zeit begannen er und Isler Tauchgänge mit drei und dann vier Flaschen, die auf dem Rücken getragen wurden. Das vielleicht beständigste und festentschlossenste Mitglied der Gruppe, zumindest was den Erfindungsgeist betraf, war Olivier Isler, der dazu überging, das halb-geschlossene Filtergerät (RI 2000) einzuführen, das er mit Hilfe des Elektroingenieurs Alain Ronjat entwickelte.

Die Tauchgänge wurden immer länger, und um bei diesem Sport in der vordersten Reihe zu stehen, ist heute außergewöhnliches Engagement erforderlich. Was offensichtlich wurde und bei den neuesten Entwicklungen des Filtergeräts demonstriert wurde, war, daß die Zeit, die mit technischer Vorbereitung verbracht wurde, relativ zu der Zeit, die man mit den Erforschungen verbringt, wächst.

Die Höhlentaucherei erwies sich in der Schweiz als äußerst fruchtbar. Zuerst wurden wichtige Höhlen miteinander verbunden. Das beste Beispiel ist die Verbindung des Résau Sieben Hengste-Hohgant mit dem Faustloch, ein System mit vielen Eingängen, dessen Länge heute über 100 km beträgt und 1020 m tief ist. Ein weiterer wichtiger Erfolg wurde in dem schwierigen Endsumpf des benach-

barten Barenschachts erzielt, der hydrologisch gesehen ebenfalls ein Teil des Sieben Hengste-Systems ist. Hier fand man 565 m unterhalb des Eingangs den Zugang zu Tausenden von Metern von Passage, wobei die Hoffnung besteht, daß diese eines Tages Teil eines viel größeren Systems sein wird.

Was die Taucherei angeht, sind lange, tiefe Sümpfe relativ selten. Die wichtigste Erforschung dieser Art läßt sich in der Chaudanne-Quelle durchführen. Die GLPS führte zwischen 1984 und 1988 etwa zwanzig Tauchgänge durch, von denen fünf einen beträchlichen Vorstoß bildeten. Isler und Brandt wechselten sich mit der Leitung ab, und der gegenwärtige Rekord wurde von Brandt im März 1988 aufgestellt. Die Stelle ist mehr als 608 m vom Eingang in einer Endtiefe von 143 m entfernt. An diesem Punkt setzt sich ein riesiger Schacht in die Tiefe fort. Die Schwie-

Links: Cyrille Brandt bereitet seine Ausrüstung vor seinem herausragenden Tauchgang im März 1988 im Eingangsteich der Chaudanne-Quelle vor.

Rechts: Brandt beim Auftauchen nach seinem heldenhaften Vorstoß bis zum 608 m-Punkt auf eine Endtiefe von 140 m in einer Höhle, die eine hochtechnologische Herausforderung für zukünftige Konkurrenten darstellt.

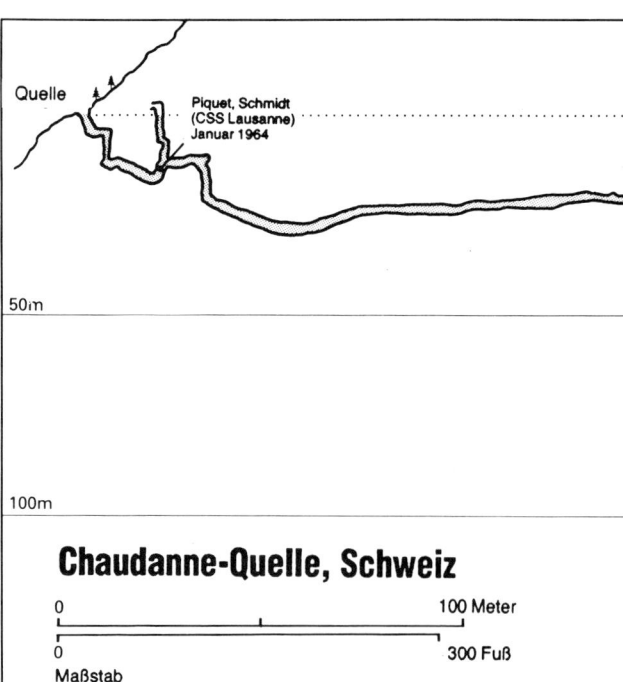

Chaudanne-Quelle, Schweiz

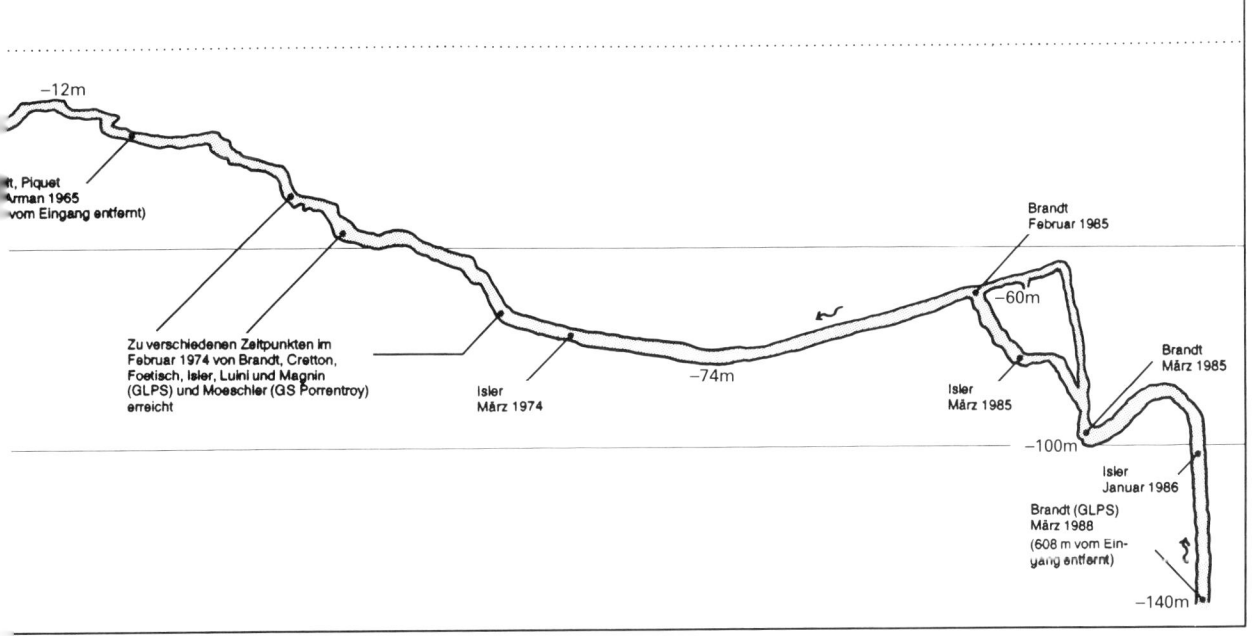

−12m

t, Piquet
rman 1965
vom Eingang entfernt)

Zu verschiedenen Zeitpunkten im
Februar 1974 von Brandt, Cretton,
Foetisch, Isler, Luini und Magnin
(GLPS) und Moeschler (GS Porrentroy)
erreicht

Isler
März 1974

−74m

Brandt
Februar 1985

−60m

Isler
März 1985

Brandt
März 1985

−100m

Isler
Januar 1986

Brandt (GLPS)
März 1988
(608 m vom Ein-
gang entfernt)

−140m

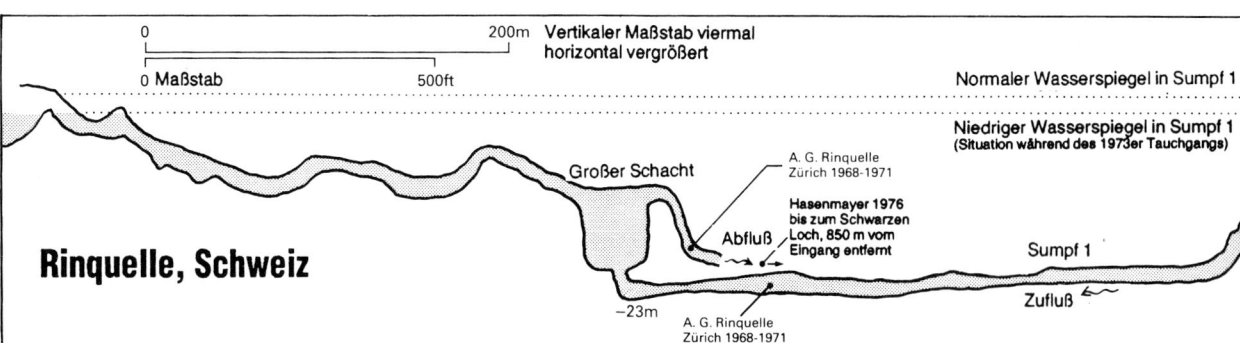

rigkeit, ein derartiges Tieftauchprojekt in einer Höhe von 880 m durchzuführen, wird noch durch den engen Zugang, die schlechte Sicht bei der Rückkehr und das kalte Wasser gesteigert.

Ein Sumpf in der Motiers-Höhle wurde ebenfalls in beträchtlicher Tiefe erforscht. Der Tauchgang hier ist 250 m lang und endet in 103 m Tiefe, wo Jean-Jacques Bolanz 1985 als letzter vordrang.

In der Rinquelle wurde bisher der längste Vorstoß in diesem Land unternommen. Die 100 m-Grenze, die 1959 erreicht wurde, wurde 1973 dramatisch übertroffen, als der deutsche Jochen Hasenmayer nach einem Tauchgang von 930 m eine Luftoberfläche erreichte. Diese Route enthielt unglücklicherweise nicht den Hauptfluß, den er bei 850 m verloren hatte, wie er später herausfand. Hasenmayer erforschte die richtige Route im Dezember 1975 und kam nach 890 m in einer weiterführenden Passage an die Ober-

Oben: Christoph Foetische in 30 m Tiefe in der Emergence de Bätterich während der GLPS-Erforschung im Jahr 1975.

fläche. 1978 entdeckte er Sumpf 2, der später teilweise von den GLPS-Mitgliedern Magnin und Schneider erforscht wurde. Hasenmayer setzte diese Erforschungen 1980 und 1981 fort und stieß in das tote Gewässer von Sumpf 3 bis auf 1080 m vom Eingang vor. Trotz dieser Bemühungen fand er keine Fortsetzung.

Ein weiterer langer und tiefer Tauchgang fand in der Bätterich-Quelle statt, die 9 m unter der Oberfläche des Thuner-Sees zutage tritt. Dieser Komplex, die Quelle für das Sieben-Hengste-System, hat über 500 m von kartographierten Passagen. Der längste Tauchgang fand 1974–75 statt, als Brandt mit der Unterstützung von Schneider, Bolanz und anderen 374 m weit eindrang, wobei sie auf

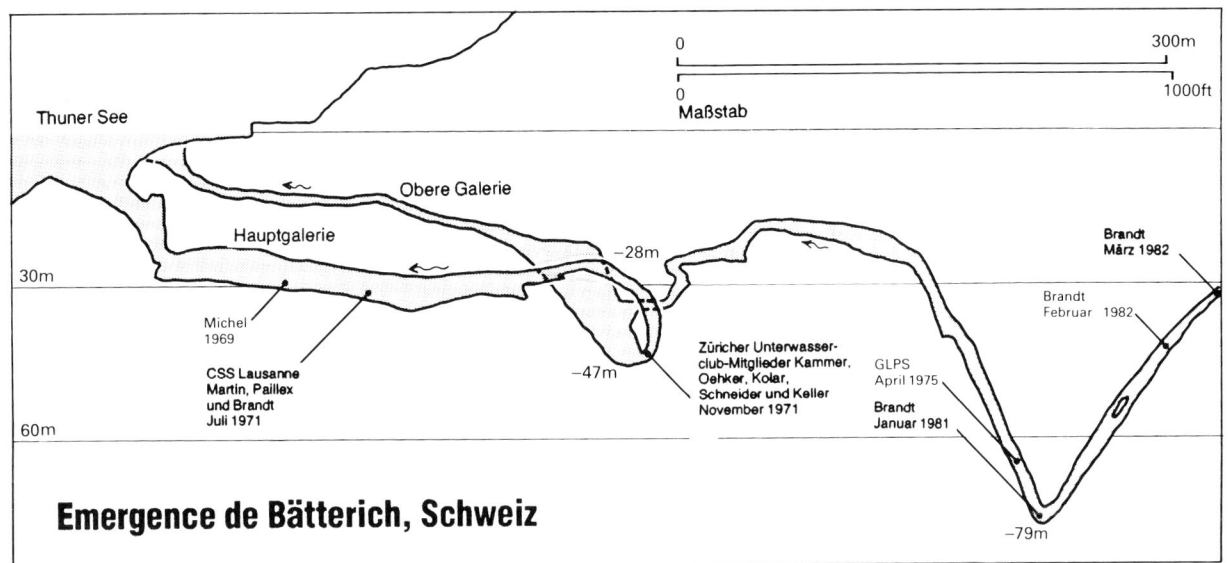

0   300m
0   1000ft
Maßstab

Thuner See

Obere Galerie

Hauptgalerie

−28m

Brandt
März 1982

Brandt
Februar 1982

30m

Michel
1969

CSS Lausanne
Martin, Paillex
und Brandt
Juli 1971

−47m

Züricher Unterwasser-
club-Mitglieder Kammer,
Oehker, Kolar,
Schneider und Keller
November 1971

GLPS
April 1975

Brandt
Januar 1981

60m

−79m

Emergence de Bätterich, Schweiz

eine Maximaltiefe von 79 m kamen. Unglücklicherweise wurde am weitest entfernten Punkt der Fortschritt von blockierendem Felsgestein aufgehalten. Dieser Tauchgang dauerte drei Stunden und wurde mit Luft durchgeführt.

Deutschland

Die Höhlentaucherei in Deutschland wird seit mehr als 30 Jahren von Jochen Hasenmayer beherrscht, der viele große Entdeckungen gemacht hat, bei denen er immer allein operierte. Hasenmayer tauchte bereits mit neun Jahren in offenen Gewässern. 1958, im Alter von zwölf Jahren, begann er sich für die Falkenstein Hölle zwischen Stuttgart und Ulm zu interessieren. Das Wasser an dieser

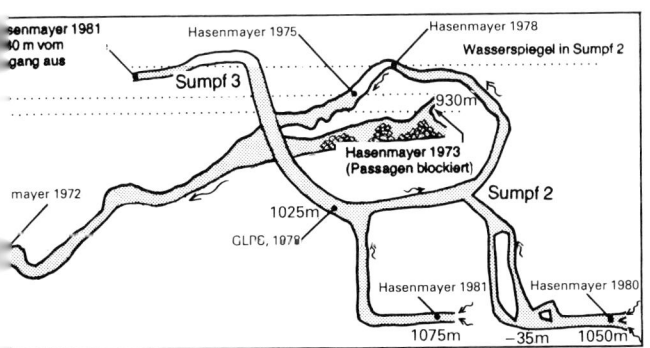

senmayer 1981
0 m vom
gang aus

Hasenmayer 1975

Hasenmayer 1978

Wasserspiegel in Sumpf 2

Sumpf 3

930m

mayer 1972

Hasenmayer 1973
(Passagen blockiert)

Sumpf 2

1025m

GLPC, 1979

1075m   −35m   1050m

Hasenmayer 1981

Hasenmayer 1980

Stelle war sehr kalt, und aus diesem Grund konstruierte er einen Trockentauchanzug aus Gummitüchern fürs Bett, die er mit Vulkanisierlösung versiegelte. Da der Anzug keinen Reißverschluß hatte, mußte er sich jedesmal darin versiegeln und sich anschließend wieder herausschneiden. Der Anzug war so effektiv, daß er warme Wollunterwäsche und Pullover darunter tragen konnte. Die Höhle wies am Anfang einige flache Sümpfe auf, die er frei durchtauchte, wobei er eine Taucherlunge mit sich führte für den Fall, daß sie länger als erwartet waren. Auf diese Weise durchquerte er Sümpfe von vier Metern, eineinhalb und 50 m Länge, die größtenteils sehr niedrig waren, in einer Tiefe von weniger als einem Meter. Während der nächsten zwanzig Jahre erweiterte er seine Erforschungen auf 5 km, wobei er 26 Sümpfe durchquerte. Alle waren eng und stark verschlammt. Der längste war 80 m lang und 50 m tief. Bei einer Gesamttauchentfernung von 400 m Länge und Verengungen, bei denen nur kleine Flaschen eingesetzt werden können, besteht heute das größte Problem darin, genug Luftvorräte ans Ende zu bekommen, so daß weitere Vorstöße möglich sind.

Die wichtigsten Höhlengebiete Deutschlands liegen in der Schwäbischen Alb zwischen dem Bodensee und Ulm. Dabei handelt es sich um die Fortsetzung der Kalksteinschicht, die in Grenoble beginnt, sich als Jura entlang der Nordgrenze der Schweiz hinzieht und von dort nördlich vom Bodensee nach Deutschland hinein. Die Hydrologie der oberen Donau in der Nähe von Tuttlingen, nordwestlich des Bodensees, ist besonders interessant. Hier verschwindet der Fluß unter einem Trockenbett und geht in

194

ein steiles unterirdisches System über, das ihn in den Bodensee umleitet, der wiederum dem Rhein Wasser zuführt. Nach einem Abfall von 175 m tritt das umgeleitete Wasser wieder in Aachtopf zutage, wo die Wasserströmung bei Hochwasserbedingungen zwischen 10 000 und 30 000 Litern pro Sekunde beträgt. Trotz dieser starken Strömung und ständiger ein Meter weiter Sicht hat Hasenmayer die Aachtopf-Quelle systematisch erforscht, über 1000 m von überfluteten Passagen entdeckt und ist bis auf 570 m eingedrungen.

Die Blautopf-Erforschungen
Die bemerkenswerteste Höhle in Deutschland ist der Blautopf in Blaubeuren, westlich von Ulm. Dabei handelt es sich um eine lange unter Wasser stehende Passage mit wechselnder Sicht und einer Wasserströmung, die von 2000 bis 30 000 Litern pro Sekunde reicht, wobei die größeren Mengen nach Stürmen oder bei Tauwetter fließen. Alle Höhlen entlang dieser Passage haben tiefe Schlammbetten, so daß die Sicht auf dem Rückweg immer schlecht ist. 1961 erreichte Hasenmayer den tiefsten Punkt, der als Bunker bezeichnet wird und sich etwa 100 m vom Eingang entfernt befindet. Seitdem hat er bei sieben weiteren Vorstößen seine Erforschungen erweitert und hat 1250 m vom Eingang den ersten Luftraum in dem gewaltigen Mörike Dom erreicht. Dies ist der eindrucksvollste unterirdische See/Höhle in Deutschland mit einer Länge von 125 m, einer Breite von 25 m und einer Höhe von 90 m.

Nur eine weitere Gruppe hat ebenfalls zu der Blautopf-Erforschung beigetragen: 1963 stießen Taucher des Göppinger Höhlentauchclubs eine kurze Strecke hinter dem Bunker zum Lift vor. Unglücklicherweise endeten die Aktivitäten der Göppinger Taucher vier Jahre später in einem Desaster. Als Wellhöfer und Adolf Holder den Bunker vermaßen, berechnete Holder seinen Luftvorrat falsch und starb. Der Bunker war auch Szene eines weiteren Unfalls, bei dem 1983 zwei andere Taucher ums Leben kamen. Soweit sich dies nachvollziehen läßt, verloren sie ihre Leine und die Orientierung, gerieten in Panik und ertranken. Aufgrund des Göppinger Unfalls verzögerte sich die Bildung anderer Gruppen, und Hasenmayer blieb für viele Jahre der einzige ernsthafte Höhlentauchaktivist. Es gibt heute etwa fünfzehn deutsche Höhlentaucher, von denen Josef Schneider zu den erfolgreichsten zählt. 1987 unternahm er in Goul du Pont in Frankreich einen Tauchgang auf 140 m Tiefe. Auch Axel Gnädinger, der in Deutschland in Höhlen mit mehreren Sümpfen aktiv war, hat internationalen Standard.

Hasenmayers Unfall
Hasenmayers Karriere als einer der führenden Höhlentaucher der Welt kam 1989 zu einem abrupten Stillstand, als er einen schweren Unfall erlitt, während er fürs Fernsehen im Wolfgangsee östlich von Salzburg tauchte. Ein fehlerhafter Tiefenmesser führte dazu, daß er eine Dekompression in 25 m Tiefe versuchte, statt in 40 m Tiefe, und innerhalb weniger Sekunden waren seine Beine gelähmt. Er kam an die Oberfläche und wurde sofort in eine Dekompressionskammer gebracht, in der er seine Beine wieder bewegen konnte. Die Sache hätte vielleicht einen guten Ausgang genommen, wenn nicht bei der nachfolgenden Behandlung in zwei Spezialkrankenhäusern weitere Dekompressionsfehler gemacht worden wären. Heute ist er immer noch gelähmt, aber er hofft, wieder tauchen zu können. Er setzt seine Erfindungen und Forschungen fort und schreibt auch an seiner Autobiographie, die sicherlich mit einem Reichtum an faszinierenden Details seine erstaunliche Solokarriere als Unterwasserforscher *par excellence* beleuchten wird.

Rechts: Jochen Hasenmayer mit der Ausrüstung, die er für einen Filmtauchgang zum Mörike-Dom im Blautopf im Jahr 1985 einsetzte.

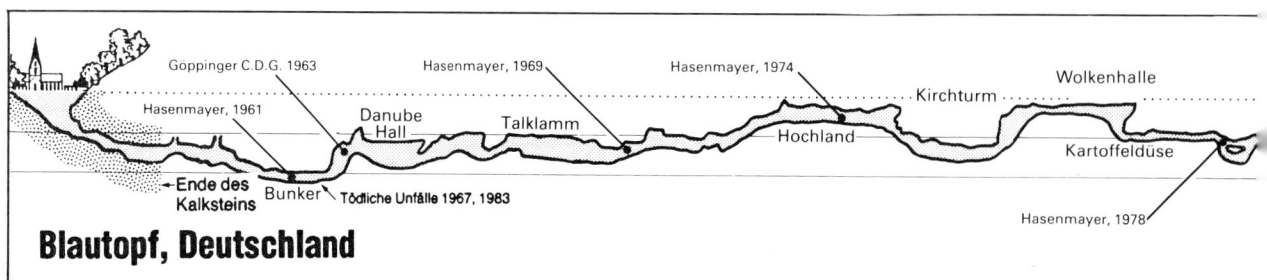

Blautopf, Deutschland

Göppinger C.D.G. 1963 — Hasenmayer, 1969 — Hasenmayer, 1974 — Kirchturm — Wolkenhalle — Hasenmayer, 1961 — Danube Hall — Talklamm — Hochland — Kartoffeldüse — Ende des Kalksteins — Bunker — Tödliche Unfälle 1967, 1983 — Hasenmayer, 1978

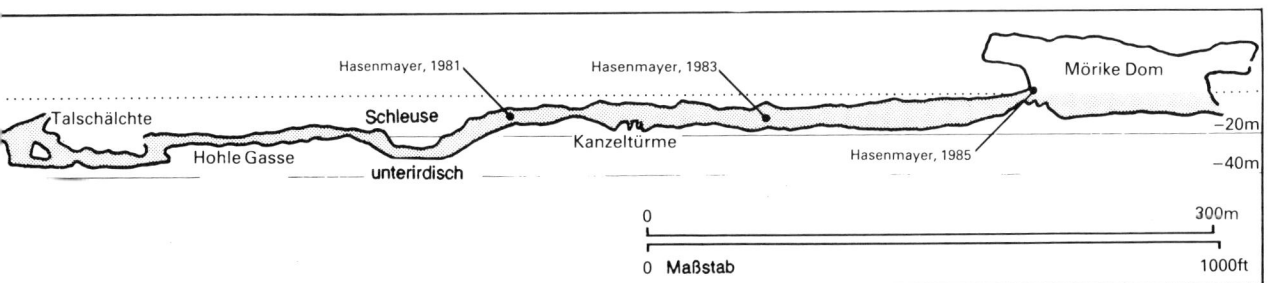

Talschälchte

Hohle Gasse

Schleuse

unterirdisch

Kanzeltürme

Hasenmayer, 1981

Hasenmayer, 1983

Hasenmayer, 1985

Mörike Dom

−20m

−40m

0

300m

0   Maßstab

1000ft

Die Kanarischen Inseln

Die Erforschung des Atlantida-Tunnel
Es wäre nicht praktikabel, hier einen detaillierten Bericht der Höhlentauchaktivitäten in allen wichtigen Ländern Europas zu geben, aber ich möchte diesen Abschnitt mit einer Beschreibung der Erforschung des Atlantida-Tunnels beschließen. Dabei handelt es sich um eine faszinierende unterirdische Passage auf Lanzarote (Kanarische Inseln) vor der Nordwestküste Afrikas. Anders als der langsame Prozeß der Höhlenbildung wie wir ihn aus den Kalksteinsystemen kennen, wurde der Atlantida-Tunnel durch einen plötzlichen Vulkanausbruch geschaffen. In diesem Fall ergoß sich ein Fluß von geschmolzener Lava den Hang des heute ruhenden Vulkans Mont Corona herab. Während die Lava den Berg hinabströmte, blieb ein Tunnel zurück, der über 7 km lang ist und in einem Sumpf endet, wenn er den Meeresspiegel erreicht. An der Oberfläche gibt es mehrere Punkte, an denen die Decke eingestürzt ist, und an diesen Stellen kann man leicht in das unterirdische Netz hinabsteigen. Wie weit der Tunnel sich unter dem Meer erstreckte, konnte ohne Tauchgänge nicht festgestellt werden. Die Erforschung dieser Höhle ist eine interessante und aufregende Geschichte. Der erste verzeichnete Tauchgang wurde von A. und J.M. Guerra unternommen, die einen Punkt 240 m von der Basis entfernt erreichten und später 370 m. 1981 stieß ein Team italienischer Taucher auf 410 m vor, und im selben Jahr noch folgte ihnen ein Team spanischer Taucher vom Club STD Madrid. Angeführt von J. Garcia stieß diese Gruppe 820 m weit vor und, wie vorherzusehen war, auf eine tiefere Endtiefe von 32 m.

Zwei Jahre später traf eine sehr starke Gruppe Amerikaner als Teil einer deutschen biologischen Expedition ein. Die Deutschen waren keine Taucher, sondern hatten die einzigartigen, krebsartigen Schalentiere (*Galatheoidea*) im Endteich untersucht. Die Taucher waren Tom Iliffe, Rob Power, Mary van Soeren, Dennis Williams, Ken Fulghum, Clark Pitcairn und Sheck Exley. Abgesehen von der Verwendung von Scootern setzte das Team all die Ausrüstung und Techniken ein, die normalerweise in Florida verwendet wurden. Ausgerüstet mit ihren normalen zwei Flaschen, die auf dem Rücken getragen wurden und 100 Kubikfuß (250 Kubikfuß Luft) enthielten, drangen sie beim erstenmal etwa 810 m weit ein und erreichten fast den spanischen Rekord.

Am nächsten Tag tauchten Exley und Pitcairn mit jeweils vier Flaschen mit der Absicht, in noch nicht vermessenes Gebiet vorzudringen. Die Passage setzte sich bisher in einem riesigen schwarzen Tunnel mit sehr wenig Schlamm fort. Es war eine faszinierende Erfahrung, die Wände waren oft glatt und konturiert und zeigten einzigartige bankartige Merkmale, wo die schnellfließende Lava sie weggeschnitzt hatte. Bei diesem Tauchgang verlegten die beiden weitere 414 m Leine und banden sie nach einer Strecke von 1278 m fest. Hier setzte sich der sprichwörtliche »Eisenbahntunnel« wie zuvor fort, aber jetzt betrug die Tiefe 53 m. Mit diesem Vorstoß hatten Exley und Pitcairn einen neuen Weltrekord für Meereshöhlen aufgestellt und übertrafen den Tauchgang unseres britischen Teams, der 1982 auf den Bahamas aufgestellt worden war.

Atlantida-Tunnel: Fulghums und Exleys glückliche Rettung
Bei der nächsten Operation sollte Fulghum Exleys Partner sein, während Williams und Power zur Unterstützung mittauchten und vier Reserveflaschen zu der 470 m-Marke transportierten. Ein weiterer Vorstoß schien fast gesichert.

Zu Anfang verlief alles nach Plan. Exley und Fulghum erreichten das Ende ohne Zwischenfälle, befestigten eine neue Leine und setzten ihren Weg fort. Wie es normalerweise in einer großen Passage der Fall ist, hielten die beiden sich so nah wie möglich an der Decke auf, um Luft zu sparen. Selbst im Schein ihrer starken Lampen war der Tunnel dunkel, ganz anders als die helleren, normalen Höhlensümpfe. Die Tiefenmesser zeigten über 54 m an, eine Tiefe, in der die Stickstoffnarkose ihren heimtückischen Angriff auf die geistigen Fähigkeiten beginnt. Plötzlich kam es 100 m hinter dem bisherigen Ende zu einer Krise. Einer von Fulghums Reglern hatte plötzlich ein katastrophales Hochdruck-Leck. Als er endlich merkte, daß etwas nicht in Ordnung war und ein paar Meter weitergeschwommen war, um Exley zu alarmieren, war der größte Teil seiner Luft bereits ausgeströmt. Er hatte nur noch etwa 400 psi im Vergleich zu 3000 bei voller Flasche. Ironischerweise hatte das Doppelventil-Verbindungsstück, das dem Taucher den Zugriff auf beide Flaschen gewährleisten sollte, falls einer der beiden Regler ausfiel, in diesem Fall beide Flaschen geleert.

Exley übernahm die Initiative. Er bestand darauf, daß sie sofort damit begannen, seine (Exleys) Luft miteinander zu teilen und den noch verbleibenden Rest in Fulghums Flaschen für den absoluten Notfall aufzubewahren. Sie machten sich auf den langen Rückweg zurück an die Oberfläche. Was nun folgte, kann nur als Alptraum beschrieben werden. Beide Taucher waren sich bewußt, daß sie mehr als 1200 m von der sicheren Rettung entfernt waren und sich in einer Tiefe von über 50 m befanden, was ein schrecklich langer Weg bei einer solch unvorstellbaren Katastrophe ist. Das Streßniveau muß sehr hoch gewesen

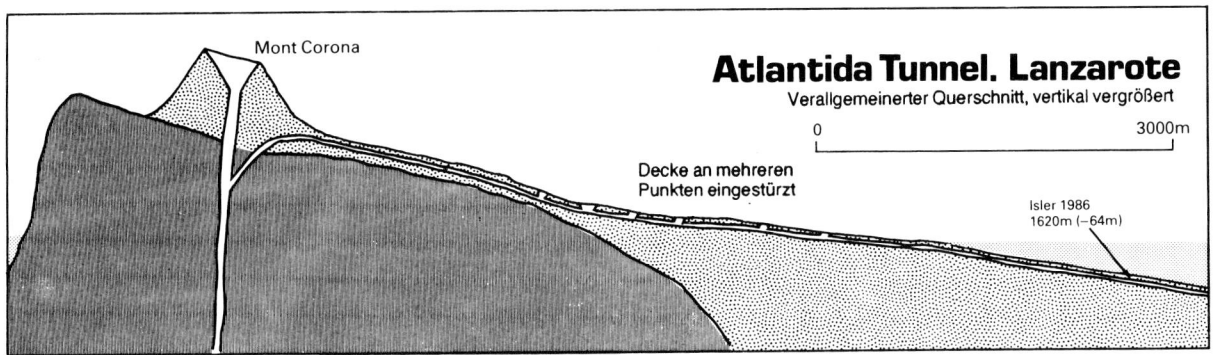

Mont Corona

Atlantida Tunnel. Lanzarote
Verallgemeinerter Querschnitt, vertikal vergrößert

0   3000m

Decke an mehreren
Punkten eingestürzt

Isler 1986
1620m (−64m)

war. Beide taten ihr Bestes, ihre Atmung zu kontrollieren, aber sie waren sich bewußt, daß ihr Leben in Gefahr war. Wie nah am Rand des Todes sie waren, wurde offensichtlich, als ihr Luftvorrat fast zu Ende war. An diesem Punkt benutzte Fulghum wieder seine eigenen Flaschen, so daß Exley sich noch etwas länger mit seinem Vorrat durchschlagen konnte. Fulghum schwamm jetzt ziemlich schnell und möglicherweise zu schnell für eine größtmögliche Bewahrung der Luft. Trotz all ihrer Bemühungen hatten sie, schon bevor sie ihre erste Reserveflasche erreichten, gar keine Luft mehr. Glücklicherweise konnten sie die Flaschen bereits sehen. Sie hielten die Luft an und schafften es gerade noch. Der Streß hatte jetzt überwältigende Ausmaße angenommen.

Sie hatten zusätzliche Zeit gewonnen und schwammen immer weiter, bis Fulghum erneut die Luft ausging. Zum zweitenmal teilten sie ihre Luft miteinander. Die Situation war traumatisch, und Exleys ungeheure Selbstdisziplin wurde aufs Härteste auf die Probe gestellt. Trotz seiner eisernen Kontrolle wurde der Luftvorrat schnell aufgebraucht, bis die Flasche leer war. Diesmal konnten sie den nächsten Satz Reserveflaschen, der sich hinter einer leichten Biegung befand, nicht einmal sehen. Wieder hielten sie die Luft an, schwammen um ihr Leben und wurden wieder gerettet.

Wie durch ein Wunder schafften sie es bis zum Dekompressionspunkt. Aber selbst hier waren ihre Probleme noch nicht zu Ende. Sie hatten immer noch einen viel zu knappen Luftvorrat. Fulghum kam für einen Augenblick an die Oberfläche, rief den anderen Teammitgliedern zu, daß sie mehr Luft benötigten, und tauchte wieder ab. Glücklicherweise war schnell Hilfe bei der Hand, und beide kamen nach ihrer langen Dekompressionszeit wieder an die Oberfläche, erschüttert durch ihre Tortur, aber unverletzt. Exleys Ruhe und sein Mut hatten sie beide vor dem fast sicheren Tod bewahrt.

Bis zu diesem Zeitpunkt war ein derartiges Versagen der Ausrüstung in der Höhlentaucherei völlig unbekannt gewesen, und trotz der Tauchfähigkeiten, die beide hatten, konnten sie sich äußerst glücklich schätzen. Sie hatten einen neuen Weltrekord aufgestellt und hatten mit Sicherheit eins der schlimmsten Traumen in den Annalen der Höhlentaucherei überlebt.

Tauchgänge im Atlantida-Tunnel, 1985 und 1986
1985 nahmen spanische Taucher vom Club STD Madrid die Herausforderung wieder an. Auf einer gutvorbereiteten Expedition erreichten Mari Carmen Portilla und Luis Ortega Cordiente 1578 m in 60 m Tiefe.

Das letzte Stadium der Erforschung kam 1986, als Schweizer GLPS-Taucher, einschließlich Brandt, Schneider und Isler, sich einer französisch-belgischen Gruppe anschlossen, um die bisher technischste Expedition durchzuführen. Mit einer doppelten Aquazepp-Anordnung (ähnlich wie jene, die im vorherigen Jahr in Doux de Coly verwendet worden waren), Reservetechniken, Gasmischungen und schließlich Sauerstoff zur Dekompression handelte es sich um eine sehr effiziente und gründliche Vorbereitung. Olivier Isler unternahm den letzten Vorstoß, der etwas frühzeitig bei 1620 m mit einer festen Felswand in 64 m Tiefe endete. Das Ende des Atlantida-Tunnels, die längste Meereshöhle der Welt und ein einzigartiger Vulkantunnel, war endlich erreicht worden.

Die Sowjetunion

Es ist vielleicht bedeutsam, daß in einem so kurzen Umriß der Tauchaktivitäten in verschiedenen Ecken der Welt bisher wenig über den europäischen und asiatischen Teil der UdSSR gesagt wurde. Hier gibt es noch viel Spielraum für die Höhlenforschung.

In der Sowjetunion liegen einige der tiefsten Höhlen der Welt mit ungeheurem Potential in allen Aspekten der Speläologie. Während der letzten Jahre haben sowjetische Teams starke Bemühungen unternommen, eine sowjetische Höhle an die Spitze der tiefsten Höhlen zu bringen. Ende der achtziger Jahre kam beispielsweise das Sneschnaja-System im Kaukasus auf den zweiten Platz. 1988 wurde es von dem 1508 m langen Vatcheslav Pantjukhin-System übertroffen, und es scheint, daß eine Tiefe von 1700 m schließlich möglich sein wird, was zur Zeit ausreichen würde, um den Tiefenrekord zu erlangen.

Die Höhlentaucherei begann in der Sowjetunion zu Beginn der sechziger Jahre zusammen mit den ersten ernsthaften Höhlenerforschungen. Tauchern aus Moskau gebührt der Verdienst an den frühesten Forschungen in einer Reihe von Quellen auf der Krim. In den sechziger und siebziger Jahren unternahmen jedoch nur wenige Höhlenclubs Aktivitäten in diesem Gebiet für Spezialisten. Zu den bekanntesten zählen die Clubs in Krasnojarsk (Sibirien), Sewastopol (Krim), Perm (Ural) und Moskau.

1989 gab es circa 160 Höhlentaucher in etwa zwanzig Clubs: die baltischen Staaten (Kaunas), die Ukraine (Kiew, Dnepropetrowsk, Simferopol), der Ural (Perm, Salawat, Omsk), Zentralasien (Kirgisien, Turkmenien), der Kaukasus (Rostow, Sotschi, Tiflis), Sibirien (Krasnojarsk, Tomsk), der Ferne Osten (Wladiwostok), Moskau und Leningrad. Um die Aktivitäten dieser weitverteilten Gruppen zu koordinieren, wurde 1988 eine Kommission für die Höhlentaucherei von der Sowjetischen Speläologischen Gesellschaft gegründet. Heute werden jährlich Höhlentauchseminare von dem Krasnojarsk-Höhlenclub abgehalten, bei denen es um Vorträge und praktische Trainingssitzungen geht.

Eine weitere Neuentwicklung war die Organisation von Höhlentauchexpeditionen, bei denen die Teilnahme von so vielen Clubs wie möglich ermutigt wird. Die bis auf den Tag erfolgreichste fand im westlichen Kaukasus statt, wo 1986 beispielsweise 4 km lange Passagen hinter einer Reihe von Sümpfen erforscht und vermessen wurden. Im Januar 1987 beteiligten sich zwanzig Höhlentaucher aus sechs Clubs, und bei dieser Gelegenheit erforschten sie zwanzig neue Sümpfe von insgesamt 830 m überfluteter Höhle, hinter der sich Passagen von 5 km Länge erstreckten.

Sowjetische Taucher wählen meistens zwei oder vielleicht auch drei 7 l-Flaschen, die jeweils mit einem eigenen Ventil versehen sind. Kommerzielle Ventile oder Ventile für die Sporttaucherei sind nicht immer erhältlich, und die

Taucher verwenden häufig Modelle, die normalerweise für industrielle Zwecke eingesetzt werden und abgeändert werden müssen, bevor man sie in einer Höhle einsetzen kann. Ständig werden Verbesserungen bei Ausrüstung und Techniken vorgenommen, und Ende der achtziger Jahre begannen Taucher aus Krasnojarsk und Rostow mit einem halboffenen System mit Sauerstoff-Luft-Mischungen zu arbeiten. Ein großer Teil der Hilfsausrüstung ist oft selbstgebaut; Trockentauchanzüge aus Latex beispielsweise, die die beliebteste Kleidung für die Höhlenforschung und das Tauchen sind, fallen in diese Kategorie. Tauchleinen werden aus Telefonkabeln hergestellt. Sie dienen nicht nur dazu, den Taucher mit der Oberfläche zu verbinden, sondern auch zur Kommunikation, nachdem ein Sumpf durchquert wurde.

In der gesamten UdSSR, von der westlichen Ukraine bis zum Fernen Osten und von der Archangelsk-Region bis zu den südlichen Grenzen, werden immer mehr Höhlentauchgänge unternommen. Es folgt ein kurzer Überblick über die interessantesten Gebiete und Höhlen, die bisher erforscht wurden.

Sibirien

In der Sajan-Region haben Taucher aus Krasnojarsk die Lysanskaja-Höhlenquelle über eine Entfernung von 400 m, die unter Wasser standen, erforscht und erreichten eine Felsverengung nach 180 m im Endsumpf in einer Tiefe von 18 m.

Ural

Taucher aus dem Perm-Club haben unzählige Sümpfe in der Nähe des Tschusowaja im Zentralural erforscht, einschließlich des Blauen Seen-Systems, eine Quelle die ähnliche Merkmale aufweist wie Fontaine de Vaucluse. Im Sommer 1988 drangen sie in dieser starken Quelle 600 m weit bis auf eine Endtiefe von 56 m ein. Im südlichen Ural wurden eine Reihe von schwierigen Tauchgängen in Höhlen in der Nähe des Belaja (Weißer Fluß) unternommen.

Zentralasien

Höhlentaucher aus Gaurdak (Turkmenien) und Moskau haben einen Sumpf in der Gissar-Kette der Kugitang-Berge erforscht und eine enge Spalte bis auf eine Tiefe von 23 m durchquert, hinter der sie eine riesige Kammer mit einer Tiefe von über 59 m betraten. Hier stieg die Wassertemperatur auf 16° C an, was eindeutig auf eine tiefe Thermalerwärmung hinweist. In dieser Region wurden auch Erforschungen in den Sümpfen auf dem Grund der größten, tiefen Höhlensysteme von Kiewskaja (−990 m) und Uralskaja (−565 m) durchgeführt.

Kaukasus

Die spektakulärsten Tauchgänge und die größten Entdeckungen wurden im Westkaukasus gemacht. In dieser Region haben sich zwei Berggebiete als besonders fruchtbar für Höhlenforscher und Taucher gleichermaßen erwiesen, nämlich das Arabika-Massiv und der Bzybskij-Kamm.

Die großen Erforschungen auf dem Arabika-Massiv umfassen jene in der Gegskaja-Quelle, wo Peter Minenkow, der führende sowjetische Höhlentaucher aus dem Krasnojarsk-Club, 220 m weit auf eine Tiefe von 55 m vorgedrungen ist. Minenkow hat auch viele erfolgreiche Forschungstauchgänge in den tiefen Höhlensystemen unternommen. Die wichtigsten Entdeckungen bis auf den heutigen Tag dürften jedoch jene der Moskauer Taucher in der Wladimir Iljuchin-Höhle sein. Vom ersten Sumpf aus, der sich 970 m von der Oberfläche entfernt befindet, durchquerten die Taucher eine Reihe von drei unter Wasser stehenden Abschnitten, bis sie die gegenwärtige Grenze erreichten, 100 m in Sumpf 4 bei 22 m Tiefe und etwa 1240 m von der Oberfläche entfernt.

Auf dem Bzybskij-Kamm wurden ähnlich entschlossene Forschungen durchgeführt. Die Sümpfe auf dem Grund der Napra-Höhle wurden überwunden, bis man eine Endtiefe von 920 m erreichte. Diese Sümpfe führen zusammen mit den benachbarten Systemen des Pionerskaja-Schachtes (800 m tief) und der Wesenjaja-Höhle (vierter Sumpf in 550 m Tiefe) der großen, 10 m³-Quelle in Mchishta Wasser zu. Bei einem Gesamttiefenpotential von 2345 m in diesem System überrascht es nicht, daß es hier während der letzten Jahre starke Bemühungen von vielen Gruppen gegeben hat.

Mchishta wurde zu Beginn der achtziger Jahre 60 m weit durchtaucht, und trotz der beträchtlichen Komplexität wurde ein Zweig nach Tauchgängen von 130 m (Tiefe −22 m) und 230 m (Tiefe –45 m) im August 1987 durchquert. Bei der ersten Expedition stieß man auf 1,5 km reich verzierter Passagen, die kürzlich auf über 3 km erweitert wurden. Zwei weitere Sümpfe gibt es am gegenwärtigen Ende des Systems, und in einem erreichten die Taucher des Krasnojarsk-Clubs eine Tiefe von 55 m im Februar 1988.

Oben: Ein Taucher aus Krasnojarsk in der Mchishta-Quelle im westlichen Kaukasus im Jahr 1988 – eine sehr komplexe Höhle, die sich zum Konzentrationspunkt für die großartigen Bemühungen der sowjetischen Taucher in den letzten Jahren entwickelt hat.

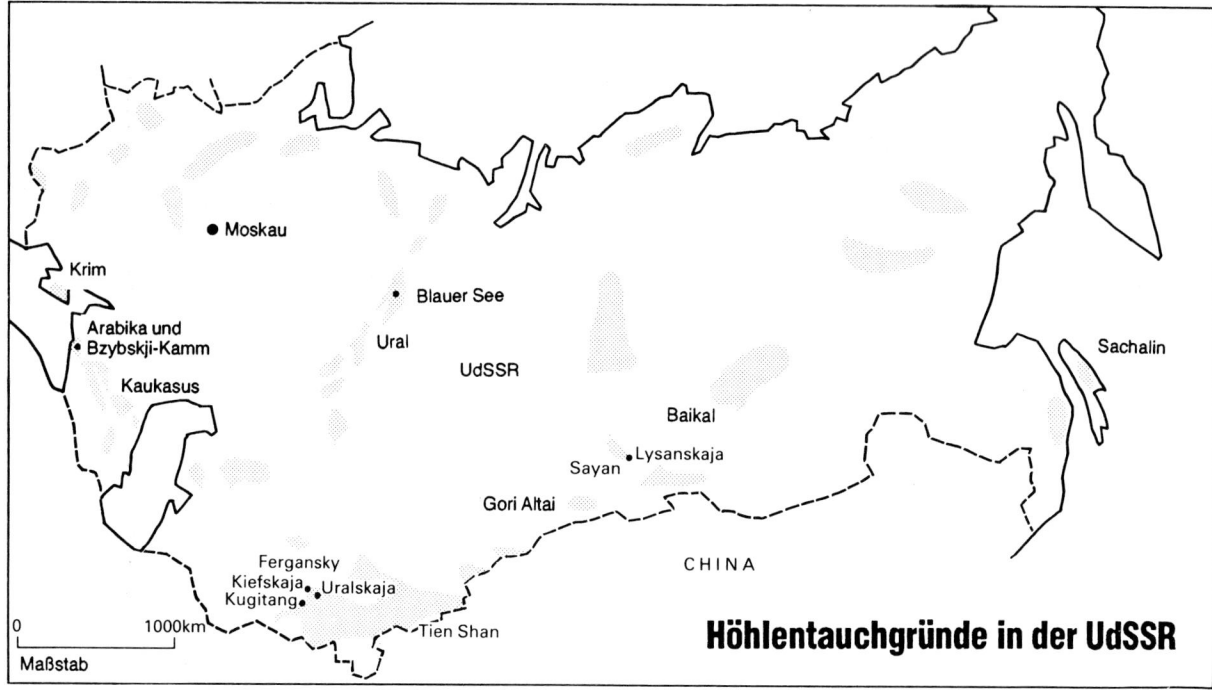

Der komplexe Eingangssumpf zur Mchishta-Höhle muß noch ganz erforscht werden. 1988 beispielsweise folgte einer der führenden französischen Taucher, Claude Touloumdjian, bis auf eine Tiefe von über 65 m – ein großer, tiefer Gang, der Farbtests zufolge eine potentielle Fortsetzung der großen Sneschnaja-Höhle bietet, die sich in über 10 km Entfernung befindet.

Ebenfalls in Westgeorgien wurden aufregende Entdekkungen im Tskhaltubo-Höhlensystem und in der einen Kilometer langen Tsiwtskala-Quelle gemacht. Ein weiterer eindrucksvoller Fund wurde jedoch in der Sakishori-Höhle gemacht. Man durchquerte drei kurze Sümpfe, die bei der ersten Expedition etwa 3 km an Passagen freigaben, während ein nachfolgender Ausflug diese auf über 6 km erweiterten. Die längste sowjetische Höhle, die nach einem Tauchgang vermessen wurde, liegt ebenfalls in diesem Gebiet, nämlich die Khabju-Quelle im Neuen Afon-Massiv. Über 8 km an Passagen liegen jetzt hinter dem kurzen Sumpf am Anfang.

Trotz der begrenzten Zahl der Aktivisten und der offensichtlichen Beschränkungen durch das Fehlen von vielseitigen Ausrüstungen und der Reiseschwierigkeiten machen die Sowjets offensichtlich gute Fortschritte im Bereich der Höhlentaucherei. In den kommenden Jahren kann man sicherlich auf eine Reihe von wichtigen Entdeckungen gespannt sein.

Rechts: Der führende sowjetische Höhlentaucher Vladimir Kisseljov in Aktion in Kungurskaja, Ural, im Jahr 1989 (rechts) und nach einem 120 m langen Tauchgang in der Kidobana-Höhle.

Kapitel zehn

Nord- und Mittelamerika

Die Vereinigten Staaten von Amerika

Die Vereinigten Staaten sind ein wichtiges Land für die Höhlentaucherei mit ungeheurem Potential. Mit der Taucherlunge wurde hier zum erstenmal 1951 in Florida getaucht, das trotz des im allgemeinen flachen, niedrigen Terrains heute die wichtigste Tauchregion der Welt ist.

In Florida gibt es weit über 1500 Tauchgründe in Höhlen. Dabei handelt es sich fast ausschließlich um völlig überflutete unterirdische Wasserwege, die im Gegensatz zu den unterirdischen Flüssen in Europa hauptsächlich durch den Kalkstein an der Oberfläche mit Sickerwasser versorgt werden. Das Vorhandensein derartiger Wasserwege wird meistens durch große Teiche an der Oberfläche oder durch Quellen angezeigt, die den Tauchern relativ bequemen Zugang bieten. Das Wasser hat ständig eine Temperatur von 22° C, und die Art der unterirdischen Strömung schafft viel klarere Bedingungen als in Höhlen, die von oberirdischen Flüssen versorgt werden. Die Sicht reicht oft weiter als 30 m. Dies ändert sich auch nicht während der schweren, örtlichen Stürme, bei denen die Sicht in einer typischeren Höhle im Hochland durch die Strömung des Wassers auf Null reduziert werden könnte. Einige der Tauchgründe sind leicht zugänglich und waren von Anfang sehr populär bei Tauchern, die wegen schlechter Wetterbedingungen nicht im Meer tauchen konnten. Was die Popularität und die Zahl der Teilnehmer betrifft, suchen die Springs im Norden Floridas ihresgleichen.

Frühe Forschungen in Wakulla Springs

Ernsthaft wird die Höhlentaucherei hier seit den fünfziger Jahren betrieben. Ohne Naßtauchanzüge, Hilfsmittel für die Triebkraft oder die vielen anderen Ausrüstungsgegenstände, die heute eingesetzt werden, wurden einige sehr bedeutsame Forschungen durchgeführt. Die Ehre des ersten SCUBAT-Tauchgangs in einer Höhle in den USA gebührt Charles McNabb und Bill Ray in Silver Springs, aber die bemerkenswerteste Erforschung war sicherlich jene in Wakulla Springs, einer riesigen Quelle im Herzen des Sumpflandes 20 km südlich von Tallahassee. Hier führten die Taucher Wally Jenkins, Garry Salsman, Andy Harrold, Lamarr Trott, Henry Doll und Gordon Whitney 1955 und 1956 über einhundert Tauchgänge durch und machten einige ungeheuer aufregende Entdeckungen. Mit einem 20 m hohen und 45 m breiten Eingang ist dies eine der größten Quellen der Welt, aus der durchschnittlich pro Minute 390 Kubikfuß Wasser fließen, und die steil und direkt zu einer riesigen weiterführenden Passage mit klarem Wasser in einer Tiefe von 55 m führt. Ausgerüstet mit 72 Kubikfuß-Doppelflaschen, einem Einzelschlauch-Ventil pro Flasche und mit geringem oder keinem Schutz vor der Kälte drangen diese Taucher von der Universität von Florida schließlich 150 m in den großen Tunnel ein und erreichten Tiefen von etwa 76 m.

Zu dieser Zeit waren dies die längsten und die tiefsten Vorstöße in Höhlen weltweit. Der einzige andere vergleichbare Vorstoß damals wurde in Frankreich in Port Miou in der Nähe von Marseilles an der Mittelmeerküste unternommen.

Neben den Leistungen bei Länge und Tiefe sollten diese Tauchgänge spektakuläre Fossilfunde offenbaren. Es wurden große Mengen von schweren Knochen aus dem Pleistozän entdeckt, Überreste von Tieren, die in Nordamerika seit über 10 000 Jahren ausgestorben waren. Mit der Zeit sollte das Team Knochen von Kamelen, Wild und Faultier entdecken, aber der faszinierendste Fund war der eines Urelefanten, eines der letzten großen Tiere der Eiszeit. Für die Archäologen wurden schließlich genug Knochen gefunden, um eins dieser Säugetiere zu rekonstruieren: ein Tier, das eine Schulterhöhe von drei Metern, eine Länge von fünf Metern hatte, über zehn Tonnen wog und etwa 300 Pfund Blattgemüse pro Tag aß. Das Wakulla-Mastodon ist heute eins der wichtigsten Ausstellungsstücke im geschichtlichen Museum von Florida in Tallahassee.

Die Entdeckung solcher Überreste ist nicht auf den Grund des Abhangs am Eingang beschränkt. Einige Kno-

Rechts: Garry Salsman taucht im Eingangsteich von Wakulla im Jahr 1955.

Links: Szenen während der Wakulla-Tauchgänge von 1955–56.
Oben links: Der Abtransport eines Mastodon-Knochens vom
Höhlengrund mit Hilfe eines aufgeblasenen Kissenbezugs. Oben
rechts: Garry Salsman und Wally Jenkins, die Initiatoren der
Erforschung von 1955. Sie unternahmen den tiefsten Vorstoß in
der Höhle auf einen Punkt 290 m vom Eingang entfernt in einer
Tiefe von 73 m.

Unten: Beim Eintauchen in den Hauptgang von Wakulla.

Oben: Sheck Exley in den siebziger Jahren. Er trägt die typische
Ausrüstung der damaligen Zeit, einschließlich starker Lampen,
die in der Hand gehalten werden und für große Tunnel wesentlich
sind.

chen wurden seitdem sogar bei 365 m in der Wakulla-Höhle gefunden. Diese und andere Spuren an anderer Stelle deuten darauf hin, daß während der letzten Eiszeit, vielleicht vor 20 000 Jahren, die Höhlen trocken waren. Tiere und vielleicht auch Menschen kamen an diese Löcher auf der Suche nach Wasser, und es scheint wahrscheinlich, daß viele Tiere einfach nicht mehr hinausklettern konnten.

Andere frühe Tauchgänge in Florida

Wakulla war vom Ende der fünfziger Jahre an für Taucher geschlossen, und andere Höhlen gewannen schnell an Popularität. Hornsby Spring in der Nähe der Stadt Hornsby Springs war die erste Höhle der Welt, in die weiter als 300 m vorgedrungen wurde. Dieser Vorstoß wurde 1962 von John Harper, Hoyt Roberts und Larry Hylton erzielt. Im Dezember dieses Jahres stellte Harper zusammen mit Joe Fuller einen weiteren Rekord auf: eine Durchquerung von 643 m in Hornsby. Und so ging es weiter. 1969 wurde ein Weltrekord mit 549 m in Blue Spring in der Nähe von Madison erzielt, während im Juni des folgenden Jahres Harper und Randy Hylton eine weitere Rekorddurchquerung von 1430 m vom Orange Grove Sink nach Peacock Springs durchführten.

1970 hatte ein weiterer Forscher der amerikanischen Szene seinen Stempel aufgedrückt – Sheck Exley*.

* Die unversöhnliche Natur der Unterwasserwelt wurde Exley bereits in sehr jungen Jahren bewußt. 1967 wollte er (18) und sein jüngerer Bruder Edward (16) in der eindrucksvollsten Quelle Floridas – Wakulla – schnorcheln. Hier wurde sein Bruder in flachem Gewässer bewußtlos und sank auf eine Tiefe von 30 m hinab. Als Sheck zum Wagen gerannt, eine Taucherlunge geholt, getaucht und seinen Bruder wieder an die Oberfläche geholt hatte, waren zehn Minuten vergangen, und die Wiederbelebungsversuche blieben erfolglos.

Exley war Höhlenforscher, aber hauptsächlich Höhlentaucher, der seit zwei Jahrzehnten mit großartigen Leistungen zu den Höhlentauchaktivitäten in ganz Nordamerika beigetragen hat und heute weltweit als einer der Fachleute auf diesem Gebiet gilt – der Reinhold Messner der Welt des Höhlentauchens. Exley unternahm seinen ersten Tauchversuch in einer Höhle im Jahr 1965, und als Harper sich nach dem Tod seines Freundes Hylton* von diesem

Sport zurückzog, vollbrachte er immer größere Leistungen.

* Randy Hylton war einer der besten Taucher Floridas. Er war routinemäßig in Höhlen bis auf eine Tiefe von 75 m getaucht und war zum Zeitpunkt seines Todes (1972) einer von sieben oder acht Menschen weltweit, die einen Tauchgang auf 122 m Tiefe mit Luft überlebt hatten. Tragischerweise starb Hylton in einer Tiefe von 47 m. Wahrscheinlich erlitt er einen Herzinfarkt, als er versuchte, sich aus verwirrter Leine zu befreien. Sein Bruder Larry starb ebenfalls beim Höhlentauchen (1962).

Exleys Begeisterung war einzigartig. Zu seinen ersten Leistungen zählt die Aufstellung eines Rekordvorstoßes von 640 m im Jahr 1971, und er war beispielsweise auch der erste Forscher, der 1000 Tauchgänge in Höhlen durchführte, eng gefolgt von Tom Mount. Bis jetzt hat er über 3000 Tauchgänge durchgeführt.

Oben: Das amerikanische Zwei-Ventil-Verbindungsstück, das auf dem erfolgreichen Kreuz-Verbindungsstück von George Benjamin basiert.

Bedingungen und Ausrüstung in Florida

Floridas ideale Bedingungen sind der Inbegriff aller Dinge, die Höhlentaucher gerne erleben würden, und als direktes Ergebnis der vorteilhaften Umgebung wurde dem Design und der Entwicklung von bestmöglichen Geräten und Techniken größte Aufmerksamkeit geschenkt.

Was die Geräte betrifft, haben die Taucher die Vorteile der Wirtschaftlichkeit des Maßstabs ernten können. Doppelflaschen (à 100 Kubikfuß) wurden durch ein Doppelventil-Verbindungsstück* miteinander verbunden und galten 1973 als bestmögliche Ausrüstung.

---

* Beim Doppelventil-Verbindungsstück hat der Taucher Zugang zum gesamten Luftvorrat. Im Fall eines Funktionsfehlers eines Ventils muß der Taucher nur den fehlerhaften Regler abstellen, auf die andere Flasche umschalten und umkehren.

Diese Grundausrüstung wurde bis in die achtziger Jahre beibehalten. Die Flaschen haben einen normalen Arbeitsdruck von 2400 psi, aber erfahrene Taucher füllen sie bisweilen auf 3600 psi (für einen sehr weiten Vorstoß auch auf 4000) und tragen dadurch etwa 300 Kubikfuß Luft mit sich. Leider hat die Pressed Steel Corporation, die der einzige Lieferant von 104 Kubikfuß-Stahlflaschen in den USA war, den Verkauf kürzlich eingestellt, da man sich wegen der Haftpflicht Gedanken machte, falls Taucher die Flaschen zu stark füllen.

Die Flaschen sind mit zwei Einzelschlauch-Reglern ausgestattet, von denen einer ein viel längeres Schlauchstück besitzt, falls bei einem Notfall die Luft mit einem anderen Taucher geteilt werden muß. Heute sind die meisten Höhlentaucher in Florida zu diesem Zweck mit einem 2 m langen Schlauch ausgerüstet, aber einige, die für längere Vorstöße einen Scooter einsetzen, verwenden einen 3 m langen Schlauch. Dieser wird gefaltet und mit Gummibändern hinter dem Verteilerstück verstaut. Die Beleuchtung besteht aus einer sehr hellen Lampe (im allgemeinen zwischen 125 und 150 Watt) an einem wiederaufladbaren Pack, das am Gürtel getragen wird, und möglicherweise vier Ersatzeinheiten.

Trockentauchanzüge mit konstantem Volumen werden heute für lange oder tiefe Vorstöße allgemein als wesentlich betrachtet. Zusätzliche Vorrichtungen zur Kompensation der Tragkraft wie BC-Westen (in Großbritannien als ABLJs bekannt) oder stabilisierende Jacken können ebenfalls verwendet werden, aber wenn man das ungeheure Gewicht von zwei Hunderter-Flaschen (125 Pfund) bedenkt, wird häufig auch eine andere Art von Kompensator getragen, nämlich ein BC-Pack, das allgemein als »Flügel« bezeichnet wird. Dieses Schwimmergestell wird normalerweise direkt neben den Flaschen angebracht, wobei die große Nähe von Luftblase und Stahlflaschen das Problem der Instabilität fast völlig ausschaltet.

Die Geräteliste wird vervollständigt durch eine Ersatzmaske, Seiltrommel, eine Trommel für den Notfall, Tiefenmesser, Uhr, wasserdichte Dekompressionstabellen, Tafel und Stift, ein Messer, das am Unterarm getragen wird, und einen Kompaß. Ein vorsichtiger Taucher nimmt wahrscheinlich auch ein paar »Clips« für die Leine mit, die an Einmündungen angebracht werden, um auf dem Rückweg Verwirrung zu vermeiden, und einige elementare Werkzeuge.

Hier sollte angemerkt werden, daß amerikanische Höhlentaucher, die ähnliche Tauchgründe wie die in Großbritannien erforschen, heute regelmäßig einen Knoten-Code einsetzen, der den Weg zurück zur Tauchbasis anzeigt. Zwei der Knoten befinden sich eng nebeneinander (in

Rechts: Sheck Exley und Dave Cameron betreten Jenny Springs, Florida. In den klaren Bedingungen von Florida arbeiten Höhlentaucher oft zu zweit oder sogar zu dritt.

einem Abstand von etwa 5 cm), während der dritte etwa 30 cm entfernt zur Eingangsseite der Knotengruppe liegt. Diese Knoten kann man sogar mit den Handschuhen des Naßtauchanzugs fühlen, was bei null Sicht wesentlich ist.

Wie zu erwarten, unterscheiden sich die Techniken in Florida auch beträchtlich von den Methoden, die in Höhlen mit schwerer Verschlammung und Sichtproblemen, wie man sie oft in Großbritannien und an einigen anderen europäischen Tauchgründen findet, eingesetzt werden. Die Kunst der neutralen Tragkraft – die Technik, bei der der Taucher mühelos in der Mitte der Passage vorwiegend in horizontaler Richtung schwimmt – wurde in Florida perfektioniert. Wenn man auf diese Art und Weise taucht, wird der Schlamm nur minimal aufgewühlt, so daß die Sicht auf dem Rückweg gut ist. Außerdem hilft dies, die Umwelt zu schonen.

Ein weiterer wichtiger Gegensatz betrifft die Einstellung zu Solotauchgängen. In einem engen Sumpf mit starker Strömung ist es oft unmöglich, den Schlamm nicht aufzuwühlen. Unter diesen Bedingungen (die in Großbritannien die Norm sind) wird die Kommunikation zwischen den Tauchern erschwert, und Solotauchgänge gelten allgemein als sicherste Vorgehensweise. In Florida sieht man dies nicht gern, besonders nicht bei Anfängern. Viele Empfehlungen für das Höhlentauchen in diesem Gebiet wurden ursprünglich von Organisationen beeinflußt und formuliert, die sich fast ausschließlich aus Nicht-Höhlenforschern zusammensetzten, aus Tauchern also, die sich den Höhlen

zuwandten, wenn das Meer für Tauchgänge zu aufgewuhlt war. In anderen Gebieten der USA, in denen die Bedingungen eher mit den britischen vergleichbar sind, *sind* Solotauchgänge die Norm. Für lange oder tiefe Vorstöße in Florida gilt jedoch das Drei-Mann-Team als beste Tauchmethode, obwohl Leute wie Exley häufig Forschungsarbeiten über lange Entfernungen völlig allein durchführen.

Unfälle und Trainingsprogramme

Als direktes Ergebnis der vorteilhaften Bedingungen und relativen guten Reisemoglichkeiten ist die Anzahl der Taucher, die Florida jedes Jahr besuchen, sehr hoch.

1974 schätzte man, daß mindestens 10 000 Taucher mindestens einen Höhlentauchgang unternahmen. Die Gesamtzahl der Tauchgänge betrug wahrscheinlich mehr als 250 000.

Eine so hohe Teilnehmerzahl bei einem im Grunde sehr gefährlichen Sport für Uneingeweihte hat unausweichlich zu einer beträchtlichen Zahl von Unfällen mit tödlichem Ausgang geführt: Von 1960 bis 1980 beispielsweise starben 194 Taucher, die versuchten, in einer Höhle zu tauchen. Weitere zwölf Menschen starben in derselben Zeit bei Höhlentauchgängen in anderen Gebieten der USA. Das schlimmste Jahr war zweifellos 1974, als 26 Menschen starben. Seitdem ist die Zahl der Todesfälle stark zuruckgegangen, obwohl es immer mehr Teilnehmer gibt, die jedoch durch die Bemühungen verschiedener Gesellschaf-

Links: Ein Warnschild nahe des Eingangs der Little River Spring. Diese drastischen Maßnahmen wurden durch die hohe Rate an Todesfällen gefördert, deren Opfer Taucher für offene Gewässer waren, die sich ohne ausreichende Höhlentauchkenntnisse oder Training in die Höhlen begaben.

ten im Bereich des Tauchens und der Höhlenforschung trainiert werden.

Mitte der siebziger Jahre war das Höhlentauchen den Kinderschuhen entwachsen, und heute werden Organisationen wie die Abteilung für Höhlentauchen der Nationalen Speläologischen Gesellschaft (NSS) und die Nationale Gesellschaft für das Höhlentauchen (NACD) weltweit dafür respektiert, daß sie den Sport sicherer machen.

Auf Trainingsprogramme mit qualifizierten Lehrern und Fortgeschrittenenkurse für qualifizierte Sporttaucher zur Gewöhnung an die besonderen Techniken in der Höhle wird großer Wert gelegt. Die Taucher beginnen mit einem Grundkurs für Höhlentaucher, der etwa zwei Tage lang dauert, bis zu einem Zertifikat für Fortgeschrittene. Über 7000 Taucher haben in diesem Gebiet jetzt NSS-Trainingskurse hinter sich gebracht.

Tauchgründe wie Ginnie Springs in der Nähe von High Springs wurden kommerziell weiterentwickelt. Hier und in anderen binnenländischen Tauchzentren gibt es Läden, die Geräte verleihen und verkaufen und speziell auf Taucher, die »Höhlentaucherfahrung« haben, eingestellt sind.

Slogans wie »Tauche nie allein« werden gefördert, und diese Prinzipien sind offensichtlich ein wichtiger Gesichtspunkt in einer so günstigen Umgebung. Die Richtlinien für »Höhlentaucher« sind recht speziell: Die Taucher sollen die Zone des Tageslichts, die eine lineare Entfernung von 40 m ausmacht, nicht verlassen, nicht über eine Tiefe von 21 m hinaustauchen oder eine Verengung durchtauchen, die so eng ist, daß nicht zwei Taucher zusammen hindurchgelangen können. Sie müssen mit einer Leine mit der Oberfläche verbunden sein und dürfen nie die Grenzen überschreiten, bei denen eine Dekompression nötig ist.

Seit Beginn der achtziger Jahre haben NSS und NACD Unterwasserschilder hinter den Eingängen von viel besuchten Quellen installiert, um Uneingeweihte fernzuhalten. Diese sind eine klare Warnung für Taucher, daß nur Taucher mit spezieller Ausbildung hier weitertauchen sollten. Es sollte darauf hingewiesen werden, daß in Peacock Springs mindestens 46 Taucher allein seit 1968 gestorben sind. Fast alle hatten eine Grundregel für sicheres Tauchen übertreten, und der häufigste Fehler lag darin, ohne Leine weiter in die Höhle zu tauchen.

Taktiken für lange Tauchgänge

Eine fortschrittliche Prozedur, die in diesem Gebiet entwickelt wurde, ist das »Tauchen in Stufen«. Dabei werden neben den normalen Geräten zusätzliche Taucherlungen in die Höhle transportiert. Auf demselben Tauchgang können zusätzliche Einheiten hineingebracht und wieder herausgeholt werden, oder sie können bei vorhergehenden Tauchgängen an bestimmten Stellen deponiert und bei einem späteren Tauchgang wieder herausgeholt werden. Was Gewicht, Belastung und Volumen der Geräte betrifft, ist diese Methode sehr vorteilhaft. Auf diese Weise können Tauchgänge von viel längerer Dauer erzielt werden.

Natürlich gibt es dabei Probleme, die bedacht werden

müssen. Bei dieser Technik muß jedes einzelne Mitglied des Teams gründlich trainiert sein und Zutrauen zu den eigenen Fähigkeiten haben, einen langen Transporttauchgang durchzustehen. Praxis in offenen Gewässern ist wichtig, damit alle Taucher bei der Deponierung mit der größten Vorsicht und Aufmerksamkeit vorgehen. Es ist natürlich von größter Bedeutung, die eigene, deponierte Flasche auf dem Rückweg zu lokalisieren, daher muß die ganze Operation gut geplant und ausgeführt werden. Die erfahrensten Taucher setzen heute eine Technik ein, bei der die Flaschen unter Wasser im Schwimmen ausgetauscht werden. Während der Taucher sich der Stelle nähert, an der eine leere Flasche abgelegt werden soll, dreht er das Flaschenventil zu und nimmt die Flasche aus dem Gestell, bevor er die Depotzone erreicht. Dann befestigt er mit einer Hand und ohne seine Vorwärtsbewegung zu unterbrechen die Flasche an der Tauchleine. Ein kurzes Stück weiter nimmt er die nächste deponierte Flasche auf, befestigt sie an seinem Gestell, während er immer weiterschwimmt, öffnet das Ventil und nimmt den Tausch vor.

Andere lange Tauchgänge in Florida in den siebziger Jahren
Mit derartigen Geräten und Methoden drangen Exley, Paul DeLoach, Dr. John Zumrick und Mary Ellen Eckhoff weiter in nicht vermessene Wasserstraßen vor. Im Mai 1975 drangen Exley, Court Smith und Holtzendorff in Manatee Springs in eine Rekordtiefe vor. Bei Tauchgängen in etwa 26 m Tiefe erweiterten sie die vorherige Grenze von 1206 m auf 1253 m. Im März 1978 erweiterte Exley diesmal in Begleitung von Dale Sweet die Erforschung des Hole in der Wall Spring auf 1380 m vom Eingang aus. Diese Operation umfaßte insgesamt vier Stunden Tauch- und Dekompressionszeit.

Exley, Turner, Smith und Holtzendorff führten im Juli 1973 ebenfalls eine Rekorddurchquerung durch. Bei einem Tauchgang zwischen dem Orange Grove Sink-Eingang und dem Waterhole-Eingang von Peacock Springs durchtauchte das Team eine Leinenstrecke von 2152 m, zu damaliger Zeit die längste Unterwasserstrecke der Welt. Dabei wurde dieses schöne System als das längste bekannte (und vermessene) Unterwasser-Höhlensystem in Nordamerika etabliert. 1979 waren bereits 5791 m Passagen vermessen. Dieser Rekord wird heute vom Cathedral Canyon System mit über 11 000 m an Passage gehalten.

Unterwassergefährte für Taucher
Ende der siebziger Jahre sollte die Suche nach immer längeren Vorstößen eine weitere aufregende Entwicklung in Florida zutage bringen, nämlich die allgemeine Verbreitung von Diver Propulsion Vehicles (DPVs) oder Scootern,

wie sie von den Höhlentauchern genannt werden. Hasenmayer hatte bereits 1973 in der Rinquelle in der Schweiz einen in Deutschland hergestellten Aquazepp hergestellt, während der kanadische Höhlentaucher George Benjamin noch früher eine Farallon-Maschine bei seiner Erforschung der Blue Holes in den Bahamas eingesetzt hatte. In Florida wurden Scooter zum erstenmal von Tex Chalkley und Bob Goodman eingesetzt, als sie die Erforschung des River Sink (auch als Emerald oder Sullivan System bekannt) Mitte der siebziger Jahre erforschten.

DPVs wurden in Florida in ganz bestimmten Phasen eingesetzt. Von 1973 bis 1982 war der Farallon Mark VII die einzige vorhandene Maschine, und sie wurde bis weit in die achtziger Jahre vorteilhaft eingesetzt. Ein wichtiger Meilenstein in dieser Zeit war der 1700 m lange Vorstoß im Big Dismal Sink im Jahr 1980 durch Exleys Team. Die Farallon DPVs wurden auch noch weiter benutzt, selbst nachdem die Tekna-Maschinen 1980 populär wurden. Das ursprüngliche Problem mit dem Tekna bestand darin, daß es unter 40 m den Druck nicht tolerieren konnte, so daß es in den meisten Quellen, die damals erforscht waren, recht

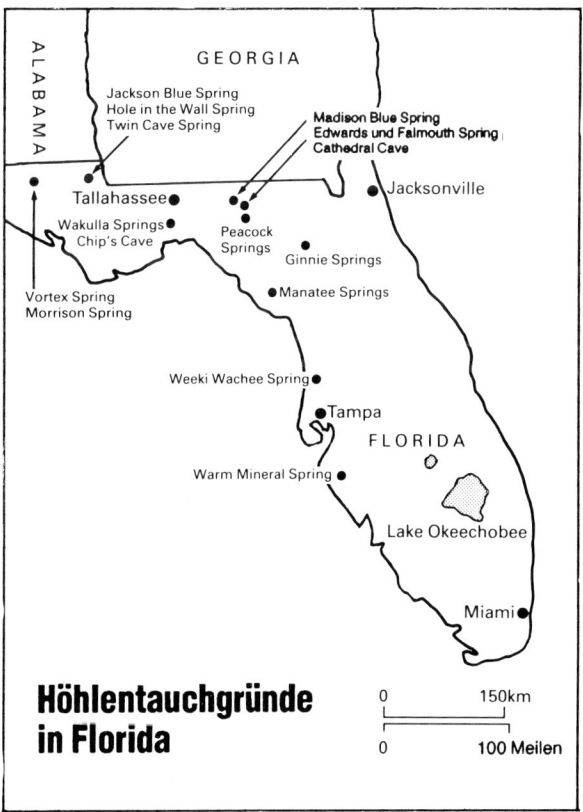

Höhlentauchgründe in Florida

ALABAMA

GEORGIA

Jackson Blue Spring
Hole in the Wall Spring
Twin Cave Spring

Madison Blue Spring
Edwards und Falmouth Spring
Cathedral Cave

Tallahassee

Jacksonville

Wakulla Springs
Chip's Cave

Peacock
Springs

Ginnie Springs

Vortex Spring
Morrison Spring

Manatee Springs

Weeki Wachee Spring

Tampa

FLORIDA

Warm Mineral Spring

Lake Okeechobee

Miami

0 ___ 150km
0 ___ 100 Meilen

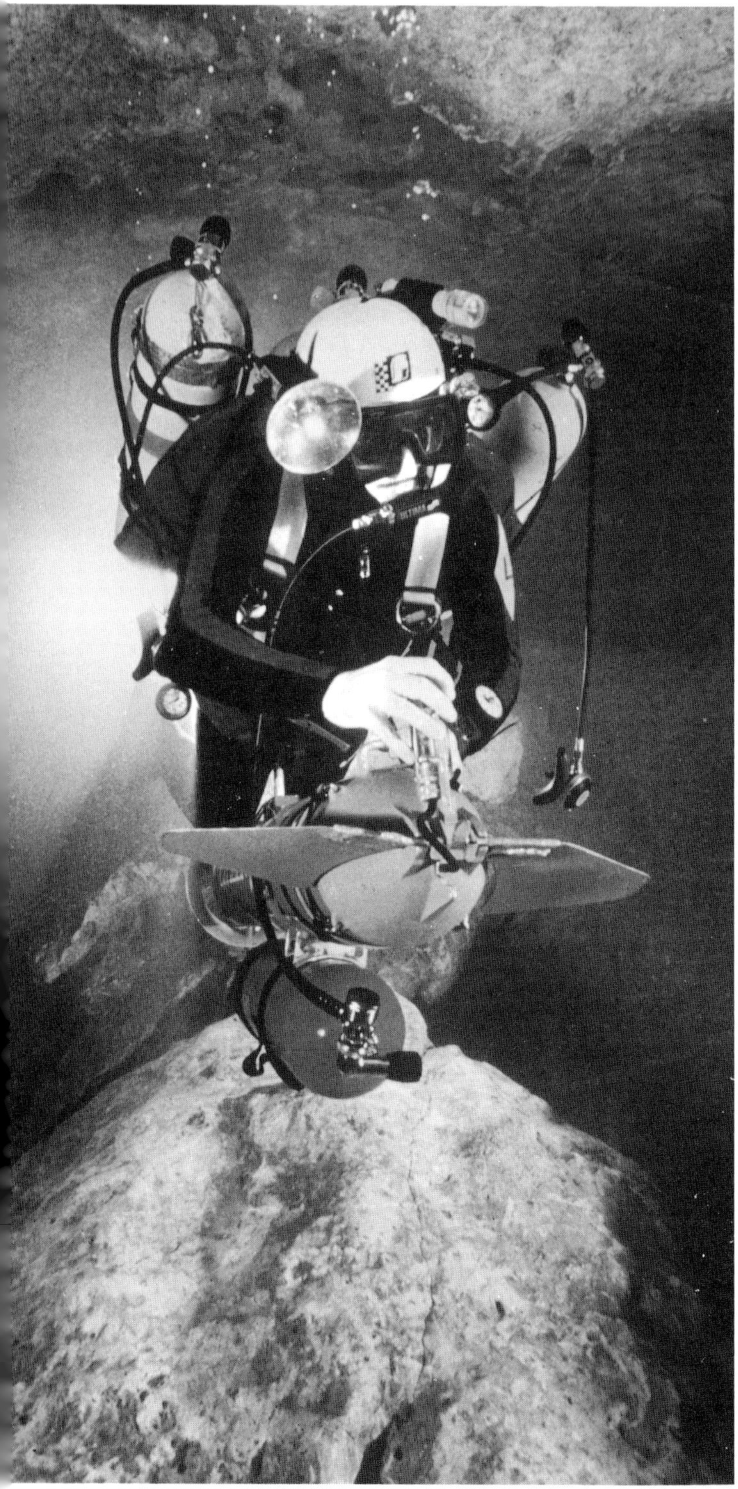

nutzlos war. Leute wie Bill Gavin fanden eine Möglichkeit, diese Schwierigkeiten zu umgehen, indem eine kleine Flasche Stickstoff an der Seite des Scooter befestigt wurde und ein zweiter druckausgeglichener Regler und ein Überdruck-Prüfventil an der vorderen Linse des Gefährts. Auf diese Weise überstieg das innere und äußere Druck-Differential nie 0,5 psi. Die starken Aquazepps kamen im Frühjahr 1987 in Gebrauch und wurden zum erstenmal umfassend in Wakulla eingesetzt. Heute werden sie standardmäßig bei großen Vorstößen eingesetzt, während Teknas wegen der kleineren Größen noch immer auf mittleren Strecken Verwendung finden.

Exley und seine Kollegen kamen bald nicht mehr ohne Scooter aus, und die Reichweite der Entfernungen wurde bald stark erweitert. Aufgrund der Belastung des Tauchers durch zusätzliche Depot-Flaschen konnten die Taucher im höchsten Gang offenbar nicht mehr als drei Knoten aus dem Aquazepp herausholen – die Hälfte der Geschwindigkeit, die für den normalen Einsatz angegeben wurde. Aber durch Entspannung und vorsichtige Kontrolle der Atmung war es möglich, die Entfernung zu verdoppeln, die man normalerweise beim Schwimmen hinter sich brachte. Die Auswirkungen waren weitreichend. Mitte der achtziger Jahre wurden von Tauchern mit Scootern, die die akzeptierten Depottechniken einsetzten, phänomenale Strecken zurückgelegt. Bei fortschrittlichen Forschungen sind diese Maschinen so wichtig, daß trotz der hohen Kosten (Aquazepp £ 3000, Tekna $ 2000) schätzungsweise fünf Prozent der Höhlentaucher in Florida heute ein solches Gefährt besitzen.

Sicherheitsbestimmungen und Dekompression
Bei der Handhabung eines Scooters in einer Höhle ist einiges Geschick nötig und auch Sicherheitsfragen müssen bedacht werden. Ein Vorfall im Juni 1987 illustriert ein

Links: Liz Wight mit einem Aquazepp in Jackson Blue Spring, Florida.

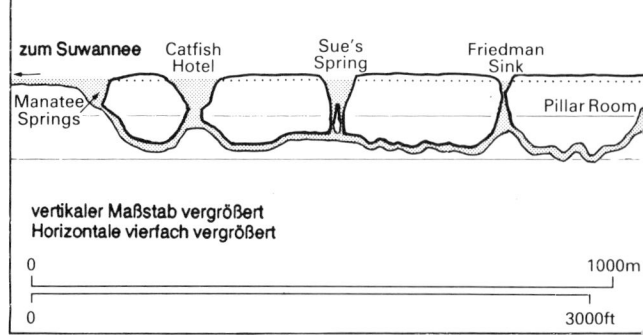

Problem, das verhängnisvolle Konsequenzen haben könnte. Drei führende Taucher aus Florida, Wes Skiles, Lamar Hiles und Woody Jasper führten einen einstufigen Vorstoß in Hart Springs durch. Alle drei hatten Tekna-Scooters. Nachdem die drei ihre Flaschen etwa 700 m vom Eingang entfernt deponiert hatten, setzten sie ihren Weg in dem stromaufwärts führenden Tunnel fort, der sich zu Schichtungspassagen verengt hatte. Plötzlich stieß Jasper, der seinen Freunden folgte, bei etwa 1000 m in einem engen Abschnitt mit reduzierter Sicht gegen ein von der Decke herabhängendes Gehänge. Dieses schnitt einen seiner Übergangshähne ab. Nur Sekunden später wurde sein Ventil heruntergestoßen, wobei der versiegelnde Gummiring zerstört wurde. Trotz der Tatsache, daß seine Freunde schnell zur Hand waren, verlor er in nur wenigen Minuten seine gesamte Luft. Erstaunlicherweise bildete die Luft auf der Stelle eine Luftglocke, in die die Taucher hinaufstiegen, um ihre mißliche Lage zu diskutieren. Skiles und Hires zogen ihren 3 m Ersatzschlauch heraus und begannen, Jasper bis zu dem Flaschendepot zurück zu beatmen.

Taucher müssen auf ein Versagen des Scooters vorbereitet sein. Wenn das Gefährt tief in einer Höhle versagen und man sich nach der normalen Drittel-Regel richten würde, würde die Situation sofort kritisch. Aus diesem Grund ist klar, daß eine »Viertel«- oder »Fünftel«-Regel vernünftiger ist.

Die Zeit, die in der Tiefe verbracht wird, macht die Sache noch schwieriger. In vielen Fällen finden die Tauchgänge in einer Tiefe von 30 m statt, und der Trend hin zu noch größeren Tiefen ist offensichtlich. Auf der Suche nach unberührten Passagen werden die Taucher immer weiter hinab gelockt und tauchen oft über 76 m hinunter. Lange Dekompressionszeiten mit schwierigen Berechnungen, die vor Tauchbeginn erfolgen sollten, werden daher immer häufiger. Obwohl es heute automatische Dekompressionsmesser gibt, haben sich diese oft als unzuverlässig erwiesen. Die Praxis besteht meistens noch immer darin, sich auf Seetabellen zu verlassen und manuelle Berechnungen der Dekompressionszeiten zu machen, die dann auf die Tafel des Tauchers geschrieben werden. Bei komplexeren Tauchprojekten gibt es jetzt spezielle Dekompressionstabellen, die von Fachleuten auf dem Gebiet der hyperbarischen Physiologie produziert werden. Um Unfälle zu vermeiden, trägt der vorsichtige Taucher zwei Sätze dieser Tabellen bei sich und normalerweise zwei Tiefenmesser. Wenn man davon ausgeht, daß Taucher sich zur Dekompression lange in flacher Tiefe aufhalten müssen, müssen zusätzliche Zylinder oft an der Tauchleine für die Rückkehr deponiert werden. Für kurze Ausflüge in die Tiefe kann die Dekompression mit normaler Preßluft durchgeführt werden, aber längere Tauchgänge stellen ein viel ernsteres Problem dar, für das der Einsatz reinen Sauerstoffs in speziell markierten Zylindern heute die Norm ist.

Lange Tauchgänge in Manatee Springs, 1981 und Chip's Cave, 1989

Auf seiner Suche nach der längsten Passage befaßte sich Exley Ende der siebziger Jahre wieder mit Manatee Springs. Vom Friedman Sink, dem höchsten bekannten Eingang, tauchte er stromaufwärts und erreichte 1979 eine Entfernung von 1623 m von der Basis aus, aber zwei Jahre später wurde ein weiterer Vorstoß unternommen. Auf drei gut vorbereiteten Tauchgängen in mehreren Stadien wurde die Grenze zuerst auf 1803 m erweitert, dann auf 2094 m und schließlich am 23. August 1981 auf 2337 m. An dem weitest entfernten Punkt erreichte er mit seinem Partner Clark Pitcairn eine undurchdringliche Verengung. Der Tauchgang dauerte vier Stunden und sechs weitere Stunden zur Dekompression.

Bill Stone half dabei, einen Teil der Ausrüstung, die bei diesem Unternehmen eingesetzt wurde, zu bergen. Sein Bericht ist eine gute Beschreibung der Umgebung und zeigt, wieviel Arbeit in derartigen Projekten steckt.

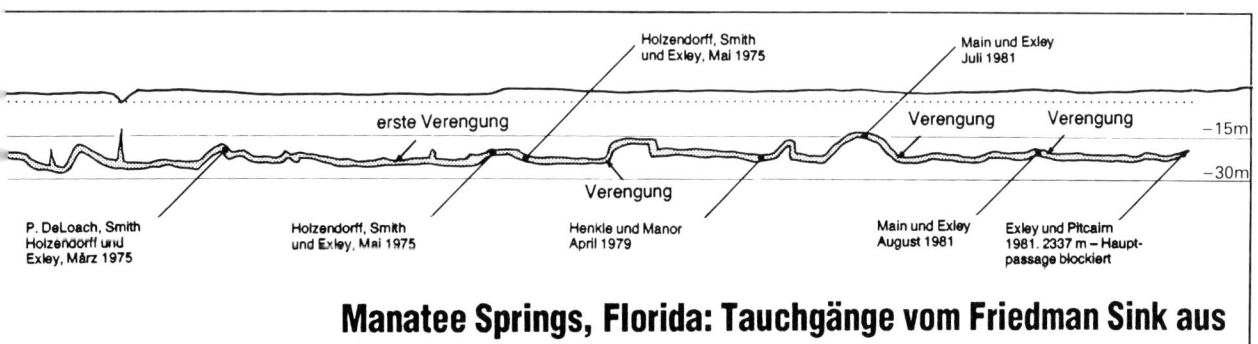

Manatee Springs, Florida: Tauchgänge vom Friedman Sink aus

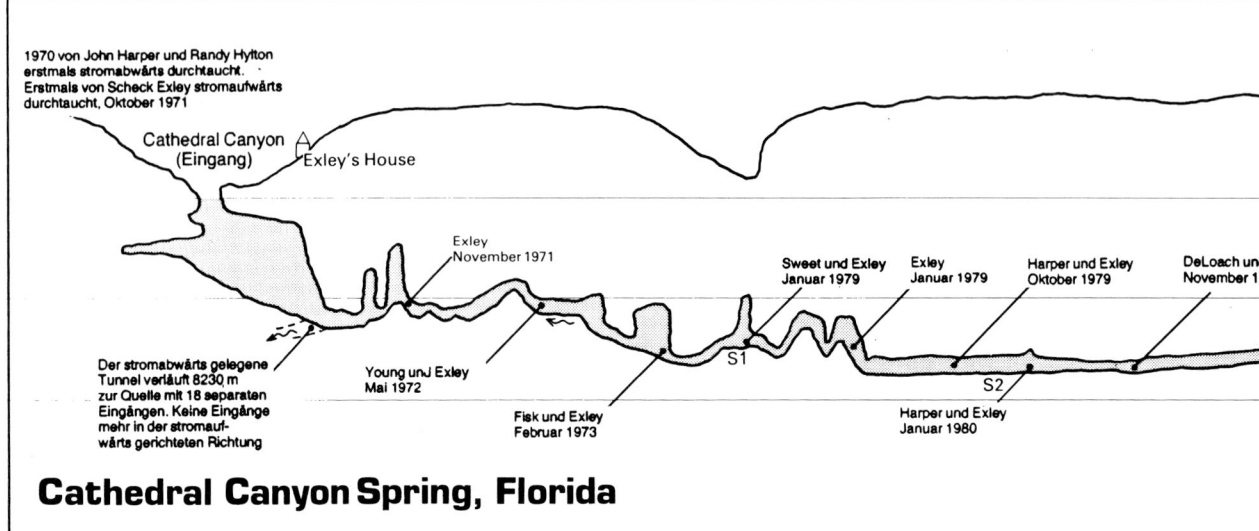

1970 von John Harper und Randy Hylton
erstmals stromabwärts durchtaucht.
Erstmals von Scheck Exley stromaufwärts
durchtaucht, Oktober 1971

Cathedral Canyon
(Eingang) Exley's House

Exley
November 1971

Sweet und Exley
Januar 1979

Exley
Januar 1979

Harper und Exley
Oktober 1979

DeLoach und
November 19

Der stromabwärts gelegene
Tunnel verläuft 8230 m
zur Quelle mit 18 separaten
Eingängen. Keine Eingänge
mehr in der stromauf-
wärts gerichteten Richtung

Young und Exley
Mai 1972

Fisk und Exley
Februar 1973

S1

S2

Harper und Exley
Januar 1980

Cathedral Canyon Spring, Florida

Ich habe mehrere lebhafte Erinnerungen daran. Der Tauchgang beginnt beim Friedman Sink, was ein hübscher Name für einen Topf ist, der die Größe eines Kanalschachts hat und etwa 60 m vom Zeltplatz 92 im Manatee Park entfernt versteckt zwischen Fächerpalmen und Eichen liegt. Die zu deponierenden Flaschen muß man beim Abstieg unter sich halten, da man sonst nicht hineinpaßt. Man hat das Gefühl, ein senkrechtes Rohr von 1,3 m Durchmesser hinabzurutschen, das in den narbigen Kalkstein von Florida gegraben ist. 15 m weit geht es hinunter, bevor es sich in ein unterirdisches Flußbett von 13 m Durchmesser erweitert – und dieser Fluß strömt mit aller Macht! Zu Beginn ist man von diesem Übergang und der Tatsache, daß man sich 12 m über dem Grund in einem ganz klaren Tunnel befindet, fasziniert. Danach stößt man meistens an die Decke, während man von der unglaublich starken Strömung stromabwärts gespült wird. Exley hatte mich davor gewarnt, beim Erreichen des Tunnels die Luft völlig abzulassen, und er hatte recht gehabt. Ich hatte meine Sinne wieder auf dem Grund beisammen. Wir mußten uns 600 m stromaufwärts bewegen, um verbrauchte Flaschen zu bergen, und von diesem Punkt an krabbelten wir. Mit den Flossen stießen wir uns ab, und die größte Geschwindigkeit entstand, wenn man einen Felsbrocken ergreifen und sich vorwärtsziehen konnte. An meinen Fingern zeigte sich bald das rohe Fleisch, und die Anstrengung durch die Strömung in Verbindung mit den 30 m Tiefe verbrauchte das CO_2 ungeheuer schnell. In meinem Kopf hämmerte es.

Ich war erleichtert, als ich die schimmernden Flaschen sah. Die Vielfalt und das Alter der Geräte erstaunte mich. Jede Flasche hatte einen Regler, und sie waren mit einem dünnen Schlammfilm bedeckt. Ich nahm vier an mich, Exley sechs. Als wir unsere eigenen Depotflaschen bei 400 m auf dem Rückweg an uns nahmen, waren wir nun noch Wesen, die in diesem wilden, unterirdischen Fluß auf unkontrollierbaren Flaschenbündeln ritten. Die meiste Zeit verging wie im Traum. Man mußte nur den Tragkraft-Kompensator füllen, damit die Masse der Flaschen neutral war, und die Strömung übernahm den Rest... bis die Passage eine scharfe Biegung machte... und derartige Biegungen gab es viele. Trotz starker Schwimmbewegungen mit den Flossen und Willenskraft krachte man dennoch unsanft gegen die Wand und rollte zur Seite. Die Strömung trieb einen voran, bis der Fluß einen wieder in den Hauptstrom drückte, wo man

etwas Platz für Manöver hatte. Als wir den Friedman-Eingang erreichten, der wie ein lächerlich dünner Strohhalm wirkte, der aus der Decke hinausführte, hatten wir ein weiteres Problem. Wie sollten wir die Flaschen und uns selbst dort hinausmanövrieren? Von dem Rohr gingen eine Reihe von kleinen Spalten aus, in die wir links und rechts die Flaschen wie in ein Weinregal schoben. Bei der Dekompression reichte Exley mir alle 3 m nacheinander die Flaschen, bis wir weitere Felsplatten und Spalten fanden. Trotz der Verengung, die so schmal war, daß Exley sich immer unter mir befand, hatte unsere kleine Röhre etwas Freundliches an sich, so daß wir viel Zeit hatten, über eine höchst ungewöhnliche Reise nachzudenken.

Dieser amerikanische Rekord (damals ein Weltrekord für einen ununterbrochenen Tauchgang) sollte sieben Jahre lang nicht übertroffen werden. Exley unternahm im Oktober 1987 in Cathedral Canyon mit dem Scooter einen Tauchgang auf 2088 m Länge, aber erst als die Erweiterung der Chip's Cave gefunden wurde, wurde die Distanz von Manatee übertroffen. In der Chip's Cave unternahm Exley nach einem langen, schwierigen Projekt, das auf den September 1988 zurückging, am 28. Januar 1989 einen Marathon-Tauchgang, der 14 Stunden lang dauerte. Etwa 16 Flaschen wurden in der Höhle deponiert, und er selbst trug seine Hunderter-Flaschen auf dem Rücken.

Der Tauchgang wurde durch ein zackiges Loch mit einem Durchmesser von 60 cm in der Nähe des Eingangs erschwert, das die Verwendung eines Scooters verhinderte. Außerdem war die Strömung nach unten sehr stark. Aufgrund der ersten Schwierigkeit mußte er die gesamte Entfernung mit den Schwimmflossen zurücklegen, während das zweite Problem zu der nicht gerade beneidenswerten Situation führte, daß er auf dem Rückweg mit der Strömung zu kämpfen hatte. Dies bereitete auch bei der

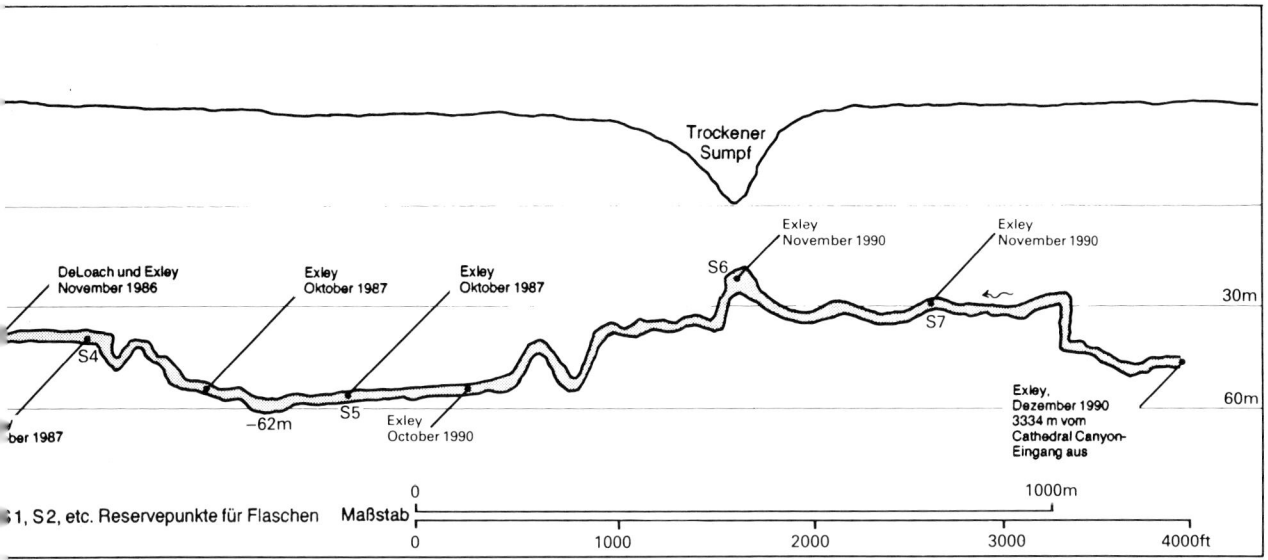

Trockener Sumpf

Exley November 1990

Exley November 1990

S6

DeLoach und Exley November 1986

Exley Oktober 1987

Exley Oktober 1987

S7

30m

S4

Exley October 1990

Exley, Dezember 1990 3334 m vom Cathedral Canyon-Eingang aus

60m

ber 1987

−62m

S5

S 1, S 2, etc. Reservepunkte für Flaschen   Maßstab

| 0 | | | | 1000m |
| 0 | 1000 | 2000 | 3000 | 4000ft |

Berechnung der Luftregeln Schwierigkeiten. Für den Aufstieg mußte er die Tragkraft eliminieren und die meiste Strecke über kriechen. Der Tauchgang dauerte insgesamt sechs Stunden und vierundzwanzig Minuten bei einer Durchschnittstiefe von 41 m. Dabei wurde, was die Tauchlänge von einer Basis betrifft, durch diese Operation der Rekord des Schweizer Tauchers Olivier Isler in La Doux de Coly (3100 m) bei 84 m Tiefe übertroffen, wobei er nicht nur einen neuen amerikanischen Entfernungsrekord aufstellte, sondern auch einen neuen Weltrekord. Ein Tauchgang wie jener in Chip's Cave, der einzig und allein durch menschliche Leistung erreicht wurde, ist vergleichbar mit der Besteigung des Mount Everest ohne Sauerstoff.

Ein Weltrekord in Cathedral Canyon, 1990
Bereits seit einigen Jahren hatte Exley erkannt, daß Cathedral Canyon* sich wahrscheinlich für einen neuen Weltrekord eignen würde.

---

* Der ursprüngliche Name dieser Höhle lautete Ghoul's Sink. Exley, der das Potential hier erkannte, änderte den Namen in Cathedral Canyon um.

Er interessierte sich so sehr für diese Stelle, daß er das gesamte Gebiet kaufte und in ein Haus in der Nähe der Quelle umzog und so unbehindert von seinem Hinterhof aus arbeiten konnte.
Trotz ihres Potentials und großer Passagen präsentierte diese Höhle zwei Probleme, nämlich Tiefe und schlechte Sicht. Nachdem Exley hier 1987 2088 m vorgestoßen war, begann er im September 1990 mit seinen Vorbereitungen für einen großen Vorstoß. Es war kein einfaches Projekt.

Damit er mit dem Scooter durch zwei Abschnitte, in denen die Sicht weniger als einen Meter betrug, fahren konnte, mußte er die Leine ganz neu verlegen. Wenn man bedenkt, daß die Durchschnittstiefe etwa 50 m betrug und die maximale Höhe (bis zur Decke) 85 m, mußte er außerdem insgesamt 14 Flaschen deponieren sowie einen Aquazepp für lange Strecken, den er bei 975 m stationierte, da er die Absicht hatte, mit einer zweiten Maschine zu diesem Punkt zu fahren. Nach den Normen von Florida waren die Bedingungen alles andere als perfekt, und Exley selbst hatte große Zweifel, ob der Einsatz eines Aquazepps überhaupt möglich war. Aber mit dem Vorteil seiner genauen Kenntnis der Route, die er auf den Vorbereitungstauchgängen gewonnen hatte, wurde der Vorstoß Mitte Dezember unternommen. Wie viele seiner Operationen führte er ihn allein durch.
Alles verlief nach Plan. Exley, der bei einer Sicht, die nie mehr als acht Meter betrug, durch geräumige Passagen tauchte, erreichte schließlich einen Punkt, der 3334 m vom Eingang entfernt war.
Exley hatte sich für diesen Tauchgang für einen Naßtauchanzug entschieden, nicht nur wegen seiner stärkeren stromlinienförmigen Form, sondern auch aus einem viel grundlegenderen Grund – der Bequemlichkeit. Nachdem er dreieinhalb Stunden getaucht war, kam er wieder in den Eingangsbereich und begann mit einer langen Dekompression. Hier leitete er mit einem 25 m langen Gartenschlauch warmes Wasser aus einem Boiler in seinem Hof in seinen Naßtauchanzug. Dieses wurde im Innern des Anzugs herumgepumpt. Nach einer achtstündigen

Dekompressionszeit so gestärkt, hatte er seinen letzten Aufenthalt in einer Luftglocke, die sich in knapp vier Metern Tiefe befand, und kam endlich elfeinhalb Stunden nach dem Abtauchen wieder an die Oberfläche. Erneut hatte er einen erstaunlichen und wohlverdienten Weltrekord aufgestellt.

Bei der Erforschung des Cathedral Canyon sollte es noch einen weiteren Rekord geben. Die Gesamtlänge des Falmouth-Cathedral-Systems wurde noch auf über 12 190 m erweitert, so daß der Status als längstes Unterwassersystem der Welt bestätigt wurde.

Probleme bei tiefen Tauchgängen

Für tiefe Tauchgänge sind viel größere Vorbereitungen und bessere Nerven erforderlich als für die typischeren flachen Tauchgänge. In einer Tiefe von mehr als 40 m gerät man ins Reich der Stickstoffnarkose, die immer schlimmer wird, je tiefer man hinabsteigt. Unter 60 m ist die Urteilskraft der Mehrzahl der Taucher beträchtlich herabgesetzt, und in einer Tiefe von 90 m hat der Teildruck des Sauerstoffs in der Luft seine sichere Grenze erreicht.

Wenn man tiefer als 90 m vorstößt, kommt es zu Krämpfen und einem plötzlichen Blackout. Aus diesem Grund muß der Sauerstoffinhalt des Atmungsvorrats reduziert oder verdünnt werden. Den Anteil des Stickstoffs zu vergrößern ist aufgrund des Narkoseproblems keine echte Lösung. Einen Ausweg fand man, als man einen Teil des Stickstoffs durch Helium ersetzte und auf diese Weise Trimix* schuf.

* Die ersten Experimente mit Trimix bei Höhlentauchgängen in den USA waren alles andere als erfolgreich. Bei den vier Tauchgängen mit der »Mischung« vor 1985 in den USA endeten zwei tragisch, und bei dem dritten geriet das Team in einen gefährlichen Zustand von Hypothermie. Erst der letzte Tauchgang von Dale Sweet in Die Polder 2 auf eine Tiefe von 110 m im Jahr 1981 war von Erfolg gekrönt, aber man hielt diesen für das Glück eines Verrückten. Aufgrund der Louis Holtzendorff-Tragödie im Jahr 1975 war man im allgemeinen gegen den Einsatz von Trimix eingestellt. Es waren die Anfangsexperimente, die 1985 für den Vorstoß in Wookey Hole unternommen wurden und die psychologische Barriere in diesem Bereich durchbrachen. Anschließend verwendete Exley die Gasmischung bei der Vorbereitung seiner tiefen Tauchgänge in Nacimiento del Rio Mante, und langsam wurde das Tauchen mit solchen Mischungen akzeptiert.

Je größer der Heliumanteil in der Mischung ist, desto klarer wird der Kopf des Tauchers. Aber durch die Zugabe von Helium entstehen zusätzliche Probleme. Ein großes Problem ist das hohe thermale Leitvermögen (der Taucher verliert schneller die Körperwärme als beim Gebrauch von Stickstoff). Eine Lösung dafür war der Ausgleich oder das Aufblasen des Trockentauchanzugs aus einer ganz separaten, kleinen Flasche Argon oder 75% Argon – 25% CO_2 (ein überall erhältliches Gas zum Schweißen). Die Verwendung von Argon verhindert nicht nur den Wärmeverlust; es hat auch weniger als 50% des Wärmeleitvermögens der Luft.

Das zweite Problem ist kritischer. Durch die Zugabe von Helium zu dem Vorrat *kann* der Dekompressionsprozeß kompliziert werden. Aufgrund der langen Dekompressionszeiten für Tiefen, in denen diese Gase erforderlich sind, suchen die Taucher natürlich nach Möglichkeiten, um die Zeit, die mit der Dekompression verbracht wird, zu reduzieren. Dazu schaltet man in möglichst großer Tiefe bei dem größten tolerierbaren sicheren Sauerstoffgehalt auf Nitrox um. (Zusammen verkürzen die isobarische Gegendiffusion und der hohe Teildruck des Sauerstoffs die Dekompressionszeit radikal.) Bei dieser Methode sollte man die Dekompression mit einer Reihe von Nitrox-Mischungen durchführen, wobei man in einer Tiefe von 60 m beginnt und schließlich bei 6 m auf reinen Sauerstoff umwechselt.

Der Hauptgrund für diese Methode mit vielen Mischungen ist der, daß einige ernsthaftere Forschungsprojekte durchgeführt werden können: Ohne sie würde die Dekompressionszeit möglicherweise um die zwanzig Stunden betragen und nicht zehn bis zwölf Stunden. Wenn ein Habitat fehlt, könnte eine so lange Dekompressionszeit leicht zu ernsten Hypothermie-Problemen führen. Für relativ kurze Ausflüge in die Tiefe, ist es möglich, von Trimix direkt auf Sauerstoff überzugehen, wie Rob Parkers Erforschung in Wookey Hole im Jahr 1985 bewiesen hat, aber in der Mehrheit der Fälle – speziell wenn der Transport von Flaschen ein zu großes Problem bereitet – werden die Dekompressionsstops besser mit mehreren Mischungen unternommen.

Um die Grenzen in den großen Systemen Floridas zu erweitern, sind heute sehr lange Tauchgänge in beträchtlicher Tiefe nötig. Es müssen große Mengen Gas transportiert werden, und wenn man sich vorstellt, daß man in 90 m Tiefe die zehnfache Menge des Gasvolumens wie an der Oberfläche atmet, fällt der Druckmesser alarmierend ab.

Lange Dekompressionszeiten sind langweilig. Zuerst kämpften die Taucher dagegen an, indem sie Zeitschriften oder Bücher unter Wasser lasen, aber in neuerer Zeit sind sie dazu übergegangen, Dekompressions-»Habitate« einzusetzen. Diese umherschwebenden Kapseln bieten einen Luftraum, der zwei bis drei Taucher aufnehmen kann. Zu Anfang handelte es sich dabei um recht provisorische Einrichtungen, beispielsweise umgedrehte Futtertröge, die es trotz ihrer offensichtlichen Beschränkungen den Tauchern gestatteten, Kopf und Schultern aus dem Wasser zu halten, so daß sie reden, essen und trinken konnten.

Die Wakulla-Erforschungen

In den achtziger Jahren gab es eine Tauchstelle, die mehr als alle anderen die Phantasie der Taucher anregte –

Oben: Bill Stone, Leiter des 1987er Wakulla-Projekts. Er trägt ein MK-2R-Regenerationsgerät in Jackson Blue Spring, Florida, 1989.

Wakulla Springs. Die Forschungen, die hier Ende 1987 durchgeführt wurden, waren herausragend. Es wurden nicht nur dramatische Entfernungen zurückgelegt und große Tiefen erreicht, sondern das Projekt zeigte auch die Richtung für viele mögliche technologische Entwicklungen.

Das Tauchen war Ende der fünfziger Jahre in Wakulla verboten worden, und abgesehen von ein paar heimlichen Besuchen, konnten amerikanische Taucher sich nur fragen, wie weit dieses unglaubliche Netz von Unterwasserpassagen wohl reichte. Wakulla, eine der größten Quellen der Welt, ist der Hauptablaufsauslaß für die große Woodville-Karstebene südöstlich von Tallahassee und im Grunde ein riesiger unterirdischer Fluß. Da man in einer solch großen Passage in extremen Tiefen tauchen mußte, war klar, daß nur eine außergewöhnlich gut geplante Expedition wichtige Fortschritte bringen konnte. Es war sicherlich in Florida die größte Herausforderung.

1986 kaufte der Staat Florida das Land, so daß die Forschungen, die vor über dreißig Jahren begonnen worden waren, wiederaufgenommen werden konnten. Über den Tauchgrund wußte man nur wenig. Wo lag der Ursprung der Quelle? Wurde das Wasser langsam durch die urbane Entwicklung im nahegelegenen Tallahassee verschmutzt? Unter der fähigen und sehr erfahrenen Leitung von Dr. Bill Stone wurde das Wakulla Springs-Projekt formuliert, wobei man Antworten auf diese und viele andere Fragen finden wollte.

Mit einem Budget von über $ 300 000 begann das Team, das aus mehr als zwölf Tauchern bestand, im Oktober 1987 mit den Tauchgängen, denen eine Reihe von wissenschaftlichen Programmen von vielen staatlichen Organisationen und Universitäten zugrunde lag.

Die Technik war seit den fünfziger Jahren stark weiterentwickelt worden, aber dennoch waren die Aktivitäten in jeder Hinsicht extrem, und der Erfolg der Expedition hing letztlich davon ab, daß fünf Bedingungen erfüllt wurden:

1. Die Helium-Sauerstoff-Mischung mußte eine Narkose ausschalten, und der Wärmeverlust mußte über mehrere Stunden hinweg erträglich sein.
2. Die maßgeschneiderten Dekompressionstabellen für das Projekt mußten funktionieren.
3. Die Hochgeschwindigkeits-Aquazepps aus Deutschland mußten sich als verläßlich erweisen.
4. Das extra für diesen Zweck hergestellte Habitat und seine tiefenvariable Konstruktion mußten funktionieren.
5. Das Team mußte sich psychologisch auf den Streß wiederholter Tauchgänge auf eine Tiefe von bis zu 92 m vorbereiten, wobei die produktive Erforschung bei den einzelnen Missionen jeweils auf ein paar Minuten begrenzt sein würde.

Bei der Durchführung wurden alle Bedingungen erfüllt. Von besonders großer Wichtigkeit für den Erfolg der Expedition insgesamt war das einzigartige Habitat, das Stone entworfen hatte. Angesichts der langen Dekompressionszeiten (die bis zu 24 Stunden betrugen) war es wichtig, daß die Taucher in der Lage sein würden, so viel Zeit wie möglich außerhalb des Wassers zu verbringen. Das Habitat war im Grunde eine halbkuglige »Blase« von drei Metern Durchmesser, die einen Rahmen aus Aluminiumrohren hatte und aus einer flexiblen, aufblasbaren zusammengesetzten Schale bestand. Diese wurde aus einem speziellen, sehr starken ballistischen Nylonstoff hergestellt, der mit Neopren drucklaminiert war. Die ganze Struktur schwamm mit Bleigewichten im Wasser. Bezeichnenderweise mußten die berechneten 8181 kg Blei, mit denen die Konstruktion an Ort und Stelle gehalten wurde, an der Tauchstelle auf 9318 kg erhöht werden. Das Habitat konnte bis zu sechs Tauchern aufnehmen, die von zwei gleichzeitig ablaufenden Missionen zurückkehrten, aber es wurde im allgemeinen für ein einzelnes Drei-Personen-Team eingesetzt. Schwere Konstruktionen wie diese wurden erfolgreich beim Tauchen im Meer eingesetzt, wo starke Schiffskräne sie langsam auf ihre Operationstiefe herunterlassen konnten. In den engen Bedingungen in

Oben: Paul DeLoach und Sheck Exley bauen den Rahmen des Dekompressionshabitats zusammen, bevor es in die Wakulla-Quelle abgesenkt wird (rechts).

Wakulla war es nicht möglich, einen Kran einzusetzen, daher mußte das Habitat von Hand aufgebaut werden. Das Team verlor wertvolle Zeit, als zwei der 300 Pfund schweren Gewichtstrommeln auf den Grund des Eingangsteiches fielen und mit aufgeblasenen Auftriebskörpern wieder hochgebracht werden mußten. Dies war eine risikoreiche Übung, da sich nicht voraussagen ließ, wie die Auftriebskörper reagieren würden. Einmal stießen sie gegen die Decke der Höhle, ließen die Gewichte fallen, so daß lockeres Gestein auf die fliehenden Taucher darunter herabfiel. Ein andermal sauste ein Gewicht mit erschreckender Geschwindigkeit hinauf an die Oberfläche. Die ganze Übung wurde in dem spektakulären Fernsehfilm *Wakulla* von Leo und Mandy Dickinson festgehalten.

Nach einigem Auf und Ab wurde das Habitat errichtet und getestet, und wie erwartet, erwies es sich als wertvolle Tauchbasis. Tauchgänge von 40 bis 80 Minuten Dauer wurden mit Aquazepps in durchschnittlichen Tiefen von 90 m unternommen. Die Dekompression begann in 60 m Tiefe, und von diesem Punkt an dauerte es zwei bis drei Stunden, um bis zu dem Habitat, das in 21 m Tiefe verankert war, hinaufzusteigen. Insgesamt waren 21 Dekompressionsstops mit einer Gesamtzeit von 18 Stun-

den erforderlich, bevor die Taucher, die die längsten Ausflüge unternommen hatten, wieder an die Oberfläche kamen.

Die Mischungen, die von der Mehrheit des Teams verwendet wurden und in den späteren Stadien des Projekts von allen Mitgliedern, bestanden aus 14% Sauerstoff/86% Helium, so daß das Problem der Narkose völlig ausgeschaltet wurde. Mit dieser Mischung entsprach ein Tauchgang unterhalb 98 m einem Tauchgang in 9 m Tiefe, abgesehen von der Tatsache, daß der Luftvorrat zehnmal schneller verbraucht wurde. Eine normale 80 Kubikfußflasche beispielsweise reichte in dieser Tiefe nur für dreißig Atemzüge. Als direktes Ergebnis dieses schnellen Gasverbrauchs wurde das Gasvolumen, das jeder Taucher mit sich tragen konnte, bald zum alles kontrollierenden Faktor. Man entwickelte einen neuartigen »Schlitten«, der unter dem DPV hing, so daß jeder Taucher acht Flaschen Heliox mit sich tragen konnte, was einer Gesamtmenge von 1200 Kubikfuß und mindestens elf normalen 80 Kubikfuß-Flaschen entsprach.

22. (rechts) Ein frühes Habitat wird in Peacock Spring, Florida, getestet. Tom Morris nutzt die 60 cm nutzbaren Luftraum des umgedrehten Futtertrogs für eine sicherere und bequemere Dekompression. Mit einem Durchmesser von zweieinhalb Metern bietet es genug Platz für drei Taucher. »Habitate« wurden mit Erfolg in mehreren der Haupthöhlensysteme von Flordia eingesetzt.

Drei Ansichten des Wakulla-Habitat: 23. (oben) Sheck Exley, Brad Percel und Wes Skiles bringen ein 200 Pfund schweres, stabilisierendes Gewicht in Position; 24. (oben) das Habitat in Gebrauch. Draußen sind zwei Aquazepp befestigt; 26. (links) Rob Parker, Skiles und Percel entspannen sich während der Dekompression im Innern des Habitats. Der Flaschenzug, der mit dem Anker auf dem Höhlengrund verbunden ist, gestattete es den Tauchern, die Tiefe einzustellen.

25. (ganz links) Bill Stone liest unter Wasser einen Roman, um die Langeweile während des 24stündigen Tests des Regenerationsgeräts in Wakulla zu bekämpfen.

27. (oben) Mark Long schwimmt in 20 m Tiefe in der Little Devil's Cave durch eine typische, schön ausgebildete, phreatische Passage.

28. *Mark Long und Lamar Hires setzen in Peacock Springs, Florida, bei der 680 m langen Durchquerung vom Eingang zum Wasserloch Teckna-Scooter ein.*

29. Geoff Crossley in der Nähe des Eingangs der Devil's Eye Spring, Florida.

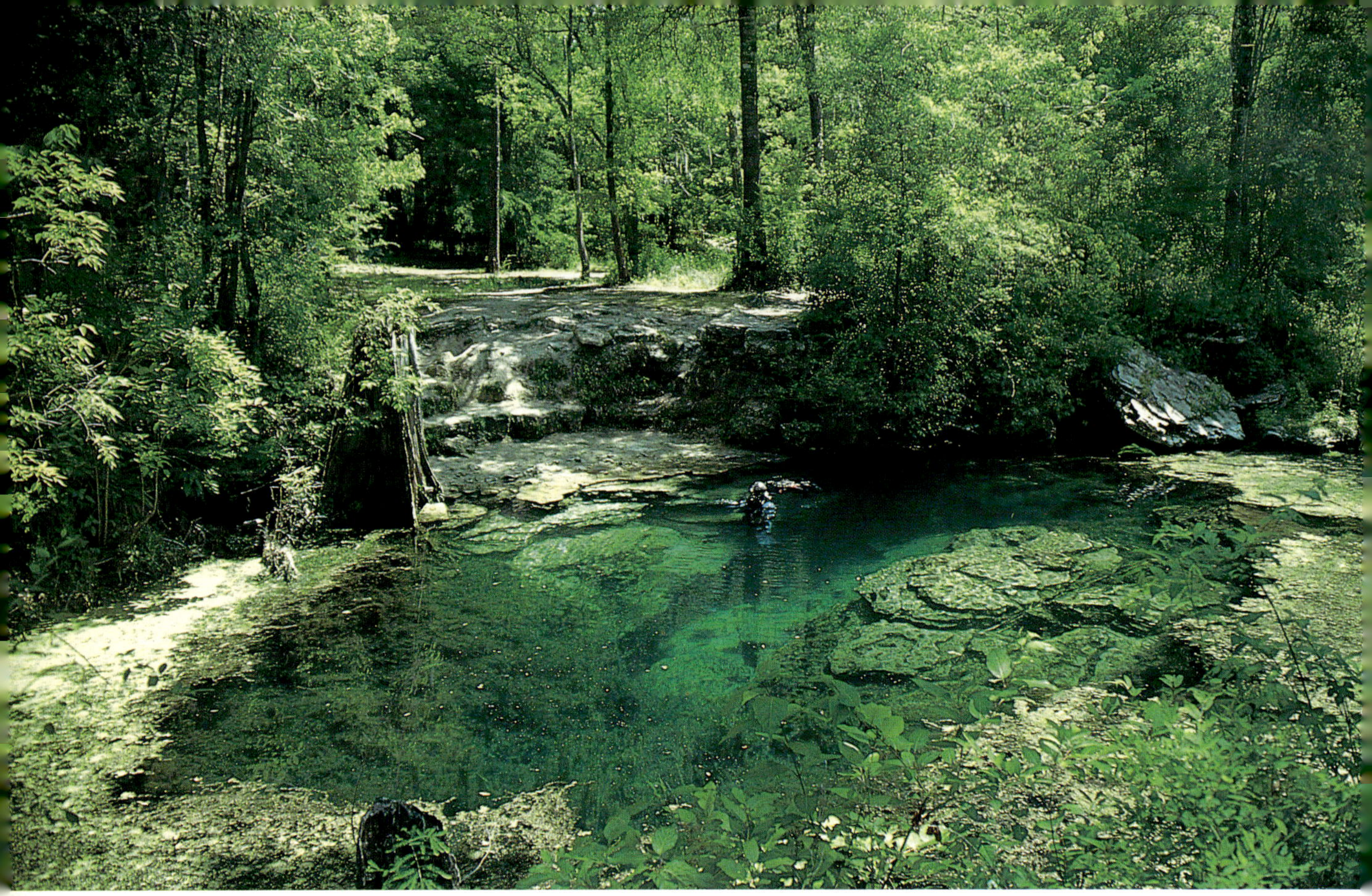

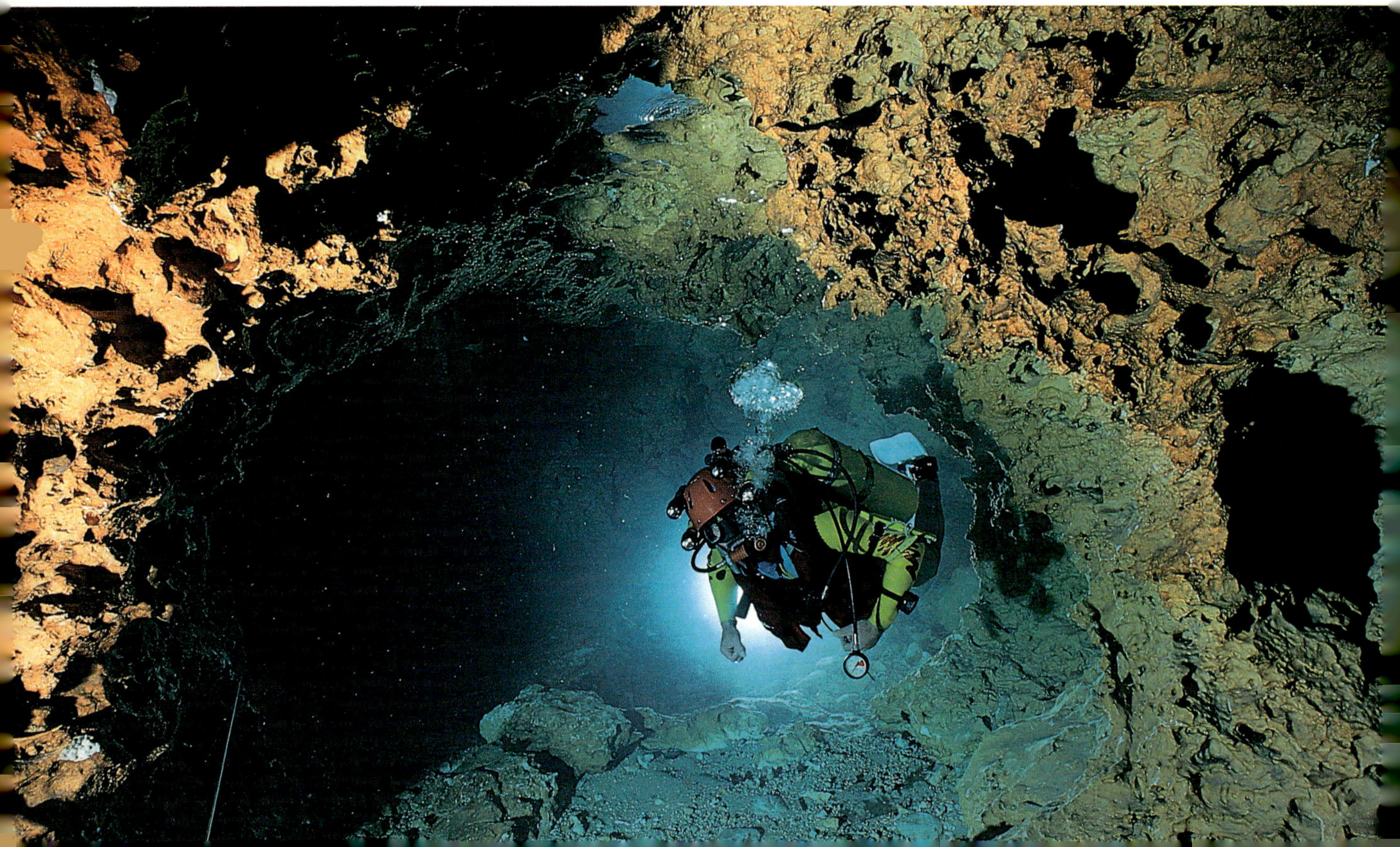

30. (links) Der Eingangsteich von Peacock Springs.

31. (unten links) Pete Scoones in dem »glasklaren« Wasser von Sally Ward Spring, Florida.

32. (rechts) Eine riesige, senkrechte Passage in Stargate Blue Hole, Andros, Westindische Inseln. Mit Regenerationsgeräten erreichten Rob Parker und Stuart Clough hier eine Tiefe von 99 m im Jahr 1987 (siehe Seite 231).

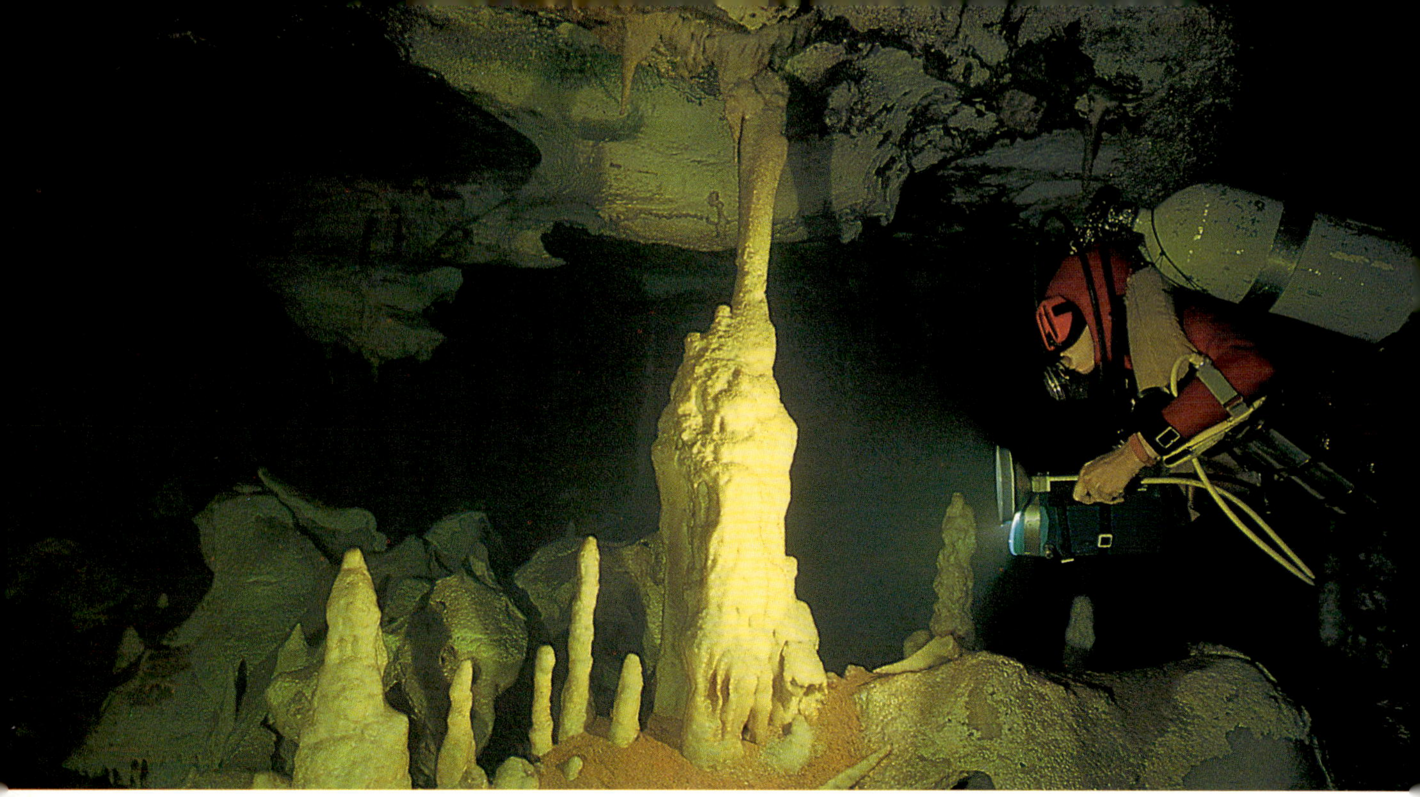
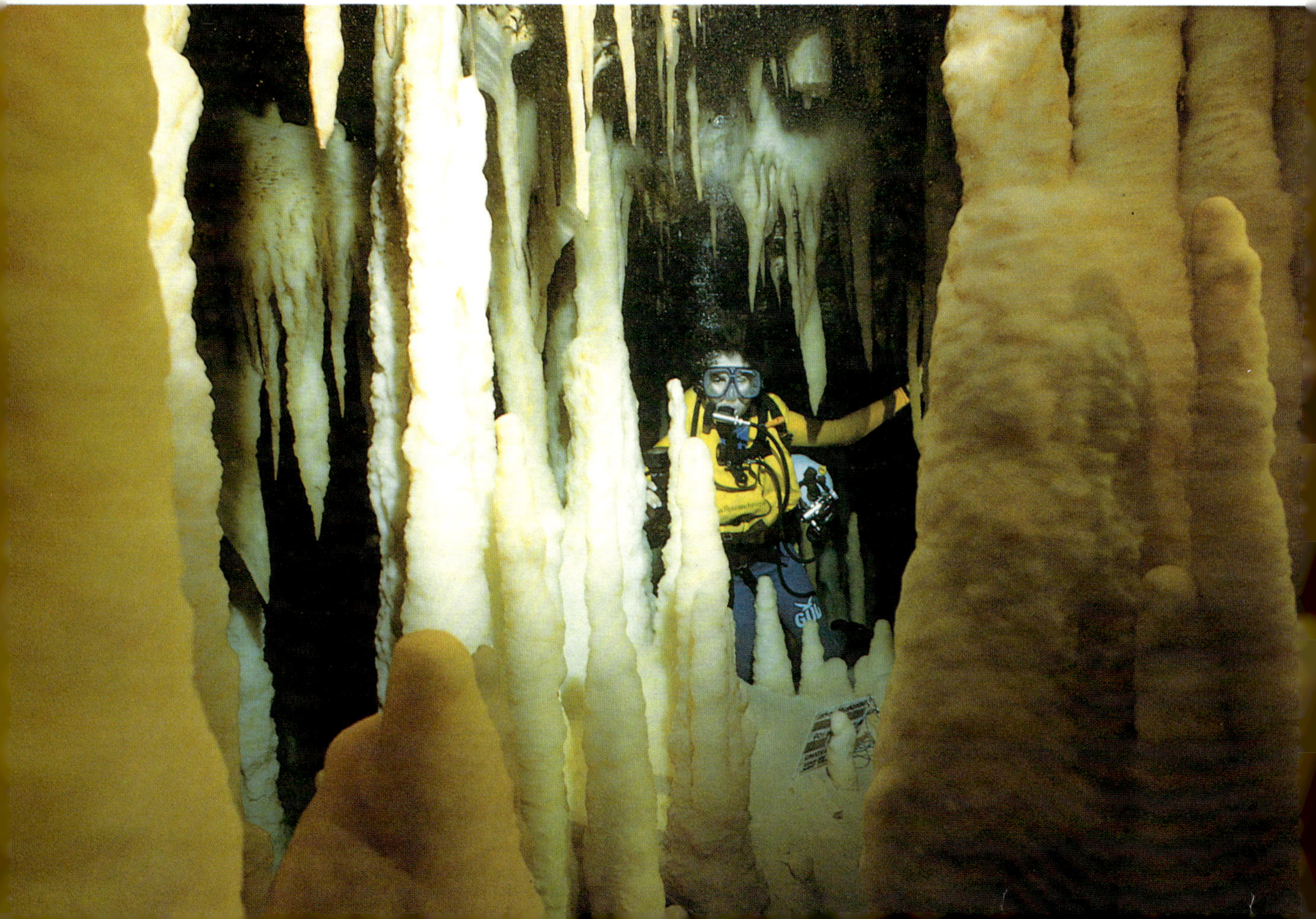

Neben dem Heliox-»Arbeitsgas« setzten die Taucher auch eine 30prozentige Nitrox-Mischung für die Dekompression bei 40 m Tiefe ein, bis sie das Habitat in 21 m Tiefe verwendeten. Von dort bis 9 m Tiefe wurde Preßluft eingesetzt und schließlich reiner Sauerstoff für das letzte Stück bis zur Oberfläche.

Während des zehnwöchigen Projekts wurden in Wakulla über 3 km an Tunneln vermessen, von denen die Mehrzahl in Tiefen von über 87 m lagen. Die Forschungen offenbarten, daß es einen Haupttunnel gab, der über 37 m breit und 18 m hoch war und von einer Reihe von Abzweigungen versorgt wurde. Die Seitenarme lagen meistens bis zu 13 m tiefer als die Hauptpassage, und angesichts der reduzierten Sicht in der Hauptroute lag die Hauptbetonung auf den Seitenarmen, in denen die Sicht überall ausgezeichnet war. Tunnel B, der erste der Seitenarme, der in 366 m Entfernung zum Eingang begann, wurde am weitesten und in der größten Tiefe (110 m) erforscht. In einer heroischen achtzigminütigen Operation reisten Wes Skiles, Paul Heinerth und Tom Morris diese Passage 1273 m entlang und erreichten eine Tiefe von 98 m. Es war eine erstaunliche Reise, auf der sie die riesige Höhle, den Monolith Room, durchquerten, eine Kammer, die über 76 m lang, 60 m breit und 36 m hoch ist. Diese Kammer ist so groß, daß es selbst unter völlig klaren Bedingungen und bei starker Beleuchtung schwierig ist, die Wände zu sehen. Am Ende von Tunnel B waren die Taucher so weit entfernt, daß ein Versagen des Scooters fast mit Sicherheit tödliche Folgen gehabt hätte.

Glückliche Rettung aus dem D Tunnel, Wakulla
Zu einem ernsten Vorfall kam es tatsächlich tief im D Tunnel, und Sheck Exley, dem sein Partner Paul DeLoach assistierte, erlebte einen streßbeladenen Rückweg. Ihre persönlichen Berichte von diesem Vorfall sind besonders interessant, da sie nicht nur die extreme Natur der Expedition beleuchten, sondern auch die außergewöhnliche Disziplin, die vom gesamten Team gefordert war. Der Tauchgang am Erntedankfest am 26. November hatte gut begonnen. Exley berichtet:

33. (oben links) Bei der Erforschung der schön dekorierten Lucayan Caverns, Grand Bahama (siehe Seite 230) – einem der größten, überfluteten Tunnelsysteme der Welt.

34. (links) Sarah Cunliffe überprüft vorsichtig die großartigen Stalaktitformationen von Sagittarius Blue Hole, Grand Bahama.

Wir fügten 122 m Leine hinzu, wobei wir in der kleinen schlammigen Passage begannen, in der wir zwei riesige zusammengebrochene Räume nahe am Ende der Leine entdeckten. Wir konnten hinter dem letzten Raum keinen weiterführenden Weg entdecken, daher band Paul die Leine [bei 1024 m] fest, und wir kehrten zurück, während ich vermaß. In dem vorletzten Raum [1100 m] machte ich einen Balkon in der Nähe der Decke einer hohen Kuppel aus, der mich an ähnliche Formationen in Indian Springs und in Sally Ward Spring erinnerte, wo Tunnels aus der Decke herausführten. Ich fuhr mit dem Scooter hinauf, um die Kuppel zu untersuchen. Ich entdeckte, daß sie 15 m hoch war, aber leider führte der Balkon nicht weiter. Ich kehrte wieder nach unten zurück und plötzlich hörte ich ein lautes Geräusch, als meine Batterien sich aus ihrer Verankerung lösten und sich in Richtung der Scooter-Spitze verschoben. Das DPV neigte sich nach vorne. Es ließ sich nicht anschalten. Ich lehnte mich zurück, so daß die Batterien wieder in ihre ursprüngliche Position gelangten und der Scooter sich in waagrechter Position befand, aber er ließ sich immer noch nicht anwerfen. Daher übergab ich ihn an Paul, der ihn mitnehmen sollte, während ich vermaß, was [die Leine] wir auf diesem Tauchgang installiert hatten.

Zu diesem Zeitpunkt machten wird uns keine Sorgen, weil wir auf diesem Tauchgang frühzeitig den Rückweg angetreten und sehr große Gasreserven hatten, außerdem waren weitere Flaschen in der Höhle deponiert. Als ich mit der Vermessung fertig war, übergab Paul mir den Scooter. Ich stieg auf und ergriff seine T-Stange, um mich ziehen zu lassen, weil er darauf bestand. Ich wollte, daß er mit Motorkraft zurückreisen würde, während ich nur hinter ihm herschwimmen wollte. Er bestand jedoch darauf, und daher stieg ich wieder auf meinen Scooter. Wir fuhren erfolgreich bis zu Raum 3 [eine Entfernung von etwa 200 m], als der Kompaß an meinem rechten Handgelenk in den Propeller seines Scooter gesaugt wurde. Das führte dazu, daß die Gummischnur den Propeller verkeilte und mein rechtes Handgelenk festhielt. Ich schnitt sie mit meinem Messer los, wobei ich unabsichtlich den Kompaß und das Messer fallen ließ. Schließlich schnitt ich genug Schnur weg, so daß der Propeller wieder frei war. Wir machten uns auf den Rückweg. Aber da ich mir wegen der Fahrtüchtigkeit seines Scooters nicht sicher war, entschloß ich mich, mein Gefährt zurückzulassen und es auf einem späteren Tauchgang zu holen. Paul zog mich zu unserem Notfall-Flaschendepot bei 450 m.

Zu diesem Zeitpunkt glaubte Exley fest, daß ihm genug Gas zur Verfügung stand, um den Rest der Strecke bis zum Eingang schwimmen zu können. Es wäre sicherlich besser gewesen, sich ziehen zu lassen, aber zu diesem Zeitpunkt waren weitere und möglicherweise beunruhigendere Komplikationen aufgetreten, und Exley erkannte, daß es in beider Interesse war, wenn er allein schwamm. DeLoach erklärte:

Nachdem Sheck das Band aus meinem Propeller losgeschnitten hatte, setzten wir unseren Weg etliche Meter fort, bevor ich plötzlich unregelmäßige Atmungsmuster bekam. Ich hatte starkes Herzklopfen. So sehr ich es auch versuchte, konnte ich meine Atmung nicht kontrollieren, und es war äußerst schwierig, einen vollen Atemzug zu tun. Innerhalb von 60 m, begannen Auge und Nase zu zucken. Diese Symptome [die auf den Beginn einer Sauerstoffvergiftung hinweisen] wurden immer stärker, bis ich bisweilen das Bewußtsein verlor. Sheck erkannte meinen Zustand am 450 m-Depot und deutete mir an, daß ich [allein] weiterfahren sollte. Zu diesem Zeitpunkt war ich nicht in der Lage, mich mit ihm zu streiten. Die

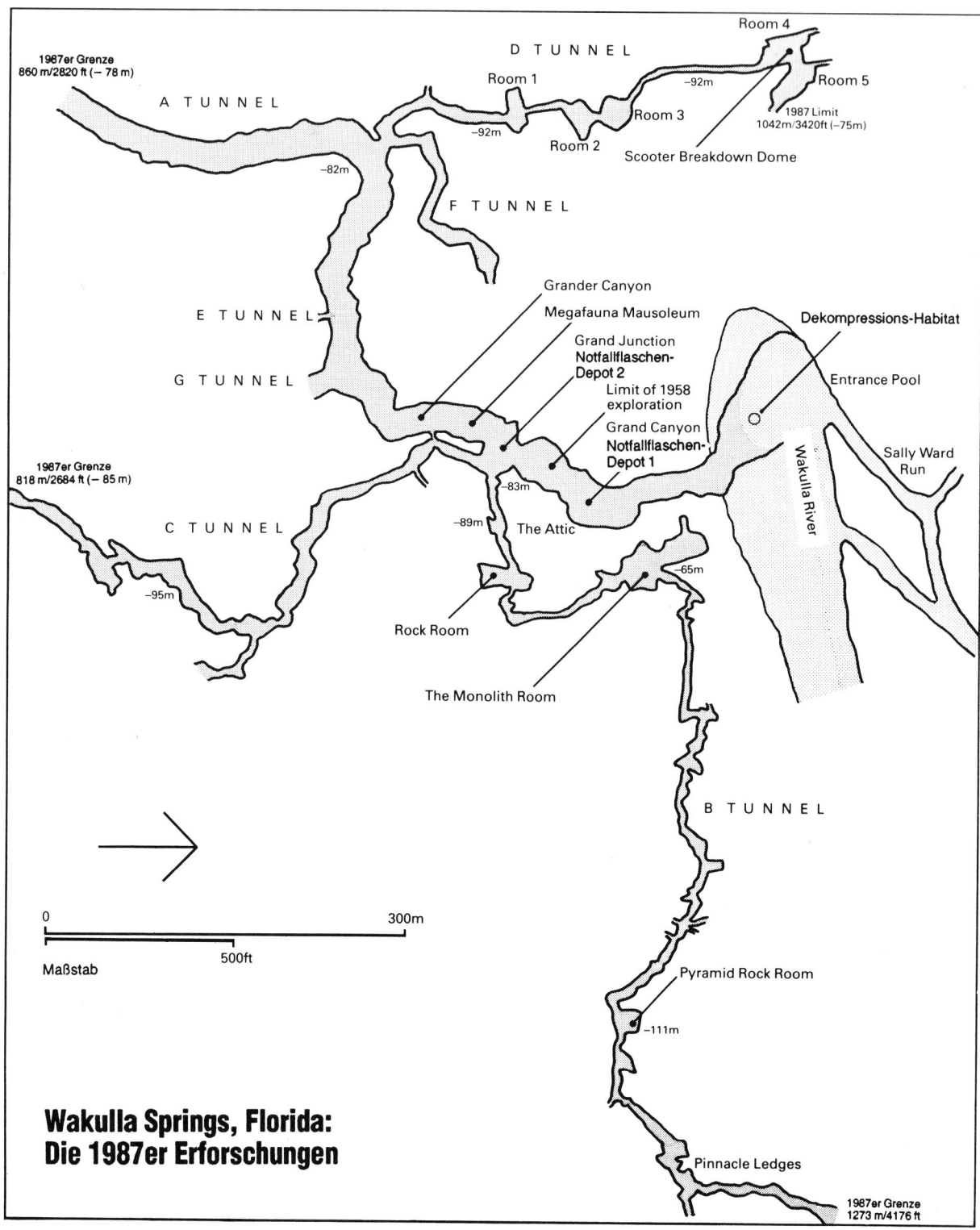

1987er Grenze
860 m/2820 ft (− 78 m)

A T U N N E L

D T U N N E L

Room 4

Room 1

Room 3

−92m

Room 5

1987 Limit
1042m/3420ft (−75m)

−92m

Room 2

Scooter Breakdown Dome

−82m

F T U N N E L

Grander Canyon

Megafauna Mausoleum

Dekompressions-Habitat

E T U N N E L

Grand Junction
Notfallflaschen-
Depot 2

Entrance Pool

G T U N N E L

Limit of 1958
exploration

Grand Canyon
Notfallflaschen-
Depot 1

Wakulla River

Sally Ward
Run

1987er Grenze
818 m/2684 ft (− 85 m)

−83m

C T U N N E L

−89m

The Attic

−65m

−95m

Rock Room

The Monolith Room

B T U N N E L

0   300m

500ft

Maßstab

Pyramid Rock Room

−111m

**Wakulla Springs, Florida:
Die 1987er Erforschungen**

Pinnacle Ledges

1987er Grenze
1273 m/4176 ft

Zuckungen schienen länger zu werden, und die Atmung wurde immer problematischer, als ich den Grand Canyon entlangfuhr. Ich schaltete auf meine Sicherheitsflasche um, weil ich hoffte, mit ihr leichter atmen zu können, aber dies wurde noch schwieriger, also verwendete ich wieder die Hunderter-Flaschen. Ich traf am 63 m-Stop ein, und die Symptome setzten sich fort, bis ich etwa 58 m erreicht hatte. Jetzt ging es mir wieder etwas besser.

Tief im Innern der Höhle wurde Exleys Disziplin auf die Probe gestellt. Hier wieder sein Bericht:

> Meine drei schweren Flaschen und mein Viking-Anzug machten es mir schwer, weiterzukommen. Da ich seit über einer Stunde einen hohen Sauerstoffteildruck hatte, hatte ich Schwierigkeiten, und meine Atmung war unzureichend. Meine letzte Flasche, für die ich mir an diesem Morgen einen Regler geliehen hatte, zeigte noch immer 1500 psi Druck an, als ich zur Grand Junction kam [wo B und C Tunnel in die Ostwand führten], aber ich hatte keine Luft mehr in dieser Flasche. An der Grand Junction nahm ich mir eine der deponierten Flaschen für den Notfall, aber der Regler war nicht in Ordnung. Bei der anderen war die Atmung schwierig, aber ich bekam noch etwas Gas aus ihr heraus und tauschte sie gegen eine meiner leeren Flaschen aus. Wegen der starken Anstrengung beim Schwimmen, hatte ich bald wieder keine Luft mehr, als ich die drei 80er-Flaschen am Grand Canyon-Notfalldepot erreichte [etwa 80 m weiter]. An dieser Stelle legte ich meine Tafel ab und griff mir eine dieser Flaschen, während ich meine beiden leeren ablegte. Mein Hauptlicht ging kurz davor aus, und ich schaltete mein 50 Watt-Ersatzlicht ein. Anschließend traf ich mich mit Paul beim Eingang [der zurückgefahren war, um zu helfen, nachdem er sich etwas erholt hatte].

Trotz des Stresses, der durch die verschiedenen Vorfälle verursacht wurde, arbeiteten beide Taucher offensichtlich, ohne bei der Ausführung der Notfallprozeduren Fehler zu machen. Wie die Berichte zeigen, hätte das Ganze einen anderen Ausgang genommen, wenn nicht die drei Notfalldepots vorhanden gewesen wären.

Analyse des Vorfalls im D Tunnel, Wakulla

Wie bei vielen anderen Tauchgängen in Wakulla lernten die Taucher ihre Lektion. Als am nächsten Morgen Berechnungen angestellt wurden, kam man zu dem Schluß, daß DeLoachs Symptome auf den verwendeten Gasvorrat zurückgeführt werden konnten. Anders als die Mehrheit des Teams hatten Exley und DeLoach beide Trimix verwendet, das sie an Ort und Stelle gemischt hatten. Dies war auf vorhergehenden Tauchgängen und im Juni in der außergewöhnlich tiefen mexikanischen Quelle von Nascimiento del Rio Mante mit Erfolg eingesetzt worden. Die Berechnungen zeigten, daß der Teildruck des Sauerstoffs in 90 m Tiefe etwa 2,0 Atmosphären betrug, der kritische Punkt, an dem es zu einer Sauerstoffvergiftung kommen kann. Obwohl Exley und DeLoach bei mehreren Gelegenheiten eine hohe Toleranz auf diese Konzentration für Zeiten von bis zu 50 Minuten gezeigt hatten, hatte offenbar die achtminütige ungeschützte Lage zusammen mit DeLoachs verstärkter Arbeit – er steuerte das DPV mit einer beträchtlichen, nicht ausgerichteten Ladung in einer Streßsituation – die Anfangssymptome einer Sauerstoffvergiftung des zentralen Nervensystems ausgelöst. Nach diesem Vorfall wurden alle Teammitglieder aufgefordert, für Arbeiten in der Tiefe in Wakulla Heliox-14 zu verwenden.

Wissenschaftliche Entdeckungen in Wakulla

Im Verlauf der Expedition wurden mehr als 400 Tauchgänge sicher durchgeführt. Man erhielt eine Vielfalt an bedeutsamen Daten: Forschungen im Bereich der Formations- und Gesteinskunde, Sedimente wurden heraufgeholt, die Wasserqualität wurde untersucht, und mit der Uran-Isotopen-Untersuchung erhielt man wertvolle Informationen über den tatsächlichen Ursprung der verschiedenen Tunnel. Man fand beispielsweise heraus, daß ein Teil des Wassers, das in Wakulla an die Oberfläche gelangt, aus einer Entfernung von bis zu 27 km kommt, und mehrere andere Passagen wurden hypothetisch mit benachbarten Höhlensystemen verbunden. Auf dem Gebiet der Biologie wurden äußerst wichtige Funde gemacht: mehrere blinde Albinoflußkrebse, die völlig troglodytisch waren, wurden in Entfernungen von bis zu 1200 m vom Höhleneingang gesammelt, und man glaubt, daß es sich um eine neue Art handelt. Von ebenso großem Interesse waren nicht-troglodytische Katzenfische, die man ebenfalls in diesen Gebieten fand.

Das Design der Regenerationsgeräte in Wakulla

Die verschiedenen Untersuchungen, die in Wakulla unternommen wurden, waren von unschätzbarem Wert. Vom Forschungsstandpunkt aus sollten durch die Leistungen mehrere wichtige Punkte erkannt werden. Selbst bei dem Einsatz von Scootern, Depottechniken, Hochdruck-Flaschen und den fortschrittlichsten Gasmischungen waren die Grenzen des Tauchens mit offenem Kreislauf erreicht. Schnell nähern wir uns dem Stadium, in dem es körperlich unmöglich ist, ausreichende Mengen Gas zu transportieren, um weiter vorzustoßen.

Am wirtschaftlichsten verwendet man eine Gasmischung mit einem Regenerationsgerät, mit dem die Edelgase recyclet werden, wobei nach Bedarf Sauerstoff dazugegeben wird, so daß eine sichere, atembare Mischung entsteht. Bill Stone hatte das Problem bereits seit langem erkannt und hatte auf diesem Gebiet beträchtliche Forschungen unternommen. In den vorhergehenden Jahren waren mehrere Arten von Regenerationsgeräten hergestellt worden, beispielsweise der Rexnord CCR-100, der von der amerikanischen und israelischen Marine eingesetzt wird. Dieses

Gerät, nämlich der Carmellan Rebreather, war leicht verändert im vorhergehenden Sommer im Andros-Projekt getestet worden. Dabei handelt es sich im Grunde um ein Rexnord MK-155 (oder CCR-155)-Standardgerät, in dem der Sauerstoff-Sollwert auf 1,3 bar gesteigert wurde, im Vergleich zu den 0,7 bar, die von der US Navy eingesetzt werden. Für die Höhlentaucherei ist der Einsatz dieser Geräte stark eingeschränkt. Wenn es im Atmungsschlauch zu einem einfachen Riß kommt oder man das Mundstück mit den Lippen kurz losläßt, wird der Kohlendioxid-»Skrubber« überflutet. Unter der Erde wäre eine solche Situation kritisch. Für die Höhlentaucherei muß der Carmellan Rebreather daher mit einem Rettungssystem für den Notfall unterstützt werden. Dabei handelt es sich im Grunde um eine konventionelle Gasflasche mit offenem Kreislauf, die der Taucher immer in seiner Nähe hat.

In Anbetracht der Tatsache, daß die Tauchgründe in Höhlen weit entfernt und extremer Natur sind, bedarf es eines pannensicheren Systems, das mit mehrfachen Gerätefehlern fertig wird. Vom Dezember 1984 an nahm Stone eine genaue Analyse des Rexnord Rebreather vor. Er fand heraus, daß seine Technologie trotz des bewundernswerten Design für die heimliche Kriegsführung in offenen Gewässern auf die siebziger und frühen achtziger Jahre zurückging. Vom Standpunkt der Höhlentaucher aus war Stone äußerst besorgt und verbrachte viel Zeit damit, alle Aspekte von derartigem Gerät zu untersuchen. Mit den daraus resultierenden nüchternen Einsichten begab er sich an den Entwurf und die Konstruktion seines eigenen, sehr fortschrittlichen Regenerationsgeräts. Er entwarf es so, daß dem Benutzer selbst beim Versagen einer oder mehrerer Komponenten immer noch ein funktionales System zur Verfügung stehen würde.*

* Ein wirklich »sicheres« System wäre ein Gerät, bei dem jede Komponente oder jedes Untersystem, egal wie wichtig, versagen könnte, während das System als Ganzes immer noch funktionstüchtig wäre.

Dieses Regenerationsgerät wurde zum erstenmal in Wakulla hart auf die Probe gestellt.

An das Wakulla-Projekt wird man sich vielleicht nicht so sehr wegen der riesigen Forschungsunternehmen erinnern, sondern eher wegen einer Reihe von Testtauchgängen, die mit Stones neuem Cis-Lunar MK-1-Regenerationsgerät durchgeführt wurden. Stones Einheit beispielsweise enthielt vier bordeigene Computer und einen Gasvorrat, der für zwei Tage reichte. Als man die Gasverbrauchsraten mit jenen während der Erforschung von Wakulla verglich, kam man zu dem Ergebnis, daß das Regenerationsgerät etwa 800–1000mal weniger Gas für dieselbe Mission verbraucht hätte. Mit diesem ausgeklügelten Gerät konnte Stone

schließlich am 3. bis 4. Dezember 1987 einen vierundzwanzigstündigen Tauchgang unternehmen.

Man nimmt an, daß der Cis Lunar MK-2R innerhalb der nächsten Jahre auf dem Markt erhältlich sein wird. Der Preis dürfte am Anfang etwa $ 20 000 betragen, aber man hofft, diesen Preis durch die Massenproduktion zu halbieren.

Coldwater Cave, Iowa/Scott Hollow, West Virginia
Mit diesem Reichtum an technologischer Ausrüstung bieten die übrigen USA ein ungeheures Potential für Höhlenforscher und Taucher gleichermaßen. Man schätzt, daß es über 30 000 Höhlensysteme im Land verteilt gibt, die sich stark voneinander unterscheiden. Außerhalb von Florida fand der erste große Erfolg im Bereich der Höhlentaucherei in Iowas Coldwater Cave im Herbst 1967 statt. Hier durchquerten David Jagnow und Steve Barnett 400 m niedriger Passagen und kurzer Sümpfe, bis sie in einem großen trockenen System ankamen. Sie konnten einen großen Teil des Systems erforschen und vermessen – eine Tat, die sie über zwei Jahre lang geheimhielten.

1972 baute der Staat Iowa einen Trockenschacht in diese Erweiterung. Die Forschungen werden hier noch fortgesetzt. Im Juni 1987 beispielsweise durchtauchten Iowa Grotto-Mitglieder vier stromaufwärts gelegene Sümpfe und entdeckten dabei 900 m neuer Passagen. Die Gesamtlänge der Höhle beträgt heute mehr als 17 km, von denen ein großer Teil schön dekoriert ist.

Eine weitere, gleichermaßen aufregende Entdeckung wurde in Scott Hollow Cave in West Virginia gemacht. Diese Höhle, die durch eine Grabung an der Oberfläche entdeckt wurde, wurde zum erstenmal im Oktober 1984 betreten. Innerhalb eines Monats hatten Michael Dore und seine Freunde ein spektakuläres System entdeckt, das mehr als 3 km lang war und eine riesige Flußpassage enthielt, die sie Mystic River nannten. Hier wurde schnell weitergeforscht. Mit einer Klettertour wurde erfolgreich der erste stromabwärts gelegene Sumpf umgangen, und man erreichte weitere 800 m Passage und Sumpf 2. Dieser war über 3 km vom Eingang entfernt und befand sich knapp 5 km vor der Stelle, an der das Wasser im Greenbrier River schließlich zutage tritt. Während einer Trockenperiode im November 1987 überwand John Schweyen

Sumpftaucher in den USA. Rechts: John Schweyen in Sumpf 2 in der McCail's Cave, New York, und (oben) Schweyen und Jim Brown organisieren ihr Gerät nach der Durchquerung von Sumpf 2. Ganz rechts: Brown nach einem Tauchgang in Scott Hollow, West Virginia.

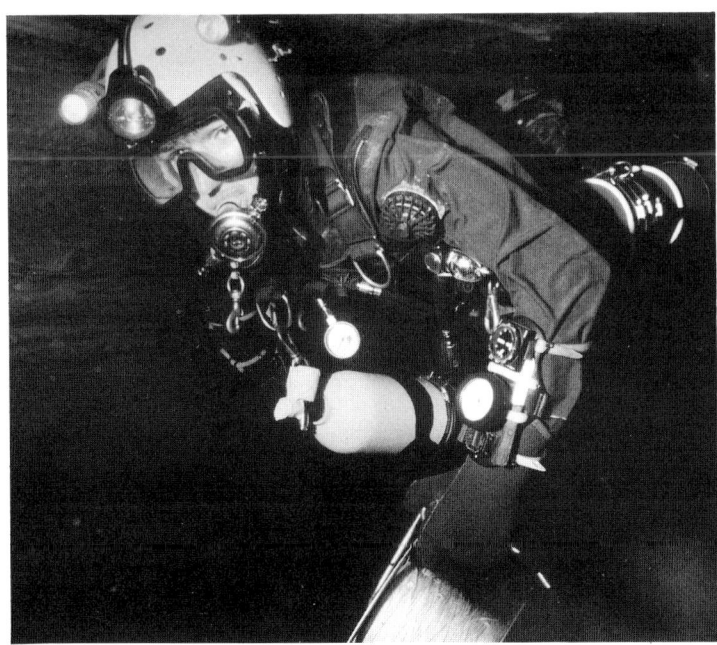

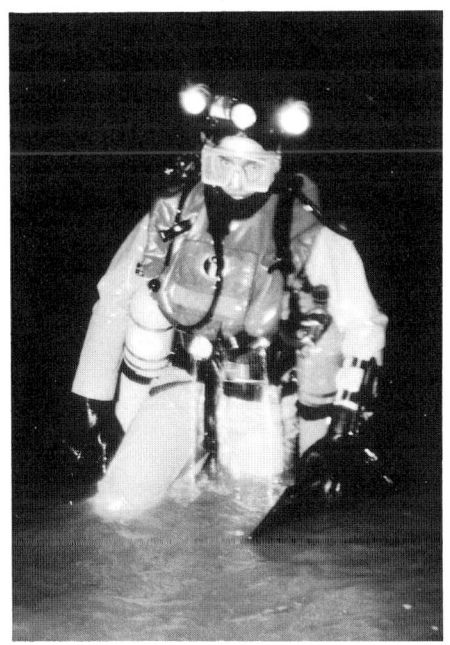

Oben: Roberta Swicegood in einer Verengung in der Cutlip Cave, West Virginia.

dieses Hindernis und setzte die Erforschung des fehlenden Höhlenabschnitts fort. Der Sumpf erinnert an Tauchgründe in Großbritannien mit einer Länge von 213 m und einer normalen Tiefe von 18 m. Schweyen, Jim Brown und Roberta Swicegood begannen mit der schwierigen Aufgabe, die große Erweiterung im folgenden Frühjahr zu vermessen. Tragischerweise war Swicegoods Beitrag hier begrenzt: Nur sechs Tage nach ihrem zweiten Ausflug ertrank sie in Arch Cave Spring.

Im Juni 1989 erkannten die Taucher, daß die Untersuchung dieser Erweiterung am wirkungsvollsten vervollständigt werden konnte, wenn man hier zeltete. Gemeinsam mit Ron Simmons arbeiteten die drei eine Woche lang sehr intensiv und technologisch hinter Sumpf 2, wobei es zu bedeutsamen Vorstößen kam. Das gegenwärtige Ende (die Seitenarme ausgeschlossen) liegt in Sumpf 5, fast 2,5 km stromabwärts von Sumpf 2 gelegen. Im März 1990 hatten diese und andere laufende Erforschungen im Scott Hollow System über 27 km an Passagen freigegeben.

Anders als in Florida werden Entdeckungen wie jene in Coldwater und Scott Hollow eindeutig stärker von der Höhlenforschung beeinflußt als nur durch die Taucherei. Heute dient die Erforschung von Sümpfen immer stärker dazu, die Erforschung von Höhlen voranzutreiben. Dabei wurden hier viele lange und bedeutsame Erweiterungen erzielt.

Die Erforschung von Sullivan Sink, 1988

Mit all diesen fortschrittlichen Techniken waren die Forschungen, die in Nordflorida Ende der achtziger Jahre durchgeführt wurden einzigartig. Das Gebiet südlich von Tallahassee ist vielleicht das herausfordernste in diesem Staat, und dort im Sullivan-System wurde im Sommer 1988 auch ein Weltrekord bei einer Höhlendurchquerung aufgestellt. Nach etwa fünf Monaten intensiver Aktivitäten führten Bill Main, Bill Gavin, Parker Turner und Lamar English am 19. Juni 1988 einen Tauchgang von 2591 m an einem Stück durch. Mit Hilfe von Scootern und bei starker Wasserströmung drangen sie in den Sullivan Sink ein. Sie fuhren 55 Minuten lang und stießen auf eine Höchsttiefe von 73 m vor, um im Cheryl Sink wieder aufzutauchen. Das Budget überstieg $ 10 000, da die Kosten für Trimix, Nitrox, Sauerstoff, experimentelle, computererzeugte Dekompressionstabellen, O_2-Analysegeräte, galvanisierte Futtertröge als Dekompressionshabitate, viele Flaschen, Regler und modifizierte Scooter für tiefe Tauchgänge sehr hoch waren.

Solch große Unternehmen zeigen, daß amerikanische Höhlentaucher und speziell jene, die in Florida operieren, wahrscheinlich die besttrainierten der Welt sind. Ihre Fähigkeiten sind auf eine Reihe von miteinander zusammenhängenden Faktoren zurückzuführen: rigorose Trainingsprogramme und Zertifikation in regelmäßigen Abständen, spezielle Geräte für das Höhlentauchen, die überall erhältlich sind, Sicherheitsmaßnahmen, die streng überwacht werden und eine grenzenlose Zahl von Höhlensystemen für Training und Forschung.

Unfälle in Little Dismal Cave und Arch Cave Spring

Trotz dieser Vorsichtsmaßnahmen und einem untadeligen Sicherheitsrekord in den achtziger Jahren, ist es vielleicht bedeutungsvoll, daß die USA zwei ihrer erfahrensten Höhlentaucher mit Zertifikat im Sommer 1988 verloren. Ein Taucher kam in Florida und eine Taucherin in Pennsylvanien ums Leben.

Der Unfall in Florida ereignete sich in der Little Dismal Cave, Leon Country, ein Tauchgrund für große Forschungs- und Vermessungsprojekte in den vorangegangenen Monaten. Bill McFaden hatte in diesem System fast 40 Tauchgänge unternommen, von denen 15 ihn auf Tiefen von über 66 m führten. Nachdem die Vermessung fast abgeschlossen war, wollten er, Bill Main und Bill Gavin am 15. Mai 1988 eine letzte Untersuchung durchführen. Für eine so gut ausgebildete, sehr erfahrene Gruppe war das Ziel eigentlich Routine. Am Anfang wurde beschlossen, daß die Gruppe sich in zwei separate Teams aufteilen würde: Bill Gavin sollte mit dem Scooter zu dem äußersten, stromabwärts gelegenen Ende fahren, während Main und McFaden einen Teil derselben Route durchschwimmen und dann in einen stromaufwärts gelegenen Tunnel, der Tiefen von bis zu 66 m aufwies, abzweigen würden.

Eine akkurate Vermessung kann nur langsam vorgenommen werden, und da der Tunnel stellenweise niedrig war, wurde die Sicht aufgrund des aufgewühlten Sediments bald schlechter. Schließlich signalisierte Main, daß sie zurückkehren sollten, überholte seinen Kameraden und schwamm langsam in die Kammer zurück, aus der der stromabwärts gelegene Tunnel abzweigte. Für den größten Teil der Strecke war die Sicht gleich Null.

Main wartete lange. Gerade als er sich wieder in den schlammigen Tunnel auf die Suche von McFaden begeben wollte, bemerkte er Bill Gavins Licht. Gavin hatte seine Aufgabe abgeschlossen und befand sich auf dem Rückweg. Immer noch gab es kein Zeichen von McFaden. Die beiden Taucher drückten beide ihre Sorge aus, und Gavin schwamm in den schlammigen Tunnel, während Main weiter wartete. Innerhalb von Minuten wurde McFaden lokalisiert. Er hatte die Leine verloren, stand offensichtlich unter Streß, schien aber ansonsten in Ordnung.

Als die beiden jedoch Main in der Kammer erreichten, hatte McFaden keine Luft mehr und atmete mit Gavins Ersatzregler. McFaden stand jetzt eindeutig unter Streß. Gavin hakte die beiden an seinem Scooter an, und McFaden hinter sich herziehend, begaben sich die drei schnell auf den Rückweg. Unglücklicherweise entwickelten sich weitere Probleme, bevor sie die letzte, schwierige Verengung erreichten, und das Unvorstellbare geschah. Gavins Luftvorrat war ebenfalls aufgebraucht. Zwei Taucher des Dreierteams hatten jetzt überhaupt keinen Luftvorrat mehr, und aufgrund der unvorhergesehenen Verzögerung war auch Bill Mains Vorrat fast aufgebraucht.

Der Streß war jetzt akut. Als McFaden auf Mains Vorrat umwechselt, wurde er bewußtlos. Zu diesem Zeitpunkt hatte Main selbst nur noch wenig Luft, und Gavin hatte nur noch einen so geringen Vorrat, daß er nicht einmal in der Lage war, sich selbst zu helfen. Ein Mundstück wurde in seinen Mund geschoben, aber obwohl er atmete, war all seine Energie aufgebraucht. Mutig schleppte Main seinen Freund durch die Verengung und erreichte die Dekompressionsflaschen, indem er stark mit den Schwimmflossen arbeitete. McFaden war tot, aber durch Mains Gelassenheit in einer solchen Streßsituation überlebten er und Gavin.

Der Unfall von Roberta Swicegood

Die Tragödie von Little Dismal sollte das Ende eines ungetrübten Sicherheitsrekords sein, der sich über fast acht Jahre erstreckte, eine Zeit, in der nach Berechnungen fast 200 000 sichere Tauchgänge mit 2000 Tauchern stattgefunden hatten. Leider verlor die Gemeinschaft der amerikanischen Höhlentaucher nur etwa einen Monat später einen weiteren Taucher.

Roberta Swicegood, eine der führenden Taucherinnen für Sümpfe im Binnenland, hatte die große Arch Cave Spring in Pennsylvanien systematisch erforscht und vermessen. In dieser Quelle ist die Sicht schlecht (ein Meter) und das Wasser kalt (ca. 10°C), ganz anders als in den angenehmen Bedingungen in Florida. Offenbar gab es bereits auf dem Weg in die Höhle hinein Probleme. Swicegood trug einen Membran-Trockentauchanzug und zwei 95 Kubikfuß-Flaschen mit unabhängigen Ventilen auf dem Rücken, und es ist möglich, daß ihr Anzug ein Leck hatte. Was auch immer der Grund gewesen sein mag – Swicegood zog sich von einem Punkt von 300 m entlang einer Passage, die an einer Stelle auf eine Tiefe von 30 m abfiel, in Sumpf 2 zurück. Es kam zu einer Verwirrung der Leine, und sie war gezwungen, sich bei wahrscheinlich sehr schlechter Sicht freizuschneiden. Die Leine war sehr dünn, und offenbar hat sie sie in dieser Streßsituation verloren. Möglicherweise hat sie schließlich die Route zum Ausgang gefunden, aber etwa 200 m vom Eingang keine Luft mehr gehabt.

Die Westindischen Inseln

In Amerika mag es die längste Höhle der Welt geben – Mammoth Cave mit einer Länge von über 530 km –, aber mit den tiefsted Systemen für verlockende Tauchgänge in der westlichen Hemisphäre stehen die Länder in und um die Karibik herum sicherlich einzigartig da. In diesem Gebiet können einige der wärmsten und großartigsten Tauchgänge der Welt unternommen werden.

Die Bahamas: Die Erforschung der Blue Holes

Es war auf den Bahamas, einer kleinen Inselkette über 200 km südöstlich von Florida gelegen, wo die ersten großen Unterseesysteme gefunden wurden, Höhlen, die nicht nur lang und tief waren, sondern auch andere, interessantere Merkmale aufwiesen. Der kanadische Taucher

und Fotograf George Benjamin begann in diesem Gebiet mit den Aktivitäten und verbrachte viele Jahre seines Lebens mit der Erforschung dieser großartigen Systeme, Tauchgründe, die heute besser als Blue Holes bekannt sind.

Vom Ende der fünfziger Jahre an erforschte und vermaß Benjamin viele dieser blauen Löcher, aber es war das östliche Andros-Gebiet, das von besonderem Interesse für ihn war. Ungeheure Flutwellen brausen durch viele der ozeanischen Löcher und weisen auf ein großes Labyrinth von darunterliegenden Tunneln hin, schaffen aber gleichzeitig potentiell gefährliche Bedingungen für den Forscher. An bestimmten Stellen ist es unmöglich, gegen die Ebbe anzuschwimmen, während bei Flut Tauchgänge schreckliche Folgen haben würden. In einer solchen Umgebung müssen Tauchoperationen präzise geplant und mit großer Vorsicht unternommen werden.

Die Großartigkeit der Tauchgänge in den blauen Löchern wird sehr schön in einem Auszug aus Rob Palmers Buch *Deep into Blue Holes* geschildert. Hier beschreibt er die Szene in einem solchen Loch, das neben der winzigen Insel Rat Cay liegt, ein bis zwei Kilometer vor der Nordostküste von Andros.

An der Nordküste der kleinen Insel tönt ein tieferes Blau das Meer. Dort, unter den Wellen, spaltet eine tiefe Ritze den Meeresboden, eine dunkle Öffnung in dem azurfarbenen Sand. Unmengen von farbenfrohen Korallen umgeben den Spalt, lange, wellige Hydroide säumen seine Wände und bewegen sich in den starken Strömungen hin und her, manchmal in die Tiefe hinein und dann wieder heraus. Wenn das Wasser ruhig ist, bietet der Spalt eine friedliche Szene der Ruhe, in der Fischschwärme in studierter Faulheit in den schattigen Gewässern umherschweben. Grunzer und Schnapper bevölkern das kleine Tunnellabyrinth am Boden der Spalte, bunte Papageifische kauen begeistert an den Korallen, und der ortsansässige Barrakuda der kleinen Insel wirft ein wachsames Auge auf sein Reich. Gelegentlich stört ein Hai die Versammlung und schwimmt ruhig umher, um sich in dem kühlen Wasser der herausfließenden Strömung zu aalen.

Bei dieser Beschreibung der wunderbaren Wasserwelt überrascht es kaum, daß Benjamin sich der Erforschung der blauen Löcher ganz widmete. Nach Jahren, in denen entlang der Insel Andros konventionelle Tauchgänge im Meer unternommen hatte, begann er 1966 mit seinen Operationen in den Höhlen des South Bight, aber Weihnachten 1967 machte er seinen bedeutsamsten Fund: das blaue Loch SB4, heute besser bekannt als Benjamin's Blue Hole. Benjamin erinnert sich an die ersten Tauchgänge hier:

Links: Im Eingang von Conch Blue Hole, Andros, Bahamas.

...schon als wir in diese Höhle eindrangen, erkannten wir, daß sie viel größer war als alles, das wir je zuvor gesehen hatten. Wir tasteten uns vorsichtig Schritt für Schritt vor. In 18 m Tiefe ging der schräg abfallende Schacht in einen senkrechten Abgrund über. Der Anblick dort unten war schrecklich – die Höhle verschwand in einer ungeheuren Leere, die von unseren Scheinwerfern nicht mehr erleuchtet wurde. Wir befestigten die wichtige Tauchleine und drangen weiter nach unten vor. Drei nervenaufreibende Versuche waren nötig, bis wir den Grund in 63 m Tiefe erreichten. Dort hatte die Höhle gerade erst begonnen.

Oben: George Benjamin mit seinem Sohn George Jr. vor einem Tauchgang vor Andros im Jahr 1971.

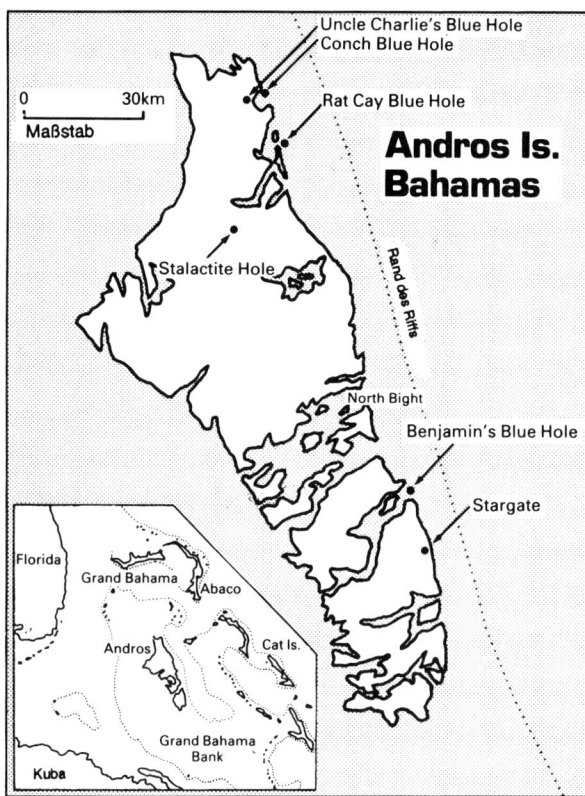

Im September 1970 hatten sich zwei Höhlentaucher aus Miami, Tom Mount und Dick Williams, Benjamins Team angeschlossen und waren 300 m in eine südwärts führende Passage auf eine maximale Tiefe von 80 m vorgedrungen. Einige der Gräben, die sie überquerten, waren viel tiefer – der Grund war nicht zu erkennen und lag weit außerhalb der Reichweite ihrer Lampen. Nach der Entdeckung dieses Höhlensystems wandte das Team all seine Energie für seine Erforschung auf, die langsam immer komplexer wurde. Sie sollte auch wertvolle wissenschaftliche Daten liefern. Die weiter entfernten Stellen der Höhle beispielsweise waren mit Stalaktiten und Stalagmiten schön dekoriert. Dies deutete darauf hin, daß die Höhlen zu irgendeinem Zeitpunkt ihrer langen Geschichte völlig trocken gewesen waren, da sich Calcitstrukturen nur in einer luftgefüllten Umgebung bilden können. Neuere Datierungstechniken lassen den Schluß zu, daß der Meeresspiegel hier während der Eiszeit sehr viel niedriger war als heute, möglicherweise um 100 oder 150 m.

Es wurden über zwei Kilometer Leine installiert, wobei die längste Einzelpassage jene war, die in Richtung Süden verlief. Sie wurde um 600 m erweitert. Bis zu diesem Zeitpunkt waren alle Aktivitäten berechnet worden und ohne Unfälle abgelaufen. Um längere Ausflüge zu ermöglichen, hatte Benjamin beispielsweise den »Benjamin Crossover«* entworfen, ein Verbindungsstück, das zwei Luftflaschen, die auf dem Rücken getragen wurden, miteinander verband und es gestattete, zwei Regler zu tragen.

---

* Das Benjamin Crossover-Ventil kam anschließend auf den Markt und wurde das Standard-Ventil für die Höhlentaucherei in den USA.

Dabei handelte es sich um ein einzigartiges Ventilsystem, das beiden Reglern den Zugriff auf die Luft in beiden Flaschen ermöglichte. Wenn jedoch ein Regler versagte, konnte dieser isoliert werden, ohne das andere System zu beeinträchtigen. Dies verbesserte die Tauchsicherheit beträchtlich und war ein großer Fortschritt gegenüber den bestehenden Techniken. In Florida beispielsweise hatten die Taucher einfach eine kleine zusätzliche Flasche mit

einem zusätzlichen Regler, der mit der Hauptflasche verbunden war, verwendet.

Aber jetzt war die Höhle trotz dieser Neuerung ziemlich lang, und bei den Vorstößen hatte man die sicheren Grenzen für das Tauchen mit Luft erreicht. Um weiter vorzustoßen, brauchte man Spezialmischungen aus Helium und Sauerstoff, und Benjamins Team war der Meinung, daß in derart großen Tiefen die Risiken unannehmbar waren.

Anfang der siebziger Jahre hatte die Höhle einen gewissen Ruf erlangt und trotz der isolierten Lage wuchs das Interesse an diesem System. Jacques Cousteau drehte hier Weihnachten 1970 einen Film.

Am 27. August 1971 endete der beispielhafte Rekord von sicheren Tauchgängen. Benjamins Team wollte gerade tauchen, als ein weiteres Boot eintraf. An Bord waren die erfahrenen Höhlentaucher Jim Lockwood und John Carcelle, ein Neuling. Benjamin hatte oft betont, wie wichtig es sei, Erfahrung zu haben, bevor man sich in den Tunnel am Fuß des tiefen Eingangsschachtes wagte. Als er später an diesem Nachmittag wieder an die Oberfläche kam, sollten sich seine Worte bestätigen. Lockwood berichtete, daß Carcelle in 55 m Tiefe in Panik geraten war, nach der Höhlenwand gegriffen und sich trotz aller Bemühungen

Oben: Benjamins Tauchgruppe erforscht die Stalagmiten- und Stalaktitenhöhlen von Benjamin's Blue Hole im Jahr 1970.

geweigert hatte, sich von hier fortbewegen zu lassen. Früh am nächsten Morgen begleitete Tom Mount Lockwood zurück in die Höhle, um den Leichnam zu bergen. Sie fanden ihn nicht in 55 m, sondern in 78 m Tiefe. Carcelle befand sich nicht mehr an der Leine, seine Flaschen waren leer, Flaschen und Maske waren abgelegt worden, und außerdem hatte er seine Tragkraft-Weste ausgezogen. Tragischerweise war eine Kombination aus Narkose, Panik und Unerfahrenheit überwältigend gewesen; die Höhle hatte ihr erstes Opfer gefordert.

Aber es sollte noch schlimmer kommen. In derselben Woche noch schloß sich der erfahrene Frank Martz der Gruppe an. Martz wollte einen besonders tiefen Graben erforschen, der sich bei über 300 m Entfernung in der Höhle befand. Dabei plante er, über die Grenzen beim Tauchen mit Preßluft hinauszugehen. Sein Begleiter bei diesem Versuch sollte Jim Lockwood sein. Am Anfang verlief alles nach Plan, und sie erreichten den 300 m-Punkt, befestigten eine neue Leine und tauchten in den Schacht

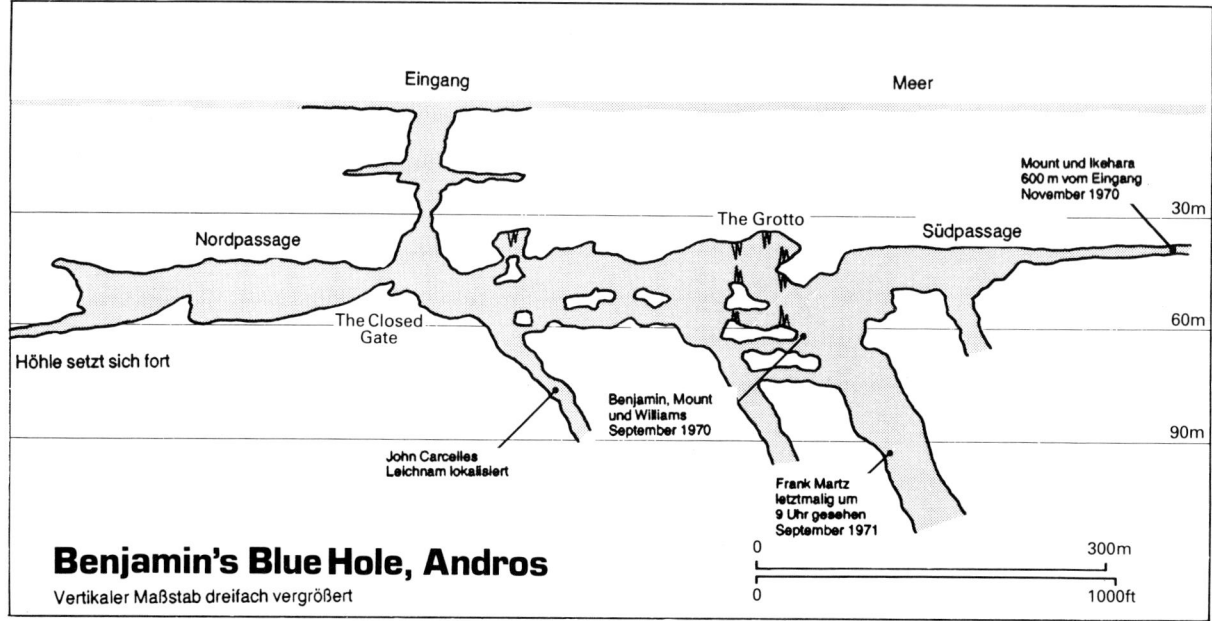

Eingang **Meer**

Mount und Ikehara
600 m vom Eingang
November 1970

30m

The Grotto

Nordpassage **Südpassage**

The Closed
Gate

60m

Höhle setzt sich fort

Benjamin, Mount
und Williams
September 1970

90m

John Carcelles
Leichnam lokalisiert

Frank Martz
letztmalig um
9 Uhr gesehen
September 1971

0   300m

0   1000ft

Benjamin's Blue Hole, Andros
Vertikaler Maßstab dreifach vergrößert

ab. In 84 m Tiefe durchtauchte Martz vorsichtig eine Verengung und setzte dann seinen Weg auf 90 m Tiefe fort. An diesem Punkt befestigte er die Leine und wühlte dabei viel Schlamm auf. In der dichten Wolke wurden die Taucher getrennt, und in der dabei entstehenden Verwirrung glaubte Lockwood, daß Martz sich bereits auf den Rückweg gemacht hatte. Die Sicht war sehr schlecht und Lockwood tauchte wieder nach oben. Seinen Freund sah er nie wieder. Innerhalb von zehn Tagen hatte Lockwood zwei Tauchpartner verloren. Von Martz' Leichnam fand man nie mehr eine Spur. Was genau passiert ist, werden wir nie wissen, aber wenn ein solch erfahrener Taucher einen Unfall hat, führt dies unweigerlich zu einer Zeit des Nachdenkens.

Das Tauchen in großen Tiefen ist fraglos gefährlich, aber unter den ausgezeichneten Bedingungen in diesem Gebiet wurden die Taucher offenbar von den immer größeren Herausforderungen angelockt. Leute wie Martz waren sicherlich von den Rekordtauchgängen im offenen Gewässer vor Andros zu Beginn der sechziger Jahre beeinflußt. 1961 beispielsweise stellte Betty Singer einen Weltrekord für Frauen auf, als sie auf 93 m Tiefe hinabstieg. 1962 tauchten Dick Birch und Roger Hutchins auf eine Tiefe von 139 m ab und stellten einen Weltrekord auf. Trotz der bekannten Grenzen der Preßluft und der Wahrscheinlichkeit von plötzlicher Bewußtlosigkeit durch eine Sauerstoffvergiftung waren die Taucher bereit, das Risiko auf sich zu nehmen.

1971 plante Archie Forfar, ein enger Freund von Benjamin, gemeinsam mit Anne Gunderson vor Stafford Creek einen Weltrekord aufzustellen. Sie wollten auf eine Tiefe von 150 m hinabtauchen. Bei dieser Gelegenheit schenkte man der Sicherheit besondere Aufmerksamkeit, und man bereitete ein Aufblassystem vor, mit dem die Taucher ohne Schwierigkeiten an die Oberfläche zurückgebracht werden konnten, falls es zu einer ernsten Störung kommen sollte.

Sheck Exley, dessen Toleranzgrenze in bezug auf eine Sauerstoffvergiftung bekannt war, wurde die Aufgabe des unterstützenden Tauchers übertragen. Als er die beiden beobachtete, erkannte er plötzlich, daß sie das Bewußtsein verloren hatten und unkontrollierbar nach unten sanken. Bei dem Versuch, sie zu erreichen, erlitt auch er einen Blackout, aber glücklicherweise erst, nachdem er seine Aufblasvorrichtung für den Notfall hatte drücken können. Wie durch ein Wunder kam Exley auf dem Weg nach oben wieder zu Bewußtsein. Er befand sich noch tief genug, um mit der Dekompression zu beginnen, bevor er luftdruckkrank wurde. Der Versuch endete mit einem Desaster, und

35. (oben rechts) Der Eingang von Rat Cay Blue Hole, Andros.

36. (rechts) Frank Martz und Jim Lockwood vor dem verhängnisvollen Tauchgang in Benjamin's Blue Hole im September 1971, als Martz beim Tauchen in mehr als 90 m Tiefe verschwand. 37. (ganz rechts) Benjamins Team erforscht Benjamin's Blue Hole.

38. (oben) Der Eingang von Uncle Charlie's Blue Hole, von Martyn Farr und Rob Palmer im Jahr 1981 erforscht.
39. (oben) im Rat Cay Blue Hole.

40. (rechts) In einer der schön dekorierten Passagen des Sistema Sac Actun, Tulum, Yucatan, Mexiko. Dieses Höhlensystem mit den vielen Eingängen wurde zuerst von Jim Coke erforscht. Es ist typisch für die flachen Warmwasser-»Cenotes« (wassergefüllte Passagen) der Yucatan-Halbinsel.

Rechts: Der Leichnam eines unbekannten Tauchers, der von Farr und Palmer während ihrer Erforschung im Jahr 1981 in Uncle Charlie's Blue Hole gefunden wurde.

die Leichen von Forfar und seiner Freundin wurden nie gefunden.

Erst im Jahr 1981 wurde die nächste Forschungsphase in den Blue Holes von Andros Island eingeläutet. Im August führten Rob Palmer und ich mit einem kleinen Team von Höhlentauchern eine einmonatige Expedition durch. Aufgrund finanzieller Engpässe und in Unkenntnis der fortschrittlichen Techniken, die in Florida entwickelt worden waren, setzten wir eine modifizierte britische Ausrüstung ein, die improvisiert und leicht war.

Das Glück stand uns zur Seite. Trotz einiger beunruhigender Tauchgänge am Anfang – wir gerieten mit den Strömungen in Konflikt und entdeckten die Leiche eines unbekannten, völlig unzureichend ausgerüsteten Tauchers in Uncle Charlie's Blue Hole – machten wir doch eine Reihe von interessanten Entdeckungen. Rat Cay wurde von Benjamins Grenze von 45 m durch eine verengte Passage erweitert und offenbarte über 450 m an Passagen in ungeheuer klarem Wasser, die überall von vielfältigen Meereswesen bevölkert wurden. Aber die wichtigste Serie von Tauchgängen fand im Conch Blue Hole statt. Am Ende der Expedition hatten wir einen Punkt 700 m vom Eingang entfernt erreicht. Im nächsten Jahr wurde dieser Tauchgrund auf 1153 m erweitert und galt damals als längster Unterseevorstoß der Welt.

Auf der benachbarten Grand Bahama Island wurde damals gerade ein weiteres, sehr langes System vermessen. Über mehrere Jahre hinweg erforschten und vermaßen der ortsansässige Taucher Dennis mit seinen Freunden Lucayan Caverns, ein verwirrendes, labyrinthartiges Netz von Tunneln, die sich über phantastische zehn Kilometer erstreckten. Damit handelt es sich nicht nur um eine der längsten unter Wasser stehenden Höhlen der Welt, sondern sicherlich auch mit um eine der schönsten. Sie ist fast über die gesamte Länge hinweg reich dekoriert, und wenn man die Tropfsteine schützen will, ist das Hindurchschwimmen

41. 42. (links) Angel Soto Porrua und Sergio Zambrano tauchen im April 1988 im Nacimiento del Rio Mante, um Sheck Exley zu unterstützen. Bei dieser Gelegenheit erreichte Exley 238–242 m Tiefe, ein Tauchgang, für den er zehn Stunden lang eine sorgfältige, stufenweise Dekompressionszeit über sich ergehen lassen mußte (Nebenbild). Im März 1989 unternahm er einen weiteren Tauchgang, bei dem er eine Rekordtiefe von 267 m erreichte.

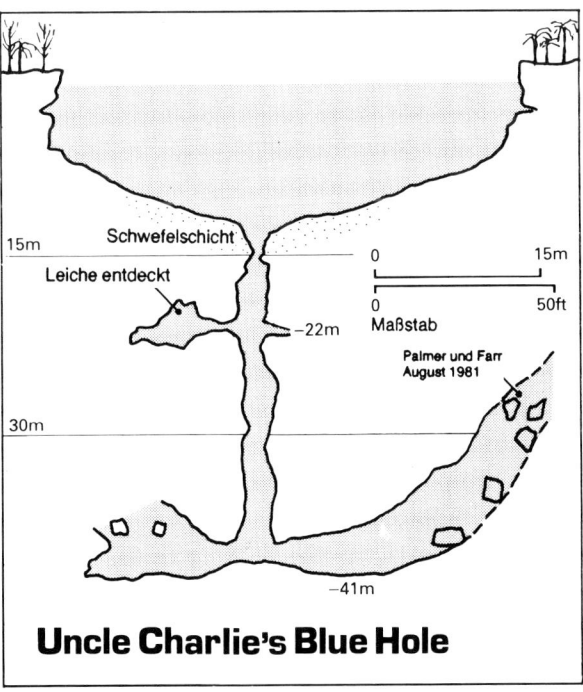

15m   Schwefelschicht

Leiche entdeckt

0   15m

0   50ft
Maßstab

–22m

30m

Palmer und Farr
August 1981

–41m

Uncle Charlie's Blue Hole

Oben: Rob Palmer passiert den verengten Eingangsbereich von Rat Cay Blue Hole und untersucht (rechts) weiter im Innern der Höhle einen Schildkrötenpanzer.

durch einen wahren Wald an Strukturen ein rechter Alptraum.

Gegen Ende der achtziger Jahre wurden die bisher vielleicht bedeutsamsten Forschungen in den blauen Löchern des östlichen Andros unternommen. Rob Palmer hat hier eine wichtige Rolle gespielt und während einer Reihe von Expeditionen eine Reihe von wissenschaftlichen Projekten fortgesetzt. 1987 wurde beispielsweise der erste Forschungstauchgang mit dem Carmellan Rebreather durchgeführt. Zwei Jahre später setzten Palmer und Stuart

Clough dieses Gerät wieder ein und verbesserten die Tiefe von −98 m in Stargate Blue Hole, als sie −100 m in Great Northern Road Blue Hole, Grand Bahama erreichten.

Bei dem Andros Projekt von 1987 sollte auch zum erstenmal beim Tieftauchen Heliox in einem Gerät mit offenem Kreislauf eingesetzt werden. Über ein Dutzend Tauchgründe wurden erforscht und auf eine maximale Tiefe von 79 m vermessen. Direkter Nutznießer dieser erfolgreichen Reihe von Tauchgängen war die Expedition in Wakulla Springs nur zwei Monate später.

Das Tauchen in den blauen Löchern ist eine sagenhafte und unglaubliche Erfahrung. Hier ist beispielsweise die normalerweise langweilige Zeit, die mit der Dekompression verbracht wird, äußerst interessant. Ich erinnere mich lebhaft an die wenigen Stunden, in denen ich den Ein-

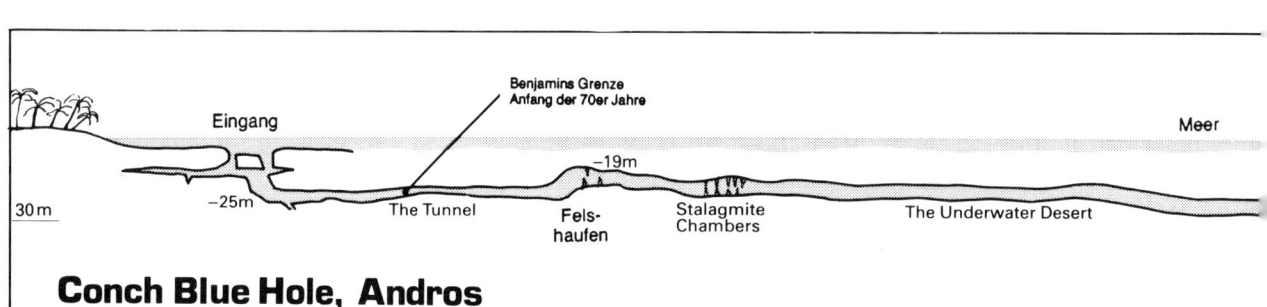

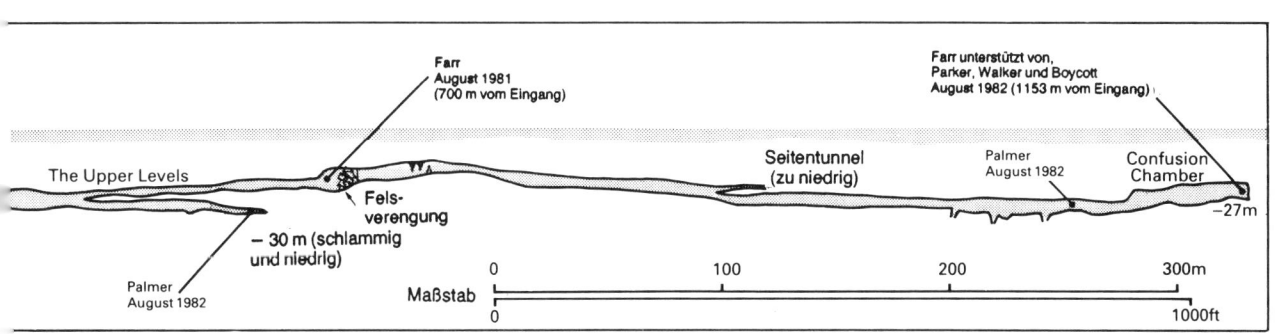

gangsschacht des Conch Blue Hole nach dem Rekordvorstoß im August 1982 umkreiste. Ich hatte das Gefühl, in
einem Aquarium zu sein und hatte endlich einmal Zeit, die
wahre Pracht der Unterwasserwelt in mich aufzunehmen.
Es war eine prachtvolle Ansammlung von Röhrenfächern,
Pfeilkrebsen und rosa- und weißgestreiften Korallenkrab-
ben. Alle hatten ihre Nische, ihr Territorium, ihre Heimat,
die durch scheinbar unsichtbare Grenzen abgesteckt war.
Schöne kleine Maidfische verteidigten ihre Flecken auf der
Felsbank gegen größere Wesen. Alles, was sich zu nah
heranwagte, wurde aggressiv verjagt: Mit einem Stoß
wurde ein Einsiedlerkrebs, der vielleicht drei- bis viermal
die Größe des Fisches hatte, auf den Rücken geworfen und
vertrieben. Bei einem Taucher ging der mutige kleine Fisch
auf direkte Konfrontation mit der Tauchermaske, und

*Oben: Rob Parker transportiert Flaschen durch eine Stalagmiten-
höhle im Conch Blue Hole.*

wiederholte Stöße teilten klar mit: »Bitte laß mich in
Ruhe!« Was für eine Erfahrung! Warum sollte man leblose
Tunnel tief unter der Erde erforschen, wenn es solche
Wunder gibt?

Im Binnenland fehlen oft die offensichtlicheren Lebens-
formen, aber die Taucherei ist selbst vom touristischen
Standpunkt aus oft genauso phantastisch. Dafür ist Stalactite Blue Hole ein klassisches Beispiel. Die Stelle ist schwer
zu finden. Sie liegt etwa 24 km von der Küste entfernt
versteckt im Gestrüpp am Ende einer fast nicht vorhandenen Straße. Wenn die Stelle sich irgendwo anders als auf

Andros befinden würde, würde sie von eifrigen Touristen und Fotografen belagert werden. An der Oberfläche sieht dieser Tauchgrund genau wie alle anderen blauen Löcher aus, ein riesiger, runder Teich mit ruhigem Wasser. In einer Tiefe von 22 m jedoch weiten sich die Wände und offenbaren eine riesige Höhle, deren Grund in einer Leere von scheinbar unermeßlicher Düsterkeit irgendwo verlorengeht. Hier überprüft der Taucher seinen gleichmäßigen, freifallenden Abstieg und schwebt zurück unter die Decke. Hinter ihm liegt der beruhigende blaue Schimmer des Tageslichts; vor ihm eine spektakuläre Anordnung massiver Stalaktiten. Einige sind 10 m lang, und wenn man zwischen ihnen durchschwimmt, hat man das Gefühl sich zwischen riesigen Säulen oder dicken Baumstämmen hindurchzubewegen. Ich glaube, daß dieser Tauchgrund ganz einzigartig ist: Wenn es »sieben Weltwunder« beim Tauchen gäbe, würde das Stalactite Blue Hole sicherlich dazuzählen.

Blaue Löcher gibt es in großer Zahl überall auf den Bahamas, und viele sind noch nicht einmal flüchtig erforscht worden. Für den Taucher bieten sie einige der angenehmsten und herausforderndsten Höhlenerfahrungen auf der ganzen Welt, und genau wie in Florida wird es in diesem Bereich sicherlich einige aufregende Entwicklungen geben.

Oben: Rob Palmer, Initiator mehrerer Blue Holes-Expeditionen während der achtziger Jahre, trägt den Carmellan Rebreather. Oben links: Palmer in 25 m Tiefe im Stalactite Blue Hole.

Mexiko

Die Küste von Yucatan

An der äußersten Seite der Karibik wurde an der Küste von Yucatan im Süden Mexikos Pionierarbeit geleistet. Hier in dem Gebiet von Tulum und Akumal, der Heimat der Mayas, gibt es unzählige überflutete Systeme, die hier als »cenotes« bezeichnet werden.

Die Taucherei in diesen klaren, tropischen Gewässern der Karibik ist seit vielen Jahren sehr populär, und verständlicherweise war die Vorstellung, unter einem Felsendach in einer vergleichsweise feindlichen Dschungelumgebung zu tauchen, zu Anfang wenig reizvoll. Aus diesem Grund steckt die Sporttaucherei hier noch in den Kinderschuhen, aber dennoch wurden hier bereits unglaubliche Entdeckungen gemacht.

1979 überredete Nel DeLoach den Taucher Sheck Exley dazu, Yucatan zum erstenmal zu besuchen. Beide waren von der Klarheit des Wassers, von der Menge flacher, durchfluteter Passagen und von dem offensichtlichen Potential für archäologische Entdeckungen beeindruckt. Überraschenderweise wurden erst 1984 bedeutsame Forschungen unternommen, als die Amerikaner John Zumrick, Noel Sloan, Gary Storrick und andere auf der Peña Colorada-Expedition einen weiteren Erkundungsausflug in dem großartigen Potential des Gebiets unternahmen.

Danach interessierte sich besonders Zumrick für Yucatan und war zum größten Teil verantwortlich für die Zusammenstellung und das Training einer aktiven Forschungsgruppe hier. Ende der achtziger Jahre wurden hier große Leistungen vollbracht von Leuten wie Parker Turner, Steve Gerrard, den ortsansässigen Tauchern Jim Coke und Mike Madden und vielen anderen.

Namen wie Carwash – nur fünf Stufen von einer Kiesstraße entfernt –, Temple of Doom, Mayan Blue und Naharon sind heute gefeierte Namen unter Tauchern, die hierher zu Besuch kommen. In etwa 5 km Entfernung zur Küste beträgt die Temperatur des Süßwassers in den überfluteten Tunneln 25° C (in dem höher gelegenen Teich ist es noch viel wärmer). Diese komplexen Systeme sind meistens flach, im Durchschnitt 15 m tief und verschwenderisch ausgeschmückt.

Ende der achtziger Jahre steigerten sich die Forschungen. Im Februar 1987 verbanden Mike Madden und Johanna Degroot Mayan Blue mit Naharon, als sie nach einem zweistufigen Tauchgang über einen Kilometer eine Trommel entdeckten, die von Turner am Tag zuvor im stromabwärts gelegenen Naharon zurückgelassen worden war. Interessante archäologische Funde werden ebenfalls gemacht.

Ein Beispiel dafür gab es in Carwash, das örtlich als Cenote Crystal bekannt ist. Dort führte ein 200 m langer, stromabwärts gerichteter Tauchgang zu einer recht großen Kammer in 30 m Tiefe. Hier entdeckten die Forscher einen pyramidenförmigen Felsen, der eine herausgeschnittene Höhlung besitzt, die offenbar mit Holzkohle gefüllt ist. Man nimmt an, daß es sich dabei um einen Altar oder einen Zeremonienort handelt, der von den alten Mayas vor über 15 000 Jahren verlassen wurde, als der Wasserspiegel viel niedriger war als heute.

Seit ihrer Entdeckung wurden diese Höhlen sehr schnell erforscht. Das Naharon-Mayan Blue System wurde 1988 fast 5 km weit erforscht, während das längste, überflutete System, Cueva Quebrada, auf der nahegelegenen Cozumel Island ebenfalls fast 5 km lang war. Dennis Williams, Jeff Bozanic und Parker Turner waren die Schlüsselfiguren bei der Erforschung dieser Höhle und haben die phänomenale Länge der Passage in nur zwei Jahren erforscht.

NoHoch Nah Chich (Riesiges Vogelhaus)

Eine weitere aufregende Höhlenentdeckung auf dem Festland wurde von Madden und Coke im November 1987 gemacht. Mit Packeseln brachten die beiden ihre Ausrüstung über einen zwei Kilometer langen Dschungelpfad und unternahmen den ersten Tauchgang in NoHoch Nah Chich (Mayasprache für »Riesiges Vogelhaus«).

Im März des folgenden Jahres gesellten sich Steve Gerrard und Juan Jose Tucat zu Madden, um weiter hinter die bisherige Grenze vorzustoßen. Das System hatte eine Durchschnittstiefe von nur 5 m bis zum weitesten Punkt (1372 m vom Eingang aus), und das Trio kam gut ausgerüstet mit den normalen 104 Kubikfuß-Rückenflaschen und zwei zusätzlichen Flaschen pro Person an. Sie hatten auch sieben Seiltrommeln dabei, die sie mit der bereits vorhandenen Leine verknüpfen wollten. Man erwartete, daß die Erforschung sechs Stunden lang dauern würde.

Beim Tauchen in dem wunderschön verzierten Tunnel (ein Abschnitt heißt heute Heaven's Gate) war das Wasser kristallklar. Die ersten Depotflaschen wurden bei 762 m abgelegt und die zweiten Flaschen unter einem Dschungeloberlicht bei 1189 m. Sie erreichten das Ende der vorher installierten Leine bei 1372 m. Der Tauchgang setzte sich wie erhofft fort. Das Wasser blieb flach und die Route war insgesamt »ungeheuer schön«. Später berichtete Madden: »Die Formationen sind brillantweiß, in jeder Form, Größe und Abmessung mit Bergen von elfenbeinweißem Schlamm, die an glänzende Schneeverwehungen erinnern.«

Die Expedition wurde abgebrochen, als die sechste Trommel halb abgerollt war. Sie hatten erstaunliche 1250 m neuer Leine verlegt, was für einen einzelnen Tauchgang ein neuer Weltrekord war.

Als sie wieder zum Eingang zurückkehrten, hatten sie

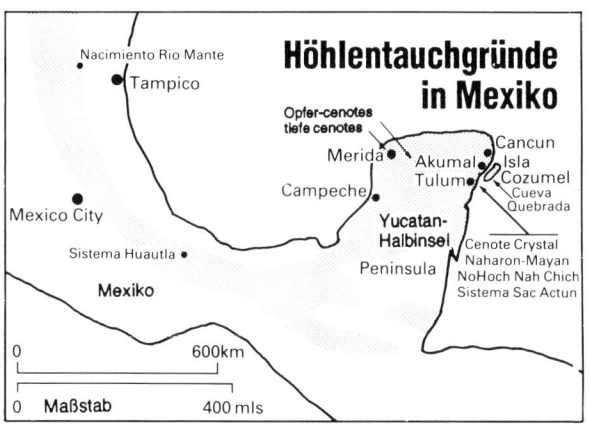

Oben: Beim Durchtauchen der großartigen Passagen von NoHoch Nah Chich (Riesiges Vogelhaus), Yucatan, Mexiko, die zuerst von Mike Madden und Jim Coke im Jahr 1987 erforscht wurden.

Links: Kurz vor dem Sacs Room in Naharon, einer Höhle mit dunklem Fels, der ihr trotz des kristallklaren Wassers eine unheimliche Atmosphäre verleiht.

fünf Stunden und vierzig Minuten lang getaucht und hatten eine Gesamtentfernung von 2621 m durchschwommen. Dies war eine sehr große Leistung und machte das System zu einer der längsten Unterwasserhöhlen Mexikos. Die Gesamtlänge der Höhle erstreckte sich 1990 über 9145 m – im internationalen Vergleich stand sie damit an zweiter Stelle hinter Cathedral Canyon in Florida. Da noch viele Seitenpassagen zu erforschen sind, stellt sich die offensichtliche Frage: Könnte NoHoch Nah Chich das längste Unterwassersystem der Welt sein?

Sheck Exleys Tauchgänge in Nacimiento del Rio Mante
In Mexiko gibt es nicht nur viel Gelegenheit für flache Tauchgänge, sondern es bietet auch die größten Herausforderungen für tiefe Tauchgänge weltweit. In diesem Bereich

haben amerikanische Taucher Pioniertaten vollbracht, besonders Sheck Exley.

Mehrere große Quellen am Fuß der Sierra Madre Oriental haben beträchtliche Tiefe, speziell Nacimiento del Rio Mante. Dieser Tauchgrund ist möglicherweise noch tiefer als Fontaine de Vaucluse. Die Höhle liegt in derselben Gesteinsschicht, in der sich der berühmte Schacht Golondrinas befindet und gibt höchstwahrscheinlich Wasser aus dem mexikanischen Zentralplateau ab (100 km westlich von der Quelle gelegen). Sie ist sicherlich eine der tiefsten, unter Wasser stehenden Höhlen weltweit. Geologisch gesehen hat sie ein Tiefenpotential von 300 bis 500 m. Hier unternahm Exley eine Reihe von wichtigen Operationen und drang langsam aber sicher in fast unglaubliche Tiefen vor. Im März 1979 erreichten er und Paul DeLoach 101 m in stark strömendem, 27° C warmem Wasser. Der schmale Schacht setzte sich in die kristallklare Tiefe fort.

Exley hatte mehr als genug in seinen heimatlichen Quellen in Florida zu tun, aber Hasenmayers dramatischer Vorstoß auf 205 m Tiefe in Fontaine de Vaucluse im Jahr 1983 rief erneut Exleys Interesse an der tiefen Quelle in Mante wach. Nach dem erfolgreichen Einsatz von Helium-Trimix während der Trainingsübungen für das Wookey Hole-Projekt im Jahr 1985 begann er ebenfalls mit Gasmischungen zu experimentieren und unternahm im Mai einen wie immer gut vorbereiteten Vorstoß auf 159 m Tiefe. Dies war ein neuer Tiefenrekord für Nord- und Südamerika und illustrierte auch die extremen Gefahren solcher Tiefen. Irgendwo in der Nähe des Grundes verlor Exley seine Uhr, was dazu führte, daß er bei der Dekompression selbst zählen mußte. Diese schwere Aufgabe begann in einer Tiefe von 50 m. Glücklicherweise hatte er eine Ersatzuhr in 20 m Tiefe hinterlegt, sonst hätte er die gesamte Dekompressionszeit, die über zehn Stunden betrug, zählen müssen.

Zwei Monate später kehrte Exley zurück. Da der Sommer heiß war, hoffte man, daß die Quelle in einem optimalen Zustand für einen noch tieferen Tauchgang sein würde. Unglücklicherweise war dies nicht der Fall. Die Sicht betrug nur 5 m und die Strömung war stärker als zuvor.

Davon unbeeindruckt, wurden die Vorbereitungen fortgesetzt. Am 23. Juni stellte Mary Ellen Eckhoff (Exleys Frau) einen Welttiefenrekord der Frauen auf, als sie auf 122 m hinabstieg und ihren eigenen, sieben Jahre alten Rekord auf 59 m erweiterte. Damit war sie der fünfte Mensch, der je in eine so extreme Tiefe vorgedrungen ist.

Zwei Tage später war Exley selbst bereit, einen neuen Rekord aufzustellen. Abgesehen von den relativ schlechten Wasserbedingungen verlief der Ausflug nicht so glatt wie geplant. In einer Tiefe von 82 m versagte das Ventil einer seiner Trimix-Flaschen. Er war nun gezwungen, bis auf eine Tiefe von 100 m Preßluft zu atmen, ein Punkt, der weit unter der normalen, maximalen sicheren Tiefe für das Gas liegt. An diesem Punkt hatte das unvorhergesehene Versagen eine klärende Wirkung, und in 100 m Tiefe wechselte er auf eine dort deponierte Flasche um, die eigentlich für den Aufstieg gedacht war, und verwendete sie für den weiteren Abstieg. Kühl wägte Exley seine Chancen ab und setzte seinen Weg nach unten fort. Schließlich erreichte er einen Punkt, an dem sich der Schacht auf eineinhalb Meter verengte und an der die Strömung unangenehm stark war. Jetzt hatte er auch seine geplante Abstiegszeit bereits um 4 Minuten überschritten. Schnell befestigte er seine Leine und stieg langsam wieder auf. Als er die Knoten in der Leine zählte, die er gerade

Unten: Die Rio Mante-Pioniere Sheck Exley (links), Mary Ellen Eckhoff und Paul DeLoach. Exley wurde bei späteren Tauchgängen von Ned DeLoach und den Mexikanern Angel Sota Porrua und Sergio Zambrano unterstützt.

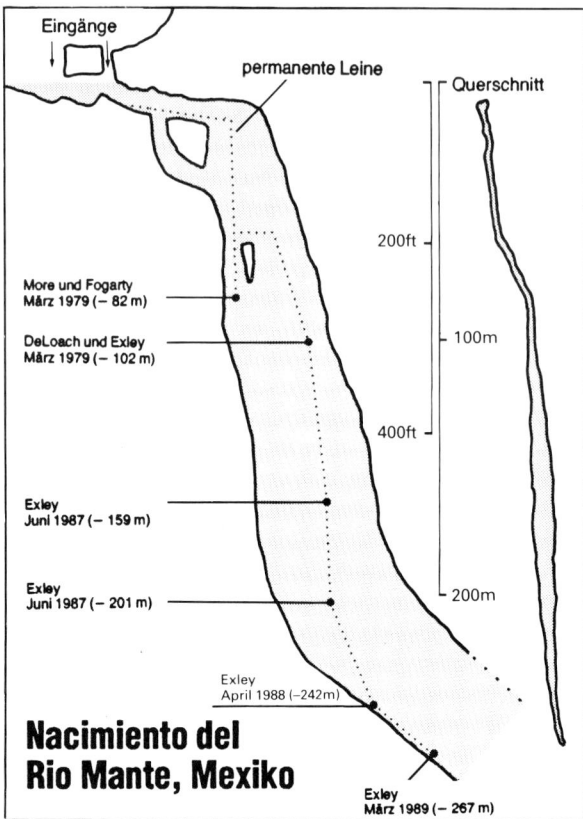

Eingänge

permanente Leine

Querschnitt

200ft

100m

More und Fogarty
März 1979 (– 82 m)

DeLoach und Exley
März 1979 (– 102 m)

400ft

Exley
Juni 1987 (– 159 m)

Exley
Juni 1987 (– 201 m)

200m

Exley
April 1988 (–242m)

**Nacimiento del
Rio Mante, Mexiko**

Exley
März 1989 (– 267 m)

verlegt hatte, entdeckte er bald, daß seine Endtiefe 201 m betragen hatte.

Etwa 39 Dekompressionsstops, sechs unterschiedliche Gasmischungen und elf Stunden und dreißig Minuten später erreichte der überglückliche Forscher die Oberfläche. Exley hatte bei diesem Tauchgang fünfzehn verschiedene Flaschen eingesetzt (ausschließlich Sicherheitsflaschen, die nicht eingesetzt wurden) und hatte den längsten verzeichneten Tauchgang in der Geschichte der Höhlentaucherei durchgeführt. Der Dekompressionsplan, der auf der linearen Nutzung der Dekompressionstabellen von kommerziellen Tauchgängen in der Meeresforschung beruhte, war erfolgreich eingesetzt worden, und Exley hatte nach dem Tauchgang nur geringe Probleme und vorübergehend einige Hautstörungen.

Hinab auf 242 m Tiefe
Beim Durchtauchen der 200 m-Marke hatte Exley fast die Tiefe erreicht, auf die Jochen Hasenmayer in der Fontaine de Vaucluse hinabgetaucht war. Es bestanden kaum Zweifel, daß er unter günstigen Bedingungen noch tiefer gehen

konnte. Innerhalb kurzer Zeit plante er einen neuen Versuch.

Im April 1988 kehrten Exley und seine Helfer Ned DeLoach, Sergio Zambrano und Angel Soto Porrua wieder zurück. Nach mehreren vorbereitenden Tauchgängen wurde der Vorstoß am 5. April unternommen, als 43 m Leine auf eine Tiefe von mindestens 238 m verlegt wurden, vielleicht auch auf eine Tiefe von 242 m. Der Grund für die Ungenauigkeit liegt darin, daß er keinen akkuraten 300 m-Tiefenmesser ausfindig machen konnte, und da seine Leine sich am Ende leicht neigte, mußte er den Winkel des Schachtes schätzen. Bei dieser Gelegenheit arbeitete der größte Teil seiner Ausrüstung perfekt, aber dennoch führte die große Tiefe dazu, daß ein Ventil versagte, der Zeiger eines Druckmessers steckenblieb und eine seiner Batterien implodierte. Letzteres verursachte eine Erschütterung, von der Exley sagte, daß sie »die Höhle erzittern ließ«. Diese Ereignisse hätten wahrscheinlich bei einem weniger erfahrenen Taucher großen Streß ausgelöst, daher war die Selbstkontrolle, die Exley zeigte, um so beeindruckender. Es dauerte nur 24 Minuten, bis er diese extreme Tiefe erreichte, aber der Anstieg nahm über zehn Stunden in Anspruch. Für diesen Tauchgang hatte Dr. R.W. (Bill) Hamilton, wahrscheinlich weltweit der größte Experte auf dem Gebiet der Physiologie des Tieftauchens, die Gasmischungen (elf verschiedene Arten) festgelegt und die 52 Dekompressionsstops berechnet.

Ein Tiefenrekord von 267 m
Durch die bemerkenswerte Tiefe, die Exley in Mante erreicht hatte, war er eine Klasse für sich. Das befriedigte jedoch nicht die Bedürfnisse oder das Potential dieses außergewöhnlichen Tauchers. Nachdem er im Januar 1989 den Weltlängenrekord in Chip's Cave in Florida wieder errungen hatte, wurden Pläne für einen noch tieferen Vorstoß in Mante aufgestellt. Vergleichsweise wenige Taucher waren weltweit mehr als 100 m tief in einer Höhle vorgestoßen, und abgesehen von ihm selbst hatte nur Jochen Hasenmayer die 200-m-Marke erreicht. Das Ziel, das Exley sich jetzt setzte, waren 300 m, über 60 m weiter als der bestehende Rekord. Selbst mit Hamiltons Hilfe, waren die Risiken des Projekts enorm. Die Operation war

Rechts: Sheck Exley macht sich auf seinen rekordbrechenden Rio Mante-Tauchgang auf eine Tiefe von 238–242 m im Jahr 1988 auf – der tiefste Punkt, der je in einer überfluteten Höhle erreicht wurde. Tauchgänge auf eine solche Tiefe verursachen große Druck- und physiologische Probleme. Im Jahr 1989 erreichte Exley in dieser Höhle eine Tiefe von 267 m.

ein Experiment und keineswegs sicher. Die Gasmischungen und die Zeitplanung mußten präzise sein; jegliches Versagen der Geräte würde kritisch sein und zweifellos war das Streßniveau in allen Stadien dieses Tauchgangs einzigartig.

Der Tauchgang fand am 28. März 1989 statt. Exleys Ausrüstung bei diesem Ereignis bestand aus drei 104 Kubikfuß-Flaschen (mit einem Druck von 4000 psi), verbunden mit zwei 105 Kubikfuß-Flaschen, die sich dahinter befanden, so daß er ein großes Gestell mit 5 Flaschen bei sich hatte. Außerdem trug er vorne noch zwei 80 Kubikfuß-Flaschen. Diese sieben Flaschen enthielten nur das Gas für den Abstieg; für die Dekompression waren weitere achtzehn Flaschen für den Rückweg deponiert, die erste in einer Tiefe von 130 m.

Als er die vorherige Rekordtiefe erreichte, schien alles nach Plan zu verlaufen. Er verknotete die Leine und stieg weiter hinab. Aber obwohl er die effizientesten Regler für das Tieftauchen verwendete, kam es bald zu Problemen. Seine Atmung wurde aufgrund der Gasdichte immer schwerer und 22 m hinter seinem Vorstoß vom April 1988 schätzte er die Situation als »äußerst schwierig« ein. Er verknotete die Leine bei 267 m, und der lange Aufstieg mit vierzehn Stunden für die Dekompression begann.

Wieder hatte Exley dem Sport unauslöschlich seinen Stempel aufgedrückt. Durch diesen Vorstoß, der weit über den Bereich des rationalen Tauchens hinausging, hatte er wieder einmal unter Beweis gestellt, daß die Grenzen mit Entschlossenheit, guter Teamarbeit und technischer Effizienz übertroffen werden konnten. Die 300 m-Grenze wird sicherlich bald erreicht werden.

Es sollte noch darauf hingewiesen werden, daß Exleys Tauchgang auf eine Tiefe von 267 m nicht nur ein herausragender Welttiefenrekord für einen Höhlenvorstoß ist, sondern bei weitem auch die tiefste Tiefe ist, die von einem Amateur erreicht wurde. Tiefere Tauchgänge haben im Meer stattgefunden, aber immer nur mit beträchtlicher Unterstützung. Taucher, die in der Ölindustrie arbeiten, operieren in Tiefen von bis zu 400 m, aber nur in der Nähe einer Tauchglocke, die ihnen ihr Atemgas über ein Verbindungskabel zuführt. Sie arbeiten für begrenzte Zeiten, und die lange Dekompression wird dann in einer trockenen hyperbarischen Kammer durchgeführt, die warm und bequem ist und ständig sorgfältig überwacht und kontrolliert wird. Die Situation des Solotauchers, der an einer Leine mit vorher festgelegten Dekompressionspunkten abtaucht, ist viel gefährlicher.

Die größte Tiefe, die im Meer bisher erreicht wurde, liegt bei 531 m und wurde von den Tauchern der Öl-Supportfirma Comex bei einer experimentellen Operation namens Hydra VIII erreicht. Derartige Projekte sind nicht nur sehr teuer, sondern auch sehr zeitaufwendig. Die sechs Taucher, die daran beteiligt waren, machten eine Kompression von fünf Tagen durch, bevor sie ihre Aufgaben unter Wasser durchführten. Fünf Tage wurden in extremer Tiefe verbracht, wobei die Taucher pro Tag nicht länger als vier Stunden im Wasser arbeiteten. Die nachfolgende Dekompression nahm achtzehn Tage in Anspruch.

Mexikanische Höhlensysteme in den Bergen
Neben der Herausforderung von reinen Tauchprojekten gibt es in Mexiko auch hohe, trockene, zerklüftete Berge, und hier ist das Potential so groß, daß möglicherweise das tiefste Höhlensystem der Welt hier existiert. Die Sierra Madre Oriental ist eine ausgedehnte, karstige Gebirgskette, die bisher nur zum Teil erforscht wurde. Relativ nah bei Mante beispielsweise liegen die ehrfurchterregenden, senkrechten Schächte von El Sotano (Sotano de Barro) und Golondrinas. 1978 fand in Sistema Purificacion an der Westseite von Tamaulipas der tiefste durchgehende Vorstoß der Welt statt: eine unterirdische Durchquerung von 868 m in einem System, daß sich 1990 insgesamt über 72 km erstreckte. Das Potential in dieser großartigen Höhlenregion ist ungeheuer groß.

San Agustin-Sumpf, Huautla-System
Die aufregendste Erforschung dieser Art fand im Sistema Huautla statt, einem äußerst komplizierten Höhlennetz auf einem 2000 m hohen Plateau in Südmexiko. Dieses System ist jetzt über 52 km lang und endet in einer Tiefe von 1252 m in einem Sumpf in San Agustin.

Amerikanische Höhlenforscher erkannten schnell das enorme Potential des Plateaus, und 1979 führte Bill Stone als Teil eines großen, laufenden Huautla-Projekts eine versuchsweise Erforschung des Endsumpfes durch, wobei er kleine »Pony«-Flaschen (15 Kubikfuß) einsetzte. Die unter Wasser stehende Passage stieg schnell auf über 20 m ab, aber diese Tiefe war zu groß für einen bedeutsamen Vorstoß mit solch bescheidener Ausrüstung.

Bei einer sorgfältigen Erkundung wurde die Quelle für die vielen Endseen auf dem Plateau gefunden, die in 10 km Entfernung 1600 m darunter lag. Während seine Kollegen in Huautla eine Vielfalt an trockenen Erkundungen weiterführten, kam Stone die Idee, einen großen Tauchgang auf den Grund von San Agustin durchzuführen. Der Transport der konventionellen Flaschen zum Endsumpf würde fast unmöglich sein, aber Kenntnisse und Kontakte zur Raumfahrtindustrie führten zu einer völlig neuen, radikalen Entwicklung. Von der Acurex Aerotherm Corporation erhielt man experimentelle Hochdruck-

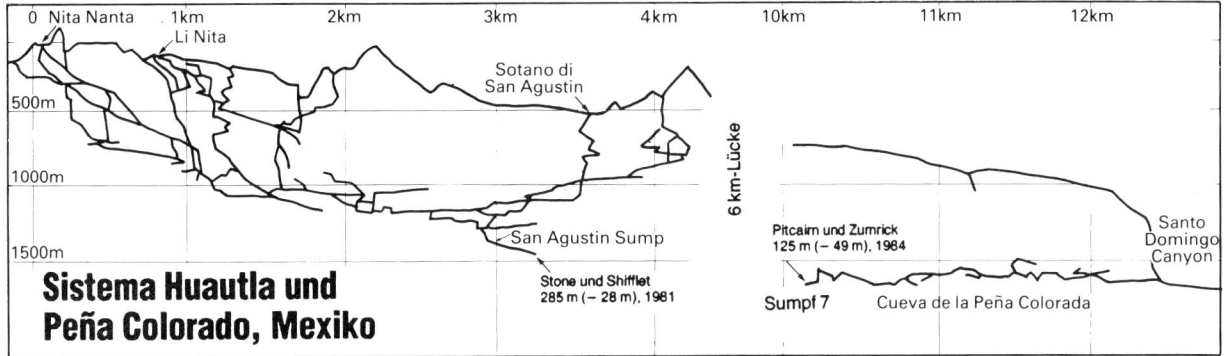

Sistema Huautla und Peña Colorado, Mexiko

Flaschen aus Fiberglas und Aluminium; es waren äußerst leichte Flaschen mit einem Arbeitsdruck von 5500 psi. Sie hatten bei diesem Druck eine Kapazität von 105 Kubikfuß. Leer betrug ihr Gewicht 19 Pfund und 25 Pfund, wenn sie gefüllt waren.

Versuche mit den neuen Flaschen und anderem Gerät, das für einen solch tiefen Vorstoß in einer Höhle nötig war, wurden Ende April 1980 in Florida durchgeführt. Im folgenden April* unternahm Stone nach einem Marathontransport einen Solotauchgang in dem stromabwärts liegenden Sumpf.

* 1981 waren acht Männer sechs Wochen lang mit dem San Agustin-Tauchgang beschäftigt. Sechs von ihnen waren »Sherpas«: Alan Warild, Neil Hickson, Tony White, Ron Simmons, Chris Kerr und Bob Jeffreys; die beiden Taucher waren Stone und Tommy Shifflet. Bei der Operation hielten sie sich zehn Tage lang in Camp 3 auf (120 m über dem Sumpf).

Überflutungen waren erst kürzlich zurückgegangen, daher war die Sicht alles andere als perfekt. Trotzdem wurde ein Vorstoß von 285 m erzielt, bei dem eine Endtiefe von 28 m erreicht wurde.

Die Peña Colorado-Erforschungen

Jetzt wandte man die Aufmerksamkeit der mutmaßlichen Quelle des Sistema Huautla-Wassers zu, einer äußerst isolierten Quelle, die als Peña Colorada bekannt ist, im Santo Domingo-Tal liegt und 1981 lokalisiert wurde. Ein Erkundungstauchgang wurde hier von Stone, John Zumrick und Pat Weideman im April 1982 unternommen, bei dem als Gerät wieder der leichte Prototyp verwendet wurde. Schnell passierten sie einen 524 m langen Sumpf und entdeckten fast einen Kilometer großer Passagen, die direkt in Richtung San Agustin verliefen.

Zwei Jahre später kehrte Stone im Februar 1984 mit seiner Peña Colorada Expedition zurück. Das Team bestand aus elf Höhlenforschungsveteranen, die mit der fortschrittlichen Ausrüstung alle gründlich trainiert hatten. Etwa sieben Tonnen an Gerätschaften wurden aus den USA für die Operation für eine geplante Zeitdauer von drei Monaten herangeschafft. Wieder kamen Sherwood Selpac und Acurex Aerotherm zur Hilfe und lieferten dem Team 72 Ausrüstungen, deren Flaschen 20 Pfund wogen und auf 6000 psi unter Druck gesetzt werden konnten, so daß man über eine Stunde in einer Tiefe von 20 m verweilen konnte.

Das Team umfaßte Experten auf allen Gebieten der Höhlenforschung: der zweite Leiter Bob Jefferys war wahrscheinlich Amerikas bester Kletterer in unterirdischen Höhlen, Clark Pitcairn war zusammen mit Exley Rekordhalter des amerikanischen Längenrekords bei einem Tauchvorstoß mit 2337 m in Manatee Springs, Rob Parker war einer der vielseitigsten Höhlenforscher in Großbritannien, während Sergio Zambrano und Angel Soto Porrua führende Höhlentaucher aus Mexiko waren. Medizinische und paramedizinische Fachkenntnis wurden von Dr. Noel Sloan, Dr. John Zumrick und Stones Frau Pat Wiedeman beigesteuert. Das Kernteam wurde von Gary Storrick und John Evans vervollständigt.

Mit einer methodisch effizienten Logistik überwand das Team langsam, aber sicher eine Reihe von Sümpfen, führte technisch schwere Kletterpartien durch und durchquerte routinemäßig trockene Höhlenabschnitte. Dabei drang man sogar noch weiter in Richtung von San Agustin vor. Sumpf 2 (14 m) und Sumpf 3 (190 m) führten zu großen Galerien, was die Einrichtung eines Camps nötig machte. Von hier aus wurde Sumpf 4 (55 m) überwunden, gefolgt von Sumpf 5 (55 m). Dahinter wurde Clark Pitcairn wieder von einem steilen Kletterschacht aufgehalten. Parker und Jefferys überwanden bald diesen 200 m hohen Anstieg und erreichten nach weiteren 180 m eine lange Schwimmstrecke. Sumpf 6 wurde umgangen, aber dahinter lag ein weiterer zermürbender Abschnitt von über 400 m mit drei schwierigen Höhen. Er endete an Sumpf 7. Die Peña Colorada hatte sich zu der technischsten Höhlenerforschung entwickelt, die je versucht wurde.

Nachdem verschiedene Optionen eliminiert worden waren, konzentrierten sich die Bemühungen des Teams schließlich auf Sumpf 7. Für diese Operation waren ungeheure Vorbereitungen nötig, bei denen auch ein zweites Camp über 4 km vom Eingang entfernt errichtet wurde.

Da in Höhe des Wasserspiegels Felsbänke fehlten, war der Angriff auf Sumpf 7 besonders schwierig. Die Geräte mußten am Ende eines 57 m tiefen, senkrechten Schachts angelegt werden, durch den die Taucher sich voll ausgerüstet für den Tauchgang abseilen mußten.

In Sumpf 7 gestaltete sich auch das Tauchen selbst schwierig. Stone fand die Anfangsroute zwischen Felsblökken bis auf eine Tiefe von 40 m. Bei einem späteren, zehntägigen Vorstoß setzten Pitcairn und Zumrick die Route weitere 125 m auf 49 m Tiefe unter der Decke eines riesigen, weiterführenden Tunnels fort. Ein weiterer Vorstoß kam nicht in Frage, denn sie hatten ihre logistische Grenze erreicht.

Als die Vermessung abgeschlossen war, ergab sich eine Gesamtlänge von fast 8 km. Sie hatten das Quellsystem um etwa ein Drittel der Entfernung zum Sotano de San Agustin erweitert. Trotz der neuen Schwierigkeiten, die die Camps dargestellt hatten, stellten sie offenbar ein wichtiges Element für den Erfolg der Expedition dar. Etwa 23 Tage lang wurde hinter Camp 1 gearbeitet, und Camp 2, das sich hinter fünf Sümpfen befand, wurde sechs Tage lang bewohnt.

Die Geschichte ist hier noch nicht zu Ende. Im März 1987 verband Jim Smith schließlich San Agustin mit dem benachbarten Nita Nanta, indem er einen weiteren kurzen Tauchgang durchführte. Die Verbindung mit diesem oberen Plateausystem hat die Gesamtlänge des Huautla-Systems auf 1353 m vergrößert. Im Verlauf dieser Erforschungen nahm das Sistema Huautla den dritten Platz auf der Liste der tiefsten Höhlen der Welt ein. Das System liegt heute aufgrund von Entdeckungen in Spanien und in der Sowjetunion an sechster Stelle (Januar 1991). Eine abschließende Verbindung mit der Peña Colorada-Quelle und die spürbare Erweiterung der Tiefe, zu der es dabei kommen würde (insgesamt 1639 m), würde sicherlich ausreichen, um den Welttiefenrekord aufzustellen.

Das Cueva Cheve-System

Trotz des Optimismus wegen des langfristigen Tiefenpotentials des Huautla-Systems, ist es relativ begrenzt. Durch neuere Entwicklungen kam ein weiterer Mitbewerber auf die Bühne. Südlich von Huautla gelegen war Cueva Cheve 1989 die größte Entdeckung, ein System, das bereits auf eine Tiefe von 1340 m, wo es in einem Sumpf endet, vermessen war. Dies ist eine weitere, inspirierende Aussicht, wobei sich die Grenze wohl über 10 km vom Eingang entfernt befinden dürfte. Die Möglichkeiten hier sind beträchtlich, da sich weitere 1260 m Höhle senkrecht erstrecken, bevor das Niveau der aktiven Quellen, die 15 km südlich gelegen sind, erreicht werden. Das Tiefenpotential beträgt hier also 2600 m – zur Zeit die weltweit größte Tiefe.

43. (oben rechts) Im Sistema Sac Actun, Mexiko (siehe Bildunterschrift zu dem Farbfoto Nr. 40).

44. (rechts) Rob Parker transportiert während der Peña Colorada-Erforschungen im Jahr 1984 die sehr leichten Acurax-Flaschen durch einen 20 m langen Sumpf. Die Ausrüstung ist so leicht, daß sie mit Blei beschwert wurde, um die neutrale Tragkraft zu erreichen. 45. (ganz rechts) Beim Abstieg einer 20 m hohen Fließsteinwand zwischen Sumpf 3 und 4 in Peña Colorada, Mexiko.

46. (oben) Rex Starling und Ian Bamford manövrieren den Flaschenschlitten, der 1979 während der australischen Cocklebiddy-Expedition eingesetzt wurde.

47. (oben rechts) Das südafrikanische Team, das Dragon's Breath Hole, Namibia, im Jahr 1987 erforschte: (vordere Reihe) Paul Williams, Dave Roux, Charles Maxwell und Phil Church; (hintere Reihe) Sandy Mazzotti, Dick Howell, Sean French, Andrew Penney, Keith Pickersgill, Vince Calder und Brandon Page. 48. (rechts) Der See an der Oberfläche in Bushmansgat. 49. 50. (ganz rechts) Im Dragon's Breath Hole – eine Gesamtansicht der Höhle und zweier Taucher, die die Leinentrommel nach einer Vermessung aufwickeln (siehe Seite 264).

Kapitel elf

Die Südhalbkugel

Australien

Im Vergleich zu den Vereinigten Staaten oder Europa war die Höhlentaucherei in Australasien bisher eher der Sport einer Minderheit. In einem gewissen Ausmaß läßt sich dies durch die Weite des Gebiets erklären und das Fehlen von großen Gesteinsformationen mit Höhlen. Trotz der relativ kleinen Bevölkerung, die geographische Isolation des Kontinents und die entlegene Lage der Höhlenbereiche haben hier einige aufregende und äußerst bedeutsame Erforschungen stattgefunden.

Tauchgänge in unter Wasser stehenden Höhlen fanden hier zum erstenmal zu Beginn der fünfziger Jahre statt. Sporttaucher nutzten das kristallklare Wasser in den Endseen von Mount Gambier, ein Gebiet das ideal auf halber Strecke zwischen Adelaide und Melbourne liegt, während Taucher von der Speläologischen Gesellschaft der Universität von Sidney als erste die Sümpfe in dem Jenolan-Gebiet der Blue Mountains in Angriff nahmen.

Unter der Führung von Dennis Burke begann das Team aus Sidney die Erforschung mit Luftpumpen und Schläuchen, obwohl später in den fünfziger Jahren normales, unabhängiges Preßluftgerät übernommen wurde. Kurze Sümpfe wurden mit Erfolg durchquert, und dahinter wurden weit über 600 m an Passagen entdeckt. Weitere Arbeiten in dem System wurden nach 1979 durchgeführt, als Ron Allum und seine Kollegen Erweiterungen fanden, die sich auf 400 m beliefen. Verbindungen zwischen den verschiedenen Höhlen hier bieten Spielraum für ein System von über 12 km, aber Schwierigkeiten mit der Entfernung, dem kalten Wasser, Verengungen und Schlamm gestalten

die Erforschung schwierig, so daß sie nur sporadisch stattfindet.

Zu Beginn der sechziger Jahe verbesserte sich die Verfügbarkeit von Tauchgerät in Australien. Tasmanien, das zu den wichtigeren Höhlenregionen zählt, war das erste Gebiet, in dem der erste größere Tauchvorstoß in der Höhlenforschung unternommen wurde. 1961 wurde ein heroischer Tauchgang von 500 m im Kubla Khan System in kaltem, schlammigem Wasser unternommen. Dieser Rekordvorstoß war der längste bis 1976, als die Erforschung unter der trockenen Nullarbor-Ebene in Südaustralien begann.

Die Nullarbor-Ebene

Die Nullarbor-Ebene ist eins der weltweit größten, ununterbrochenen Kalksteingebiete. Sie erstreckt sich 300 km über einen Bereich von 200 000 km² ins Binnenland von der Großen Australischen Bucht aus bis zur Great Victoria-Wüste. Die Halbwüstenlandschaft liegt im allgemeinen zwischen 80 und 100 m über dem Meeresspiegel und ist monoton und flach ohne Flüsse an der Oberfläche oder trockene Täler. Isolierte, eingebrochene Krater weisen

51. (unten links) Eric Le Guen schwimmt mit großer Geschwindigkeit auf seinem Aquazepp durch die Cocklebiddy Cave. 52. (links) Mitglieder des erfolgreichen, australischen Cocklebiddy-Teams im Jahr 1983 mit ihren Ausrüstungsschlitten während der Durchquerung von Sumpf 2. 53. (oben links) Auf dem Weg nach Weebubbie Cave.

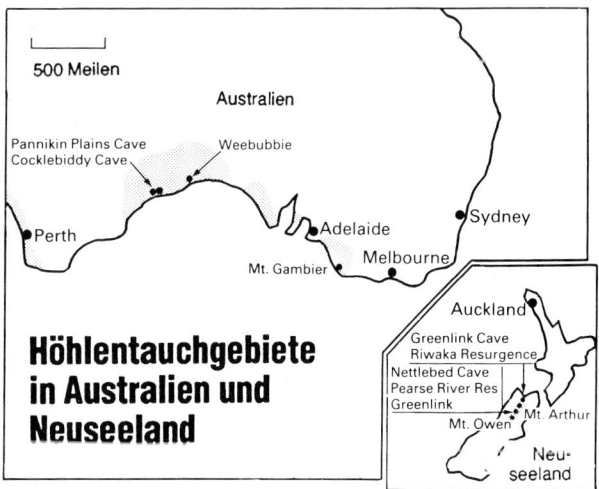

500 Meilen

Australien

Pannikin Plains Cave
Cocklebiddy Cave
Weebubbie

Perth

Adelaide
Sydney
Mt. Gambier
Melbourne

Auckland
Greenlink Cave
Riwaka Resurgence
Nettlebed Cave
Pearse River Res
Greenlink
Mt. Arthur
Mt. Owen
Neu-
seeland

Höhlentauchgebiete in Australien und Neuseeland

jedoch auf unterirdische Höhlensysteme hin, die heute weltberühmt sind.

Über 200 Höhlen wurden jetzt in diesem Gebiet erforscht. Einige von ihnen besitzen riesige Schachtpassagen, die weltweit zu den größten zählen. Weniger als ein Dutzend von ihnen fallen auf den Grundwasserspiegel ab, der etwa bei 9 m über dem Meeresspiegel liegt, und eine Handvoll enden in sehr großen, kristallklaren Seen.

Schäfer zählten zu den ersten, die die leichter zugänglichen Höhlen um die Jahrhundertwende erforschten, und an Orten wie Weebubbie Cave wurde Wasser zum Tränken der Herden herausgepumpt. Da es sich um Brackwasser handelte, mußte es erst entsalzt werden, bevor es im Haushalt verwendet werden konnte.

Tauchgänge in Weebubbie, 1961–72

Weebubbie, das am leichtesten zugänglich war, war die erste Höhle in diesem entlegenen Gebiet, in der Tauchgänge durchgeführt wurden. Ein Zwei-Mann-Team aus Perth tauchte hier kurz im Jahr 1961, war aber aufgrund der begrenzten Ausrüstung nicht in der Lage, eine größere Entfernung zurückzulegen. Sie stellten jedoch fest, daß die Wassertemperatur angenehme 19–21°C betrug und daß der große schwarze Tunnel in die Ferne führte. 1972 organisierte Ian Lewis von der Cave Exploration Group von Südaustralien eine große Expedition mit sechs Tauchern und einem Hilfsteam von dreißig Höhlenforschern, die Weebubbie gründlich untersuchen wollten. Die weiterführende Passage wurde 90 m weit durchquert und führte am Ende in eine riesige, kuppelförmige Luftglocke. Hinter diesem Punkt fiel die Passage steil auf eine Tiefe von 27 m ab, und die Höhle schien sich in ein Netzwerk von sehr dünnen Röhren aufzuspalten. Auf dem Weg durch den ersten Sumpf wurde jedoch eine Seitenpassage, der Railway Tunnel, entdeckt, und dieser wurde 243 m weit auf eine Tiefe von 41 m erforscht.

Frühe Erforschungen der Cocklebiddy Cave, 1972–77

Der spektakulärste und herausforderndste Tauchgrund in der Nullarbor-Ebene und in der Tat in ganz Australien war Cocklebiddy Cave, die etwa 250 Meilen von Weebubbie entfernt in Westaustralien liegt. Cocklebiddy war viel isolierter, und die Taucher erkannten, daß sie bei Erforschungen nicht nur völlig unabhängig sein mußten, was Gerät und Nahrung betraf, sondern daß sie auch große Vorräte Trinkwasser mitbringen mußten. Diese Höhle wurde ebenfalls zum erstenmal 1972 durchtaucht, als 300 m Leine in einer flachen, geräumigen, nördlich verlaufenden Passage verlegt wurden.

Das Team erkannte schnell das Potential des Tauchgrun-

des und innerhalb der nächsten zehn Jahre sollte es weltweit Bedeutung erlangen.

1974 wurden die Aktivitäten in immer schnellerer Reihenfolge durchgeführt. Lewis kehrte mit Keith Dekkers zurück, und die anderen bekannten Tauchgründe wurden versuchsweise überprüft. Inspiriert von dem, was er gesehen hatte, tat Dekkers sich zu einem späteren Zeitpunkt in diesem Jahr mit Hugh Morrison zusammen, einem weiteren entschlossenen Taucher aus Perth. Bei diesem Ausflug wurden weitere Vorstöße in Weebubbie und Cocklebiddy unternommen.

Im darauffolgenden Jahr wurden in diesem Gebiet zwei separate Expeditionen durchgeführt. Die Südaustralier waren als erste da und erweiterten alle Höhlen, die sie besuchten. Morrison, Dekkers und ihre Freunde aus Westaustralien trafen später ein, um allein den großen, einladenden Tunnel von Cocklebiddy in Angriff zu nehmen. Dieses Unternehmen scheiterte, als am zweiten Tag der Kompressor explodierte.

Im Mai 1976 wurde eine gemeinsame süd- und westaustralische Expedition organisiert, die bis auf den heutigen Tag die größte war. Es nahmen alle bisherigen Taucher gemeinsam mit Peter Stace und Ron Allum teil. Die Vorbereitungen waren gründlich, und es wurden eine Reihe von sehr erfolgreichen Tauchgängen durchgeführt. Ein Auszug aus R. Beilbys Tagebuch beschreibt die Szene.

Heute (17. Mai) sind wir auf 600 m vorgestoßen. Der Zweck dieses Tauchgangs bestand darin, drei volle 72er bei 600 m in der Höhle zu deponieren. Sie sollten später als Reserveluft für einen späteren, weiteren Vorstoß dienen. Ich trug meine gelbe Einzelflasche ohne kompensierenden Tragkraftbeutel und war ganz schön geschlaucht, als die 600 m Leine abgerollt waren. Gestern haben die Leute aus Südaustralien einen Tauchgang über 300 m unternommen und die Leine verknotet. Wir ließen die Flaschen mit Ersatz-Tragkraftwesten unter der Decke zurück. Meine Flasche war mit einer verbunden, die nicht ausreichte, daher wurde meine gelbe Einzelflasche zusätzlich mit einem Seil an der Leine festgebunden.

Die größte Tiefe betrug 9 bis 10,5 m und im Durchschnitt 4,5 bis 6 m. Die Sicht war zu allen Zeiten gut, wenn unsere Blasen nicht gerade Schlamm und Gesteinsflocken herunterholten... schließlich kehrten wir nach eineinhalb Stunden zur Hauptkammer zurück. Ich hatte schreckliche CO_2-Kopfscherzen durch die Anstrengung des Vorstoßes.

An diesem Tag (18. Mai) wurde der große Vorstoß unternommen. Hugh Morrison und ich sollten eine einzelne Flasche bis auf 600 m hineinbringen und mit ihr atmen. Die Hilfstaucher würden sie von der 600 m-Marke

Oben rechts: Der erste Sumpf in der Weebubbie Cave.

Rechts: Ein Taucher bei der Arbeit in der Weebubbie Cave unter der Nullarbor-Ebene, Westaustralien. Bei der 1972er Expedition drang man hier auf 243 m (– 41 m) vor.

wieder hinausbringen. Dann sollten wir beiden zwei Trommeln mit insgesamt 600 m Leine mitnehmen und den Vorstoß bis ans Ende der Leine durchführen oder bis wir nur noch zwei Drittel Luft hatten.

Am Morgen war ich ziemlich nervös und stellte mit Interesse fest, daß niemand so recht an die Sache herangehen wollte. Tatsächlich saßen wir alle in der Sonne herum, als alles bereit war, und erzählten Geschichten und Anekdoten. Schließlich mußte ich die anderen auffordern, anzufangen, da der Tauchgang lang sein würde und es bereits auf Mittag zuging... Bei 600 m hielten wir inne und schwammen unter die Decke, um uns auszuruhen, und warteten auf die Ankunft der drei Südaustralier [Phil Prust, Ron Allum und Peter Stace]...

In dem klaren Höhlenwasser hingen wir wie Fliegen unter der bläßlichen Decke. Rechts von uns hingen die drei Reservetaucherlungen unter den Tragkraftwesten. Da die drei südaustralischen Lichter in Sicht kamen, nahm das Wasser einen grünen Glanz an, offenbarte die Silhouette von Steve [Gard] und Hugh mit den ganzen Gerätschaften, und die silbernen Blasen platschten bewegungslos und glänzend unter dem Dach. Die riesige Ausmessung der Höhle, durch die wir geflogen waren, wurde offensichtlich...

Wir setzten unseren Weg fort. Der Tunnel verlief weiter in dieselbe Richtung, etwa nach Norden. Er stieg an und fiel unter den Gewölben und flachen Decken. Plötzlich ging es nach oben in das verräterische Nichts einer Luftkammer. Wir tauchten an die Oberfläche, und Morrison mußte in seinen Regler gehustet haben, bevor er auftauchte. Wir fanden zwei riesige Felsblöcke, die von der Oberfläche etwa bis in Brusthöhe reichten, stellten uns auf sie und quatschten aufgeregt miteinander. Als wir uns wieder beruhigt hatten, setzten wir unseren Weg fort.

Ein See und ein weiterer Sumpf führten zu einem noch größeren See.

Während ich an Ort und Stelle blieb und die Trommeln bewachte, entfernte Hugh seine Doppelflasche und forschte weiter mit einem Schnorchel... Es dauerte nicht lange, bis er aus einiger Entfernung berichtete, daß er an einem Felshaufen endete, der nicht mehr von der Lampe erleuchtet wurde... Ich legte meine Doppelflasche auf dem Felsen unter Wasser neben Hughs ab und ließ meinen Helm mit eingeschaltetem Licht liegen, um die Stelle zu markieren.

Eine Schwimmstrecke von 180 m führte zu einem Felshaufen: »Ein Megalith, der eine Million Tonnen zerschmetterter Masse in ein großes Loch in der Decke hob... Dahinter lag ein weiterer Sumpf, daher mußten sie umkehren und ihre Ausrüstung wieder abholen.«

Das Ersteigen des Felshaufens war die reine Hölle. In meinem Anzug wurde mir schrecklich heiß. Ich hatte das Gefühl, daß mein Herz und meine Lungen platzen würden. Nach mehreren Pausen und Schrecken erreichten wir mit zusammengebissenen Zähnen den nächsten See. Es war eine Wonne, als das kalte Höhlenwasser in den Anzug eindrang.

Links: Ron Allum im Camp 2000 in der Cocklebiddy Cave während eines Tauchgangs im Jahr 1976. Reserveflaschen wurden an diesem Punkt von der Decke der Höhle gehängt, um den Vorstoß zum Felsenhaufen 300 m weiter in der Passage zu unterstützen.

Es folgte ein 90 m langer Tauchgang, bis die Leine zu Ende war:

An der Grenze unseres schwächer werdenden Lampenstrahls lag ein einladendes Gewölbe. Hugh übergab mir die Trommel, signalisierte mir, daß ich hier bleiben sollte und schwamm weiter. Er tauchte in den Gang ein. Der grüne Schein seines Lichts erstarb, und ich war allein. Ich hatte die Verantwortung, die Leine festzuhalten, was immer auch geschah. Meine Angst wuchs, als die Minuten vergingen und die Schwärze um mich vollständig war.

Schließlich kehrte Morrison zurück, nachdem er die 60 bis 90 m hinter Beilby und dem Leinenende schnell überprüft hatte.

Der Rückweg war genau so ein Marathon wie der Hinweg. Alle Lampen leckten und waren so schwach, daß wir knapp einen Meter Sicht hatten, selbst in dem ganz klaren Wasser, als wir wieder auftauchten. Hugh hatte einen Unfall, bei dem ihm der Regler aus dem Mund gerissen und die Abgasteile abgerissen wurden, aber durch seine Geistesgegenwart und den Einsatz unabhängiger Systeme für die Atmung blieb der Vorfall ohne größere Folgen.

Es war eine unglaubliche Heldentat gewesen. In ihrer fünfstündigen Erforschung hatten sie einen der (damals längsten) Sümpfe durchquert. Zusammen mit dem Felshaufen und der zusätzlichen Schwimmstrecke hinter dem Ende der Leine betrug die Gesamtlänge des Vorstoßes mindestens 1370 m.

1977 führten die geographische Trennung zwischen Perth und Sydney und die Kommunikationsschwierigkeiten, die diese präsentierte, zu zwei getrennten Expeditionen; die erste wurde von den Südaustraliern durchgeführt und die zweite von der Gruppe aus Perth.

Im Juli dieses Jahres erweiterten Lewis, Allum und ihre Freunde die Höhle um 500 m in den Sumpf hinter dem Gesteinshaufen hinein und übertrafen das vorherige Ende der Leine um 350 m.

Im August trafen dann die Westaustralier ein. Man hatte besonders die Logistik der Operation bedacht, und ihre Lösung bestand in einem »schwimmenden Unterwasser-Schlitten«. Dieser konnte fünfzehn 72 Kubikfuß-Flaschen, Nahrung, Lampen usw. transportieren und zog außerdem ein Telefonkabel von der Basis bis zum Gesteinshaufen hinter sich her. Es dauerte eineinhalb Stunden, bis drei Taucher (Simon Jones, Steve Sinclair und Keith Dekkers) diese schwere Last zur vorderen Basis geschoben hatten.

Am Gesteinshaufen wurden sechs Flaschen mit 2500 psi Druck zur nächsten Tauchbasis transportiert. Mit jeweils drei Flaschen schwammen Morrison und Jones dann weiter, erreichten die südaustralische Grenze und setzten ihren Tauchgang um weitere 500 m fort, so daß die

Gesamtentfernung vom Eingang aus 2134 m betrug. Sumpf 2 war nun einen Kilometer lang, und es war noch kein Ende in Sicht. Der kristalline Tunnel setzte sich mit einer Tiefe zwischen 5 und 10 m fort. Als das Team zum Eingang zurückkehrte, war es elf Stunden unterwegs gewesen, wobei Morrison und Jones viel Zeit davon unter Wasser verbrachten. Mit einem Gesamtvorstoß von über zwei Kilometern rangierte Cocklebiddy unter den Höhlen der Welt an vorderster Stelle.

Cocklebiddy, 1979–82

Die Herausforderung, die diese Höhle präsentierte, ließ sich nicht ignorieren, und während andere Taucher weltweit grün vor Neid wurden, planten die Australier bereits die nächste Runde. 1979 fand ein weiterer großer Vorstoß statt. Im Mai kehrte Morrison mit einem neunköpfigen Taucherteam und einem Vorrat von 40 Flaschen (72 Kubikfuß mit 3000 psi Druck) zurück. Nach vier Tagen intensiver Aktivität begann die Operation. Diesmal hatte das Team einen zweiten Schlitten mitgebracht, um die Flaschen in den Sumpf hinter dem Gesteinshaufen zu transportieren. Bei einem weiteren Tauchgang, der eineinhalb Stunden dauerte, wurden die beiden Schlitten mit fünfzehn bzw. acht Flaschen zu dem Gesteinshaufen geschoben.

Jetzt mußte die zermürbende Aufgabe durchgeführt werden, den kleineren Schlitten, die Flaschen und die übrige Ausrüstung zur vorderen Basis zu tragen. Der Gesteinshaufen, der 24 m hoch und 60 m lang war, war nur schwer zu überwinden, aber fünf Stunden nach Ankunft in der Kammer waren alle notwendigen Vorräte transportiert worden, so daß alles vorbereitet war.

Simon Jones, Keith Dekkers und Hugh Morrison, die den Schlitten schoben und mit den drei Flaschen, die sich darauf befanden, atmeten, machten sich auf den Weg. An der bisherigen Grenze der Erforschung, 1000 m von dem Gesteinshaufen entfernt, parkten sie den Schlitten und setzten ihren Weg ins Unbekannte fort, wobei sie die

Dreifach-Flaschen auf ihrem Rücken einsetzten. Sie legten weitere 1000 m zurück, bevor die »Drittel-Regel« ihre Rückkehr erzwang.

Der weiterführende Tunnel hatte immer noch einen Durchmesser von 15 m im Quadrat, und die Sicht am Ende war sogar besser als bisher. Dekker beschrieb das Wasser, das keine grüne Tönung hatte, so, als ob man durch eine große Fensterscheibe schaute: »... durch ein Mundstück atmen zu müssen war fast ein klaustrophobisches Gefühl, aber dies war möglicherweise auch auf die Zeit zurückzuführen, denn noch nie hatten wir so lange mit der Taucherlunge geatmet.«

Bei 2000 m vom Gesteinshaufen an hatten sie einen weiteren unglaublichen Vorstoß durchgeführt. Der Rückweg war jedoch keinesfalls ereignislos, da es bei der Tragkraft zu einem größeren Problem kam.

Um in der Höhlenpassage weit oben zu bleiben, damit der Luftvorrat bewahrt wurde, mußte besonders der Tragkraftkontrolle besondere Aufmerksamkeit geschenkt werden. Die Formel war kompliziert. Man verwendete normale Bleigürtel, das unterschiedliche Gewicht der Flaschen (die immer mehr Tragkraft entwickelten, während die schwere Preßluft aufgebraucht wurde) und Tragkraft-Kompensationsbeutel, die zu Anfang mit Luft gefüllt wurden, um das tote Gewicht ihrer Last zu kompensieren, die aber langsam geleert wurden, wenn weniger Tragkraft erforderlich war.

Auf dem Rückweg zum Schlitten waren diese Beutel fast leer, und es war offensichtlich, daß die Taucher es bald nur unter Schwierigkeiten würden vermeiden können, unter die Decke zu schweben. Als sie den Schlitten erreichten, waren zwei der drei Flaschen auf ihrem Rücken fast leer und hatten daher große Tragkraft, und es befanden sich drei leere Flaschen auf dem Schlitten (die auf dem Hinweg verwendet worden waren). Mit zu wenig Luft auf dem Rücken, um in über 900 m Entfernung in Sicherheit zu gelangen, zusammen mit der sich schnell verschlechtern-

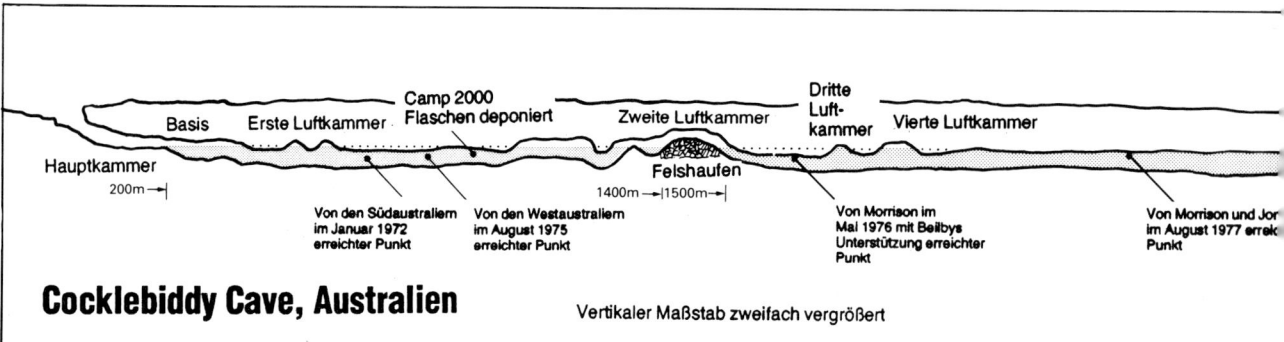

Basis   Erste Luftkammer   Camp 2000 Flaschen deponiert   Zweite Luftkammer   Dritte Luftkammer   Vierte Luftkammer

Hauptkammer
200m→|

Felshaufen

1400m→|1500m→|

Von den Südaustraliern im Januar 1972 erreichter Punkt

Von den Westaustraliern im August 1975 erreichter Punkt

Von Morrison im Mai 1976 mit Beilbys Unterstützung erreichter Punkt

Von Morrison und Jor im August 1977 errei Punkt

Cocklebiddy Cave, Australien   Vertikaler Maßstab zweifach vergrößert

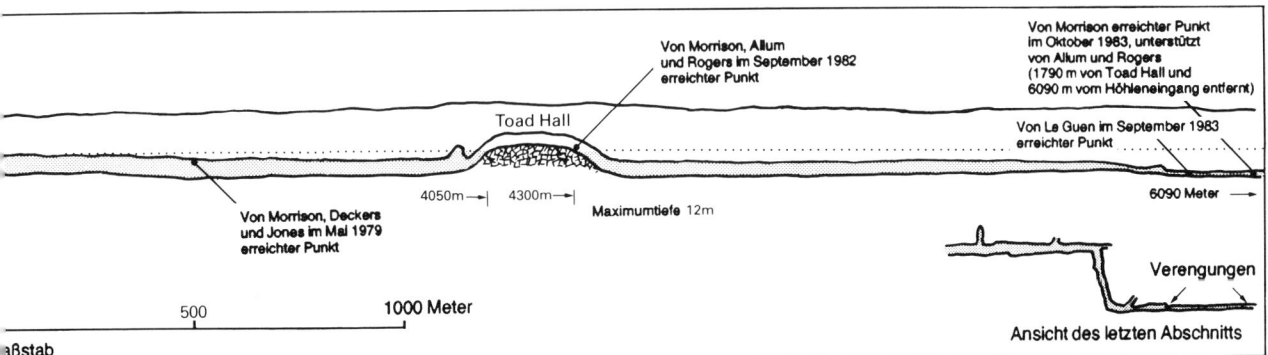

den positiven Tragkraft, zu der es bei der Verwendung der letzten Flasche kommen würde, war es undenkbar, den Schlitten zurückzulassen. Dies hätte eine kritische Situation sein können, aber sie wurde durch kühle Vernunft gelöst. Sie schnitten ein Loch in den Kunststoffrohrrahmen des Schlittens, so daß die Luft entweichen konnte, und es wurden Steine vom Boden der Passage aufgehoben und oben auf den Schlitten gebunden.

Eine ernste Krise wurde auf diese Weise abgewendet,

Oben: Mitglieder des 1979er Cocklebiddy-Teams. Von links nach rechts: (stehend) Hugh Morrison, Christine Gugiatti, Mark McKeon, Simon Jones, Bronte Heinrich und Michael Annear; (hockend) Keith Dekkers und Rex Starling.

und nach vier Stunden ständiger, schwerer Arbeit mit den Schwimmflossen, erreichten die drei müden Forscher den Gesteinshaufen, wo sie sich erst einmal erholten. Dann dauerte es weitere vier Stunden, bis alles Gerät wieder auf die andere Seite des Gesteinshaufens transportiert war und

Von Morrison, Allum
und Rogers im September 1982
erreichter Punkt

Von Morrison erreichter Punkt
im Oktober 1983, unterstützt
von Allum und Rogers
(1790 m von Toad Hall und
6090 m vom Höhleneingang entfernt)

Toad Hall

Von Le Guen im September 1983
erreichter Punkt

4050m 4300m

Maximumtiefe 12m

6090 Meter

Von Morrison, Deckers
und Jones im Mai 1979
erreichter Punkt

Verengungen

Ansicht des letzten Abschnitts

500 1000 Meter

aßstab

die beiden Schlitten für das letzte Stadium der Reise wieder zusammengebaut waren. Sie erreichten das Camp um vier Uhr morgens. Der Ausflug hatte insgesamt sechzehneinhalb Stunden gedauert, von denen sie über sieben Stunden unter Wasser verbracht hatten.

Der 3 km lange Vorstoß in Cocklebiddy war eine herausragende Pioniertat heldenhaften Ausmaßes. Die körperliche Belastung durch dieses Projekt zusammen mit dem zermürbenden psychologischen Aspekt verlieh dieser Expedition besondere Bedeutung. Man sollte immer daran denken, daß bei Tauchgängen dieser Art nie etwas genau wie erwartet verläuft, egal wie sorgfältig die Planung ist, so daß der Streßfaktor unausweichlich hoch ist. Das Problem mit der Tragkraft war kritisch und hätte leicht zu einem Desaster führen können. Nur wenige Menschen zeigen derartige extreme Hingabe und totale Selbstkontrolle.

Im selben Jahr unternahmen die Südaustralier zu einem späteren Zeitpunkt ebenfalls einen Versuch, in Cocklebiddy weiter vorzudringen. Mit je fünf Flaschen ausgerüstet, erreichte das Team das Ende der Leine, war aber nicht in der Lage, weiter vorzudringen. Es handelte sich um einen weiteren Marathon, bei dem vier Stunden lang ohne Unterbrechung geschwommen wurde. Alle Betroffenen hatten nun wenige Illusionen. Um über diesen Punkt hinaus vorzustoßen, mußte die Taktik ganz neu durchdacht werden. Bei einer Endtiefe von etwa 14 m war ebenfalls klar, daß die Dekompression bald ein zusätzliches Problem darstellen würde.

Im September 1982 wurde ein weiterer Vorstoß organisiert, der zum erstenmal ein Team zusammenbrachte, das aus Morrison, Allum und Rogers bestand, und das von einer großen Gruppe freiwilliger Helfer unterstützt wurde. Wieder wurde ein Schlitten eingesetzt, auf dem diesmal fünfzehn Flaschen hinter den letzten Luftraum an dem Gesteinshaufen transportiert wurden.

Morrison, Allum und Rogers, die sich ruhig von der vorderen Basis wegbewegten, hatten alle einen Luftvorrat für neun Stunden. Wenn alles nach Plan verlief, ging man davon aus, daß sie mindestens 500 m neue Leine würden verlegen können. Wenn sie innerhalb dieser Zeit nicht auftauchten, mußten sie sechs zermürbende Stunden lang auf dem Hin- und Rückweg schwimmen. Der Tauchgang begann.

Kaum hatte die Operation begonnen, waren eine Reihe von Abhilfemaßnahmen erforderlich. Die Tragkraftkontrolle des Schlittens erwies sich viel schwieriger als erwartet, denn Schlitten und Taucher rasten mehr als einmal von der Decke auf den Grund. Der Schlitten war mit drei Taucherwesten ausstaffiert, die sich vorne, in der Mitte und hinten befanden, und die alle aus Flaschen auf dem Schlit-

ten versorgt wurden. Diese Westen waren notwendig, um die geschätzten 30 kg Luft zu kompensieren, die während des Tauchgangs verbraucht werden würden. Da sich jedoch luftgefüllte Schwimmwesten auf dem Schlitten befanden, der ansonsten ein konstantes Volumen hatte, führten die Tiefenveränderungen während des Tauchgangs, die von 0 zu 14 m reichten, ebenfalls zu Tragkraft-Veränderungen, die ständiger Aufmerksamkeit bedurften.

Weitere Aufregung auf den ersten 500 m des Tauchgangs entstand durch einen zerrissenen Hochdruck-Schlauch an einem von Morrisons Reglern und einem herausgepreßten O-Ring an dem Zubehör für das erste Stadium an einem von Rogers Reglern. (Diese Probleme führte man anschließend auf Flaschen zurück, die unter zu starkem Druck standen.)

Sie schwammen immer weiter. Bei der 1800 m-Marke signalisierte Morrison, daß er ein Drittel der Luft von dem Schlitten aufgebraucht hatte, daher wurde der Schlitten, wie abgesprochen, unter der Decke »geparkt«. Etwa 200 m weiter und circa zweieinhalb Stunden nachdem sie den Gesteinshaufen hinter sich gelassen hatten, erreichten sie das Ende der Leine. Sie hatten 2 km der Tauchstrecke zurückgelegt und die langerwartete Spannung des Aufbruchs in unbekanntes Gebiet stand kurz bevor.

Wie es der Zufall wollte, schien die Tiefe geringer zu werden, als sie sich in das unbekannte Gebiet bewegt hatten. Aus einer Tiefe von 14 m erreichten sie bei 2400 m einen kleinen Luftraum. Sie waren sehr optimistisch gestimmt, und ganz plötzlich, etwa 2500 m von dem Gesteinshaufen entfernt, erschien über ihren Köpfen eine große, spiegelartige Oberfläche – die langgesuchte Luftkammer. Sie überprüften ihre Dekompressionszeiten und warteten ein paar Minuten. Das Gefühl von Erregung war unglaublich, als sie an die Oberfläche tauchten. Vor ihnen lag ein weiterer, großer Felssturz, der sich als sehr viel größer erwies, als jener, den sie vor einigen Stunden verlassen hatten.

Als sie über die Felsen hinaufkletterten, waren sie äußerst vorsichtig. Ein Beinbruch oder jedwede Verletzung würde ein Desaster bedeuten. Etwa 250 m nach gefährlich lockerem Terrain und 3,5 km Tauchstrecke von der Eingangshalle entfernt, stießen sie auf einen weiteren riesigen See. Vor ihnen lag wieder ein großer Sumpf. Sie waren hochgestimmt, aber dennoch wollten sie sich in der neuen Kammer nicht zu lang aufhalten aus Angst, daß die wartenden Freunde an dem Gesteinshaufen sich Sorgen machen würden.

Sie ruhten sich etwa eine Stunde lang aus, bevor sie sich wieder für die lange Schwimmstrecke zurück ausrüsteten. Ohne Zwischenfälle erreichte das Team den Gesteinshaufen nach einem zweidreiviertelstündigen Tauchgang und einer Gesamttauchzeit von sieben Stunden. Die ganze Gruppe tauchte schließlich müde, aber triumphierend um 6 Uhr 30 morgens auf, um sich in der kalten Pracht der Morgendämmerung in der Nullarbor-Ebene um das Lagerfeuer zu versammeln. Der Vorstoß hatte über 15 Stunden lang gedauert, und jeder Taucher war 7 km weit geschwommen.

Die Hochstimmung wich bald weiteren Plänen. Sie beabsichtigten, die neu entdeckte Kammer, Toad Hall, als vordere Basis zu benutzen und den nächsten Sumpf in zwölf Monaten in Angriff zu nehmen. Wenn es sechzehn Taucher und achtzig Flaschen bedurft hatte, um Toad Hall zu erreichen, wieviele brauchte man dann für den weiteren Vorstoß?

Für den nächsten Vorstoß mußten viel mehr Vorbereitungen durchgeführt werden als für die vorherigen Unternehmungen. Spezielle Beleuchtungseinheiten, wasserdichte Container für Schlafsäcke, Nahrung und eine Reihe anderer Geräte mußten zusammengesucht oder neu hergestellt werden. Die Transportmethode war von größter Bedeutung, und Ron Allum setzte seine Fähigkeiten bei Design und Technik wirkungsvoll ein. Es wurden vier Aluminiumschlitten konstruiert, von denen jeder 14 Flaschen tragen konnte und die mit speziellen Tragkraftkammern ausgerüstet waren. Angesichts der fast katastrophalen Schwierigkeiten, mit denen sie zuvor hatten zurechtkommen müssen, konnten die neuen Tragkraftkammern kontrolliert überflutet werden. Allum entwarf auch ein

spezielles Funkgerät für die Kommunikation, das nach Toad Hall mitgenommen werden konnte, um die Gruppe an der Oberfläche über die Entwicklungen 90 m unter ihnen zu informieren.

Der französische Versuch in Cocklebiddy, 1983
Alles verlief nach Plan für die Expedition im Oktober 1983, als das Team eine unerwartete und vernichtende Nachricht erhielt. Im Juli traf eine kleine Gruppe französischer Taucher in Adelaide ein, wovon keiner der Australier etwas wußte. Dieses fünfköpfige Team wurde von den Brüdern Eric und Francis Le Guen angeführt, die zu den besten Tauchern Europas zählten. Mit von der Partie war Francis' Frau Véronique*, Sylvie Goutiere und Jerome Krowicki.

Die Franzosen hatte drei Tonnen Ausrüstung mitgebracht, einschließlich drei Trockentauchanzüge, Hochleistungs-Aquazepp-Scooter und Hochdruck-Fiberglas-Flaschen ähnlich wie jene, die Bill Stone in Mexiko eingesetzt hatte. Die Planung für das Jules Verne-Abenteuer der Gruppe hatte über zwanzig Monate in Anspruch genommen, wobei das Hauptziel ein Weltrekord bei dem Vorstoß in Cocklebiddy war. Daß ein Team von fünf Leuten, die die Höhle überhaupt nicht kannten, ein Ziel wie Cocklebiddy überhaupt ins Auge fassen würde, schien völlig lächerlich. Dies war zumindest die Ansicht der australischen Taucher, als die Nachricht von dem französischen Projekt schließlich die Medien erreichte, aber dabei hatte man die fünf Taucher nicht richtig eingeschätzt.

* Véronique Le Guen nahm sich am 18. Januar 1990 das Leben. In Frankreich war sie eine Berühmtheit, nachdem sie allein 111 Tage vom 18. August bis zum 29. November 1988 in La Grotte du Valat-Négre in Millau im Südwesten Frankreichs in einem Camp zugebracht hatte. Ein Buch über ihre Erfahrung, *Seule au Fond du Gouffre* wurde 1989 veröffentlicht. Sie war eine sehr erfahrene Höhlenforscherin und Höhlentaucherin. Ihren letzten Tauchgang unternahm sie im Gouffre de Padirac im Oktober 1989.

Links: Das französische Basis-Camp für den 1983er Cocklebiddy-Tauchgang.

Anfang September, nach Wochen schwieriger und sorgfältiger Bemühungen wurden die beiden Scooter, 35 Luft-
und Sauerstofftanks und eine Fülle anderer Gerätschaften
an das Ufer des Sees transportiert. An den folgenden
Tagen brachten sie genug Ausrüstung zu dem Gesteinshaufen, die mindestens für zwei Angriffe auf das ferne Ende
der Höhle ausreichen würde. Von Anfang war klar, daß es
logistisch unmöglich war, zwei Taucher auf einmal in den
dritten, noch nicht durchtauchten Sumpf zu schicken.
Daher sollte Eric Le Guen den ersten Vorstoß unternehmen, unterstützt von Francis, der ihn bis ans Ende von
Toad Hall begleiten würde. Obwohl das ganze Team half,
das schwere Gerät über den Gesteinshaufen zu transportieren, war es dennoch eine große Erleichterung, als die
beiden Brüder in das kühle Wasser glitten und sich mit je
sieben Flaschen ausgerüstet mit den Scootern auf den Weg
machten. Im nächsten Stadium ihrer Reise hatten sie die
wertvolle Unterstützung durch ihre zuverlässigen Aquazepps, und obwohl sie mental unter starkem Streß standen,
war die körperliche Strapaze minimal.

Die Scooter waren bei einem so großen Vorstoß unent-
behrlich. Später wurde berechnet, daß man bei einem so

kleinen Team bei der Durchquerung des zweiten Sumpfes
nur ein Viertel des Luftvorrats und die Hälfte der Zeit
brauchte, die normalerweise erforderlich war, wenn man
die Strecke schwimmend zurücklegte.

In Toad Hall begannen die wahren Schwierigkeiten, da
der Transport für nur zwei Männer sehr schwer war. Der
sichere Rückweg war äußerst wichtig, und da die Scooter
sehr schwer waren, beschlossen sie, sie bei dem ersten
Versuch nicht einzusetzen. Selbst der Transport von ausrei-
chendem Gerät für einen Versuch in Sumpf 3 erforderte
viel Arbeit, aber viele Stunden später war die Arbeit
erledigt, und Eric Le Guen tauchte mit seinen Schwimmflossen in das kristallklare Wasser des weiterführenden
Sumpfes. Francis blieb nur mit einer einzelnen Kerze
zurück. Die lange Wartezeit begann. Nach mehreren Stunden tauchte ein kleiner blauer Flecken wieder in den
dunklen Gewässern von Sumpf 3 auf, und Francis' Angst
war vorüber. Eric hatte äußerste Nervenkraft und zähe

Ausdauer gezeigt, als er entgegen aller Erwartungen einen neuen Weltrekord aufgestellt hatte. Er hatte die unglaubliche Strecke von 1450 m flacher, noch nicht erforschter Passage durchtaucht, bis er schließlich von einer Verengung aufgehalten wurde. Dies war schon allein einer der längsten Tauchgänge ohne Hilfe, die je durchgeführt worden.

Die Brüder machten sich langsam auf den Rückweg und begaben sich auf die lange, ermüdende Reise zurück zum Höhleneingang. Über 35 Stunden später konnten sie endlich ihre Ausrüstung ablegen, essen, trinken und ihren wohlverdienten Schlaf genießen.

Aber Cockelbiddy endete nicht mit einer absoluten Sackgasse. Hinter der Verengung setzte sich der Tunnel, kleiner zwar, fort. Jetzt war Francis an der Reihe. Wieder wurden die Flaschen gefüllt und das Gerät wurde transportiert. Die ungeheure Größe der Aufgabe war fast überwältigend. Um noch weiter vorzustoßen, mußte alles perfekt klappen. Jede Beschädigung des Geräts würde ein Fehlschlag bedeuten.

Der Tag des Vorstoßes kam. Véronique Le Guen und Sylvie Goutiere gingen den beiden zu dem Gesteinshaufen voraus und machten sich wieder an den schweren Transport des Geräts nach Sumpf 2. Nach einer Vorbereitungszeit von 24 Stunden erreichten Eric und Francis Toad Hall. Nach einer hastigen Mahlzeit versuchten sie, sich etwas auszuruhen. Sie lagen auf ihren Trockentauchanzügen zwischen zwei Raumfahrtdecken, wobei die Luft eine angenehme Temperatur von 25° C hatte. Aber Francis mußte an so vieles denken, daß er einfach nicht schlafen konnte. Die Scooter, die mehrere Stunden fahren konnten, zeigten gute Leistung. Sie hatten einen großen Luftvorrat. Aber alles wurde bis aufs äußerste erhalten. Die Lichter beispielsweise wurden mit Batterien gespeist, und anstelle von Bleigewichten hatten die beiden Ersatzbatterien als Ballast an ihrem Körper angebracht. Auf dem Hinweg hatte nur der führende Taucher sein Licht eingeschaltet, während die anderen ihm dicht in der Dunkelheit folgten.

Sie hatten ein paar Stunden wohlverdienter Ruhe und begannen dann mit der schwierigen Aufgabe, die Geräte weiterzutransportieren. Fünf Stunden später war die gesamte Ausrüstung sicher durch Toad Hall zum Sumpf 3 gebracht worden. Francis Le Guen bereitete sich auf den großen Tauchgang vor, für den er mit einer unglaublichen Ansammlung an Flaschen ausgerüstet war. In seinem Tagebuch berichtet er:

Meine Ausrüstung ist bis auf alle Einzelheiten überprüft. Die vier Ersatz-Fiberglas-Tanks an meiner Brust sehen aus wie ein Akkordeon. [Seinen Hauptvorrat trug er in fünf Flaschen auf dem Rücken.] Jetzt bin ich an der Reihe, einen Solotauchgang zu unternehmen. Ich habe genug Luft und Leine, um mehr als fünf Stunden unter Wasser zuzubringen...

Alles ist bereit, aber ich habe Angst. Aber es gibt keine Entschuldigung, meinen Tauchgang aufzuschieben. Ich schlucke gierig an einem der Regler, und nach einem letzten Winken sinke ich in den See. Das kalte Wasser läßt mein Gesicht für eine Sekunde frösteln, ich schaudere im Nacken, und plötzlich fühle ich mich wohl. Der See, der recht klein ist, geht in eine prachtvolle, überflutete Galerie über.

Als seine erste Flasche nur noch den halben Druck hatte, legte er sie bei 400 m, die zweite bei 800 m ab. Es war ein langer ermüdender Tauchgang, als die letzten 300 m der Passage immer enger wurden.

Am Ende der Leine beginnt mein Herz schneller zu schlagen. Hier beginnt das Unbekannte...

Ein merkwürdig geformter Fels teilt die Passage. Ich entscheide mich, über ihn hinweg zu schwimmen. Meine Flaschen stoßen ein wenig an die Decke, und ich komme nicht weiter – es ist zu eng. Ich versuche, die Doppelflaschen an meiner Brust abzulegen, aber ich kann mich nicht bewegen. Irgend etwas muß sich an der Decke oben verhakt haben. Durch mein unorganisiertes Schieben und Ziehen werde ich nur noch mehr eingekeilt, und verzweifelt gebe ich es für eine Weile auf. Diese unbequeme Position steigert meinen Herzschlag, und ich beginne unter meiner Maske zu schwitzen.

Langsam erhole ich mich und erkenne, daß ich genug Luftvorrat habe, mich loszumachen, egal wie lange es dauert. Etwas Sediment, das von der Decke herabfällt blockiert meine Sicht. Mit meiner freien Hand werfe ich die Leinenrolle vor mir weg und schiebe sie zur Seite, damit sie mir nicht im Weg ist. Ich kann eine der Verankerungen, die die Doppelflaschen hält, lösen. Ein kurzes Rutschen nach rechts, und der Schraubstock hat sich gelöst. Jetzt kann ich den anderen Riemen abnehmen, so daß die Flaschen zur Seite rutschen. Dann schiebe ich sie vor mir her. Eine kurze Bewegung zurück und nach vorn, und ich bin frei. Ich bin hindurchgelangt!

Als ich mich zu den steinernen Kiefern umdrehe, wo die rote Farbe meiner Flaschen blutige Spuren hinterlassen hat... Langsam schwimme ich weiter und entdecke weitere 90 m und dringe in ein Rohr ein, das nicht breiter als 60 cm ist. Mein Bauch wird auf den Grund gepreßt, und die Flaschen auf dem Rücken kratzen wieder an der Decke... Drei Meter weiter verengt sich die Passage noch mehr... Der Sumpf ist zu Ende.

Auf dem Rückweg wurden alle Seitenarme erforscht, aber alle waren nach kurzer Entfernung zu Ende. Dreieinhalb Stunden später waren die Brüder wiedervereint. Sie hatten alles erreicht, was sie geplant hatten. Völlig übermüdet begannen sie den langen Rückweg:

Wir treffen Jerome, der gekommen ist, um uns in der ersten Luftkammer [dem Gesteinshaufen zu helfen], wo uns Müdigkeit und Halluzinationen übermannen. Überzeugt, daß ich ein Licht verloren habe, fange ich an, einen großen Gesteinsbrocken auszugraben, bevor ich die Lampe an meinem Arm finde. Eric beklagt sich, daß seine Lampe eine schlechte Verbindung hat, und ich sehe, daß er eine abgebrannte Kerze in der Hand hält.

Wieder tauchen wir und stellen unsere Untersee-Scooter auf die

Oben: Francis und Eric Le Guen signalisieren ihren Triumph auf ihrem Rückweg von einem 6000 m langen Vorstoß in die Cockle-biddy-Höhle. Die Entfernung wurde später von dem australischen Team, das ohne Scooter arbeitete, auf 6090 m erweitert.

Höchstgeschwindigkeit ein. Wir riskieren eine Unterwasserkollision, aber wir brauchen nur sieben Minuten, um das letzte Wasserstück, das uns von der Oberfläche trennt, zu überwinden.

Etwa siebenundvierzig Stunden nach Beginn der Expedition kamen Eric und Francis Le Guen wieder an die Oberfläche. Während der beiden Hauptausflüge, die eine Großtat menschlicher Ausdauer darstellen, hatten sie den längsten Höhlentauchgang der Welt durchgeführt und einen großartigen neuen Rekord aufgestellt. Die Grenze des Vorstoßes lag nun etwa 6 km vom Höhleneingang entfernt. Am 15. September 1983 realisierte sich ihr Traum. Das Ende von Cocklebiddy war endlich erreicht worden... Oder doch nicht?

Der australische Cocklebiddy-Vorstoß, 1983
Als die Nachrichten dieser unglaublichen Tat das australische Team erreichte, war es wie am Boden zerstört. Aber zurück in Adelaide bewirkten detaillierte Gespräche zwischen Ron Allum und den Franzosen eine Einstellungsänderung.

Bei 1550 m in Sumpf 3 war das Ende von Cocklebiddy zwar eng, aber es war nicht völlig blockiert. Francis Le Guen hatte auf dem Rücken fünf Flaschen getragen, als er diese Grenze erreichte. Voller Optimismus nahm man daher an, daß ein stärker stromlinienförmiger Taucher weiter vorstoßen könnte. Der australische Vorstoß war vorbereitet. Anfang Oktober begab sich ein starkes Team mit vierzehn erfahrenen Tauchern zu der Höhle, um die Erforschung noch weiter voranzutreiben.

Drei Kompressoren wurden angestellt, 86 Flaschen wurden gefüllt, und die vier Schlitten wurden beladen. Vier Tage nach der Ankunft verließen sechs Taucher, die alle drei Flaschen auf dem Rücken trugen, die Rockpile Chamber, wobei sie drei schwerbeladene Schlitten schoben. Jeder Schlitten transportierte vierzehn Flaschen, mit denen die Taucher atmeten, sowie Nahrung, Getränke und Schlafsäcke. Alles ging glatt. Bei zwei Tauchern pro Schlitten war es erneut eine lange, schwere Schwimmstrecke. Zweieinhalb Stunden später trafen sie in Toad Hall ein. Obwohl die Schlitten an diesem Abend entladen wurden, wurde das Gerät nicht an das andere Ende der Kammer getragen, da man nach einem Dekompressionstauchgang keine schweren Aktivitäten durchführen wollte. Man stellte eine Verbindung zu dem Team an der Oberfläche her, und nach einer warmen Mahlzeit legten die Taucher sich schlafen.

Kurz nach Mittag am folgenden Tag begaben sich Morrison, Allum und Peter Rogers in Richtung von Sumpf 3, wobei sie einen einzelnen Schlitten mit vierzehn Flaschen trugen. Simon Jones, Graham Morrison und Philip Prust machten sich auf eine lange Wartezeit gefaßt.

Bei der 1300 m-Marke in Sumpf 3 erwies sich der Schlitten als zu groß für die sich verengende Passage und wurde geparkt. Die drei setzten ihren Weg fort, wobei sie weiter mit den drei 90er Flaschen atmeten, die sie trugen. Morrison trug außerdem eine Einzelflasche unter dem Arm, um die kleineren Nebengänge zu erforschen. Bei 1460 m, der Grenze des französischen Vorstoßes legte Morrison die drei Flaschen ab und setzte seinen Weg mit der Einzelflasche fort. Seine Gefährten schlängelten sich durch den engen Abschnitt, und alle drei Taucher begaben sich in Richtung »Ende«.

Die Verengung am Ende war sehr eng, aber Morrison, der unbedingt bis zu der absoluten Grenze vorstoßen wollte, nahm die Einzelflasche von seinem Rücken und schob sie vor sich her, während er sich weiterschlängelte. Für Allum und Rogers begann eine beunruhigende Wartezeit von über 22 Minuten. Morrison setzte seinen Weg im Tunnel fort:

Der Tunnel war sehr eng und ich mußte die Flasche vor mir herschieben, während ich weiterschwamm. Ich freute mich so sehr, daß ich den engen Eingang überwunden und die Franzosen [Endpunkt] übertroffen hatte, daß ich die vollen Auswirkungen dessen, was ich tat, zuerst gar nicht begriff...

Nach etwa fünf Minuten dachte ich über den einzelnen Regler, die Flasche und die Lampe nach... Mein Herz schlug wie verrückt. Der Tunnel war wie das Innere eines Schweizer Käses und strahlend weiß. Teile der Decke standen in allen Richtungen hervor, und mehrmals benutzte ich den Boden der Flasche, um einige der spitzen Vorsprünge, die den Weg behinderten, abzubrechen.

Nach etwa 250 m hatte ich etwa ein Drittel der Luft in der Flasche verbraucht... Der Gedanke, daß das Gerät versagen könnte, belastete mich jetzt sehr... Ich wickelte das Seil um ein hervorstehendes Gesteinsstück und durchschnitt die Leine.

Der Rückweg war ein Nebel von durchlöchertem Felsgestein und herabfallendem Schlamm. Als ich wieder am Eingang des neuen Tunnels eintraf, war meine Atemgeschwindigkeit fast nicht mehr zu kontrollieren, und es dauerte mehrere Minuten, bis sie sich wieder normalisiert hatte und ich mich entspannen konnte.

Vier Stunden und zwanzig Minuten nach dem Anfang des Ausflugs kehrte das Trio nach Toad Hall zurück. Sie hatten

vierzehn der dreiundzwanzig Flaschen geleert. Nachdem sie eine zweite Nacht in der Höhle verbracht hatten, wurde alles Gerät zusammengesammelt, und am nächsten Morgen begann der endgültige Rückzug. Etwa fünfundfünfzig Stunden nach dem Beginn der Expedition traf das Vorstoß-Team wieder an der Oberfläche an. Innerhalb von sieben Tagen war die gesamte Erforschung beendet.

Morrison hatte einen weiteren heldenhaften Vorstoß durchgeführt, mit dem er schlüssig bewies, daß Cocklebiddy ein Ende hatte. Elf Jahre der Forschung hatten das Team zu einem neuen Weltrekord und an das effektive »Ende« der Höhle geführt. Cocklebiddy war auf 6090 m erforscht worden und endete 1790 m vom letzten Luftraum entfernt in Sumpf 3.

Erforschungen in Pannikin Plain Cave, 1980–88
Wenn die Nullarbor-Ebene eine Höhle wie Cocklebiddy enthielt, konnte man annehmen, daß andere Tauchgründe den australischen Tauchern eine ähnliche Herausforderung bieten würden. Dies war bereits im Jahr 1974 an einer anderen Stelle der Fall, die in den letzten Jahren ins Scheinwerferlicht rückte: Pannikin Plain Cave.

Erst 1980 wurde diese Höhle wieder besucht, als Peter Rogers einen riesigen Tunnel ähnlich wie in Cocklebiddy entdeckte, der in kurzer Entfernung zur Tauchbasis lag. Die Decke befand sich in einer Tiefe von 27 m. Rogers und Allum begannen die Erforschung des Systems, das heute in Australien hinter Cocklebiddy an zweiter Stelle steht.

Die Höhle war beim Entstehen dieses Buches unter Wasser auf etwa 2,5 km erforscht und enthält mehrere Luftkammern. Eine von ihnen, Concorde Landing – so benannt nach einem riesigen Felsen, der dem Flügel des Überschallflugzeugs ähnelt – ist die größte und spektakulärste Kammer, die man unter der Nullarbor-Ebene gefunden hat.

Alle fortschrittlichen Techniken, die man über die Jahre entwickelt hatte, um Cocklebiddy in Angriff zu nehmen, hat man in diesem Tauchgrund übernommen. Ende 1987 beispielsweise benutzte man Scooter in Verbindung mit einem Schlitten, und mit dieser Hilfe konnte ein erfolgreiches Camp in Concorde Landing aufgebaut werden. Von diesem Punkt aus konnten Rogers und Chris Brown 470 m in den Endsumpf vorstoßen. Von diesem Punkt aus setzte sich der riesige Tunnel noch verlockend in der Ferne fort.

Im Dezember 1988 wurde eine große Expedition unternommen, bei der das Ziel nicht nur darin bestand, in der Höhle einen möglichst weiten Vorstoß zu unternehmen, sondern das Ergebnis auch auf Film festzuhalten. Das Unternehmen war ein internationales Ereignis, zu dem Teilnehmer wie der führende amerikanische Taucher Wes

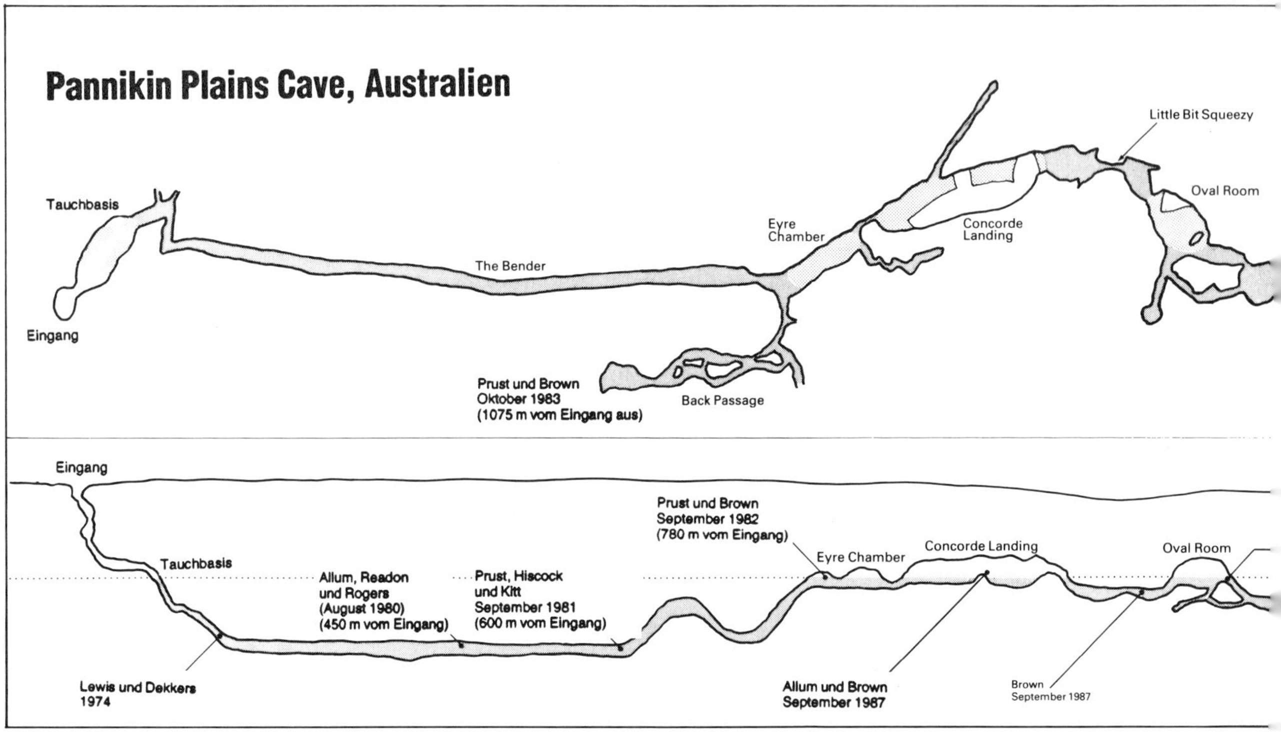

Pannikin Plains Cave, Australien

Little Bit Squeezy

Oval Room

Tauchbasis

Eingang

Eyre Chamber

Concorde Landing

The Bender

Prust und Brown
Oktober 1983
(1075 m vom Eingang aus)

Back Passage

Eingang

Prust und Brown
September 1982
(780 m vom Eingang)

Tauchbasis

Eyre Chamber

Concorde Landing

Oval Room

Allum, Readon
und Rogers
(August 1980)
(450 m vom Eingang)

Prust, Hiscock
und Kitt
September 1981
(600 m vom Eingang)

Lewis und Dekkers
1974

Allum und Brown
September 1987

Brown
September 1987

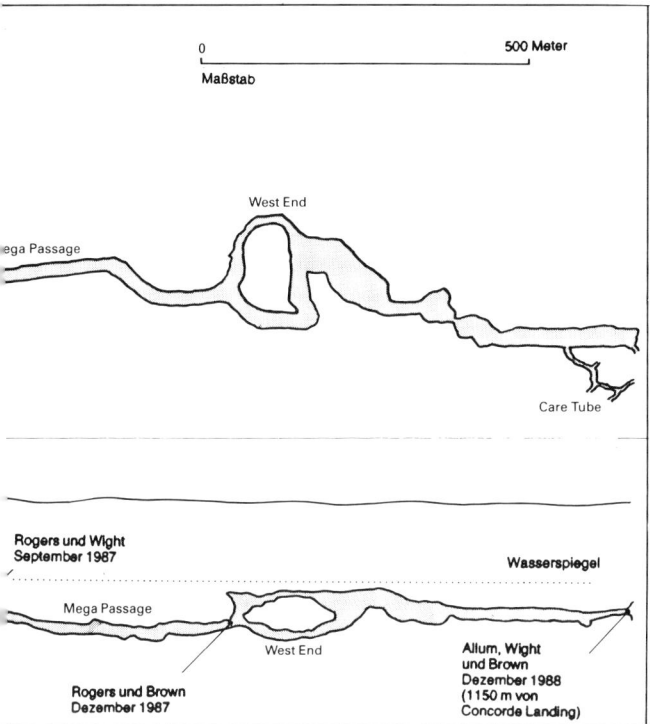

0
500 Meter

Maßstab

West End

ega Passage

Care Tube

Rogers und Wight
September 1987

Wasserspiegel

Mega Passage

West End

Allum, Wight
und Brown
Dezember 1988
(1150 m von
Concorde Landing)

Rogers und Brown
Dezember 1987

Skiles und Rob Palmer aus Großbritannien eingeladen
waren. Mit voller Ausrüstung und erfahrenem Personal
wurde die Höhle auf ihr gegenwärtiges Ende bei 2150 m
erweitert. Hier stieß man auf eine Blockade durch Felsbrocken, ein Hindernis, das vielleicht von einem stromlinienförmigen Taucher überwunden werden könnte.

Die Expedition war ein großer Erfolg, aber zweifellos
fand das aufregendste Ereignis auf dem Rückweg aus der
Höhle statt. Es war 4 Uhr 30 nachmittags, als sich das
gesamte Team an dem unterirdischen Seeufer versammelte
und begann, das Gerät zu entladen, das gerade aus den
Tiefen des Systems eingetroffen war. An der Oberfläche
herrschte ein starker Wirbelsturm, der das Camp zerstörte
und innerhalb von 25 Minuten mehr als die doppelte,
jährliche Regenmenge für dieses Gebiet abregnete. Bevor
die Taucher unter der Erde sich der Größe des Ereignisses
bewußt werden konnten, ergoß sich ein ungeheurer Was-
serstrom in den senkrechten Schacht, was zu einem großen
Erdrutsch und Einsturz führte. Wie durch ein Wunder

*Rechts: Das Team versammelt sich am Eingangssee der Pannikin
Plain Cave für die Erforschungen des Jahres 1988. Links: Die
riesige Höhle bei Concorde Landing.*

wurde niemand verletzt, obwohl sich ein Hagel von Felsbrocken in die Kammer ergoß. Der Rückweg war völlig
blockiert und dreizehn Mitglieder des Teams waren eingeschlossen. Mit ruhiger Resignation stellten sie sich darauf
ein, für unbekannte Zeitdauer dort unten zu überleben.

Glücklicherweise konnte innerhalb weniger Stunden
nach dem Desaster eine Funkverbindung hergestellt werden. Am nächsten Tag wurde ein Fluchtweg durch das
Chaos der Felsbrocken angelegt, und alle trafen sicher am
Samstag um 20 Uhr an der Oberfläche ein. Die Ausrüstung, die über 200000 australische Dollars gekostet hatte,
mußte bleiben, wo sie lag, um wieder geholt zu werden,
wenn sich die Natur nach einiger Zeit wieder stabilisiert
hatte.

Unfälle am Mount Gambier

Die Isolation von Nullarbor bedeutete, daß nur ein paar
der erfahreneren Taucher sich unter die Erde gewagt hatten, was zur Folge hatte, daß es glücklicherweise nur
wenige Unfälle gab – wobei jener in Pannikin Plains Cave
nicht vorherzusehen gewesen war – und bisher keine Todesfälle.

Das Bild in anderen Regionen ist jedoch ganz anders.
Das Mount Gambier-Gebiet in Südaustralien, 200 Meilen
südöstlich von Adelaide ist als Tauchgebiet vergleichsweise
populär. Hier gibt es eine große Zahl an tiefen Töpfen an
der Oberfläche, die mit Wasser gefüllt sind. An diesen
Stellen kam es tragischerweise zu vielen Todesfällen, einschließlich elf in dem Zeitraum von 1969 bis 1974. Drei
dieser tödlichen Unfälle ereigneten sich bei einem Vorfall
in der Death Cave im Jahr 1973, als die Taucher, die keine
Leine verwendet hatten, nach kurzer Entfernung von der
Oberfläche auf dem Hinweg die Orientierung verloren
hatten. Bei einem weiteren Vorfall im folgenden Jahr
kamen vier Taucher im wesentlichen aus demselben Grund
zu Tode, obwohl hier eine Narkose zusätzliche Rolle
spielte, da sie auf eine Tiefe von 60 m gegangen waren.

Wie es vorauszusehen war, reagierten Öffentlichkeit und
Presse alarmiert auf diese Vorfälle. Aus Angst vor Scha-
densersatzforderungen und anderen allgemeinen Ver-
pflichtungen dachten die staatlichen und privaten Landbe-
sitzer ernsthaft an eine Schließung aller Höhlen für Taucher. Statt jedoch den Zugang zu einigen der besten binnenländischen Tauchgründen weltweit zu verlieren, rea-

*Links: Szenen während der Pannikin Plains-Erforschungen: Der
Schlitten wird auf einer Luftbahn eingesetzt, um Ausrüstung in die
Höhle zu transportieren (oben links); der beladene Schlitten im
Eingangssee (oben rechts); schwerbeladene Taucher lenken den
Schlitten durch Sumpf 1 nach Corncorde Landing.*

*Oben: Zum Ziehen der Schlitten wurden große Aquazepps einge-
setzt.*

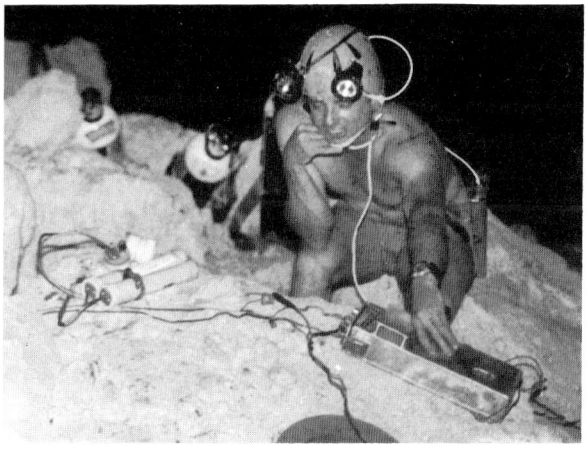

*Oben: Ron Allum mit einem speziellen Kommunikationssystem,
um mit Helfern an der Oberfläche zu sprechen – das Gerät spielte
bei der späteren Rettungsoperation eine wichtige Rolle.*

gierten die Taucher, indem sie im September 1973 die
Vereinigung der australischen Höhlentaucher (CDAA)
gründeten. Zur Verteidigung des Sports zeigte man sich
den Landbesitzern und der Öffentlichkeit gegenüber vereint. Man schlug ein Bewertungssystem vor, das die unterschiedlichen Schwierigkeiten der Tauchgründe aufführte
und durch ein Ausbildungsprogramm mit Training und
Bewertung ergänzt wurde. Heute sind daher die Tauchgründe und die Taucher selbst in Kategorien eingeteilt, und
die CDAA hat ungeheure Wirkung auf den Sicherheitsstandard und den Sport im allgemeinen gehabt.

Die Höhlentaucherei in Tasmanien

Neben den Nullarbor- und Mount Gambier-Regionen sollte Tasmanien kurz erwähnt werden, denn dort gibt es die längsten und tiefsten Höhlen in Australien. Hier besteht nicht nur ungeheures Potential für das Tauchen, sondern auch für die normale Höhlenforschung in den Passagen, die hinter den Sümpfen existieren. Im Mole Creek-Gebiet wurde 1978 die erste große Tauchverbindung hergestellt, als ein südaustralisches Team endlich durch den langen Quellsumpf (496 m) von Kubla Khan durch zwei weitere Sümpfe von 117 m bzw. 38 m Länge die spektakuläre Haupthöhle dahinter erreichten. Obwohl das Wasser über die Gesamtlänge von 651 m flach ist, sind die Bedingungen hier alles andere als günstig und lassen sich am besten mit typischen binnenländischen Tauchgründen in Großbritannien vergleichen, in denen die Sicht schlecht ist, Probleme mit dem Schlamm existieren und die durchschnittliche Wassertemperatur nur 6° C beträgt.

Im Florentine Valley in Südtasmanien wurden tiefere und technischere Tauchgänge durchgeführt. Junee Cave ist vielleicht die aufregendste Höhle in diesem Gebiet, da hier nicht nur der Reiz einer großen Erweiterung hinter dem zweiten stromaufwärts gelegenen Sumpf besteht, sondern auch langfristige Möglichkeiten einer Verbindung mit dem großen Growling Swallet-System in neun Kilometer Entfernung.

Für Tasmanien insgesamt ist klar, daß die Reichweite für Entdeckungen groß ist.

Neuseeland

Die Höhlentaucherei in Neuseeland wurde von einer kleinen Gruppe Begeisterter durchgeführt und nicht von einer Organisation. Auf diese Weise gab es wenig Kontinuität bei den Tauchern oder bei den Techniken. Dies bedeutet auch, daß es keine Rettungsorganisation gibt, obwohl die nationale, speläologische Organisation eine gewisse Menge an Rettungsgerät bereithält.

Tauchgänge wurden in drei großen Höhlengebieten durchgeführt, die sich durch Felsarten und durch die resultierenden Tauchtechniken charakterisieren lassen.

In der Mitte der Nordinsel sind die Systeme um die bekannten Waitomo Caves herum von den Abschnitten her im allgemeinen eng, obwohl sie oft recht lang sind. Als die einheimischen Wälder vor vielen Jahren gefällt wurden, um Farmland zu schaffen, kam es zu Erosionen, durch die diese Höhlen sehr schlammig wurden, so daß nur begrenzte Forschungen möglich waren.

Dennoch besteht beträchtliches Potential für Funde in diesem Gebiet.

An der Westküste der Südinsel gab es einige Tauchaktivität, aber der schlammige Kalkstein und das Fehlen von horizontalen Entwicklungen bedeutete, daß bis auf den heutigen Tag wenige Erfolge verbucht werden konnten.

Das bei weitem fruchtbarste Gebiet war das nördliche Ende der Südinsel. Hier, etwa 50 km von Nelson entfernt, kam es durch das harte Marmorgestein zu klarem Wasser, so daß hier längere und tiefere Tauchgänge unternommen werden konnten, obwohl es durch das gebirgige Terrain Schwierigkeiten gibt und die Wassertemperaturen niedrig sind. Zusammen mit den beschränkten finanziellen Mitteln (und der daher beschränkten Ausrüstung) bedeutete dies, daß der tiefste Tauchgang bisher nur auf 54 m Tiefe in der Pearse River-Quelle unternommen wurde. Diese liegt in der Nähe der Nettlebed Cave, die mit 889 m die tiefste des Landes ist.

In demselben Gebiet, aber etwas weiter nördlich gelegen, liegt Takaka Hill. Aus dem Blickwinkel der Höhlenforscher und -taucher waren hier die Erforschungen von dem größten Erfolg belohnt. Die größte Höhlenentdeckung in diesem Gebiet war Greenlink Cave, die Ende der siebziger Jahre stromabwärts bis zu einem schönen Sumpf mit klarem Wasser bis auf eine Tiefe von 287 m erforscht wurde. Keith Dekkers durchquerte anschließend die 6 m lange Tauchstrecke und im Januar 1978 eine weitere von ähnlicher Länge. Dahinter setzte sich die Höhle auf eine Tiefe von 372 m fort und gilt zur Zeit als die tiefste des Landes. Ein Versuch mit Farbstoff von dieser Höhle aus (der ihr auch den Namen gab) sollte eine Verbindung mit der großen Riwaka-Quelle in mehreren Kilometern Entfernung beweisen.

Die Riwaka-Quelle selbst stand im Mittelpunkt von beträchtlichem Interesse für Taucher und hat sich, was Entdeckungen angeht, bis auf den heutigen Tag als am erfolgreichsten erwiesen. Die Erforschung hat Sumpf 3 erreicht, der sich über 1,5 km vom Eingang entfernt befindet. Er wurde von der Tauchbasis aus über eine Enfernung von 150 m erforscht bis zu einem Punkt, der etwa 2 km von Greenlink Cave entfernt ist. Das Gesamttiefenpotential dieses Systems beträgt über 670 m.

Wie in allen anderen Höhlenbereichen gibt es viele herausfordernde Projekte, die in Neuseeland noch unternommen werden können.

Trotz der isolierten Lage dieser Gebiete und dem relativen Mangel an erfahrenen Aktivisten, werden Orte wie die Riwaka-Quelle die Höhlentaucher noch viele Jahre beschäftigen.

Südafrika

Sinoia Caves, Simbabwe, 1959–69
Wie bereits erwähnt, wurden tiefe Tauchgänge besonders in Frankreich durchgeführt, als dieser Sport noch in den Kinderschuhen steckte. Dort wurde 1955 eine Tiefe von 55 m erreicht. Kurz darauf fanden zwei bemerkenswerte Tauchoperationen in den Sinoia Caves in Simbabwe statt (damals hieß es noch Südrhodesien).

1959 wurde im Sleeping Pool eine Tiefe von 90 m erreicht. Dies war die praktikable Grenze mit reiner Preßluft; aber der Sumpf setzte sich weiter fort. Die Hauptprobleme, mit denen man im Verlauf des Tauchgangs konfrontiert wurde, waren die Stickstoffnarkose (die allen drei Tauchern schwer zu schaffen machte) und die negative Tragkraft, die mit der Tiefe anstieg. Unterhalb einer Tiefe von 30 m jedoch hatten die Anzüge nur noch wenig Kompression, so daß die Auswirkungen nicht zu drastisch waren. Die Isolierung der Tauchanzüge war für Tauchgänge jeder Art schlecht, aber da die Wassertemperatur bei 22°C lag, bereitete die Kälte keine allzu großen Probleme.

1969 führten Rolly Nyman, Ian Robertson und die Brüder Johnny und Danny van der Walt einen Tauchgang mit einer Gasmischung auf eine Tiefe von 102 m durch. Das Gasverhältnis betrug 40% Helium, 48% Stickstoff und 12% Sauerstoff, was theoretisch ein Tiefenpotential von 152 m darstellte. Das Atmen reinen Sauerstoffs würde in 10 m Tiefe zu einer Sauerstoffvergiftung führen, während eine normale Luftmischung mit 20% Sauerstoff unterhalb 90 m zu denselben Symptomen führen würde. Um diese Grenze zu überwinden, muß der Prozentanteil des Sauerstoffes aufgrund der akuten Komplikationen, die durch den höheren Teildruck (Toxizität) des Gases in Tiefen entstehen, unter die Normalmenge reduziert werden.

In Sinoia wurde 1969 der Sauerstoffgehalt auf 12% reduziert, indem man Helium dazugab, was Tauchgänge von 152 m gestattete und zusätzlich dafür sorgte, daß die Wirkungen der Stickstoffnarkose reduziert wurden. Man berechnete, daß in einer Tiefe von 90 m das Niveau der Narkose genauso sein würde wie in 50 m Tiefe mit normaler Preßluft. Bei dem Tauchgang erreichte man schließlich eine maximale Tiefe von 102 m.

Ein Punkt, der betont werden sollte, ist, daß die Gasmischung, die für den tiefen Tauchgang verwendet wurde, kein normales aktives Leben an der Oberfläche unterstützt

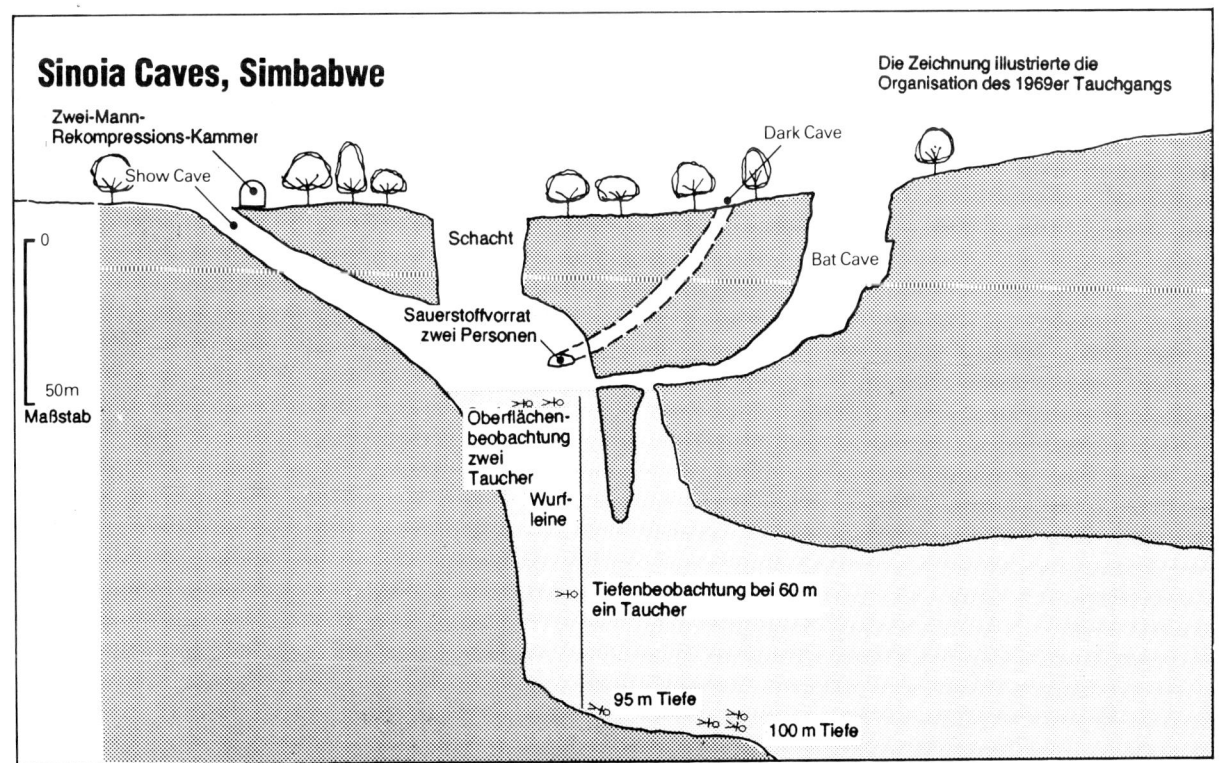

Sinoia Caves, Simbabwe

Die Zeichnung illustrierte die Organisation des 1969er Tauchgangs

Zwei-Mann-Rekompressions-Kammer

Show Cave

Dark Cave

Schacht

Bat Cave

Sauerstoffvorrat zwei Personen

0

50m
Maßstab

Oberflächenbeobachtung zwei Taucher

Wurfleine

Tiefenbeobachtung bei 60 m ein Taucher

95 m Tiefe

100 m Tiefe

hätte, sondern nur unter der 6 m-Marke gut funktionierte, das heißt drei Sekunden nach dem Tauchbeginn.

Man verwendete wie zuvor 70 Kubikfuß-Doppelflaschen, die etwas zu stark unter Druck gesetzt wurden, um jedem Taucher eine Gasmischung von 150 Kubikfuß zu geben. Ersatzflaschen mit normaler Luft wurden bei 33 m für die Dekompression an der Leine befestigt (da es wichtig war, das Helium so schnell wie möglich aus dem Körper zu bekommen), und am letzten Dekompressionspunkt atmeten die Taucher reinen Sauerstoff, wodurch die Dekompressionszeiten halbiert wurden.

Bei dem Tauchgang gelangte man an kein Ende und kürzte die Operation deshalb ab. In der Ferne fiel ein riesiger Tunnel langsam ab. Dennoch war die Expedition sicherlich eine große internationale Leistung, und der Tauchgang sollte fast zwanzig Jahre lang einen afrikanischen Rekord darstellen.

Cango und Efflux Caves, 1973

Neben der offensichtlichen Herausforderung und der Freude an Tauchgängen wie in Sinoia gab es viele lokale, flache Sümpfe, die ebenfalls darauf warteten, erforscht zu werden. Einer der ersten bemerkenswerten Versuche fand im Juni 1973 in den berühmten Cango Caves, Cape Province, Südafrika statt. Hier unterstützte die wichtigste Höhlenforschungsorganisation des Gebiets, die Südafrikanische Speläologische Gesellschaft (SASA) den Taucher Charles Maxwell vom Atlantic Underwater Club aus Kapstadt, um den stromaufwärts gelegenen Endsumpf zu durchtauchen. Schließlich gelang ihm ein sehr flacher Tauchgang von 20 m, der zu einer verengten Flußsteinblockade führte. Eines war klar: Wenn der Wasserspiegel gesenkt werden konnte, bestand die Möglichkeit einer trockenen Erweiterung. Dies wurde im Anschluß unternommen, und es wurden viele hundert Meter der spektakulärsten und am schönsten verzierten Höhle in Südafrika entdeckt. Maxwell und sein Freund Dick Howell hatten einen weiteren frühen Erfolg in der Efflux Cave nur 20 km von Cango entfernt. Hier durchquerten die beiden einen weiteren kurzen Sumpf und entdeckten über 1000 m unberührter Höhlen.

Die Verhulsel-Tragödie, Sterkfontein

Trotz eines nützlichen Ideenaustauschs zwischen Tauchern und Höhlenforschern sollten es die eindrucksvollen, kristallklaren Seen in Südafrika sein, die die Phantasie der Höhlentaucher gefangennehmen sollte. Neben Sinoia gibt es andere, etwa die Wetsgat und die Sterkfontein Tourist Cave, die Oberflächengebiete von 875 bzw. 610 m² umfassen.

Das Tauchen an so leicht zugänglichen Stellen gewann langsam an Popularität, und die meisten Unternehmen wurden und werden noch von nicht-höhlenforschenden Mitgliedern örtlicher Tauchclubs durchgeführt. Johannesburg liegt etwa 600 km von der Küste entfernt, und Sporttaucher wurden auf der Suche nach binnenländischen Trainingsgebieten verständlicherweise von den großen, kristallklaren Höhlentauchgründen angezogen, die sie vertrockneten oder schlammigen Dämmen vorzogen. Leider kam es unter den Mitgliedern dieser Clubs zu einer Reihe von Todesfällen, da ihnen das Auge für die natürlichen Gefahren einer Höhle fehlte.

Der vielleicht tragischste Vorfall fand in den Sterkfontein Tourist Caves im Transvaal nahe Johannisburg statt. Sterkfonteins riesiger, unterirdischer See besitzt unzählige, überflutete Passagen, die in die Dunkelheit führen. An dieser Stelle verschwand der neunundzwanzigjährige Student Peter Verhulsel auf einem Tauchgang am 29. September 1984. Verhulsel interessierte sich seit Beginn der siebziger Jahre für die Höhlentaucherei, als er ein paar Jahre lang Mitglied der Südafrikanischen Speläologischen Gesellschaft war. Mitte der siebziger Jahre ließ sein Interesse an dem Sport nach und wurde anschließend durch die Taucherei ersetzt. Als er sich daher seinen Freunden Nuno Gomes, Vorsitzender des Witwatersrand University Diving Club, und Malcolm Keeping für einen Tauchgang in Sterkfontein anschloß, hatte Peter Verhulsel das Gefühl, daß dieses Unternehmen durchaus innerhalb seiner Fähigkeiten lag.

Gomes und Keeping hatten die Höhle vorher schon einmal besucht, aber dies sollte seine erste Erfahrung in dem großen, aber sehr flachen Komplex sein. Die Ziele waren nicht allzu ehrgeizig, und angesichts der Tatsache, daß über der Wasseroberfläche ein recht großer Luftraum bestand, meinte man, daß es ausreichte, daß Verhulsel nur mit einer einzelnen Flasche und einer einzelnen Lampe, die er in der Hand hielt, ausgerüstet wurde. Das Team kannte sich mit der Höhlentaucherei gut aus, und während Gomes die Führung unternahm, bildete Verhulsel die Nachhut. Als der am wenigsten erfahrene des Trios und trotz seiner Kenntnisse der grundlegenden Regeln der Höhlentaucherei, löste sich Verhulsel bald von der Leine. Zweimal fanden seine Gefährten ihn, als er Seitentunnel untersuchte. Verhulsel fühlte sich sicher in dieser Umgebung, aber es war genau diese Vertrautheit, die ihn das Leben kosten sollte.

Kurz darauf stellten Gomes und Keeping fest, daß Verhulsel erneut fehlte. Sie drehten sich um und schwammen die Leine entlang in einem Tunnel zurück, der jetzt teilweise vom Schlamm getrübt war. Diesmal war Verhulsel

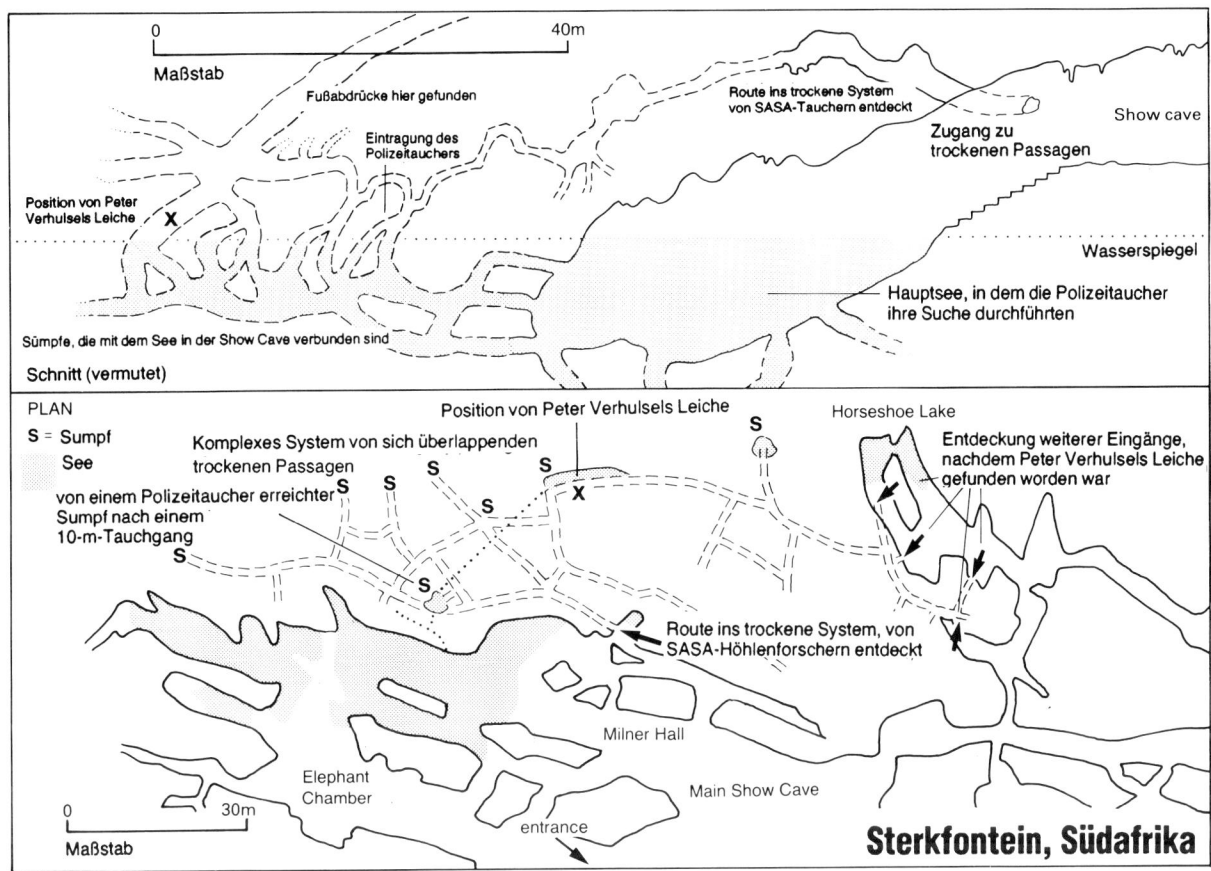

Sterkfontein, Südafrika

jedoch ganz verschwunden. Die beiden waren sich des Ernstes der Lage bewußt und verbrachten drei qualvolle Stunden damit, die bekannten Teile der Höhle abzusuchen, aber ohne Erfolg.

Die Polizei wurde alarmiert und übernahm die volle Verantwortung für die nachfolgende Suche, aber die Operation wurde bald durch Kontroversen getrübt, da man die Ratschläge von Höhlenforschern ignorierte und statt dessen eigene, schlechtdurchdachte Aktionen durchführte.

Von Anfang an hatten die »offiziellen« Polizeihelfer es sich fest in den Kopf gesetzt, daß Verhulsel ertrunken war. Für jene, die keine Erfahrung hatten bei Rettungsarbeiten in Höhlen, war dies die wahrscheinlichste Schlußfolgerung. Wenn man jedoch das Fehlen eines Leichnams und die dreidimensionale, komplexe Natur des Höhlensystems in Betracht zog, erkannten die Höhlenforscher, daß die Chance bestand, daß Verhulsel in einem unbekannten Passagenabschnitt an die Oberfläche getaucht war und auf seine Rettung wartete.

Die nachfolgenden Ereignisse waren ein einziges Desa-

ster. Die Polizei war für eine solche Operation überhaupt nicht ausgebildet, und als die Sicht unter Wasser praktisch gleich Null war, zog die Polizei ihr Team zurück. Die Suche wurde aufgeschoben, bis die Bedingungen sich bessern würden. Zum Entsetzen der Familie und der Höhlenexperten durften erfahrene Höhlentaucher, die an extreme Schlammbedingungen gewöhnt waren, die Höhle nicht betreten.

Die Polizei blieb dickköpfig, und der Vorschlag, den See leerzupumpen und ein chemisches Flockungsmittel* einzusetzen, wurde gleich abgelehnt.

* Ein Flockungsmittel ist eine Chemikalie, die einen flockigen, schneeartigen Niederschlag bildet, wenn sie Wasser zugesetzt wird. Wenn dieser sich setzt, bleiben andere Partikel wie Schlamm und Schlick daran haften und gelangen ebenfalls auf den Grund, so daß das Wasser klar wird. Aluminiumsulfat ist eins der häufigsten Flockungsmittel und wird oft zur Reinigung von Trinkwasser und Swimmingpools eingesetzt.

Ähnlich beunruhigend war die Tatsache, daß mehrere ortsansässige Taucher, deren Rat von der Polizei angenommen wurde, ähnlich kurzsichtig gewesen sein müssen. Sie versicherten den erfahrenen SASA-Tauchern, daß die Tou-

Oben: Peter Verhulsel, der 1984 unter tragischen Umständen in der Sterkfontein Cave, Südafrika, starb.

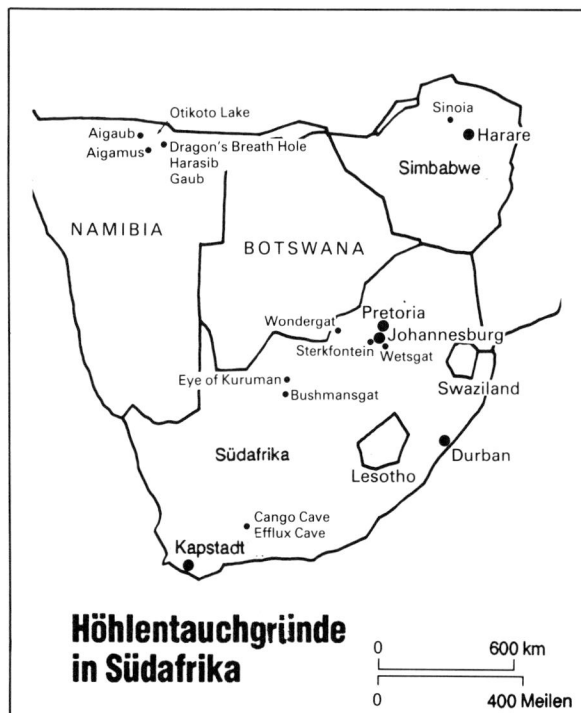

ristenhöhle auf mögliche Seitentunnel gründlich überprüft worden sei und daß es keine Möglichkeit gebe, eine Route in der Richtung zu finden, in der Verhulsel verschwunden war. Als Konsequenz daraus wurden die freiwilligen SASA-Rettungstaucher abgehalten, eine eigene Suche in der Höhle einzuleiten, und sie begannen statt dessen eine unabhängige Ausgrabungsoperation in einem benachbarten System.

Die Polizei wollte es offensichtlich nicht noch einmal riskieren, daß ein Zivilist dasselbe Schicksal ereilte wie Verhulsel. Hinweise aus der Bevölkerung, daß beispielsweise in Großbritannien die Polizei die Gesamtkontrolle über Rettungssituationen wie diese übernahm, während sie es gleichzeitig Experten aus der Zivilbevölkerung gestattete, ebenfalls die Suche aufzunehmen, wurden ignoriert.

Während die Wochen vergingen, war alle Hoffnung erloschen. Selbst wenn er eine unbekannte trockene Passage oder einen Luftraum gefunden hätte, wäre er mittlerweile an Unterkühlung und Hunger gestorben.

Nachdem man den See in einem Zeitraum von fast sechs Wochen insgesamt sechs Tage lang abgesucht hatte, brach die Polizei die Operation schließlich ab. Die SASA-Höhlenforscher hatten in dieser Zeit unerschütterlich ihre »trockene« Suche fortgesetzt. In der fünften Woche konzentrierten die Höhlenforscher ihre Operationen auf die Touristenhöhle und wurden fast sofort mit der Entdeckung eines starken Aufwindlochs ganz in der Nähe des Sees belohnt.

Bald wurde gegraben, und man entdeckte eine Serie von Passagen und Sümpfen. In kurzer Entfernung des engen Durchbruchs fanden sie eine Inschrift auf der Wand, die neben einem kleinen See lag. Wie sich später herausstellte, war diese von einem der Polizeitaucher hinterlassen worden, der in einer maximalen Tiefe von vier Metern nur zehn Meter geschwommen war, um den Punkt zu erreichen.

Für den Polizeitaucher war die kleine Höhlenpassage, die sich direkt über dem Wasser abzweigte, ohne weitere Bedeutung gewesen. Die Höhlenforscher setzten ihre Suche entlang dieser trockenen, oberen Route fort und fanden plötzlich Fußabdrücke. Sechs Wochen auf den Tag genau nach Verhulsels Verschwinden, gingen die Höhlenforscher gebeugt einen kurzen Tunnelabschnitt entlang und stießen auf seinen Leichnam, der neben seinem Tauchgerät am Rand des Sumpfes lag.

Einkerbungen an den Wänden zeigten, daß Verhulsel versucht hatte, die Aufmerksamkeit der Rettungsmannschaft auf seine Position zu lenken, und bevor seine Tauchlampe ganz erloschen war, hatte er eine kurze Botschaft an seine Familie hinterlassen. Aber die wahre Tragödie, die

263

schreckliche Ironie des Vorfalls lag in dem Zustand des ausgezehrten Körpers. Die Autopsie ergab, daß Peter Verhulsel einen dreiwöchigen Bartwuchs aufwies; in der Dunkelheit und Verzweiflung gestrandet, hatte er 20 kg an Körpergewicht verloren. Peter Verhulsel hatte drei Wochen lang überlebt... und hätte durchaus gerettet werden können, wenn man es Höhlenexperten und Höhlentauchern von Anfang an gestattet hätte, an der Suche teilzunehmen.

Peter Verhulsel hatte die Grundregeln des Höhlentauchens übertreten und hatte teuer dafür bezahlt. Für alle Betroffenen war die Lektion klar: Eine solche Tragödie durfte sich nie wiederholen.

Erforschungen in Namibia

Die normalen Erforschungen wurden in einem vergleichsweise neuen Gebiet aufgenommen: in der unfruchtbaren Öde von Namibia. Im Herzen dieses trockenen Terrains ist Wasser äußerst rar. Dennoch liegen tief unter der Erde riesige Höhlen und einige der größten unterirdischen Seen weltweit.

1966 vermaß die SASA eine wenig besuchte Stelle, die Harasib hieß, deren kristallklarer See noch größer war als Sinoia. Es dauerte bis 1974, bevor hier getaucht wurde, und wieder waren Charles Maxwell, Dick Howell und ihr Team erfolgreich. Nachdem sie einen, schweren 150 m langen Abstieg ins Wasser hinter sich gebracht hatten, schwammen sie sogleich auf eine Tiefe von 70 m hinab. In seinem Tagebuch berichtet Maxwell:

> Merkwürdige blinde Barben schwammen zwischen den Formationen umher, als ob die Zeit Tausende von Jahren stillgestanden hatte... mit Augen, in denen sich Staunen und Narkose widerspiegelten, betrachteten wir das Loch in der Decke oben, dessen klare Silhouette weit über uns sichtbar war. Es glänzte wie ein blauer Juwel mit langen Blasenlinien, die in Richtung Oberfläche rasten.

Sie konnten nicht tiefer hinabtauchen. Der Korrelations-Methode zur Höhenanpassung nach Cross* zufolge entsprach ihr Tauchgang in einer Höhe von 1500 m über dem Meeresspiegel einem 85 m tiefen Tauchgang im Meer.

Oben: Charles Maxwell, der südafrikanische Pionier der Höhlentaucherei.

* Dekompressionstabellen für große Höhen, die 1970 von E.R. Cross zusammengestellt wurden.

Dragon's Breath Hole, 1986

Harasib war offensichtlich für zukünftige Projekte geeignet, aber zwölf Jahre später und in nur fünf Kilometern Entfernung wurde eine unglaubliche Stelle entdeckt.

Im Winter 1986 führte die sorgfältige Analyse von Luft-aufnahmen ein Team von Höhlentauchern zu einer kleinen Öffnung, aus der ein starker Aufwind austrat. Die Höhle wurde »Drachenhauchloch« oder Dragon's Breath Hole genannt. Nachdem Adam Duffy mehrere Abhänge auf eine Tiefe von 60 m hinabgestiegen war, erreichte er die stillen Gewässer eines Sees riesigen Ausmaßes. Es war ein unheimliches Gefühl. Seine Lampe war in einer solchen Geisterhöhle nicht stark genug, und bei seiner ersten

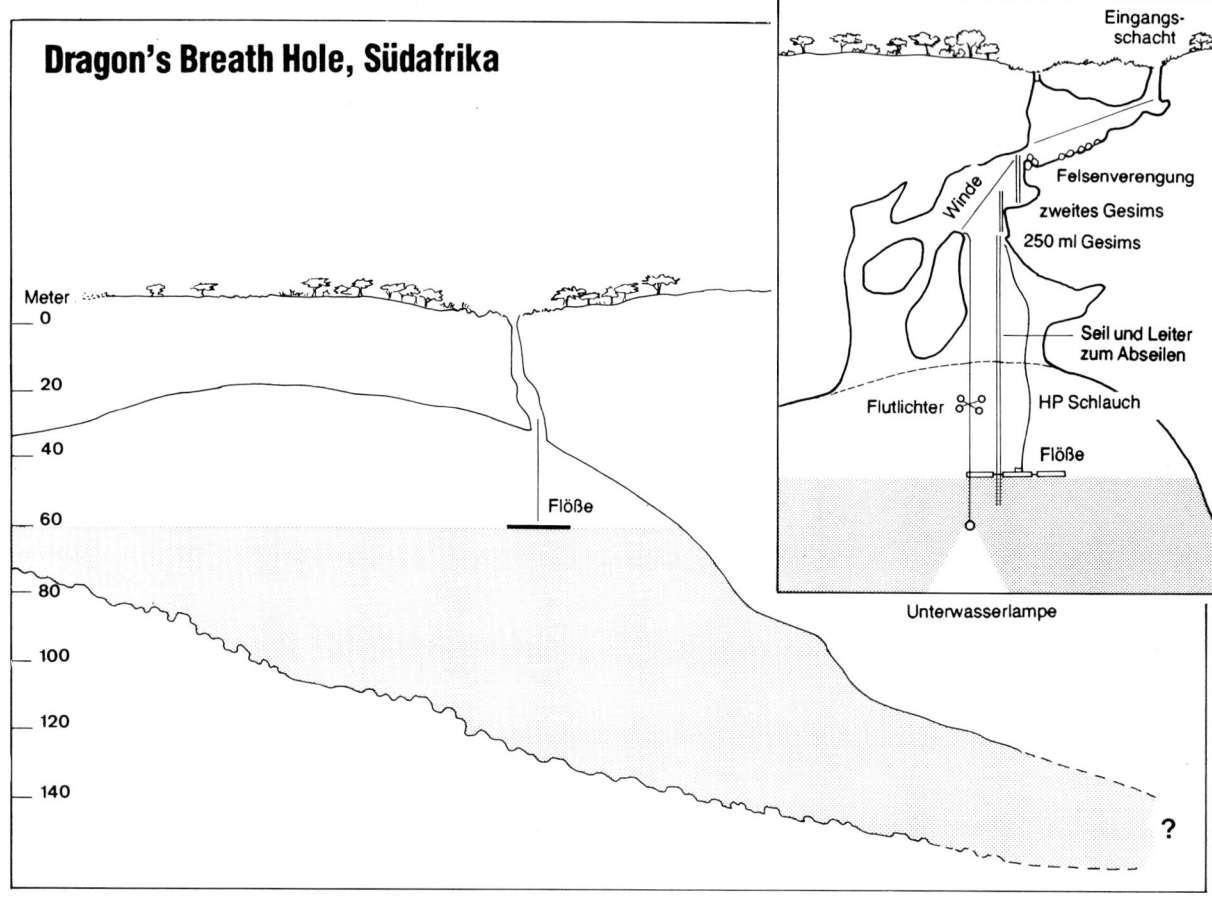

Dragon's Breath Hole, Südafrika

Eingangs-schacht

Winde

Felsenverengung

zweites Gesims

250 ml Gesims

Seil und Leiter zum Abseilen

Flutlichter

HP Schlauch

Flöße

Unterwasserlampe

Meter
0
20
40
60 Flöße
80
100
120
140
?

Erforschung konnte er weder Wände noch Boden ausmachen.

Bald war offensichtlich, daß der See auf dem Grund von Dragon's Breath größer war als alles, was man weltweit je verzeichnet hatte. Im folgenden Jahr war die Höhle die Bühne einer großen Expedition, und wieder war es Charles Maxwell, der das dreißigköpfige Team von Tauchern und Höhlenforschern organisierte. Der Schweizer Speläologe Gerald Favre sollte die Erforschung im Film festhalten, und schließlich wurden drei Tonnen an Gerätschaften, einschließlich aufblasbarer Boote, Generatoren, Kompressoren und einer Dekompressionskammer am Höhleneingang abgeladen.

Tauchflöße, Telefone, Sauerstoffgeräte und unzählige Geräte für das Tauchen wurden bald in die Höhle transportiert. Auf der Tauchplattform wurden Flaschen mit Hilfe eines 150 m langen Hochdruckschlauches gefüllt, der von dem Kompressor, der über dem Eingang stationiert war, verlief. Die ganze Höhle wurde dann von zwei starken

Lichtern an der Oberfläche und durch eine wasserdichte Quecksilberdampflampe erstrahlt. Es offenbarte sich ein großartiger Anblick: eine riesige Höhle mit den Proportionen einer gothischen Kathedrale, die ein tiefes Gefühl von Isolation und Ruhe ausströmte und deren Stille nur von dem sanften Schlagen der Wellen an die Höhlenwände unterbrochen wurde. Nach neun Tagen Vorbereitung begann der Tauchgang. Das Wasser hatte eine sehr angenehme Temperatur von 24° und war wunderbar klar. Es war ungeheuer beruhigend für die Taucher, daß sie sich mit der Quecksilberdampflampe orientieren konnten, die im Wasser noch in einer Entfernung von 250 m sichtbar war. Stalaktiten wurden in einer Tiefe von 15 m festgestellt und gaben mindestens eine wertvolle Einsicht in die vergangene Geschichte der Höhle. Eine systematische Untersuchung wurde durchgeführt und führte die Forscher noch tiefer in eine riesige Passage unter dem nördlichen Überhang hinab.

Angesichts der isolierten Lage der Höhle und der Tatsache, daß es unmöglich war, die Dekompressionskammer in die Höhle hinein zu transportieren, war es nötig, Vorsichtsmaßnahmen gegen mögliche Unfälle zu ergreifen. Man wußte, daß starke körperliche Anstrengung nach einem tiefen Tauchgang zur Entstehung der Luftdruckkrankheit führen konnte. Daher wurde nach der Mehrzahl der Tauchgänge eine Stunde Pause gemacht, bevor es wieder an den heißen, schwitzigen, 60 m langen Aufstieg an die Oberfläche ging. Im Fall eines Unfalls oder beim Auslassen eines Dekompressionsstops war das Team darauf vorbereitet, sofort Abhilfemaßnahmen einzuleiten. Der Taucher wurde dann direkt auf eine Tiefe von 90 m hinabgeschickt, in der er bisweilen bis zu einer Stunde reinen Sauerstoff atmete. Abhängig von der Schwere des Falles wurde er dann ganz langsam mit einer Geschwindigkeit von zwölf Minuten pro Meter nach oben gebracht, wie es in Carl Edmonds australischen »nassen therapeutischen« Sauerstofftabellen vorgeschrieben wird.

Zwei Mitglieder des Schweizer Teams, Alain Vuagniaux und Christian Rufi führten den tiefsten Tauchgang der Expedition auf eine Tiefe von 90 m durch. Sorgfältig berechnete Mischungen aus Helium, Sauerstoff und Stickstoff wurden eingesetzt. Jeder Taucher trug vier riesige 18 l-Flaschen auf dem Rücken, die ein Gesamtgewicht von 120 kg hatten. Der Tauchgang sollte sich als großartiges Spektakel erweisen, denn selbst in der maximalen Tiefe waren sie noch wie »winzige Ameisen sichtbar, die auf dem Grund umherkrochen«.

Nachdem die Vermessung abgeschlossen und die Höhle auf eine so extreme Tiefe erforscht war, kam die Expedition zu einem erfolgreichen Ende. Dragon's Breath hatte dem Team einen unterirdischen See offenbart, der etwas über zwei Hektar groß war. Sein Status als größte Ansammlung von Höhlenwasser weltweit wurde offiziell bestätigt.*

---

* Nach dem *Guiness-Buch der Rekorde* war der größte See dieser Art bisher der Lost Lake von Tennessee mit einer Oberfläche von 1,8 Hektar gewesen.

Zur Zeit endet die Geschichte hier, aber weit unter der ruhigen Oberfläche des Drachenhauchlochs führt ein riesiger, weiterführender Tunnel geheimnisvoll in die Ferne.

Tiefenrekorde in Bushmansgat und Guinas Lake
Die Erforschung im südlichen Afrika geht jetzt mit großer

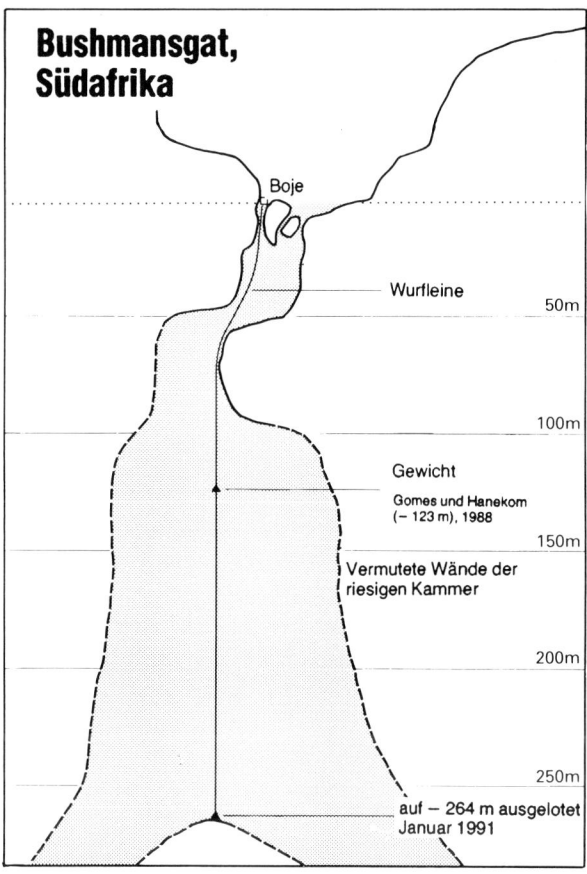

Geschwindigkeit voran. Der Reiz solch großartiger Tauchgründe ist offensichtlich, und die Probleme der extremen Tiefe bilden sicherlich zur Zeit die größte Schwierigkeit, obwohl mehrere, sehr tiefe Tauchgänge durchgeführt wurden. Anfang 1988 stellten Nuno Gomes und Dian Hanekam einen neuen Rekord auf, als sie 123 m tief in Bushmansgat in der nördlichen Cape Province eindrangen. Kürzlich haben Boeti Scheun und Eben Benade diesen Rekord mit einem Abstieg auf 132 m in Guinas Lake, Namibia, verbessert. Da noch viele Stellen darauf warten, erforscht zu werden, bietet die Zukunft ungeheure Aussichten in diesem Gebiet.

Kapitel zwölf

Möglichkeiten in der Zukunft

Das Höhlentauchen stellt eine der aufregendsten Pioniersportarten in unserer Zeit dar und hat ein ungeheures Potential für Weiterentwicklungen. Neue Erforschungen werden nur schwer realisiert werden können, aber es wird immer entschlossene Menschen geben, die bereit sind, die Herausforderung anzunehmen.

Neue Höhlensysteme, in denen es überall Sümpfe zum Durchtauchen geben wird, werden erforscht werden. Viele von ihnen werden viel leichter bezwungen werden als jene, die bereits seit Jahren in etablierten Höhlen Widerstand bieten. In den letzten Jahren beispielsweise wurden großartige neue Höhlenregionen in Ländern wie Malaya und China entdeckt. 1984 und 1985 hatte ich das Glück, den ersten Tauchgang in der eindrucksvollen Clearwater Cave in Sarawak und auch an Stellen in Südchina zu unternehmen. In beiden Fällen wurden relativ leichte Sümpfe durchquert, und zumindest in Clearwater wurde der Zugang zu einer äußerst eindrucksvollen großen Erweiterung gefunden.

In diesem allgemeinen Umriß der Tauchaktivitäten in verschiedenen Ecken des Globus wurde Südamerika oder die große Landmasse von Südasien wenig erwähnt. Tauchgänge wurden in beiden Bereichen unternommen, aber bisher waren diese gering im Vergleich zu der Aktivität in Europa und Amerika. Großer Spielraum besteht vor allen Dingen in Asien, wo man wichtige Entdeckungen erwartet.

Mit Fortschritten in der Höhlentechnik werden heute lange und tiefe Tauchgänge am Ende der weltweit herausforderndsten und logistisch schwierigen Höhlen durchgeführt. Leichtes Gerät hat sich für derartige Unternehmen als wesentlich erwiesen. Dabei werden auch Hochdruck-Aluminium-Fiberglas-Flaschen eingesetzt (wie bei dem Huautla-Projekt). Angesichts des höheren Drucks müssen derartige Flaschen sorgfältiger gehandhabt werden, aber ihr Einsatz wird bei weitentfernten unterirdischen Tauchstellen zweifellos hilfreich sein. Zur Zeit gelten diese Flaschen, was Sporttaucher betrifft, noch als »experimentell«. Die aufregendsten Fortschritte in der Entwicklung der Höhlenforschung als Sport werden in längeren und tieferen Höhlen stattfinden. In Großbritannien betrugen die längsten Tauchgänge etwa 300 m, aber am Ende dieses Jahrzehnts waren sie etwa 1000 m lang. In Gebieten wie Florida wurden durch das »Deponieren« und den Einsatz von DPVs heute Vorstöße bis über 2000 m vorgenommen. Auf dem europäischen Kontinent sind Schweizer GLPS-Taucher dazu übergegangen, 20 l-Stahlflaschen in vier- und fünf-Flaschen-Konfigurationen auf dem Rücken einzusetzen, damit Tauchgänge von großer Länge unternommen werden können.

Die Tiefe, zusammen mit den entsprechenden Grenzen und Gefahren, hält Taucher nicht mehr so ab wie früher. Jochen Hasenmayer und Sheck Exley waren Pioniere in diesem Bereich. Die Grenzen wurden überschritten. Größere technische Erfahrung ist heute überall vorhanden. Computererzeugte Dekompressionsformeln wie jene, die Dr. Bill Hamilton in den USA entworfen hat, sind von ungeheurem Wert, und in der Tat führt jeder Zweig der Industrie für Tauchgeräte ständig Verbesserungen bei den Produkten durch.

Lange Dekompressionsstops sind vielleicht ein hoher Preis für lange und tiefe Tauchgänge, aber mit sorgsamer Voraussicht und Planung kann die Unbequemlichkeit dieser lästigen Erfahrung verringert werden. Die Einführung von »Habitaten« in den achtziger Jahren war ein großer Beitrag bei den Erforschungen in Florida. Sie verringerten die Unbequemlichkeit beträchtlich und gaben den Tauchern auch größeren Spielraum, was die Sicherheit betrifft. Andere, technisch ausgereifte Mittel wie Dr. Bill Stones Konstruktion für variable Tiefen, die in Wakulla eingesetzt wurde, zeigt, daß Neuerungen eine gute, originelle Idee unausweichlich verbessern werden. Dieses einzigartige Habitat mit dem Gasvorrat, der von der Oberfläche aus zugeleitet wird, und den variablen Tiefenmerkmalen, könnte sich durchaus als Vorläufer einer permanenteren Unterwasserbasis erweisen, von der aus Taucher viel längere Ausflüge unternehmen könnten.

Im November 1987 war das Wakulla-Projekt ein wichtiger Meilenstein in der Geschichte des Höhlentauchens. Es definierte nicht nur die Grenze der damaligen Taucherlungen mit offenem Kreislauf, sondern bot auch eine faszinierende Einsicht in die langfristige Zukunft derartiger Erforschungen. Stones Cis-Lunar MK-1 zeigte, welche Entwicklungen in den nächsten Jahren wahrscheinlich zu erwarten sind. Dieses hochtechnische Gerät bietet dem Taucher die Möglichkeit, sich zwei Tage lang oder länger unter Wasser aufzuhalten.

Mehrere Unternehmen sind zur Zeit dabei, Regenerationsgeräte zu entwickeln. Der Carmellan Rebreather wurde 1987 im Andros-Projekt eingesetzt. Er erwies sich als nützliches Gerät, aber leider muß es, zumindest in der Höhlentaucherei, zusammen mit einem unabhängigen Ausstiegs-System verwendet werden, nämlich mit einem Gerät mit offenem Kreislauf. Für Arbeiten in weiter Entfernung scheint der Cis-Lunar MK-2 zur Zeit die beste Wahl zu sein. In Verbindung mit einem ähnlich verläßlichen Hochleistungsscooter für lange Entfernungen kann man sich vorstellen, daß absolut unglaubliche Ausflüge unternommen werden können. Tatsächlich zeigt Olivier Islers außergewöhnlicher Erfolg mit dem Atemgerät mit halbgeschlossenem Kreislauf in der Emergence du Ressel im August 1990, daß Regenerationsgeräte kurz davor stehen, ein wichtiger Faktor bei der Höhlenerforschung zu werden. Mit der größeren Reichweite und Tiefe, die sie zulassen, wird es jedoch die entsprechenden Verlängerungen der Dekompressionszeiten geben.

An dieser Stelle lohnt es sich, sich mit einigen Tauchtechniken der Tiefseetaucherei und mit der Ausrüstung zu befassen, mit der diesem wachsenden Dekompressionsproblem entgegengewirkt werden kann. Eine mögliche Taktik, die für Orte wie Wakulla geeignet ist, wäre die Adaption eines »Ein-Atmosphären«-Tauchsystem und -Gefährts. Dabei trägt der Taucher einen knautschsicheren Anzug, der sich mit einer mittelalterlichen Ritterrüstung vergleichen läßt, aber sperriger ist. Im Innern wird während des gesamten Tauchgangs ein Meeresspiegeldruck (eine Atmosphäre) beibehalten. Mehrere dieser Metall-Anzüge werden zur Zeit für kommerzielle Tauchoperationen eingesetzt. Einige Modelle sind unter den Bezeichnungen JIM, WASP und NEWT bekannt. Leider eignen sie sich nicht für die unbeschränkten Operationen in Höhlen. Dennoch wird die Forschung fortgesetzt, und ein leichter, zusammengesetzter Ein-Atmosphären-Anzug mit größerer Flexibilität könnte das Ergebnis sein. Er könnte für die Höhlentaucherei verwendet werden, besonders wenn er in Verbindung mit einem fortschrittlichen Unterwassergefährt eingesetzt wird.

Eine weitere Möglichkeit ist der Einsatz von Ein-Mann-U-Booten. Ein solches Gerät, Deep Rover, das von der Firma Deep Ocean Engineering Inc. hergestellt wird, hat seine Effektivität beim Tauchen in Tiefen von bis zu 1000 m bereits bewiesen. Dabei bleibt es über vier Tage unter

Wasser. Zur Zeit scheint die Reichweite dieses Vehikels bis zu 15 km zu betragen, was in einem großen Tunnel mit klarer Sicht interessante Möglichkeiten bietet. Da auf diesem Gebiet ständig neue Fortschritte gemacht werden, und da Wakulla und einige andere Orte möglicherweise ein langfristiges Erforschungspotential bieten, ist offensichtlich, daß selbst U-Boote in Höhlen eingesetzt werden können.

Der Einsatz eines solchen Geräts wirft offensichtlich bestimmte Sicherheitsprobleme auf. Bestehende U-Boote sind nicht in der Lage, eine Leine zu verlegen, so daß es bei schlechter werdender Sicht schwer werden könnte, die Route zum Ausgang zu lokalisieren. Eine weitere mögliche Gefahr besteht darin, daß das U-Boot sich einkeilt oder in einem Tunnel, der in einer verengten Sackgasse endet, nicht wenden kann. Solche Ideen mögen futuristisch erscheinen, aber die Technologie macht schnelle Fortschritte, und ihre Anwendung auf die Höhlentaucherei ist eine wachsende Möglichkeit. Dies wirft wiederum eine weitere Frage auf: Bedeutet das größere Verlassen auf technisch ausgereifte Ausrüstung eine Abkehr vom Geist des Sports? Selbst wenn dies der Fall sein sollte, muß man daran denken, daß Tauchgründe wie Wakulla selten sind; die Mehrzahl der Erforschungen wird zwar immer noch stark vom technologischen Fortschritt abhängen, aber immer noch mit leichter Ausrüstung durchgeführt werden.

Egal ob die Ausrüstung schwer- oder leichtgewichtig ist, sind die Kosten beträchtlich, speziell für Forscher, die im Grunde Amateure sind. Die Vorteile einer organisierten Gruppe, die sich teure Geräte teilt und für ihre Wartung aufkommt, wird ein wachsender Faktor in der Planung teurer Expeditionen sein.

Wie immer gibt es nur wenige echte Pioniere. Damit sie ihre Unternehmungen durchführen können, ist es unausweichlich, daß beträchtliche finanzielle Unterstützung durch Sponsoren vorhanden ist. Diese wird begleitet von den Forderungen von Publicity-Agenten und den Medien. Daraus resultierend, fühlen sich die Taucher möglicherweise zusätzlich unter Druck gesetzt, da sie dieses Engagement honorieren wollen. Es wird nötig sein, Schritte zu unternehmen, um diese zusätzlichen Faktoren zu bewerkstelligen. Dazu zählt beispielsweise, daß der Taucher sich nicht unter Druck setzen läßt, zu vorgeschriebenen Zeiten zu tauchen (z. B. für Fernsehteams oder versammelte Presseleute), wenn die Bedingungen oder sein psychologischer Zustand dies nicht zulassen.

Gleich nach den Pionieren gibt es viele andere, die es ihnen gleichtun und die Wunder einer solch einzigartigen und fernen Umgebung genießen wollen. Diese Tendenz zeigt sich bereits in Florida, wo in mehreren Stufen getaucht wird und Scooter eingesetzt werden. Auch in Großbritannien gehen immer mehr Höhlenforscher dazu über, Tauchgeräte einzusetzen, um weitentfernte trockene Erweiterungen zu erforschen, da sich Ausrüstung und Techniken als sicher erwiesen haben.

Die Internationale Zusammenarbeit und der Austausch von Ideen haben ebenfalls zu der Entwicklung des Sports beigetragen. Die Briten besitzen Fachkenntnis für die kleineren Höhlensysteme mit geringer Sicht; die Amerikaner, Franzosen und Schweizer sind Meister für längere und tiefere Tauchgänge, und der Informationsaustausch hat sich dank der Bemühungen von Organisationen wie der UIS (Union Internationale de Speleologie) stark verbessert.

Ähnlich wichtig für die Entwicklung des Sports ist die ständige Verbesserung der Qualität und Vielfalt der Taucherausrüstung. Durch die kritischere Bewertung durch unabhängige Körperschaften und weitverbreitete Berichte über Leistung und Mängel versuchen die Hersteller, ihre Produkte schnell abzuändern und zu verbessern. All diese Faktoren helfen in psychologischer und praktischer Hinsicht, damit Erforschungen sicherer durchgeführt gezogen werden können. Ein weiterer Faktor, der in Betracht gezogen werden sollte, ist die Sicherheitsausbildung durch die verschiedenen Tauchorganisationen, die besonders bei der Ausbildung von Anfängern nützlich ist. Ignoranz und schreckliche Statistiken scheinen jetzt der Vergangenheit anzugehören. Man sollte jedoch nicht in Selbstzufriedenheit verfallen. Die Höhlentaucherei ist immer ein gefährlicher Sport, aber vorausgesetzt, daß sie auf reife und verantwortungsbewußte Weise angegangen wird, können die zukünftigen Aussichten genauso aufregend sein wie jene in der Vergangenheit, aber vielleicht weniger gefährlich.

Zukünftige Möglichkeiten in Großbritannien und Irland
Wo werden noch Forschungen stattfinden? In Großbritannien werden die Yorkshire Dales noch weitere, spektakuläre Entdeckungen offenbaren, speziell in dem großen und ständig wachsenden Three Countries System, das sich zwischen Aygill (Cumbria) im Westen durch die Systeme von Leck Fell (Lancashire) nach Kingsdale (Yorkshire) im Osten erstreckt. Die vielen klassischen Höhlen, die zu dem hydrologischen Netz von Leck Beck gehören, stehen kurz davor, miteinander verbunden zu werden, und wenn dies erreicht ist, wird die Gesamtlänge über 65 km betragen. Keld Head wird mit Sicherheit irgendwann einmal ein weiterer Teil dieses schönen Systems, und wenn man die neue Verbindung (Juni 1991) von Keld Head mit King Pot östlich von Kingsdale in Betracht zieht, kann man auf eine Erweiterung dieses unglaublichen Komplexes bis nach Chapel Le Dale spekulieren. Schließlich dürfte die Gesamtlänge der Passagen über 80 km betragen.

In Ribblesdale wiederum ist das Penyghent-Ablauf-System von großen Geheimnissen umgeben. Die Auslässe dieses Systems sind Douk Gill und Brant's Gill. Eine weitere Quelle in Dub Cote mag ebenfalls zu diesem System gehören, und man sollte auch bedenken, daß hinter der langen Reihe von Sümpfen hier eine 2,5 km lange trockene Erweiterung liegt, die sich dem Magnometer Pot bis auf 800 m nähert.

In Wharfdale wartet ein noch größeres System hinter der Hauptquelle von Black Keld auf die Erforschung. Das Wasser stammt aus den beiden klassischen Systemen Mossdale und Langcliffe Pot. Weiter östlich wartet eine weitere, einladende Herausforderung, die Eroberung des Nidd Head Systems. Fast 2 km Passage wurden bisher noch nicht bezwungen. Wenn diese Durchquerung schließlich durchgeführt werden wird, wird der Tauchgang über 2,5 km lang sein.

In Derbyshire werden die Geheimnisse von P8 (Jackpot) und vom Peak-Speedwell-Komplex nicht leicht zu lösen sein.

In Wales gibt es in den Höhlenregionen des Nordens und Südens beträchtliches Potential. Im Süden wird das Pwll y Cwm-Projekt – eine Unterwasserausgrabung, die den Zugang zu Wales »Keld Head« liefern soll – wahrscheinlich den letzten Schlüssel zu den Geheimnissen des Llangattock Mountain liefern. Außerdem warten die großen Quellen von Llygad Llwchwr, Schwyllt und Wellhead noch auf eine konsequente, entschlossene Erforschung.

Unter den Mendip Hills wird der Ursprung von Wookey Hole die Forscher noch viele Jahre lang beschäftigen, aber die stimulierendsten Entwicklungen für die neunziger Jahre darf man in der Cheddar River Cave erwarten.

Irland bietet sicherlich die größten Herausforderungen. Die grünen Löcher vor der Westküste von County Clare, die großen Wasserwege unter dem Tiefland von County Galway, der unglaubliche, unterirdische Fluß von Lough Mask nach Cong in County Mayo und der gleichermaßen überwältigende Quergang zwischen der Aille River Cave und Polltoomary Rising bieten alle aufregende Möglichkei-

Oben rechts: Aquazepps im Einsatz in Jackson Blue Spring, Florida. Rechts: Clark Pitcairn trägt ein experimentelles Fünf-Flaschen-Gerüst in Wakulla, 1987. Die kleine Stickstoffflasche dient zum Aufblasen des Trockentauchanzugs. Das Gerüst erwies sich als unpraktisch, da es durch seine Sperrigkeit bei der Fahrt auf dem Aquazepp instabil wurde. Ganz rechts: Bill Stone testet das MK-2r-Regenerationsgerät in der Jackson Blue Spring, 1989.

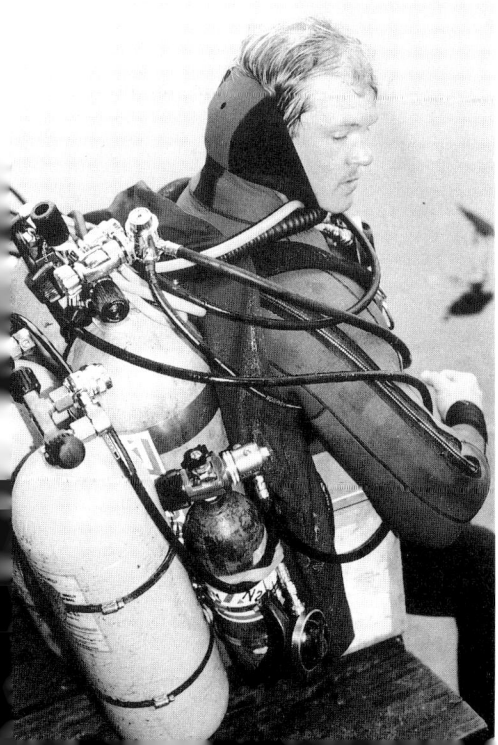

Oben: Bei der Überprüfung archäologischer Relikte, die in der Grotte de Han Sur Lesse, Belgien, zu Beginn der fünfziger Jahre entdeckt wurden.

feln und der Meinung sind, daß derartige Aktivitäten im Grunde sinnlos sind, möchte ich ein paar Zeilen hinzufügen. Im Bereich der Archäologie und Paläontologie waren die Beiträge der Höhlenforscher enorm. Bereits 1922 entdeckte Norbert Casteret die ältesten, bekannten Statuen hinter den Sümpfen in Montespan. Ende der fünfziger Jahre entdeckten der Taucher Marc Jasinski und seine Freunde reiches Material in den unter Wasser stehenden Abschnitten der Grotte de Han Sur Lesse in Belgien, das auf die Bronzezeit zurückgeht. Gebrauchsgegenstände der Maya wurden tief im Innern der klaren Gewässer der Höhlen von Yucatan entdeckt. Unschätzbare fossile Überreste wurden aus den Tiefen von Wakulla herausgeholt. 1959 wurde menschliches Hirngewebe, das über 10 000 Jahre alt ist, an einem archäologischen Fundort tief in der Warm Mineral Spring in Florida entdeckt.

Praktischer Nutzen:
Biologie, Geomorphologie, Hydrologie

Im Bereich der Biologie waren die Entdeckungen ähnlich aufregend: Blinde, troglodytische Höhlenfische wie Lucifuga Speleotes wurden auf den Bahamas entdeckt, während Dr. Jill Yager 1979 eine völlig neue Klasse primitiver Schalentiere – die Remipedia – in den Lucayan Caverns, Grand Bahama, entdeckte.

Komplexe Datierungstechniken wurden für die Kalksteinstrukturen angewandt, die man aus der Tiefe an Fundorten wie den Blue Holes auf den Bahamas geholt hat. Sie haben Licht auf die wechselnde Höhe des Meeresspiegels während der Eiszeiten geworfen. Andere fortschrittliche Techniken, beispielsweise die Uran-Isotopen-Zeitdatierung, haben sich als äußerst vorteilhaft erwiesen bei der Wasserbestimmung in Bereichen, in denen die konventionellen Techniken unwirksam wären.

Besonders im Bereich der angewandten Wissenschaften haben Höhlentaucher viel zu bieten. Ihre Vermessungen bieten Informationen von unschätzbarem Wert, was die Lokalisierung und die Größe von Grundwasserreserven betrifft, und können Hinweise auf geeignete Punkte geben, an denen eine Quelle angezapft werden kann. Solche Projekte wurden im Süden Frankreichs durchgeführt, wo die Stadt Montpellier aus der Source de Lez versorgt wird. In letzter Zeit sind Taucher 518 m auf eine Endtiefe von 75 m in den Sumpf eingedrungen. An diesem Endpunkt setzt sich die Passage als scheinbar grundloser Schacht fort und ist eine ideale Stelle, um das nötige Wasser herauszupumpen. Man hat ein $ 6 Millionen-Projekt begonnen, um Wasser aus dieser Quelle zu holen, und diese Kosten machen einen Bruchteil dessen aus, was die Wasseraufbereitung aus den nahegelegenen Flüssen kosten würde. Die

ten, und insgesamt die äußerste Herausforderung in Westeuropa.

Zukünftige Möglichkeiten in Europa

In Frankreich und in der Tat in ganz Europa gibt es unzählige, aufregende Projekte, die darauf warten, in Angriff genommen zu werden. Die Geheimnisse der großartigen Quelle von Fontaine de Vaucluse sind immer noch nicht gelöst; genauso wird der andere frühe Tauchgrund, die Fontaine de St George und das dazugehörige Zuflußsystem, die 18 km lange Gouffre de Padirac, entschlossene Aktivisten für viele Jahre beschäftigen. In Italien wurde, was die Erforschung der riesigen Timavo-Quelle betrifft, wenig Fortschritt erzielt. Dieser Komplex besteht aus etwa achtzehn Quellen in San Giovanni di Duino, deren Wasser aus einer Entfernung von mindestens 40 km aus Skocjanske Jama in Jugoslawien stammt. Dies sind nur ein paar der vielen Möglichkeiten.

Praktischer Nutzen in der Archäologie

Für jene, die den Wert solch gefährlicher Ausflüge anzwei-

Nutzbarmachung der Wasserresourcen hat auch bei den Chinesen Vorrang, und ein Projekt, das im Süden des Landes beträchtliches Interesse erregt hat, war die kartographische Vermessung des Tsiu. Dieser große Fluß, dessen Strömung zwischen 4 m³/sec. in der trockenen Jahreszeit und 390 m³/sec. zwischen Mai und August variiert, fließt über 50 km unterirdisch, bevor er am Nordufer des Hungshui wieder an die Oberfläche kommt.

Leider haben Taucher trotz der Lokalisierung von »Fenstern« in einem außergewöhnlich tiefen und scheinbar völlig überfluteten Kanal dieses große hydrologische Netz noch nicht weiter erforscht. In einer so bergigen Region sind die Schwierigkeiten bei der Wassergewinnung enorm. Das Problem einer wirkungsvollen Wassernutzung besteht in vielen, wenn nicht sogar in allen Kalksteingebieten der Welt.

Praktischer Nutzen für den Umweltschutz

In Florida bedeuten die Forderungen von wachsenden Städten wie Tallahassee noch komplexere Probleme. Nicht nur der Druck auf vorhandene Resourcen wächst, sondern es besteht auch die viel ernstere Bedrohung der Grundwasserverunreinigung, die unter anderem durch Dummheit oder Nichtbeachtung der durchlässigen Eigenschaften des Kalksteins verursacht werden. Ein Beispiel ist die Entsorgung der Abwässer. Statt sie in speziell dafür errichteten Kläranlagen zu reinigen, werden sie durch »Tiefeninjektion« beseitigt. Dabei wird das Wasser Tausende von Metern in den unterirdischen Strom hinabgepumpt, in der Annahme, daß es sich in solcher Tiefe harmlos verteilen wird. Die Aussichten dabei sind schrecklich, und führende Taucher wie Wes Skiles sind zur Zeit dabei, die Wasserqualität tief in den Höhlen zu überprüfen.

Eine weitere große Expedition in Wakulla ist für 1992 geplant, wobei man eine Reihe von äußerst komplizierten Tests mit Farbstoffen durchführen will. Die Hydrologen werden auf diese Weise ein bestimmtes Gebiet auf einen bestimmten Tunnel zurückführen können und nicht nur zu

dem Haupteingang von Wakulla.

Sportliche Erwägungen

Für die Sportler muß die Höhlentaucherei nicht gerechtfertigt werden. Es handelt sich um den völlig natürlichen Ausdruck der menschlichen Neugier – eine Betätigung, die so wertvoll und technisch anspruchsvoll ist wie die Herausforderung des Weltraums. Wes Skiles hat dies prägnant beschrieben:

> Vorstoßen, forschen und kartographieren; all dies finde ich äußerst anregend;... es ist meine eigene Wahl; ich möchte nur daran denken, wie ich am Leben bleiben kann und, wenn ich dort unten bin, die Freude an meinem Tun, bis zum Höchstmaß steigern.

In allgemeinerer Hinsicht sollten wir uns an Norbert Casterets einfache Rechfertigung erinnern:

> Ich kenne und liebe Höhlen, Abgründe und unterirdische Flüsse. Sie zu studieren und zu erforschen, ist seit Jahren meine Leidenschaft. Wo sonst kann man solche Aufregung finden, solch merkwürdige Dinge sehen, solch intellektuelle Befriedigung genießen wie bei der Forschung unter der Erde?

Die Höhlentaucherei war schon immer der gefährlichste Sport und ist es wohl immer noch, aber auch einer der aufregendsten, wie Casteret in seinen Erforschungen in Montespan vor fast siebzig Jahren so großartig demonstrierte. Es läßt sich jedoch nicht abstreiten, daß es sich um eine extreme Technik handelt, die viele potentielle Forscher in der Vergangenheit abgehalten hat, und dies wird zweifellos die Begeisterung vieler in zukünftigen Jahren abschwächen. Der gesunde Menschenverstand und Vorsicht waren bis auf den heutigen Tag das Merkmal der Pioniere, aber man kann sich auf äußerst aufregende Fortschritte freuen. Die Qualitäten des einzelnen sind von besonderer Bedeutung, und erfolgreiche Forscher werden außergewöhnliche Entschlossenheit brauchen. Ihre Taten erwarten wir mit großem Interesse.

Anhang

Anhang 1: Dekompression

Die Luftdruckkrankheit oder Caissonkrankheit kann eine äußerst traumatische und lähmende Störung sein. Daher ist es notwendig, daß im Planungsstadium jedes Tauchgangs in große Tiefen sorgfältige Überlegungen und Vorsichtsmaßnahmen ergriffen werden. Am schlimmsten ist diese Krankheit, wenn sie einen Taucher in einer Höhle befällt. Es folgt eine sehr kurze Zusammenfassung des Themas, aber Taucher sollten sich mit den ausführlicheren Erläuterungen in den verschiedenen Handbüchern auf den neuesten Stand bringen.

Zur Luftdruckkrankheit kommt es normalerweise, wenn ein Taucher nach längerer Zeit in der Tiefe zu schnell nach oben taucht. Zu der Störung kommt es durch eine zu große Menge Edelgas (etwa Stickstoff oder Helium), das im Körpergewebe vorhanden ist, zusammen mit einer Verringerung des Drucks der Umgebung. Einfach ausgedrückt, bilden sich Stickstoffblasen im Blut, Blasen, die kleine Blutgefäße blockieren und so zum Absterben des betroffenen Gewebes führen. Eine Reduzierung der Blutversorgung des Nervensystems kann zu Anfällen, Lähmungen, zum Koma und sogar zum Tod führen.

Das Auftreten der Luftdruckkrankheit hängt zum größten Teil von der Dauer des Aufenthalts in der Tiefe ab, von Tauchgängen, die in der letzten Zeit stattgefunden haben, und von der Geschwindigkeit des nachfolgenden Aufstiegs. Wenn ein Taucher über einen längeren Zeitraum hinweg in der Tiefe bleibt, nimmt sein Körpergewebe Stickstoff auf. Wenn beim Auftauchen alles richtig abläuft, löst sich der Stickstoff aus dem Gewebe, um im Blut aufgelöst zu werden. Dann gelangt er wieder in die Lunge und wird ungefährlich ausgeatmet. Dieser »Gasaustausch« dauert. Die theoretische Seite ist recht kompliziert und hat mit dem Gesetz des »Teildrucks« zu tun. Einfach ausgedrückt, bewirkt jeder Bestandteil der Luft (Stickstoff, Sauerstoff, Spurenelemente usw.) ein Druckgleichgewicht mit dem entsprechenden Druck dieses spezifischen Gases im Atmungssystem. Wenn der Taucher zu schnell auftaucht, hat der Kreislauf nicht genug Zeit, mit dem Teildruck-Gradienten Schritt zu halten. Wenn der Körper den überschüssigen Stickstoff nicht schnell genug loswerden kann, geht das Gas ins Blut oder Gewebe über und bildet Blasen.

Die Blasenbildung tritt auf, wenn der Teildruck des Stickstoffes innerhalb der Körperzellen etwa das Doppelte des Teildrucks der Umgebung beträgt. Die Störung zeigt sich an den kleinen Fettablagerungen in den Bereichen, in denen der Kreislauf eingeschränkt ist, beispielsweise in den Gelenken, und an den winzigen Fettablagerungen im Nervensystem. Es hat sich gezeigt, daß lange Tauchgänge in flachem Gewässer eher die Gelenke in Mitleidenschaft ziehen, während kurze, tiefe Tauchgänge das Nervensystem direkter betreffen. Ganz abgesehen von den unmittelbaren Problemen, die durch die Luftdruckkrankheit entstehen, gibt es langfristige Folgen, die möglicherweise erst nach mehreren Jahren zutage treten: Eine Schädigung der Hirnzellen und des Knochengewebes (aseptische Knochennekrose) fallen in diese Kategorie.

Das frühe Erkennen und eine gleich eingeleitete Behandlung der Krankheit ist von größter Wichtigkeit. In etwa 85% der Fälle treten die Symptome innerhalb einer Stunde nach dem Auftauchen auf. Nur bei einem Prozent treten sie erst nach über sechs Stunden auf. Dieser Zeitfaktor ist eine große Hilfe bei der Diagnose, aber die Störung kann mit einer Muskelzerrung oder einer Verstauchung verwechselt werden. Wenn es Anzeichen von Problemen mit dem zentralen Nervensystem gibt, oder wenn bei der Ursache der Schmerzen ernste Zweifel bestehen, müssen sobald wie möglich Abhilfemaßnahmen eingeleitet werden. Es sollten keine Medikamente eingenommen werden, da diese die nachfolgende Behandlung stören könnten.

Bei Auftreten dieser Krankheit ist die einzig sichere Behandlung eine schnelle Rekompression, bei der der Stickstoff im Körper wieder aufgelöst wird, gefolgt von einer langsamen Dekompression. Diese wird normalerweise in einer speziellen Kammer unter gründlicher ärztlicher Überwachung durchgeführt. Beim Abtransport sollte Sauerstoff gegeben werden, und der Betroffene sollte eiligst zur Rekompressionskammer gebracht werden – falls nötig, in einem niedrig fliegenden Hubschrauber. Die Rekompression des Tauchers sollte normalerweise nicht im Wasser erfolgen, es sei denn, daß es aufgrund einer äußerst isolierten Lage oder in der Tiefe einer Höhle keine andere Möglichkeit gibt. In diesem Fall handelt es sich um eine sehr viel kompliziertere und riskantere Operation.

Ein wichtiger Faktor bei der Vermeidung der Luftdruckkrankheit ist die genaue Berechnung der Stickstoffmenge, die während des Tauchgangs in den Körper übergegangen ist. Je tiefer und länger der Tauchgang ist, desto größer ist die Menge des absorbierten Stickstoffs. Flache Tauchgänge in weniger als 10 m Tiefe sind in dieser Hinsicht wenig riskant, aber in einer Tiefe von 30 m ist nur ein Tauchgang von höchstens 20 Minuten sicher, bevor man besondere Maßnahmen zur Dekompression ergreifen muß. Wenn man diese Zeit überschreitet, muß beim Auftauchen ein Dekompressions-»Stop« eingelegt werden, beispielsweise ein fünfminütiger Aufenthalt in fünf Meter Tiefe.

Es gibt spezielle Tabellen – in Großbritannien, den USA und anderswo, die die nötige Dekompressionszeit (kein Stop und Stop) in bezug auf die unterschiedliche Tauchdauer und die Tauchtiefe detailliert angeben. Der Begriff »kein Stop« umschreibt die längste Zeit, die man beim Abtauchen in eine bestimmte Tiefe und der Verweildauer dort aufwenden darf, ohne daß beim Auftauchen ein Dekompressionsstop eingelegt werden muß. Tiefe Tauchgänge sollten immer gründlich geplant werden; wenn man Komplikationen in Zusammenhang mit der Dekompression erwartet, sollten entsprechende Vorbereitungen getroffen werden. Kein Taucher mit einem begrenzten Luftvorrat sollte das Risiko eingehen, die »Kein Stop«-Zeiten zu übertreten. Dekompressionsstops werden britischen Tabellen zufolge normalerweise eingelegt, indem der Aufstieg für die erforderliche Zeit in einer Tiefe von 10 m und später bei 5 m unterbrochen wird. Amerikanische Tabellen unterscheiden sich etwas dadurch, daß die Tiefen in Fuß angegeben werden und die Dekompression meistens in einer Tiefe von zwanzig und zehn Fuß durchgeführt wird.

Um eine sichere Dekompression durchzuführen, ist es nötig, einen akkuraten Tiefenmesser bei sich zu führen oder von der Oberfläche aus eine Leine zu installieren, die klar mit den erforderlichen Dekompressionstiefen markiert ist. Dekompressionsmesser, die automatisch die Dekompressionszeit bestimmen, werden bei Tauchern immer populärer. Diese sollten mit Vorsicht eingesetzt werden und haben sich in mehreren Fällen als unzuverlässig erwiesen. Es gibt keinen Ersatz für grundlegende Kenntnisse dieses Themas aus erster Hand in Verbindung mit einer Reihe von wasserdichten Dekompressionstabellen. Diese sollte man bei jedem tiefen Tauchgang als wesentlichen Teil der Ausrüstung betrachten, und die Taucher müssen wissen, wie man sie einsetzt.

Bei der geplanten Dekompression wird oft eine zusätzliche Flasche mit Preßluft (oder Sauerstoff), die bereits mit einem Ventil versehen ist, eingesetzt. Diese Flasche wird während des Abstiegs in der erforderlichen Tiefe sicher mit der Leine verbunden und ist bereit für den Dekompressionsstop auf dem Rückweg.

Ein weiterer wichtiger Faktor bei der Berechnung der Dekompression ist, daß wiederholte Tauchgänge über einen Zeitraum von 24 Stunden eine kumulative Wirkung haben, und falls nötig, müssen speziell vorbereitete »Wiederholungstabellen« befolgt werden.

Es gibt viele andere Faktoren, die bei diesem komplexen Problem zusammentreffen. Ein Taucher beispielsweise, der zu unterkühlt oder überhitzt ist, ist für Dekompressionsprobleme anfälliger, und daher muß man unter extremen Umständen besondere Vorsicht walten lassen. Die Höhenlage, in der der Tauchgang stattfindet, muß ebenfalls in Betracht gezogen werden. Bei einer Höhe der Wasseroberfläche von 152 m kann man sich nach der normalen Vorgehensweise richten, aber über diesem Punkt müssen die Tabellen angepaßt werden. Der körperliche Zustand des Tauchers kann Komplikationen verursachen: ein Taucher, der nicht fit ist, unter Übergewicht leidet, erschöpft, dehydriert, depressiv oder drogen- oder alkoholabhängig ist, hat ein größeres Risiko. Überanstrengung während des Tauchgangs selbst oder hinterher sollte vermieden werden. Es gibt auch einige Hinweise, daß Frauen eher von der Luftdruckkrankheit betroffen werden. Wenn Faktoren vorhanden sind, auf Grund derer der Betroffene eher zu Dekompressionsproblemen neigt, ist zusätzliche Vorsicht angebracht.

Im allgemeinen sind die folgenden Vorgehensweisen empfehlenswert:
● Im Planungsstadium sollte man sich mit dem Standort der nächstgelegenen Dekompressionseinrichtungen und ihrer Verfügbarkeit vertraut machen. Telefonnummern sind wichtig, genau wie die Kenntnis der schnellsten Evakuierungsroute.
● Der Punkt in der Höhle, an dem die Dekompression stattfinden soll, muß geeignet und allen Mitgliedern des Tauchteams bekannt sein. Dabei sollte man den Zuschnitt der Höhle und andere Schwierigkeiten wie Strömungen oder schlechte Sicht in Betracht ziehen.
● Zusätzliche Luft- oder Sauerstoffvorräte müssen am Dekompressionspunkt installiert werden, wobei auch ein mögliches Versagen des Geräts miteinbezogen werden muß.
● Die Überwachung der Tauchzeit und des Luftvorrats sollte von allen Teammitgliedern genau befolgt werden.
● Eine Überanstrengung sollte in jedem Stadium des Tauchgangs vermieden werden und vorzugsweise noch eine Stunde lang oder länger danach. Die Helfer sollten auf dieses Problem aufmerksam gemacht werden.

Alle Höhlentaucher sollten die Dekompression mit der allergrößten Vorsicht behandeln. Sie müssen die vielen miteinander verwandten Fazetten des Problems genau kennen und sich dementsprechend verhalten.

Lesen Sie Ihr Handbuch sorgfältig durch.

Um eine Vorstellung von der begrenzten Zeit zu geben, die ohne Dekompression unter Wasser verbracht werden kann, füge ich eine Liste der Tauchzeiten und der entsprechenden Tiefen bei, basierend auf einer Dekompressionstabelle der U.S. Navy.

Keine-Dekompression-Grenzen für Keine-Dekompression-Tauchgänge mit Luft			
Tiefe (Fuß)	Zeitgrenze (Minuten)	Tiefe (Fuß)	Zeitgrenze (Minuten)
20		90	30
25		100	25
30		110	20
35	310	120	15
40	200	130	10
50	100	140	10
60	60	150	5
70	50	160	5
80	40		

Anhang II: Nützliche Adressen

Cave Diving Association of Australia:
P.O. Box 290, North Adelaide 5006
Cave Diving Group of Great Britain:
Sekretär: Clive Westlake, 25 Cross Street, Kettlebrook, Tamworth, Staffs B 77 2 AS
Commission Plongée Souterraine
Präsident: C. Locatelli, 94 rue Michelet, 01 100 Oyonnax
Federation Française De Speleologie
130, rue Saint-Maur, Paris-XIe.
National Speleological Society
Cave Avenue, Huntsville, Alabama, 35810, U.S.A.

Anhang III: Wörtverzeichnis

Abhang Ein senkrechter Höhlenabschnitt, der normalerweise mit einer Leiter oder einem Seil überwunden wird.

Aflo Ein Gerät, das in der Hand gehalten wird, und eine Ausrüstung zur Unterwasserbeleuchtung, zur Navigation (Kompaß) und zum Verlegen der Leine enthält. Seit Ende der fünfziger Jahre wird es nicht mehr eingesetzt.

Alkali Eine Substanz mit starken basischen Eigenschaften (im Gegensatz zu Säuren). Starke Alkali sind ätzend und absorbieren Kohlendioxid.

Amphib Siehe Sauerstoff-Regenerationsgerät.

Anoxie Akuter Sauerstoffmangel, der zum Tod führt.

Atmungstraining Eine Technik im Zusammenhang mit Geräten mit geschlossenem Kreislauf, bei dem der Taucher den Stickstoff aus seinem Beutel und aus seiner Lunge ausstößt, bevor er mit dem Tauchen beginnt.

Ätzende Lösung Eine Substanz, die auf Haut und Muskel ätzend und brennend wirkt; ein starkes Alkali.

Bedarfsventil Ein Präzisionsinstrument, das Gas aus dem Vorrat nur abgibt, wenn der Taucher durch das Mundstück einatmet.

Befestigungspunkt Ein festes Objekt, beispielsweise ein großer Stein oder ein Felsblock, an dem die Leine befestigt wird.

Blackout in flachem Gewässer Eine Gefahr, die mit Geräten mit geschlossenem Kreislauf in Zusammenhang gebracht wird.

Bleigewicht Ein Stück geformtes Blei, das normalerweise an einem Gürtel getragen werden kann. Es wird eingesetzt, um die natürliche Tragkraft des Tauchers aufzuheben.

Caissonkrankheit Eine ernste Störung, die Taucher betrifft, die plötzlich mit einer Druckabnahme fertigwerden müssen.

Cocktail Einfließen einer ätzenden Lösung in das Atemsystem mit äußerst schädlichen Folgen.

Dauer Die Zeitdauer, die unter Wasser verbracht wird.

Dekompression Die langsame Reduzierung des Drucks bei der Rückkehr an die Oberfläche (normaler Atmosphärendruck) aus der Tiefe. Dies führt dazu, daß gelöste Gase (hauptsächlich Stickstoff bei einem Tauchgang mit Preßluft) aus dem Blut freigegeben werden.

Drittelregel Vorsichtige Vorgehensweise, bei der der Taucher beginnt, zur Basis zurückzukehren, nachdem ein Drittel seines Luftvorrats aufgebraucht ist, so daß ihm für unerwartete Vorfälle noch ein großer Luftvorrat zur Verfügung steht.

Druckmesser Ein Instrument, das den Druck einer Tauchflasche registriert und damit die ungefähre Dauer des Gasvorrats.

D.S.E.A. Siehe Sauerstoff-Regenerationsgerät.

Durchquerung Bewegung entlang einer Höhlenpassage normalerweise auf einer horizontalen Ebene in einiger Entfernung zum Boden.

Einbruch Der Zusammenbruch einer Decke in einer unterirdischen Höhle.

Einzelseil-Technik Eine Technik, bei der man in einen Schacht hinab- und später wieder hinaufsteigt, wobei eine spezielle Ausrüstung zusammen mit einem einzelnen Seil eingesetzt wird.

Ellbogen Der niedrigste Punkt in einem Sumpf.

Embolie In der Tauchtechnologie bedeutet dies den Riß von Lungengewebe, das dadurch verursacht wird, daß kein ausreichendes Gasvolumen in Übereinstimmung mit der Aufstiegsgeschwindigkeit ausgeatmet wird.

Flasche Ein röhrenförmiger Behälter, der dem sehr hohen Druck des Atmungsvorrats eines Tauchers widerstehen kann. Normalerweise besteht sie aus Stahl.

Freies Tauchen Die Durchquerung eines Sumpfes ohne Hilfe eines Atemgeräts.

Geschlossener Kreislauf Siehe Sauerstoff-Regenerationsgerät.

Grundlaufen Die Fortbewegung am Grund einer überfluteten Passage. Der Taucher trägt normalerweise Stiefel mit Bleigewichten, um den Kontakt mit dem Boden aufrechtzuerhalten. Diese Technik wurde zu Beginn der sechziger Jahre aufgegeben.

Helmlampe Lampe der Bergleute, die am Helm befestigt ist. Energie erhält sie von einer wiederaufladbaren Batterie, die hinten an der Taille getragen wird.

Hupe Ein mechanisches Gerät, das einer Autohupe ähnelt und eingesetzt wird, um die Aufmerksamkeit eines anderen Tauchers unter Wasser zu erregen.

Hyperventilation Eine Technik, bei der eine Reihe von kurzen Atemzügen in schneller Folge gemacht werden, wodurch Kohlendioxid aus dem Atemsystem entfernt wird.

Karbid Substanz, die meistens in fester Form als Brennstoff für eine Karbidlampe verwendet wird. Sie reagiert mit einer regulierten Wasserzufuhr, so daß Acetylengas entsteht. Dies ist entflammbar und produziert ein Licht.

Kontrolleur Mitglied der Hilfsgruppe, das die Bewegungen der Taucher überwacht.

Leichte Tauchausrüstung Eine Ausrüstung, die sich besonders leicht durch schwierige Höhlen transportieren läßt.

Leine Ein dünnes Seil oder Draht, das der Taucher zur Markierung der Route verlegt.

Leinentrommel Eine einfache Spule oder Spindel, mit der die Tauchleine verlegt und (in späteren Modellen) wieder aufgewickelt wird.

Lippe Der Rand eines Abhangs.

Maske Eine Glas- oder Plexiglasscheibe, die in einem Gummigehäuse sitzt und mit Gummiriemen am Gesicht befestigt wird. Die Luftschicht, die zwischen Gesicht und der Vorderscheibe eingeschlossen ist, gibt dem Taucher eine stark verbesserte Sicht.

Mischung Eine Kombination aus Gasen, die den Atemvorrat des Tauchers darstellen.

Narkose Schwindel oder Euphorie, die durch Tauchgänge in über 30 m Tiefe verursacht wird. Menschen haben unterschiedliche Toleranzgrenzen.

Naßtauchanzug Hautenger Anzug aus Neopren-Schaumstoff, der Wärmeisolierung bietet, aber den Taucher nicht trocken hält.

Natronkalk Eine chemische Substanz (Kalziumoxid – Natriumhydroxid), die als Absorptionsmittel für Kohlendioxid eingesetzt wird.

Offener Kreislauf Ein Atemgerät, das normalerweise mit Preßluft versorgt wird.

(Für tiefere Tauchgänge werden Gasmischungen verwendet), wobei der Taucher ins Wasser ausatmet.

Quelle Die Stelle, an der ein unterirdischer Strom oder Fluß wieder an der Oberfläche zutage tritt.

Rettungsorganisation für Höhlen Eine Gemeinschaft, die Menschen, die unter der Erde in Not geraten sind, retten.

Sauerstoff-Regenerationsgerät Eine Form von Atemgeräten, bei der ausgeatmete Gase zur Wiederverwendung in das Gerät geatmet werden. Mehrere Formen ehemaliger Kriegsausrüstungen wurden für den Einsatz in Höhlen nach 1945 modifiziert. Die wichtigsten sind:

A.T.E.A.	Amphibian Tank Escape Apparatus
D.S.E.A.	Davis Submerged Escape Apparatus
P.Party	Port Party-Gerät mit geschlossenem Kreislauf für lange Tauchdauer
Salvus	Ein Gerät mit doppeltem Zweck (Feuerbekämpfung und Taucherei)
S.E.B.A.	Submarine Escape Breathing Apparatus
S.G.A.Mk.2	Siebe Gorman Amphibian Mark 2
U.B.A.	Universal Breathing Apparatus

Diese Geräte waren zu Beginn der sechziger Jahre veraltet.

Eine neue Generation von Regenerationsgeräten sind in den letzten Jahren auf den Markt gekommen:

Der Speleo-Twin Rebreather, 1980 von Jochen Hasenmayer entworfen und konstruiert.

Der Carmellan Rebreather, der zum erstenmal 1987 für die Höhlenforschung eingesetzt wurde.

Der Cis-Lunar Rebreather, der von Dr. Bill Stone entworfen und konstruiert wurde. Er wurde zum erstenmal 1987 in Wakulla getestet.

Der RI 2000, ein halbgeschlossenes Regenerationsgerät, das von Alain Ronjat und Olivier Isler entworfen und konstruiert wurde. Es wurde 1990 in Gebrauch genommen.

Sauerstoffvergiftung Diese wird herbeigeführt, wenn ein Taucher reinen Sauerstoff atmet (wie in den frühen Formen von Regenrationsgeräten) und über 10 m hinabtaucht. Oft kommt es zu einer plötzlichen Bewußtlosigkeit, wobei sich der Betroffene irgendwelcher warnenden Symptome nicht bewußt ist. Die Gefahr kann auch durch Preßluftgeräte mit offenem Kreislauf in Tiefen von über 90 m verursacht werden. Eine Sauerstoffvergiftung findet statt, wenn der Teildruck des Gases mehr als zwei Atmosphären beträgt.

Schwimmflossen Flache, gerippte Lagen aus geformtem Gummi, die einer Fischflosse ähneln. Der Taucher trägt sie am Fuß, um bei der Fortbewegung zu helfen.

Sediment Natürliches Erosionsprodukt. Es kann die Form feinen Schlamms, Schlicks, Kieses oder Gesteins annehmen.

Sherpa Ein Helfer, der beim Transport der Tauchausrüstung zur unterirdischen Tauchbasis und zurück hilft.

Siphon Sumpf.

Spalt Eine örtliche, senkrechte Entwicklung in einer Höhlenpassage.

Standard-Ausrüstung Eine frühe Form von Tauchgerät, bei dem von der Oberfläche ständig Luft zugeführt wurde. Der Taucher selbst war normalerweise mit einem Trockentauchanzug, einem Messinghelm und Bleistiefeln ausgerüstet. Er regulierte die Luftzufuhr zum Helm mit einem Druckauslöserventil.

Stickstoff Ein Edelgas, das 80% der Luft, die wir atmen, ausmacht.

Strömungsweg Höhlenpassage, in der sich ein fließender Strom befindet.

Sumpf Höhlenpassage, die völlig mit Wasser ausgefüllt ist, so daß kein Luftraum mehr vorhanden ist.

Taucherlogbuch Die persönliche Aufzeichnung eines Tauchgangs, die beispielsweise das eingesetzte Gerät, die unter Wasser verbrachte Zeit und die Ergebnisse beschreibt.

Taucherlunge Ein Atemgerät mit offenem Kreislauf, der bei normalem Einsatz mit Preßluft versorgt wird. Für tiefe Tauchgänge können Gasmi-

schungen verwendet werden. Die Versorgung des Tauchers wird durch ein Bedarfsventil kontrolliert, das nur Gas abgibt, wenn der Taucher einatmet. Beim Ausatmen wird das Abgas ins Wasser abgegeben.

Tiefe In der Höhlenforschung bezieht sich dieser Begriff auf die Gesamttiefe, die unter dem Niveau des Eingangs erreicht wird; beim Höhlentauchen ist es die Tiefe, die unter der Wasseroberfläche erreicht wird. Siehe Tiefenmesser.

Tiefenmesser Ein Instrument, das dazu dient, die Tiefe des Tauchers jederzeit zu registrieren.

Trockentauchanzug Ein wasserdichter Tauchanzug. Normalerweise wird er mit warmer Unterkleidung getragen, um eine Wärmeisolierung zu bieten.

Verengung mit Luftraum Eine Höhlenpassage, die fast ganz mit Wasser gefüllt ist, aber noch einen Luftraum mit mehreren Zentimetern hat.

Unabhängiges Tauchgerät Gerät, das dem Taucher völlige Bewegungsfreiheit gestattet, ohne von der Tauchbasis abhängig zu sein.

U.B.A. Siehe Sauerstoff-Regenerationsgerät.

Uni-Anzug Technologisch ausgereifte Form des Trockentauchanzugs aus Neopren. Wird meistens mit einer einzelnen Schicht Unterkleidung getragen.

Ventil Teil des Atemgeräts des Tauchers zur Regulierung der Gasströmung.

Fortsetzung von Seite 277

Frank Martz — Benjamin's Blue Hole, Bahamas, 1971
Erfahrener Höhlentaucher. Verschwand in 90 m Tiefe, als er einen tiefen Tauchgang durchführte.

Archie Forfar & Anne Gunderson — Stafford Creek, Bahamas, 1971
Erfahrene Taucher in offenen Gewässern. Trotz Vorsichtsmaßnahmen starben beide, als sie einen Tiefenrekord in offenem Gewässer aufstellen wollten. Wurden aufgrund einer Sauerstoffvergiftung bewußtlos und ertranken. Exley, der zur Hilfsgruppe gehörte, erlitt ebenfalls einen Blackout, erholte sich aber wieder.

Unbekannt — Uncle Charlie's Blue Hole, Bahamas, ca. 1979
Schlecht ausgerüsteter Taucher für offenes Gewässer. Scheint die Orientierung verloren zu haben (keine Leine oder Reserve-Luftvorrat) und keine Luft mehr gehabt zu haben, als er versuchte, einen Rettungsweg zu finden.

Peter Verhulsel — Sterkfontein Cave, Südafrika, 1984
Taucher für offenes Gewässer und früher einmal Höhlenforscher. Während eines leichten Tauchgangs verließ er die Leine, ging verloren und erreichte eine unerforschte, trockene Passage. Starb mindestens drei Wochen später an Hunger usw. als Resultat von schweren Fehlern bei der Strategie der Rettungstruppe.

Bill McFaden — Little Dismal Cave, Florida, USA, 1988
Erfahrener Höhlentaucher. Hatte nach einer Reihe von stressigen Vorfällen keine Luft mehr. Ein Unfall, der fast drei Leben kostete.

Roberta Swicegood — Arch Cave Spring, Pennsylvanien, USA, 1988
Erfahrene Höhlentaucherin. Hatte keine Luft mehr nach einer schweren Verwicklung in der Leine und einem (möglichen) darauffolgenden Orientierungsverlust.

Anhang IV: Unfallanalyse

Todesfälle unter britischen Tauchern seit 1934 und andere, in diesem Buch beschriebene Todesfälle

Gordon Marriot   Wookey Hole, Mendips, 1949
Erfahrener Taucher in offenen Gewässern, aber ohne Höhlentaucherfahrung. Starb durch Anoxie auf der Rückkehr durch einen bekannten Sumpf. Er machte einen unerklärten Fehler, hatte keinen Sauerstoff mehr und ließ dann seine Reserveflasche fallen, die nicht richtig an seiner Ausrüstung befestigt war. *Ergebnis:* Die Cave Diving Group brachte ihre Sicherheitsregeln auf den neuesten Stand und gab Vorschriften für den Gebrauch von Reservezylindern heraus.

Jack Waddon   Minneries Pool, Mendips, 1962
Erfahrener Höhlentaucher. Starb an Anoxie, während er mit experimenteller Ausrüstung trainierte. Er machte einen Fehler bei der Einstellung seines Reglers, was zu einem Sauerstoffmangel führte. Keine Leinenverbindung zur Oberfläche. *Ergebnis:* Der Übergang von der Ausrüstung mit geschlossenem Kreislauf zur Ausrüstung mit offenem Kreislauf wurde beschleunigt.

Alan Clegg   Lancaster Hole, Pennines, 1964
Erfahrener Höhlentaucher. Bei der Erforschung eines neuen Sumpfes verlor er sein Mundstück (das nicht an einem Halsriemen befestigt war) in einer Verengung. *Ergebnis:* Es wurde empfohlen, das Zwei-Schlauch-Ventil, das als zu zerbrechlich galt, nicht mehr einzusetzen, da es leicht durchtrennt wurde und im allgemeinen für die Bedingungen des Höhlentauchens nicht geeignet war.

Alan Erith   Keld Head, Pennines, 1970
Unerfahrener Höhlentaucher. Ertrank beim Training in einer komplexen, halberforschten Quelle. Er scheint die Orientierung verloren zu haben und schwamm stromaufwärts, weg vom Eingang. Er trug keine Reserveausrüstung bei sich.

Paul Esser   Porth yr Ogof, Südwales, 1971
Taucher für offene Gewässer mit begrenzter Höhlentaucherfahrung. Ertrank beim Training und Einholen von Leine in einem bekannten Höhlensystem. Fälschlicherweise folgte er der Leine in eine teilweise erforschte Passage, war zu ehrgeizig und hatte nicht mehr genug Luft für den Rückweg.

Roger Solari   Agen Allwedd, Südwales, 1974
Erfahrener Höhlentaucher. Ertrank, als er von einem kühnen Forschungsvorstoß zurückkehrte. Offenbar verwickelte Solari sich in der Leine, möglicherweise als er auf seine Luftreserve umschaltete. Ein Unfall, der die Bedeutung der »Drittel-Regel«, neutraler Tragkraft und eines Höchstmaßes an körperlicher Fitneß unterstrich.

John Smith   Merlin's Pipe, Derbyshire, 1974
Höhlentaucher mit begrenzter Erfahrung. Hatte keine Luft mehr, als er aus einer schlammigen, verengten Passage zurückkehrte.

Derek Tringham   Cueva de Vegalonga, Spanien, 1976
Erfahrener Höhlentaucher. Verschwand bei der Erforschung eines stromaufwärts gelegenen Sumpfes. Leinentrommel (nicht voll abgewickelt) wurde nach ausgedehnter Suche entdeckt, aber keine Spur von dem Taucher.

Mike Nelson   Ilam Rising, Derbyshire, 1977
Höhlentaucher mit begrenzter Erfahrung. Ertrank bei der Erforschung eines neuen Sumpfes. Er scheint seine Leine bei schlechter Sicht verloren zu haben und dann schnell keinen Luftvorrat mehr gehabt zu haben, wahrscheinlich als Ergebnis des ansteigenden Stresses.

Ian Plant   Bull Pot of the Witches, Cumbria, 1980
Erfahrener Höhlentaucher. Verlor die Leine bei schlechter Sicht und hatte keine Luft mehr.

Mark Woodhouse   Keld Head, Pennines, 1980
Neuling in der Höhlentaucherei. Verlor völlig die Orientierung, verlor zeitweise die Leine und geriet in Panik. Ertrank wenige Meter vor der Luftglocke bei 100 m.

David Woods   Pollnacrom, Nordirland, 1981
Erfahrener Höhlentaucher. In einem äußerst engen, verschlammten Sumpf kam es zu einem akuten »Ventilversagen« (Sand führte zu freier Strömung). Das Opfer ertrank in weniger als 2 m Entfernung von einem Luftraum.

Keith Potter   Wookey Hole, Mendips, 1981
Höhlentaucher mit begrenzter Erfahrung. Verlor offenbar das Mundstück und ertrank nur ein paar Meter von der Luftoberfläche in Kammer 20 entfernt.

Derek Crossland   Hurtle Pot, Pennines, 1985
Erfahrener Höhlentaucher. Bei einem Solotauchgang, um die Ausrüstung zu testen, starb er unter mysteriösen Umständen nahe der Oberfläche.

Nick Whaite   Unbenannte Höhle, Barbondale, Cumbria, 1988
Neuling in der Höhlentaucherei. Verlor die Orientierung und ertrank, als er einen äußerst engen Sumpf ohne Leine erforschte. Der Leichnam wurde 10 m unter der Wasseroberfläche entdeckt.

Eine umfassende Liste der Unfälle in Übersee wäre ermüdend und wiederholend. Es sind jedoch jene Vorfälle aufgeführt, die im Buch erwähnt werden, da sie möglicherweise ein warnendes Element enthalten, das lehrreich sein kann.

Henri Lombard   Lirou-Höhle, Montpellier, Frankreich, 1950
Erfahrener Höhlentaucher. Starb auf dem Rückweg durch einen kurzen Sumpf, möglicherweise als Ergebnis einer Unterkühlung.

Randy Hylton   Florida, USA, 1965
Erfahrener Höhlentaucher. Erlitt wahrscheinlich einen Herzinfarkt, als er versuchte, sich aus einer Leinenverwicklung in 47 m Tiefe zu befreien.

Adolf Holder   Blautopf, Blaubeuren, Deutschland, 1966
Clubmitglied, das seinen Luftvorrat falsch berechnete – an seiner Hauptflasche kam es zu einem Fehler, und seine Reserveflasche war leer.

John Carcelle   Benjamin's Blue Hole, Bahamas, 1971
Unerfahrener Taucher. Geriet in einer Tiefe von 75 m in Panik. Verhielt sich irrational und brauchte seine Luft auf.   Forts. S. 276

Anhang V: Die längsten und tiefsten Höhlen

Anmerkung: Obwohl die Höhlen der Länge nach aufgeführt sind, hat dies weniger Bedeutung, da die Bedingungen und Techniken großen Einfluß auf den Schwierigkeitsgrad beim Tauchen haben.

Längste Höhlentauchgänge *(geschätzt nach der Gesamtentfernung unter Wasser von der Basis aus)*

Höhle	Land	Länge/Tiefe	Sümpfe	Fortsetzung?	Taucher (*mit Scooter)
Cocklebiddy Cave	Australien	5290 m (-30 m)	3	setzt sich fort/eng	H. Morrison, R. Allum, P. Rogers 1983
Cathedral Canyon	USA	3334 m (-60 m)	1	setzt sich fort	*S. Exley, 1990
Chip's Hole Cave	USA	3183 m (-41 m)	1	setzt sich fort	S. Exley, 1989
La Doux de Coly	Frankreich	3100 m (-57 m)	1	setzt sich fort	*O. Isler & GLPS, 1984
La Source du Bestouan	Frankreich	2665 m (-32 m)	1	setzt sich fort	*M. Douchet, 1990
Trou Madame	Frankreich	2510 m (-18 m)	9	blockiert	F. Le Guen & Speleo Club von Paris, 1978
NoHoch Nah Chich	Mexiko	2438 m (-14 m)	2	setzt sich fort	M. Madden, S. Gerrard, J.J. Tucat, 1987
Friedman Sing (Manatee Springs)	USA	2342 m (-30 m)	1	blockiert	B. Main, B. Gavin, 1987 ++
Cogol dei Veci	Italien	2340 m (-54 m)	1	setzt sich fort	*O. Isler & Schweizer/italienisches Team, 1990
Emergence de Bourne	Frankreich	2250 m (-43 m)	7	setzt sich fort	*O. Isler & GLPS, 1982
Pannikin Plains Cave	Australien	2150 m (-32 m)	4	halb blockiert	*A. Wight, C. Brown, R. Allum, 1988
Hornsby Sink	USA	2055 m (-58 m)	1	setzt sich fort	*S. Exley, C. Pitcairn, 1982
Emergence du Ressel	Frankreich	1860 m (-70 m)	1	setzt sich fort	*O. Isler, 1990
Sullivan Sink (stromaufwärts)	US	1828 m (-40 m)	1	setzt sich fort	B. Main, B. Gavin, 1987
Big Dismal Sink	USA	1782 m (-48 m)	1	setzt sich fort	S. Exley, C. Pitcairn, M.Eckhoff, 1981
Source de la Loue	Frankreich	1720 m (-48 m)	1	blockiert	*O. Isler & GLPS, 1985
Creux Jannin	Frankreich	1720 m (-20 m)	1	setzt sich fort/eng	*F. Le Guen, 1987
Font del Truffe	Frankreich	1710 m (-30 m)	11	setzt sich fort	P. Penez, F. Vergier, 1983
Fraits Puits	Frankreich	1690 m (-33 m)	1	setzt sich fort	F. Le Guen, 1989
Port Miou	Frankreich	1670 m (-80 m)	1	setzt sich fort	B. Leger, 1982–83
Jameos de Agua (Atlantida Tunnel)	Kanarische Inseln	1618 m (-64 m)	1	blockiert	*O. Isler & GLPS, 1986
Grotte de Pacques	Frankreich	1570 m (-30 m)	4	blockiert	B. Leger, 1980
Buwe Marino	Sardinien	1550 m (-50 m)	8	setzt sich fort	J. Hasenmayer, 1977
Blue Springs (Jackson Co.)	USA	1545 m (-38 m)	1	endet	S. Exley, P. DeLoach, 1979
Fontaine de St. George	Frankreich	1520 m (-76 m)	2	setzt sich fort	C. Brandt & GLPS, 1987 +
Madison Blue	USA	1497 m (-37 m)	1	endet	S. Exley, P. DeLoach, 1980
Indian Springs	USA	1387 m (-91 m)	1	setzt sich fort	S. Exley, J. Stone, 1982
Hole in the Wall Spring	USA	1328 m (-30 m)	1	blockiert	S. Exley, D. Sweet, 1978
Grotte de Mescla	Frankreich	1275 m (-80 m)	3	setzt sich fort	* F. Le Guen, 1988
Fontaine de Nimes	Frankreich	1275 m (-40 m)	1	setzt sich fort	B. Leger, 1980
Wakulla Springs	USA	1273 m (-98 m)	1	setzt sich fort	* W. Skiles, T. Morris, P. Heinerth, 1987
Blautopf	Deutschland	1250 m (-45 m)	1	setzt sich fort	J. Hasenmayer, 1985
Source de Landenouze	Frankreich	1240 m (-88 m)	1	setzt sich fort	J. Hasenmayer, 1981
Devil's Eye Spring	USA	1219 m (-30 m)	1	setzt sich fort	W. Skiles, T. Morris, W. Jasper, 1986
Emergence de la Finou	Frankreich	1190 m (-33 m)	5	setzt sich fort	F. Le Guen, 1989

+ *Dieser letzte Vorstoß, der Exleys und Pitcairns Grenze von 1981 überschritt, ging in eine kleine Seitenpassage hinein.*
++ *Später 400 m weiter entlang einer trockenen Passage von F. Le Guen erforscht.*

Tiefste, bekannte Höhlentauchgänge

Nacimiento del Rio Mante	Mexiko	-267 m		S. Exley, 1989
Fontaine de Vaucluse	Frankreich	-205 m	Modexa -315 m	J. Hasenmayer, 1983
Touvre D'Angouleme	Frankreich	-148 m		O. Isler, 1990
Goul du Pont	Frankreich	-140 m		J. Schneider, 1986
Emergence de la Chaudanne	Schweiz	-140 m	608 m von der Basis aus	C. Brandt, 1988
Fontaine des Chartreux	Frankreich	-137 m		C. Touloumdjian, 1989
Guinas Lake	Namibia	-132 m		B. Scheun, E. Benade, 1988
Cenote Xkolac	Mexiko	-128 m	auf -130m ausgelotet	P. DeLoach, S. Exley, 1990
Bushmansgat	Südafrika	-123 m	auf -264m ausgelotet	N. Gomes, D. Hanekom, 1988

Lighthouse Reef Blue Hole	Belize	-125 m		*Falco & Laban (in Mini-U-Boot)
Sorgente del Elephante Bianco	Italien	-122 m		I.J. Bolanz, 1987
Gorgazzo	Italien	-119 m		J.J. Bolanz, 1987
Font d'Estramar	Frankreich	-115 m		C. Touloumdjian
Goul de la Tannerie	Frankreich	-113 m	-125m Beobachtung	B. Leger, 1982
Wakulla Springs	USA	-111 m	ca. 900m von der Basis	*W. Skiles, T. Morris, P. Heinerth, 1987
Hranicka Abiss	Tschechoslowakei	-110 m	-254m Echolotung	L. Benyesek, F. Travenek
Cenote Ucil	Mexiko	-110 m		S. Exley, 1989
Die Polder 2	USA	-110 m		D. Sweet, 1980 (gemischtes Gas), S. Exley (Preßluft)
Mystery Sink	USA	-109 m	-119m Echolotung	H. Watts, 1970
Boiling Hole	Bahamas	-103 m		S. Exley, 1977
Grotte de Motiers	Schweiz	-102 m		J.J. Bolanz, 1985
Notre Dame des Anges	Frankreich	-102 m		C. Touloumdjian, 1986
Sinoia Caves	Simbabwe	-102 m		R. Nyman, I. Robertson, J. & D. van der Walt, 1969
Othos de Agua do Aliviela	Portugal	-101 m		P. Jolivier, 1989
Great North Road	Bahamas	-100 m		S. Clough, R. Palmer, 1989

Andere tiefe Tauchgänge mit gemessenen Tiefen umfassen: Crveno Jezero, Jugoslawien (ausgelotet auf -249m); Red Snapper Sink (Echolotung auf -183m und auf -93 m erforscht)

Längste Unterwasserdurchquerungen (in Amerika und Großbritannien)

Sullivan-Cheryl Sink	USA	2591m (-73m)	*B. Main, P. Turner, L. English, B. Gavin, 1988
King Pot-Keld Head	GB	3100m (-30m)	G. Crossley, G. Yeadon, 1991 (August)

Die größten Unterwasser-Höhlensysteme: Cathedral Canyon (USA) 10668m, Lucayan Caverns (Bahamas) 10058m, Sullivan Sink (USA) 9754m, Naharon/Mayan (Mexiko) 8000m, Peacock Springs (USA) 7100 m, Cueva Quebrada (Mexiko) 5000m, Manate Springs (USA) 3978m, Wakulla Springs (USA) 3310 m.

Anhang VI: Ausgewählte Literatur
Einträge mit einem Sternchen sind Bücher. Andere Einträge sind Artikel, Berichte usw.

* F.C. Balcombe, P. Powell und andere, The Log of the Wookey Hole Exploration Expedition, private Veröffentlichung (limitierte Ausgabe), 1935
* Roger Cowles, The Making of the Severn Valley Railway Tunnel, Alan Sutton, Gloucester, 1989 (beschreibt Alexander Lamberts Tauchgänge in den achtziger Jahren des 19.Jh.)
* M. Jasinski, Plongées Sous La Terrem Flammarion, Paris, 1965 (behandelt hauptsächlich die Höhlentaucherei in Belgien und Frankreich)
* I. Lewis und Peter Stace, Cave Diving in Australia, private Veröffentlichung (I. Lewis)
* Alan Thomas (Herausgeber), The Last Adventure, Ina Books, Wells, Somerset, 1989

Stichwortverzeichnis